U0549399

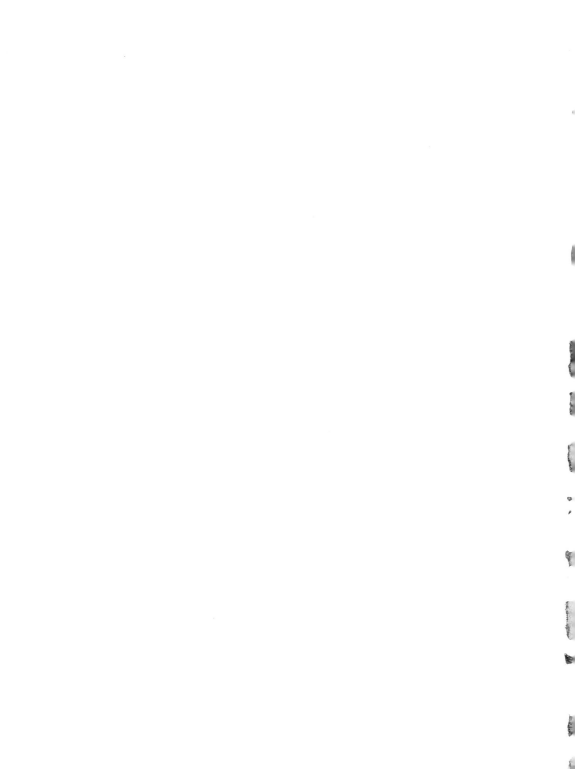

索·恩 历史图书馆
001

DER GROSSE KRIEG

大战 1914~1918 年 的 世 界

Die Welt 1914 bis 1918

〔德〕赫尔弗里德·明克勒　著

钟虔虔　译

HERFRIED MÜNKLER

上

社会科学文献出版社
SSAP
SOCIAL SCIENCES ACADEMIC PRESS (CHINA)

素往往是我们看待历史发展不可忽视的一点，因此重要历史人物将被收录在索·恩即将推出的人物档案馆丛书中。

尤其在 21 世纪的今天，人类社会面临着全球性的疾病、战乱、环境恶化、资源限制等挑战。仍如狄更斯所说，"这是一个最好的时代，这是一个最坏的时代"，索·恩历史图书馆丛书愿与读者共读历史，共思当下，在日新月异的信息洪流中形成更审慎和周全的判断，既敏锐捕获新知，又不迷失于信息，透过不同视角看到更广大的时代图景。

社会科学文献出版社

索·恩编辑部

历史图书馆丛书序

　　自然科学和人工智能技术的进步与哲学社会科学的发展水乳交融，共同深刻地改变着我们的思考和行动方式。碎片化阅读和深度阅读是始终共存又相得益彰的两种学习形态。在大众传媒极大地便利了实时资讯传播，提供了琳琅满目的个性化趣味的同时，我们也需要主动应对多元化的刺激，习得深度处理、记忆信息的技能，构建自身完整的知识体系。这正是我们坚守深度阅读的阵地，推出历史图书馆丛书的初衷。

　　阅读权威、经典的好书有助于我们认识世界、认识自我，对思考人类命运和当下现实大有裨益。因此，收录进历史图书馆丛书的优秀作品主要以重大历史事件为研究对象，它们往往对一个国家或地区，乃至对全球产生了深远的影响，同时反映了一个较长历史时段的发展趋势。这些著作是研究者经年累月在一个领域深耕的成果，梳理了某个事件、领域或学科的脉络，是全景式、集大成的学术著作。它们涉及世界史、国别/区域史、考古研究、海外中国研究、文化史等，在研究和写作上各具魅力，在知识和观点上相互映照，未来也将接受学术发展与社会发展的不断考验。而除了历史事件，人对历史进程的走向也起着关键作用，个体因

上

Contents /

下

第六章　战斗的扩大

第七章　战争让所有人疲惫不堪

第八章　鲁登道夫的赌局和同盟国的溃败

第九章　从政治挑战的角度审视第一次世界大战

上

　　1914年到1918年的大战不仅如美国外交家、历史学家乔治·F.凯南（George F. Kennan）所说，是"20世纪灾难之源"，它更是一个实验室，其研究"成果"将对此后数十年里几乎所有重要的冲突产生影响：这些"成果"包括殃及非战斗人员的战略性空战，也包括种族驱逐乃至种族灭绝；包括通过"十字军东征"捍卫民主理想——这使得美国政府介入欧洲战争的行为变得合理，也包括推行"革命病毒"政策，即战争各方利用民族独立思潮与宗教思潮使敌国陷入混乱。以上几乎所有的方法、战略和意识形态都诞生自第一次世界大战这一温床，后来也一直是执政者的工具。这些原因足以说明，对这次战争进行深入研究是十分有价值的。

　　在德国，很长时间以来一战仅仅被看作二战的序曲。毕竟和一战相比，二战更为残酷，破坏力更强，引发了更深重的苦难，因此，"大战"（英国和法国至今仍称一战为"大战"）过去在德国受到的关注始终十分有限。它仅仅被看作德国过去狂妄、罪恶之行径的起因，因而几乎不必接受政治理论分析。然而我们要考虑到，1914年前后社会面临的诸多挑战深刻影响了执政者的行为以及民众的期望与思想观念，而其中的许多挑战如今又重新出现，再次以这样那样的方式决定欧洲乃至全球的政治走向。因此，人们重新意识到应该从1914~1918年的战争中汲取政治经验。正因为一战确实已经成为历史，所以学者可以研究一战中冲突的发展过程，并分析危险的同盟关系将导致何种后果。一旦国际政治形势或地区冲突再次趋于严峻，这些分析、研究就会提醒我们注意当时典型的"刺激—反应"模式，迫使我们迅速做出调整以应对新的局势。

有人认为一战和二战的联系十分紧密，可以把二者合并为一次冲突来分析，只不过这次冲突中间存在较长的停战时期。如果以德国历史为主要研究对象，这种观点是可以理解的，甚至有历史学家将1914~1945年这段时期称为新的"三十年战争"。但只要把范围扩大到欧洲，这种将一战和二战紧密联系的观点就失去了说服力。这种观点过于关注如何"驯服"搅乱欧洲政局的罪魁祸首，并将威廉二世时期的德国视为大陆中心的不安定因素。毫无疑问，在1914年夏天，德国的所作所为对欧洲局势起了决定性影响，德国也因此对战争爆发负有责任，但绝不是全部责任。再者，诱发了1914~1918年战争的一系列政治问题直到1945年德国分裂、普鲁士灭亡 ① 之后也不曾得到解决；最迟在冷战结束之后，这一点已不言自明：雅尔塔和波茨坦两大会议确立的国际格局崩塌以后，巴尔干半岛上的冲突突然再度进入人们的视野，而人们以为这些冲突早已被遗忘了。因此，我们不再认

---

① 1947年2月25日，占领德国的盟军管制委员会颁布第46号暂行法，宣布"普鲁士国中央政府及附属各级机关即日起解散"。同日，联合国管理委员会又颁布了第47条法令，宣布"以普鲁士为名的国家正式灭亡，并不获承认"。（本书脚注如无特别注明皆为译者注）

为"1945年"能回答"1914年"留下的问题。我们应该重新把一战当成一个独立、复杂的事件去分析，而不是从二战出发去研究一战。这场战争既然被称作"世界大战"，它遗留的问题绝不仅仅是中欧和东欧的秩序缺乏稳定，还包括其他许多方面。至少在太平洋地区，1914年的战事已经为第二次世界大战埋下伏笔：例如日本攫取德国在中国的殖民区，这在战争中也许只是边缘事件，对欧洲战争的进展几乎没有影响；然而一旦日本占领这些原本属于德国殖民区的地方，东亚地区的权力结构就发生了变化，日本的野心也进一步膨胀。此外，一战导致非洲和印度殖民地局势发生了变化，这在一开始也并不引人注意，后来却导致越来越严重的后果。而这场战争最严重的遗留问题恐怕存在于后帝国时代的中东、阿富汗、南亚一带，因为奥斯曼帝国被摧毁之后，英国和法国很快瓜分了"猎物"，却无法建立有利于社会发展的稳定秩序。当然，即使没有这次大战，如今在美国地理政治学中被称为"**大中东**"（Greater Mittle East）的区域也极有可能一直冲突不断（巴尔干和高加索地区可能也是如此），但这次战争造成冲突迅速升级，以致政治上能做的改变和调整十分有限。

显然，每一时期的人都会从各自的角度出发，对1914~1918年战争提出不同的看法；每一时期的人都带着各自最关切的问题研究一战，在描述这场战争时突出不同的重点，从而将这场战争融入每个时代的意识形态之中。在两次世界大战之间和第二次世界大战初期尤其如此，那时的人将1914~1918年战争理解为刚刚过去的一次挑战，而德国人自认为有义务去纠正它造成的后果。在联邦德国第一次史学界大论战[①]中，历史学家们对

---

① 发生于20世纪60年代。

一战的解读也具有鲜明的时代背景：汉堡史学家弗里茨·菲舍尔（Fritz Fischer）及其弟子认为，战争是当时的德意志帝国蓄意促成的；菲舍尔的反对者、弗赖堡史学家格哈德·里特尔（Gerhard Ritter）则认为，当时的冲突之所以升级为战争，是因为德国在政治上决策失误且反应迟钝，也因为当时的宪法并未约束军队的权力。这次针对一战展开的大规模讨论距今已有半个世纪，它对德国的政治文化而言意义非凡，而此后的相关讨论无论规模还是影响力都不能与之相比，而且它们往往局限于更为专业的领域以内：比如对内与对外政策哪个才是主导，也就是说，德国社会的总体局势如何推动了战争的爆发；又比如1918年秋天德国军队的损耗到了何种程度。在史学大论战之后的几十年里，1914~1918年战争不再是足以引爆论战的话题，它已成为历史。

我们知道，要用政治理论分析特定的事件和发展历程，前提条件就是这些对象已经成为历史，因而我们能够冷静客观、不带偏见地看待它们。从这个角度来看，让人颇觉意外的是大论战以后德国再未出现过全面描写一战的作品。最后一部这样的巨著是彼得·格拉夫·基尔曼斯埃格（Peter Graf Kielmansegg）的《德国与第一次世界大战》（*Deutschland und der Erste Weltkrieg*），它诞生于1968年。自那以后，国内事实上只出现过从某个特定角度研究这次世界大战的作品：有人专门研究它的爆发，有人专门研究它的结局和后续事件，有人则分析这场战争对各方面的影响，受影响的包括整个社会还有性别秩序、男女性别形象、艺术和文学以及当时的进步思潮——对多数欧洲国家而言，这场战争都阻碍了思想的进步。至于战争过程中具体发生了什么，研究者们往往略去不提，即使偶尔提到了，关注的重点也在于战争的受害者。研究者习惯让一些对这些伤害负有责任的人充当"罪犯"，将他们置于许多受害者的对立面，而史学领域和政治理论领域过去主要就是透过这种视角研究、分析一战的。然而罪犯和受害者不可能总是分属黑白分明的两个阵营。要理解一场战争内部各因素之间错综复杂的关系以及这些因素如何共同推动事件的发展，就必须先完整描述这场战争的整个过程以及它的各个方面。这并不是说，只要完整地描述一场战争，就必定能正确地认识并说明战争中各种因素如何以不同的形式相互影响；但完整地描述战争至少是正确认识其内部关系的唯一途径。

　　长期以来，战争罪责问题一直以不同方式影响着德国政治界和学术界对世界大战的研究与分析：在1919年之后的20年里，德国社会和政界都极力想否认《凡尔赛条约》第231条，因为这一条款确认了德意志帝国对发动战争负有全部责任；而在"菲舍尔争论"之后的几十年里，德国人普遍接受了国家对一战负有罪责——即便在联邦德国也是如此，而民主德国则认为，德意志帝国作为战争的发起者之一负有重大罪责，这自然是在暗示一战之前推行帝国主义政策的并不只有德意志帝国。从这一点来说，弗里茨·菲舍尔认为德国对战争负有主要罪责的理论比民主德国官方的史学观点还要更激进一些。直到最近几年，德国的研究者才拓展了看待战争的视角，开始比较参战各国的计划与行动、预期与目标，也不再仅仅追问谁负有"罪责"，而是追问各种势力对战争的爆发负有哪些政治上和道德上的"责任"、是什么原因导致战争持续了好几年时间。研究者不再费力揣测那唯一的"罪犯"发动这场战争是出于何种阴险的目的，而是开始分析所有战争参与者采取的行动，研究他们曾做出哪些错误的判断，在国家治理方面又出现了哪些问题。与此同时，研究者也重新开始关注

/ 014

各国在 1914 年及之前的结盟情况具有哪些特点，因为正是这种相互结盟的局面从根本上导致巴尔干半岛的地区冲突扩大化并升级为世界大战。然而这场战争并非帝国主义理论所认为的那样，是不可避免的或者"命中注定"的。这部描述一战的作品会让读者认识到，当时的执政者如果在政治上更有远见和判断力，他们就有机会避免这场战争。因此，我们很有必要重新勾画出这场战争的轮廓，因为我们可以从中汲取政治上的教训，分析当时的人如何因为恐惧和大意，因为傲慢和过分自信而做出一系列决策，以致最终局势似乎再也无法挽回：在 1914 年 7 月底，他们没有挽回局势，当时要这么做还相对容易一些，但各方都害怕为此"丢面子"；在战争进行的过程中，他们也没有挽回局势，而那时大家早就看清楚，无论谁再往前走一步，都会对敌方乃至自己的国家、社会造成无法修复的伤害。我们反复用旅鼠集体跳崖的画面比喻当时的情形，却无法解释为何那个时代所有的政治家都选择了这条不归路。

美国政治学领域，特别是研究国际政治的所谓现实主义流派及其分支流派，在很久之前就开始研究这个问题，这一学派认为政治行为的本质是以权力为保障争取自身利益；有的美国学者还运用以博弈论为主导的互动分析理论研究上述问题，这一理论注重的是每个决策的"合理性"。但他们的研究还未能涵盖一战的所有方面及其整个过程，而是局限于其中某个方面，比如：如果当时的执政者掌握了全部信息，他们可以做出什么更合理的决策？而他们由于掌握的信息不足且心存偏见，实际上又做了哪些决策？本书在对一战的描述中也引入了这一理念和分析模式，即简要说明当时政治和军事上的当权者原本可以做出哪些选择。这并不是要当事后诸葛亮，而是为了更好地解释，当时那些站在政治旋涡中心的人在紧迫的时间期限之内为何采取了那样的举措。例如，德国进攻法国失败以后，为什么不在 1914 年 9 月采取一切措施尽快结束战争？为什么法国、英国和意大利在一次次主动出击失败后得出的结论是必须立即准备发起下一轮进攻？

　　毫无疑问，德国当时的政治和军事领袖对一系列事件做出了错误的判断和估计，这些失误又导致他们选择了错误的方针路线，造成战争的爆发以及最后德国的失败。这一切开始于海军上将提尔皮茨（Alfred von Tirpitz）组建德国舰队，并赋予其国际政治上的使命①；继而是冯·施里芬（Alfred Graf von Schlieffen）将军提出了当时被认为独具创想的作战计划，该计划解决了可能面临的双线作战问题；最后执政者发动无限制潜艇战，这一灾难性的决定最终加速了同盟国的失败。如要分析这一系列错误的决策，那么不容忽视的一点是，一些偶发状况、一些意外和未经预料的情况影响了事件的走向，所以某些决策原本看似经过精心计划和深思熟虑，执行起来却产生了与计划完全相反的效果。这主要是因为当权者高估了某些信息的价值，而且缺乏先见之明。例如 1914 年初夏，德国通过一名被安插在伦敦俄国大使馆的间谍获悉，英俄两国人员就一份海军协定进行了商谈，而这份协定将矛头对准了德国；如果德国不曾获知这一信息，那么帝国首相特奥巴尔德·冯·贝特曼·霍尔韦格（Theobald von Bethmann Hollweg）或许会在战争爆发前夕接受英国的建议，通过调解解决问题，或者至少会更仔细地考虑这个建议，然而他却认为英俄人员商谈的内容对德国十分不利，这种认识其

---

　　① 提尔皮茨希望建设一支足以与英国皇家海军匹敌的舰队。

实与实际情况不符——英国就坚决否认和俄国方面有过这样的谈话。这些情报引发的猜疑造成了灾难性的后果。另外，如果德国在1917年初就知道俄国将在几周之后爆发革命[1]，而革命的结果是，这一长期以来令人胆寒的敌人（所谓的"俄国压路机"）实际上从1917年夏天开始就不再应战——如果德国能预见这一切，那么有关发动无限制潜艇战的提议或许就不会在1917年1月9日获得大多数人的支持，而美国可能也就不会参战，那样英国和法国就只好继续凭它们自己的力量作战，并且很可能因此愿意接受和谈。

以上两种情况，一是掌握的信息太多，一是对局势了解太少，而执政者当时所能掌握的信息决定了他们选择战争还是和平，选择让冲突升级还是将其限制在一定范围内。在此过程中，德国方面已是竭尽全力避免让意外事件影响大局。尽管参战各国都制订了明确的进军和进攻计划，但没有哪一方像德国那样精确、细致地预先安排好战争的整个过程。然而德国人还是没有将所有意外状况计算在内。早先的总参谋长赫尔穆特·冯·毛奇（Helmuth von Moltke der Ältere，又称老毛奇）曾将战略计划定义为"辅助系统"；[2] 他的后继者阿尔弗雷德·冯·施里芬伯爵[3] 则试图将每次战役安排得如普鲁士列车时刻表那般准确、可预测。在这种情况下，由于事先已经确定好德国军队在动员之后第40天将行进到何处，所以一旦出现意外状况，整个节奏就会很快被打乱。普鲁士军官兼军事理论家卡尔·冯·克劳塞

---

① 指爆发于1917年3月的俄国二月革命。

② 老毛奇于1857~1888年担任总参谋长，他认为一场战役只有在一开始才是可计划的。

③ 冯·施里芬于1891~1906年担任总参谋长，与老毛奇之间隔了一任。

维茨（Carl von Clausewitz）称这些不可预计的事件为"阻力"（Friktion），并警告不可低估其影响。施里芬的战争计划在总参谋部被充满敬意地称为"胜利的秘诀"，而它失败的主要原因就是缺乏弹性。不过在战争史上，德国军队行动的精确性是无与伦比的，他们按照"施里芬计划"规定的速度行军，果真在动员后第40天抵达施里芬预先指定的地点。然而军队的领导层忽略了补给的问题，以致各部队在抵达目的地时体力已被耗尽；军队还在比利时大肆屠杀平民，无视国际社会反对德国的舆论。如果我们深入研究这些细节，就会发现其中存在许多悖论，而整场战争的特点之一就是充满了悖论。

当时也有一些有学问的人保持理智，对战争持批评态度，审慎地选择了克制的立场，而有相当多的人以为知识分子都属于这一派；但如果我们仔细研究一战，就不得不抛弃这种想法。事实是，知识分子中固然有少量持怀疑态度的人以及和平主义者，他们针对可能爆发的战争向人们提出警告，并在战争爆发以后强烈要求尽快结束战争；然而知识分子中也有并吞主义者。他们中很多人都态度坚决地批评政府，其中有一部分人虽然并非专业人士，纯粹为了某种价值观在争论，却以典型的知识分子作风猛烈攻击帝国首相贝特曼·霍尔韦格，因为他试图采取较为克制的政策以缓和冲突。在第一次世界大战中，知识分子虽然分属立场相反的两派，却都在政治上对局势发展起了举足轻重的作用，这在战争史上还是第一次：研究型精英坚持要越俎代庖，插手决策型精英分内的事，结果他们的介入并没有很好地抑制冲突，反而加剧了冲突。当时，如果一个人对战争持批评立场，那么对他来说最重要的就不是"知识分子"的荣誉头衔，而是政治上的判断力以及现实、理性的态度，而马克斯·韦伯（Max Weber）就是这样的人。他受家庭背景的影响，实际上是个狂热的民族主义者，也主张德国应该发展成大帝国，但他很早就认识到同盟国的处境不容乐观，所以强烈要求在让步的基础上缔结和约，不赞成并吞他国国土，并且坚决反对无限制潜艇战。

德国知识界的思想领袖以及战争批评者代表了那一代人反思一战的最高水平，但本书接下来的分析不会止步于此，而是从多个层面反思这场战争。笔者在描述一战的过程中会援引文学家雅罗斯拉夫·哈谢克（Jaroslav Hašek）①、恩斯特·云格尔（Ernst Jünger）②和罗伯特·冯·兰克 - 格雷夫斯（Robert von Ranke-Graves）③的作品，包括作品中对当时情况的评论或是对战争体验的描写；另外笔者也引用了普通士兵在战争中所写的书信。引用这些材料有助于我们从普通士兵的视角审视所谓"统帅小丘上的视野"（Blick vom Feldherrenhügel）④，因为正是这些士兵在执行上层下达的命令并承担其后果。然而，德语界新近出版的许多探讨一战的作品局限于士兵的视角，于是有关战争的叙述就只剩下"小人物"如何没完没了地忍受苦难，这样的叙述无法解释战争为何持续了那么长时间，双方又为何总是在资源已经耗尽的情况下发起新一轮大规模进攻。无论是在司令部还是在前线的战壕里，战争总是混杂了各种复杂的情绪，有澎湃的

① 捷克幽默讽刺作家（1883~1923），代表作《好兵帅克历险记》。
② 德国作家（1895~1998），曾参加两次世界大战，主要作品有《钢铁风暴》（*Stahlgewittern*）等。
③ 英国诗人、历史小说作家、批评家（1895~1985），曾参加第一次世界大战，1929 年首次出版的自传《别了，所有一切》（*Good-Bye to All That*）中包含了和一战有关的内容。
④ 统帅在打仗时一般站在小丘上，以便统观全局，"统帅小丘上的视野"即是指决策者的视角。作者将在书中透过士兵的视角反观决策者的视角。

激情，也有失望与消沉；有人怀着必胜的决心坚守岗位，也有人彻底放弃、拒绝作战。这些相互矛盾的情绪事实上也是你中有我、我中有你，而我们唯有将"战争指挥者"和"底层执行者"的视角结合在一起，才能理解这种矛盾与统一。要重现统帅的视角并不困难，重现普通士兵的视角就复杂得多，因为各人的看法往往相互矛盾、受情绪影响以及地域限制。为了捕捉他们的视角，笔者除了分析繁杂的信件，还研究了文学作品中的相关描述。当然有人会反驳说，文学作品中的说法都是事后提炼而成的——然而这种反对理由并不仅仅适用于文学作品：有人从文学和语言学的角度审查了士兵在战争中写的书信，结果显示它们也不足以成为可靠的证据，因为写信人往往会用非常公式化的语言叙述事情。要找到适当的方式呈现"底层视角"，这无论如何都比呈现"上层视角"难得多。而笔者优先从文学作品提取信息的原因在于，已经有许多人批判地分析过这些作品，因此读者也就不会误把它们当成可靠的证据。

　　这场战争的历史可以被看作一个持续不断的动态学习过程，这里的学习包含了几个层面：有战术方面的学习，在这一过程中双方防守和进攻的方式发生了根本性改变；有战略方面的学习，在这一过程中双方一直坚持不懈地寻找对手的强项和弱点，与此同时他们反复探讨的问题是，到底应该从对手的强项还是弱点着手——英国人和俄国人更喜欢从弱点着手，而法国人和德国人更喜欢从强项着手，各方也据此制订各自的战争计划；最后还有政治方面的学习，它的核心议题在于是否参战以及何时参战、何时应结束战争并接受单独媾和——打个比方，列宁的目标是将对外战争转变为阶级战争或国内战争，所以他在政治方面学得很用心，而德国人主要只对战术感兴趣。事实上在战争快结束的时候，他们的作战方式和战争开始时已经很不一样——毕竟他们在人力物力方面从一开始就远不如协约国，如果不改变作战方式，他们就不会坚持这么久而且时不时地重新看见胜利的希望。然而这也正是德国人的不幸：他们在战术上也就是纯粹的军事领域取得了成功，这让他们意识不到他们在战略方面以及更重要的政治方面也需要学习。说得不好听一点儿，德国人在战术方面成绩突出，于是他们相信他们不需要在政治上努力，而德国战败的主要原因就在于此。在战争刚开始的时候，军事领袖的权力就相对较大，而他们的权力又在战争过程中继续膨胀，以至于作为战术家的德国军队第一军需总监的埃里希·鲁登道夫（Erich Ludendorff）最终完全掌控了政治。

那么这种军事和政治之间的不平衡又是如何形成的呢？它的背后有什么更深层的原因？毫无疑问，德意志帝国的宪法对此负有重要责任，因为宪法规定总参谋长可以直接向皇帝汇报，且规定军队不受首相乃至帝国议会控制。而事实上帝国的君主也驾驭不了总参谋部，因为虽然威廉二世偏爱一切军事活动，且深信自己是比肩腓特烈大帝（Friedrich der Große）的伟大统帅，但他却没有耐心长时间处理军事事务。没有皇帝撑腰，首相便无法与军事领袖抗衡，因此军队的政治影响力日益增强，本应处于主导地位的政治活动成了军事的附庸。此外，战争期间皇帝经常外出旅行——他自然不会再坐着游艇游览挪威的峡湾或爱琴海的岛屿，而是乘专列在东西战线之间活动，而且往往远离战争地点，在柏林逗留的时间则很少。如此，威廉皇帝逐渐忘记现实，遁入一厢情愿的幻想之中。就连他身边坚定信奉君主制的人也不无忧虑地意识到，皇帝已经完全脱离民众，声望急剧下降。后来柏林陷入困境，民众不得不排长队购买粮食，不满情绪越发高涨，而皇帝离开政权中心显然也与此不无关系。这场战争无情地暴露了普鲁士王朝的缺陷，同时揭示了欧洲皇室很大程度上已经失去实际权力而成为国家形象的代表。普鲁士国王和德意志皇帝的合法性不再出自上帝的恩典（尽管其头衔仍如此暗示），而是来自民众的认可，而这对霍亨索伦王室（Haus Hohenzollern）很不利。

　　这场战争也暴露了德意志帝国内部的矛盾，同时还激化了这些矛盾。从许多方面来看，德国都是当时欧洲最先进的国家：工业生产水平在欧洲遥遥领先，并且德国工业引领着未来工业发展的方向；基础教育和高等教育实力雄厚；自然科学和人文科学研究在全世界占据举足轻重的地位；文化和艺术也蓬勃发展。历史学家弗里茨·斯特恩（Fritz Stern）在回顾20世纪历史时认为，20世纪原本可以成为"德国的世纪"。显然，德国并非因为社会、政治方面的矛盾无法调和才走上战争道路；德国之所以选择战争，一方面是因为狂妄自大、贪心不足，另一方面也是出于恐惧，而自从19世纪末20世纪初以来，德国的政治就深受这两种情绪的影响。毫无疑问，当时德国的社会矛盾很尖锐，毕竟它和欧洲其他所有国家一样是阶级社会；德国国内各政治力量确实也一直不和，但其他国家内部同样存在政治上的冲突。联邦德国的历史书一度认为，德国发动一战是为了逃避国内矛盾，这种观点的言下之意是，只有联邦德国初期"齐平的中产阶级社会"（nivellierte Mittelstandsgesellschaft）①才具备维持和平的能力。

　　战争一爆发，全社会便积极投身其中。当时，有的阶层对

/ 022

---

① 德国社会学家赫尔穆特·舍尔斯基（Helmut Schelsky）于1953年提出的概念。舍尔斯基认为当时德国社会上层和下层阶级的人员都逐渐流向中间阶层，中间阶层因而成为社会主体。

自身的社会、政治地位并不满意，在这非常时期，他们试图表明他们对国家的幸福安宁有不可替代的作用。中间阶层在这一时期的表现尤其突出，他们将战争视为"自己的"战争，为之欢欣鼓舞，大部分中间阶层成员为支持战争还购买了战时公债，最终战争却失败了。这种情况在德国特别明显，因为德国社会比其他国家更为活跃，而德国民众参与政治、获得社会认同的方式在某些方面又相当落后。本书在描述一战的过程中将涉及这一问题，当然笔者会注意一点，就是不要将程度上的差别渲染成根本性矛盾，因为就社会矛盾而言，德国的情况和法国、英国只有细微的差别，并无本质上的不同。就选举制度来说，帝国议会实行的是当时最先进的选举制度，而普鲁士王国则采用了最落后的选举制度。在过去几十年里，这一领域的比较性研究总算清除了一些认为当时"德国政治制度落后"的偏见。

　　如果说这场战争只是乔治·凯南所认为的"20世纪灾难之源"而不具备其他意义，那显然也是不恰当的。一战以一种充满悖论的方式，加速了欧洲的现代化进程，彻底改变了欧洲的社会文化环境。受一战影响，社会的阶级区分不再明显，这在当时是前所未有的，而这绝不仅仅体现在推行社会主义纲领的政党上台。在一战中，不同地位、不同阶级的人遭遇了相同的变故，这从根本上撼动了欧洲原有的等级制度与阶级形态，同时改变了旧有的道德与审美观念——过去，这些观念即便受到先锋思潮的冲击，在社会上也仍根深蒂固，如今它们却被束之高阁。在新兴的观念之下，无论是社会地位得以提升的资产阶级还是与之关系紧密的学者，都不再被看作"真善美"的拥有者。弗里德里希·恩格斯（Friedrich Engels）在1895年曾预言欧洲将爆发一场大规模战争，届时将出现"皇冠成打地滚在地上而无人拾取"[1]的局面；但战争的影响不止于此，我们还要看到，过去学术界领袖用来指导艺术创作的价值标准和审美标准如今都过时了。诚然，这场战争造成了很大破坏，但它也有力地推动了某些领域的发展：1914~1918 年战争被文学艺术作品引用、改编的频率超过了之前和之后所有的战争。可以说，一战是文化发展的分水岭——从这个角度来看，没有人能反驳埃里克·霍布斯鲍姆（Eric Hobsbawm）的说法，即"长 19 世纪"（long 19th century）[2]结束于 1914 年。

关于一战，有一个因素在过去的文献中被过度强调，在新近的文献中又几乎被彻底忽视，本书在对一战及一战前相关历史的描述中将尽可能适度地兼顾这一因素，即德国处在欧洲大陆的中心位置，这意味着德国在政治上会产生相应的诉求和危机意识，也意味着德国可以更充分地发挥影响力，同时又难免对他国构成威胁。当时的德意志帝国还没有强大到可以根据自己的意愿来调控与欧洲大陆上其他国家的关系，德国政府也无法与邻国在相互信任的前提下展开合作；德国的邻国则十分忌惮大陆中心这个大国，力求保全自身、不受其害，因而不可避免地对德国形成了包围之势。德国政府必须具备娴熟的政治技巧，才能应对这样的挑战，但德国的首相除了俾斯麦（Otto von Bismarck），他的后继者们都不善此道，皇帝更是对此一窍

/ 024

---

[1] 形容战争对民生造成了极大破坏。见恩格斯《波克罕〈纪念 1806 年到 1807 年德意志极端爱国主义者〉一书引言》，《马克思恩格斯文集》第四卷，中共中央马克思恩格斯列宁斯大林著作编译局编译，人民出版社，2009，331 页。此文撰于 1887 年，而非 1895 年。

[2] 霍布斯鲍姆"长 19 世纪"的时间范围自 1789 年（法国大革命）始，至 1914 年终。

不通。于是恐惧、担忧的情绪影响了欧洲各国在政治和军事上的决策。法国担心被边缘化，俄国在 1905 年对日战争失败以后担心丧失影响力，奥匈帝国担心失去大国地位，英国极度害怕国力衰落，德国则时刻不忘自己正处在邻国的包围之中。在这样的环境下，要理性地维护自身利益几乎是不可能的，更何况地理环境的制约以及人口增长的统计结果进一步刺激了这种恐惧情绪。在这种情绪的催逼下，执政者们强烈地感觉到应当采取一些具体行动。

面临如此情势，位于欧洲大陆中心的国家被赋予了重大的历史责任，只可惜德国在这次考验中失败了。值得注意的是，1990 年以后德国再度崛起成为欧洲中心的大国，此时它面临的诸多挑战也和 1914 年之前德国面临的挑战类似，因此上一次失败的前车之鉴如今更应引起我们的重视。当然，1990 年以后的情况和 1914 年以前有着根本不同：一战前大国博弈的局面如今已被稳定的同盟关系和安全体系取代，军队掌握的权力也早已不及 20 世纪初。如今，人们比过去更看重文化的力量，经济则更是被视为重中之重；更重要的或许在于，我们已经认识到重心发生了变化。不过，只要德国仍然处在欧洲大陆的中心位置，就会面临和过去一样的挑战——只是如今，"中心位置"不再是军事战略上的，而主要是经济上的。

第一章

战争的"长期决定因素"与"短期决定因素"

1991 年 6 月底，斯洛文尼亚共和国宣布独立后不久，该国警察和南斯拉夫人民军队的成员发生武装冲突，这场冲突揭开了巴尔干半岛 10 年分裂战争的序幕。在南斯拉夫分裂的过程中，新生国家的战士们制造了无数次针对平民和战俘的大屠杀，还进行所谓的种族清洗，而在那之前，欧洲人以为这般残暴的事情再也不会发生了。如果不是外界干预，战争还会进一步升级，大屠杀的规模也会进一步扩大，而且战火有可能越过原南斯拉夫的边界，殃及邻国。欧洲内部自 1914 年以来各国的亲疏关系和主要分歧也在此时呈现出来：例如，俄罗斯再度意识到自己和塞尔维亚同宗同源，而法国的政治家还像 20 世纪初那样尽全力限制德国和奥地利在巴尔干半岛的势力范围。[1] 当然，和 1914 年不同的是，面对 20 世纪 90 年代的冲突，英美尤其美国都尽力遏制战争的发展，力图尽快结束战争。

在 1914 年 7 月巴尔干半岛的局势中，假如英国能发挥更为积极的作用，那么当时的危机会不会朝另一个方向发展，而不至于演变成世界大战？在那个夏天，英国的内阁大臣们都在一门心思地考虑如何应对爱尔兰的独立运动；后来有几位部长表示，直到战争爆发前夕，人们才意识到巴尔干冲突的破坏力，而此时要扭转乾坤已经不可能了。南斯拉夫分裂战争以及 20 世纪 90 年代欧洲和美国成功阻止冲突升级的实例，还有"萨拉热窝"在 20 世纪两次成为政治象征这一现象——世纪初，奥匈帝国王储弗朗茨·斐迪南（Franz Ferdinand）在这里遇刺，而世纪末，这里又发生了人道主义灾难——都让人不得不重新考虑第一次世界大战爆发的起因。最重要的是它们打破了长期以来被奉为政治信条的说法，即 1914~1918 年战争是"注定"的，也就是说有多个因素共同导致了战争爆发，因而它是不可避免的。

研究战争起因的学者早已知道，真实情况总是更为复杂的，而且这场战争既有"长期决定因素"也有"短期决定因素"。[2] 过去学者们争论的是这些决定因素的重要性有何不同，它们在何时由何人造成，带来了何种后果。由于《凡尔赛条约》第 231 条认为德意志帝国对发动战争负有全部责任，所以上述争论也长期受这一条款影响，以至于针对战争**原因**的讨论往往变成针对战争**责任**的讨论，而科学分析从一开始就受到政治道德评价的干扰。至于是欧洲列强"不慎卷入了战争"——这一说法出自英国首相大卫·劳合·乔治（David Lloyd George），曾被多次引用——还是德国出于自身意愿有计划地促成了这场战争，正如弗里茨·菲舍尔认为的那般，人们也争论得同样激烈。"不慎卷入了战争"的论点强调战争爆发的短期决定因素，持这一观点的人认为在之前较长的时间里，事情从根本上讲是可以有不同走向的。菲舍尔的论点则强调战争爆发的原因是结构性的，在他看来，短期决定因素并不十分重要。

一般认为短期决定因素首先出现于 1914 年 6 月 28 日，即波斯尼亚的塞尔维亚民族主义者在萨拉热窝（Sarajewo）刺杀奥匈帝国王储弗朗茨·斐迪南大公。相应的"短期决定论"集中探讨暗杀事件过后各国在第一时间处理危机的方式，以及政治家的无能表现：他们未能将冲突限制在局部地区以内。这一理论还涉及维也纳、柏林和圣彼得堡的"鹰派"以及缺乏政治执行力的"鸽派"。它在分析战争原因时主要研究不足 5 周的时间里发生的事件。[3]

而长期决定因素可以追溯至 19 世纪，这些因素包括历史进程和民族精神气质、总体思维情感倾向和经济发展轨迹、世界政治局势和不断累积的决策，其中最重要的是帝国主义与军国主义问题、地理战略问题、对衰落的恐惧和被包围的压力。相应的"长期决定论"认为 6 月 28 日的萨拉热窝事件不过是一点儿火星儿，它燃爆了放置已久的火药桶。这一理论也区分了所谓的"导火线"和"根本原因"，也就是说萨拉热窝暗杀事件不过是战争的导火线，而这场战争也有可能通过其他事件引爆。主张"长期决定论"的人往往会说，如果有人在分析战争原因时只研究 1914 年 8 月 1 日之前几周内发生的事件，只剖析短期决定因素，那他就无法看到战争真正的原因——他把注意力用在那些无关紧要的细节问题上，却忽略了那些将地区冲突变成欧洲战争乃至世界大战的不可抗拒的力量。

不过真的可以用长期决定因素来分析战争爆发的深层原因吗？这种理解的危险之处在于它更接近宿命论，即认为这场战争是"不可避免"的；而在 1914 年 7 月，一些执政者正因为抱有这种想法，才没有尽一切努力阻止战争升级。⁴如果说当时大局已定，短期决定因素不过是一些在最后关头产生了一点影响的偶然因素，那就等于在事后否认，战争爆发之前几周里决策者们还有较大的转圜余地；或者说，长期决定因素已经把路铺好，所以短期决定因素必定导致战争爆发。但这一切真是不可抗拒的吗？近来有越来越多的学者在研究中质疑这种观点，即这场战争几乎是注定的。

过去，学者们在探讨一战爆发之深层原因的过程中，几乎完全忽视了它最直接的"导火线"。事实上，有个问题更值得我们深入探讨：有没有可能，萨拉热窝暗杀事件并不仅仅是导火线？如果没有这次刺杀行动，有没有可能其余因素根本不足以引爆战争？只有一种历史观，即认为这场战争是预先注定的，可以把上述可能性完全排除在外。如果这场战争果真是预先注定的，那我们就必须找出，有哪些执政者无论如何一定要发起战争，并且把暗杀事件当成行动的借口。如果我们找不到这样的执政者，或者我们的结论是没有哪个参战的大国是**非要打仗不可**的，那我们就必须承认这些事件的发生具有偶然性——如果在萨拉热窝没有发生一系列不幸的事件，20 世纪的历史可能就会朝截然不同的方向发展。[5]美国社会学家斯蒂芬·平克（Steven Pinker）在他有关暴力历史的书 ① 中称暗杀者加夫里洛·普林西普（Gavrilo Princip）为 20 世纪最重要的人物，这位作者在叙述的最后也认为，如果没有这起事件，历史恐怕就会改写。[6]

/ 029

假设这个偶然事件有如此强大的力量，那么结论将令人既兴奋又震惊[7]：如果没有这起事件，就不会有 1000 万人战死沙场，也不会有几十万人死于战争引发的饥荒和瘟疫，同样不会有那么多人死于由战争间接引发的俄国内战或成为斯大林主义的牺牲品，更不会有人因为法西斯主义和纳粹主义遇害，不会有第二次世界大战。当然，不是说没有这起偶然事件，20 世纪

---

① 即《人性中的善良天使：暴力为什么会减少》（*The Better Angels of Our Nature: Why Violence Has Declined*），中文版由中信出版社于 2015 年出版。

的欧洲就可以避开所有战争。但如果发生的只是 19 世纪那样的战争，这段历史也会和今天记述的情况完全不同。在直觉上，我们不会相信一次偶然事件会产生如此大的影响，因为这意味着历史的走向是完全不可预测、不可控制的。这种直觉在有关战争原因的讨论中总是起着重要作用：我们或许可以说，认为暗杀事件只是既定历史进程之导火线的观点之所以被普遍接受，不是因为它符合科学规律，而是因为它迎合了人们的心理需求。比起相信偶然事件的可怕威力，说这场战争是无法避免的似乎会让人好受得多。因此，研究者尤其是德国的历史学家们讲了一个漫长而宏大的故事，故事中有如此多的因素导向战争，以致人们根本无法避开它：有人说是军国主义和帝国主义造成的；有人说是因为威廉二世时代出台了舰队政策，或是因为德国皇帝的做派愚蠢、张扬——这也正是舰队政策的特点；还有人试图证明，德意志帝国的政治、军事领袖在很久之前就有意发动这场战争，他们也蓄意挑起了冲突。从这样的视角来看，这场大战是"注定"的，而偶然出现的暗杀事件也因此显得无关紧要。

事实上，1914 年 6 月 28 日在萨拉热窝，偶然情况出现了不止一次：刚开始，一名刺客向弗朗茨·斐迪南大公乘坐的汽车投掷了一枚炸弹，炸弹碰到收起的活动车篷并反弹回去，在街上爆炸，后方车队中的 3 名人员以及几个站在街边的人都受了轻伤。但大公并未因此中断访问，而是决定一切依照相关礼节继续进行，于是他按计划乘车前往市政厅参加欢迎会。欢迎会不到一小时就结束了，随后弗朗茨·斐迪南想先去军队医院探望伤员，这就是说路线有所改变，但负责人并未与当地警察沟通此事，因此车队在警察的引导下仍按原定路线行驶。波斯尼亚和黑塞哥维那①总督暨军政府长官（Landeschef und Militärgouverneur）奥斯卡·波蒂奥雷克（Oskar Potiorek）将军发现走错方向，于是命令车队停止前进并转到正确的路线上去。谁知停车时，波斯尼亚塞族人加夫里洛·普林西普恰好就守在弗朗茨·斐迪南和妻子索菲（Sophie Chotek von Chotkowa）乘坐的汽车附近。所有刺客中只有他在首次袭击未遂之后仍不甘心，跑到车队原定的路线上蹲守，等待第二次机会。现在第二次机会来了，于是他朝停在原地的汽车开了两三枪，一枪打中大公颈部的静脉，一枪打中索菲公爵夫人的腹部。司机迅速驾驶汽车冲向军政府长官的府邸，该府邸距事发地点只有几分钟车程。一名随行人员向弗朗茨·斐迪南询问伤情，后者几次向对方保证并无大碍。然而当车队到达军政府长官府邸时，索菲公爵夫人因伤势太重已经不治；一刻钟以后，奥匈帝国王储也离世了。[8]

这时，奥地利宪兵已经逮捕了加夫里洛·普林西普。他还想朝自己开一枪，但被一个站在旁边的人阻止了。暗杀事件的案发现场人很多，十分拥挤。其实，刚开始普林西普想扔一枚炸弹，但他发现这里人挤人，连挥臂的空间都没有，所以才决定用手枪。开枪自杀的尝试失败以后，他又吞下了一颗含有毒药的胶囊，但还是不得不立马把胃里的东西吐出来，毒药也就没起作用。有的报道称，周围愤怒的人群想把普林西普往死里打，所以宪兵必须保护他的人身安全。在暗杀引发的骚乱中，有几名在凶手旁边的人也被逮捕了：暗杀事件当天的照片显示，一名身着西服并搭配背心和浅色衬衫领的青年男子被奥地利和波斯尼亚宪兵作为嫌疑分子逮捕并押走。[9]有的宪兵还抽出了军刀，以国家暴

---

① 其时为奥匈帝国属地。

力为威慑来维持秩序。[10] 我们可以认为，这些出鞘的军刀象征着一个即将结束的时代。在随后爆发的战争中，冷兵器的作用已经不那么重要了。

当然，在 1914 年 6 月 28 日，导演了这出悲剧的并不只是意外事件——决策者和负责人员因为疏忽大意同样难辞其咎。首先，大公于圣维图斯日访问萨拉热窝，而这一天正是科索沃战役 ① 的纪念日，这对于居住在波斯尼亚的塞尔维亚人来说是一种政治挑衅：科索沃战役是塞尔维亚争取自由、独立的象征，而奥地利王储在战争纪念日访问塞尔维亚有意争取的地区，这让塞族人感觉受到了侮辱。此外，当地的安保措施也做得相当糟糕：大公夫妇乘坐敞篷汽车从城市里经过，而且当局并没有实施警戒或封锁道路，只是沿途安排了一些警察执勤；虽然有的警察穿了便装，但在车队经过时还是会被认出来，因为他们按照规定必须行礼；此外，如果当局在第一名刺客投掷炸弹以后立即对其进行审讯，或许就会了解到路线上还有其他刺客。再说当局一开始就应该考虑车队被袭击的可能性，毕竟在当时，暗杀领导人和政治家

的事件时有发生。另外，奥地利政府也没有刻意要求加强安保措施，这说明他们也想从政治上迎合当地人：当时如果有皇帝来访，人们一般会在沿途的街道上安置两列士兵，但据说弗朗茨·斐迪南亲口拒绝了这样的安排。他之前还以奥匈帝国军队督察长（Generalinspektor）的身份视察了军队，但这支队伍却被留在萨拉热窝城外，以免激怒那些生活在城里的塞尔维亚人。暗杀事件后城里发生了骚乱，而当地警察已经控制不住局面：那些亲哈布斯堡（Habsburg）的天主教徒、犹太人还有穆斯林青年砸碎

---

① 1389 年塞尔维亚与奥斯曼帝国的战役。这场战役之后，塞尔维亚的力量被一步步削弱，最终奥斯曼帝国完全征服了塞尔维亚。

奥地利王储弗朗茨·斐迪南及其妻子在萨拉热窝遇刺以后，波斯尼亚与奥地利警察立即逮捕了一名男子，他们怀疑这名男子参与了暗杀行动。实际上这名男子一度试图保护刺客加夫里洛·普林西普，免得他被周围的人打死。从照片上来看，波斯尼亚安全部队的成员似乎表现得很有攻击性。①

---

① 本书插图（含地图）系原书原图。——编者注

了塞尔维亚商店和塞族人住所的窗玻璃，并且追捕那些被认为是亲塞尔维亚的人。这时军队才不得不开进萨拉热窝维持秩序。[11]

考虑到当局的疏忽大意，一时间也有人怀疑，维也纳和布达佩斯（Budapest）某些圈子的人其实是希望王储被杀的。恐怕也正因如此，弗朗茨·斐迪南之死才显得意义重大，因为这件事改变了二元帝国政治、军事领袖内部的力量对比。[12] 在当时的哈布斯堡帝国，有些民族已经表现出越来越明显的分离倾向；对于如何遏制这种倾向，帝国内部产生了很深的分歧。有人相信，只要发动一场短暂的战争就能解决问题，因为战争可以证明帝国的实力，而军队作为帝国最有效的黏合剂，其战斗力也将通过战争得以增强。这一派以总参谋长弗朗茨·康拉德（Franz Conrad von Hötzendorf）为首，他于1910年被授予男爵爵位，但一般提到他时都不加姓名后缀"冯·赫岑多夫"。他几年前就迫切要求发动预防性战争，并认为最好向意大利开战，因为意大利有意取得特伦蒂诺（Trentino）和伊斯特拉海岸（istrische Küste）①；而必要时也可以向巴尔干半岛的不安定分子塞尔维亚开战。[13] 虽然当时意大利仍与奥匈帝国（以及德国）同属一个防御同盟，但这在康拉德看来并不是问题。他关心的是利用一场规模不大的战争来振兴这个多民族帝国。与之观点相反的一派以弗里茨·斐迪南为首，认为帝国需要的不是战争，而是和平，只有在和平环境中，国家才能清除皇帝弗朗茨·约瑟夫（Franz Joseph）执政60多年留下的阻碍改革的因素。王储努力尝试与境内斯拉夫民族达成和解，这一政见的核心概念是"三元主义"，即让斯拉夫人成为帝国除日耳曼人和匈牙利人之外的第三支柱，以此抵抗泛

① 这两个地区此时都属奥匈帝国。

斯拉夫主义对帝国内部斯拉夫人的诱惑，而泛斯拉夫主义正是沙俄政府大力鼓吹的意识形态，目的是扩大其在巴尔干半岛的影响力。在哈布斯堡帝国内部提升斯拉夫民族的地位必然会导致目前二元体制中匈牙利人的势力和影响力被削弱，因此匈牙利人并不期待这样的前景。从约瑟夫·罗特（Joseph Roth）所著小说《拉德茨基进行曲》（*Radetzkymarsch*）的相关描述可以看出弗朗茨·斐迪南在帝国东部有多不受欢迎，因为他去世后，当地人公然表现得很高兴：书中的冯·特罗塔（von Trotta）少尉随军驻扎在东加利西亚省（ostgalizische Provinz），当那里的人听到王储被杀的传闻时，团里的匈牙利军官们一派喜气洋洋；后来他们有一个人解释说，他很高兴，因为"那头猪终于不在了"。[14] 弗朗茨·斐迪南在萨拉热窝被杀后，维也纳几乎没有人再提起要与斯拉夫人和解。从这时起，"鹰派"掌握了话语权。

尽管如此，暗杀事件本来并没有理由发酵成国际性冲突，因为凶手加夫里洛·普林西普是波斯尼亚的塞族人，实际上也就是奥匈帝国的臣民。然而普林西普所在的团体是从塞尔维亚的情报机构那里获得了武器和炸药，并且塞尔维亚情报机构的军官还曾经在塞尔维亚境内教这些刺客使用武器。[15] 因此，奥地利方面有理由认为是贝尔格莱德（Belgrad）① 的人策划了这次暗杀，也有理由坚持对其施加惩罚。[16] 不过塞尔维亚背后还有俄国——如果断然进攻贝尔格莱德，这位强大的保护者会不会干涉呢？目前奥地利当局还不敢和俄国正面交锋；如果要交锋，必须先确保有德意志帝国撑腰才行。

/ 036

———————————

① 塞尔维亚首都。

威廉二世和奥地利王储弗朗茨·斐迪南的私交不错。当时的人本来也期望他俩的关系能给两国的联盟带来好处。威廉酷爱打猎，他会利用宫廷狩猎的机会增进与盟友之间的信任，维护与其他王朝的关系。图为 1912 年 11 月 23 日在下萨克森州施普林格（Springe in Niedersachsen）的宫廷狩猎。

很长时间以来，柏林方面都没有兴趣专门针对巴尔干问题采取行动。1876 年 12 月 5 日，俾斯麦在国会演讲时说过一句很有名的话：巴尔干问题和东方危机只要不涉及德国的关键利益，"其价值就不及一名波美拉尼亚（Pommern）火枪手健康的四肢"。[17] 可是在 1914 年 7 月 6 日，针对强势进攻塞尔维亚一事，德国为什么给奥匈帝国开了一张可以随意支取的"空额支票"，并公开表示在针对塞尔维亚的战斗中将"忠于本国对联盟的义务，忠于两国多年的友谊，坚定不移地与奥匈帝国并肩作战"？这是研究战争短期决定因素的关键问题。这个问题可以从两种不同的视角来回答，第一种视角认为德意志帝国的这一举动以积极防御为目的，第二种视角则认为此举以进攻为目的。**主张防御的观点**认为德国政府此时之所以支持奥匈帝国，是因为维也纳的二元王朝是德意志帝国唯一值得信赖的盟友。毕竟，意大利这个同伴自从 1911 年意土战争以来已经变得十分不可靠；虽说三国同盟还有第四个秘密盟友罗马尼亚，但柏林和维也纳的执政者们也认为它对联盟的忠诚度不太靠得住。[18] 因此，在暗杀事件之后的几周内，他们没有让这两国政府参与政治磋商，也没有告知他们德奥两国下一步的行动。而罗马的政府也以此为由，拒绝承认俄国针对德国和奥匈帝国的战争在联盟条约规定的范围之内——否则意大利就必须履行相应的义务①。不过柏林和维也纳的政治家们肯定早就想到这一点了。在 19 世纪末，意大利虽然与二元帝国有领土之争，却仍然选择加入德奥两大帝国的同盟，从而把两国同盟变为三国同盟，[19] 就是因为当时意大利人更重视他们与法国的领土争端：自从法国人在北非站稳脚跟，并于 1881 年吞并

/ 037

---

① 根据三国之间的协定，如俄国攻击德奥，意大利有义务保持中立。

突尼斯以后，意大利人便担心会被邻国包围、封锁，因此向德国寻求支援。但柏林和维也纳方面只想制衡法国，并不打算支持意大利取得北非海岸的土地。所以，所谓的三国同盟并非"营利团体"。[20] 在 1882 年 5 月 20 日三国秘密缔结的"防卫与保持中立协定"中，维也纳、罗马和柏林三方约定，当法国的武装部队攻击任何一方时，其他两方应予以援助。但柏林方面十分确定，意大利是不会跟俄国作战的。所以在这种情况下德意志帝国只能依靠"多瑙河帝国"，因为德国曾试图通过各种方式和俄国或英国在政治上达成和解，但都没有成功。

另一种观点假定德国此举以进攻为目的。持这一观点的人首先认为，这是帝国巴尔干战略的一部分；德国之所以为奥地利的利益而战，仅仅是出于战略上的考量。在维也纳，很多人担心哈布斯堡帝国即将走向衰落甚至可能面临瓦解，而事实上柏林方面也有这样的担心。几年前，德国当局面对奥匈帝国和塞尔维亚的冲突还会采取克制态度，而此刻人们对巴尔干半岛上的严峻形势已经一目了然。基于形势的严峻，给维也纳开一张"空额支票"似乎是合情合理的：政府不仅希望——如皇帝威廉在 7 月 6 日所说的——沙皇"不要包庇杀害国王的凶手"[21]，更希望圣彼得堡方面摄于德国强大的兵力，能有更多人主张和解而非开战。为了防止战争进一步升级，柏林政府走了一步险棋；他们承诺帮助维也纳对塞尔维亚发动规模有限的进攻，为的是避免对俄作战，也避免战争因此而全面升级。[22]

从这种理解来看，在 1914 年夏天，德国采取这种政策是比较鲁莽的，但绝非不负责任，尤其因为如果不尽力帮助维也纳，德国也将面临许多风险。当然这些风险将体现在别的方面，不过其中最大的风险我们已经提到过，就是奥匈帝国瓦解，德国失去最后一位盟友，与此同时又未能与俄国达成长期有效的和解；这就意味着，德国将无法阻止法国与俄国联手，而这两者正是对德国形成包围的主要国家。此外，人们还要考虑到塞尔维亚有野心成为欧洲中等强国，所以无论如何，巴尔干半岛都会出现更多的危机。即使现阶段人们在政治上采取克制态度，避免了战争，但战争也随时可能因为其他危机而爆发；到那时，德国的军事（因为俄国已经开始扩充军备）和政治状况会比现在糟糕得多。人们还论证说，因为受害者是国王，所以攻打塞尔维亚不会面临太大风险：如果沙皇真的动用俄国的军事力量来包庇一个谋杀国王的凶手，那他自己的统治不也危险了吗？ [23] 当时的人确实有理由认为俄国会采取克制的态度，所以德国人相信，他们应该趁此机会给贝尔格莱德一个教训。到目前为止，帝国首相特奥巴尔德·冯·贝特曼·霍尔韦格提出的政策虽然风险较高，但似乎是挑不出什么错的——毕竟人们相信其他执政者都会理智行事，而柏林方面认为，理智对执政者来说尤为重要。

然而在这种情况下，一切都取决于维也纳能否抓住时机，迅速出击。他们必须在舆论界，尤其西方国家① 舆论界还对暗杀事件感到愤慨的时候趁热打铁，这样才能避免俄国基于自身权力欲望和泛斯拉夫主义意识形态不加限制地支援塞尔维亚。[24] 可是，虽然柏林政府不停催促盟友奥匈帝国采取行动，后者却总是借故拖延，显得犹豫不决。[25] 直到 7 月 23 日，维也纳当局才给贝尔格莱德政府下了最后通牒，要求后者在 48 小时内让奥地利官员入境并参与对暗杀事件幕后操纵者的调查；此外贝尔格莱德方面必须在全国范围内禁止任何反对奥匈帝国的宣传及煽动性言论，如有公职人员参与反奥地利的活动，政府必须开除其

---

① 书中"西方国家"主要指英国和法国。

公职并予以惩罚；政府还必须解散"民族自卫组织"（Narodna Odbrana）①，并禁止塞尔维亚学校的课堂上出现任何反对奥匈帝国的材料。[26]奥匈帝国迟缓的反应一方面是国家基本政治架构导致的，另一方面则与军队的情况有关。奥匈帝国在皇帝之下有两个权力中心，其中维也纳由鹰派主导，并且他们已经说服皇帝同意进攻塞尔维亚，然而匈牙利首相蒂萨·伊什特万（Iştván Tisza）不确定这次行动有多大胜算，所以没有立即做决定。[27]不过，奥匈帝国没有在暗杀后几天内发动进攻并不能全怪蒂萨。事实上，当时奥匈帝国军队也难以胜任这次进攻。总参谋长康拉德就认为军队要到8月12日，也就是暗杀事件发生一个半月之后，才可投入战斗。尽管奥地利的炮舰从7月28日起就持续射击塞尔维亚首都，但那不过是象征性的举动。而且二元帝国的武装部队虽说名义上由职业军人组成，可以在几天内立即投入战斗，但事实上在1914年夏天，大部分部队的成员都忙着收割庄稼，政府把他们召集起来是需要时间的。7月的前几周就这么过去了，并没有发生什么值得一提的事情。等到维也纳政府向贝尔格莱德发出最后通牒时，人们已经不认为此事与暗杀事件有必然联系，向塞尔维亚显示实力的最佳时机就这么被错过了。在现代世界，形势的发展变化如此之快，而奥匈帝国显然还没跟上速度。

---

① 即策划了暗杀行动的秘密组织。

维也纳方面又为什么非要给塞尔维亚一个"教训"呢？人们为什么认为不能仅仅处罚暗杀事件的参与者？毕竟塞尔维亚政府在奥地利下最后通牒以后已明确答复会对罪犯予以惩处。此外，为什么奥地利方面坚持本国的官员必须参与塞尔维亚境内的调查活动？这一强硬的要求最让塞尔维亚不快，所以贝尔格莱德方面在短暂的犹豫之后表示拒绝，并坚持认为塞尔维亚是独立自主的国家，有权拒绝这样的要求。[28] 相关的研究几乎都断言，维也纳方面故意提出了塞尔维亚无法满足的条件，并以此作为发动战争的借口。[29] 事实上奥匈帝国政府已经指示本国驻贝尔格莱德大使，如果奥地利官员不被允许参与调查，大使应立刻离境。大使离境就意味着奥匈帝国即将宣战。不过，既然塞尔维亚政府短暂地考虑过这一条件，就说明它并非无法满足。正相反：如果塞尔维亚当初答应了这一条件，今天我们会认为他们做出了友好的表示。

贝尔格莱德政府在这一问题上坚称，他们的国家享有独立自主权利，这对维也纳政府来说是一种冒犯；如果维也纳政府做出让步，就等于放弃了他们对西巴尔干地区的监管。虽说巴尔干半岛并非奥匈帝国领土，但在 19 世纪，它某种程度上已经成了这个二元帝国的后院，帝国在这一地区也享有某些特殊的权利。类似的情形几十年后也在其他地区出现过。我们很容易想象，如果冷战时期的两个超级大国——美国和苏联在类似情况下坚持要求进入一个可能与恐怖分子存在同谋关系的国家参与调查，而对方拒绝了他们的要求，那他们同样会对其实施军事打击。强大的帝国在这种情况下不会承认小国的独立自主权利，否则他们的霸主

奥地利皇帝、匈牙利国王弗朗茨·约瑟夫，摄于 1914 年 7 月 23 日，奥匈帝国在这一天对塞尔维亚政府下了最后通牒。截至战争爆发之际，这位君主已经在位超过 65 年，因此他也是哈布斯堡帝国仍存留于世的象征。然而，他在执政的几十年里发动的战争最终都没有给他带来多少好处。皇帝在 1914 年夏天还很硬朗，但战争爆发以后他迅速衰老，于 1916 年 11 月 21 日逝世。

地位就会面临挑战。[30] 而奥匈帝国和塞尔维亚的冲突还包含一个背景：暗杀事件只是当时的一系列政治事故之一，因为在过去的年月中，塞尔维亚一直是巴尔干半岛上不安定的政治因素，它已经一次又一次激怒维也纳政府。塞尔维亚人还公然质疑"**奥地利统治下的和平**"（Pax Austriaca），所以如果不能制服这个不安分的国家，二元帝国会担心自己的大国地位受到威胁。对于当时的形势，巴伐利亚（Bayern）代表曾在柏林总结道，1914年7月的危机对奥地利皇室来说"是命运攸关的时刻"。[31] 这种说法是非常合理的。

如果我们留意一下在1914年之前有多少次战争得以避免，我们就知道欧洲五大强国（英国、法国、德国、俄国和奥匈帝国）本来可以通过合作与相互制约来规避战争、处理冲突，而且这对欧洲的局势至关重要。[32] 这种权力制衡的局面包含了两个关键点：首先，起主导作用的是5个国家（不是4个，也不是6个）；其次，这五大强国的地位高于其他国家——虽然官方不会直接这么表示，但这是大家默认接受的。由于大国的数量为奇数，所以难以形成稳固的联盟，并且在发生冲突的时候往往都会有中立的调停人或者说"诚实的中间人"（俾斯麦语）。我们可以看到，哈布斯堡皇朝虽然在1866年的普奥战争中落败，却依然保有大国地位，这从根本上说正是因为欧洲需要奥地利作为第五大强国。另一方面，大国和小国之间的地位区别在巴尔干问题上尤为重要。自从奥斯曼帝国逐渐衰落以来，巴尔干半岛的各民族开始有机会成立自己的民族国家：最早建国的是希腊，然后是罗马尼亚、保加利亚和塞尔维亚。匈牙利的民族主义呼声也越发高涨，对此维也纳方面在1867年做出了一定让步，制定了折中方案，即以奥地利与匈牙利二元帝国取代奥地利帝国，让匈牙利人成为真正意义上的社稷栋梁。在这期间，巴尔干半岛还有一些小的民族和族群，他们暂时没有能力成立自主的国家；为了能够长期稳定发展，他们需要其他国家来维持这一地区的秩序，在一定程度上遏制持续爆发的国家间战争与内战。当时有三个国家争相扮演这种角色：土耳其人想守住先前阵地中仅剩的一点位置；哈布斯堡帝国从17、18世纪开始就取代土耳其人控制了西巴尔干地区；俄国则以巴尔干半岛上斯拉夫民族的保护者自居。二元帝国和奥斯曼帝国已经就各自的势力范围达成一致，但"多瑙河帝国"和俄国对各自势力范围的看法却存在分歧，而双方都想控制的主要国家就是塞尔维亚。

1903年，亲奥地利的塞尔维亚国王即奥布伦切维奇家族的亚历山大（Aleksandr Obrenović）被民族主义军官们谋杀，卡拉迪诺维奇家族的彼得（Peter Karadjordjević）取代他成为国王，从那以后，新政府就对维也纳和贝尔格莱德之间的地位差别提出了质疑。[33] 塞尔维亚在此时坚持认为，它与奥匈帝国处于同等地位。如果这一点得到承认，就意味着巴尔干半岛乃至欧洲的秩序会被彻底改变，小国和中等国家的政治地位将明显提升，大国在相关区域的霸权将被削弱。[34] 最讽刺的地方在于，塞尔维亚凭自身实力并不足以取得与奥匈帝国同等的地位，所以它要靠俄国的帮助来达到这一目的，但俄国本身并不打算让小国、中等国家和大国成为平等关系，他们只想确立俄国在巴尔干半岛上的霸权。到目前为止，圣彼得堡的政府在政治上轮流扶植了保加利亚和塞尔维亚为自己所用，所以1914年7月，贝尔格莱德当局十分担心，在与哈布斯堡帝国的新一轮冲突中，他们还能否仰仗俄国的帮助。圣彼得堡和贝尔格莱德都试图以对方为工具来实现自己的目的，人们无法确定，对于他们的下一步棋，对方会作何反应。俄国政府是无条件地支持塞尔维亚这个顽固的被保护人，还是与之划清界限，不容塞尔维亚过分地影响俄国政治，这在当时无论如何都是说不准的。[35] 接到奥地利的最后通牒以后，塞尔维亚与俄国商议应如何回答，这时俄国答应予以支持——可以想象，塞尔维亚人当时肯定大大松了一口气。[36]

这样一来，维也纳政府之前的筹划，即借助德国的"空额支票"阻止俄国介入奥匈帝国与塞尔维亚的冲突，就落空了。如果这时奥地利政府仍不退让，仍不满足于塞尔维亚做出的妥协——毫无疑问，这些妥协还是比较有分量的——那么危机就很有可能急剧升级。这一冲突搅动并且激化了巴尔干半岛上的纷争，它包含了两个层面：首先，双元帝国和沙俄帝国要争夺昔日奥斯曼帝国在欧洲东南部的控制权——俄奥已经与奥斯曼帝国争战了几百年，现在这个强大的帝国已经走向衰落；其次，巴尔干诸国也为争夺领土互相开战。这两个层面的冲突紧密地交织在一起，人们很难说清，最后的冲突究竟属于哪一层面。这让巴尔干地区的纷争变得十分危险：在1877~1878年的俄土战争中，沙俄首次表明它是保加利亚和塞尔维亚的保护者，此后其他欧洲强国都对俄国怀有戒心，所以巴尔干地区所有的纷争都有可能蔓延到整个欧洲。[37]

尽管俄国媒体在7月大肆宣传泛斯拉夫主义，但俄国人之所以也给贝尔格莱德开了"空额支票"，并不仅仅是为了实现这一意识形态。比泛斯拉夫主义更重要的是，俄国政府确信当时的形势不允许自己在欧洲东南部再丢面子——维也纳方面采取强硬措施，是因为担心地位受到威胁；现在出于同样的恐惧，圣彼得堡当局也否认自己在此事上还有回旋余地。[38] 无论是奥匈帝国还是俄国都对巴尔干半岛上错综复杂的形势感到力不从心，这是因为

1878~1913年巴尔干半岛的国境变化

布格河

维也纳　多瑙河　切尔尼夫齐　俄罗斯帝国

布达佩斯　德涅斯特河

奥匈帝国　敖德萨

萨格勒布　德　蒂　萨　锡比乌

劳　萨　河

瓦　瓦　河

贝尔格莱德

波斯尼亚和黑塞哥维那　罗马尼亚
自1878年起由奥匈帝国管理，　1881年成立王国
1908年被并吞　塞尔维亚　康斯坦察

斯普利特　萨拉热窝　1882年成立王国　布加勒斯特
黑山　新帕扎尔区　多瑙河　南多布罗加高地
1910年成立王国　保加利亚　1913年归罗马尼亚
瓦尔纳

亚得里亚海　卡塔罗　1908年成立独立王国

（现为科托尔）　普里兹伦　索非亚　东鲁米利亚　黑海
1913年归塞尔维亚　普罗夫迪夫　1885年　1913年
都拉斯　1915年　哈德良堡
1913年　（现为埃迪尔内）

意大利　地拉那　归保加利亚　君士坦丁堡
阿尔巴尼亚　1913年
1914年成立公国　萨洛尼卡　加利波利（现为嘉利博卢）

1881年　拉里萨　奥斯曼帝国
色萨利　爱琴海

爱奥尼亚海　1913年　士麦那
（现为伊兹密尔）

希腊　雅典

基克拉泽斯群岛

佐泽卡尼索斯群岛
1912年被意大利占领

地中海

克里特岛
1898年在土耳其统治下自治
1908/1912年试图与希腊合并

俄罗斯帝国

1878~1912年奥斯曼
帝国割让给其他国家的领土

1912年的奥斯曼帝国

1915年的奥斯曼帝国

0　100　200　300km

在 1914 年 7 月，他们无法像之前那样凭借霸权为该地区排解纷争，而且虽然当时双方仍有机会通过共同协商解决问题，但两国政府都没把握住这样的机会。事实上在这种情况下，最合理的解决办法就是维也纳和圣彼得堡越过塞尔维亚政府达成妥协。但要达成妥协，维也纳方面就必须与俄国沟通，而奥地利政府不想这么做，因为他们担心这样做等于进一步提升了塞尔维亚的地位。

俄土战争以后，针对如何解决"东方问题"，列强在 1878 年的柏林会议上达成了一致，这让巴尔干半岛的局势暂时趋于稳定。但 1885~1886 年塞尔维亚与保加利亚的战争表明，巴尔干各国之间的基本矛盾仍然存在，欧洲有必要再次召开会议，重新确立巴尔干地区的秩序，以使当地的各国和睦相处。巴尔干地区的每个国家都为居住在核心地区以外的本民族同胞制订了野心勃勃的"宏大"计划，即建立大罗马尼亚、大保加利亚、大希腊、大塞尔维亚。因此，他们之间的战争也就无法避免了。当然，这些原本都只是地区性冲突，除非欧洲强国以某国保护者的身份介入，而只要时间一长，这种情况就必然会出现。在 1908 年以后奥斯曼帝国加速衰落的这段时间里，[39] 欧洲却未能召开这第二次会议，这对欧洲来说是一场灾难。1908 年 7 月，所谓的青年土耳其党人（Young Turks），也就是一群西化的军官发动了针对苏丹阿卜杜勒－哈米德二世（Abdülhamid Ⅱ）的政变，主要目的是强迫后者恢复 1878 年解散的议会。他们这样做是为了推动奥斯曼帝国的现代化进程，阻止其进一步瓦解，但实际上这些做法反倒加速了帝国的瓦解，因为邻国想在这期间趁火打劫。所以政变发生后，这些国家开始忙个不停。首先是奥匈帝国正式吞并了波斯尼亚和黑塞哥维那二省，这二省自柏林会议以来由奥匈帝

/ 048

国管理，但原本名义上仍属奥斯曼帝国。维也纳方面同"庄严朴特"（Sublime Porte）①也就是奥斯曼政府在几番拉锯之后商定了基本的补偿金额；对此，同样觊觎着这两省的塞尔维亚却表示抗议。维也纳的盟友德意志帝国一开始虽然态度保守，但最终还是决定无条件支持奥地利。[40] 在这一语境下，帝国首相伯恩哈德·冯·比洛（Bernhard von Bülow）率先提出了一个臭名昭著的说法，即德国对"多瑙河帝国"的忠诚是"尼伯龙根式的忠诚"（Nibelungentreue）②。这话听起来让人胆寒，却在无意中说出了事情的关键——柏林已经越来越依赖维也纳的二元王朝，而帝国首相的话只是将这种依赖性伦理化、艺术化。[41] 头脑清醒的人必定能看出，这对盟友从此就在一条船上，荣辱与共。

奥匈帝国并吞波斯尼亚和黑塞哥维那引发的危机（简称"波斯尼亚危机"）可能导致巴尔干地区的冲突升级为欧洲大战，而这种危险之所以得到化解，是因为圣彼得堡政府对塞尔维亚表示，如果爆发战争，俄国不会支持塞尔维亚，所以塞尔维亚只好收敛野心。俄国当局这么做，相当于承认在对日战争失利、国内爆发 1905 年革命以后，它此刻无法再为塞尔维亚提供保护，而且不得不暂时放弃称霸巴尔干半岛的野心。俄国媒体形容俄国的这一回应为"外交上的对马岛（Tsushima）战役"[42]，因为 1905 年日本军队在对马岛全歼俄国的舰队。历史学家康拉德·卡尼斯（Konrad Canis）称德奥在 1908 年取得的是"皮洛士式

----

① 伊斯坦布尔托普卡帕宫（Topkapi Palace）的大门，是奥斯曼帝国中央政府的象征。也译为最高朴特、高门。

② 即绝对的忠诚。在《尼伯龙根之歌》中，这种忠诚最终招致灾难与毁灭。

的胜利"①。⁴³在某种程度上，波斯尼亚危机是后来所有危机的源头。它让德奥两国的联盟变为进攻同盟，从而对巴尔干半岛产生了广泛而深远的影响。⁴⁴而1907年英法同盟扩大为英法俄三国协约集团以后，俄国利用法国的投资修建铁路一事也起到了类似的效果：法国的投资提升了俄国实施军事进攻的实力，事实上也就把防守同盟变为进攻同盟。⁴⁵如此一来，要遵照原则限制地区性冲突已经越来越难了。

如果我们先集中关注德国和奥匈帝国，就很容易看出巴尔干半岛的形势变化对欧洲的政治局势产生了哪些影响——它的影响远远超过大战爆发前几年里已经停止的德英海上军备竞赛，也超过1905~1906年与1911年的两次摩洛哥危机（其间法德在非洲争夺势力范围）。即便是为了阿尔萨斯—洛林（Elsass-Lothringen）地区，法德之间也不太可能在1914年爆发战争。历史学家在分析战争爆发原因时总是对海上军备竞赛极为重视，却忽视了巴尔干半岛的形势变化。事实上，1914年夏天德国与英法的关系已经缓和，只不过人们在回顾历史时将它们之间的冲突着意刻画成战争爆发的原因。但如果不是因为巴尔干半岛的形势发生变化，这些冲突或许并不会引发什么后果。

从1912年的第一次巴尔干战争就可以看出巴尔干地区的纷争有多么激烈。1911年9~10月，意大利军队在奥斯曼帝国的黎波里塔尼省（Tripolitanien，今利比亚西北部）登陆并占领了最重要的港口和交通枢纽，此事虽然发生在巴尔干半岛往南几百公里的地方，却成为战争的前奏。土耳其人不愿不加抵抗就放弃

/ 050

---

① 皮洛士（Pyrrhus）是古希腊伊庇鲁斯国王，曾率兵与罗马交战，在付出惨重代价以后打败罗马军队。"皮洛士式的胜利"即以惨重代价取得的得不偿失的胜利。

这块领地，所以战火烧到了欧洲大陆上仍属奥斯曼帝国的领土，而且爱琴海上还发生了海战。[46] 原本的地区性战争眼看就要升级，这主要是因为维也纳方面担心意大利想夺取对阿尔巴尼亚沿岸地区的控制权。哈布斯堡帝国在地中海沿岸的海岸线较长，帝国的舰队就驻扎在这里，这支舰队当时已经相当强大，[47] 维也纳方面担心意大利会封锁奥特朗托海峡（Str. of Otranto），阻止奥匈帝国进入地中海的其他区域。不过罗马政府很聪明，没有公开与维也纳发生冲突，而是仅仅占领了如今属利比亚的地区。在1912年10月18日签订的《洛桑和约》中，土耳其将该地区转让给意大利。

意土战争进一步暴露了土耳其的弱点，于是各国开始争夺奥斯曼帝国在欧洲东南部剩余的领地，即阿尔巴尼亚、色雷斯（Thrace）和马其顿。1912年春季，希腊和黑山加入了由塞尔维亚和保加利亚组成的巴尔干同盟，该同盟率先出击，在意大利与土耳其签订合约的前几日派兵袭击奥斯曼帝国并打败了该国军队，瓜分了奥斯曼帝国在欧洲的领地，只留下一小块细长形状的土地。[48] 当塞尔维亚部队行进至阿尔巴尼亚的都拉斯（Durazzo）港口时，奥匈帝国又一次认为它在亚得里亚海岸的地位受到了威胁：他们担心俄国的战舰会进驻此处的海湾，这样万一开战，俄国有可能以此为基地，增加一条针对哈布斯堡帝国的战线。[49] 皇帝威廉在犹豫过后决定答应予以维也纳无条件的支持，且不排除对俄国开战的可能性。[50] 但这场战争到底没有爆发，因为英国政府不打算支持俄国——这等于帮了德国一个大忙。没有英国撑腰，俄国只好和1908年一样作罢，这样塞尔维亚也只好作罢，所以维也纳和贝尔格莱德之间的和平得以暂时维持。[51] 然而保加利亚认为塞尔维亚在瓜分奥斯曼帝国领土时占了便宜，于是索非亚（Sofia）政府在几个月后也就是 1913 年 6 月 29 日发动了第二次巴尔干战争。不过事实证明，保加利亚军队的实力比不上塞尔维亚和希腊的联合部队，何况有罗马尼亚同时从北侧进攻，而最后土耳其人也趁此机会夺回了之前被保加利亚瓜分的部分领土。[52]

两次巴尔干战争以及此前的意土战争对第一次世界大战的爆发起了决定性作用。首先，对贝尔格莱德来说，经过这几次战争，"大塞尔维亚"理念在政治上更受推崇了；其次，军事同盟的形势也发生了变化，因为这几次战争导致意大利和罗马尼亚脱离了同盟国；此外，基于这番经历，俄国内部反对德国的党派强烈要求俄国在下一次冲突中不能再退缩，必须抗争到底。然而德国和英国却错误地以为总体局势已经缓和，以致他们在 1914 年7 月的反应过于迟缓，也过于草率。[53]

之前面对类似的冲突，德国政府会警告维也纳方面不要轻举妄动，那么后来德国政府又为何决定无条件支持奥匈帝国对抗塞尔维亚和俄国呢？如果德意志帝国当时并没有打算主动发起战争来满足扩张的野心，那么这一问题最终取决于帝国在大战开始之前——用国际政治学现实主义学派的话说——是遵循**防御性现实主义**（defensive realism）原则还是推行**进攻性现实主义**（offensive realism）政策。[54]

如果说德国的巴尔干政策遵循的是**防御性现实主义**的原则，那么德国当时所有的声明以及开出的"空额支票"都是为了维护奥匈帝国的大国地位并维持现状，因为柏林会议确立的秩序已经逐渐失效，而且如上所述，巴尔干半岛上的权力结构已经发生了根本性变化。[55] 与此相反，如果说德国的巴尔干政策遵循了**进攻性现实主义**原则，那么帝国改变立场、不惜与俄国开战乃是为了改变目前欧洲各国结盟的情况，或是为了谋求在巴尔干地区的政治、经济利益。第一种可能性，即德国想改变欧洲各国结盟的情况，具体是指帝国首相冯·比洛想利用波斯尼亚危机来摧毁俄国、法国和英国之间的协约关系，所以他促使巴尔干半岛的这次冲突升级，因为这其中牵扯到俄国的利益，却并不涉及英法的利益。在这种情况下，德国可以确定奥匈帝国会支持自己（别的情况下就很难说）。而法国和英国在这种情况下则必须考虑，是否要为了俄国在巴尔干地区的利益卷入一场后果不明的战争。此外，如果俄国在战争中取胜，其权利范围就可以到达地中海，这也和英法的利益相冲突。[56] 考虑到当时的地理政治局势，说德国制定了这样的战略方针也是有一定合理性的，所以理论上我们不能完全排除这种可能。但德国政府做决定时犹豫不决的态度则表明，这并非既定的基本战略方针。恰恰相反，奥地利外交部部长阿洛伊斯·莱克萨·冯·埃伦塔尔（Aois Lexa von Aehrenthal）在波斯尼亚危机之前还曾试图与俄国密切合作。[①][57]所以说，当时德国仅剩的盟友要么已经靠不住，要么就是成了德国的负担，因为它将德国卷入了一些对德国没有好处的冲突。[58]

虽然从**政治**战略的角度无法证实德意志帝国当时推行**进攻性现实主义**政策，但我们还要考虑德国有可能为了**经济**利益这么做。伊曼纽尔·盖斯（Immanuel Geiss）就试图证明这一点，所以他同时考虑了德国在中东地区的利益，指出德国之所以改变对巴尔干地区的政策，是因为它想把德国—奥地利的铁路网与土耳其的铁路网连接起来。当时，德国人在奥斯曼帝国境内加紧建设巴格达铁路，并且已经取得了美索不达米亚省（Provinz Mesopotamien）的石油开采权。唯有将巴尔干半岛尤其是塞尔维亚置于控制之下，才能确保柏林和巴格达之间铁路畅通，这样英国人就不能通过封锁地中海或北海（North Sea）来阻断同盟国的运输线路。[59]这就是说，德国政府支持维也纳不是为了拯救哈布斯堡帝国，而是为了提前占据尽可能好的地盘，以便在它瓦解之后瓜分更多利益。这样的解读当然纯属后人推测，因为其中的某些概念其实是一战期间才出现的：在1908年，人们还想象不出如果欧洲发生战争，土耳其会采取什么立场，也不知英国的海上封锁为何物、有何影响。毫无疑问，德国政府很清楚铁路的

---

① 奥地利外交部部长曾与俄国外交部部长达成秘密协议：俄国同意奥匈帝国并吞波斯尼亚—黑塞哥维那，奥匈帝国则给俄国别的好处，后来合作失败。但这也意味着并吞计划曾在某种程度上得到俄国的支持，所以德国想利用波斯尼亚危机对付俄国的观点说不通。

战略意义，而且从某种角度来看，巴格达—柏林铁路对德国的意义类似于俄国的西伯利亚大铁路。但要确保柏林和巴格达之间铁路畅通，德国并不需要依赖塞尔维亚，而只要在政治上和保加利亚搞好关系就行了。德国的经济政策也表明它并非如有些人认为的那样，对塞尔维亚野心勃勃：1906 年，维也纳方面禁止从塞尔维亚进口猪肉，以此向贝尔格莱德施压，此时德国迅速代替奥匈帝国成为塞尔维亚的新主顾。在第一次巴尔干战争结束时，维也纳方面要求限制划分给塞尔维亚的领土面积，而德国拒绝了这一无理要求，且表示维也纳方面只能提出政治上可满足的要求。[60] 正是在此前提之下，英国对俄国表示不介入战争，于是眼看就要升级的冲突得以化解。

上述事实都不支持"德国的巴尔干政策具有进攻性"这一观点。柏林方面的表现更像是针对每一件事分别决策，而并未遵循一个更高的目标，也没有所谓**宏大的战略计划**。所以德国其实有办法与英国联合，阻止冲突升级。在这样的背景下，我们更要追问，这种方法在 1914 年 7 月为什么没有再次生效，各方为何不能借助政治手段再次阻止奥匈帝国和塞尔维亚之间的矛盾升级。

德国和英国在第一次巴尔干战争后成功联手阻止了战争升级，人们由此希望今后欧洲大陆上的冲突也都能得到抑制。总的来说，我们可以把1911~1914年这段时间视为欧洲政治上较为缓和的时期，因为两大同盟国和三大协约国的内部关系都开始松动，人们感觉欧洲各国合作的时期又要到来了。[61] 当时可能只有俄国是个例外。欧洲各国的执政者显然都认识到，当前的局势如果任其发展必定十分危险，所以他们试图借助多种措施加以调控，以避免两个大国之间发生重大冲突，这样做也是为了防止大战爆发。当时的条件其实有利于柏林和伦敦在互相信任的基础上展开长期合作，因为无论是帝国首相贝特曼·霍尔韦格还是英国外交大臣爱德华·格雷爵士（Sir Edward Grey）——他是英国内阁中强有力的人物——都有意平衡两国的利益。[62] 虽说1912年英国战争大臣理查德·霍尔丹（Richard Haldane）访问柏林时双方未能就海军问题达成协议，因为英国方面无法接受德国提出的条件，即将两国大型战舰的数量对比控制在3∶2，[63] 但双方还是就殖民地政治的问题达成了一系列共识，这些共识也成为未来解决其他问题的基础。

出人意料（而且需要加以解释）的是，正是在这一局势缓和的时期之内，发动预防性战争的想法在德国总参谋部却愈来愈受重视，最终总参谋部的大多数人都认可，这样一场战争必须在1916年或1917年之前发动，因为在那之后，法国将延长公民服兵役的时间，俄国扩充军队的计划也告完成，所以德国的双线作战计划将难以成功推行。[64] 也就是说，对德国的将军们而言，是否发动预防性战争已经不是问题，问题只是**何时**发动。当时各国更倾向于谋求政治和解，总参谋部却认定德国如不主动出击就会面临某些威胁，这种观念看上去很不合时宜。它似乎主要在德国出现，而且出现得很突然，但我们如仔细观察就会发现，这种观念的基本形态也曾出现在所有后来参战的国家。对德国来说，它产生的根源在于政治领袖和军事领袖之间缺少协调和沟通，而这些问题是俾斯麦的帝国宪法和威廉二世的执政风格造成的，因为这部宪法和威廉二世都不承认军事应从属于政治。而从军事战略的角度来看，德国与英国关系趋于缓和，或许也导致德国有意对法国或俄国发动预防性战争，因为英国参与欧洲大陆战争的可能性越小，德国（联合奥匈帝国）进攻法国和俄国的胜算就越大。

虽然德国总参谋部主张发动预防性战争，但我们显然不能认为它就是德国政治的总体方针。在 1914 年以前，所有国家总参谋部的情况都差不多：他们都在评估，如果*即刻*发动战争，双方军力的对比如何；如果*迟一些*发动战争，双方军力的变化会对结果产生什么影响。如果结论是现在发动战争比以后发动胜算更大，那么军事家的逻辑就会认为，如果真要发动战争，就必须尽快行动。不过这一建议的条件是"*如果真要发动战争……*"从这个角度来讲，就连小毛奇（Helmuth Johannes Ludwig von Moltke）[1] 在谈及战争时多次提到的"越快发动越好"也不过是一种假设性的说法，而不是非发动不可。在这句话中，总参谋长明确表示，时间拖得越久，德国两线作战的胜算就越小。所以关键问题就是：这种针对军事形势的专业性评估如何影响了政治家们对总体局势的评估？

100 年后，我们回顾这段历史时可以认为，战争开始之前

———————

[1]　老毛奇的侄子，当时的总参谋长。

的几年里，德国（但不仅限于德国）国内针对国际关系问题存在"对立"与"合作"两种观点，两者相持不下。不过领袖们在决策时并非总是立场清晰、始终如一。比如贝特曼·霍尔韦格就不是单纯的合作派，小毛奇也不是纯粹主张对立。实际上，当时相持不下的是两种解释模式，也就是说，人们是从"合作"还是"对立"的角度阐释各个事件和局势变化。"对立"的解释模式严格区分胜利者与失败者，认为只能有一个胜利者；而"合作"的解释模式则认为，在特定形势下，双方是有可能共同获利的（形成双赢的局面）。如要将"合作"的观念付诸实践，前提自然是双方相互信任，而"对立"的解释模式则不涉及信任的问题，相反，它正是建立在双方相互不信任的基础上。虽说"合作"的解释模式也能满足人们的心愿和希望，但"对立"的解释模式从不让人失望。"合作"的观点为人们描绘了繁荣发展的前景，承诺限制军费支出，并从根本上反对"国家的崛起与衰落首先由战争决定"这一说法。而"对立"的解释模式恰恰以这一说法为基础，认为必须时刻为战争的爆发做好准备，因为最终唯有战争能决定一个国家或民族的地位。

/ 058

这两种**解释模式**在不同程度上左右着执政者的看法，并由此一步步转化为特定的**行动模式**，而执政者所做的决策、所采取的措施都以这些行动模式为指导。受"对立"世界观影响最深的，是那些信奉社会达尔文主义核心理论的人。这种理论当时在欧洲被奉为"现代思想"，它认为人类社会的事情由最强、最能干的人说了算，弱者则将走向衰落并被历史淘汰。[65] 在德国，人们由这一说法联想到斯拉夫人和日耳曼人几百年来争夺欧洲中部控制权的较量，[66] 并认为这一较量现在已经到了最后也是最关键的阶段。不过，在威廉二世时期的德意志帝国，信奉社会达尔文主义的人未必会反对德国与英国密切合作，正相反，他们更倾向于建立所谓的"日耳曼帝国"的联盟，联盟成员除了德国和英国，还有美国，这样三国就可以联起手来，要求全世界其他各国顺从自己的意志。在这里，战争虽然也被看作淘汰机制，但它不一定发生在国家之间，而是可以发生在不同的大国集团之间，或者不同的"文明"之间。所以从宏观层面来讲，"对立"的解释模式也包含了许多合作的元素，这样，各方零散的力量才能团结起来，迎接在世界历史上的一场大决战。

退到更为具体的政治层面上说，"对立"与"合作"的主体是国家，而非"种族"或不同的文明，并且每个国家都要依据本国的基本方针采取行动。在这个过程中，意识形态的作用很有限：这首先涉及古老的"安全困境"（security dilemma），也就是说，各方如果能在合作中互相信任，就都可以实现利益最大化，但参与者面临的风险是，某一方可能会利用他人的信任来伤害或欺骗他们。在这一层面上，政治就如同一种游戏，它的参与者要在不同选项中做出选择，目的是尽可能巧妙且有远见地保障自身利益。参与者无论更倾向于合作还是对立，都不可能自始至终只采取一种行动模式。更合理的情况是，参与者会观察其他人的行动，也观察自己的举措产生了何种结果，然后决定是维持原来的战略计划，还是稍做调整，还是修改或更换计划。博弈理论认为局势会因此变得清晰，但现实情况却充满了不确定性，例如，只要对对方的某一步棋产生误解，我们最后对局势的解读以及采取的行动（合作或对立）就会完全不同。所以我们需要有一定的"不确定性容忍度"（ambiguity tolerance），这样才能坚持从合作的角度看问题，并且以此为准则确定自己的战略计划。[67]

联系具体事件来说就是，贝特曼·霍尔韦格比他的前任们更执着于与英国合作，但他的"不确定性容忍度"却很有限（其他政治家也多半如此，在这方面他们和知识分子不同），而小毛奇从根本上讲更倾向于"对立"的世界观，并且他已经瞄准了法国和俄国。我们可能会认为这是帝国首相和总参谋长职能上的区别造成的，而国家可以从中选择最优的方案。但问题在于，他们都在各自不同的领域里活动，当时的制度不会要求他们相互配合。更严重的是，人们更容易对帝国首相而不是总参谋长感到失望。已经有现象表明，在小毛奇与贝特曼·霍尔韦格、对立式思考模式与合作式思考模式的较量中，小毛奇和对立式思考模式将会胜出。要避免这样的结果只有一个办法，就是在小毛奇胜出之前让大家看到，合作能带来更大的利益。

/ 060

自然也有人认为合作式思考模式应该得到贯彻，这主要是因为他们认识到，"对立"世界观和行为方式可能带来严重后果。曾率兵在克尼格雷茨（Königgrätz）战役和色当（Sedan）战役中取得胜利的传奇统帅赫尔穆特·冯·毛奇，也就是老毛奇，曾经于 1890 年 5 月 14 日在帝国议会发言，他在发言中警告人们要防止欧洲大陆上出现新的战争："这些都是欧洲最强大的国家，他们将以前所未有的规模扩充军备，相互开战。像这样的国家你不可能只用一两场战役就把它完全打败，以致它不能再重整旗鼓——哪怕只是让它一年后再重新开战。我的先生们，这样的战争可能持续 7 年，可能持续 30 年。在欧洲纵火的人，把导火线扔进火药桶的人，你们有祸了！"[68] 这段话之所以值得关注，也是因为老毛奇自己在 10 年之前曾对瑞士法学家约翰·卡什帕·布伦奇利（Johann Kaspar Bluntschli）说过，永恒的和平是"一个梦想"，而战争是"上帝所定之世界秩序的一部分"，并且在战争中，士兵"要投入生命，所以'勇往直前、舍弃自我、忠于职守、甘愿牺牲'这些人类最高尚的美德"都将得到体现。"如果没有战争，世界将会陷入物质主义的泥沼。"[69]而在目睹政治和科技方面的最新发展之后，老毛奇显然改变了他的看法。

德国社会民主党领导人奥古斯特·倍倍尔（August Bebel）在1893年2月3日的帝国议会发言中则说得更加明确，他描绘了欧洲大战可能带来的一系列后果："大批大批的企业集体破产，其中的成千上万家都化为乌有，那些最大的企业也因为缺少业务而倒闭，粮食供应不足造成粮价飞涨，最终战场上出现了震惊整个欧洲的集体大屠杀，到那时，我的先生们，你们算是成功铺平了那条路，它可能会一劳永逸地让你们的社会走向毁灭。"[70]而5年前弗里德里希·恩格斯就写道："那时会有800万到1000万的士兵彼此残杀，［……］我们在商业、工业和信用方面的人为的运营机构会陷于无法收拾的混乱状态，其结局是普遍的破产；旧的国家［……］被摧毁，以致王冠成打地滚落在街上而无人拾取［……］。"[①71]在那些可能与德国开战的国家，战争开始之前的几年里也曾有人发出警告。比如波兰银行家约翰·冯·布洛赫（Johann von Bloch）撰写了有关现代战争的6卷研究作品，在其中深入探讨了战争给经济和社会带来的灾难性后果；英国记者拉尔夫·诺曼·安杰尔（Ralph Norman Angell）在1909年出版了《大幻觉》（*The Great Illusion*），这本书很快被翻译成15种语言，安杰尔在书中阐释了为什么在这样的战争中没有赢家，

---

① 恩格斯《波克罕〈纪念1806年到1807年德意志极端爱国主义者〉一书引言》，《马克思恩格斯文集》第四卷，中共中央马克思恩格斯列宁斯大林著作编译局编译，人民出版社，2009，331页。

各方都是输家。[72] 也就是说，当时的有识之士曾警告过人们不要不加防范地让"对立"的行为模式主导一切。

总参谋部的设想与此相反，他们主要认为战争的时间可以被缩短，而且大决战对局势的影响举足轻重。这些设想原本属于机密，却被一系列军事作家公开并为大众所熟知，他们的目的是防止公众受到日渐高涨的和平主义思潮的影响。[73] 他们认为科技发展并不意味着一旦发动战争，现代社会就会迎来末日，反而意味着和以往的战争相比，我们可以在更短的时间内决出胜负。当时的空军部队主要由齐柏林飞艇（Zeppelin）而不是飞机组成，人们寄希望于这些无坚不摧的部队可以在很短时间内将对手打倒，这样就可以尽可能减少己方的损失，也不会对社会和经济造成严重影响。[74] 当时的人考察战争的经济社会后果以及武器装备的更新换代情况，不会总是得出同样的结论，而得出什么结论往往取决于他们主要受哪个因素影响，或者优先考虑哪个因素。

/ 062

/ 是德国的军国主义促成了战争爆发吗？

有许多人研究了第一次世界大战的政治和历史文化背景，他们所著的大多数文章都认为，当时有不少德国作者写文章指出在欧洲发动大型战争是可行的，这正是帝国时代尚武思想盛行的明证。然而这些文章只是当时大论战的组成部分，而在这场论战中，那些赞成发动战争的人无一例外全部处于守势；越来越多的人认为欧洲大战让人无法接受，除非人们想亲手毁灭这片大陆。正是在这一背景之下，战争辩护士们的语气才显得激动不安、咄咄逼人。

这一问题之所以值得关注，主要是因为长期以来的研究都一边倒地认为，军国主义思想对1914年以前的德国政治产生了重大影响。[75]但单纯从数据来看，这样的指责是不成立的。如果我们汇总当时欧洲各国的军费支出，或者按各国人口计算出人均的军费支出，以此量化各国受军国主义影响的程度，并将这些数据加以对比，就会发现德国在这方面的表现并不突出。德国军队的人数规模属于一般水平，在有兵役义务的公民中，被征召的比例不算高。[76]从军队人数规模来看，当时欧洲军事化程度最高的国家是俄国，从被征召的比例来看则是法国。[77]1906年，奥匈帝国士兵人数占总人口的0.29%，俄国为0.33%，德国为0.47%，法国为0.75%。[78]也就是说，从人口的军事化程度来看，作为同盟国的奥匈帝国和德国要比法国和俄国弱得多。而就国防支出的比例而言，德国与其邻国相比也不是军事化程度特别高的国家。1913~1914年，德国军事方面的支出占国民生产总值的3.5%，在法国这一比例为3.9%，俄国为4.6%。[79]或许人们还会说，德国在当时拥有全欧洲最训练有素、装备最精良，因此战斗力也最强的陆军。[80]然而国家具备这一优势的前提是长期严格训练军队，并且推动技术创新，而帝国为此投入的钱其实很少。

人们之所以一直指责德国尤其是普鲁士奉行军国主义政策，还以之为世界大战爆发的原因之一，是因为军事事务在德国很受重视，在社会上也被看作优先事项。说到底，资产阶级的重商主义或者民主革命都未能帮助德国战胜国内国外的阻力，实现统一；帝国得以建立靠的是三场战争：1864 年因石勒苏益格（Schleswig）公国归属问题爆发的普丹战争，1866 年对奥地利皇室、德国南部诸亲王以及汉诺威王国统治者韦尔夫家族（Welfen）的战争，还有 1870~1871 年普鲁士与德国南部诸邦的联军针对法国拿破仑三世的战争。[81] 因此，德国不管上层阶级还是资产阶级内部都深感军队乃国家统一之保障：在政治性庆祝活动中，军队和退伍军人团体都是主角；家族成员获得军衔，家族社会地位的提升才算得到承认。[82] 宫廷画家安东·冯·维尔纳（Anton von Werner）创作的德皇在凡尔赛宫镜厅登基的油画如同纪念碑一般令人印象深刻，这幅画同样体现了军国主义的精神，因为画中前来向威廉一世皇帝（Kaiser Wilhelm I）朝贺的人全部身着军装。[83] 从这幅半官方的画作来看，在德意志民族国家建立的过程中积极出力的不是资产阶级，不是工人阶级，甚至也不是农民；只有军人，特别是高级军官，才是真正的社稷栋梁。这幅画隐含的意思是，在局势急转直下的时候，统治者们能依靠的只有军队。

普鲁士的外交仪式也体现了他们对军国主义精神的推崇。在这些仪式上，即便是退役的将军也要排在重要的神职人员前面，而紧排在大学校长后面的是中校。[84] 所以每位德国首相都必须成为军官，这样，正式场合才不至于站在军人队伍的末端。一般有两种情况：有的首相本身就是将军，比如莱奥·冯·卡普里维（Leo von Caprivi）；有的首相比如贝特曼·霍尔韦格，论军职只是二等兵，但在被任命为首相的同时也被擢升为中将。也正因如此，首相在正式场合都必须着军装。俾斯麦就因为在正式场合经常穿一件哈尔伯施塔特重骑兵（Halberstädter Kürassier）制服，而被特奥多尔·冯塔纳（Theodor Fontane）①称为"硫黄色人"（der Schwefelgelbe）。[85] 冯塔纳虽对俾斯麦充满钦佩，这一调侃却让人不由联想到俾斯麦恶魔般的一面，且表明作为自由资产阶级，冯塔纳对无所不在的军事力量是敬而远之的。这种敬而远之的态度虽然并没有什么了不起，但它和德国人对军国大业的偏爱恰成对比，两者都是帝国政治心态史的一部分。也就是说，普鲁士社会内部不可能是整齐划一的，在某些地方一直有人对军事行动持批评、疏离的态度。普鲁士莱茵兰地区的态度（直到今天，那里的人都特别讨厌在狂欢节穿上制服扮成军人）就和易北河东部地区截然相反。此外，社会阶层也是影响因素之一，比如小资产阶级就对军事力量尤为痴迷。如果你熟悉马克思对波拿巴主义的分析，就知道这种情况并非德国所特有。他的分析认为，拿破仑三世的政权以阶层下降之民众为依托，因为这些人希望自己的社会和经济地位得以提升，好与资产阶级抗衡，而他们视皇帝和军队为实现这一希望的保障；拿破仑三世尤其依赖耕种小块土地的农民家的第二个儿子，因为这些小伙子都远离家乡狭小的生活空间与社会空间，在军队里服役。

不过，在威廉二世时期的德国，军队制服也是传统军事精英区别于社会大众的标志。一部分资产阶级以穿上少尉制服为志向，这让旧式贵族觉得很不自在，所以他们坚持军官集团成员只能是贵族。[86] 他们特别不能接受德国要面向全社会征兵；他们

① 19世纪德国杰出的批判现实主义作家。

担心这会导致军官集团资产阶级化，而士官阶层则可能在不知不觉中"社会民主主义化"。[87] 后来的普鲁士作战部部长（Kriegsminister）卡尔·冯·艾内姆（Karl von Einem）在 1899 年就反对德国参加欧洲的总体军备竞赛，原因是这样做可能会毁掉军队"健康"的组织形式。[88] 他的继任者约西亚斯·冯·黑林根（Josias von Heeringen）也在 1912 年反对总参谋部提出的扩充军队人数的要求，因为在他看来，这意味着精英部队走向终结。[89] 有趣的是，法国的共和主义不遗余力地宣扬社会大众均可成为英雄——这一理念在 1789 年革命后应运而生[90]，而德国的社稷精英却在关心他们承袭的特权。20 世纪初，法国训练资产阶级士兵取得的成果较德国更为显著。对普鲁士贵族而言，参军是一种生活方式，他们以此显示自己的社会地位与众不同，试图通过这种方式抵制迅速传播的资产阶级生活观，尤其是大多数人对金钱的重视。面对本阶级的衰落，军队就是贵族们退守的阵地。有的贵族幻想着通过一场速战速决的战争为资产阶级的凯旋高歌画上休止符，阻止其价值观的传播；不过大多数贵族只想在军队找回他们在资产阶级世界业已丧失的声望。

/ 066

/ 067

前面提到，德国人对是否大规模扩充军队存在分歧，而这一分歧还涉及另一问题，即德国军国主义在 1914 年以前已经开始转变。军队大总参谋部的军官们认为至少还要建 3 个军团，因为这样才能主动发起双线战争；但普鲁士作战部的军事领袖不赞同，因为他们要确保军队以贵族阶层为主。军队大总参谋部的规划者们视军队为对外战争的工具，而普鲁士作战部的军官们则认为，在必要的时候，军队也要参与内战。因

帝国首相特奥巴尔德·冯·贝特曼·霍尔韦格在柏林动物园骑马散步（摄于1915年）。在正式场合，贝特曼穿的是普鲁士将军的制服。不过，时常骑马散步也是贵族体现自身身份的方式之一，而穿不穿军装对此没有影响。

此，伯尔尼（Bern）①的军事历史学家斯蒂格·弗尔斯特（Stig Förster）指出德意志帝国当时存在"双重军国主义"（doppelter Militarismus），即传统的普鲁士军事精神和"新右派"（neue Rechte）②军事精神。后者并不认为战争是无法避免的祸事，他们视战争为一种手段，它将让民族变得足够"成熟"，从而帮助民族实现宏大的国际政治目标。[91] 对新右派而言，战争是"民族一体化"这一意识形态的核心要素，因为唯有通过战争，民族才能紧密联结为一个坚不可摧的整体。[92]

在弗尔斯特看来，1908 年埃里希·鲁登道夫被任命为军队大总参谋部训练与动员处处长（Aufmarschabteilung）时，这种新式的军国主义就渗透进了军队大总参谋部；1918 年后鲁登道夫提到，现代战争必须当成"总体战"（totaler Krieg）来打，因为总体战可以被看作"民众求生意愿最高层次的体现"，[93] 这一说法也和上述的新式军国主义思想紧密相连。弗尔斯特认为鲁登道夫是"资产阶级军国主义"的代表，但事实上在 1914 年之前，鲁登道夫由于立场极端，在某些资产阶级的圈子里是不被认可的；这些资产阶级更看好皇帝，因为皇帝热爱德国"闪着微光的武器"（schimmernde Wehr）。他们满怀憧憬，希望可以获得与贵族同等的参军机会，并且为强大的陆军和极具威慑力的舰队感到自豪。他们赞同克劳塞维茨所说的，战争是政治不可或缺的工具，并认为它在某些情况下有助于实现民族振兴，而且这样的目的是符合道德的；但很少有人真的认为，为了战争可以牺牲一切。[94] 就算这些圈子里的人滔滔不绝地鼓吹说，战争实乃永恒的生命之律，在战争中人类之美德与最崇高之精神可得彰显——他

/ 070

---

① 瑞士联邦政府所在地
② 这一概念现在一般用来指 20 世纪 60 年代出现的思潮，需要加以区分。

威廉皇帝（右侧着浅色大衣、手持指挥棒者）指挥的军事演习常让人提心吊胆。在每年专为皇帝举行的军事演习（Kaisermanöver）中，他总是希望以骑兵团的大规模袭击作结。总参谋长赫尔穆特·冯·毛奇（小毛奇，右二，站在皇帝身后紧挨着他的位置）在1905年被任命时曾提出条件，让皇帝不要干涉军事演习。这幅照片却显示皇帝

站在指挥官的位置，手中所执之物近似元帅权杖（Marschallstab），总参谋长在旁边协助，其他军官几乎是充满敬意地和他保持恰当距离。左边身材高大的军官（左二）是尼古拉（Nicholas Nikolaevich Romanov）大公，他在 1914 年成为俄军总司令。

们指的也不过是历时较短的战争，即 1866 年和 1870~1871 年那样的战争。那时，胜负可以在战场上直接见分晓，双方不必像后来那样，要经历漫长而艰辛的较量才分出胜负，而且结果取决于哪一方能调动更多的经济资源。[95] 鲁登道夫的"总体战"构想严格说来是在一战期间经过打磨形成的，但他早在 1914 年以前已有相关的想法，其中就包括上文提到的疲劳战术，而且他不认为国家要通过精打细算减少战争带来的损失。总体战的构想属于 1914 年以后才得以充分实施的极右思想，也是后来魏玛共和国衰落的原因之一。值得注意的是，1913 年鲁登道夫被调离总参谋部。按照他自己的说法，这是因为他提醒所有人为一场无法避免的战争做好准备，所以上面故意让他"坐冷板凳"。（其实，他被调走有可能是因为他生硬乃至粗暴的行事风格让他树敌不少。）[96]

不过说到底，以贵族精英为代表的旧式军国主义对德国军事战略计划还是产生了决定性的影响。由于普鲁士作战部的反对，德国面向全民的义务兵役制（要求征召人数略高于应服役人数的 50%）实际上并未得到实施，所以战争爆发时，德国的准备很不充分：[97] 首先弹药储备就不足，原料和粮食更不必说，而且军队人数也不足以发动一次有取胜把握的大型进攻。在这种情况下，德意志帝国的所谓军国主义根本无从说起；何况德国的军国主义已经分为（至少）三个观点相异且互不相容的派别，所以并不足以成为战争的根本原因。军国主义的议题主要反映出德国社会的内部矛盾，尤其是军队中传统和现代两派之间的矛盾，而不能说明德国人拥有统一的军国主义世界观。德国军国主义主要影响了帝国的内部结构以及其中的政治或社会斗争，而不是帝国的对外政策。不过军国主义塑造了头戴钉盔、留着小胡子的德国人形象，所以从战争一开始，中立国家就不怎么同情德国。毕竟宣传战也是一战的一部分，而受这种军国主义形象影响，德国的宣传战在 1914 年秋天就失败了。

/ 为走向衰落和被包围深感忧虑

在战争爆发之前的两三年里，德国内部"对立"与"合作"两种解释模式哪个会占上风，这种状况又将对政治决策产生哪些影响，都还远没有定论。尽管如此，军队大总参谋部的筹划者们仍然对他们的战略计划推崇备至；从 1905 年起，他们在陆军元帅阿尔弗雷德·冯·施里芬伯爵的带领下制订了这个计划，据说德国如果实施该计划，就可以在战争中很快取胜。这一计划的基本主张是，按照它的打法，战争持续时间越短，胜算就越大。当时有一种广为流传的观点，认为欧洲如果再次爆发大战，那么整个大陆都将面临灭顶之灾；而以总参谋长姓氏命名的"施里芬计划"主张在短时间内取胜就是对这一观点的回应，至少是其中一种回应。施里芬选择进攻性战略，首先是为了加快战争节奏，从而缩短它的长度。

自 19 世纪 80 年代以来，总参谋部一直在考虑，如何在东西两线同时与两个大国作战。施里芬认为要取胜只有一个办法：在俄国征召士兵并将其送到前线以前，德军主力必须先打败法国。至于东线的仗该怎么打，施里芬也不确定，因为这要视情况而定；在这一问题上，他对德军优秀的作战能力充满信心。而实现整个计划的前提是，德军必须在大约 7 周时间内通过大规模包抄打败法军。[98] 当然，第一次世界大战的战况也证明，如果英国和美国没有介入，同盟国即使与法俄联盟作战多年，也很有可能取胜，因为等到俄国革命以后，法国就只好孤军奋战，要么会因为实力不敌对手而战败，要么罢兵求和——尤其 1917 年春季法国军队发生了兵变，这一压力很有可能迫使法国不得不求和。

纯粹从军事战略的角度来看，德国的战争计划是说得通的。

但它植根于一个在政治上完全错误的假设，即德国如果谋求在欧洲独一无二的主导地位，英国会坐视不管。自 1866 年打败哈布斯堡帝国、1871 年又打败法国以后，普鲁士—德意志本来就已经成为欧洲大陆最强有力的角色；[99] 工业革命以后，德国又成了大陆上经济实力最强的国家。俾斯麦很清楚，其他大国会因此联合起来，与实力超群的德意志帝国抗衡。所以他在所有场合都表明，德国对目前的国土范围以及自身在欧洲取得的权力地位已经十分满意；他和维也纳皇室结盟，为了防范俄国，他又与俄国签订了《再保险条约》（Rückversicherungsvertrag），即保持中立的协议，① 并且竭尽一切力量和英国搞好关系。

然而在 19 世纪最后的 10 年里，英德关系却明显恶化了，这不仅仅是殖民扩张和舰队计划造成的，更是因为两国在经济上存在竞争关系。一方面德意志帝国的政治领袖们担心德国会被对手包围，另一方面英国人也担心国家会走向衰落，他们感觉大英帝国可能处在"过度扩张"的阶段，又担心其他国家的经济可能后来居上。[100] 显然，德国和英国之间并没有什么大的矛盾，而且两国的国民经济有着密切联系，甚至可以说是相互依存，[101] 德国企业也是英国企业在欧洲最重要的合作伙伴。单凭这一点，这两个国家就有理由平心静气地处好关系。然而在此期间，德国在工业生产的核心领域（比如钢铁生产行业）完全超越了工业革命的发源地——英国。[102] 为了破坏这种竞争，英国的《商标法案》（Trade Mark Act）要求德国的工业产品必须用英语注明"德国制造"——他们想把德国产品当作劣质的便宜货来区别对待。[103] 结果"德国

---

① 1887 年德国与俄国秘密签订的条约。由于德奥同盟已经保证奥国在德、法战争中保持中立，这一条约又保证俄国中立，德国因而获得了双重保险，所以条约被称为《再保险条约》。

中间为普鲁士总参谋长阿尔弗雷德·冯·施里芬伯爵，由他的副官威廉·冯·汉克（Wilhelm von Hahnke）上尉与瓦尔特·冯·迈斯（Walther von Meiss）上尉陪同。施里芬从小受到亨胡特兄弟会（Herrnhuter Brüdergemeine）的影响，在自律方面堪称典范。他也是开明的普鲁士精神的化身。他最常研读的是弗里德里希·尼采（Friedrich Nietzsche）的作品。

制造"却成了质量和性能的保证，所以英国人更加觉得德国的工业对他们构成了威胁。英国政治家还模仿大加图（Cato the Elder）①的语气说"德国必须被毁灭"（拉丁语：Germaniam esse delendam）104，并以不同的方式传播这这句话。虽然这只是在玩弄文字，却也说明在与德国的竞争中，英国人深深感受到了威胁。

在战争开始之前的 10 年里，有不少以侵略为题材的小说（invasion novel）②在英国出版并且畅销，这些作品清楚地表明，英国人认为德国对其存在军事上的威胁。105 它们的范本是乔治·T.切斯尼（George T. Chesney）1871 年出版的小说《铎金之役》（*The Battle of Dorking*）③，这部小说讲了法国和俄国军队入侵英国的故事。④1903 年厄斯金·柴德斯（Erskine Childers）的《沙岸之谜》（*The Riddles of the Sands*）⑤和 1909 年威廉·勒·奎（William Le Queux）的《1910 入侵英伦》（*The Invasion of 1910*）⑥则叙述了德国为实现对全球的统治而入侵并企图控制英国。然而德国的军事筹划者们从未有过入侵英国的战略计划，人们也从未想过，组建中的舰队有一天要承担赴英作战的重任。但对英国的将军们而言，单凭德国扩充海上军备这一点，他们就有理由开始考虑如何发动预防性战争，虽

---

① 罗马政治家、演说家、拉丁散文作家。他曾说过 Ceterum censeo Carthaginem esse delendam（此外，我认为迦太基必须被毁灭）。
② 即假想其他国家侵略英国的小说。
③ 《外国文学》于 2008 年 5 月（第 3 期，第 9~16 页）发表了此书的片段。此处借用《外国文学》中使用的译名。
④ 应为德军入侵法国。
⑤ 中文版由凤凰出版社于 2011 年出版（作者名依据中文版图书译出）。
⑥ 中文版电子书由豆瓣阅读出品（作者名依据中文版电子书译出）。

然这些想法不一定会付诸实践。[106] 此外，英国地理学家哈尔福德·麦金德（Halford Mackinder）对当时的地理政治局势做了新的解读，英国的将军们也受到相关说法的影响。1904 年，麦金德在皇家地理学会（Royal Geographical Society）做了题为《历史的地理枢纽》（The Geographical Pivot of History）的演讲，他在演讲中预言，取得海上霸权即可称霸世界的"哥伦布时代"即将结束。他认为随着交通的发展，亚欧大陆上铁路贯通，如今已经成为称霸世界者必须控制的地理政治中心；克里米亚战争时期，俄军从莫斯科走陆路抵达黑海，所花的时间比英国舰队从泰晤士河口（Thames Estuary）穿越地中海和博斯普鲁斯海峡（Bosporus）到达克里米亚半岛（Crimean Peninsula）还要长，而如今，情况完全不同了，因为陆上交通在运载容量和速度方面都超越了海上交通。[107] 麦金德强调称霸世界的国家可能出自 4 个地理政治区域：**心脏地带**（heartland），即亚欧大陆的中心；**边缘地区**（rimland），即位于大陆边缘、既可通往大陆又可通往海洋的区域；**内新月形地区**（inner crescent），指西欧以西的不列颠群岛和亚洲北部海岸线以东的日本群岛；还有**外新月形地区**（outer crescent），即北美和南美大陆。① 根据麦金德的观点，如果**心脏地带**和**边缘地区**的国家联合起来（这是有可能的），就会对英国的地位构成威胁，所以重中之重就是防止这两

---

① 麦金德在书中只分了 3 个区域，并无"边缘区域"。枢纽地区 / 心脏地区"全部是大陆的"；内新月形地区"部分是大陆的，部分是海洋的"，包括德国、奥地利、土耳其、印度和中国；外新月形地区"全部是海洋的"，包括英国、南非、澳大利亚、美国、加拿大和日本。见商务印书馆《历史的地理枢纽》第 61 页，论文原文见 *The Geographical Journal*, Vol. 170, No. 4, December 2004, pp. 298 - 321。作者所说的"边缘地区"应等同于内新月形地区。

个区域的国家走到一起。具体地说，英国必须竭尽一切力量阻止德国与俄国结盟。[108] 第一次世界大战以前，这一诉求成为英国政治的基本方针。

当然，德国不一定非得属于**边缘地区**。如果纯粹从地理学的角度来看，英国人或许更应该注意法国，毕竟在殖民扩张方面，英国和法国的竞争比英国和德国的竞争要激烈得多。不过英国人注意到，首先德国正在修造战舰，与英国进行军备竞赛；[109] 其次德国皇帝的举动在他们眼里很是让人捉摸不透；此外德国还有一支装备精良、骁勇善战的军队——这让他们越发觉得忧虑。英国人设想过这样的可能性：德国或许会一举攻占法国，夺走法国在大西洋沿岸的港口，从而打通德国到大洋的通道；到那时，英国即使用舰队封锁北海也无济于事了。[110] 英国在 1904 年 4 月已经与法国签订了《英法协约》(Entente cordiale)，而麦金德的观点促使英国政府在 3 年后努力与俄国达成和解，并下定决心接受沙俄帝国成为协约国的新成员。至此，英国结束了所谓的**大博弈**(the great game)，在这场博弈中，俄国逐步吞并了中亚各国，英国的势力也从亚洲南部向北部扩张，其间，双方权力的触角过分靠近，冲突一触即发。而如今，从"国际政治"的角度来看，英国认为德国才是它的敌人。事实上，假如德国制定政策时能考虑得更长远一些，伦敦政府的基本方针应该也会随之发生变化。[111]

/ 077

1904《英法协约》签订意味着英国放弃了坚持了一个世纪的"光荣孤立"(splendid isolation)政策。从那时起，它已经不太可能在欧洲爆发战争时袖手旁观，虽说鉴于英国与其他国家在经济上的交集越来越多，不插手对它来说或许是更合理的做法，何况 1911 年以后德国和英国的关系也明显好转。

伦敦的军事谋划者们相信，英国如果参加欧洲战争，无须投入太多资源便可"四两拨千斤"。政治家们当时或许也预感到，参与战争不会让英国未来的发展更有保障，反而会导致英国的国力被消耗，加速国家的衰落——正如后来历史学家尼尔·弗格森所说，英国参与的是一场"错误的战争"[112]——但政治家们对这一点还不太确定。拿1914年的情况来说，大多数民众一开始肯定是不支持参战的，至于赫伯特·亨利·阿斯奎思（Herbert Henry Asquith）领导下的自由党政府在这种情况下是否会下定决心加入战争，这一开始也并不明朗。在德国进军比利时之前，事情都没有定下来，直到比利时的中立地位①受到破坏，英国政府这才取得民众支持，迈出了宣战这一步。[113] 如果德国总参谋部的人不仅仅从军事角度，同时也从政治角度考虑问题，那么这些情况他们之前都能看清楚。当然重点在于，如果总参谋部被置于政府的控制之下，那么政府会认为总参谋部制订的计划不负责任并予以驳回。实际情况是，施里芬的继任者总参谋长赫尔穆特·冯·毛奇（小毛奇）反复提议发动预防性战争，他认为这是一种政治方案，因为这场战争可以破坏协约国对德国的包围；贝特曼·霍尔韦格则一直反对这一想法；而威廉皇帝像往常一样摇摆不定，时而被情绪左右，时而受顾问影响：提起打仗他很兴奋，但一说到要正式发动预防性战争，他又觉得维持和平比较好。

赫尔穆特·冯·毛奇（小毛奇）无论姓氏还是名字都和他那著名的叔父一样。很显然，他不得不忍受别人经常拿他和老毛奇比较，以后者的成就为标准来衡量他的成就。[114] 他看起来更像是

---

① 1831年，比利时被承认为独立国时宣布成为永久中立国。但1914年德国入侵比利时时，破坏了它的永久中立地位。

个知识分子，而不像经常领兵打仗的勇士；他研读鲁道夫·施泰纳（Rudolf Steiner）①神智学方面的作品，还会画画，甚至为了画画专门租了一间工作室，闲暇时很喜欢待在里面。小毛奇的所有特征都与人们对普鲁士军官的想象背道而驰，他的气质偏忧郁，而且他还饱受抑郁的折磨。[115] 他感觉自己不怎么适合这个职位，有时也满足不了人们对总参谋长的期待；他好几次表示，自己可能并非总参谋长这一岗位的正确人选。但一方面他受到皇帝信任，因为皇帝很愿意看到又一个"毛奇"成为德国军队的最高领袖；另一方面，和另一名总参谋长候选人科尔马·冯·德戈尔茨（Colmar von der Goltz）相比，小毛奇虽然个性较为优柔寡断，但他支持总参谋部在施里芬领导下制订的进攻计划。[116] 事实上按照参谋部曾经的计划，德国也可以只与俄国作战，或者至少是在/ 079东线采取攻势，对法国则保持守势；但小毛奇在1913年决定放弃这些选项，这就等于在战争爆发之前强化了施里芬计划的主导思想。[117] 这也大大缩小了政府的回旋余地，因为现在就算政府愿意，它也不能只对俄国开战，而必须在对俄作战之前先进攻法国。对施里芬计划颇有研究的历史学家格哈德·里特尔认为，德意志的军国主义实际上表现为，政治上可供选择的方案是由总参谋部而非政府决定的。[118]

在战争爆发之前的几天里，帝国首相特奥巴尔德·冯·贝特曼·霍尔韦格表现出听天由命的态度，这一点后来屡遭批评，[119] 而他表现出这种态度的原因其实在于，军事领袖提出的计划决定了政治上已没有其他可选的方案。贝特曼·霍尔韦格显然不是政治天才，但他能清楚地认识到德国政治在世纪初面临的问题和

①　奥地利社会哲学家，著有《神智学》。

困境，也在努力地寻找出路。[120] 前任首相伯恩哈德·冯·比洛曾形容德国的殖民扩张是为了获取"阳光下的地盘"（Platz an der Sonne），[121] 但霍尔韦格为了和英国达成和解、为德国政治赢得更多的回旋余地，在 1909 年上任以后就停止了殖民扩张的步伐，转而集中力量在欧洲大陆上为德国谋求利益。在这一前提下，德国更加重视奥匈帝国这个盟友，而与英国的关系也在一步步改善。新任帝国首相一直在对付各种问题，但没有取得什么大的进展，更不要说引发一场"外交革命"（rapprochement des alliances）——自腓特烈大帝时期以来，人们就用它表示各国结盟情况发生了重大变化。而唯有取得这样的进展，合作式思维才能战胜"对立"的阐释模式。贝特曼·霍尔韦格的私人秘书库尔特·里茨勒（Kurt Riezler）在书中提到，帝国首相认识到自己不得不做出决策，这成了他的重担，他也曾试图摆脱总参谋部强加给他的方案。[122] 不过后来，他的想法越发受到总参谋部那一套逻辑的影响，最终他也担心一旦错过时机，德国便再也无法胜过强大的对手。"上帝啊，确实如此，"1918 年 2 月 24 日，在贝特曼·霍尔韦格暂时离任期间，他在与政治评论家康拉德·豪斯曼（Konrad Haussmann）谈话时提到，"从某种意义上讲这就是一场预防性战争。可是这场战争就悬在我们头上，据说如果再过两年，它可能会变得更加危险，也更加不可避免；而且军事家们说，现在开战还有可能取胜，再过两年就不行了！唉，这些军事家啊！"[123] 可见贝特曼·霍尔韦格是在有意识地冒险，但同时也决定听天由命。

说到底，威廉二世也根本无法与军事家们对抗。皇帝自认天赋异禀，或者至少比其他所有人更胜一筹。[124] 他可以迅速理解复杂的问题，然而在决策时却往往过于仓促；他喜怒无常，容易激动，而且众所周知，他遇到问题时总想学亚历山大大帝挥剑斩断"戈尔迪之结"①，而不愿为了解决问题费心费力。由于经常改变想法，还容易头脑发热，他被称为"冲动的威廉"（Wilhelm der Plötzliche）。他讲话或接受采访时总是让人捏一把汗，因为他对待外交事务不够谨慎，又缺乏政治敏感度，会将自己对事情的看法和盘托出。不过虽然威廉皇帝有时会发表一些好战的言论，但从许多方面来看，他还是一位主张和平的君主。他也考虑过开战，但真说要打的时候，他又退缩了。就在战斗开始之前，他还最后一次试图干预事情的发展。1914 年 7 月 30 日他要求小毛奇将西行的军队全部调往东线，他希望的是，如果放弃进攻法国，英国就有可能保持中立。然而总参谋长答复说："行进中的百万大军不能接受临时调动。为了这次进军，我们已经辛苦准备了一年，做了周密的安排，这一计划一经确定便不可更改。如果陛下坚持要把军队全部调往东线，那么您的这批军队就会失去应变能力，士兵们虽然全副武装，却会变得散乱、缺乏组织，而且将失去粮草的供应。"[125]

/ 081

小毛奇的答复一方面证实，德国总参谋部确实为行军过程制订了精确的计划，另一方面也暴露了这一计划其实是基于他们政治上的无知。他们以为这次作战原则上只涉及法国和俄国，同时德国可以让协约国的另一成员——英国袖手旁观。施里芬计划用规划和组织上的问题取代真正的政治性问题，比如德国将不得不和哪一国作战，结果缚住了政府的手脚，导致政府再也无法对政治上的变动做出回应。总参谋部的工作方式正代表了德国处理政治难题的方式：大部分问题被列入日程表并依照行政流程处理，剩下的小部分问题无法通过政治体制加以控制，只好凭运气。要

① 西方典故，神谕说谁能解开此结就会成为亚细亚之王，然而此结无法可解，亚历山大大帝于是挥剑将其砍断，他最终也成为千古一帝。

是运气好，有俾斯麦这样被许多人视为政治奇才的领袖坐镇，就不会出什么差错；要是平庸之辈或好大喜功者掌握了话语权，事情可就不妙了。不幸的是，在第一次世界大战爆发之前的关键时刻，德国竟碰上威廉二世这样一位易冲动的君主——要掌控这种局面实在太难，代价也实在太大了。帝国宰相必须是个相当出众的角色，才能弥补威廉皇帝性格的缺陷和政治才能的不足，而特奥巴尔德·冯·贝特曼·霍尔韦格显然不是这样的角色。如人们所说，德国被管理得井井有条，但统治者在大方向上却没把握好。以施里芬的构想为基础的作战计划就充分证明了这一点：最终的行军计划极为精确，堪称军事历史上的杰作，但这种精确性却彻底剥夺了政府的回旋余地；在最后一刻，帝国首相和皇帝还试图想其他办法，却发现除了开战已经别无选择。

根据施里芬制订的计划，德军主力必须集中在西线并迅速击败法国。德军要做到这一点，就必须严格遵照时间表行事，而这份时间表详细列出了每个环节所需的时间。根据时间表的规定，德军要绕过法国 1871 年在东部边境修筑的防线，几路并进，迂回包抄并进攻巴黎，逼法军背靠本国的防线与德军决战。施里芬是仿效历史上的坎尼会战（Battle of Cannae）制订这一计划的。坎尼会战发生于公元前 216 年，当时迦太基军队在汉尼拔（Hannibal）的指挥下包围并歼灭了罗马大军，以少胜多。[126] 汉尼拔指挥的职业军人训练有素且作战经验丰富，他们抵御了罗马人的进攻，成功阻止其突围并从两侧包抄了罗马军队；此后敌军便乱了阵脚。最终，迦太基人以比较小的代价取得了胜利。

施里芬计划以坎尼会战为范本，这也是人们对这份计划的信心所在。施里芬相信德国军队的作战能力比其他国家更胜一筹，并且希望可以像汉尼拔那样，指挥大军在敌国的国土上赢得胜利。因此，施里芬反复研究坎尼会战，还为此写了研究文章，画了草图。他的结论是："他们打了一场完美的歼灭战，这场战争之所以让人赞叹，主要是因为他们虽然违背了所有的理论，却能够以少胜多。'兵力较弱的一方不适合围攻敌军。'克劳塞维茨如是说；'兵力较弱的一方不应同时从两翼包抄敌军。'拿破仑也有言。然而汉尼拔率领的军队虽然兵力较弱，却依然围攻了敌军（虽然方式不太得体），而且不仅从两翼，甚至还从敌军背后将其包抄。"[127] 当时有人援引拿破仑和克劳塞维茨的话来质疑或批评施里芬的战略计划，而对施里芬来说，汉尼拔独具创意的布阵方式和坎尼会战的胜利就是反驳这些批评最有力的论据。但值得注意的是，汉尼拔的战术让他在某一天的一场会战中大获全胜，而施里芬却要在长达几周的军事行动中借用这一战术；而根据前人（比如老毛奇）的预言，这场战争还会持续更久。[128] 况且即便战争只持续几周，德军也会遇到汉尼拔当初不曾遇到的问题。出生于德国的以色列军事历史学家杰胡达·瓦拉赫（Jehuda Wallach）认为，正是这种"坎尼式幻想"（der Cannae-Wahn）导致 1914 年夏天德国战争计划的失败。[129]

首先出现的问题是东线的军事力量将会被削弱。施里芬认为俄国军队的行进速度很慢，而且奥匈帝国军队也会进攻俄军，所以德军在西线有充足的时间打一场现代的坎尼会战。[130] 可是万一俄军的行动比预想的要快，而奥匈帝国军队的作战能力却不如预期，那又当如何？毕竟，施里芬是在俄国对日作战失败、战斗力尚未恢复期间提出这一设想的。小毛奇已经认识到，俄军如今赶赴东线的速度会比计划中快很多，而奥匈帝国军队的战斗力显然比施里芬所认为的要弱。所以小毛奇打算在万不得已时放弃东普鲁士，以格但斯克（Gdańsk）、格鲁琼兹（Grudziądz）和托伦（Toruń）的堡垒为据点，在维斯瓦河（Wisła）沿岸严加布防。① 也就是说，为了在西线取得关键性胜利，小毛奇选择牺牲整个东普鲁士以及西普鲁士的一部分。[131] 然而施里芬和小毛奇都低估了放弃普鲁士核心地区可能引发的政治压力，他们在制订计划时只考虑战略需要，并未充分考虑这样做的政治后果以及人们对此的心理承受能力。正因如此，1914 年总参谋部不得不在关键时刻将军队从西线调往东线，为的就是保住东普鲁士。他们之前要是考虑到了这一点，就会及早并且更大力度地要求增加

---

① 这几处地点如今都属波兰，格但斯克在德国被称但泽（Danzig）。

兵力，以确保东线有足够军队把守，以免后期再削弱西线的战斗力。然而在东线进行纯粹的防守是不可能的，因为东普鲁士和属"多瑙河帝国"的加利西亚（Galicia）之间夹着俄属波兰，而德国与俄属波兰接壤处的国界线是向内凹陷的。正是基于这一原因，之前老毛奇在指定双线作战计划时就更偏向东线进攻，而非西线进攻。[132] 考虑到俄国幅员辽阔，老毛奇认为德军在东线虽然无法取得决定性胜利，但可以通过一系列战役迫使俄国在让步的基础上签订和约。不过这要花较长时间，而老毛奇担心出现这种持久战——在帝国议会，他也提醒人们要防备这样的战争。也是因为如果进攻东线，战争将持续较长时间，所以施里芬才决定在西线进攻，在东线则先采取防守的策略。[133]

/ 085

此外，施里芬对西线战争的规划也存在很大问题。他将德军主力集中在右翼，这路人马将经由比利时进入法国；这样的安排为阿尔萨斯的左翼军队和位于蒂永维尔—梅斯（Thionville-Metz）地区以及整个洛林的"枢轴"① 军队埋下许多隐患——别的不说，如果那里的法军转守为攻，那么德军处境堪忧。法国的战争计划和施里芬计划基本在同一时期制订，根据这份计划法军要进攻以上提到的"枢轴"位置，并一路攻打到莱茵河谷，将德国的战线分割为两半。[134] 因此，小毛奇不得不加强这一位置的兵力。让他忧虑的还有阿尔萨斯地区的防守。按说，如果战争打响，此处的法军会向前推进几公里，好让军方将兵力集中在这里，这样一来，他们就没有足够的兵力对付德军强大的右翼。法军把越多的兵力集中在其右翼，以致其中部和左翼空虚，施里芬计划追求的"旋转门效果"就来得越快。[135] 而小毛

---

① 有人将德军左右两翼的行动比作一扇大门以枢轴为中心旋转。

奇担心的是，此处的第七集团军由预备役部队支援，无力阻止法国军队冲破防线朝斯特拉斯堡（Strasbourg）和卡尔斯鲁厄（Karlsruhe）的方向挺进，所以他认为必须加强对这一地区的支援，而要在这两处地区增兵只能调用右翼的部队。1914年秋天西线进攻失败以后，施里芬的追随者们也因此指责小毛奇将原本的宏伟计划——所谓"胜利的秘诀"——打了折扣，并认为他应对此次失败负责。小毛奇的追随者们（他本人死于1916年）则在反驳时指出，严格执行施里芬计划可能引发哪些巨大的危险。[136]

显然，最大的问题不是东普鲁士也不是洛林，而在于军队必须以相当快的节奏赶路，才能在计划的时间内到达相应地点。在这场针对法国的"超大规模坎尼之战"中，德军如要取胜，除了必须在一系列战役和交锋中占上风以外，还须有稳定的粮草供应。而德军唯有拿下比利时的铁路系统并确保其基本完好，才能保障粮草的供应。施里芬深知此事的重要性，所以当小毛奇在一次参谋部的讨论中质疑此事是否可行时，施里芬显得十分恼火。[137]

德国如果执行施里芬计划，在政治上将会陷入困境；虽说占领比利时铁路是一大军事难题，但很显然，它也为德国摆脱政治困境提供了机会。假设德国先通过宣战让法国感觉受到威胁，以致后者决定先发制人并进入比利时攻占其铁路枢纽，那么虽然德国在比利时的行军会受阻，但英国也就没有充分的理由出兵支持法国。毕竟在这种情况下，首先破坏比利时中立地位的是法国而不是德国。施里芬在最初的计划中很可能就想制造这种局面：他打算在德军进入比利时和荷兰国境之前把一部分较强的兵力集中在亚琛（Aachen）地区，而且把它们布置成人们能一眼认出来的"兵团方阵"（bataillon carré）①；这样法军就很清楚德军可能从何处进攻，而且施里芬预计法国对此不会毫无反应，而是会向比利时进军。事实上法国虽然制订了从洛林进攻的计划，但总参谋长约瑟夫·霞飞也曾让人制订另一份计划，即对中立的邻国比利时发动预防性进攻。尽管进攻比利时胜算更大，但为了在开战后可以得到英国的支持，最高战争委员会（Conseil supérieur de la guerre）并未起用这一计划。[138]可见在法国，政治才是第一位的。

施里芬的后继者小毛奇却为德国做出了相反的决定：由于取道比利时在军事上更为有利，他牺牲了让英国在德法开战后作壁上观的机会。事后来看，法国的决定是正确的，德国的决定则是错误的，因为协约国最后能取胜，主要靠的就是英国。当然，需要补充的是，法国军队高层的决定虽然对政治有利而对军事不利，但这种代价对他们来说是可以承受的，因为只要他们的盟友——俄国在东线更早、更快地发动进攻，就能弥补法国军事上的失利。施里芬和小毛奇却没有这样的回旋余地。事后来看，德国总参谋部制订这样的战略计划并非如向来所说的太过乐观，而恰恰是太过悲观：他们低估了德军的战斗能力，所以才决定破坏比利时的中立地位以确保德军在作战中处于优势地位；而事实上如果英国和美国没有介入战争，德军凭借自身实力是很有可能取胜的——所有假设的前提在于，德国入侵比利时是英国参战的真正原因。[139]

受小毛奇影响，总参谋部成员感觉自己面临越来越大的压力：一方面，小毛奇认为1916~1917年这段时间过去之后，德国将不再适合双线作战；另一方面，德军如果要从比利时东

---

① 拿破仑使用的战术之一。

部攻入法国北部，就只能走一条约 30 公里宽的通道，而列日（Liége）要塞也位于此处。按照施里芬原先的计划，德军要包围法国须穿越比利时与荷兰的领土，而小毛奇却决定只取道比利时，不经过荷兰。[140] 不过，列日毕竟是当时欧洲最现代化的要塞之一，如果用包围和重炮射击的方法必须耗费很长时间才能拿下，这可能拖慢整个进军计划，所以小毛奇的想法是让步兵突袭并攻占堡垒。

对原计划所做的这一修改隐含着许多军事上的风险，不过影响更大的则是突袭列日带来的政治后果，因为列日既然是个要塞，德军自然免不了在比利时和法国采取行动前开火，那样的话，德国作为侵略者的罪名在西方就坐实了。这会导致两方面的后果：在外，英国与德国为敌将成为板上钉钉的事；在国内，社会民主党可能因此而反对战争。这个德国工人阶级政党已宣布将支持帝国政府发动防御战争，但如果是侵略战争，他们将不予支持。幸好俄国在德国进军比利时之前已经宣战，这帮助贝特曼·霍尔韦格解决了国内的分歧；但他无法改变英国与德国为敌的局面。

小毛奇到底为什么要修改原计划，只借道比利时发起进攻，从而引发这一系列后果？这不太可能是因为他对破坏荷兰中立地位一事存有疑虑，因为德军既然袭击了中立的比利时，那么再入侵一个中立国也没什么大不了的。更合理的解释是，小毛奇担心德军如果进入荷兰，那么德军右侧翼和英吉利海峡之间就再也没有任何屏障，可能会遭到英国远征军袭击；另外，他也害怕战争不能在计划时间之内结束，所以才保全了荷兰的中立国地位。

"如果德国军队向西进军时，背后的荷兰与我们为敌，那将会导致灾难性后果。"他解释道："英国会以我们破坏了比利时的中立国地位为由，和我们的敌人一起对付我们。保全荷兰的中立地位，我们背后就安全了，即使英国因为我们破坏了比利时的中立国地位而对我们宣战，它也不能自己去破坏荷兰的中立国地位。［……］此外，留着中立的荷兰，我们便可利用它从国外进口商品、获得物资供应，这对我们来说意义更为重大。我们必须留着它做我们呼吸的管道，有了它我们才能喘口气。"[141] 这些话清楚地反映出，在世界大战爆发之前的几年里，德国的恐惧已经越来越深，因为德国地处大陆中心位置，它不仅有可能在军事上受俄国和法国两面夹击，而且德国通往海洋的道路也可能被切断，而海洋正是国际贸易的舞台，也是世界经济霸主施展拳脚的舞台。值得注意的是，德国人害怕国土被包围，英国人担心国家走向衰落，这两种心理十分相似。当然，面对大陆国家的包围，德国可以通过修建战略性铁路缓解一部分压力——这样，发生战争时德国就可以尽快调遣军队；在工业发展方面，德国也通过提高生产力部分地弥补了地处中心位置带来的不便。然而德国的工业已经和世界经济[142] 接轨，它得以发展的前提是原材料可以畅通无阻地进入德国，商品也可以被畅通无阻地送到各个市场，因此人们越发觉得他们在这个位置会受到包围和胁迫。小毛奇将通往海洋的道路称作"呼吸的管道"[143]，这说明在德国人看来，这些通道连接了欧洲中心的国土和它赖以生存的外部世界，具有关乎存亡的重大意义。

/ 090

　　小毛奇针对中立国荷兰所做的筹划再次体现出，他是位从战略角度想问题的实干家，会考虑万一战争计划失败还有哪些回旋余地，而施里芬大体上愿意相信他的思想就是"胜利的秘诀"，并不惜为此孤注一掷。[144] 当然我们也可以说，德国人觉得邻国正在朝自己逼近，并且产生了如同幽闭恐惧症一般让人惊慌的感觉，而小毛奇把这些体会和感觉个人化了。在世界大战爆发之前的几年里，这种被包围的幻想对德国的外交政策产生了显著影响，因为决策者在恐惧的驱使之下往往会做出一些不合理的决定。那种感觉告诉人们，几个强大的对手已经联合起来包围了德国，它们拥有更多的资源，而德国借助政治手段无法破坏它们的同盟——至少在总参谋部规定的时间内是做不到的①，于是这些事情成了德国人的心病。在 20 世纪 70 年代，人们召开了欧洲安全与合作会议（Konferenz für Sicherheit und Zusammenarbeit in Europa，KSZE），并由此成立了欧洲安全与合作组织（Organisation für Sicherheit und Zusammenarbeit in Europa，OSZE），从而为解决各国之间的问题提供了政治途径；但在一战之前，这些政治途径并不存在。

法国人对敌国的战争计划略知一二，所以他们也知道，德国人如要完成战略计划，就必须严格把控各环节的时间，而法国方面加快或放慢作战节奏的能力将决定战争的结果。[145] 从根本上说，法国有两种应对方案：他们可以强行拖慢德军的进攻节奏，或者自己设法加快节奏，从而抵消德军在速度方面的优势。放慢节奏的方式之一就是利用法国东部边境的要塞，因为攻克这些堡垒不但会消耗敌军的战斗力，还会迫使其放慢进攻速度；敌军将不得不改变队形来包围堡垒，而围攻战也会耗费他们大量时间。按照施里芬计划，德军将完全绕开左侧的防线，从背后包抄法军并将其逼至防线附近，对此，巴黎政府唯一的应对方式就是扩建东部和北部的防线。然而修建现代化堡垒要耗费大量时间和金钱，此外北部需要加强边防的区域比东部大得多，而且北部没有

① 即 1916~1917 年以前。

中等高度的山脉，防线还须多加几层。这一工程将耗尽所有可用的资源，而且如果把士兵派到这些要塞把守，法国就没有可供调动的军队了，这和军方奉进攻为原则的观念相违背。另外，德国坚持认为自己适合战争的时间有限，所以可能会在堡垒修建好之前发起进攻。就算不考虑这一点，也要考虑现代大炮在不断更新换代，口径变得越来越大，某一天新式大炮可能足以摧毁现在修建的堡垒，到那时这些堡垒就算过时了。这也是军备竞赛的形式之一：一方不断加固用钢筋混凝土筑成的机枪塔，另一方则不断提高炮弹的火力。

除了设置壁垒迫使敌军放慢进攻节奏，法国还可以加快自身的作战节奏，例如赶在德国入侵比利时之前朝那里进军；但如上文所说，这样做在政治上对法国不利，所以他们敦促俄国加快进军的步伐，这样德国就无法按原计划逐步集中兵力。在 1911 年夏天，法俄两国曾约定在对德战争中从东西**两线**同时发兵，从那以后法国就坚持要求俄国修建所需的铁路。原本俄国进行战争动员需要 30 天时间，有了铁路时间就可以减半，所以俄军只需足足两周时间便可做好进攻准备。[146] 正是基于这样的背景，小毛奇在 1912 年才如念咒一般不断提到"越快越好"。

/ 092

1914 年春季，一名被安置在伦敦俄国大使馆的间谍向德国政府汇报说，英俄之间针对海军协议问题进行了几次谈话；为此，同盟国越发觉得必须尽快开战。据说这次协商遵照了英国的惯例，双方政府只以书信形式阐明各自的意图，并未在最后订立正式合同，而协商的内容涉及海上势力范围的分配，也涉及在可能发生的对德战争中两国海军的合作。[147] 柏林方面很清楚这样一个协议会带来何等严重的后果，他们试图通过不同途径向伦敦方面施加影响，想迫使其中断以上协商，因为它将严重损害德国的利益。但英国的外交大臣爱德华·格雷断然否认他们和俄国有过这样的协商。[148] 这导致德国政府很快对英国失去了信任。更重要的是，基于这个原因，贝特曼·霍尔韦格失去了反对小毛奇发动预防性战争的底气。在此之前帝国首相还可以说，他推行的缓和国际关系的政策相当于是把柏林和伦敦联结在一起，从而制衡当前两大军事同盟，降低战争爆发的风险；毕竟当时德国有两种选择，一是对俄国和法国发动预防性战争，迫使英国与德国兵戎相见，二是让英国同俄法保持距离，以恢复欧洲各势力之间的平衡，而首相指出，前者无论如何都比后者糟糕得多。此外，贝特曼·霍尔韦格相信，伦敦方面已经愈来愈认识到真正对大英帝国构成威胁的不是德国，而是俄国。或者他也可以说，德英关系的缓和促使俄国开始考虑脱离法俄联盟而向德国靠近。[149] 而这两方面的论证都因为得知英国和俄国私下联系而宣告无效。

从两次巴尔干战争到 1914 年夏季危机期间，德国政策的变化十分引人注目：第一次巴尔干战争时，贝特曼·霍尔韦格还告诫奥地利政府不要贸然进攻塞尔维亚，现在却直接给他们开了一张"空额支票"；第一次巴尔干战争时，他与英国合作，共同调解冲突，而战争爆发之前几天里，就在英国终于打算采取实际行动的时候，他却回绝了伦敦方面提出的建议，将奥地利的利益放在第一位。格雷在 1914 年春季所做的"两手准备"产生了效果：贝特曼·霍尔韦格尽管还有些犹豫，却已经和小毛奇达成一致，认为既然针对协约国的战争无法避免，那么最好现在就开战。要理解这样的转变意味着什么，我们必须先回顾贝特曼·霍尔韦格说过的反对对法国发动预防性战争的话。1912 年 3 月第一次巴尔干战争期间，威廉二世因为巴尔干问题有意发动一场大战，为此，霍尔韦格请求皇帝允许他辞职，并且写下了这些话："在这样一场战争中，法国自然会得到俄国的支援，而毫无疑问，英国也会提供帮助。
[……] 假如我们这一方非要促成这样的局面，那么我负不起这
个责任。如果是别人向我们开战，我们一定会应战，而且靠着上
帝的帮助，我们不会走向毁灭。可要是我们自己挑起了一场无关
我们的尊严和切身利益的战争，即便从常人的角度来看我们有可
能大获全胜，我也会认为这是一桩危及德国命运的罪行。"150

　　先是小毛奇打算发动预防性战争，再是贝特曼·霍尔韦格赞
同此事；但我们要注意，他们的动机并非弗里茨·菲舍尔及其追
随者所说的，要"攫取世界强国地位"。在菲舍尔一派看来，自
俾斯麦151离任以后，德意志帝国就不再是一个政治上安于现状
的欧洲大国，它变得野心勃勃，意图称霸世界。152所以，战争
爆发的长期决定因素最早就出现在19世纪90年代末，当时德国
正在扩充海上军备，同时计划在亚洲东部建立稳固的殖民统治。
事实上，比洛所受的打击使德国政治家们相信，唯有在全球化进
程中夺得"阳光下的地盘"，成为世界强国，德国才能保住自己
在欧洲的地位。153所谓德意志帝国政府出于帝国主义动机蓄意
发动大战的观点显然没什么说服力，因为我们很容易想到，德国
绝不是欧洲唯一一个表现出"帝国主义行径"的国家。当然，当
时欧洲其他殖民国家基本已经把世界瓜分完毕，而德国作为后来
者也想分一杯羹，而殖民世界里已经没有多少空间。154而正因
如此，对于那些在战争中与德意志帝国为敌的国家，我们同样有
理由指责他们的"帝国主义行径"。支持帝国主义理论的马克思
主义学者很清楚这一点，他们强调战争爆发的原因是欧洲各国奉
行帝国主义政策，而当时*所有*大国都负有同等责任。155列宁甚
至进一步区分了趋于衰落的旧帝国主义和处在上升阶段的新帝国
主义，并认为旧帝国主义国家，即协约国格外具有侵略性和战争

L'INGORDO

意大利漫画《贪食者》（L' Ingordo）将德国皇帝刻画成一个贪得无厌、丧心病狂的人。在战争刚开始的时候，普鲁士军人戴的钉盔是德国人独有的形象标志，也成了军国主义的象征（军国主义则被认为是德国的特色）。这幅漫画指出，战争爆发的原因是德国追逐权力、急于扩张势力范围。

野心。[156] 如果我们认为帝国主义是战争爆发的深层原因，[157] 那么战争就不可能是一个国家造成的。在研究与分析中，我们愈倾向于认为战争的原因在于社会经济结构，而不在于政治决策，就愈有理由同意所有欧洲大国应对战争负同等的责任。

弗里茨·菲舍尔认定当时是德意志帝国破坏了秩序与和平，而历史学家伊曼纽尔·盖斯则认为德国的这些表现是 1871 年帝国成立后两股势力在政治上做出妥协的必然结果；他指的是工业界与大地主阶级的妥协，德国南部自由主义和易北河东部保守主义的妥协，莱茵河、鲁尔河（Ruhr）流域钢铁生产者与帝国核心区域——普鲁士王国的谷物生产者之间的妥协，积极求变的资产阶级与守旧的贵族阶层之间的妥协。[158] 他认为这种妥协导致德意志帝国内部政治僵化，改革受阻，最终社会趋于瘫痪，[159] 以至于德国不得不从外部寻求长久的政治活力；也就是说，决定德国与他国关系以及对外方针的并不是地理政治方面的因素，而是内部的社会政治局势。汉斯－乌尔里希·韦勒（Hans-Ulrich Wehler）在这一假设的基础上进一步指出，自 19 世纪 90 年代起，内政就主导着德国政治的走向；[160] 他也据此提出了他的论点：威廉二世时期，德国对外政策的基本思想是社会帝国主义，[161] 而正是这种社会帝国主义将德意志帝国与欧洲其他帝国主义大国区别开来。[162] 那些以地理位置特点或对外政策总体情况作为论据的假设，[163] 韦勒一律不予考虑；尤其法俄联盟对德国形成军事包围这一说法，在他看来就是纯粹的精英妄想症，[164] 并且按照他的理解，法俄是为了防备充满侵略性的德意志帝国才缔结了防御同盟。[165] 此外，这种对战争原因的新解改写了战争决定因素中"行动"和"反应"的顺序，也就是说，并不是因为地处法、俄之间且因此陷入古老的"安全困境"，德国政府才在回应时做出了错误的判断和错误的决策，[166]而是德意志帝国主动采取**行动**，导致其他国家做出了原本不会做出的决策，这时战争的趋势也就不可逆转了。

德国的军事领袖有意发动预防性战争，这从**政治**的角度来讲其实体现了一种防御性思维，因为预防性战争的意义在于借助军事打击先发制人，以免敌方发起进攻或有机会进行政治胁迫。后来，在第一次世界大战的影响下，国际法体系发生了变化，如今这些事件已经过去一个世纪，和 1914 年以前相比，现在再提到哪个国家计划发动这种预防性战争，我们或许会做出不同的评价；但在当时，计划发动预防性战争却是一个国家最自然不过的选择之一。[167]霞飞将军就曾计划让法军借道比利时进攻德国，这同样属于预防性战争的范畴；而英国海军部第一海务大臣约翰·费希尔（John Fisher）海军上将曾对国王爱德华七世（Edward Ⅶ）解释说，他认为必须在德国舰队可能对英国构成威胁之前将它"哥本哈根"了（to kopenhagen）。[168]动词"哥本哈根"源于一起历史事件：1807 年英国舰队出人意料地开进丹麦首都的港口，消灭了停泊在那里的丹麦舰队——在那之前，英国没有宣战，丹麦王国也没有表现出对英国的敌意。英国人担心的仅仅是拿破仑会进军丹麦，强占丹麦的舰队并利用它们来对付英国。[169]

或许是日本海军上将东乡平八郎（Tōgō Heihachirō，東郷平八郎）策划的一次军事行动让费希尔产生了那样的想法。1904年 2 月 8 日，在日本事先并未宣战的情况下，东乡指挥军队袭击并摧毁了阿瑟港（Port Arthur）外港的俄国太平洋舰队。当时，英国的《每日画报》（*The Daily Graphic*）还讽刺了开战前必须先宣战的"传统观念"："真相是，宣战和派出使者宣布两国交恶的习俗一样，已经过时了。"[170]后来，海军文职官员阿瑟·李

（Arthur Lee）也解释说："在对方有时间从报纸上读到宣战的消息之前，王家海军将打响第一枪［……］。"[171] 不过可以确定的是，法国内阁叫停了霞飞的计划，而爱德华七世也惊愕地质问海军上将费希尔，他是不是疯了。

德国方面，早先总参谋长老毛奇及其继任者阿尔弗雷德·冯·瓦尔德泽伯爵（Alfred Graf von Waldersee）就曾建议针对法国和俄国发动预防性战争，但因为俾斯麦反对，所以皇帝没有采纳他们的建议。[172] 施里芬的看法则与他的前任们不同。1905年第一次摩洛哥危机期间，德国看似有机会对法国发动预防性战争，因为俄国自在日俄战争中落败后已经自顾不暇，英国当时又忙于重组陆军，但施里芬却拒绝发动这样一场战争。[173] 据总参谋部那些主张开战的年轻军官所说，这场战争的意义不是先发制人、阻止法国进攻德国（这很可能会发生），而是抓住有利时机全歼法国的兵力。

1914 年夏天，德国要对俄国和法国发动预防性战争有两个前提。首先，德国必须确认奥匈帝国会助它一臂之力，如果没有二元帝国的军队与俄军对抗，军方就无法根据施里芬计划分配兵力。这是因为俄军主力有可能不会集中在东普鲁士和东加利西亚，而是直接向柏林挺进，这将对西里西亚（Silesia）工业区构成威胁。而且德国东部边境缺少自然屏障，如果遭到强敌入侵只能靠军队防守，这样一来，施里芬计划就失效了。不过，在经历了两次摩洛哥危机以后，德国人已经看出，奥匈帝国只有在自身利益面临严重威胁的时候才会全力配合德国，而这一类威胁只能出现在巴尔干半岛。所以，在 1914 年 7 月，德国发动预防性战争的第一个前提已经满足了。

第二个前提是德国内部要达成一致，这主要意味着必须说服社会民主党，德国卷入的是一场防御战争，敌人是欧洲反动势力的保护者——沙皇。所以关键点在于要让俄国首先宣战，这样德国才算是被侵略国。社会民主党在过去几年里反复强调，他们不会赞同帝国主义侵略战争，因为工人们不应为了资产阶级的利益牺牲他们的生命和健康。[174]德国社会民主党在上一次帝国议会选举中获得了约三分之一的选票，此时它不仅是帝国议会中最大的党派，而且有能力发起罢工使德国的工业生产陷入瘫痪。虽说德国政府高层也做了两手准备，可以在需要发动战争时拘捕社会民主党的核心领袖，让工人组织群龙无首；但没有人知道，这么做是否足以阻止这个全世界组织结构最完善的工人政党发起抗议。德国政府内部那些比较聪明的人都看得很清楚：只有取得社会民主党的积极支持，德意志帝国才有可能发动战争。不过德国社会民主党也并非和平主义政党。他们的队伍中虽然也有和平主义者，但那显然只是少数。虽说工人们只是"消极地融入了"德国社会，还一直被政治右派和保守势力称作"背弃祖国的家伙"（«vaterlandslose Gesellen»）①不过，他们仍然渴望获得一些政治和社会成就。[175]如果俄国对德国宣战，政府有理由相信，德国社会民主党将会投身这场保家卫国的战争。而在1914年7月，这一切都如愿发生了。

然而，我们不能因为发动预防性战争的两个绝对必要的前提都已满足，就推断德意志帝国政府在1914年7月必定有发动战争的打算——这种思路是错误的。当时的三个核心人物是皇帝、帝国首相和总参谋长，其中只有小毛奇在长期策划这场战争，而他也只是一直呼吁，如果德国**真要**发动这场战争，就**必须**尽快发

---

① 威廉二世曾这样责骂德国的共产主义者、社会主义者和社会民主党人。

动。皇帝像往常一样摇摆不定，贝特曼·霍尔韦格虽然已经不再反对相应的战争计划，但也想过，或许可以利用七月危机让法、俄的关系松动，一旦国际格局发生改变，欧洲的和平或许就得以维持。在他看来，如要做到这一点，显然必须大力削弱塞尔维亚的权力，不让贝尔格莱德的政府继续在巴尔干半岛上兴风作浪。也就是说，贝特曼·霍尔韦格认为是战是和取决于俄国。7 月 8 日他对里茨勒总结道："如果战争没有爆发，如果沙皇不想打仗，或是法国在震惊之余建议维持和平，那我们就有希望让协约国在这件事情上产生分歧。"[176] 这又涉及跳出法、俄包围圈的问题。

也就是说，1914 年 7 月战争爆发的关键不仅在于德国无条件支持奥地利、俄国无条件支持塞尔维亚，而且在于法国无条件支持俄国。俄国政府知道，如果与同盟国作战，法国肯定会支持，否则俄国很可能就会更谨慎地对待塞尔维亚问题。英国虽然没有明确答应援助俄国，但已经承诺与其签订海军协议，这就让圣彼得堡方面怀有期待，而事到如今，英国也不能再让俄国失望。[177] 所以，开启战争的钥匙就掌握在圣彼得堡的政府手中。如果他们不进行战争动员，不宣战，那么接下来就是第三次巴尔干战争[178] 而不是世界大战，而奥匈帝国极有可能取得胜利。至于胜利后欧洲的格局有何变化，这要由欧洲各大国共同决定。由于俄国在此事上采取了克制态度，作为回报，塞尔维亚将不会从政治地图上被抹掉（这个巴尔干国家之前如果在没有任何外援的情况下坚持与二元帝国作对，则很可能落入这样的结局）；塞尔维亚面临的仅仅是扩张的野心受到约束。这样的结果或许会导致协约三国关系松动，因为照着这个趋势，俄国将无法如愿成为地中海东岸的头号强国。

这一系列与历史相反的假设和推论表明，欧洲这场大战绝不是"命中注定"、必然要发生的：如果 1914 年夏天圣彼得堡做

/ 101

了不同的决定，那么 1914 年 6 月 28 日加夫里洛·普林西普开的那一枪就不会成为现实中改变 20 世纪命运的一枪。

眼看事态在 7 月的最后几天里急转直下，7 月 31 日晚，贝特曼·霍尔韦格决定竭尽全力做最后一搏，希望能阻止这一趋势，重新控制政治局面：他给维也纳的德国驻奥匈帝国大使发了一封电报，要求后者警告奥地利政府，在任何情况下都不得拒绝与俄国对话，否则"将铸成大错，因为这简直就是在刺激俄国发动战争"；他还在最后总结说，如果"维也纳要鲁莽行事，不听我们的建议"，那么德国不能"任凭他们把我们拖进世界大战引发的巨大灾难之中"。[179] 这时维也纳方面已经向贝尔格莱德发出最后通牒，这相当于已经动用了德国开的"空额支票"，而柏林方面却打算撤回这张支票。到目前为止，在战争爆发之前的这些天里，到底发生了什么？

7 月 23 日，也就是距萨拉热窝暗杀事件将近一个月的时候，维也纳方面向贝尔格莱德发出了最后通牒，两天后塞尔维亚政府发来照会，保证他们会满足奥匈帝国的大部分要求。[180] 但双方仍存在一些分歧：维也纳要求塞尔维亚政府公开发表声明，但塞尔维亚方面不想在声明中说得如奥方要求的那么绝对；维也纳方面希望塞尔维亚承认某些说法是事实，而塞尔维亚方面却称，其中一些说法只是人为判断或推测。只有让奥地利官员进入塞尔维亚境内参与调查的要求被塞尔维亚政府断然拒绝了。维也纳方面对塞尔维亚的答复很不满意，尤其因为塞尔维亚在获得俄国的支持以后变得比人们预想的还要强硬。7 月 24 日，俄国政府商议了进行局部战争动员一事。然而维也纳方面已经不惜冒险发出了最后通牒，此时如果退缩将有损国家颜面，并且带来可怕的后果：维也纳政府相信，一旦在所提的要求上做出退让，就意味着他们已经放弃了欧洲大国的地位。

对俄国来说，塞尔维亚的问题同样关乎俄国的威望，而威望是国际政治领域的通用货币。7 月 28 日奥地利政府向塞尔维亚宣战，于是俄国也宣布进行局部战争动员。这时局势已经很明朗：单靠一场新的巴尔干战争，已经不足以了结此事了。所有趋势都表明，一场将波及整个欧洲的战争一触即发；这时如果不付出格外艰辛的努力，就再也没有办法阻止冲突升级了。推崇"个人统治"的威廉皇帝写信给表兄弟英王乔治和表姐妹的丈夫沙皇尼古拉，想借助亲戚关系和私人关系来阻止这场大战。[181] 7 月 28 日，他在信中称沙皇为"尼基"（Nikki），并向对方保证，他会在自己的权力范围内尽一切努力阻止奥地利发动针对俄国的战争。29 日尼古拉答复说，前一天奥地利派出炮舰袭击了贝尔格莱德，这实在是卑劣之举，所以他已下令进行针对奥地利的局部战争动员，但不会动员俄德边境的俄国部队。威廉发电报回复说，沙皇这样做可能会引发"一场我们从未见过的可怕战争"，并指出俄国进行军事动员是背信弃义。在下一封信中他又说那是误会。这三位表兄弟一直通信，但这对事情的发展并未产生重大影响。7 月 31 日德国政府向俄国发出最后通牒，要求俄国撤回军队动员令。由于俄国没有在规定的日期之前做出回应，于是德国也进行了战争动员，而德军依照之前的精确计划开始进军；前一天，小毛奇已经跟威廉皇帝解释过，就是总参谋长也无法更改这个计划、命令军队停止前进或折返。

德国到底走错了哪一步，才如人们说的那样，给欧洲带来了不幸？好几代历史学家都认为：一是德国给奥匈帝国开了"空额支票"；二是第一次巴尔干战争时，柏林方面本来对维也纳的要求采取克制态度，后来却背离了这种政策。总的来看，这种说法并不十分合理：如果柏林方面不允诺无条件支持，奥地利针对塞尔维亚的态度确实会相对克制一些，也不至于跟俄国开战，但这样一来两国的同盟关系就会松动，从长远来看，德国可能因此失去这个盟友，因为维也纳可能会彻底改变外交政策，或者，可能性更大的是，哈布斯堡帝国可能会瓦解或者至少是失去大国地位。[182] 所以，柏林方面不愿冒这个险是完全可以理解的。欧洲的其他大国肯定也清楚这一点。真正导致事态急转直下的是施里芬计划及其政治意义：正因为有了施里芬计划，开战时间才显得如此紧迫，不管这种紧迫感是想象出来的还是事实；而计划中不容更改的两件事情，即两线作战和入侵中立国比利时，则将不同空间、不同政治领域的危机融合在一起，一场大型冲突就此形成。本来，有些冲突可以被限制在某个地区之内，不必与其他区域的冲突相互干扰，但现在它们却纠缠在一起，以致冲突迅速升级，最终人们再也无法通过政治手段加以遏制。其实，哪怕是在1914 年 7 月 28 日奥地利和塞尔维亚首次交战以后，局外人还有可能设法缓和双方的关系；可是一旦德国入侵比利时，所谓的"局外人"就不复存在了——所有大国都卷入了冲突，地区性战争也因此变成了"大战"，它将整个欧洲大陆推入深渊。作为地处欧洲中心的国家，德意志帝国在政治上本应采取审慎的态度，应当采取相应的政策来阻止冲突升级，可是德国在 1914 年七月危机中所做的恰恰相反。

弗里茨·菲舍尔追溯了德意志政治领袖长期以来的意图和目标，试图以此来解释德国为何造成了不幸；其他学者则认为，是帝国宪法还有领袖和中间阶层的思维方式、精神气质出了问题。

他们又把责任等同于罪责，由此得出结论：战争之所以爆发，是因为德国领袖要实现其政治目的。这种解释倒也能自圆其说，但我们如果推敲细节，或者使用比较研究法，就会发现它站不住脚。事实上，当时参战各方的意图惊人地相似：但结合当时各国的力量对比、结盟情况和地理位置来看，各国所应承担的责任并不是均等的。从这一角度来说，如果一个国家地处欧洲中心，而且在欧洲大陆上经济、军事实力最强，那么该国政府所应承担的责任自然大于边缘或弱小国家的政府。换句话说：就算贝尔格莱德和维也纳方面做出不负责任的决策，只要柏林方面能谨慎应对，将维持和平的总体利益置于一国的短期利益之上，局面就不会失控。德意志帝国在有些情况下确实足够谨慎、负责，偶尔却也会成为扰乱秩序的不安定分子。自贝特曼·霍尔韦格接替比洛成为帝国首相以后，德国的决策变得更加有规律可循，德国也越来越倾向于通过合作解决问题。施里芬计划的不幸在于，从该计划来看适合开战的时间有限，这导致人们更加关注短期内的变化，而非国家的长远利益，并且在评估局势和行动方案时，他们更倾向于做出短期内对自己有利的决定。

另外，作为欧洲中心的强国，如果其他大国不接受德国的这种地位，对它缺乏支持，那么它也无法履行相应的责任。德国虽然强大，但它所处的中心位置也给它带来许多问题和挑战，而德国还没有强大到可以独自解决这些问题。尽管英法两国一直有人呼吁不宜把德国逼得太紧，但在巴黎和伦敦，这样的警告并未对政府的政策产生什么影响。而所谓的双重包围战略——由俄国保护下的巴尔干联盟包围二元帝国，由法国和俄国以及后来加入的英国包围德国——必然导致德国政府更关注眼前利益而非长远利益，于是他们的回应也越来越不理性。而这正是 1914 年 7 月出现的真实状况。

/ 106

注　释

1　有关南斯拉夫及其"核心成员国"塞尔维亚的历史参见 Sundhaussen, *Geschichte Jugoslawiens* 及 ders., *Geschichte Serbiens*；南斯拉夫分裂战争的情况参见 Mønnesland, *Land ohne Wiederkehr*，重点见 S. 329ff。

2　Burkhardt u. a., *Lange und kurze Wege*，多处。

3　Baumgart, *Die Julikrise*；重点与之明显不同的作品是 Geiss, *Julikrise und Kriegsausbruch* 以及 ders., *Juli 1914*；后来克里斯托弗·克拉克（Christopher Clark）的研究也以萨拉热窝暗杀事件为重点，但开辟了新的方向：他将 1903 年贝尔格莱德（Beograd）的血腥政变以及这次政变到萨拉热窝事件之间的历史都看作萨拉热窝事件的背景，见 Clark, *Sleepwalkers*, S. 3 - 64。

4　参见 Mommsen, «Der Topos vom unvermeidlichen Krieg», S. 194ff。这种宿命观点对战争爆发的影响亦可参见 Neitzel, *Kriegsausbruch*, S. 11 - 13, 146 与 169。

5　战争结束 10 年后，那一代人提出了一些关于战争的反事实推断。① 尼尔·弗格森（Niall Ferguson）在他的作品中总结了其中一些推断，见 Ferguson, *Der falsche Krieg*, S. 393ff。

6　Pinker, *Geschichte der Gewalt*, S. 317.

7　有少量描述暗杀事件的作品探讨了"偶然性"的问题以及其他可能，见 Schneider, *Das Attentat*, S. 368 - 375。

8　有文献简要描述了暗杀事件的过程及该事件最直接的背景，见 Joll, *Ursprünge des Weltkriegs*, S. 21; Berghahn, *Sarajewo, 28. Juni 1914*, S. 7 - 9; Canfora, *August 1914*, S. 41 - 46; Fromkin, *Europas letzter Sommer*, S. 167 - 172。深入细致的描述见 Aichelburger, *Sarajewo*, Sösemann, «Sarajewo 1914» 以及 Clark, *Sleepwalkers*, S. 350ff, 367 - 376。许多描述整个战争过程的作品都只用简短的篇幅介绍这次暗杀，这确实说明在许多学者眼中，该事件意义不大，只是战争的"导火线"而已。

9　如今还有许多出版物认为这些照片中被逮捕的是加夫里洛·普林西普或投掷

---

①　即假设当时某个实际发生了的事件并未发生，或反之，推断结果为何。

炸弹的内德利科·查布里诺维奇（Nedeljko Cabrinović），但事实上是费迪南德·贝尔（Ferdinand Behr）；Hirschfeld，«Sarajewo 1914»，S. 151。

10 显然，逮捕普林西普也导致不同国家暴力机构的成员之间发生冲突；Sösemann，«Sarajewo 1914»，S. 365。

11 Sösemann，«Sarajewo 1914»，S. 365f.

12 参见 Fromkin，*Europas letzter Sommer*，S. 172ff。

13 Conrad von Hötzendorf，*Private Aufzeichnungen*，S. 65‐129.

14 Roth，*Radetzkymarsch*，S. 363.

15 布鲁诺·布雷姆（Bruno Brehm）著有三部曲小说《皇冠的坠落》（*Die Throne stürzen*），在其中的第一部即《阿皮斯与埃斯特》（*Apis und Este*）中，他详细描述了奥地利如何看待暗杀事件与塞尔维亚的联系。在有关一战爆发的学术研究中，克里斯托弗·克拉克（Clark，*Sleepwalkers*，S. 47ff.）率先详细地讨论了塞尔维亚当局为刺客提供支持的问题。

16 塞尔维亚国家机关在此次事件中扮演了何种角色，事实上并无明确定论。刺杀行动获得秘密团体"民族自卫组织"（Narodna Odbrana）首领、外号"阿皮斯"（Apis）的德拉古廷·迪米特里耶维奇（Dragutin Dimitrijević）上校的支持，它可能是一起针对贝尔格莱德政府的阴谋，因为塞尔维亚的极端分子也指责政府在维也纳面前无所作为。塞尔维亚政府甚至警告过奥地利要防备暗杀行动，然而当时的局面扑朔迷离，就像战场上进行着隐秘的行动，足迹是伪装的，行动者还使用了各种诡计，所以我们即便查阅了各种资料，还是很难确定塞尔维亚的警告到底意味着什么。克拉克（Clark，*Sleepwalkers*，S. 56ff.）认为，塞尔维亚首相尼古拉·帕希奇（Nicola Pašić）相信如果他笼统地提醒奥地利防备暗杀行动，事后人们就不会指责塞尔维亚政府与暗杀行动有关。

17 转引自 Geiss，*Die Vorgeschichte*，S. 77。

18 参见 Angelow，*Der Weg in die Urkatastrophe*，S. 82ff，以及 Neitzel，*Kriegsausbruch*，S. 125ff。

19 参见 Afflerbach，*Dreibund*，以及 Rauchensteiner，*Tod des Doppeladlers*，S. 48ff。

20 Rauchensteiner，*Tod des Doppeladlers*，S. 48.

21 参见 Hoffmann，*Sprung ins Dunkle*，S. 189。

22 详细情况参见 Angelow，*Kalkül und Prestige*，多处。

23 当时有三位君主参加了战争并在其中发挥了重要作用，他们是沙皇尼古拉

（Nicholas Ⅱ）、德皇威廉和英王乔治（George V），这三个人是表兄弟。[1]战争结束的时候，他们中有两位失去了王位，而尼古拉甚至还丢了性命。在探讨战争的决定因素时，有一点十分值得关注，即亲戚关系所起的作用是微不足道的。参见 Clay, *König, Kaiser, Zar*, 重点见 S. 385ff。

24　有些学者强调奥匈帝国应该速战速决，重点参考安格娄的作品 Angelow, *Der Weg in die Urkatastrophe*, S. 131ff。而弗罗姆金（Fromkin, *Europas letzter Sommer*, S. 172ff）则认为欧洲对暗杀事件反应平平。按照他的观点，国际社会根本没有对此事表示愤慨，所以维也纳和柏林攻打塞尔维亚将面临很大风险。总的来说，后一种观点比较典型的地方在于，它认为德国政府即使不作为，面临的政治风险也很小，而德国政府却觉得不作为的风险很大。该观点与一战前英国的政治传统一脉相承；参见 Neitzel, *Kriegsausbruch*, S. 121f. u. ö.。

25　相同的观点参见 Rauchensteiner, *Tod des Doppeladlers*, S. 78ff。

26　最后通牒的原文见 Baumgart, *Die Julikrise*, S. 112‐116。

27　参见 Stone, «Ungarn und die Julikrise 1914», S. 205ff。

28　至于贝尔格莱德方面为何拒绝这一要求，人们提出的观点之一是，首相帕希奇担心奥地利方面如果参与调查，就会知晓塞尔维亚政府在何种程度上参与或者至少知悉之前的暗杀行动；参见 Joll, *Ursprünge des Weltkriegs*, S. 29。许多证据都支持这种观点。

29　相同的观点参见 Fromkin, *Europas letzter Sommer*, S. 231ff; Hoffmann, *Sprung ins Dunkle*, S. 202f; Canis, *Der Weg in den Abgrund*, S. 683。Clark, *Sleepwalkers*, S. 456 指出，奥地利在 1914 年 7 月提出的条件远不及 1999 年北约在朗布依埃（Rambouillet）对南斯拉夫提出的条件。

30　参见 Münkler, *Imperien*, S. 16ff。

31　转引自 Joll, *Ursprünge des Weltkriegs*, S. 30; 大多数对事件的分析和描述都未能正确认识这一问题。学者们要么认为奥地利政府想找一个借口发动战争，要么认为政府过于爱面子。相关的例子见 Ludwig, *Juli 1914*, S. 124ff。

32　相关情况可参见 Dülffer u. a., *Vermiedene Kriege*, S. 1‐29。

33　详细情况参见 Clark, *Sleepwalkers*, S. 3‐13。

34　相似的观点参见 Angelow, *Der Weg in die Urkatastrophe*, S. 72ff。

―――――――

①　威廉二世和乔治五世是舅表兄弟，尼古拉二世的妻子是他们的表姐妹，乔治五世和尼古拉二世是姨表兄弟。

35　Rauchensteiner, *Tod des Doppeladlers*, S. 67ff.

36　参见 Joll, *Ursprünge des Weltkriegs*, S. 27ff。

37　参见 Anderson, *The Eastern Question*, 多处。

38　七月危机中俄国的政治情况参见 Joll, *Ursprünge des Weltkriegs*, S. 129ff, 以及 Bestuschew, «Die russische Außenpolitik von Februar bis Juni 1914», S. 131ff.（后者基于苏联的观点）

39　相关情况参见 Matuz, *Das Osmanische Reich*, S. 245ff。

40　参见 Neitzel, *Kriegsausbruch*, S. 98ff; Joll, *Ursprünge des Weltkriegs*, S. 82ff; 深入细致的描述参见 Canis, *Weg in den Abgrund*, S. 283 - 338。

41　相关情况参见 Münkler, *Siegfrieden*, S. 70ff。

42　转引自 Neitzel, *Kriegsausbruch*, S.103。

43　Canis, *Weg in den Abgrund*, S. 309ff.

44　Neitzel, *Kriegsausbruch*, S. 102.

45　详细的描述见 Hoffmann, *Sprung ins Dunkle*, S. 100ff。

46　相关情况参见 Matuz, *Das Osmanische Reich*, S. 254ff, 以及 Clark, *Sleepwalkers*, S. 242 - 251。

47　20 世纪初，奥地利和意大利争相制造战舰，在亚得里亚海（Adriatic Sea）展开了真正意义上的军备竞赛，我们可认为这与德英两国的军备竞赛类似；参见 Höbelt, «Österreich-Ungarn und das Deutsche Reich», S. 272f。

48　第一次巴尔干战争的经过参见 Boeckh, *Von den Balkankriegen zum Ersten Weltkrieg*, S. 31 - 55, 以及 Clark, *Sleepwalkers*, S. 251 - 258; 奥地利方面对事件的看法参见 Kronenbitter, «*Krieg im Frieden*», S. 369ff。

49　Neitzel, *Kriegsausbruch*, S. 127; Kronenbitter, «*Krieg im Frieden*», S. 414.

50　在这一事件中，科尔马·冯·德戈尔茨（Colmar von der Goltz）将军的一份备忘录可能起了决定性作用。在备忘录中冯·德戈尔茨表示，如果奥匈帝国的军队被巴尔干联盟的武装力量牵制，那么从联盟政治的角度来看，它对德国就没有任何价值了；参见 Krethlow, *Generalfeldmarschall von der Goltz*, S. 370f。

51　参见 Neitzel, *Kriegsausbruch*, S. 130ff。

52　第二次巴尔干战争的过程参见 Boeckh, *Von den Balkankriegen zum Ersten Weltkrieg*, S. 55 - 92, 以及 Kronenbitter, «*Krieg im Frieden*», S. 420ff。

53　俄国参战的意愿参见 Bestuschew, «Die russische Außenpolitik», S. 136ff; "形势缓和" 的错觉参见 Kießling, *Gegen den «großen Krieg»*, S. 193ff。

54　防御性和进攻性现实主义的区别参见 Mearsheimer, *The Tragedy of Great Power Politics*, S. 4 – 8 und 19 – 22。

55　相似的观点参见 Canis, *Der Weg in den Abgrund*, S. 293ff。

56　对波斯尼亚危机的阐释见温岑的作品 Winzen, *Bernhard von Bülow*, S. 111f; 冯·比洛政治上的计划见 ders., *Bülows Weltmachtkonzept*, S. 395 – 434。

57　参 见 Joll, *Die Ursprünge des Ersten Weltkriegs*, S. 82ff.; Neitzel, *Kriegsausbruch*, S. 94。

58　相关情况参见 Höbelt, «Der Zweibund», S. 303ff.; 维也纳方面对柏林的不信任显而易见，参见 Shanafelt, *The Secret Enemy*, 多处。赫贝尔特（Höbelt）认 为 维 也 纳 利 用 了 柏 林，盖 斯（Geiss, «Deutschland und Österreich-Ungarn», S. 384ff.）则认为是德国利用奥匈帝国实现自己对奥斯曼帝国的野心。

59　对这种想法更全面的描述参见 Geiss, *Die Vorgeschichte*, S. 159 – 189。

60　Joll, *Ursprünge des Weltkriegs*, S. 90f.

61　深入研究这一观点的主要是 Kießling, *Gegen den ‹großen Krieg›?*, S. 149ff。

62　参见卡尼斯的作品 Canis, *Der Weg in den Abgrund*, S. 457ff.; 相反的观点见弗格森的作品 Ferguson, *Der falsche Krieg*, S. 92ff, 此处认为从根本上说，格雷持与德国敌对的态度。

63　英国想要坚持"两强标准"（Two-Power-Standard），即英国海军的实力不应弱于排名第二、第三的两国海军实力之总和。英国在整个 19 世纪奋发图强取得了这一地位，如今这一地位因为德国组建舰队而受到威胁；参见 Joll, *Ursprünge des Weltkriegs*, S. 108ff.; Neitzel, *Kriegsausbruch*, S. 114ff. 当然，即便德国不组建舰队，"两强标准"本来也无法长时间维持。

64　霍夫曼（Hoffmann）详细研究了预防性战争的想法如何得到实施，见 Hoffmann, *Sprung ins Dunkle*, 重点参见 S. 57ff; 此前贾森（Jansen）也持基本相同的观点，见 Jansen, *Der Weg in den Ersten Weltkrieg*, 重点参见 S. 123ff; 不过他们二人要么没有对"设想"和"计划"加以区分，要么对这两者的区分很不充分。

65　社会达尔文主义对战争的阐释参见 Meier, *Warum Krieg?*, S. 157 – 193。

66　参见上一处文献，S. 238ff。

67　"不确定性容忍度"这一概念参见 Thomas Bauer, *Die Kultur der Ambiguität. Eine andere Geschichte des Islams*, Berlin 2011, S. 29。

68　转引自 Stumpf (Hg.), *Kriegstheorie*, S. 505。

69　同上，S. 487; 可参考 Münkler, *Der Wandel des Krieges*, S. 117f, 以及 Meier, *Warum Krieg?*, S. 123ff。

70　转引自 Viebrock, *Studien zur Rhetorik*, Bd. 4, S. 40。

71　Engels, «Einleitung zu Sigismund Borkheims Broschüre ‹*Erinnerung an die deutschen Mordspatrioten. 1806‑1807*›», in: MEW, Bd. 21, S. 51; 详细的阐释参见 Münkler, *Über den Krieg*, S. 128ff。

72　Bloch, *Der Krieg*; Angell, *The Great Illusion*. 后者 1909 年初版的书名为《欧洲的视错觉》(*Europe's Optical Illusion*)，作者扩充内容以后，此书于 1910 年再版，书名改为《大幻觉》，德语版也在这一年出版。不过安杰尔在书中还论证道，随着资本主义的发展，各种金融与经济关系已经紧密结合成一张关系网，这样的关系网可以防止大规模战争的爆发；相关信息参见 Meier, *Warum Krieg?*, S. 140f。

73　其中主要的军事作家及作品是伯恩哈迪的《德国与下一场战争》(Bernhardi, *Deutschland und der nächste Krieg*)，还有弗赖塔格-洛林霍芬的《新时代的战争与政治》(Freytag-Loringhoven, *Krieg und Politik in der Neuzeit*, S. 268ff, 重点参见 S. 278ff.)。

74　参见 Rudolf Martin, «Der Krieg in 100 Jahren», 以及 Frederik Wolworth Brown, «Die Schlacht von Lowestoft», 两篇文章均被收录在 Brehmer (Hg.), *Die Welt in 100 Jahren*, S. 63‑76 以及 91‑102。

75　"军国主义"的概念参见 Vagts, *A History of Militarism*, S. 13‑37; Wette, *Militarismus in Deutschland*, S. 16‑33; Novosadtko, *Krieg, Gewalt und Ordnung*, S. 110ff。

76　战争开始之际，德国有义务服兵役的公民（20~45 岁的男性）为 1040 万人，其中只有 540 万人（也就是略多于一半）接受过军事训练。战争爆发时，法国的常备军队人数就比德国多出 2 万人，而法国人口只有德国人口的四分之三。法国曾努力地想在军事方面赶上德国的水平，为了实现这一目标，法国建设军队的力度必须大于德国，因此，法国国民生产总值中军费支出的比例也总是高于德国（参见 Vogel, *Nationen im Gleichschritt*, S. 279ff.）。从 19 世纪 90 年代初开始，人们在对比德法两国国防力量的同时还必须考虑俄国。俄国的军队虽然水平落后，但人数多达 140 万人，是当时欧洲军队人数最多的国家①；俄国军队的情况参见 Beyrau, «Das Russische Imperium und

————————————

①　此处的军队人数与前面所说受过军事训练的人数是不同概念。

seine Armee», S. 119ff; 总体情况参见 Herrmann, *The Arming of Europe*, S. 173 - 198, 以及 Stevenson, *Armaments*, S. 231 - 328。

77 许多研究作品讨论了德国在 1912~1913 年扩充军队的问题，但即便到了这一时期，以上排名也基本没有变。当时德国军队新征召了约 13 万人并准备将其投入使用（直到战争开始之际，这批人只有一部分刚刚完成训练，可以参与战斗），而俄国陆军中的常备军则增加了 22 万人，相当于德奥同盟增加的兵力之和（奥匈帝国的军队也增加了 9 万人）。此外按照俄国的计划，截至 1917 年俄国陆军还会再增加 30 万~40 万人。如果俄国军人数达到 180 万人，那就是德国兵力的两倍。扩充军队的确切数据以及这部分兵力实际可以参与战斗的时间参见 Herrmann, The *Arming of Europe*, S. 173 - 198; 亦可参见 Meier-Welcker (Hg.), *Deutsche Militärgeschichte*, Abschnitt V, S. 41 - 58。

78 Stevenson, *1914 - 1918*, S. 67。

79 参见 Ferguson, *Der falsche Krieg*, S. 388。

80 对德国军队战斗力的这种评价，以及总参谋部基于这一观点制订的计划参见 Storz, *Kriegsbild und Rüstung*, S. 167 - 208。

81 战争概况参见 Siemann, *Vom Staatenbund zum Nationalstaat*, S. 389 - 430, 重点见 S. 415ff, 以及 Nipperdey, *Deutsche Geschichte 1866 - 1918*, Bd. 2, S. 11 - 75。

82 比如法兰克福金属公司（Frankfurter Metallgesellschaft）老板威廉·默顿（Wilhelm Merton）的祖父原是从伦敦移居到法兰克福的；1850 年，威廉·默顿得以加入犹太人社区，同时成为法兰克福公民。威廉·默顿的儿子阿道夫（Adolf）是艺术史专业的博士，一战时加入第六龙骑兵团（Dragoner-Regiment Ⅵ）并且在战争的最初几个月内阵亡。参见 Roth, *Wilhelm Merton*, S. 20f. 与 162; 后备军少尉任命书的社会意义见 Kehr, «Zur Genesis des Königlich Preußischen Reserveoffiziers», in: *Primat der Innenpolitik*, S. 53 - 63。总体情况参见 Frevert, *Die kasernierte Nation*, S. 207ff.; dies., «Das Militär als ‹Schule der Männlichkeit›», S. 145ff。

83 这幅画有几个版本，其中"宫殿版本"最为著名，可能在政治上也最为重要，但这一版本在二战期间被摧毁了；各版本的情况、对画中人物的研究以及画作的政治思想内容参见 Bartmann, *Anton von Werner*, S. 332 - 354。

84 普鲁士外交仪式的规则参见 Röhl, Kaiser, *Hof und Staat*, S. 95ff。

85 参见 Schumann, *Der Schwefelgelbe*, S. 25ff。

86 德国军官集团由哪些社会阶层以何种比例构成，贵族阶层如何努力保持自身的独特性，如何将其他阶层排除在外，参见 Demeter, *Das Deutsche Offizierskorps*, S. 15ff; 相反的观点认为当时的军官集团正在资产阶级化，见 Görlitz, *Generalstab*, S. 159。

87 Neitzel, *Kriegsausbruch*, S. 149.

88 参见 Förster, «Alter und neuer Militarismus», S. 131。

89 Neitzel, *Kriegsausbruch*, S. 149.

90 参见 Kruse, *Die Erfindung des modernen Militarismus*, insbes. S. 370ff, 以及 Vogel, *Nationen im Gleichschritt*, S. 92ff; 军队问题在法国也曾引发政治冲突，见前一处文献，S. 227ff, 以及 Becker, «‹Bewaffnetes Volk› oder ‹Volk in Waffen›?», S. 158ff。

91 Förster, *Der doppelte Militarismus*, 以及 ders., «Alter und neuer Militarismus», S. 122ff; 参见 Eley, *From Unification to Nazism*, S. 85ff., 以及 Ziemann, «Sozialmilitarismus», S. 148ff。

92 弗尔斯特论述时使用的概念有些混乱。他有时候说"资产阶级军国主义"，有时候说"新右派军国主义"，但两者指的是同一对象。他还把不能列入"旧军国主义"的相关思想笼统地称为"新军国主义"。事实上有一种古老的共和制传统认为，既然战争不（再）由某一特定阶层操控，所有（男）人都有机会参与，那么它就是改造公民的方式之一。这一传统可以追溯到古典时期，从它的角度来看，法国革命引发的**全民征兵现象**（Levée en masse）只是它在某一阶段的表现，而非特殊的历史事件。从这个意义上讲——恰好也是在那些战争爆发后报名参军的知识分子看来——德国的军国主义有一部分是出自共和制传统的。共和制的战争观参见 Münkler, *Über den Krieg*, S. 34ff, 53ff. und 91ff。需要注意的是，这种观念和社会达尔文主义的观点不同，后者认为战争可以筛选出最强者。在战争开始之前，这两种观点在德国同时存在且相互联系；但将其一并纳入"新军国主义"这一概念则显得太过简单化了。

93 Ludendorff, *Der totale Krieg*; 鲁登道夫在一战时期的总体化设想参见 Nebelin, *Ludendorff*, S. 243ff。

94 参见 Flasch, *Die geistige Mobilmachung*, 重点见 S. 44, 54, 79 与 87。

95 在小资产阶级中间，这种战争观更为明显，因为退伍军人团体以这一阶层的人为主；这些小资产阶级对战争之骇人场景有自己的一套想象。参见 Rohkrämer, «Der Gesinnungsmilitarismus der ‹kleinen Leute›», S. 95ff。大学生群体在军国主义思潮中扮演何种角色，德国和英国在这方面有何相似之处，参见 Levsen, «Gemeinschaft, Männlichkeit und Krieg», S. 230ff。

96　鲁登道夫在军队里暂时"坐冷板凳"一事以及他不受欢迎的情况参见 Nebelin, *Ludendorff*, S. 65ff; 他个人对调离总参谋部一事的说法参见 Hoffmann, *Der Sprung ins Dunkle*, S. 71。

97　相关的讨论参见 Afflerbach, ««Bis zum letzten Mann und letzten Groschen?»», S. 71ff。

98　"施里芬计划"仍可参见 Ritter, *Der Schlieffenplan*; 新近有学者针对施里芬计划的完善程度以及小毛奇做了哪些修改展开了讨论，具体情况参见 Ehlert/Groß (Hg.), *Der Schlieffenplan*。

99　约斯特·迪尔费尔（Jost Dülffer）对这一时期有如下描述："只有被其他大国承认为大国的国家才是大国。"他还补充说："积极、有效地使用军事权力是进入大国集团最重要的入场券。"Dülffer, «Vom europäischen Mächtesystem zum Weltstaatensystem», S. 56。

100　英国人对国家衰落的担忧参见 Neitzel, *Weltmacht oder Untergang*, S. 233ff. 与249ff, 以及 Müller, *Die Nation als Waffe*, S. 46ff。

101　Conrad, *Globalisierung und Nation*, S. 46.

102　相关的数据和图表见 Brechtgen, «Kaiser, Kampfschiffe und politische Kultur», S. 206ff。

103　参见 Umbach, «Made in Germany», S. 407ff。

104　这句话最早出现在动物学家彼得·查默斯·米切尔（Peter Chalmers Mitchell）1897 年 9 月 11 日发表于《星期六评论》（*Saturday Review*）的一篇文章中。这篇文章还认为，如果德意志帝国被灭，每个英国人都会过上更富足的生活。这篇文章的相关情况以及英国人仇视德国的情绪参见 *Neitzel, Weltmacht oder Untergang, S. 233*, 以及 *Uhle-Wettler, Tirpitz, S. 100 - 110*。

105　参见 Brechtgen, «Kaiser, Kampfschiffe und politische Kultur», S. 212, 以及 Ferguson, *Der falsche Krieg*, S. 35ff。

106　参见 Ferguson, *Der falsche Krieg*, S. 35ff., S. 212f, 以及 Rose, ««The writers, not the sailors»», S. 227ff。

107　Mackinder, «The Geographical Pivot», S. 421ff; 相关情况可参见 Lacoste, *Geographie und politisches Handeln*, S. 32f., 以及 Sprengel, *Kritik der Geopolitik*, S. 72 - 96。

108　从 19 世纪末开始，英国的出版物和备忘录就提到德国和俄国可能会瓜分亚欧大陆；参见 Neitzel, *Weltmacht oder Untergang*, S. 234。

109 相关情况参见 Massie, *Die Schalen des Zorns*, S. 152ff., 457ff, 以及 Kennedy, *The Rise of the Anglo-German Antagonism*, 多处。

110 此处以及后续内容见 Kennedy, «Mahan versus Mackinder», S. 46ff。

111 这一假设的完整推演见 Ferguson, *Der falsche Krieg*, S. 380ff; 德国在**大博弈**中扮演的角色目前参见 Mark, *Im Schatten des «Great Game»*, S. 237ff。

112 Ferguson, *Der falsche Krieg*, S. 92ff。

113 英国内阁做决定的艰难过程参见 Joll, *Ursprünge des Weltkriegs*, S. 152ff; 但让他们难下决断的绝不是英国是否参战，而仅仅是谁来宣战，是自由党内阁，还是自由党和保守党共同组成的内阁。

114 相关情况参见 Wallach, *Das Dogma der Vernichtungsschlacht*, S. 153ff。

115 目前还没有关于小毛奇的大部头传记，其人其事可参见 Walle, «Moltke», S. 17f, 以及 Mombauer, *Moltke and the Origins of the First World War*; 对小毛奇其人的精彩描写见 Hoffmann, *Sprung ins Dunkle*, S. 57 - 62; 此外还可参见 Görlitz, *Generalstab*, S. 146ff; 1914 年"七月危机"期间，小毛奇给妻子写了一些篇幅较短的信，他的思想也在这些信件中得到清楚的表达；参见 Moltke, *Erinnerungen*, S. 380f。

116 有几份备忘录显示，冯·德戈尔茨更倾向于在阿尔萨斯和东普鲁士（Ostpreußen）修筑防御要塞；参见 Krethlow, *Colmar von der Goltz*, S. 226ff。有关政府曾考虑任命冯·德戈尔茨为总参谋长的情况参见上一处文献，S. 250ff。

117 参见 Wallach, *Das Dogma der Vernichtungsschlacht*, S. 150f。

118 Ritter, *Der Schlieffenplan*, S. 81 - 102, 重点见 S. 101f; ders., *Staatskunst und Kriegshandwerk*, Bd. 2, S. 115ff. 与 239 ff; Görlitz, *Generalstab*, S. 122 - 146。

119 关于贝特曼·霍尔韦格对七月危机的回应，学界存在两种解读：一种说这是"有计划的冒险"，即他已准备冒险参战，以战争换取和平；一种说他是"听天由命"，也就是说贝特曼从某个时刻开始已经承认这场战争是无法避免的。参见 Hillgruber, «Riezlers Theorie des begrenzten Risikos», S. 339ff, 以及 Jarausch, «The Illusion of Limited War: Chancellor Bethmann Hollweg's Calculated Risk», S. 56ff. 听天由命是德国政府的主流态度，对此的总体论述参见 Neitzel, *Kriegsausbruch*, S. 146 与 169, 以及 Joll, *Ursprünge des Weltkriegs*, S. 41。显然，以上两种解读是相互联系的，而接下来的问题在于，是冒险的成分更多，还是听天由命的成分更多。

120　如要了解贝特曼·霍尔韦格可参见 Jarausch, *The Enigmatic Chancellor*。

121　这是 1897 年 12 月 6 日比洛在帝国议会说的话，当时他的身份还是外交部国务秘书；参见 Fesser, *Bülow*, S. 42ff, 以及 Winzen, *Bülows Weltmachtkonzept*, S. 61ff。

122　Riezler, *Tagebücher*, S. 184ff; 此外可参见 Flasch, *Die geistige Mobilmachung*, S. 232 - 248。

123　转引自 Steglich, *Die Friedenspolitik der Mittelmächte*, Bd. 1, S. 418, 注释 3。

124　不同传记对这位德国末代皇帝的说法并不一致，甚至相互矛盾：在有些作者看来，他的现代观念很强，还在一定程度上推动了德国的现代化（特别是在基础教育制度和科学方面）；然而他偏好"个人统治"（Persönliches Regiment），而这种统治方式早在 18 世纪就让统治者们感觉力不从心，它之所以没有导致政治混乱、经济崩溃，是因为当时的管理体系已经比较完善，且具备反腐败的能力。约翰·勒尔（John Röhl）认为皇帝对战争爆发负有很大罪责，而在其他作者（比如克里斯托弗·克拉克）看来，1914 年 7 月威廉皇帝并未主动发起战争，而是受他人驱使。问题显然就在于后一种说法比前一种更符合实际情况：从帝国的政治秩序以及德国在欧洲举足轻重的地位来看，威廉皇帝都不应该受人驱使，而应该清楚地评估局势并掌控局面——这却是不可能的。

125　Moltke, *Erinnerungen*, S. 20.

126　参见 Speidel, «Halbmond und Halbwahrheit, Cannae, 2. August 216 v. Chr.»; in: Förster u. a. (Hg.), *Schlachten*, S. 48 - 62; 格利茨（Görlitz, *Generalstab*, S. 144）怀疑，施里芬并非以坎尼会战为范本提出施里芬计划，而是在计划确定以后再援引历史上相似的作战行动来支持自己的设想、应对他人的质疑。

127　Schlieffen, *Gesammelte Schriften*, Bd. 1, S. 29; 其中有关坎尼会战的研究只有几页，但施里芬接下来以此次会战为指导，用 250 页的内容分析了腓特烈大帝指挥的战役、拿破仑指挥的战役以及老毛奇在 1866 年和 1870~1871 年指挥的战役，而这些内容全放在"坎尼"这一标题下面。对施里芬来说，坎尼会战是一场最完美的会战。他还撰写了一篇有关汉尼拔的研究文章，篇幅不长，见 *Gesammelte Schriften*, Bd. 2, S. 3 - 10。

128　Moltke, «Rede im Reichstag am 14. Mai 1890»; 转引自 Stumpf (Hg.), *Kriegstheorie*, S. 505。

129 Wallach, *Vernichtungsschlacht*, S. 182.

130 这再一次说明德国有多么依赖它的盟友。显然问题在于，若要确保奥匈帝国方面不出差错，双方事先一定要在各具体细节上达成一致，但在施里芬和小毛奇任总参谋长期间，双方并未做到这一点；参见 Kronenbitter, «Die militärische Planung der k. u. k. Armee», S. 212.

131 对东部地区的"牺牲"参见 Salewski, *Der Erste Weltkrieg*, S. 124 - 126。

132 至于施里芬和小毛奇放弃东普鲁士的计划有多"决绝"，德军在西线取得首次胜利后，几个军可能以怎样的速度被调往东线，这在学界没有统一的说法；相关情况参见 Wallach, *Vernichtungsschlacht*, S. 162ff, 以及 Zuber, «Strategische Überlegungen», S. 37ff。

133 杰胡达·瓦拉赫（Wallach, *Vernichtungsschlacht*）和雷蒙·阿隆（Raymond Aron. *Clausewitz*）在 20 世纪 70 年代曾提出这样的问题：为何德意志帝国不倾向于选择战略性防御，尤其是克劳塞维茨曾指出防御是较强的作战形式（尽管是为了追求较小的目的）（Clausewitz, Vom Kriege, S. 617）①。两位学者认为这是克劳塞维茨在总参谋部的追随者背离了其宗旨所致；瓦拉赫还指出施里芬是"灭绝战的预言者"（S. 62ff.）。但两位学者在批评施里芬和小毛奇的时候都弱化了"时间紧迫"这一问题。1905 年偏向防御思维的德戈尔茨落选，小毛奇成为施里芬的继任者，这或许也和时间紧迫有关（参见 Krethlow, *Colmar von der Goltz*, S. 258 - 264）。

134 相关的研究文献存在以下争议：法国制订所谓的"十七号计划"果真是为了发动进攻，还是象征性地以从洛林进攻代替霞飞（Joseph Césaire Joffre）原先的设想：霞飞元帅原本更倾向于取道比利时，但因为忌惮英国而放弃了这一想法。赫维希（Herwig, *The First World War*, S. 65 - 69）认为十七号计划"主要是一份政治文件"（S. 68）。相似的观点详见 Schmidt, «Frankreichs Plan XVII», S. 221ff。基根和史蒂文森则认为十七号计划是一份相当重要的军事文件，见 Keegan, *Der Erste Weltkrieg*, S. 63 - 66, 以及 Stevenson, *1914 - 1918*, S. 70 f; 斯特罗恩（Strachan, *The First World War*, Bd. 1, S. 190 - 198, 重点见 S. 194）则认为制订十七号计划是为了动员军队、集中兵力，让军队进入备战状态。

135 "旋转门效果"参见 Chickering, *Das Deutsche Reich*, S. 34。

136 有关施里芬计划的讨论在 4 个方面存在分歧，其中学术见解之争和政治

---

① 翻译参考华东科技大学出版社 2016 年版《战争论》第四篇第一章。

立场之争往往纠缠在一起。第一个分歧涉及小毛奇削弱右翼兵力导致施里芬计划"打了折扣"一事。有人指出小毛奇的做法是为了降低风险，而另一方则援引传说中施里芬的遗言加以反驳——据说施里芬临终前说的最后一句话是"确保我的右翼兵力足够强大"（参见 Görlitz, *Generalstab*, S. 145）。第二个分歧涉及里特尔在其作品中（Ritter, *Schlieffenplan*; *Staatskunst und Kriegshandwerk*, Bd. 2）提出的问题，即总参谋部的计划在何种程度上决定了政治行动的方向和节奏。我们无法确定的是，施里芬此前与政治以及外交领域的官员是否就相关问题（如比利时中立国地位的问题）达成了一致。第三个分歧表现为，有人认为施里芬和小毛奇正确理解了克劳塞维茨，并列举了他们将进攻奉为教条的理由（当然，所有参战国都把进攻奉为教条），而瓦拉赫与阿隆是这一观点的主要反驳者。阿隆赞同德国战争历史学家汉斯·德尔布吕克（Hans Delbrück）在 1890 年出版的《伯里克利的战略》（*Die Strategie des Perikles*）一书中提出的看法。德尔布吕克认为伯里克利和腓特烈大帝的战略同属防御性战略，还用后者来阐释前者，这在当时引发了争论，德尔布吕克的批评者还主张必须洗刷腓特烈大帝"推行防御性战略"的罪名。在阿隆之后，人们争论的重点不再是历史事实为何，而是德国的下一场战争应采取进攻性还是防御性的战略（参见 Raulff, «Politik als Passion», S. XIXff.）。最后，第四个分歧是由特伦斯·朱伯（Terence Zuber）挑起的，他提出根本不存在什么施里芬计划，德军方面之所以开战，一开始是出于防御的目的，而这势必导致敌国的抵抗（Zuber, *Inventing the Schlieffen Plan*; ders., *German War Planning*）；但德国方面并没有想过要全歼法军 [有人强烈反驳这一观点，相关的讨论参见 Ehlert u. a. (Hg.), *Schlieffenplan*]。考虑到小毛奇对施里芬的备忘录做了许多修改，但直到小毛奇接手，施里芬的想法才转化成为一份统一、有效的行军计划，所以安妮卡·蒙鲍尔（Annika Mombauer）建议将此计划称为"**毛奇计划**"（Mombauer, «Der Moltkeplan», S. 79ff.）。无论如何可以肯定的是，施里芬计划引起了激烈的争论，而且该计划与神话般的坎尼会战联系在一起，这让它成为战略史上的传奇。

137　参见 Wallach, *Vernichtungsschlacht*, S. 133f.。

138　参见 Joll, *Ursprünge des Weltkriegs*, S. 136f.。

139　相似的观点见 Höbelt, «Österreich-Ungarn und das Deutsche Reich», S. 278。

140　小毛奇对计划的修改详见 Wallach, *Vernichtungsschlacht*, S. 140 - 146; 霍

夫曼简短地描述了小毛奇对计划的修改，并准确地评价了相关影响，见 Hoffmann, *Sprung ins Dunkle*, S. 68f。

141　转引自 Ritter, *Schlieffenplan*, S. 179-180。

142　最晚在罗马帝国崛起成为地中海的统治者以后，"世界经济"就已经出现，它被用来指称较大经济空间之内的经济活动，但还不是全球经济。在当时，政治和军事强国为一片广阔的区域带来了"和平"，随后这里的经济贸易活动就开始蓬勃发展，所以和外围地区相比，区域内的人也生活得更为富裕；参见 Münkler, *Imperien*, S. 157ff. 而全球性世界经济出现于 19 世纪，它与前面所说的"世界经济"不同，不再局限于一个帝国的范围之内，但其规则由霸主制定并维持。当时的霸主正是**大英帝国**。

143　参见 Dülffer, «Die zivile Reichsleitung und der Krieg», S. 136。

144　相关情况参见 Förster, «Der deutsche Generalstab», S. 83ff. 小毛奇与施里芬不同，他在总参谋部外出演练（Generalstabsreise）时会关心军需供应的问题，并敦促相关部门采购并储备足够的物资，而帝国首相贝特曼·霍尔韦格驳回了他的要求，并指出这样做会让人觉得德国正在备战，导致政治局势恶化；参见 Wallach, *Vernichtungsschlacht*, S. 175f。

145　加快或放慢作战节奏会对战略计划产生怎样的影响，基本情况可参见 Münkler, *Der Wandel des Krieges*, S. 169ff。

146　参见 Hoffmann, *Sprung ins Dunkle*, S. 100ff。

147　对英俄谈话更详细的探讨参见 Rauh, «Die britisch-russische Marinekonvention», S. 40ff. 我们不一定要同劳（Rauh）的观点，即这些谈话的背景是俄国有意发起战争，但这不妨碍我们认识到这些谈话产生了重大的影响。

148　相关研究往往弱化了这些谈话可能产生的影响，但罗特费尔斯（Rothfels, «Die englisch-russischen Verhandlungen»）和赫尔茨勒（Hölzle, *Der Geheimnisverrat und der Kriegsausbruch*）的研究是例外。事实上，圣彼得堡和伦敦针对海军协议的谈话表明，同盟国和协约国之间的军事力量对比将要发生重大变化，所以，德国和奥匈帝国相信必须尽快开战。

149　然而这正是英国和俄国洽谈海军协议问题的原因：英国人担心俄国会向德国靠近并与之结为大陆同盟，这样德俄两国就可以排挤英国，称霸欧洲；参见 Rauh, «Die britisch-russische Marinekonvention», S. 46ff. 造成希尔德布兰德（Hildebrand）所说的"欧洲安全困境"的原因不仅在于两大联盟之间存在冲突，也在于联盟内部成员对彼此目的和意图互不信任。

150　转引自 Joll, *Ursprünge des Weltkriegs*, S. 186。像这样的话帝国首相说过不止

一次，甚至在 1913 年 11 月他还说了类似的话；参见上一处文献，S. 189。

151　克劳斯·希尔德布兰德（Klaus Hildebrand）形容俾斯麦在 19 世纪 80 年代的外交政策是"临时援助系统"（System der Aushilfen），缺乏对未来的宏大计划；他也指出，这种外交政策有一些常见的缺点，但也有一个优点，见 Hildebrand, *Das vergangene Reich*, S. 95ff. und 140ff, 以及 ders., «Saturiertheit und Prestige», S. 193ff。

152　在菲舍尔笔下，德意志帝国是国际政治中的不安定因素，而且是个强硬且具有侵略性的角色，见 Fischer, *Griff nach der Weltmacht und Krieg der Illusionen*，相同的观点见 Geiss, *Die Vorgeschichte des Ersten Weltkriegs*，以及 ders., *Das Deutsche Reich und der Erste Weltkrieg*；不那么强硬、不那么具有"侵略性"的德国形象参见 Ullrich, *Die nervöse Großmacht*；赞同后者观点的还有不属菲舍尔学派的米夏埃拉·施蒂默尔（Michael Stürmer, *Das ruhelose Reich*）。

153　参见 Neitzel, *Weltmacht oder Untergang*, 重点见 S. 15f；还可参见 Dülffer, «Vom europäischen Mächtesystem zum Weltstaatensystem», S. 49ff, 以及 Hildebrand, «Europäisches Zentrum, überseeische Peripherie», S. 56ff。

154　伊曼纽尔·盖斯试图强调德国对一战负有主要责任，他指出其他欧洲大国都遵循通常的大国逻辑行事，而德意志帝国却一直设法提升自己的地位。这等于是说，那些率先成为帝国的国家所做的是合理的，而历史上的后来者就是不安定分子，是战争的发动者；参见 Geiss, *Die Vorgeschichte*, S. 68ff. 与 60。

155　参见 Schröder, *Sozialistische Imperialismusdeutung*, S. 26ff。

156　1918 年，列宁数次在谈话中提到这一点；参见 Lenin, *Werke*, Bd. 28, S. 9, 14f. 与 185；此外可参见 Koenen, *Was war der Kommunismus?*, S. 24, 36 与 88。

157　松科·奈策尔（Sönke Neitzel, *Kriegsausbruch*, S. 17 - 68）对战争原因的分析非常出色，因为他在论证时既冷静客观又考虑周全；虽然他用了一整章的篇幅讨论欧洲各大国的"帝国主义高峰时期"，但他显然并不认为高峰时期的帝国主义与 1914 年战争的爆发存在绝对的关联。

158　Geiss, *Die Vorgeschichte*, S. 28 - 52。

159　同上，S. 44. 也有学者大大弱化了"缺乏改革能力"这一观点，见 Fesser, «Zur Reformpolitik im deutschen Kaiserreich», S. 181ff, 以及 Kühne, «Das Deutsche Kaiserreich», S. 206ff。

160　"内政的主导地位"（Primat der Innenpolitik）也是韦勒为历史学家埃卡

特·克尔（Eckart Kehr）的论文集拟的标题。克尔在魏玛共和国时期就指出了内政或经济政策对德意志帝国的对外政策有何影响；组建舰队一事对德英的政治关系影响重大，克尔认为此事是政府对冶钢工业的企业家做出让步的结果，因为当时的贸易保护政策对易北河东部的谷物生产者有利，却导致工业企业损失了一部分销售市场（尤其是俄国的市场）（Kehr, *Schlachtflottenbau*）。从研究方法的角度来说，这一论证颠倒了政治动机和功能性效果；从经验的角度来说，其论据的可靠性也值得质疑：虽说贸易保护政策导致出口俄国的工业品数量下降，但此事的影响恐怕没有重大到国家要通过组建舰队来补偿工业生产者；参见 Neitzel, *Kriegsursachen*, S. 54ff。

161 Wehler, *Bismarck und der Imperialismus*, S. 141ff., ders., *Das Deutsche Kaiserreich*, S. 171ff, 以及 ders., *Deutsche Gesellschaftsgeschichte*, Bd. 3, S. 1138ff。

162 福尔克尔·贝格哈恩（Volker Berghahn）和沃尔夫冈·蒙森（Wolfang Mommsen）也认为内政处于主导地位，不过是基于其他原因。

163 这类观点最重要的代表人物是埃格蒙特·策希林（Egmont Zechlin）、卡尔·迪特里希·埃德曼（Karl Dietrich Erdmann）、安德烈亚斯·希尔格鲁贝尔（Andreas Hillgruber）、克劳斯·希尔德布兰德与格雷戈尔·舍尔根（Gregor Schöllgen）。

164 参见 Geiss, *Die Vorgeschichte*, S. 204 - 229, 此问题见 S. 215。相反，弗格森（Ferguson, *Der falsche Krieg*, S. 106）则强调："德国人担心被包围，这与其说是出于被害妄想症，不如说是出于现实主义态度 [……]。"

165 实际上，法俄联盟在一开始确实是防御同盟，但后来逐渐有转变为进攻同盟的倾向；在这一过程中起了重要作用的是俄国的铁路建设；参见 Hoffmann, *Sprung ins Dunkle*, S. 100f。

166 希尔德布兰德（Hildebrand, *Das vergangene Reich*）和卡尼斯（Canis, *Bismarcks Außenpolitik*; *Von Bismarck zur Weltpolitik* 以及 *Der Weg in den Abgrund*）在他们的大部头作品中都这样介绍 1871~1914 年德国的对外政策和安全政策，其中卡尼斯也比较重视国内因素。

167 参见 Jeismann, *Das Problem des Präventivkriegs im europäischen Staatensystem*。

168 霞飞对预防性战争的想法参见 Hoffmann, *Sprung ins Dunkle*, S. 74f。海军上将费希尔提到的将德国战舰"哥本哈根"的建议参见 Steinberg, «Der Kopenhagen-Komplex», S. 48f。

169 参见 Kennedy, *Britische Seemacht*, S. 138f。温斯顿·丘吉尔（Winston Churchill）在 1940 年也采取了相似的举措，他在法国投降以后炸毁了停泊在北非的法国舰队，以防止它们落入德国手中。

170 转引自 Steinberg, «Der Kopenhagen-Komplex», S. 41。1906 年，爱德华七世国王还将英国的**功绩勋章**（Order of Merit）授予海军上将东乡。

171 Steinberg, «Der Kopenhagen-Komplex», S. 49.

172 参见 Görlitz, *Generalstab*, S. 103f. 与 S. 116。

173 相关情况参见 Moritz, *Das Problem des Präventivkrieges*, S. 280ff。

174 此处以及后续内容可参见 Miller, *Burgfrieden und Klassenkampf*, S. 37ff。

175 参见 Groh, *Negative Integration*, 多处。

176 Riezler, *Tagebücher*, S. 184.

177 详见 Rauh, «Die britisch-russische Marinekonvention», S. 46ff。此文还阐明了俄国具备哪些胁迫英国的筹码。

178 雷马克在一篇文章里总结了他对战争原因的分析（Remak, «1914 - The Third Balkan War»），这篇文章便以"第三次巴尔干战争"为标题。他在文中指出，战争升级并非哪一方有意为之。

179 转引自 Hoffmann, *Sprung ins Dunkle*, S. 231。

180 照会的文本以及奥地利外交部所做的附注见上一处文献，S. 141 - 150。

181 参见 Clay, *König, Kaiser, Zar*, S. 390ff, 其中还有相关信件的片段。

182 当然，维也纳方面也找不到德国以外的盟友。奥地利政府是明白这一点的，因为他们推演过与英国接近会有何种结果，结论是英国陆军人数不够，奥匈帝国与英国结盟并不足以抗衡俄国；参见 Höbelt, «Österreich-Ungarn und das Deutsche Reich», S. 271。

第二章

为速战速决而努力

1914 年 8 月 1 日是个周六。这天一早，大批民众就涌向皇宫，想打听关于战争的最新消息，因为前一天政府已经宣布"战争随时有可能爆发"，而这正是全国战争动员的前奏。[1] 而在前一天也就是 7 月 31 日，已经有几万人聚集在霍亨索伦王室的宫殿前面，想知道维也纳和圣彼得堡方面做了什么决定，柏林又要如何回应；根据普鲁士的传统，在下午将近 4 点的时候，一名军官在 28 名士兵的陪同下离开皇宫，穿过通往菩提树大街的宫殿桥，来到军械库前面，在一阵短暂的鼓声之后，这名军官宣布战争有可能会爆发。群众鼓掌喝彩，还唱起了爱国主义歌曲。两个半小时以后，皇帝出现在宫殿的阳台上，还简短地说了几句话，表示他希望维持和平，但在不得已的时候也愿意拿起武器捍卫德国的荣誉。显然，他的话说得恰到好处。民众情绪激昂，唱起了帝皇颂《万岁胜利者的桂冠》（ Heil Dir im Siegerkranz ）。

而 8 月 1 日这一天，聚集在皇宫门口的民众比前一天还要多。各家报刊在新闻报道中都估计这次有几十万人聚集。空气中到处弥漫着躁动不安的情绪。有时，某个人或一小群人唱起了歌，周围的人也跟着唱，那一片逐渐淹没在歌声的浪潮中，最后歌声又逐渐减弱；而这时别处的人又大声唱起歌来，歌声就这样此起彼伏。人们唱歌，是为了遏制心中的不安，而且齐声高歌会让人产生归属感和力量感。他们需要鼓起勇气，才能面对那个即将到来的消息。如果习以为常的生活将要发生天翻地覆的变化，那么他们就不能错过这一刻。而民众等待的时间愈长，他们就愈渴望发生轰动性事件：他们不再期望维持和平，而是等待政府宣战。如果战争随时可能爆发却没有爆发，人们会感到失望；眼下，这种人人神经紧绷的状况已经让人无法忍受，只有进行全国战争动员，状况才能得到缓解。

1914年8月1日，大批民众聚集在柏林宫殿（Berliner Schloss）前面，激动地等待最新消息。图中十分引人注目的夏季帽子显示在场的民众多属中间阶层；这些民众以男性为主，女性则很少。威廉皇帝正在宫殿的阳台上（图上标有叉号的地方）发表讲话，他表示现在既然战争已经开始，那么他眼中就没有党派之分，而只有德国人。

下午将近5点半，几名总参谋部的军官乘着一辆车从皇宫里出来，向民众大声宣布，政府已经决定进行全国战争动员。人们互相传递这一消息，最后所有人都唱起了《如今我们都感谢上帝》（*Nun danket alle Gott*）。1757年，普鲁士军队在洛伊滕（Leuthen）打败了奥地利军队之后曾唱过这首歌，自那时起它就成了普鲁士的国歌。在大城市里，报纸的号外都报道了政府宣布进行全国战争动员的消息；而在小城市和村庄里，钟声也向人们报告战争即将到来。在柏林，中小学生和大学生上街游行，人满为患的咖啡厅里常有人发表热情洋溢的演讲，大家还一起唱爱国主义歌曲。天色较晚的时候，威廉皇帝出现在宫殿的阳台上，对民众说道："我从内心深处感谢你们，因为你们表露出爱与忠诚。在这场即将到来的战斗中，我认为我的人民再无党派之分。我们中间只有德国人，我也原谅所有据说因为观点之争反对过我的党派。现在只有一件事，就是我们要像兄弟一样同舟共济，上帝会庇佑德国之剑取得胜利。"[2]

在德国首都以西约800公里的地方，作家斯特凡·茨威格（Stefan Zweig）[①]正在比利时奥斯坦德（Oostende）附近一处名为勒科（Le Coq）的小型海滨浴场度假，这时奥地利和塞尔维亚即将开战的消息已经持续升温。茨威格圈子里的比利时朋友都认为德国会入侵比利时，而茨威格激烈地反驳了他们。"我觉得这简直荒谬透顶，"他后来回忆道，"一方面让成千上万的德国人悠闲愉快地享受着这个小小的中立国的地主之谊，另一方面却要在边境上驻扎严阵以待的军队。"很快局势就变得更加严峻："一道恐惧的冷风一下子就把海滩扫荡得空空荡荡。数以千

---

① 茨威格已出版的中文版作品译为"斯蒂芬·茨威格"。

计的人离开旅馆，涌向火车站，甚至连最不相信坏事会发生的人也开始加速收拾旅行箱。我刚一听到奥地利向塞尔维亚宣战的消息，就马上买了一张离开这里的火车票。那真算是赶上了末班车，因为那列从奥斯坦德开出的快车已经是从比利时开往德国的最后一趟火车了。"然而火车进入德国境内以后，却在没有车站的地方停住了："在黑暗中，我们看到一列火车迎面开过来，敞篷的车厢上面盖着帆布，我觉得我认出了帆布下面吓人的大炮形状。"①3 茨威格终于明白，他这是遇上了行进中的德国军队。

---

① ［奥］斯蒂芬·茨威格：《昨日的世界：一个欧洲人的回忆》，吴秀杰译，民主与建设出版社，2017，第九章"1914 年大战伊始时刻"。

/ 从列日到桑布尔河（Sambre）

　　动员令生效以后，帝国军队就按照计划——也可以说按照列车时刻表——奔赴前线。每隔 10 分钟就有一列火车载着士兵、马匹和装备经过科隆的霍亨索伦桥，他们将被送往第一、第二集团军位于克雷菲尔德（Krefeld）和迪伦（Düren）之间的集结待命区，再从那里去往下一站。即将取道比利时、包围法国的两个集团军位于最外侧，它们各由 6 个军组成，每个军包含约 4.5 万名士兵。同批出发的还有两个骑兵军，进入比利时以后，他们负责侦察敌情，同时为军队的侧翼提供掩护。不过每个步兵师也配有约 5000 匹马，用来拉野战炮、重炮和运送补给品的车子。将一个军运送到集结待命区需要 140 列火车：一个军包括 25 个步兵营，每个营 1000 人；8 个骑兵中队；24 个野战炮兵小分队，每队 6 门大炮；4 个重炮小分队，每队 4 门大炮；此外还有医护人员和负责后勤补给的人员。按行军计划，10 天内所有军队要全部出发，所以每天必须有 550 列火车开往莱茵河左岸地区。[4] 这项任务得以顺利完成，德国总参谋部和铁路系统功不可没，这也大大提升了德国人的自豪感。

　　德国共有 7 个集团军向西线进军，其中主要的兵力显然集中在北侧。第一、第二集团军在亚琛组成了梯形编队，它们以南是位于艾费尔高原（Eifel）的第三集团军，它同样属于右翼，却构成了右翼的内侧翼。这个集团军将跨越比利时那慕尔（Namur）堡垒附近的马斯河（Maas），在河的西侧转向南面行军，再从兰斯（Reims）附近经过，向马恩河（Marne）方向挺进。再往南是第四集团军的阵地，它位于特里尔以及德军自 8 月 2 日起占领的卢森堡公国；第四集团军从这里出发，要在色当东侧转向，朝南面进军。第五集团军的阵地则位于梅斯—蒂永维尔一带，他们要从凡尔登（Verdun）北侧跨过马斯河；第四和第五集团军一同构成了德军进攻行动的"枢轴"。这两个集团军附近是位于萨尔堡—萨尔格米讷（Saarburg-Sarreguemines）的第六集团军和位于阿尔萨斯、人数最少的第七集团军。这两个集团军构成了德军的左翼，主要负责防守，它们必须牵制住尽可能多的法国军队。

各军团最高指挥权的归属显示出联邦宪法的特别之处，而相关规定在今后的军事行动中还将产生重大影响：帝国内部的4个王国——除了普鲁士还有巴伐利亚、萨克森（Sachsen）和符腾堡（Württemberg）——都可以成立自己的军队司令部，一部分从他们王国中招募的军队也将归他们管理。所以第三集团军司令是萨克森大将马克斯·冯·豪森（Max von Hausen）男爵，第四集团军司令是符腾堡的阿尔布雷希特（Albrecht）公爵，第五集团军司令是普鲁士王储威廉（Wilhelm），第六集团军司令是巴伐利亚王储鲁普雷希特（Rupprecht）。其他集团军则归普鲁士军官指挥：大将亚历山大·冯·克卢克（Alexander von Kluck）担任第一集团军司令，大将卡尔·冯·比洛（Karl von Bülow）担任第二集团军司令，大将约西亚斯·冯·黑林根担任第七集团军司令，而在东普鲁士待命的第八集团军由大将马克西米利安·冯·普里特维茨·翁德·加弗龙（Maximilian von Prittwitz und Gaffron）担任司令。由于国家将军队指挥权授予德国的公卿贵族，所以赫尔穆特·冯·毛奇作为军队大总参谋部总参谋长无论要做出什么决策，都必须先与德军名义上的总司令威廉皇帝达成一致。更重要的是，法军最高统帅约瑟夫·霞飞在撤换集团军司令方面享有较大权限，而且几周以后他确实行驶了这一权力，而小毛奇却没有同等的权限。不过，掌握着军队实际领导权的其实是各集团军的总参谋长，而他们都是久经训练的职业军人，这样，即使碰上刚愎的皇亲国戚，军队所受的影响也比较有限。

法军总司令部将现有的军队分为 5 个集团军，其中第一、第二集团军从贝尔福—南锡（Belfort-Nancy）一带出发，他们的任务是穿过德军包围行动的"枢轴"地带，向阿尔萨斯和萨尔（Saar）地区挺进，支持法军主力部队的进攻；后者将进攻洛林，然后沿着与摩泽尔河（Mosel）平行的方向朝莱茵河前进。根据法军"十七号计划"，要进攻洛林的是平行于马斯河排列的第三、第五集团军；霞飞还命第四集团军在第三、第五集团军后方组成梯形编队，以便随时支援。为了支持主攻部队，法军必须在南侧德军保持守势的地段牵制住尽可能多的敌人。事实上，德法两军第一次规模较大的正面交锋就发生在这一带，当时法军第七军由南向北朝阿尔萨斯挺进，并于 8 月 7 日占领了米卢斯（Mülhausen）。不过两天后，由于德军反攻，法军只好弃城退守贝尔福。此次失利使得霞飞将军大为光火，于是他撤下第七军司令，换上一名年富力强的将军。在接下来的几周里，霞飞又果断撤换了几名司令，[5] 也正因如此，后来法军在马恩河战役中才会有英勇的表现。

不过，法军首先要经历几番战场失利的屈辱，对此，霞飞至少负有部分责任，因为他将军队集中在法国、比利时边界的南段，这导致法国北部的防守力量相对薄弱，因为 8 月中抵达的英国远征军没有能力单独防守战线北段。法军面临的风险是，德军可能像施里芬计划设计的那样，从比利时进入法国，包围并歼灭法军的有生力量。当然，霞飞有理由相信，法国铁路网可以在短时间内将大量军队从右翼运送到左翼。

为了从比利时进攻法国，德军必须先攻占列日，而这比预想的要难。这座城市附近就是纵贯比利时的马斯河，城市本身没有修筑防御工事，但附近有 12 座现代化堡垒，它们围绕城市呈环形排列，距城市中心 7~8 公里。这些堡垒共有 400 多门大炮，大炮处在钢筋混凝土炮台和装甲炮塔的掩护之下。整个要塞的驻军约有 4 万人，其中除了炮兵还有步兵部队，如遭遇敌人来犯，这些步兵可以把守堡垒之间的位置。这些堡垒于 19 世纪末建成，可以抵御当时所有口径的炮弹，包括口径 21 厘米的榴弹炮——这可是德国军队中以军为单位分配的大炮。德国方面考虑到列日要塞配有装甲炮塔，就委托埃森（Essen）的克虏伯（Krupp）大炮锻造厂研发威力相当的榴弹炮。于是，工程师们将军级重型炮的口径增加一倍，制造了口径 42 厘米的曲射火炮。这种火炮诨名"胖贝尔塔"（Dicke Bertha），暗指克虏伯家体态相当丰满的长女。[6] 德方对研发新武器一事严格保密，所以后来比利时人看到德军的武器足以摧毁列日城外围堡垒，都觉得出乎意料。不过这款大炮的第一代实在太重，只能用火车运送，而且虽然大炮的射程达 14 公里，但它毕竟只能停在铁轨上，那里离列日要塞还远，它无法同时射中所有堡垒。何况战争开始时这种大炮只有 5 门可用。不过克虏伯又研发了新一代"胖贝尔塔"，它虽然只能将重达 800 千克的炮弹射出 9 公里远，却可以被拆分成若干部分，这样，人们就可以用专用工具将拆分后的大炮一路运送到堡垒附近，而它则不必暴露在其他大炮的射程之内。不过在战争之初，这样的大炮也只有两门可用，所以德方迫切请求盟友奥地利提供口径 30.5 厘米的臼炮。奥方给了德军 4 门。

即使动用了这些重型火炮，德军还是要花超过一周的时间才攻下了列日要塞——但根据德军的行动计划，他们在这一周多的

图为口径 42 厘米的德军臼炮，它由克虏伯军备锻造厂制造，而且德军对制造新型火炮一事严格保密。这种大炮人称"胖贝尔塔"，暗指克虏伯家长女。它可以炸毁德军进军路线上的比利时和法国堡垒。在战争的前两年，这种传奇的曲射火炮象征着德国军事工业更胜对方一筹。

时间里必须赶到法国，这样才能及时打败法军，然后奔赴东线向俄国发起进攻。德军的时间十分紧急，而他们的总参谋长原本以为比利时人会放弃抵抗，让德军顺利通过。至少，8月2日晚德国驻外武官在布鲁塞尔递交的最后通牒是这么要求的。[7]德国给了比利时方面12小时的时间考虑。出人意料的是，比利时政府明确答复说，国人将动用一切可能的手段抵抗入侵比利时、破坏其中立国地位的行为。当然，比利时人的军事武装十分有限：这个国家只有一支由20万人组成的小型军队，如果发生战争则由民兵提供支援。所以，德国方面希望比利时只是象征性地做出抵抗，不至于动真格。不过他们完全想错了——攻占列日要塞的战役便是战争中第一场较大规模的战役。

为了不至于拖延太久，德军按照小毛奇许久前的计划，尝试突袭列日要塞。于是军队命令一支由6个步兵旅和5个猎兵营组成的队伍在8月4日越过边境进入比利时。[8]然而突袭失败了，因为比利时人在应战时相当谨慎，他们炸毁了马斯河上大部分的桥梁，德军困在比利时人的枪林弹雨中，兵力被迅速消耗。这时，少将埃里希·鲁登道夫脱颖而出——虽说这事来得也有些偶然。他自被调离军队大总参谋部以后，就管辖着斯特拉斯堡的第八十五步兵旅；战争开始后，第二集团军开往列日要塞附近，而他被任命为该集团军的军队军需总监。到了那里，他立刻分析了当时的情况。根据他自己的说法，他立马看出了局势的严峻，当时某个步兵旅的司令阵亡了，他便接管了那个旅。他带着这一旅的人冲上马斯河畔的一座小山岗，在山岗上看到马斯河上有两座桥是完好无损的。于是他占领了这两座桥，领着整个旅的人冲向列日要塞，在8月7日逼迫旧城里的守军投降。据说当时出现了颇具传奇色彩的一幕：鲁登道夫用剑把手敲城门，想要进城去强迫附近

1890 年后，人们在旧时列日要塞的外围用钢筋混凝土兴建了这些堡垒；这些堡垒用那个时期德国最先进的 21 厘米口径臼炮是摧毁不了的。比利时没有同意借道给德国，主要就是因为他们相信列日城的外堡固若金汤。然而，口径 42 厘米的"胖贝尔塔"大炮和奥地利口径 30.5 厘米、人称"瘦埃玛"（Schlanke Emma）的榴弹炮终究还是摧毁了这些坚固的壁垒。图为隆桑堡（Fort Loncin）的废墟，从图中我们既能感受到这些设施原本有多么坚固，也能体会到炮弹的强大杀伤力。

的驻军投降。[9]当时的情形是确实如此,还是主人公有意美化了自己的英雄形象,我们暂且搁置不提;不管怎么说,德军总算占领了要塞的中心。但这还不能算是攻破了要塞,因为列日要塞的各个装甲炮塔都还完好如初,而且还掌握在比利时人手中。不过大部分的铁路和桥梁、隧道都没被损毁,[10]因为比利时人没料到鲁登道夫会率领一个旅的人突袭,所以他们还没来得及炸毁其他交通设施。现在,德军可以向法国挺进了。

虽然打败德军的希望渺茫,但比利时人并不想认输服软。[11]在德军还有机会用重型榴弹炮摧毁列日要塞的各个堡垒之前,要塞司令热拉尔·勒曼(Gérard Leman)将军就抽调出手下一部分驻守要塞的步兵,命他们向西部进军。当时,国王阿尔贝一世(Albert I)和军队的大部分人马退守西北部的安特卫普(Antwerpen)要塞,其余人马朝法国的方向撤退,路上一次又一次与德军交锋。然而霞飞将军拒绝派兵援助,因为按计划他的部队要向莱茵河方向挺进,他必须为这一行动保留足够的兵力;英国只派出了4个师的远征军,因为英国担心会遭到德国入侵,就把另外两个师留在了国内,而这4个师也没有给比利时提供任何帮助。所以比利时的抵抗根本不足以阻止德军进军,但还是给后者制造了不少困难,拖慢了后者行进的速度,这导致德军内部人心浮动,因为按照计划,他们的时间非常紧张。

这时,长途跋涉的士兵们已经疲惫不堪:在8月的烈日下,每名步兵通常要背30~40公斤的东西,包括步枪、刺刀、弹药和背囊,而有的部队一天要走将近40公里。[12]毕竟士兵的体力也是有限的,无法长时间以这种强度行军。而且在行军过程中,军队几乎在不断与敌军交锋。他们也不能在某个地方停留、休息太久,更别说专门拿出一段时间来休整。此外,他们每往前走一天，粮食和弹药的补给就更困难一分：军队离出发的基地越来越远，后方给他们运送粮食和弹药也就越来越吃力。德军本以为可以在比利时的村落或城市里购买粮食，可当他们晚上在某个居民点住宿时，却发现周围的居民大部分对他们充满敌意，很多商店的店主一看他们靠近，就关门停止营业。于是有的德国士兵抢劫了商店，与比利时平民发生了肢体冲突，还有人开了枪。士兵们辩解说，他们之所以触犯法律，是因为有人在暗处朝他们开枪。出于这个原因，德军司令强迫比利时人选出一些人交给德军作为人质，也就是说如果德军再遇到这类袭击，就可以处死人质。[13]刚开始他们挟持有名望的人为人质，后来也挟持妇女——他们认为那些埋伏的狙击手比较不愿意伤害妇女。很快，大批的人质被射杀，德军开始袭击当地平民。当今的研究认为，1914 年 8 月德军在比利时射杀了几千名平民。[14]

对是否存在狙击手的问题，战后两国一直争执不下：比利时方面矢口否认有人埋伏在暗处发动突然袭击，还保证参加战斗的只有正规军队的士兵；德国方面则表示他们确实频频遭受正规军以外的战士攻击。毕竟事情已经过去，人们已经很难弄清楚德方的言论中哪些内容确有其事，或者这一切都是士兵们在极端不安时产生的幻想。许多现象表明，德国士兵在行军过程中（尤其是晚上）会朝同伴开枪，所以，所谓比利时狙击手埋伏袭击德军，可能不过是德国士兵误伤了自己人。此外，比利时警卫队（Garde civique）的制服看起来不像军服，所以也容易引起误解：警卫队成员戴着圆筒状的帽子，有可能被认作带着武器的平民。20 世纪 90 年代初，沃尔夫－吕迪格·奥斯伯格（Wolf-Rüdiger Osburg）采访了一战的最后一批幸存者，他们中许多人都不假思索地认为当时受到了平民袭击，所以他们不得不予

比利时警卫队成员头戴打了蜡的圆筒形帽子，身穿深蓝色大衣，所以人们不太容易认出他们的身份，可能会以为他们是平民；如果警卫队的成员没有和大部队一起行动，而是单独或组成小队行动，就更不容易被认出来。这款制服可能也导致德国士兵把他们看成非正规狙击手。

德军在战争开始后的第一个月里大规模射杀比利时平民，并且解释说这是因为他们的士兵受到所谓非正规狙击队员或狙击手的袭击。一张德国的明信片展示了这一情景，但这种情景很可能从未出现过：勒芬街道上和屋子里的平民开枪袭击一支运送补给物资的队伍。协约国在宣传中将德军处死比利时人质的行为描述成一种无处不在的恐怖政策，而这幅画便是德方对此做出的回应。但德国的反向宣传收效甚微。

以反击。比如来自波美拉尼亚的军士特奥多尔·海因（Theodor Hein）谈到了 8 月 19 日被占领的勒芬（Leuven），他说："我不得不一早就离开那里，而且一个人落在后面。有一些比利时人从我身后的窗户里用猎枪朝我开枪。我从一棵树跑到另一棵树，也朝他们开枪。[……]另一天中午，我们又进了勒芬，街上发生了激烈的战斗，直到我们掌控了局面。我们中了枪，还有人拿开水浇在我们身上。我们找来了轻汽油。我推开一间屋子的门，把汽油倒进去，点燃火柴烧了整个房子。屋子里的人再也出不来了。"另一名受访人德特勒夫·冯·阿勒费尔德（Detlev von Ahlefeld）提到，他在这一天里先带着一名比利时神职人员在市里走了一通，这名神职人员大声警告居民不要再从窗户里开枪。可他们刚回到市政厅，枪声就变得比之前还要密集。于是，他手下的军队急忙赶往火车站，在那里一家旅馆的阳台上发现了比利时的机关枪，所以他们放火烧了那栋房子。"我们和许多人一起站在旅馆外面，等里面的人出来。让我吃惊的是，他们竟然那么蠢，竟然还带着武器。我们把他们分成了两拨。那些带着武器的，'站右边去'，其他人可以回家。那些带着武器的人必须挖掘出自己的坟墓，然后我们把他们推进去，开枪打死。我估计可能有 12~15 个人。我今天仍然确信，那样做是完全没有错的，因为前线还有 20 或 25 公里远。如果有人在还没到前线的地方开枪，像这种所谓的非正规狙击队员，那么他应该被就地处决。"[15] 这里出现的可能就是**警卫队**成员，他们认为自己属于战斗人员，所以带着武器从旅馆里出来，但德国士兵并没有认出或者并不承认他们战斗人员的身份。

　　德军遭遇非正规狙击手袭击的消息不管真实与否，都迅速地传开了。德国士兵认为自己每时每刻都有可能遭到伏击，所以一有风吹草动，他们就迅速抓起武器。另一名幸存者的经历表明，德军的猜疑可能引发极为不幸的后果；当时他所在的部队进了一处比利时居民点："我们前进时一直小心翼翼地环顾四周。有一名天主教教士站在一栋房子的门口。想必是有人朝那里开了枪，反正突然传来一声枪响，那位神父倒在地上死掉了。这让我惊恐万分。后来的说法是，有人从屋顶上的窗子里向我们这些士兵开枪。反正总要有个理由。很快，这座小城市有一半区域都淹没在火光中。"[16]

德国士兵会做出如此反应，或许是因为想起了1870~1871年普法战争中所谓的非正规狙击队员。当时军方已经投降，但法国方面还有一些不属于正规军队的战士继续抵抗了很久。德国的军官十分忌惮这种小规模的交战，因为正规的军队总是不堪其扰：这种战斗要么打击士气，要么导致士兵们"过度反应"。或许德军认为比利时方面的抵抗将会演变成游击战，所以有意通过血腥镇压将这种抵抗扼杀在萌芽状态。然而，比利时并没有地下组织发起任何反抗德国占领军的联合行动。比利时方面少见的有准备的武装抵抗行动都是由正规军队组织的：他们曾两次试图冲破安特卫普要塞的包围圈。

德军残忍杀害比利时平民，这在政治上造成了灾难性影响。国际上很快就有声音斥责他们的野蛮；有传言说德军强暴儿童、砍断人的手，协约国自然抓住这些说法大做宣传文章，而德国后来也利用这一点，顺势否认了相关报道中提到的他们在比利时的暴行，说所有这些都是一派胡言。不过一开始，这些在欧洲各地流传的说法还是导致德国的形象大打折扣，严重破坏了它的政治声誉。当时，《柏林日报》（*Berliner Tageblatt*）的主编特奥多尔·沃尔夫（Theodor Wolff）敏锐地指出，如今国际性报刊只报道一个主题，即德国强盗的罪行。"所有报道都在描述这场浩劫：被烧毁的村庄和城市，被射杀的人质，被刺死的妇女和儿童，被洗劫的私人住宅、博物馆和宫殿，此外再无其他。我们每天都收到［……］态度十分友好的瑞士人和美国人寄来的信，他们为我们不再是文化国度而深表遗憾。"[17] 无数报道和图片描绘了比利时遭遇的劫难，它们对协约国来说是最好的宣传工具，有了它们，协约国就可以在英国国内和英属白人移居殖民地加拿大、澳大利亚、新西兰招募志愿军（英国直到 1916 年初才实行义务兵役制）。事实上，许多年轻男性之所以报名入伍，就是因为他们感觉自己有义务捍卫欧洲文明，以免它毁在一群德国野蛮之徒手里。这一点我们可以在罗伯特·冯·兰克 – 格雷夫斯的自传中找到蛛丝马迹。虽然他的母亲是德国人，他本人又是历史学家利奥波德·冯·兰克（Leopold von Ranke）的远亲，但他和那一代许多年轻学生一样加入了英军，因为那时，德国在比利时的残暴行径让人们愤怒到了极点。然而奔赴前线以后，他对德军的印象却渐渐有所改观："现在，我们不再相信那些描述德军在比利时如何残暴的报道，因为我们自己跟比利时人有了接触。提到残暴的行径，我们想到的往往是强奸、致人残废和严刑拷打，而不是立刻开枪处死可疑的间谍或者那些窝藏间谍的人、**非正规狙击队员**或不听话的地方官员。［……］法国和比利时的平民总是试图博取我们的同情，所以他们让我们看孩子们残废以后的样子，比如让我们看他们被截断的手和脚。他们说这是德军蓄意为之，是惨无人道的暴行，然而这些也很可能仅仅是被炮弹打中的结果。"[18]

　　一段时间以后人们开始意识到，这些描述德军以残暴手段致人残废的报道并不可信；但德国因为恶性镇压比利时平民而损失的声誉却再也不可挽回了。瑞典地理学家和游记作者斯文赫定（Sven Anders Hedin）属于外国人中少有的亲德派，这些人会做一些对德国有利的宣传，以回应协约国的宣传；但他的努力也没帮上什么忙。斯文赫定亲德的立场十分坚定。他在接受严密保护的前提下在前线展开了一系列调查，重点调查经历了浩劫的勒芬。看到那些独一无二的建筑物成为废墟，他也十分心痛，但紧接着他又毫无保留地支持德国官方的立场，指出正是因为德军不断受到平民袭击，不得不开枪抵抗，所以这些房子才会葬身火海：*"世上所有其他的军队都会这么做，而且这些德国人自己也非常难过，因为他们不得不违心地使用武力。"*[19]1915 年春季，斯文赫定赴东部前线调查，他来到东普鲁士，而 1914 年 8 月俄军也开到了这里；这时他再次提起，之前人们曾指斥德军在比利时为非作歹："我在比利时和东普鲁士已经看得够多了，可以确定地说，东普鲁士遭遇的灾难是比利时远远比不上的。[……]在东普鲁士，俄军**任意地**烧杀抢掠，不在乎对方是士兵还是平民，而且这样做也没有什么军事上的理由可言；从德国退兵的时候，他们更加无所顾忌了，但在那之前也没好到哪里去。"斯文赫定将德国和俄国在敌对国的所作所为进行对比，得出的结论是，国际舆论并非真心要维护相关的战争法规，而是为了审判德国而审判德国："其他国家愤怒地指责德军以最严酷的方式执行了相关战争法规。可是俄军也以同样严酷的方式执行了同样的战争法规，却没有人表示不满！为什么呢？因为，既然德国的文化和德国的军国主义这么可恨，那德国无论遭遇什么都不值一提。只要对付的是德国，任何手段都是被允许的。"[20]

这期间，第一、第二和第三集团军在比利时继续前进。马斯河与桑布尔河交汇处的比利时那慕尔要塞是他们遇到的又一重大挑战。8 月 21 日，口径 42 厘米的大炮和口径 30.5 厘米的榴弹炮被运到现场，继续执行它们在列日要塞已经执行过的任务。8 月 23 日，驻守在那慕尔的步兵撤出了要塞；几天后，堡垒的驻军就投降了。于是去往法国的道路被打通了，施里芬计划的成败很快就会见分晓。在此之前，南侧的德法两军已经爆发了第一场大规模战役；霞飞原本计划让法军经由洛林和阿尔萨斯北部向莱茵河腹地挺进，但因为法军在这场战役中惨败，这个计划也就搁浅了。不过，虽然看起来是法国惨败（事实上也确实如此），但这也导致施里芬计划中的"旋转门"失效。

小毛奇命令来自巴伐利亚的鲁普雷希特王储手下的第六集团军开始行动，因为一旦法国第三、第五集团军来犯，第六集团军的部队就必须往洛林方向撤退，引诱敌人从洛林进入德意志帝国境内。到时，鲁普雷希特的军队与驻守在阿尔萨斯的第七集团军将会相互配合，夹击法军并将其团团围住。在这种情况下，法军这两个集团军将得不到其他法国军队支援，因为这时德军强大的右翼已经从比利时进入法国并转向东南方向进发，将会包围法军左翼。霞飞还留下了第四集团军作为后备军，现在必须靠它来拖住德军，防止其进一步深入法国。所以两个进入德国的集团军必定孤立无援，最后只能被消灭。就算德军不能利用左翼导演一场"小型坎尼战役"，至少可以让法国的两个集团军在德国领土上进退不得；而在西边的法国国土上，德国的 5 个集团军将与法国的 3 个集团军以及英国远征军展开决战。这样，德军就可以将法军主力分割包围，再各个击破——老毛奇在普法战争中就成功地运用了这样的战术。但这一战术成功的前提是鲁普雷希特王储和他的总参谋长康拉德·克拉夫特·冯·德尔门辛恩（Konrad Krafft von Dellmensingen）心理素质过硬，作战技巧也足够娴熟，可以不动声色地看着法军侵入德国境内，并且时不时挑起一些小型战斗拖慢法军的行军速度（却不能真的阻止他们前进，更不能逼得他们撤军），同时还要防止他们突围直抵莱茵河一带。执行这一计划就和走钢丝一样，技术含量极高，军队一不小心就会偏向这个或那个极端，导致整个计划毁于一旦。鲁普雷希特的"极端"在于他对法军打击过猛，迫使法军撤军，并且他还朝通往南锡的方向发起了反攻。

法军于 8 月 14 日开始向萨尔堡的方向进军。[21] 德军依照计划且战且退，于是法军成功地向德国境内推进了 40 公里。德国第七集团军对奥古斯特·迪巴伊（Auguste Dubail）将军手下法国第一集团军的侧翼施加压力，导致法国两个集团军离得越来越远，它们之间的联系也被切断了；由于第一集团军和诺埃尔·德卡斯泰尔诺（Noül de Castelnau）指挥的第二集团军没有朝同一方向进军，它们中间就出现了缺口。迪巴伊意识到了这个问题，可当他试图封住这个缺口时，德国第六集团军开始猛烈反攻法军——鲁普雷希特和克拉夫特看准了反击的有利时机，果断采取了行动。

巴伐利亚人的反戈一击并不在小毛奇的计划之内，他们这样做可能是出于误解：克拉夫特将军虽然把第六、第七集团军理解为最高陆军指挥部"安置在左侧翼"的盾牌，也正确领会到他所在的左翼只起辅助作用，却明显没有认清他最主要的任务是引诱法军主力部队深入德国。但事实上小毛奇的命令也模棱两可，有时甚至自相矛盾，所以鲁普雷希特和克拉夫特很有可能相信他们的决定是符合作战计划的。[22] 不过，此事也有可能是将领之间争夺功劳导致的，也就是说，巴伐利亚王储和他的总参谋长可能不甘心自己带着军队撤回德国，却让普鲁士王储领着他的部队进攻法国。另外，小毛奇显然也被这表面的胜利冲昏了头脑，以至于他没有依据施里芬计划跟进军队的部署情况——至少威廉·格勒纳（Wilhelm Groener）的回忆录会让人这么联想。格勒纳显然不是小毛奇的朋友，他提到第六集团军的行动时轻蔑地说，这是"洛林境内的将领在独断专行"，并认为这种情况最终导致施里芬计划失败。[23]这件事不仅暴露了小毛奇领导能力上的不足，也第一次让我们看到等级制度造成的根本性问题：如果巴伐利亚王储采取的行动可能有问题，身为普鲁士大将的毛奇将很难强制其服从指令。[24]

不管怎么说，法军在萨尔河一带严重失利导致施里芬计划中的"旋转门"失效：法国部队不得不撤出洛林和阿尔萨斯，所以不久之后霞飞就有更多的后备兵力可用于北部的战役——假如法国的两个集团军顺利挺进至萨尔堡一带，那么霞飞在法国本土可用的兵力就少得多。德国战术上的一次成功竟造成了战略上的严重失误。后来有人分析道，德军在西线的溃败不是从马恩河，而是从洛林开始的。[25]

8月20~22日，萨尔堡和莫朗日（Morhange）附近战役的局面后来在边境战役（Battle of the Frontiers）①中屡屡出现：[26]德国步兵在战场上占了上风，他们的机关枪极其好用；而法军高层更倾向于让士兵在宽阔的交战地带利用步枪上的刺刀发起突袭，这导致法军损失惨重。此外，法军的军服显然也不太实用；它们和19世纪色彩鲜明的战争画面更加般配，却不适合遍布速射武器和远射程大炮的现代战场。对法军不利的不只是步兵的茜红色长裤和走路时下摆向后掀起的蓝色风衣，还有军官的白色手套，重

①　指一战刚爆发时西线的一系列战役。

在1914年9月的"奔向大海"(Race to the Sea)争先战中，法国步兵行至屈菲耶(Cuffies)并准备发起进攻：他们举起带刺刀的步枪，快步向前。步兵部队在集结前进的过程中可能突然暴露在敌人的攻击范围之内，这将导致大量士兵伤亡；对于这一点，相比德军高层来说，法国的将军们比较缺乏准备。士兵们戴的是凯皮帽(képi)而不是后来的阿德里安头盔(Casque Adrian)；他们用挎包背弹药和口粮。安在枪管上的刺刀表明他们打算近身作战，这样他们可以把刺刀当作长矛来使用。

骑兵发光的护胸甲，还有西帕希骑兵（Spahi）也就是北非境内轻骑兵红白两色的披肩。[27] 不过从战争中也可以看出，法军的野战炮和德军至少是势均力敌（如果不是更胜一筹的话），而法军75 毫米口径的火炮（Soixante-Quinze）射程远、射速快，经实践证明是非常好用的武器。[28]

在战斗中，榴霰弹给双方造成了严重伤亡。它可以在目标的上方或前方爆炸，喷射出数百粒硬铅弹丸。它的前身是只能短距离发射的老式榴霰弹，在它之后又出现了集束炸弹。有了榴霰弹，步兵即便留在集结区也可以战斗，还可以在机关枪射程之外或者在小山坡的掩护下发起进攻。在短暂的西线运动战阶段，哪一方能更好地将突袭、机关枪扫射和轻型野战炮打击结合到一起，那一方就占了优势。所以在马恩河战役之前一直是德军占上风，虽然他们的轻型野战炮不如法军，但他们可以通过使用远射程重型炮来弥补这个缺陷。值得一提的是，德军的侦察和射击配合得更为出色，而且飞机承担了越来越多之前由骑兵主导的敌情侦察工作。

/ 130

莫里斯·热纳瓦（Maurice Genevoix）在战争期间出版了《在凡尔登》（Sous Verdun）。在这本书中，他中肯地描述了德军突出的作战能力，以及法军组织、效率上的缺陷："他们的飞机在我们阵地的上空盘旋，仔细寻找适合用炮弹打击的目标；骑兵巡逻队一刻不停地探察我们的情况，侦察队则冒险穿过燕麦田和黑麦田执行任务。今天早晨我反复思考这些事情，终于明白他们是用什么方法让一切运转起来的。我想起昨天刚看到的一个德军的营，他们在两片树林之间集合，那里离我们的阵地不到 3 公里。他们脱去及膝的制服外套，平静地挖着战壕，与此同时军厨正在烧火做饭，炊烟袅袅上升。我暗想，我们为什么不用引以为

/ 131

豪的 75 毫米口径火炮朝这群人发射几枚炮弹。"[29] 虽然在马恩河战役之后法军转为进攻并收复了失地，但热纳瓦始终觉得法军必须付出远高于德军的代价，才能取得与德军同等的战斗成果。他这样描写早先一场会战中阵亡的将士："夕阳的余晖映照着蓝色的军帽和红色的裤子。法国人，法国人，全是法国人［……］。能在他们底下发现几名德国佬，真是让人欣慰。我往边上走了几步，想确认一下那是不是德国佬。"[30]

不过，在萨尔堡和莫朗日损失惨重的不只是法军，还有德军；而双方的损失仍在增加，因为德军第六集团军转守为攻，拿下了法军第八军，又逼得第十五军和第十六军撤出阵地。在这一系列会战中，法国将军费迪南·福煦（Ferdinand Foch）开始脱颖而出，就和鲁登道夫在列日的情况一样。以上的会战结束以后，他指挥唯一坚守阵地的第二十军有条不紊地向南锡方向撤退，迫使德军停止了进攻。德国第六集团军虽然让法军打了败仗，吃了苦头，但他们却没能如愿包围法军。这场战役采用的是正面交锋的传统作战方法，所以双方都损失惨重。

霞飞之前安排第一、第二集团军从中间冲破德军的阵形，将前进中的德军队伍一分为二，但这个计划失败了；如今他决定让北侧的第三、第四集团军执行这一计划。[31] 霞飞命费尔南·德朗格勒·德卡里（Fernand de Langle de Cary）将军率领第四集团军，皮埃尔·鲁菲（Pierre Ruffey）将军率领第三集团军越过被森林覆盖的阿登（Ardennen）山脉（他们的活动区域宽达 40 公里），向比利时南部城市隆维（Longwy）和讷沙托（Neufchâteau）进发。霞飞认为他们这一路上只会遇上兵力较弱的德国部队，因为据他估计，德军的主力部队此时还在山脉的东部和西部。事实上阿登山区不利于大规模军事行动，而且法军的侦察机和骑兵巡逻队都未探察到有大批德国部队在此集结。然而法国军队在进攻时却遇上了德国第四、第五集团军，它们正在向南部转移，已经在阿登山区占领了阵地，并且已经做好与经过此处的法军对抗的准备。

8 月 22 日早晨，法军第三集团军正在行进中，这时处在中间位置的第五军遭到德国火炮袭击，几乎所有大炮都被摧毁。步兵们落荒而逃。于是，进攻中的法国军队被撕开一道裂口，于是鲁菲下令停止行动，让手下未受损的几个军撤退。由于法军的 8 个军组成了梯形编队，行动起来并不灵活，所以第三、第四集团军未能像预想的那样互相配合，只能单独应对德军的打击。由于鲁菲下令撤军，第四集团军南面的侧翼就失去了掩护，所以司令德朗格勒也下令停止进攻。只剩殖民地部队第三师继续前进，

这个师由几个原本驻守印度支那（Indo-China）和北非的团组成；由于侧翼缺乏掩护，这个师被实力更强的德国军队包围了。这一地区矮小的树木丛生，不利于法军拼刺刀，加上德军机关枪扫射，部队里大部分人都牺牲了：殖民地部队第三师原本有 1.5 万名士兵，而伤亡人数高达 1.1 万人——这是一战期间法军大部队在单次战役中损失最惨重的一次。法军其他部队也有大量士兵阵亡。但霞飞不愿中止这场战役，否则他的进攻计划将彻底宣告失败。他催促两个集团军的总司令继续作战。但由于大量军官伤亡，法军已经没有任何胜算，所以两个集团军于 8 月 24 日撤退至马恩河对岸。

德军的损失也很惨重；法军还用 7.5 厘米口径大炮向一些德军队伍发射了榴霰弹，这些队伍的伤亡更不必说。不过，阿登高原的地势高低起伏，事实证明德军的曲射火炮更适合这种地区的战斗，德军也因此占了上风。在隆维和讷沙托的战役中，德军也

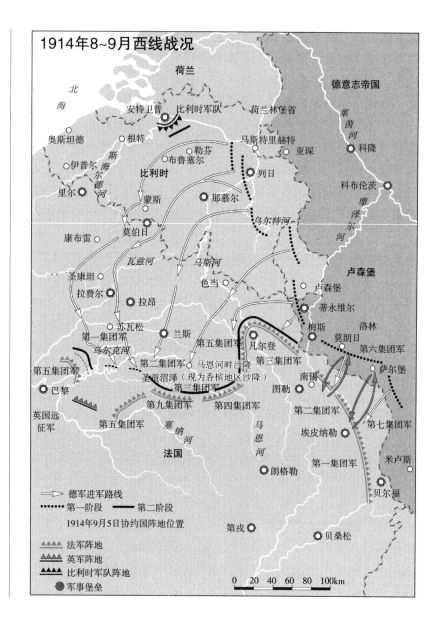

1914年8~9月西线战况

以明显的优势取胜。在萨尔堡和南锡的战役中，法军至少有一部分得以有序撤退；但在隆维和讷沙托，法军的核心力量遭受了致命一击，法军也因此败得更加彻底。不过，让总参谋长小毛奇意外的是，德军虽然占领了某些地区，却没有取得敌方的战争物资，比如运送补给品的车辆或大炮，而且法军被俘的人也很少。

作为统帅，小毛奇或许有些优柔寡断，执行能力也不够强，但他相当敏感地觉察到，事情或许不应该是这样。频频传来的捷报并没有让他失去判断力。8 月 25 日，总参谋部军事行动处处长格哈德·塔彭（Gerhard Tappen）表示，"整个故事"将在 6 周以后完结，但小毛奇对此表示怀疑。最高陆军指挥部从科布伦茨（Koblenz）迁往卢森堡的时候，他问海军办公厅厅长格奥尔格·亚历山大·冯·米勒（George Alexander von Müller）海军上将，打了这么些胜仗，战利品和战俘都到哪儿去了；他还补充说，法军虽然被迫撤退，但还远没有被打败。[32] 小毛奇并不是什么伟大的军事理论家，但他肯定知道克劳塞维茨的《战争论》中有一处提出，"大炮和战俘"应被视为"真正意义上的胜利标志"，人们可以用它们衡量胜利的含金量，因为战胜方和战败方在战场上的损失"多多少少"都比较接近。[33] 不管怎么说，法军在萨尔堡和讷沙托失利以后，德国就到了决胜的关头。取道比利时的几个集团军现在可以和法军一决胜负了。

这时霞飞还没意识到，危险正从北部向法军逼近。他以为深入比利时中部的只有少量德军部队，他们只能制造混乱，却打不了大规模的战役。这一误判不仅是侦察工作不力导致的——安德烈·索尔代（André Sordet）将军手下的骑兵巡逻队确实没有探明相关敌情——也是错误计算了德军兵力的结果。法军总参谋部认为，德国只有现役部队参与了进攻，而后备部队只是在后方作为补充兵力随时待命。如果情况果真如此，那么德军的兵力是不足以在马恩河西岸发起进攻的。然而德国其实已经把后备部队全数编入了各个军，所以兵力比法军总参谋部所估计的要强大得多。[34] 法军左翼第五集团军司令夏尔·朗勒扎克（Charles Lanrezac）多次提醒说，德军可能从西北方向绕开他们，于是霞飞命第五集团军朝比利时的方向挺进，进驻桑布尔河与马斯河夹角附近的沙勒罗瓦（Charleroi）地区；而朗勒扎克军队的左侧翼由英国远征军组成，这部分军队进驻蒙斯（Mons）地区。8月21~24日，继洛林战役和阿登之战以后，第三场所谓的边境战役就发生在这一带。这场战役同样以英法联军落败告终，而且他们明显处于劣势。[35]

　　朗勒扎克带领军队驻扎在桑布尔河西南侧，他很清楚防守一条河流会面临什么问题，何况桑布尔河在这一段九曲十八弯。由于他更痴迷进攻，所以在他看来，以攻为守无论如何都是最佳选择。他没有下令在山脉上开挖战壕，摆好阵势等待德军来犯，而宁愿利用这一位置，以猛烈的反击抵御德军的进攻。所以他没有炸毁桑布尔河上的桥梁，只是在桥上安排了少量士兵把守。德军第二集团抵达此处时，竟发现桥梁不但完好无损，而且桥上没有多少守军。刚开始，交锋的情况和朗勒扎克想象的差不多：德国近卫军第二师在欧沃莱（Auvelais）地区过河，第十九步兵师在近卫军第二师西侧过河，在河对岸修筑桥头堡，于是法军第三、第十军发起了反攻。这次反攻颇具拿破仑时代遗风，队伍中旗帜飘飘，军号悠扬；但面对德军机关枪的扫射和大炮的轰击，法军一败涂地。德军火力全开，从小丘上或房屋的窗户里朝法军射击，法军根本招架不住。就在此处，法军的9个师败给了德军的3个师。8月23日，法军试图再次挑起战斗，他们虽然表现得很大胆，

也付出了沉重的代价，却未能阻止德军前进。在 23 日夜间、24
日凌晨，朗勒扎克宣布他不得不退兵，因为他的右侧翼处于极度
危险的境地。就这样，德军撞开了通向法国北部的大门。

然而在蒙斯地区还有 4 个由英军组成的师，它们构成了朗勒
扎克军队的左侧翼。[36]这里的英国士兵都是经验丰富的职业军人，
已经在布尔战争（Boer War）中受过磨炼；和法军不同的是，
他们挖了很深的战壕，在确保阵地安全的前提下等待德军来犯。
在这场战役中，德军死伤人数比英军死伤人数多出两倍以上，然而
德军却未能取得任何实质性的进展。但由于两军的接触面宽达 30 公
里，德国第一集团军很有可能从英军左翼包抄英军，而法国第五集团
军退兵以后，英军右翼也失去了掩护。事实上，在 8 月 23 日晚，英
国远征军险些被德军包围并悉数歼灭——一周以后，东普鲁士的德军
就以类似的方法包抄了俄国第二集团军。然而德军没有及时认清这
一形势，英方陆军元帅约翰·弗伦奇也在稍做犹豫之后决定撤
兵；这个决定十分及时，让英军在陷入绝境的前一刻得以脱困。
后来民间流传着这样的说法：在 8 月 23 日夜间、24 日凌晨，圣
乔治（Saint George）① 亲自为英军指路，救他们脱离了德国人
的魔爪。

/ 138

8 月 24 日早晨，霞飞命令前线军队全数撤退。这不仅意味
着他承认"十七号计划"以及突破敌军阵地、进军德国的努力以
失败告终，也意味着他放弃了对法国北部边境的防守。霞飞给
作战部部长发电报说："我们在北部的军队似乎〔……〕遭到反
击，反击的整体规模我还不清楚，但它迫使军队不得不撤退。我
们的军队〔……〕在战场上并未表现出我们所期待的进攻能力。

---

① 基督教著名殉道者，后来被英国尊为守护圣人。

［……］所以，我们必须利用防线和地理屏障进行防守。这两者可以将我们的领土损失降至最低。我们的目标是在坚守阵地的同时尽可能消耗敌人的力量，等时机一到便转守为攻。"[37] 在当时，霞飞很难想象德国军队还要在法国的土地上滞留 4 年以上。撤军的决定为法军挽回了一线生机，所以才有了后来的"马恩河奇迹"。

俄国在时间十分紧迫的情况下发动了战争，而俄国的组织能力并不足以应对这样的时间压力：他们首先决定征召有义务服兵役的公民入伍，这导致敌国开始了战争动员；随后，军队在准备不足的情况下仓促赶往东普鲁士，结果亚历山大·V.萨姆索诺夫（Aleksandr Vasilyevich Samsonov）将军率领的俄国第二集团军被歼灭，保罗·冯·伦宁坎普（Paul von Rennenkampff）将军率领的第一集团军也在战斗中落败且损失惨重。由于俄军人数众多，这些损失并非不可承受——在战争动员之前，俄军有140万人；虽然俄军在1914年9月中旬以前一直打败仗，但经过动员，俄军总人数达到了530万人。[38] 不过，德军在坦能堡和马祖里湖区（Pojezierze Mazurskie）取得的胜利虽说对战争没有什么决定性影响，却严重挫伤了俄国人的自信心：此后，只要与德军交锋，俄军高层就明显缺乏底气，这也成了后来俄军溃败的主要原因。但要说心理影响，这件事（德军包围并歼灭了俄国的一整个集团军）对德国人的影响可能更大；他们将此事描述为德军在坦能堡取得了巨大胜利，这也是国内掀起"兴登堡热"（Hindenburg-Mythos）①的根源。[39] 更重要的是，坦能堡战役对德国政治也产生了直接影响：列日战役中，鲁登道夫开始取得了一点儿成就，而坦能堡战役让他顺理成章地成为德国将军中的佼佼者；从这场战役开始，他的权势越来越大，他也在1917~1918年成了德国实际上的独裁者。[40]

在19世纪80年代初，俄国总参谋部开始制订针对德国和

---

①　兴登堡是坦能堡战役中的德军主将。

奥匈帝国的作战计划，那时圣彼得堡方面更倾向于作战时以防守为主。最能说明这一立场的，是随后几年里俄国在西部边境修筑的防线。从 1910 年开始，俄国军方开始制订"十九号计划"，根据这份计划，俄国对奥地利和德国将采取进攻性战略。俄国这么做也和法国的反复要求有关，至于法国是原因之一还是主要原因，则存在争议。而法国了解施里芬计划的基本特点，并且有意挫败德国兵力"先西后东"的分配计划。对法国来说，与俄国结盟最主要的意义在于，俄国如果能在战争爆发以后及早对德国发起进攻，就可以减轻法国的负担。于是俄国放弃了以防守为主的计划（尽管这个计划具备某些战略上的优点），要求军官们承担组织进攻的重任，但他们却缺乏相应的能力。如要改造军队领导层，使之适应新的战略要求，就必须同时对军队进行全面的改革。对此，俄国确实也做出了初步尝试，但由于受军官们抵制，这种改革未能进一步推行。俄军没有找到适当的方法来执行进攻性战略，这导致俄国在战斗中惨败——1914 年 8、9 月是如此，次年在加利西亚和波兰也是如此。而这种军事上的力不从心实则源自政治上的力不从心。[41]

鉴于欧洲中部的政治地理形势，俄国不能仅仅把基本战略方针由防守改为进攻，而必须考虑进攻的主要对象是谁——是奥匈帝国，还是德国。实际上还存在另一种可能：由于俄属波兰夹在南面的加利西亚和北面的东、西普鲁士中间，如同延伸入同盟国前线阵地的一个圆圈，所以俄国可以以此处为中心，朝不同方向同时发起进攻；也就是说，俄国可以将矛头同时对准柏林和维也纳。但这样的话，德国和奥地利可能会分别从东普鲁士和东加利西亚夹击俄军，切断其与后续部队的联系，俄国的军事筹划者们不敢冒这么大的风险。于是他们决定先进攻东普鲁士和东加利西亚，消灭那里的抵抗力量，然后再向同盟国的权力中心挺进。在1914年夏天，十九号计划起了决定性作用，它为俄国的行动预备了 A（Avstrija，奥地利）和 G（Germanija，德国）两套方案。霞飞一再要求俄国方面优先考虑 G 方案，因为依照这一方案，俄国将分出较强的兵力对付东普鲁士，这样德国就不得不削弱在西线的兵力，让法军得以喘息。从俄国的角度来看，选用这一方案也有一定道理，因为长期以来德国都被视为两个敌人中更危险的那位——19 世纪末俄国修筑了防线，重点也是为了防范德国。然而在现阶段，施里芬计划并未分配太多兵力去对付俄国，所以圣彼得堡方面从政治角度考虑还是倾向于 A 方案，因为俄国政府已经承诺塞尔维亚，在奥地利问题上为其提供政治和军事支持，这意味着俄国必须进攻哈布斯堡帝国——它也被视为德奥同盟中薄弱的一环。在这个问题上，俄国最终没有满足盟友法国的请求与期待。

所以，俄国用于进攻东普鲁士的兵力大约相当于进攻加利西亚兵力的一半。俄国总共招募了 98 个步兵师和 37 个骑兵师，其中只有 29 个步兵师和 10 个骑兵师被派往德意志帝国东北部的省份。他们构成了俄军在西北部的前沿部队，由雅科夫·G.日林斯基（Yakov Grigoryevich Zhilinsky）将军任总指挥。第一集团军由波罗的海德意志（Deutsch-Balten）贵族家庭出身的伦宁坎普率领，他们应该从考纳斯（Kaunas）出发，沿着与梅默尔河（Memel）平行的方向朝柯尼斯堡（Königsberg）前进；而萨姆索诺夫率领的第二集团军则应从纳雷夫河（Narew）向维斯瓦河挺进，以切断东普鲁士德军部队的退路，阻止其退往格但斯克—格鲁琼兹—托伦一带的防线（这两个集团军依据行军路线分别被称为"梅默尔河集团军"与"纳雷夫河集团军"）。然而南北宽度达 80 公里的马祖里湖区挡在两个集团军中间，这导致两方在行动时无法相互接应：穿越湖区最便捷的道路被德军一处旧堡垒封锁住了，而且湖区只有沙路，携带沉重装备的大型军队在这里只能缓慢前进。所以，伦宁坎普和萨姆索诺夫分别率军在湖区的北侧和南侧行进。日林斯基希望一旦发生规模较大的战斗，两个集团军可以相互配合。俄国人相信他们能打赢这场仗，因为每个集团军的人数都明显多于维斯瓦河东岸德军的人数。

自施里芬时代以来，德国总参谋部就考虑过俄军会从不同方向入侵东普鲁士。应对的关键在于利用铁路网进行"内线作战"，分别攻击俄国的各个集团军。这显然要求将领足够大胆，也足够冷静，所以任务能完成与否取决于谁来率领向东线进发的第八集团军。总司令面临的挑战是要在战略性防御的基础上进行战术性进攻，但在此过程中不能与敌人一直纠缠，必须保持队伍的灵活性。施里芬在 1898 年说道："如果德军在没有把握的战斗中被俄军一个集团军牵制住，那么其他集团军就有机会攻击敌人的侧翼和后背，利用他们的人数优势将敌人击溃。"在 1914 年 8 月 14 日，毛奇说得更加直截了当："俄国人一来，就不要再防守了，而是进攻，进攻，进攻。"[42]

如果不能速胜，就在紧要关头摆脱敌人，这当然没有说起来那么容易，因为前提是敌人不会紧追不舍。此外，军队中的士兵还必须英勇善战、纪律严明，能听从将领停止进攻、准备撤退的指令，能吃苦耐劳；有时他们虽然在战斗中暂时取胜，却不得不撤退，将土地和人民拱手让给"俄国人"①，这时他们必须确保士气不会受挫——而德国人对俄国人尤其哥萨克骑兵有特定的想

---

① 原文为单数。

象，他们担心这些人会残暴地对待当地平民。[43] 军方并不确定第八集团军下属的某些部队是否有能力应对这样的挑战，这些部队包括：3 个师的后备军人，他们直到战争开始时才被集结到一起；1.5 个师的预备役士兵；2 个师的边防士兵，他们基本无法胜任这种高要求的作战方式。在战斗中能根据指令进攻、撤退的估计只有 6 个步兵师和 1 个骑兵师。此外，这些部队主要是从东普鲁士招募的，他们可能很难接受把大片土地拱手让给俄军。[44]

8 月初，大将马克斯·冯·普里特维茨·翁德·加弗龙被任命为第八集团军总司令，格奥尔格·冯·瓦尔德泽伯爵（Georg Graf von Waldersee）则被任命为总司令的参谋长。在 1914 年夏天，对指挥作战的将军们来说，第八集团军总司令这一岗位毫无疑问是最难驾驭的，它要求将领完全独立自主地做决策。很显然，小毛奇从一开始就怀疑普里特维茨能否胜任这份工作，所以几天后，他在军事内阁（协助皇帝与军事部门沟通的机构）强烈建议解除普里特维茨的职务。但这一请求被驳回了。[45] 8 月 15 日俄军犯境时，普里特维茨决定先攻击北部的"梅默尔河集团军"，但不是直接在边境上迎敌，而是在德国境内距边境约 40 公里的地方列阵，以免失去内线作战的优势。自信而又固执的普鲁士胡格诺派世宦贵族赫尔曼·冯·弗朗索瓦（Hermann von François）指挥第八集团军第一军在涅斯捷罗夫（Nesterov）一带的边境附近迎击俄军。这一仗俄军打得很艰难：弗朗索瓦手下的兵力虽然不及俄军强大，但他坚守阵地，使俄军遭受重创，还俘虏了 7000 名俄国士兵。[46] 但普里特维茨坚决命令他停止战斗，他只得服从，带领军队撤退至古谢夫（Gusev）。3 天后，德军又与俄军在古谢夫开战，第八集团军有 3 个军参与了这场战役，然而在战斗还未全面展开之际，普里特维茨再次下令停战，这导致双方陷入僵局。当时德军损失惨重（损失了约 7000 人），还有不实消息说"纳雷夫河集团军"已经逼近，普里特维茨是否因此而不得不下令停战，这一点目前没有定论。总之，他命第八集团军撤退至维斯瓦河，以免军队在东普鲁士腹背受敌。他与小毛奇通电话时还表示，凭借他率领的"这一小撮军队"或许无法守住维斯瓦河一带的防线。[47] 可见小毛奇的担忧是对的：普里特维茨胆量不足，难以胜任这一棘手的指挥工作。这名总司令的表现正好让总参谋长有充分理由撤下他和他的参谋长，换上保罗·冯·兴登堡和埃里希·鲁登道夫。

　　纯粹从战略的角度来看，普里特维茨放弃东普鲁士、撤退至维斯瓦河的想法是完全合理的，因为俄军越往前推进，供应物资基地就离他们越远，输送物资的路线也越长，所以他们的侧翼也会相应拉长，这样，俄军每前进一公里，队首的攻击力就减弱一分。施里芬也是出于同样的考虑，原本打算引诱法军从莱茵河地区深入德国南部，再集中力量从背后袭击法军，将其击溃。普里特维茨主张撤退，这完全符合施里芬的战略思想。然而他忽略了一点：在战争中，人们往往从心理上抗拒在自己的领土上进行这样的博弈。政治立场让人完全捉摸不透的海德堡犯罪心理学家汉斯·冯·亨蒂希（Hans von Hentig）在战争结束 10 年以后出版了研究著作《大战的心理战略》（*Psychologische Strategie des großen Krieges*），他在书中将"纯粹的战略"与"在心理因素的限制下实际可行的战略"区别开来，并据此对普里特维茨以及东普鲁士的案例展开讨论：[48] 如果一支军队因为战略需要而撤军，放弃本国的领土，那么它就不得不反复为此事辩解；它要么只能"抛弃"当地居民，要么将面临难民安置问题；国内将流言四起，人们会感觉国家打了败仗。很想然，小毛奇的想法与此类似；对他来说，施里芬没有考虑周全的部分其实至关重要：这场战争没有全国民众的情感支持就无法进行，但若要考虑民众的感受，战略家们就不能自行处置本国领土，毕竟，现在已经是民族主义的时代，情况和过去不一样了。经过战争动员，社会的集体意识就限制了战略家的发挥。总之，兴登堡和鲁登道夫必须拯救东普鲁士。

/ 146

兴登堡在 1911 年就退休了，退休后他多次申请让他带兵作战。战争爆发时，他并不在被返聘的将军之列，这让他颇为失望。他给一位密友写信说，他已经没脸上街。[49] 被任命为第八集团军总司令以后，他总算如愿以偿。但小毛奇看中的根本不是兴登堡带兵作战的能力。军队大总参谋部的成员其实不太确定这位 66 岁的老人是否还有足够的干劲和精力去独立指挥战争。小毛奇之所以任命兴登堡，是为了辅助鲁登道夫，因为少将军衔的人不能被任命为集团军总司令；此外，鲁登道夫出身资产阶级家庭，而其他的集团军总司令都是贵族，往往还是公爵或王储，并且鲁登道夫待人处事较为生硬，多数军官都很不喜欢他。小毛奇却认为他行事果决、干劲十足，很适合领兵，所以要给他安排一名总司令，这名总司令不能妨碍鲁登道夫发挥他的优点，而且后者作为下属将行使实际上的领导权，对此这名总司令不能有所干涉。此外，兴登堡最好还能偶尔遏制一下鲁登道夫的工作狂倾向。[50] 1918 年秋天，威廉·格勒纳取代鲁登道夫成为军需总监，他后来写道，兴登堡之所以被任命是因为"他对许多事情都比较冷淡，所以人们期待他清静无为，好让鲁登道夫放手去做事"。[51] 军事内阁首领、将军莫里茨·冯·林克男爵（Moriz Freiherr von Lyncker）的记录显示，人们将兴登堡"重新挖掘出来"，因为人们比较确定"他会全盘接受鲁登道夫的建议"。[52] 实际上，在坦能堡战役之前和战役期间，军事行动的主要推动者都是鲁登道夫，而兴登堡则一直保持安静，每天睡很长时间，对前者的决定都表示同意，而且只要让他保持规律的作息，他就对这一切都极为赞许。[53]

就这样，兴登堡和鲁登道夫成了搭档，他们将对战争的发展产生重大影响。这一切源于小毛奇在8月22日写给鲁登道夫的信："我不知道除了您，我还可以这样无条件地信任谁。或许您还能挽回东线的局势。在现在的岗位上，您或许即将面临一次至关重要的行动，如果上帝允许，这次行动将产生决定性影响，而我把您从这个岗位上调走，希望您不要生我的气。为了祖国，您将不得不做出这样的牺牲。而且皇帝也信任您。当然，对于已经发生的事，没有人有权要求您来负责，但您有办法凭借您的干劲逆转最糟糕的局势。所以请接受这项新的使命，它将给予您最高的荣誉，这也是一名军人所能获得的最高荣誉。您一定不会辜负我们对您的信任。"[54] 如果小毛奇当时没写这封信，那么后来战争的历史肯定也会被改写。8月22日早晨，鲁登道夫正在第二集团军参谋部参与强渡桑布尔河的行动——这正是小毛奇所说的"一项至关重要的行动"。小毛奇提到皇帝信任鲁登道夫，这很有趣，因为威廉二世其实是受不了鲁登道夫的。

就在这一天傍晚，鲁登道夫抵达当时位于科布伦茨的军队大司令部，小毛奇跟他说明了东普鲁士的局势。鲁登道夫已经知道兴登堡将担任军队总司令。从科布伦茨开往马林堡（Marienburg）的专列中途在汉诺威接了兴登堡上车。鲁登道夫后来在回忆录中写道，他当时简短地跟第八集团军新任总司令说明了情况。然后兴登堡便躺下睡觉。

就这样，这两个性格与魅力截然不同的人在夜晚的汉诺威火车站第一次见面，他们之间堪称"共生"的关系也由此揭开序幕。后来，兴登堡在谈到这段关系时打的比方很值得我们注意："我个人往往把我和鲁登道夫的关系描述为一段幸福的婚姻。局外人如何忍心又如何能够将这样一段关系中双方的功劳区分得一清二楚？我们的想法和行动经常不谋而合，一方往往刚好就说出了另一方的想法或感受。"[55] 在人们看来，兴登堡个性强悍，在危急关头也能镇定自若；鲁登道夫天分突出，野心勃勃，但容易激动，有些神经质。早在战争期间，人们便相信这两人一直通力合作、取长补短；这样的看法一直持续到魏玛共和国时期、纳粹主义时期乃至联邦德国早期。但新近的研究显示，鲁登道夫才是两个人中的决策者，是合作的主导者，而兴登堡是对外的形象代表。如传记作者沃尔夫冈·皮塔（Wolfgang Pyta）所说，名义上的司令"并非军事上的主导者，而是一顶抛了光、适合战略家鲁登道夫的钉盔"。[56] 这些研究成果对当时那些接近决策中心的人来说一点儿都不陌生。库尔特·里茨勒曾是贝特曼·霍尔韦格的左膀右臂，他于 1916 年 11 月 3 日在日记中提到"兴登堡即鲁登道夫"，并补充说："鲁登道夫缺乏政治天赋，他这个人太过简单，正是直来直去的旧式普鲁士人的写照。"[57] 东线最重要的总参谋部成员之一马克斯·霍夫曼（Max Hoffmann）也在 1915 年 9 月写给妻子的信中说："现在，在颁布的命令下面，我们基本都会写上'冯·兴登堡'，但根本不会把这些命令拿给他看。古往今来最具天才的统帅对此已经没有任何兴趣；鲁登道夫一手承担了所有事情。[……]不过世界上还是有一些奇怪的事儿。但愿德国人民知道，他们的英雄兴登堡实际上叫鲁登道夫。"[58]

兴登堡和鲁登道夫于 8 月 23 日午后抵达马林堡，接管了第八集团军。在那之前，马克斯·霍夫曼作为第八集团军司令部的一员，已经制订了包围俄军第二集团军的初步计划。霍夫曼也曾劝普里特维茨不要撤退至维斯瓦河；事实上，他曾命令第一军司令不要再与北侧的敌人纠缠，而是率军乘坐交通工具前往东普鲁士南部，掩护第二十军的右侧翼，后者正与萨姆索诺夫将军率领的"纳雷夫河集团军"作战。鲁登道夫对他的计划表示赞同，并且更进一步，命令第十七军和东普鲁士第一后备军摆脱伦宁坎普率领的"梅默尔河集团军"，一同向南部进发，作为德军左侧翼与萨姆索诺夫率领的集团军作战。

这一决策要冒极大的风险，因为这样一来，德军在北部几乎没有兵力可以与俄军对抗，只有来自柯尼斯堡的边防部队和第一骑兵师的少量部队驻守在此处。伦宁坎普只需加大火力攻击，就可以冲破德军阵线，至于准备包围"纳雷夫河集团军"的部队，它们的侧翼和背部将受到攻击。不过鲁登道夫心理素质过硬，敢冒这样的风险。霍夫曼中校很可能也鼓励他这么做，因为霍夫曼曾是1904~1905年日俄战争的德国观察员，他留意到伦宁坎普和萨姆索诺夫之间即便不能说存在敌意，至少也毫不掩饰对对方的反感，所以德军不必担心他们某一方会去支援另一方。此外，德军可以借助空中侦察跟进"梅默尔河集团军"的行军情况。事实上俄军也有侦察机，但这些飞机由于质量低下无法投入使用，所以俄军对德军的行动不甚明了，德军却很清楚俄军的情况，还可以随时关注形势的发展。

德军不仅通过侦察，而且通过监听获取了敌方的许多信息，因为俄军的无线电通信网络没有加密，给了德军可乘之机。事实上，俄方的无线电台已经具备加密信息的技术能力，但由于师级部队没有编码簿，所以电台只得发送未加密的无线电报。8月25日，德军截获伦宁坎普和萨姆索诺夫的电报各一封，电报表明，俄军后面的行动与霍夫曼起草、经鲁登道夫完善的包围计划完全吻合。伦宁坎普估计，在古谢夫与他作战的德军第一和第十七军将撤退至柯尼斯堡的要塞。要包围要塞必须使用重炮，但这些重炮一时还没有到位，所以伦宁坎普认为现在并不需要快马加鞭，而且士兵们一路行军打仗已十分疲惫，现在可以让他们稍做休息。萨姆索诺夫则相反，他认为德军将撤往维斯瓦河，而他必须率兵尽快截住德军的去路，所以他急切地催促队伍前进。当时俄军的人数超过了德军，他们有 19 万人，而德军只有 15 万人。

"纳雷夫河集团军"将矛头对准了霍恩施泰因（Hohenstein）和阿伦施泰因（Allenstein）——那里距切尔尼亚霍夫斯克①—波森（Insterburg-Posen）铁路线不远，如果这条线路遭到破坏，德军就不可能有序地撤出东普鲁士。然而，就在萨姆索诺夫率军队不断前进的过程中，他们的侧翼拉得越来越长，也越来越容易受到攻击。第一、第十七军的任务就是攻打俄军侧翼，前提条件是第二十军要坚守阵地，因为他们就是俄军的攻击目标。事实上，第二十军在俄军来犯时且战且退，但并未溃散，所以俄军未能实现突破。最终，拉得太长的侧翼给俄国第二集团军带来了不幸：8 月 29 日，德军部队在维尔巴克（Willenberg）②会师，形成一个圆圈包围了俄军。俄军尝试从内部突围，但失败了；他们又尝试依靠外部增援突围，但这也无济于事。在此之前，俄军作战一直十分英勇，但现在他们很快就放弃了：超过 9 万名士兵被德军俘虏，在那之前，约 2.5 万名俄国士兵已经战死沙场。而德

/ 152

---

① 原德语名称（Insterburg）无对应官方译名，按后期使用的俄语名称（Chernyakhovsk）译出。

② 原德语名（Willenberg）无对应官方译名，按后期波兰语名（Wielbark）译出。

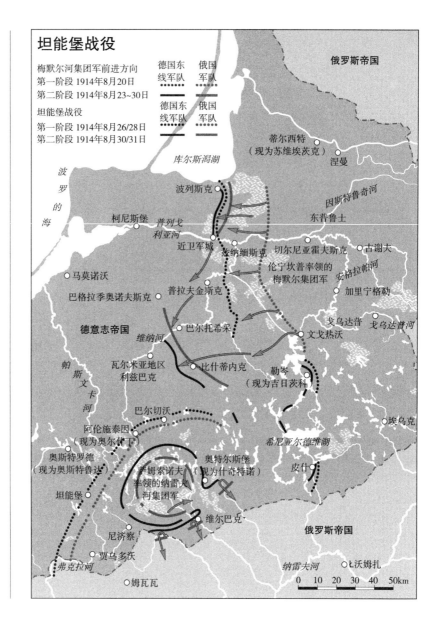

坦能堡战役

梅默尔河集团军前进方向
第一阶段 1914年8月20日
第二阶段 1914年8月23~30日

坦能堡战役
第一阶段 1914年8月26/28日
第二阶段 1914年8月30/31日

德国东线军队　俄国军队

德国东线军队　俄国军队

俄罗斯帝国

波罗的海

库尔斯潟湖

蒂尔西特
（现为苏维埃茨克）

涅曼

波列斯克

因斯特鲁奇河

东普鲁士

柯尼斯堡
普列戈利亚河

近卫军城

兹纳缅斯克

切尔尼亚霍夫斯克

古谢夫

马莫诺沃

伦宁坎普率领的
梅默尔集团军

安格拉帕河

加里宁格勒

巴格拉季奥诺夫斯克

普拉夫金斯克

戈乌达普

戈乌达普河

德意志帝国

巴尔托希采

文戈热沃

维纳河

帕斯文卡河

瓦尔米亚地区
利兹巴克

比什蒂内克

勒岑
（现为吉日茨科）

埃乌克

巴尔切沃

希尼亚尔德维湖

阿伦施泰因
（现为奥尔什丁）

奥斯特罗德
（现为奥斯特鲁达）

坦能堡

奥特尔斯堡
（现为什奇特诺）

萨姆索诺夫
率领的纳雷夫
河集团军

皮什

维尔巴克

尼济察

贾乌多沃

弗克拉河

纳雷夫河

比沃姆扎

姆瓦瓦

0　10　20　30　40　50km

俄罗斯帝国

位于东普鲁士的第八集团军的总司令兴登堡；后排正中是他的总参谋长埃里希·鲁登道夫，鲁登道夫左侧（戴防尘眼镜的）是中校马克斯·霍夫曼，他是东线战略的主导人之一。该照片摄于 1914 年 9 月初马祖里湖区战役期间，它让人感觉兴登堡是领导者，鲁登道夫和霍夫曼只是他的顾问和帮手。事实上，有关军事行动的所有重要决定都是他们做出的。

国方面的死伤人数约有 1 万人。[59]

　　许多阵亡的俄国士兵都没有被运走、安葬，人们任由他们的尸体躺在矮林中：德军按照惯例，让战败方被俘的士兵清理战场，但由于德军的大部分军队都要对付北面伦宁坎普率领的集团军，所以只留下少量士兵监督战俘干活。考虑到战俘很有可能逃跑，德国士兵就没有让负责搬运尸体的战俘深入丛林，而任由俄国士兵的尸体留在原处。

　　8 月 31 日，兴登堡终于可以向德军司令部——他在回忆录中说的是"向我的皇帝和国王"——报告说，"过去几天里，我们包围了俄国那个集团军绝大多数的部队。第十三、第十五、第十八军被歼灭了。[……]各个种类战利品的数量还无法估计，但总量极大。在包围圈之外的第一军和第六军也损失惨重，他们仓促退往姆瓦瓦（Mława）和梅希涅茨（Myszyniec）去了"。[60]

　　依照鲁登道夫的建议，这场战役被命名为坦能堡战役，但很显然它根本没有发生在坦能堡。鲁登道夫在回忆录中写道，起这个名字"是为了纪念德意志骑士团体被立陶宛和波兰联军击败的那场战争（1410 年）"。[61]就这样，这场战役被赋予了历史政治意义，成了所谓"日耳曼民族与斯拉夫民族旷日持久的争斗"中的一环——这一说法在一战爆发以前就有一定影响，现在它又被用于战争意义的建构。兴登堡在回忆录中提起这次命名时，情绪比鲁登道夫更加慷慨激昂："坦能堡！这个词语于德意志骑士团体是痛苦的回忆，于获胜的斯拉夫人则是喜讯与欢呼，这段历史尽管已经过去 500 多年，我们却对它记忆犹新。在这一天［即 8 月 24 日，这一天兴登堡乘车去第二十军统帅部，途中经过坦能堡］之前，我还从未踏足这片被命运选中的土地，它见证了东方文化如何入侵德意志。那里有一座简单的纪念碑，它为当年的英雄团体以及他们的牺牲留下见证。后来，我们在这座纪念碑附近待了好几天，就在这几天里，萨姆索诺夫［原文写为Samsonoff］手下的集团军遭遇惨败，并且被歼灭。"[62] 8 月 29日那天，双方的胜败还没有最终定论，但结局基本已经见分晓，这时兴登堡就请求皇帝允许他们用"坦能堡"为这次战役命名，还补充说："在 1410 年的战场附近，我们彻底洗刷了当年的耻辱。"任职于军队大司令部的海军上将冯·米勒在日记中评论此事说："很有魄力，但在政治上没有充分考虑波兰人的感受，而我们现在可能正需要他们。"[63]

坦能堡战役是否符合被施里芬奉为榜样的"坎尼"战略模式，即包围—歼灭的模式？战争结束后，兴登堡给军事作家弗里德里希·冯·伯恩哈迪（Friedrich von Bernhardi）写了一封信，他在信中对此似乎深信不疑，他说："那确实就是一次施里芬所说的坎尼式战斗。"[64] 1929 年，维尔纳·博伊梅尔堡（Werner Beumelburg）出版了一部描述战争的著作，书中也出现了"这次坎尼战役的结果"这样的字眼，[65] 而在同一时期，官方的说法甚至更进一步指出："战争史上没有任何先例可与之相提并论——就是坎尼会战［原文写作 Kannae］也没做到从敌军背后对其构成威胁。"[66] 事实上，坦能堡的战役之所以成为传奇，是因为它实现了在西线流产的计划——包围并歼灭敌军。施里芬的支持者们辩解说，他的计划在东普鲁士被证实是可行的，而它在西线之所以未能成功实施，是因为缺少一名果断的统帅：在马恩河战役中（它在坦能堡战役结束几天后爆发），如果小毛奇能保持镇定，那么德军就可以再次获胜。战后，以赫尔曼·冯·弗朗索瓦为首的一些人强烈主张这一观点——在坦能堡战役中，弗朗索瓦表现出很强的自我意志和独立指挥作战的能力。[67] 这至少在一定程度上可以说明，为什么1918年德国的战败对兴登堡没有任何负面影响。有一种说法认为，如果兴登堡代替小毛奇指挥西线的战斗，德军就可以打赢马恩河战役。也就是说，坦能堡的传奇成了某种历史政治假设的基点，这种假设在战争期间产生了相当大的影响，在魏玛共和国时期更是如此。

在长达几十年的时间里，政府中的各派别一直利用"坦能堡"这一概念唤起德国人共同的记忆，这种斗争直到20世纪60年代晚期才逐渐走向尾声；而这时，这一概念却在俄国引发了斗争，导火线是1971年亚历山大·索尔仁尼琴（Aleksandr Solzhenitsyn）出版了长篇小说《1914年8月》（*Август 1914*）：在索尔仁尼琴看来，布尔什维克主义者夺权这一灾难性事件是从沙俄军队在东普鲁士战败开始的。不过，在描述坦能堡战役的过程中，他也在反驳列夫·托尔斯泰（Leo Tolstoy）在《战争与和平》中勾勒的博罗季诺（Borodino）战役的画面。[68]这种争论虽是针对托尔斯泰的作品，但其实也暗中针对布尔什维克主义的统治，因为在20世纪50年代的苏联，人们把托尔斯泰小说中的"卫国战争"（发生于1812年）与"苏联卫国战争"（发生于1941~1945年）联系到了一起，这导致《战争与和平》大受欢迎。在书中，托尔斯泰为普通的俄国士兵也为总司令米哈伊尔·库图佐夫（Mikhail Kutuzov）树碑立传，对俄军司令部里德国战略家的评价则十分负面。而在索尔仁尼琴笔下，萨姆索诺夫沉默、固执，经常自我欺骗，做事一厢情愿，战略经验不足，并且他通过无条件相信战士们会英勇作战来弥补这种不足——实际上，索尔仁尼琴把他塑造成了漫画版的库图佐夫。库图佐夫曾在沙皇和宫廷人员面前把俄军在博罗季诺的失利说成胜利，为的是提升他们的信心，好让俄军继续作战并最终取得胜利。[69]100 多年后的情况却大不相同：1812 年，俄军是被动防守，而现在他们选择了进攻战略；100 多年前，他们可以诱敌深入广袤的俄国国土，利用本土的优势克敌制胜，现在他们必须遵循敌人的规则作战，而他们并不熟悉这些规则。其结果是，萨姆索诺夫的谎言救不了他，他最后只好饮弹自尽。托尔斯泰笔下的库图佐夫代表了俄国人的自我形象，而索尔仁尼琴通过萨姆索诺夫对这种自我形象做了驳斥。

这两次战争还有一个区别，但索尔仁尼琴显然没有说出来：1812 年拿破仑"**伟大的军团**"（Grande Armée）一旦进入俄国境内，就大肆劫掠当地民众；而这一回轮到俄军在东普鲁士的村庄烧杀抢掠。[70] 他们的所作所为似乎都取决于军队司令的立场。在有的地区，士兵们奸淫掳掠，残杀平民。一时间，150 万东普鲁士居民有一半以上仓皇逃难，他们赶的车堵在街道上，以至于兴登堡和鲁登道夫都认为他们妨碍了德军的行动。[71] 8 月 24 日，第十七军司令奥古斯特·冯·马肯森（August von Mackensen）针对此事写下这样一段话："所有地区已经空无一人。村民们带着他们的财物，赶着车带着畜群逃难，他们赶的车排成了长队。而我要在我的权力范围内阻止这场逃亡。"[72] 许多关于这场战争的作品指出，在 1914~1918 年，德国本土的人民没有直接遭受战争之害，但这种说法是不正确的。在战争爆发之初，法军入侵阿尔萨斯南部以后并未大肆劫掠，因为他们把这一地区看作法国的一部分；[73] 但东普鲁士却在战火中遭了殃。而 8 月底坦能堡战役的胜利并未结束当地居民的苦难。虽然德军部队此后很快向梅默尔河集团军发起进攻，将他们赶出了东普鲁士，但这一次并未成功实施包抄。在东普鲁士第二大战役——马祖里湖区战役中，伦宁坎普率领的军队虽然损失惨重，但还是成功撤离，免遭被歼灭的厄运。[74] 因此，俄军第

俄军征服了东普鲁士的大片土地，这对德国人来说是一场噩梦，而且居民区被毁往往不是战争直接造成的，而是因为俄军蓄意纵火。上图为1914年8月至1915年2月被俄军占领的边境小城埃特库嫩（Eydtkuhnen）。兴登堡和鲁登道夫之所以声名鹊起，正是因为他们解放了这个德国东部的省份。

一集团军的主力得以保存下来，并且他们在 1914 年秋天与新集结的第十集团军联手，再度进攻东普鲁士地区。当时德军的部署也给他们提供了便利：最高陆军指挥部在首次战胜伦宁坎普之后就把兵力较强的德军部队调往西里西亚，以防俄军再次进攻，并为在东线南段陷入困境的奥匈帝国军队提供援助。直到 1915 年 2 月，德军才将俄军部队彻底赶出东普鲁士。

德军在东线取得了巨大胜利，但并未摧毁俄国兵力，所以这样的胜利对整场战争影响不大。倒是小毛奇的决定——为解决东普鲁士的危机，将西线的两个军调到东线——可能产生了较大影响。这两个集团军来得太迟，没赶上坦能堡战役，又错过了 9 月第 2 周的马恩河战役。从这一角度来看，俄军在战争初期进攻东普鲁士对战争结果还是有影响：俄军虽然在两场战役中落败，但如果没有俄军，法军很可能在马恩河战役中败给德军。这就是战争史上的悖论之一：虽然一方在某次战役中惨败，但最后间接获益的不是胜利者，而是被打败的那一方。这也成了坦能堡战役和坎尼会战的共同点。

/ 158

霞飞于 8 月 24 日下令撤军，这一决定很明智，也很冒险。它很明智，是因为当时法军刚吃了败仗，德军的实力又在法军之上，所以法军只能先避其锋芒，而且撤军可以缩短法军的补给线，而德军的补给路线此时却越拉越长。只要法军有序撤退，霞飞就有把握德军会出现克劳塞维茨所说的"进攻力量减弱"的情况。[75] 霞飞的这一决定也很冒险，因为谁也无法预料军队会不会从有序撤退变成无序溃逃。这取决于德军乘胜追击的决心是否坚定，以及他们是否能从侧边追上撤退中的法军，攻其侧翼。

在 8 月最后一周和 9 月第一周，德国骑兵还有一线机会可以在战斗中建功立业——这样的机会在战争中并不多见。早在 19 世纪中期，骑兵的地位就已经不如从前，不过战争爆发之初他们仍属于主要兵种。一旦战争转入阵地战，骑兵就失去了用武之地，并且被解散了。[76] 不过在一开始，他们的任务是全速追赶法军和英军，直至敌军精疲力竭且陷于惊恐之中。战争史上有些军队正因为撤军时被骑兵追赶，先是仓促地后退，最后便是绝望地溃逃。拿破仑就尤其擅长指挥骑兵追击敌人，而施里芬想必也坚信，德军右翼在对敌人实施包围的过程中会全力追击敌军——从某种程度上讲，这也是让法军全军瓦解的第一步。

要减轻追兵带来的压力，就必须加快撤退速度。但加快速度的风险在于，运送补给物资的辎重队和重炮会落在后面。霞飞很清楚这一风险，所以他下令通过偶尔的反击和防御战斗掩护法军左翼撤退。这类行动的风险还在于，有的部队可能在阵地上停留太久，以致和其他部队失去联系。英军第二军在勒卡托（Le Cateau）差点就遇上这样的情况。[77] 但最后事实证明这一次以及其他防御战役是成功的：它们解决了骑兵追击时法军加速撤退可能引发的问题，并且为霞飞赢得了时间，而霞飞也利用这段时间在巴黎及其周边地区召集后备军。他准备借助这些军队在 9 月第一周发起反攻。

德军方面，转运物资的火车站和前线之间的距离变长了，而他们只能用马拉的车和少量马达发动的载重汽车将这些粮草和弹药从火车站运到前线。[78] 不仅如此，他们在行军过程中会经过一些要塞，而他们必须派遣部队将这些要塞包围起来，以防要塞守军切断德军背后的交通线，并且他们为此而派遣的部队实力一个比一个雄厚。法国北部桑布尔河畔的莫伯日（Maubeuge）就是一个构成了威胁的要塞，不过最大的威胁来自安特卫普，因为比利时的大部分军队依照国王阿尔贝的命令撤退到了那里，并且通过两次突围牵制住了德国军队。8 月 23 日，比利时那慕尔要塞的守军投降，因此围困那慕尔的两个军总算可以听凭调遣，谁知小毛奇恰好就选中这两个军去增援东普鲁士的第八集团军。若不深入分析，我们很难理解他为什么调用比利时前线而不是洛林的部队增援东线，尤其我们知道洛林离军队的交通站点更近，而且自从第六、第七军在战线南段打败法军以后，他们留在那里已经没多少意义。[79] 对小毛奇这一决定唯一合理的解释是，8 月 25 日他将这两个军调往东普鲁士的时候，已经打算将军事行动的重点转移至洛林。

这么做自然违背了施里芬计划的精神，因为计划强调借助兵力上的优势迂回包抄，而非强行突破，而在洛林地区实施包抄则是不可能的，军队只能靠强行突破取胜。[80] 不过话说回来，小毛奇从一开始就没打算全盘照搬施里芬计划的战法，他很大程度上都是精准地针对计划中一些逻辑性问题做出了改动。[81] 他担心的

/ 161

问题可能是，原先包围那慕尔的两个军如果作为后备军，组成梯形编队穿越法国北部去追赶第一、第二集团军，有可能就得不到物资供应了。毕竟已经有无数负责供应的部队无法跟上前线部队的速度，现在这些或大或小的队伍正在想方设法重新和前方部队取得联系。在这么混乱的情况下，如果再往前线加派两个军，很可能会导致供应物资的交通线崩溃。如果这件事影响了小毛奇的决策，那只能说施里芬计划存在结构性问题。小毛奇并非像战后批评他的人所说的那样，给施里芬计划掺了水。他只是试图根据实际情况做出最好的决定。

然而皇帝身边的人根本不了解西线战争遇到的困难，他们对胜利的期待也很不切实际，这让总参谋长深感不满。"我很高兴可以独处，而不必待在宫里。"8月29日小毛奇在写给妻子的信中说道，"听到宫里的人说的那些废话，我实在难过极了。那位大人对形势的严峻程度竟一无所知，这真让人心碎。他们已经在某种程度上表现出欢呼雀跃的情绪，对此我到死都不能原谅。——现在，我和我的人继续平静地工作。在我这里只有艰巨的任务，而且我们还有许多很艰难的事要做，对此没有人会有所怀疑"。[82] 要让自己耳根清净，唯一的办法就是让威廉二世看清现实。9月1日，小毛奇在日记中写道："皇帝满足了我的愿望，他今天待在外面的第五集团军总司令部，就在王储那里，而且晚上会在外面过夜。他能到军队里来一次，让军队的人看到他，而且是在法国领土上，这对他来说是好事。"[83] 威廉皇帝虽然名义上是德军总司令，却不宜太过频繁地参与行动指挥，更不应像后来那样，按照自己的想法来指挥。另外，对于德军在单次战役中取得的成就，他那个圈子里的人表现得过于兴奋了。小毛奇却并没有看出哪些迹象表明德军将会获胜。他预感军事行动的关键时刻，也就是决定胜利归属哪一方的时刻，还未到来。

让小毛奇忧心的显然不仅仅是军事形势。他的良心折磨着他，他肩上的责任越发让他觉得压抑。9月7日，就在马恩河战役迅速转入高潮之际，他写道："鲜血已流成河，巨大的痛苦降临在许多无辜者头上，他们的房屋和农场已经被焚毁，变成一片废墟。——一想到这里，我往往就陷入恐惧之中，感觉自己好像必须为这些可怕的事情负责，可当初那样做的时候，我也别无选择。"他在给妻子的信中这样说，好像他必须对妻子证明自己良心的清白。要证明这一点，唯一的办法是战死沙场，但总参谋长的身份却不允许他这么做，所以他以假设的语气写道："如果今天我为了胜利必须献出生命，我万分乐意，正如千万弟兄过去和如今所做的那般。"[84] 但这一假设并不能给他的内心带来安宁，因为他很清楚，将士们目前的牺牲是换来胜利还是付诸东流，就取决于他的指挥才能。所以第二天他在信中再度提到这个话题："我很难说清楚，在过去这些天里，责任对我来说是何等沉重，它在今后又将为我带来多少压力。但无论如何，我军在总前线与敌人的较量还未分胜负。这关系到我们能否保住迄今为止通过无数牺牲换来的战斗成果，如果我军不能取得决定性胜利，让战士们白白地流血，那就太可怕了。[……]目前我方面临的巨大困难常常像一堵黑墙立在我面前，我感觉我走不过去。"[85]

法军总司令霞飞的性格气质刚好是小毛奇的反面。[86] 霞飞习惯在中午时大吃一顿，认为晚饭应该吃得讲究，而且很注意夜里按时就寝。这一点他跟兴登堡比较像。兴登堡算得上体态丰满，霞飞则很胖。在照片上，他的军服上衣总是被肚子撑起来。不管是军事形势急转直下，还是国内不久前爆发政治危机——当局判定作战部部长阿道夫·梅西米（Adolphe Messimy）对被德军威胁法国首都一事负有责任，梅西米为此离职，这导致整个内阁陷入瘫痪——霞飞都一如既往地镇定。他的工作方式也和小毛奇不同，他几乎每天都去见手下的司令，掌握相关的情况。因此，他对手下各个将军干劲如何、做事是否果断有比较详细的了解，也知道各军队的作战能力如何。霞飞会立刻撤掉他不再信任的人，不管对方曾经取得怎样的成就、与他私交如何。如果说小毛奇撤换普里特维茨是个特例，那么霞飞撤换手下的将领则是常态。截至8月底，他已经让一名集团军总司令走人，还撤掉了3名军长以及全部103名师长中的31名。截止到1914年11月据说又有61名师长被撤职。[87] 他相当坚决地给法军司令员群体来了一次大换血。

霞飞在9月又撤掉了集团军总司令夏尔·朗勒扎克，他之前率领的第五集团军正对着德军右翼，而他的战术导致桑布尔河失守。霞飞在9月3日告诉朗勒扎克，他将安排路易·弗朗谢·德斯佩雷（Louis Franchet d'Espèrey）接替朗勒扎克的位置。在霞飞看来，朗勒扎克精力不济，也失去了决断力。从某种程度上来说，朗勒扎克也是政治上的牺牲品，霞飞要通过撤换他来鼓励远征军继续战斗并且和法军一同转守为攻。英方的元帅弗伦奇指责法军在输掉蒙斯和勒卡托的战役之后自行撤退，没有通知英军，他认为朗勒扎克对英军在勒卡托的惨重损失负有主要责任。刚开始他要求让他的士兵在距前线较远的地方休息几日，后来他又提出让他的部队暂时撤回岛上。弗伦奇解释说，他要在国内补齐士兵人数并改组军队；但如果英军退出，法军在马恩河前线可能会支撑不住甚至全线溃败。

为防止这种状况发生，作战部部长赫伯特·基奇纳（Horatio Herbert Kitchener）从伦敦赶来，严肃命令弗伦奇：

赫尔穆特·冯·毛奇（小毛奇）自1905年起担任德国总参谋长。他那位著名的叔叔指挥过克尼格雷茨和色当的战争并取得了胜利，所以小毛奇常常被拿来和他叔叔比较，他为此十分苦恼。有两个问题折磨着他：前任施里芬留下的战争计划明显包含了一些风险，这些风险是可控的吗？他能成功地执行这一计划吗？这位在1914年8月执掌普鲁士最高军事权力的人物其实性格忧郁，这和人们对普鲁士的刻板印象形成了反差。他受妻子伊丽莎（Eliza von Moltke）的影响，信奉鲁道夫·施泰纳的神智学思想。

/ 第二章 为速战速决而努力 /

无论下一步行动会造成多大的伤亡，都必须继续协同法军作战。对朗勒扎克的处置也平息了弗伦奇及其手下军官的怒气，恢复了他们对法军领导层的信任。法军第五集团军新任总司令弗朗谢·德斯佩雷在英军眼中也是个值得信赖的人物：在圣康坦（Saint-Quentin）战役中，他亲自指挥各团发起反攻，彼时军乐嘹亮，军旗飘扬。[88] 这给英军留下了很深的印象，他们管他叫"孤注一掷的弗朗基"（Desperate Frankie）①。不过霞飞才是法军自卫反击战的灵魂与首脑，无论发生什么紧急情况，他都镇定如常，一次又一次地重新掌控局面。

　　小毛奇的负罪感和忧郁情绪显然不利于他发挥指挥才能。但他眼下又不得不指挥作战，因为目前的首要任务是协调比利时和法国北部德军右翼的三个集团军，确保他们互相之间保持联系，万一遭遇法军顽抗或英法联军反攻，他们必须能够相互支持。此外，三个集团军此时不再沿直线方向齐头并进，而是要转向西南方向，所以协调的工作变得更为重要。为了在行军过程中尽可能与法军保持较宽的接触面，第一集团军必须走得比第二集团军快，因为第一集团军处在整个队伍的东北方位，从某种程度上说也是处在外圈；而第二集团军又必须走得比第三集团军快——这样才不至于反过来被敌军包围。无论发生什么情况，每个集团军在转弯时都不能落在其他集团军后面，三者的进攻方向也绝不能岔开，否则就会留下缺口，让敌人有机可乘。整个转弯计划困难极多，危险极大，而巴黎就如防波堤一般坐落在拐角不远处，这对德军来说无疑是雪上加霜。如果第一集团军向西走出更远，再绕到巴黎南侧然后向东拐，那么德军就可以夹击并拿下巴黎，但

---

　　①　"弗朗基"是"弗朗谢"的昵称。

约瑟夫·霞飞从战争爆发之初就担任法军总司令。在 1914 年 8~9 月，他是小毛奇的直接对手。他的个性和小毛奇恰好相反：他很自信，执行力很强，处变不惊。上图摄于 1914 年 10 月，和总司令在一起的是当时第九集团军司令费迪南·福煦将军。

这样一来兵力会分散，集团军之间也无法相互支持；而巴黎本身也是一处要塞，配有强大的守备部队，如果第一集团军和另外两个集团军一起从东北部绕过巴黎，驻守在那里的法军部队就可以集中兵力攻击德军的右侧翼。施里芬之前也考虑过这个问题，但并没有明确提出解决办法。具体方案必须视情况而定，不过施里芬比较倾向从西侧包抄。小毛奇似乎也认为从西侧包抄的胜算更大，所以他下令让第一集团军从巴黎的西侧绕行。可是集团军总司令冯·克卢克大将提出了抗议，要求让他的军队从东侧绕过巴黎，于是小毛奇收回成命，接受了克卢克的决定。[89] 这一决策带来了一系列后果。

小毛奇当然可以说，当时克卢克对局势的判断要比他准确得多，毕竟他自己远离前线，掌握的信息很少，而且往往还是过时的。当时，无线电通信还不够成熟，德军无法放心使用；至于打电话，你必须先连线，而且线路常常中断。所以人们只能依靠报信的骑兵，或是开汽车的军官。在这种情况下，虽说整场战争的成败就掌握在部队手里，小毛奇却没有亲自到部队驻地附近了解情况，而是留在位于卢森堡的军队大司令部。

小毛奇为何滞留在卢森堡，目前有三种说法。第一种说法认为他秉承这样的原则：他给各集团军总司令下达命令时只规定总体方向，要后者根据具体情况和可能性自行决定如何执行命令——之前这一原则的主要实践者就是他那位著名的叔叔。然而老毛奇指挥过的战役涉及的地域范围要小得多，持续的时间也明显更短。小毛奇也意识到了这一区别，所以他一度让第二集团军总司令管辖第一、第三集团军，因为第二集团军位于另外两个集团军中间，它的指挥者可以观察到前方整个地段的情况。不过小毛奇后来又放弃了这个方案，因为大将冯·比洛对此感到力不从心，而且把另外两个集团军当成了为他的部队提供掩护的侧翼。[90]

第二种说法是，此时奥匈帝国位于加利西亚的军队面临严重危机，所以小毛奇当时不能离开军队大总司令部：他必须频繁做出一些重要的决定，到前线附近视察不仅有可能耽误他接收情报，而且皇帝有可能趁机强势地干预军务。这是小毛奇无论如何都要避免的。就让威廉二世亲临前线好了，但他作为总参谋长不可以去。

第三种说法或许是最合理的：小毛奇此时已经放弃了施里芬的计划，不再认为必须依靠巴黎附近的德军右翼才能打赢法国。证据之一就是他在8月25日决定从比利时而非洛林抽调部队支援东普鲁士的第八军。9月5日，英军和法军出人意料地发起反击，拉开了马恩河战役的序幕，这时他的态度就更明显了：他并未乘车前往右翼外侧第一、第二集团军所在地，而是在9月11日亲赴第三、第四、第五集团军前线。很显然，他的打算是要么让位于南锡的德国部队打败法国守军，要么让第四、第五集团军突破法军阵线。[91] 从这一角度来看，他留在卢森堡，后来又去第三、第四、第五集团军前线，是十分合理的。不过第四集团军没有意识到他们必须抓住机会进军，而是表现得十分犹豫、谨慎。[92]

第三集团军的情况也类似，不过他们还遇到另一个问题：他们的总司令病得很重，无法做出任何带有风险的决策。无论如何，德军都无法在洛林前线强行突破。这本身也不是什么大问题，但小毛奇转移进攻重点却导致9月8~11日德军在马恩河战败。我们很难确定，在这战斗的紧要关头，小毛奇的一系列举动到底目的何在，因为他自己什么也没有透露。但许多迹象表明，由于右翼的物资补给问题日益严重，他放弃了施里芬提出的利用德军右翼包抄法军的计划，改为让第四集团军通过钳形攻势实现突破；而在马斯河与马恩河之间、施里芬定为"枢轴"的位置，德军将对法军实施双重包围。如果这种说法成立，那就说明小毛奇没有给施里芬计划掺水，而是修正了它。

马恩河战役刚爆发的时候，没有人看出德军会战败。当时德军位于巴黎东北侧，离埃菲尔铁塔将近 50 公里；法军袭击了第一集团军的右侧翼，但第一集团军的将士们守住了阵地，并在乌尔克河（Qurcq）战役中击退了法军。到 9 月 9 日，所有迹象都表明，德军如果能填补第一、第二集团军之间的缺口，并且从两侧逮住试探着进入缺口的英国远征军，就可以在战斗中占上风。然而就在这样的形势之下，上面突然下令撤退。当时德军右翼外侧的军队即将重创新成立的法国第六集团军，所以撤退的命令让他们完全无法理解。所以后来不断地有人提出德军根本没有输掉马恩河战役，只不过小毛奇的错误指挥妨碍了他们取胜。[93] 当时到底发生了什么？

从 9 月初开始，霞飞就从右翼抽调出一些军队，将其部署在首都的东北方向，组成第六集团军，并任命米歇尔·莫努里（Michel Maunoury）将军为集团军总司令。第六集团军和巴黎守备部队（由若干个师组成）都归约瑟夫·加利埃尼（Joseph Galliéni）指挥。同时，霞飞在巴黎东侧也组建了一个集团军，它由后备军和从阿尔萨斯、洛林前线抽调来的几个师组成。这个集团军的总司令是费迪南·福煦，洛林防御战之后，他的肩章上多了一颗星。以巴黎为中心向外辐射的铁路网让大批军队得以迅速到位，而德国总参谋部显然低估了这些铁路的运载能力。现在法军左翼在兵力上终于追平并且超过了德军，而德军方面也不得不考虑施里芬计划可能无法实施的问题了。当然小毛奇可以想办法尽快把更多的军队从洛林调往法国北部，维持兵力上的优势。

在战争开始后的两年里，英国作战部部长基奇纳是英军所有作战行动的头脑和灵魂。他死于1916年6月5日，死因是他乘坐的装甲巡洋舰"汉普郡号"（Hampshire）触德国水雷而沉没。1914年他屡次干预大陆上英军高层的决策，以免将军们出于战术需要，违背了战略和联盟政治的基本原则。基奇纳曾多次亲临前线视察，这也提升了他的威望。

可是德军在前线并没有同等运载能力的铁路网可用，所以被调遣的德军部队必须从中转站步行很长距离到前线。此外，法军还占据了"内线作战"的优势，而德军只能以"外线作战"的方式朝北部进军，他们始终处在以法军为圆心的圆弧形战线外围。并且他们有可能到得太迟，来不及参加战争。[94] 小毛奇似乎也意识到了这些问题。因此，他决定将包抄战略和战线中段的强行突破结合起来，也是可以理解的。霞飞肯定要将某处的军队调往左翼，所以小毛奇应该很容易想到，可以进攻这些部队被调走的地区，这样德军也占有兵力上的优势。然而德国的军官们在这一阶段还未掌握实现强行突破所需的战术。[95]

法军在马恩河发起反击，一开始针对的是德军右翼外侧克卢克率领的第一集团军。在获得小毛奇的批准之后，这支军队于9月3日绕过巴黎，转而向南行进。现在他们背后是法国第六集团军和巴黎守备部队，右侧翼是英国远征军，前面是法国第五集团军，福煦率领的第九集团军则威胁着他们的左侧翼。简要地说：德国第一集团军面临被敌军包围并歼灭的危险。不过，虽然德国士兵已经在夏日的酷暑中走了几百公里，此时非常疲惫，但他们还是情愿为胜利而战斗——法军一发起进攻，德军的斗志就彰显出来了。[96] 霞飞打算在9月6日发起进攻，但德国第一集团军下属的后备军第四军通过骑兵巡逻队提前得知敌军在西侧有行动。这个后备军必须掩护第一集团军的侧翼和后背，所以立刻火力全开，攻击法国第六集团军的先头部队。克卢克果断让他率领的几个军也调转方向朝西前进，攻击第六集团军主力军的右侧翼。在这个位置，他的军队人数多于法军的人数，而且这些德国士兵在过去几周里已经积累了充足的作战经验。而与他们交战的法军并不具备这样的经验，而且一部分法军还没接受过多少训练，法军方面配备的机关枪和大炮也不足。于是胜利的天平倾向了德国。9月9日下午，法军第六十一后备师仓促撤军，第一和第三骑兵师也被击败。德军有望从侧面突破整个第六集团军。

然而，第一集团军和在它东侧的第二集团军之间本来就存在缺口，由于克卢克命令前者向西进攻，所以这个缺口变大了。有迹象表明，英军的部队开始闯进这个缺口。他们是否会毫不犹豫地一直向前挺进，现在还很难说，因为英军行动时一向极为谨慎；填补缺口的德国骑兵部队 能否拦住这部分英军，现在也是未知数。被调往东普鲁士的那两个军要是能留在这里支援就好了。9月8日，德国第三集团军发起了一次夜袭，在圣贡（St. Gond）沼泽成功击退了法国第九集团军。但法军当局增派的援军在第二天就迅速赶到，法军前线的情况又稳定下来，因此德军的总体形势并未得到改善。福煦所谓的电报——"我中部的军队投降了，我的右翼正在撤退。形势大好。我要进攻了"——不过是个传说，巴黎出租车的故事也一样：据说它们将巴黎守备部队的士兵们送到了前线，后者在那里与克卢克率领的第一集团军交战，并且这次交战成了马恩河战役的关键性转折点。当然，我们无论如何无法确定，如果德国在马恩河战役中持续进攻，结局会怎样——有可能给德军带来灾难，也有可能耗尽法军的士气，导致法军全线溃退、一蹶不振。人们假设了多种可能性，[97] 但这些假想都没有意义了。9月9日，德军决定撤兵。在决策过程中，小毛奇派来的理查德·亨奇（Richard Hentsch）中校起了关键作用。

9月8日，亨奇乘坐汽车沿着从洛林到法国北部的战线一路向西，依次拜访了第五、第四、第三集团军的司令部。经过评估，他认为此处的局势比较稳定。晚上，他终于抵达第二集团军司令部，和那里的人讨论右翼这一缺口可能引发什么后果。比洛警告说，这可能造成一场严重的灾难，因为闯进缺口的敌军在行动上有很大的自由度。他们既可以袭击第二军右侧翼，也可以袭击第一军左侧翼，甚至可以从背后攻击后者。比洛建议让两个集团军以同一点为圆心向后撤，这样缺口应该就会消失。大伙儿决定先静观其变，但这样相当于放弃了主动权。第二天早晨，亨奇正赶往第一集团军司令部，这时比洛接到空中侦察队的消息，说敌军分成四支长队，已经过了马恩河。于是他命手下分别给两个集团军发电报："第二集团军准备撤退。"第一集团军司令部的态度却很乐观。他们确信他们即将打败莫努里率领的集团军，消除侧翼受到的威胁，然后就可以填上缺口，并干掉闯进缺口的英军部队。但比洛的悲观看法占了上风，亨奇中校下达了撤军的命令。他究竟是擅作主张，还是在离开军队大总司令部之前得到了小毛奇的授命，如果局势危急就必须下令撤兵？军方一直没有对此做出解释。[98]

　　本来亨奇只是下令让德军右翼撤兵，但这导致第二天德军的整个战线都从马恩河退到了洛林地区。施里芬计划就此宣告失败，而为了实施这一计划，德意志帝国甚至不惜付出了巨大的政治代价。9月9日，小毛奇在给妻子的信中写道："巴黎东侧的战斗结果对我们很不利。我们的一个集团军被迫撤退，其他集团军将不得不跟着撤退。"小毛奇一时陷入了抑郁、消沉的情绪中，他说德国人现在将"为被毁掉的一切付出代价"。四年后，形势的发展果然如他所料。不过他又振作起来，写道："战斗还没有失败，就像法国人到现在也还没有失败一样。不过法国人差一点儿就要熄灭的斗志现在又熊熊燃起，我担心我们的民众见他们沉浸在胜利的喜悦中，会难以承受眼下的不幸。"[99] 小毛奇又一次对局势做出了模棱两可的评估。在开头的几段话中，结论已经呼之欲出：必须要去面见皇帝，或者给贝特曼·霍尔韦格发电报，说德国已经不可能打赢这场战争了，所以他们必须采取一切措施争取和谈的机会。可他始终没有迈出这一步，却转而分析马恩河战役给双方造成的心理后果。后者的结论同样呼之欲出，他没有说出来，但德国政府也想到了：他们向公众隐瞒了德军兵败马恩河一事，只说出于战术需要，战斗暂时中止。当然，这些事已经轮不到小毛奇来做了。事实上他的工作在 9 月 14 日就被移交给接替他的埃里希·冯·法金汉（Erich von Falkenhayn）。这件事在德国也不能公开，所以小毛奇名义上直到 11 月 3 日才离任，但当时军队已经由他的继任者在指挥。[100]

/ 奥匈帝国军队的溃败

维也纳的二元帝国与德意志帝国一样，面临双线作战的难题，但它的兵力却不足以在两条战线上发起进攻。此外，哈布斯堡帝国还担心这场冲突会演变成一次三线战争：在巴尔干战场与塞尔维亚作战；在喀尔巴阡山脉（Carpathian Mts.）北侧加利西亚地区的克拉科夫（Kraków）和利沃夫（L'viv）中间与俄国作战（这自不待言）；此外可能还要与意大利作战。两国尽管名义上是盟友，但两年来人们一直怀疑这一同盟在战争爆发时还能否维持。在维也纳，人们不无忧虑地看着乔瓦尼·焦利蒂（Giovanni Giolitti）政府一步步向协约国靠近，而且在意大利国内，人们强烈要求将特伦蒂诺和位于的里雅斯特（Trieste）的伊斯特拉海岸并入意大利，从而建立"完整的"意大利民族国家。而这两个地区现在都属于奥地利。维也纳方面必须考虑到，在东南和东北的战线背后可能会出现一条新的战线。

面对多线作战，施里芬和他的继任者小毛奇首先确定重点战线（"先法国，后俄国"），而总参谋长弗朗茨·康拉德则将奥地利军队分为几个梯队，以便他更灵活地调兵遣将：A梯队被直接派往前线；B梯队暂时留守，到时哪里的前线亟待支援就去哪里；C梯队是所谓的"家乡部队"，由后备军组成，他们将补充前线损失的兵力。至于A梯队的兵力要用在哪里，当局已经针对"战争B"（Balkan，巴尔干）和"战争R"（Russland，俄国）制订了计划，不过如果双线作战（这种可能性很大），奥地利肯定会调动大部分兵力对付俄国，因为俄国是两个敌人中更强大也更危险的那个。针对塞尔维亚的战争关乎名誉，针对俄国的战争则关乎生死存亡。[101]

弗朗茨·康拉德·冯·赫岑多夫伯爵担任奥匈帝国军队的总参谋长直至 1917 年。关于他的角色和能力存在不同说法：他的支持者称赞他是军事天才，因为他策划了戈尔利采—塔尔努夫（Gorlice-Tarnów）和博韦茨—托尔明（Bovec-Tolmin）两场突破战役；其他人却指出，1914 年夏天奥匈帝国在进军过程中损失惨重，而他必须对此负责。对后者来说，他代表了哈布斯堡帝国在军事指挥方面的无能。

/ 178

由于可能出现多个战线，弗朗茨·康拉德调兵遣将时追求灵活度也是可以理解的，但这必然导致作战计划无法具体到每个细节。对比奥地利的计划和德国的施里芬计划，我们更能看出后者的优缺点：一方面，这个军事计划如同一件紧身胸衣，限制了政府在政治上的灵活性；另一方面，由于行军计划十分精确，铁路可用且运载能力满足需求，列车的运行时间环环相扣，因而德军赢得了作战时间，这是这个计划的优点。而奥匈帝国的战争计划

/ 179

却不可能做到这么精确。弥补这一缺点的唯一方法，就是指挥者必须谨慎而果断，可以在战争中利用计划的灵活性做出清楚的决策，并确定哪条战线为主，哪条战线为辅。然而多瑙河帝国当局并不具备这样的能力。于是灵活变成了混乱，有时当局下达了一些自相矛盾的命令，军队很快就觉得无所适从，吃了一个又一个败仗。到 1914 年末，奥匈帝国已经山穷水尽，如果没有德国大力支援，它的军队将彻底瓦解。奥匈帝国的总司令部在半年内毁掉了手下的所有兵力。

军队对哈布斯堡帝国的统一具有特殊意义。除了已经摄政65 年的皇帝，军队是维系这个多民族国家的又一股力量。[102] 皇帝弗朗茨·约瑟夫年事已高，他虽然还像过去一样极为细致地批阅文件，充满责任感地操办公务，却已经无法快速做出一些重大决定。而他做出怎样的决定取决于谁对他影响最大，所以维也纳的政治活动中充满了阴谋。弗朗茨·斐迪南遇刺以后，当局已经选出了新的皇位继承人，但新王储卡尔大公（Karl von Österreich）还是个年轻人，没有政治和军事方面的经验。考虑到自己如今被寄予厚望，他做的第一件事是给自己找一些信得过的顾问。总而言之，眼下国家还难以决定由谁担任军队总司令：皇帝年纪太大了，而且他指挥过的战争结局基本上都不太好；王储则太年轻，

而且没有经验。而总司令必须由某位大公担任，这样才能确保帝国的民众忠于他并且愿意在战斗中牺牲自己。所以最后被选中的是弗里德里希大公（Friedrich von Österreich），他是皇室成员，却不是一名经验丰富的职业军官——因为德军方面由皇帝威廉二世担任总司令，奥匈帝国总司令的地位也要和盟国对等。弗里德里希是卡尔大公（Karl von Österreich-Teschen）的孙子，后者 1809 年曾在阿斯佩恩（Aspern）打败拿破仑的军队——在抗击拿破仑的战斗中，这是奥地利唯一一次大获全胜，卡尔大公也因此成为传奇性人物。但弗里德里希本人其实并不具备军队总司令所需的特质：他很胆小，几乎没什么主见，通常连穿什么制服都要和妻子商量。[103] 当时的候选人除了他还有他的兄弟欧根（Eugen von Österreich），欧根的军事能力要强得多。但战争实际上是总参谋长康拉德在指挥，当局担心他和欧根产生争执，所以最终还是让弗里德里希担任总司令。[104] 在战争的第一个月，新上任的总司令并没有参与决策。康拉德每次都是作了决定再通知弗里德里希大公，而且只告诉他一少部分情况。[105]

弗里德里希在带兵打仗时总是相信情况一切顺利，非做不可的事有别人操心。事实上，奥匈帝国的许多军官都是这么想的。似乎在他们看来，战争就是在艰难的环境中延续此前的生活方式：他们坚持正餐要有若干道菜，而且上菜的过程要尽可能符合礼数；他们还带着妻子、情妇或妓女出征，好让这些女人照顾他们身体上的需要。[106] 运送军队赴前线作战的火车总是在配有餐厅的火车站停车，以便军官们下车用餐。据计算，第三集团军参谋部乘坐火车从普雷斯堡（Pressburg）到桑博尔（Sambor）就花了整整 5 天时间。[107] 不久，德军就抱怨奥匈帝国军队办事效率太低。马克斯·霍夫曼说他们是"一帮令人忧伤的家伙"（eine traurige Bande），而鲁登道夫则直接叫他们"混蛋"（Scheißkerls）。[108] 连来自符腾堡的威廉·格勒纳也认为："这些哥们儿平时就是一帮和蔼的大懒虫，在他们看来，吃得好睡得舒服比跟俄国人打仗更重要。"[109]

普通士兵当然享受不了这么好的条件，他们的伙食很差，所以奥匈帝国社会的不平等在军队中体现得尤为明显。和它们的盟国相比，在俄国和二元帝国的军队中更能看出军官和大部分普通士兵的差距。在接下来的几个月里，奥匈帝国部队要前进、撤退或持续战斗，无法继续实施严厉的惩戒制度，所以士兵的战斗力和意志力明显下降。德军的将士虽然也来自不同社会阶层，但共同的民族归属感缓和了他们之间的矛盾。奥匈帝国军队的成员却缺乏这样的归属感，这一点很快带来了一些负面影响。雅罗斯拉夫·哈谢克在《好兵帅克历险记》中就描写了众所周知的捷克和匈牙利部队之间的冲突，这种冲突表现为他们之间经常打架斗殴：有几个捷克的团住在匈牙利的城市里，那里的人待他们很不好，于是他们就袭击匈牙利平民以示报复。[110]

军队被分成几个梯队是为了确保灵活性，最终这种灵活性却变成了一片混乱，对此，康拉德负有主要责任。在 1914 年以前，他就强烈要求奥匈帝国政府发动预防性战争制服潜在敌人，但在制订计划时从未考虑过俄国可能会干预这场战争。如果真要与沙俄帝国开战，康拉德会将大部分兵力集中在北部前线，好在俄军抵达之前抢先一步迎战。1909 年他与德国总参谋部也是这么约定的，所以德军可以先调动大部分军队对付法军，他们预计在战争动员之后的第七或第八周就可以打败法军，然后将强大的兵力调到东线。但这个约定在某些方面却没有说清楚，例如，万一德军不能很快打败法军，双方下一步应该怎么做？这个问题他们当时并没有深入探讨过。

如果同盟国军队一开始没有把战斗的重点放在东线，奥匈帝国部队可能会先以防守为主，直到德军将主力部队转移过来。但这样一来就相当于把主动权交给了俄国，俄国方面可以根据自己的判断决定重点进攻德国还是奥匈帝国，然后直接派出军队。而德奥两国都不愿意看到"俄国压路机"在不受干扰的情况下顺利开动。不过，康拉德认为奥地利军队到达前线所需的时间比俄军短，所以他想充分利用这一优势。另外，加利西亚的边界线较长且没有天然屏障，难以防守，所以采取攻势似乎更为有利。若采取守势，就意味着奥匈帝国的军队必须退到喀尔巴阡山脉，拱手让出加利西亚的大片领土，这对维也纳方面来说是不可想象的。于是当局决定进攻，并且希望东普鲁士的德国第八集团军也能采取攻势。何况奥地利政府无论如何都不想在战争中充当德国的副手，而若要与德国平起平坐，最好的办法就是在对俄作战时掌握主动权。

奥匈帝国的进攻行动是完全有可能成功的，前提是满足两个条件：部队必须快速进军，并且当局必须果断将所有可用的兵力集结在加利西亚。第一条奥匈帝国做不到；而第二条，出于政治上的原因，当局也没做到。首先是组织上的缺陷和火车容量的不足导致军队无法迅速到位。其中最大的问题是，火车头和车厢很快就不够用了，为确保那些最陈旧、性能最差的火车能够通行，整个铁路交通线都必须放慢速度。如果说德国铁路运输的平均速度达到每小时 30 公里，那么奥匈帝国铁路运输的平均速度最多只有每小时 18 公里。[111] 何况东加利西亚的铁路网并不密集。最后奥匈帝国的军队总算开始进攻，这时不顺利的事情又多了一件，就是他们遇上的俄军部队人数明显比他们要多。这一方面是因为当时的间谍与反间谍工作由军事情报局负责，而代理局长阿尔弗雷德·雷德尔（Alfred Redl）上校将奥地利的战争动员指示、进军计划和总参谋部手册泄露给了俄方；[112]另一方面是因为沙皇手下的现役部队大部分驻扎在俄属波兰，那里距离集结区较近——显然，维也纳方面要么忽视了这个问题，要么低估了它的影响。这其中也有雷德尔上校的责任，因为在他的分析报告中，俄军兵力比实际情况要少，而他谎报数据是有预谋的。

不过，另一件事对战争进程产生了更重要的影响：康拉德并未遵从德国方面的建议，将塞尔维亚看作次要战区，而是催促政府对塞尔维亚发起进攻。这也是可以理解的，毕竟奥匈帝国发动战争的主要目的就是让塞尔维亚俯首称臣。奥匈帝国如果暂时放弃一切"惩罚手段"，对小国塞尔维亚采取守势，则无异于含屈受辱。另外，奥匈帝国军队万一与俄军打得难解难分，可能就没有力气去对付塞尔维亚了。[113]所以康拉德很快拨出三分之一的军队来对付塞尔维亚。[114]但这些人马并不足以打败塞尔维亚这个不听话的邻居，反倒削弱了奥国在加利西亚的兵力。在进军期间，康拉德就意识到了自己所犯的错误，因为他发现俄军比他预想的要强大得多，而且他们的行进速度也很快。他试图把 B 梯队的几个师调往加利西亚，而这些军队本来正赶往塞尔维亚前线。这时，远在柏林的威廉二世和小毛奇针对临时更改德军进军计划的问题爆发了冲突，而几乎在同一时间，维也纳的专业人员也公开对军队调动一事提出异议：铁道部的人员表示，把部队直接转移到新目的地是非常困难的，只能先把他们送回最初的集合地点，再从那里把他们送到新目的地。[115]于是康拉德决定，已经到达巴尔干的那部分 B 级部队至少可以在短时间内先和塞尔维亚作战，等取得预期中的胜利以后再转战东北部前线。

事实上，这些部队在多瑙河一带基本没发挥什么作用，因为他们必须为转战北线做准备；可等他们赶到加利西亚，却又已经太迟了。

奥匈帝国军队的溃败始于塞尔维亚，对此奥斯卡·波蒂奥雷克将军负有很大责任。作为波斯尼亚和黑塞哥维那的总督暨军政府长官，他曾在弗朗茨·斐迪南访问萨拉热窝期间因为疏忽安全问题而铸成大错，也为此受到了指责。现在，奥匈帝国与塞尔维亚开战，这对他个人而言几乎可以说是复仇和将功折罪的大好机会。[116] 在这样的背景下，当局任命波蒂奥雷克为巴尔干部队司令无疑是个错误，而更大的错误是让他一切自己做主。从当地的地理环境来看，比较有利的战法是南渡多瑙河，在河流以南的平原与塞尔维亚军队开战。但波蒂奥雷克担心塞尔维亚军队避开进攻，向山区撤退，所以决定从波斯尼亚渡过德里纳河（Drina），从塞尔维亚军队背后发起袭击。这意味着奥国部队在进军过程中必须接连跨过几条河流，再穿过一片丘陵地区，而这样的挑战奥国军队其实无法胜任。尽管军队在巴尔干前线初战告捷，维也纳方面也欣欣鼓舞地以为军队已经彻底打败塞尔维亚，但补给困难和弹药短缺的问题很快就暴露出来了。此外，拉多米尔·普特尼克（Radomir Putnik）将军率领的塞尔维亚军队参加过两次巴尔干战争，作战经验非常丰富，他们的抵抗也让奥国军队面临严峻的考验。后者在战斗中陷入了僵局，后来，塞尔维亚一开始反攻，奥国军队就只好撤退。[117]

1914 年末，奥匈帝国军队在针对塞尔维亚的战斗中已经损失惨重：参加战争的 45 万名士兵有 3 万名阵亡，17.3 万名受伤，7 万名被俘。塞尔维亚军队也遭受重创，2.2 万名士兵阵亡，9.1 万人受伤，[118] 而且战斗告一段落以后霍乱、痢疾、斑疹伤寒等疾病开始流行，这进一步削弱了塞尔维亚的兵力。然而这个巴尔干国家终究证明了自己并不畏惧邻近强国的霸权，所以哈布斯堡帝国的声望从此大打折扣，这至少和人力物力的损失同样严重。1914年12月，奥匈帝国向塞尔维亚发起的第三次进攻宣告失败，奥国军队之前虽然占领了贝尔格莱德，现在却不得不从那里撤走，这意味着二元帝国的军事能力已经不足以支撑其所谓的强国地位。意大利和罗马尼亚原本属于同盟国，他们国内也有人强烈主张加入战争中协约国一方，以确保在这个多民族帝国瓦解时分一杯羹。现在这一派的主张占了上风。

在加利西亚，奥匈帝国军队与俄军的战斗则更加激烈。[119] 按照康拉德的战争计划，集结在克拉科夫和桑多梅日（Sandomierz）之间的第一集团军在8月23日越过了维斯瓦河，朝东北方向的伊万哥罗德（Ivangorod）和卢布林（Lublin）挺进。与此同时，第四集团军继续东进，在普热梅希尔（Przemyśl）过了桑河（San），朝布格河（Bug）的方向前进。在克拉希尼克（Kraśnik）和科马鲁夫（Komarów），奥匈帝国部队打赢了最开始的几场战役。但奥国的将军们显然高估了这几次胜利的意义。而这时最大的问题是，奥匈帝国前线的右翼仍然保持守势，因为他们所在的加利西亚目前只有第三集团军在作战，计划部署在右翼外侧的第二集团军此刻还在塞尔维亚前线。俄军最高统帅部正好利用了这一点，将俄军的大多数部队——总共5个集团军——集中在左翼。[120] 奥匈帝国第三集团军的主帅缺乏主见和决断力，所以他们根本打不过兵力比他们强的俄军，在遭受重创之后只得撤退。此时第二集团军的几个师已经从塞尔维亚前线赶来，但他们也无法挽回局面，这主要是因为有几名奥军司令试图用不怕死的精神来弥补战术训练的不足：他们让士兵在进攻时全数压上，举着刺刀朝敌人狂奔，好像机关枪和大炮都不存在似的。这阵势就好像士兵在练兵场上冲锋，于是奥匈帝国军队里最好的几个团都牺牲了。[121]

到这个时候，奥地利军队总司令部不得不放弃东加利西亚的大片土地，尤其是德涅斯特河（Dniester）以东不易防守的领土，而康拉德之所以选择进攻战略，正是为了防止这样的情况出现。不过同样位于河东的利沃夫则无论如何都必须守住，因为它不仅是加利西亚的首府，也是重要的铁路枢纽。所以康拉德命令原本向东北方向进军的第四集团军掉头往南，前往利沃夫。可是在拉瓦罗斯卡亚（Rava-Rus'ka），他们的侧翼遭到强大的俄军部队袭击，损失惨重。于是奥军开始撤出加利西亚的东部和中部，一路且战且退，而且这一系列防御战与其说奥军占据了优势，不如说他们打得灰心绝望；撤退过程中他们有时还不得不丢下大炮，毁掉囤积在驻地的粮草和弹药。到 11 月初，整个加利西亚，包括利沃夫，都已经落入俄军手中。奥军的颓势还表现为军队总司令部两度迁移，先是从普热梅希尔迁到新松奇（Nowy Sącz），又从那里迁到德国与西里西亚（Silesia）边境附近的切申（Cieszyn）。只有普热梅希尔要塞暂时还没被俄军占领，被包围在要塞里的超过 10 万名士兵还在奋力抵抗。俄军一度轻率地发起进攻并受到重创，但奥国的军队也没能突围。[122]

格奥尔格·特拉克尔（Georg Trakl）[①]当时是一名拥有少尉军衔的军队药剂师，在利沃夫以西约 30 公里处的格鲁代克（Gródek）管理一家野战医院。他也参与了撤退过程中的一场战役。面对死者和伤者，他束手无策，因为医院不仅缺外科医生，

---

① 20 世纪奥地利表现主义诗歌先驱。

而且连麻醉剂都没有。而这时，奥匈帝国的宪兵还在野战医院前面绞死了他们怀疑是间谍或通敌者的本国人。特拉克尔给他的历史学家朋友路德维希·冯·菲克尔（Ludwig von Ficker）写信说："那块空地上先是闹哄哄的，然后又变得空荡荡的，好像被打扫过一样，也就是说挺立在那里的，都是树。一些并肩站立纹丝不动的树，每棵树上都有一个被绞死的人在那里轻轻摇晃。是鲁塞尼亚人①，根正苗红的本地居民。"[123]特拉克尔连续两天两夜都在照顾重伤患者，没有片刻歇息，之后便精神崩溃，第一次试图自杀。他被送到克拉科夫的军队医院，在1914年11月3日因为使用可卡因过量而死亡。[124]在生命最后的时间里，他写下了诗歌《格鲁代克》（Grodek），记录他在加利西亚前线看到的一切：

> 秋天的树林在黄昏发出 / 嗜血的武器的轰响，/ 金色的平原，蔚蓝的湖泊，/ 阴沉沉的太阳从上面滚过；/ 夜色吞没了垂死的士兵，/ 撕裂的嘴的愤怒控诉。/ 可是草地上悄悄汇聚着一片 / 红云——一位发怒的神灵的居处，/ 和抛洒的鲜血，月光的冷凛；/ 所有的街道注入黑色的腐烂。/ 在夜和星辰的金枝之下 / 妹妹的影子晃过沉默的树林，/ 去迎接勇士的幽魂，血淋淋的头颅；/ 秋天阴郁的芦笛轻轻呜咽。/ 哦，愈加高傲的悲怆！你们钢铁的祭坛，/ 巨大的创痛如今滋养着精神的烈焰，/ 那尚未出世的孙辈。②[125]

---

① 当时奥匈帝国的东斯拉夫居民。
② 译文出自四川人民出版社 2018 年版《特拉克尔诗选》之《格罗德克（第二稿）》，译者林克。

在加利西亚和巴尔干的战争中有很多人被绞死。交战的双方都信不过当地平民，怀疑他们与敌人勾结。只要军方对某人有丝毫怀疑——有时甚至连怀疑都不用——他们就会判处此人死刑并即刻将其处决。图中是一名被奥匈帝国军方处死的东加利西亚平民，可能是乌克兰人。照片出自一名奥地利士兵的相册。

哈布斯堡帝国的军队在北部前线的处境令人绝望，这主要是因为他们无法判断他们凭借一己之力还能否扭转颓势。康拉德越发急切地向德国求援，但德国迟迟未能派兵支援。虽然两国都通过官方途径表达了对对方的信任，但事实上自七月危机以来，两国关系就一直在过度的期望和随之而来的失望之间徘徊，现在两国之间已经产生了猜疑和指责。奥地利总参谋长感觉德国抛弃了他们。他抱怨说，德国现在只顾防守东加利西亚，在坦能堡战役以后并未自北向南攻打俄国、缓解奥军的压力，也没有派任何部队到加利西亚的前线；为了拖住俄军，让德军有机会打败法国人，奥匈帝国的军队付出了巨大的代价，却没有得到任何回报——所以康拉德说奥地利"在东部发挥了温克尔里德的作用"。阿诺尔德·温克尔里德（Arnold Winkelried）是具有神话色彩的瑞士民族英雄，据说此人在1386年的一次战役中抓住好几个哈布斯堡骑士的长矛刺向自己，为瑞士军队的进攻打开了缺口。[126]康拉德坚持认为，兴登堡在坦能堡战役胜利之后还率领第八集团军北上，目的是夺回对威廉皇帝来说十分重要的养马场。[127]德国方面则表示，必须先赶出伦宁坎普率领的梅默尔河集团军，东普鲁士的德军才能摆脱纠缠，向南面挺进——但奥地利总参谋长不接受这个说法。他指出，他为了拖住俄军，已经放弃了加利西亚的东部和中部。

而此时德军除了赶赴东线南端援助盟友，已经没有其他选择：由于奥军战败，通往西里西亚工业区的大门已经向俄军敞开，而且不久后通往柏林的大门可能也会敞开。是时候采取行动了。第八集团军的一部分人马和从西线调来的几个师组成了第九集团军，归兴登堡和鲁登道夫指挥。他们要和大将雷穆斯·冯·沃伊尔施（Remus von Woyrsch）率领的集团军级支队

（Armeeabteilung），就是一支由西里西亚预备役部队组成的队伍，一起从北向南攻打俄国，缓解奥军的压力。事实上，兴登堡的本意是进攻华沙以东约100公里处的谢德尔采（Siedlce）。之前，康拉德也强烈要求德军采用这一方案，但现在他认为为时已晚，因为他的部队已经被迫撤退至克拉科夫，无法再从南往北发起进攻，与德军的双翼进攻配合。[128] 替代方案是德军第九集团军、沃伊尔施率领的集团军级支队以及奥匈帝国第一集团军从西面或西南方向正面朝华沙进军。事实再次证明，德军虽然在战术上比俄军更胜一筹，也让俄军吃了许多败仗，俘获了大量士兵，但因为人数较少，往往夺取了土地却守不住。后来，俄军重组了兵力并且在华沙集结，于是同盟国军队不得不在10月中撤退。[129] 鲁登道夫和霍夫曼认为这是奥匈帝国军队作战不力造成的，而事实是否如此目前还没有结论。不管怎样，现在德国东线各参谋部都习惯性地抱怨奥匈帝国军队作战能力太差，就像之前奥地利方面曾指责德国抛弃了他们。不过同盟国军队进攻华沙至少导致俄军当局不得不从加利西亚前线抽调军队，这样，加利西亚的奥军就得以反守为攻，并且解救了被包围的普热梅希尔要塞。但解围后没多久，俄军又重新围住桑河边这个大型要塞，此时要塞里的兵力相当于奥匈帝国的3个集团军。要塞里囤积的粮食本来只够很少一部分士兵吃，现在却必须分给这么多人，所以和第一次被包围的时候相比，现在粮草供应情况要糟糕得多。不过守军还是与俄军又对峙了几个月，直到1915年3月23日才投降，当时共有9名将军、2500名军官和将近12万名士兵被俘。[130] 普热梅希尔失守象征着奥匈帝国已经丧失其大国地位。从那时起，它在战争中就一直依赖德国。

在这期间，俄军于1914年11月初抵达克拉科夫，威胁西里西亚。秋季进攻华沙的主力，也就是德国第九集团军此时已被兴登堡调往北部，在那里他们将脱离奥国军方独立作战。在秋季的战争中，德奥双方曾因为统一指挥的问题发生冲突：康拉德强烈要求第九集团军归奥地利总司令部管辖，而德军方面认为恰恰相反，鲁登道夫应该在总司令弗里德里希大公的统率之下指挥整个奥匈帝国军队。双方都不加掩饰地争夺总指挥权，没有哪一方愿意示弱，所以统一指挥的计划也就搁浅了。这一冲突造成双方在诸多事情上无法达成一致，军队的合作很不充分，许多人认为这又进一步导致 10 月进攻华沙铩羽而归。随后，德军成立了由兴登堡和鲁登道夫管辖的东线总司令部，德军在东线的所有部队都归其管辖。兴登堡和鲁登道夫将第九集团军的指挥权交给了中将奥古斯特·马肯森，在接下来的几个月乃至几年里，他将逐步成为东线最重要的军事领袖之一。[131]

德军统一指挥也是为了协调后勤工作，以便长期使用铁路网运送军队，这样就可以不时变换进攻重点，攻俄军一个措手不及。11 月中，第九集团军与俄国第一、第二集团军交锋，在针对奥匈帝国的战线上，这两个集团军共同构成了俄军的北侧翼。德军将俄军逼到罗兹（Łódź），歼灭了对方的第一集团军（它此时仍由伦宁坎普指挥），又击退了第二集团军，迫使其向华沙方向撤退了 100 多公里。继坦能堡战役之后，德军又一次大获全胜，这次战役也奠定了后面一年里东线取胜的模式。

德军在这场战役中折损了 3.5 万人，这样的损失已经相当惨重，而俄军的伤亡人数竟多达 9 万人，此外还有超过 13 万人被俘。[132] 不过，俄国的后备军还有的是，而 1914 年奥匈帝国军队在两条战线上的损失是再也弥补不了了：截至年底，他们有将近 19 万军官和士兵阵亡，49 万人受伤，约 28 万人被俘或失踪。[133]

可以说，奥匈帝国军队在参加战争以后已经不复存在，剩下的只有"某种形式的民兵组织"。[134]然而重要的是，东线的战争还未分出胜负。奥国军队毕竟守住了喀尔巴阡山脉；1914年12月，在克拉科夫东南侧，他们还打赢了利马诺瓦—拉帕诺夫（Limanowa-Łapanów）战役，而且赢得很漂亮，他们的战线也重新向东推进了40~50公里。

/ "奔向大海"

马恩河战役以后，西线战事进入短暂的停滞期。德军右翼撤退到了埃纳河（Aisne，巴黎东北侧一条长约 100 公里的河流）附近的山脉那里。法国和英国的部队不紧不慢地追击着德军，但德军选择的阵地易守难攻，英法军队暂时没有能力袭击并突破这处阵地。此外，双方的炮弹已经明显不够用，以至于军方必须明确规定每门大炮、每个炮兵连小分队能使用多少炮弹。这是因为交战各方本来都打算速战速决，明显低估了炮弹的实际用量。[135]

霞飞最想做的是直接进攻，收复被侵占的领土。然而德军占据了有利的地理位置，而法军又没有能力发起大规模进攻，所以霞飞只好作罢。于是，双方都试图通过一些小打小闹试探前线的情况，并防止敌人做出什么大的动作。不过做出"大动作"的机会很快就来了，因为德军右翼与法军左翼都和大海隔着一段距离，如果哪一方能以多于对方的兵力冲进军队和大海之间的空白地带，就完全有机会从侧面包围并击破敌军。于是双方开始了所谓"奔向大海"的竞赛，但"奔向大海"是后人的误称：德军和英法军队都不关心谁先赶到英吉利海峡，他们只是不断试图包抄对方。但从结果来看，双方军队确实在跳跃着朝北方的海岸线移动；他们越过了法国北部，越过了佛兰德（Flanders）平原，平原上风光旖旎，有运河静静流淌，而这里将成为西线主战场之一。德军试图包抄对方是为了再度实施施里芬计划，法军则是为了保护里尔的工业区；至于英军，他们要与安特卫普的比利时守军配合，阻止德军靠近英吉利海峡，以免德军控制比利时海港并对英国构成直接威胁。[136] 然而任何一方都没有达到目的，因为任何一方都未能实现包抄和突破。双方军队在 10 月中到达海

1914 年 8-9 月，军方还会让步兵组成密密麻麻的步兵群发动进攻。图为德国士兵在阿登高原边缘发动进攻。一开始，当局还不太了解机关枪和大炮的破坏力，所以双方在交战的第一个月都损失惨重。

边，从那时起，一条完整的战线就从英吉利海峡一直延伸到瑞士边境。

在"奔向大海"的竞赛中，德军的运输能力仍是短板，因为他们只有一条完好的铁路可以用来运送士兵和补给物资。9月7日，他们从法军手里夺得莫伯日要塞，这时才有了第二条铁路，但他们还要抢修被炸毁的桥梁和隧道，所以这条线路要等到几周后才勉强可以投入使用，因此德军的粮食和弹药只能勉强维持军队需要，并且德军从头至尾都是在这种条件下作战。虽然德军自8月底以来一直在战斗中占据优势，但现在他们再也无法保持这种优势了：一旦大批德军转向西北方向，协约国的军队就会迎上来，于是包抄计划一次又一次变成正面交锋，这给双方造成了很大损失。马恩河战役中，法军的一大优势是拥有从巴黎向外辐射的铁路网，现在这个优势再度发挥作用：霞飞利用多条铁路将阿尔萨斯—洛林前线调来的几个军送到了西北部。然而对西线的协约国军队来说，这一优势发挥得还不够充分，这是因为德军的战斗力还是一如既往地出色，他们总能果断出击，又熟稔作战技巧，这弥补了他们在人数和火炮方面的不足。[137]

身为职业军官以及普鲁士作战部部长的埃里希·冯·法金汉实际上在9月14日就接替了小毛奇，成为德国总参谋部的新任领袖，现在他必须指挥德军彻底战胜英法军队。法金汉的个性和小毛奇不同，他冷酷、精明，而小毛奇偶尔会多愁善感。在宗教信仰方面，施里芬属于虔信派，小毛奇信奉神智学，法金汉则没有什么明显的倾向，也不觉得为了战争而牺牲手下战士的生命是值得他内疚的事。和他打过交道的人都说他冷酷、专横——而他那理得相当短的平头显然更加深了这种印象。他也不像兴登堡那样平易近人。在他看来，取胜靠的不是出色的战略，而是把可用资源有效地集中在一起，并且巧妙应用德军战术能力上的优势。[138]
法金汉在中国当了几年外交武官，他不是施里芬的追随者，不主张包抄歼灭，而是认为强行突破效果更好。事实上，他刚开始曾命人为法国前线中段的军事行动制订计划，希望可以通过小型进攻找出法军的薄弱环节，再针对这些环节展开大规模进攻。但同时他也要考虑时间的紧迫性，毕竟德军自依照施里芬计划开战以来，就一直在赶时间。康拉德反复追问德军其他的师到底什么时候可以转战东线，催得一次比一次紧，所以法金汉很清楚，德军的兵力不可能一直集中在西线。这就是说，留给突破战的时间已经不多了。然而"奔向大海"的竞赛导致德军不再掌握主动权：

这时军队侧翼缺乏保护，右翼又在法国北部和比利时被拉长，法金汉只能从左翼也就是洛林前线调兵增援。于是他把新组建的第七集团军外加第六集团军从左翼调到右翼，这时他已没有足够的兵力在战线中段实施突破计划。在凡尔登，德国第五集团军虽然迫使法军不断后撤，不过那只是因为阿戈讷（Argonne）地区的山丘上树林密布，德军占据了有利位置；如要发起决定性的进攻，一方面德军兵力不够，另一方面当地条件也不利于运输。9月15~22日，德军在兰斯与埃纳河旁与法军苦战，但还是没机会突破。[139] 最后法金汉只好放弃初衷，把重点放在西北部前线，并选用了另一个战略，它实际上就是施里芬战略的延续，只是消耗的资源较少。[140] 所以，在1914年秋天，战争的发展趋势充满了悖论：小毛奇为施里芬计划中的包抄歼灭战准备了多年，却因为战况的变化而开始考虑打突破战；法金汉从一开始就更倾向于打突破战，却为情势所迫，不得不继续实施上一任留下的包抄战略——虽然他心里其实不喜欢这个战略。

现在，德军和英法联军打算在西北部的圣康坦和英吉利海峡之间决一胜负，而情况对英法联军来说更为有利：从原则上讲，他们只要不被德军包围，就等于取得了战略性胜利，并且这次胜利的价值将在以后体现出来；而德军的时间已经很紧迫，只要不能围歼敌人，他们就算在单次战役中获胜，在战略上也是失败的。对于1914年秋天的这一基本形势，霞飞和弗伦奇似乎并不是特别清楚，但他们能感觉到，他们要冒的风险和必须承担的损失都比不上对手法金汉。后者很清楚形势有多严峻，所以他对军队提出了很高的要求，这些要求士兵们要耗尽体力才能达到，或者根本达不到。也正因为这样，双方的伤亡数量再次飙升。像法金汉这样冷酷、精明的人可能已经想到，从双方的人数对比来看，德军其实承受不了这样的损失。这就是为了赶时间而付出的成本，事实上，时间问题在德军眼中已经比实际情况还要严重，所以为了西线的胜利，德军心甘情愿地付出了高昂的代价。

在德国人看来，1914年秋天的战况发展可以分为3个阶段：第六集团军在圣康坦一带发起进攻；征服比利时的安特卫普要塞；在艾泽尔河（Yser）和伊普尔（Ypres）与敌军交战。[141] 无论从作战的角度还是运输的角度来看，第六集团军的进攻都不具备优势。集团军的各个军是依次抵达圣康坦以西地区的，由于交通不便，集团军司令鲁普雷希特王储不得不将它们一个一个地送往战场；就这样，它们被挨个歼灭，却发挥不了什么作用。[142] 然而鲁普雷希特别无选择，因为法军已经在左翼最外侧增添了许多兵力，德国第六集团军面临被包抄的危险。此外，法国北部地区的情况对防守方更为有利。这里坐落着无数村庄、农场，田野边缘还有带围墙的墓园和石筑墙垣，许多地方都适合修筑防御工事，而进攻方如果突袭这些工事将损失惨重。事实上，德军在这里的进攻从未掀起什么大的风浪；尤其是再度集结的骑兵师，他

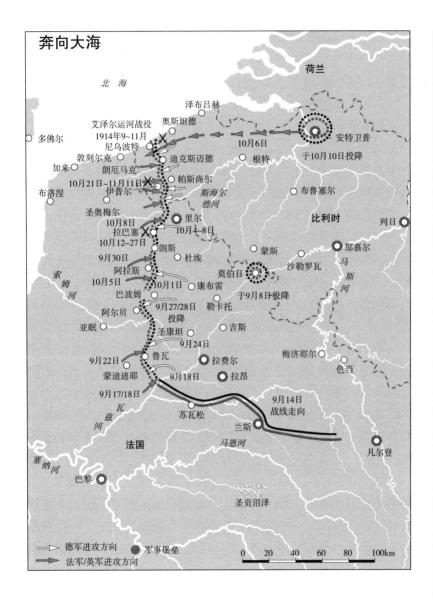

奔向大海

北 海

多佛尔

艾泽尔运河战役
1914年9~11月
尼乌波特

敦刻尔克

加来

朗厄马克

10月21日~11月11日
伊普尔

布洛涅

圣奥梅尔

10月8日
拉巴塞

10月12~27日
朗斯

9月30日
阿拉斯

10月5日
巴波姆

阿尔贝

亚眠

9月22日
蒙迪迪耶

9月17/18日

泽布吕赫
奥斯坦德

迪克斯迈德

帕斯尚尔

斯海尔
德河

里尔

10月4~8日

杜埃

莫伯日

10月1日
康布雷

9月27/28日
投降

圣康坦

9月24日

鲁瓦

9月18日

苏瓦松

兰斯

马恩河

荷兰

10月6日

根特

安特卫普
于10月10日投降

布鲁塞尔

比利时

列日

蒙斯

那慕尔

马
斯
河

沙勒罗瓦

于9月8日投降

勒卡托

吉斯

拉费尔

拉昂

9月14日
战线走向

凡尔登

梅济耶尔

色当

法国

塞
纳
河

瓦
兹
河

索
姆
河

巴黎

圣贡沼泽

→ 德军进攻方向　　● 军事堡垒

→ 法军/英军进攻方向

0　20　40　60　80　100km

们几乎毫无贡献。大约在 10 月 10 日，人们已经能大致看出，德军通过两周的进攻虽然夺取了一些土地，却没有取得任何决定性成果，只是将战线朝西北方向延长了一些。

这时，安特卫普要塞还在比利时人手中，这个问题对德军来说变得愈来愈严峻。阿尔贝国王明确拒绝和法军一同往那慕尔的方向撤退；不仅如此，他还让手下的大部分军队集结在比利时西北角，就是荷兰国界与英吉利海峡之间的区域。他想通过这种方式逼迫法军和英军援助被围困的比利时部队，并且和比利时军队一道打响收复比利时的进攻战。[143] 为了让这两个有义务保护比利时中立地位的国家清楚比利时的这一期望，比利时军队两次突围，扰得德军惶惶不安。比利时军队的突围行动让德军心有余悸，其后果之一可能就是德军冷酷无情地处死了许多被认为是非正规狙击队员的比利时平民。9 月 8~13 日，安特卫普驻军第二次突围，当时还有传言说英国部队已经从比利时西北部登陆，这两件事导致小毛奇对马恩河战役失去了信心，他认为此时必须考虑协约国部队袭击德军右翼背部的可能性。也就是说，法军之所以能赢得马恩河战役，不仅是因为俄军提前进攻东普鲁士，而且是因为比利时军队固守要塞、不肯投降。所以法金汉在 9 月 14 日继任以后立刻下令征服安特卫普，好彻底解除德军背部受到的威胁。

这一任务被指派给了汉斯·冯·贝泽勒（Hans von Beseler）率领的第三后备军。9 月底，第三后备军派出 5 个师进攻了要塞的防御带，并用重炮依次炸毁了外围的碉堡。[144] 在德军攻克列日要塞和那慕尔要塞之后，安特卫普围城战再次证明传统的堡垒根本抵挡不住重炮的火力。由于要塞外围周长将近 100 公里，贝泽勒的军队人数较少，无法彻底围住要塞，所以经由斯海

这幅油画题为"朗厄马克（Langemarck）的志愿军接受战火的洗礼"，它在战争期间广为流传，作者是弗里茨·格罗特迈尔（Fritz Grotemeyer）。画中的战士们举着刺刀冲锋，团旗随风飘扬，在它右边有一名军官抽出了军刀，旗帜左侧靠前的方向则有一名鼓手。画中没有出现阵亡的士兵，而"战火的洗礼"这一比喻则将这次损失惨重、成效甚微的进攻神圣化了。

尔德河（Schelde）去往大海的通道还没有被封锁；这时守军面临两个选择：要么坚持抵抗，要么沿着英吉利海峡朝法国边境的方向撤退。霞飞催促比利时军队放弃安特卫普，在协约国战线的西北端加入大部队。英国方面，以经常介入军事行动的海军大臣温斯顿·丘吉尔为代表，则更希望比利时军队坚守阵地，阻止德军向英吉利海峡挺进。英国甚至派遣海军战士到安特卫普支援，陆军元帅弗伦奇还建议把英国远征军也调到此处。丘吉尔也支持这一计划，但它将给英国军队带来很大的风险：[145]英军将失去掩护，并且最后可能被歼灭。丘吉尔命令战舰在海岸线附近就位，这些战舰配有重炮，可以协助比利时军队守卫安特卫普及其附近狭长的海岸线——他相信这样就可以降低英军面临的风险。然而这些战舰很容易被德军潜艇袭击。几天后，英国的三艘装甲巡洋舰就在荷兰的海岸线附近被"U9号"潜艇的鱼雷击沉。[146]这时丘吉尔还没有意识到这种新型武器的威力，他坚持认为英国舰队是刀枪不入的；直到第二年英军登陆加利波利（Gallipoli）半岛失败，丘吉尔对此可能才有了新的认识。[147]如果英军真的执行上述由弗伦奇提议、受丘吉尔青睐的计划，西线战争的结果就会截然不同。虽然我们不能确定这是否会导致协约国军队失败，但战争的走向会和1940年类似：当时，一支英国远征军在敦刻尔克（Dunkerque）被纳粹德国的国防军包围，为了撤离，他们不得不放弃大部分武器装备。对安特卫普的取舍充分说明，要在战争中取胜，最要紧的不是在战略上多么深谋远虑，而是避免犯一些严重的错误。

德军攻打安特卫普的进展比英军和比利时军队预想的要快。10月5~6日，德军已经抵达要塞的内层防线，这时国王阿尔贝决定放弃要塞，和剩余的野战军经由根特（Gent）和布吕赫

（Brugge）朝艾泽尔河的方向撤退。这次撤退由英军掩护，英军还要确保比利时至少有一个象征性的集团军能够与协约国军队并肩作战。这样，虽然比利时只剩下艾泽尔河附近的狭长地带没有被德军占领，但它在政治上仍然属于参战国。安特卫普失守以后，城里大部分平民逃往荷兰，这恰好与部队撤退的方向相反；他们听说德军极为残暴，所以想找个安全的容身处。

作为随军探险家，瑞典人斯文赫定在安特卫普失守后第二天来到这座城市。他看了起火的街道，也去了那些躲过一劫的城区。他注意到各个城门上已经升起了德国国旗，而城市中心却还飘着比利时国旗。人们显然完全没想到，德军能这么快攻下要塞。不过斯文赫定在书中也提到了碉堡的装甲炮塔被炸毁，19世纪修建的堡垒成为废墟。"在梅尔广场（Place de Meir）西边的房屋上方，黑褐色的浓烟缭绕着涌向天空。我们来到鞋类市场（Marché aux Souliers），这里的整个区都被火焰吞没。不过在这座被太阳炙烤的城市里，失火也不算是特别可怕的场景。这些火焰不过像窗户里一面面飘动着的黄色旗帜，人们从街上就能看到屋里被火光照亮的样子。"[148] 在某一瞬间，安特卫普的过去与未来相遇了：有些用石头修筑的防御工事完全是拿破仑时代留下的遗产，而重型榴弹炮则是先进战争技术的产物，也正是它们将那些见证了旧时代的堡垒炸成碎片。在乘车回布鲁塞尔的路上，斯文赫定又注意到一种几周后即将成为历史的军队形态："我们还没走多远，就遇到3个后备营。军乐队走在最前面，而且每个营前面都有人扛着一面旗帜。士兵们用花束装饰步枪，他们的表情和平时一样愉快。"[149] 这些队伍正赶赴艾泽尔河参加战斗，之后还会去伊普尔和朗厄马克——至于在这些战役中会遭遇什么，他们现在显然还一无所知。

/ 205

伊普尔位于佛兰德地区西南部，这里和布吕赫、根特类似，居民自16世纪以来从事棉纺织品生产，它的棉纺织业堪与意大利北部的棉纺织业比肩，在欧洲处于领先地位，也在很大程度上提升了居民的生活水准。直到20世纪初，这里的城市仍然见证着当初的繁华：在城市中央矗立着宏伟的教堂和市政厅，不过更具代表性的是那些大型布匹商行，它们大多是哥特式建筑，也是欧洲中世纪晚期文化艺术的结晶。后来棉纺织业的衰落导致这里的人口不再增长，所以这些城市的规模在17世纪以后就不再扩大。它们错过了工业革命，所以这里既没有工厂，也没有工人居住区。这一带的各个聚居区通常还保留着旧时的城墙，除此之外，佛兰德地区最具特色的景观就是纵横交错的排水渠。这里地势平坦辽阔，靠近海岸线，而且水渠交错，比纯粹的陆地更有利于交通运输，所以在战争时期，这里一直是兵家必争之地。贵族骑兵和公民组成的部队曾在这里交锋，[1] 西班牙国王和法兰西国王麾下的职业军队曾在这里激战，[2] 法国大革命的军队曾兵临伊普尔城下，[3] 大革命继承人拿破仑的军队也曾在这里抛洒热血。[4] 但佛兰德居民熟悉的战争和这场从现在起将持续4年的战争大不相同。过去，军队来了，造成了严重破坏，但过一段时间又撤走了。但这一次，军队要挖战壕，一直留在这里。

美丽的佛兰德地区有多适合军队行军和持续多日的战役，它就有多不适合阵地战：只要往地上铲两三下，就能见到地下水，所以士兵们在这里不仅要和敌人，还要和不断渗出的水作战。如

----

① 1302年金马刺之战。
② 1635~1659年法西战争。
③ 1794年伊普尔围城战。
④ 1815年滑铁卢战役也波及佛兰德地区。

果哪一方占据了地势稍微高点儿的位置，那他们的优势真是无法估量，因为只有在雨下个不停的时候，他们的战壕才会积水，他们也就不必无休止地往外舀水。所以，双方会为了占据这些为数不多的有利位置而苦苦争斗。德军在其他地方会通过运动战来防守，也就是先放弃一些地区，让对方在猛烈进攻时无处着力，然后再展开反攻，但这种战术在这里用不上了。也很少有军队会为了避免战线向外突出而离开原来的位置，虽说突出的部分有可能从侧面受到攻击。没有人愿意放弃一处还算干燥的阵地，因为再往前走很快又会陷入齐膝深的泥沼中。军队在别处放慢速度，往往是因为遇到带刺的铁丝网或雷区，在这里则是因为自然环境太过恶劣。持续的射击和战壕、散兵坑这些工事让情况雪上加霜，因为它们破坏了几百年里人们一步步挖掘出来的排水系统——这样一来，水就再也排不掉了。在佛兰德，士兵如果跳进弹坑或散兵坑里躲避敌人的子弹，就要冒被水淹死的风险。奥托·迪克斯（Otto Dix）的油画《佛兰德》（*Flandern*）描绘了战场上的情况：地面上布满了弹坑，画面近处蜷缩着几名精疲力竭的德国士兵；对他们构成威胁的不是视野中根本看不见的法军和英军，而是充满敌意的自然环境，因为在这样的环境中，他们每挪动一步，都必须忍受极大的折磨，但一动不动就意味着等死。[150]

不过1914年秋天的情况显然还没这么糟：排水系统还没被破坏；比利时人还没有打开艾泽尔河的水闸，让水灌入整片土地；秋天的天气还相对干燥；而且，双方还是希望可以尽快决出胜负并结束这场战争。[151] 德军方面可以参与作战的是安特卫普陷落后终于得以脱身的第三后备军、从洛林被调往右翼的第六集团军，以及在这一地区被改组的第四集团军。后者仍保留了原第四集团军的一部分部队，不过主要部队是 6 个后备军，而且他们是战争开始后才集结的——毕竟此刻前线的士兵已经相当疲惫，当局把这些后备军派往前线是为了激发前线军人的斗志。[152] 但这些部队缺乏经验，缺乏熟悉作战技巧的军官，还缺乏武器装备；他们只有少量的机关枪，几乎没有大炮，至于在战场上怎样使用这些武器相互配合，他们也没练习过。这方面的缺陷他们只能通过勇气和牺牲精神来弥补。这就是后来在德国广为传播的"朗厄马克神话"的内核：相关的说法是，大学生们迫不及待地加入了志愿军，在朗厄马克高唱《德意志之歌》，冲锋陷阵，视死如归。这种说法后来越来越盛行，所以，虽然朗厄马克会战从战略上讲并不重要，但"朗厄马克"却成了整个佛兰德战役在德国的代名词。

"朗厄马克神话"产生了大范围、长时间的影响，在这一点上，它和"坦能堡神话"不相上下。不过后者体现了德国总参谋部在战略方面的杰出水平，前者则突出了青年学子为国捐躯的一腔热血。[153] 面对学子的牺牲，人们从伦理层面强调公民对战争胜利负有义务，而不再抱怨战争造成了损失；这些年轻人不再被看作错误战略的牺牲品，他们是为神圣祖国献身的战士。这批志愿兵并非默默无闻地牺牲；在公众看来，他们不是因为执行了某些并不高明的战略而稀里糊涂地死去，而是唱着战歌慷慨赴死。至于在突袭的时候还有没有可能唱歌，这似乎值得怀疑，但传播这则"神话"的人都没有理会这个问题。他们看重的不是事实，而是这些志愿兵的献身精神：这就和伊戈尔·斯特拉文斯基（Igor Stravinsky）的芭蕾舞剧《春之祭》（Le Sacre du printemps）一样，讲述的是共同体的更新与复苏。现有的体系已经岌岌可危，如果不通过这些牺牲者为它注入新的力量，它就会走向毁灭。而这些牺牲者愈是心甘情愿、慷慨激昂，注入的力量就愈强大——而又有什么比齐声唱着战歌赴死更慷慨激昂呢？此外，他们唱的不是正式的国歌，而是《德意志之歌》。这首歌的歌词最开始是在学生社团（Burschenschaft）成员和1848年革命的拥戴者中间被传唱，所以本身带有强烈的反抗意味；现在，伊普尔战役的军事公报也明确提到了这首歌，于是那种反对派的精神气质也就融入了现有的体系。

"朗厄马克神话"既歌颂了牺牲精神，也起到了教育作用，而后者很大程度上针对的是中层资产阶级和爱国的小资产阶级。在1914年晚秋时节，施里芬计划的失败已经一目了然，帝国领袖们很清楚，如果要延续本阶层的政治生命，唯一的办法就是让中小资产阶级甘心为战争献出生命。"朗厄马克神话"就生动地叙述了这些人所做的牺牲，当局也借此机会表态：以后还会在不确定的时间再次要求民众做出同样的牺牲。不过，德国许多身在前线的士兵对这种牺牲精神的评价明显要理性得多：20世纪80年代，一位参加过伊普尔战役的老兵就说，当年的志愿兵是在"发神经"，竟没有一点理智和头脑，径直就朝那些英勇顽强的英国士兵和他们精心挖出来的战壕冲过去。[154] 他表达的主要意思是，每个有经验的士兵都知道，这样的敌人不是你比他更有牺牲精神就能战胜的——凭借献身精神就能战无不胜这种话，只有学校里那些热情有余但战斗经验不足的资产阶级子弟才会相信。[155]

维尔纳·博伊梅尔堡在两次大战之间出版了描述伊普尔战役的作品。它虽然是英雄主义、爱国主义的产物，却也暴露了德国军方不负责任的问题。当时，军方不得不在几周内完成他们在战前几十年里一直反对的事：征召所有满足年龄要求的人入伍，对他们进行军事培训。但若要进行全面的培训，现在时间已经不够了。后来有一名现役团的士兵回忆说，他们一整队的人在去前线的路上曾停在一辆火车旁，火车上就有这种志愿兵："他们几乎都是大学生，许多人还把大学社团的标志系在制服上衣上面。我们觉得他们相当活跃，并且——我得说——对战争充满信心，但他们中的大部分人很可能都阵亡了。[……]他们接受了培训以后就立马被送往前线，但不像我们那样被编入现役团。他们根本没有接受过全面的军事培训，身边又缺少真正了解战争的战友。"[156] 事实上，新建的第六集团军的 6 个后备军不像其他后备部队，把志愿兵和有经验的战士编在一起。这几个军的核心是预备役军人（Landwehr）和预备役国民军（Landsturm）①，此外配有少量替补后备军人（Ersatzreservist）②和大量志愿兵。此外，这些部队里的现役军官很少，很多军官已经长期没有参与作战，他们对战争的想法已经过时了。而接受过培训的士官，情况也是一样。博伊梅尔堡认为："这些团里面四分之三的成员是志愿兵，其中大部分又都是大学生或中学高年级学生。所以大众给这些团起名叫'孩子团'。一到迪克斯迈德（Diksmuide）、比克斯肖特（Bixschote）、朗厄马克和巴塞雷尔（Becelaere），他们中很多人肯定就战死了。"[157] 后来也有人质疑，部队里中学生和大学生的比例是否真有"朗厄马克神话"说的那么高。不管怎么说，这个比例都要高于社会上的平均水平，也比战前德国军队里学生群体的占比高出很多，因为当时人们并不认为资产阶级非参军不可。这种反差很引人注目，也为"朗厄马克神话"奠定了基础。

伊普尔战役期间，双方最后一次在西线尝试运动战，但以失败告终，所以在此之后阵地战就成了西线战争的固定模式。从理

---

① 均是年龄较大、等级和作战能力较低的军人。

② 这部分人已正式入伍，但没有作战经验。

论上说，一次战役应由多次单独的会战组成，这些会战遵循同样的战略，可以汇合成一个统一的过程。虽然 1914 年 10 月 10 日两军已经第一次交锋，但直到 10 月 16 日德军进攻靠近英吉利海峡的尼乌波特（Nieuwpoort）和另一座城市迪克斯迈德，战役才算真正开始。德军想在迪克斯迈德渡过艾泽尔河，好赶出这里残余的比利时守军。局势本来对德军更有利，但比利时人从 10 月 29 日起就开闸放水，于是德军的进攻在两天里就宣告失败。从 10 月 20 日起，在南侧的伊普尔及其周围的村镇，包括朗厄马克，双方开始发起进攻。霞飞和弗伦奇从一开始就没打算只守不攻。他们曾经打算以安特卫普为防守据点，封锁海岸沿线，防止德军通过。这个计划失败以后，他们开始考虑几种进攻的方案，从夺回法国北部被德军占领的里尔工业区，到直接进军比利时；如果选择后者，那么在最理想的情况下，英法军队可以一直打到德国边界，再继续打到莱茵河地区。法金汉又一次试图利用第四、第六集团军的部分军队包围法军左翼；两周之前，他尝试在此处以南约 100 公里的阿拉斯（Arras）一带实施包围，但没有成功。和之前在法国北部城市阿拉斯的情况一样，在伊普尔的包围战最终演变成了正面交锋。

德军再次尝试突破，但英国远征军顽强抵抗。这支部队现在已经增加到 5 个军，也包含来自印度的廓尔喀（Gurkha）部队。德国的几个志愿兵团一次次发起突袭，又一次次被击退而且损失惨重，他们终究抵挡不住英国士兵的速射和殊死抵抗——为了守住阵地，英军进入一座座村庄、一间间房屋作战。志愿兵的牺牲精神到底还是胜不过英国职业军人的勇敢、坚韧，尤其这些职业军人大部分来自下层社会。仅在伊普尔就有 2.4 万名英国士兵和 5 万名德国士兵阵亡，后者还包括超过 4 万名志愿兵。[158]10

月 31 日，皇帝视察了在伊普尔执行进攻任务的第十四后备军。海军上将冯·米勒在他的作战日志中写道："作战的最前线离我们可能有 3 公里，所以我们能清楚地听到步枪和机关枪射击的声音。[……] 有许多伤兵从战场上下来了，他们状态很好；还有一些被俘虏的英国人。天气好极了。"[159]

作家鲁道夫·G.宾丁（Rudolf G. Binding）当时是西佛兰德一名骑兵军官，10 月 27 日他在日记中写道："双方连续 9 天每天 24 小时持续作战，却还是没有分出胜负，双方的前线也因此挨得非常近，已经不能再挪动了。现在必须积蓄力量发起突袭。当局指定我们的集团军在伊普尔作战。这些英军和法军要是遇上训练有素的军队，肯定早就被击退了。但这些刚受过培训的年轻士兵实在是帮不上什么忙，尤其在他们领队的人阵亡以后。"[160] 宾丁还提到，一支主要由马堡（Marburg）大学生组成的狙击部队饱受炮火的折磨。他接着写道："邻近的师里也有一些差不多来历的年轻人，他们是德国的精神血液，现在他们唱着歌向朗厄马克发起进攻。这也是白费工夫，结果也是损失惨重。"[161]

最高陆军指挥部 11 月 11 日发布的公报也公开提到了战争的过程，这些过程宾丁在 10 月底就知道了，但公报的说法和宾丁的不太一样："在朗厄马克以西，这些团里的年轻人唱着'德意志，德意志，高于一切'，冲向敌军阵地的最前线，还攻占了最前面的阵地。他们共俘虏约 2000 名法国线列步兵，缴获 6 挺机关枪。"[162] 这些事其实并没有什么值得庆祝的。官方报道既然只说德军攻占了对方最前面的阵地，那么就相当于间接承认德军未能实现突破。它甚至没有提到这种状态保持了多久，在介绍法军被俘人数的同时也绝口不提德军的损失。我们如果还记得伊普尔的后备军背负着哪些期望，就知道公报的实际意思是德军遭遇了严重的失败：他们并未达成战略目标，施里芬计划正式宣告失败，战争还将继续，人们却不知道怎样才能取胜。任何能看懂军事公报的人都明白，这些志愿兵的牺牲在军事上是毫无意义的。就在他们"抛头颅、洒热血"以后，法金汉在 11 月 22 日终止了这场战役。

注　释

1　下文对事件的简要介绍主要参照以下文献：Verhey, *Der «Geist von 1914»*, S. 106 - 128（此处的事件描述以发表在报纸上的文章为基础），以及 Mai, *Das Ende des Kaiserreichs*, S. 9 - 14。

2　转引自 Verhey, *Der «Geist von 1914»*, S. 106 - 128；费尔海（Verhey）引用的是 8 月 2 日发表在《前进》报（*Vorwärts*）上的讲话版本；另一个讲话版本某些语句略有差异，见 *Mai, Das Ende des Kaiserreichs*, S. 13f。

3　Zweig, Die Welt von Gestern, S. 255ff.

4　军队人数和运输频率参见 Salewski, *Der Erste Weltkrieg*, S. 116，以及 Kielmansegg, *Deutschland*, S. 33f.

5　参见 Keegan, *Der Erste Weltkrieg*, S. 137。

6　参见 Hirschfeld u. a. (Hg.), *Enzyklopädie Erster Weltkrieg*, S. 346 与 440f, "大炮"（Artillerie）条目与"胖贝尔塔"（Dicke Bertha）条目。

7　至于比利时如何决策、在这一过程中如何阐明立场，相关细节可参见 Keegan, *Der Erste Weltkrieg*, S. 125ff; 亦可参见 van Ypersele, «Belgien im ‹Grande Guerre›», S. 21ff。

8　列日附近的战斗参见 Keegan, *Der Erste Weltkrieg*, S. 130ff., 以及 Stegemann, *Geschichte des Krieges*, Bd. 1, S. 107 - 112。

9　鲁登道夫在他的书中描述了这个场景，见 Ludendorff, *Meine Kriegserinnerungen*, S. 25 - 31；费诺尔（Wolfgang Venohr）在他撰写的鲁登道夫传记中引用了这一场景作为楔子，这本传记也带有圣徒传记色彩，见 Venohr, *Ludendorff*, S. 25；详细情况见 Nebelin, *Ludendorff*, S. 113 - 120。

10　参见 Wallach, *Vernichtungsschlacht*, S. 146。

11　比利时人在战争期间和战后如何看待自己的实力，参见 van Ypersele, «Belgien im ‹Grande Guerre›», S. 21f。

12　欧洲士兵行军时的装备参见 Keegan, *Der Erste Weltkrieg*, S. 120f. 基根（Keegan）还指出，士兵穿的军靴通常质量都不是特别好。

13　《海牙陆战法规和惯例公约》（Hague Convention with Respect to the Laws and Customs of War on Land）是否允许这种带走人质并在特定情

况下将其处死的做法，如今存在争议（参见 Kramer，«Kriegsrecht und Kriegsverbrechen»，S. 282f）。不过，直到第二次世界大战结束之前，参战的每一方都在这么做，目的是确保战斗人员和非战斗人员都不要越界。

14　参见 Horne/Kramer，*Deutsche Kriegsgreuel 1914*，S. 120ff。范伊佩尔塞勒（Ypersele，«Belgien»，S. 23）认为德国最高统帅部"对比利时平民实行的是恐怖政策"。赫维希（Herwig，*The Marne*，S. 230ff）对资料来源做了细致的研究，在此基础上指出当时德军必定受到了狙击手袭击。

15　以上两处引文出自 Osburg，*Hineingeworfen*，S. 111 f 与 112 f。

16　同上，S. 113。

17　转引自 Walther，*Endzeit Europa*，S. 96f。

18　Ranke-Graves，*Strich drunter!* S. 85 与 219。此书的英语原版于 1929 年出版，德语译本最早于 1930 年出版。有关兰克－格雷夫斯及其作品的信息参见 Fussell，*The Great War in Modern Memory*，S. 203 - 220。

19　Hedin，*Ein Volk in Waffen*，S. 142f（楷体字部分在原文中也突出显示）。

20　Hedin，*Nach Osten!*，S. 40, 43.

21　此处以及后续内容的细节参见 Stegemann，*Geschichte des Krieges*，Bd. 1，S. 125，Keegan，*Der Erste Weltkrieg*，S. 138ff，以及 Strachan，*The First World War*，Bd. 1，S.213，其中斯特罗恩（Strachan）指出了法军的一系列指挥失误。鲁普雷希特王储在他的《战争日记》中详细描述了"萨尔战役"的过程，见 Rupprecht，*Kriegstagebuch*，Bd. 1，S. 25 - 45。

22　战后人们愤怒地争论了这一问题，参见 Storz，«‹Dieser Stellungs-und Festungskrieg›»，S. 168ff.（S. 167 的注释也可作为参考）。

23　Groener，*Lebenserinnerungen*，S. 158.

24　和总参谋长小毛奇给施里芬计划打折扣（不管这种说法是否符合事实）的事情一样，第六集团军的反击也属于与施里芬计划相关的争议性问题。杰胡达·瓦拉赫（Wallach，*Vernichtungsschlacht*，S. 147ff）为第六集团军的反攻辩护说，他们这样做可以形成对法军的第二重包围，用施里芬的话来说，这将"完整地再现坎尼的战法"，也就是从两翼包抄敌军。这种说法的问题显然在于，第六集团军是径直向法国防线的方向发动反击的，最后必然会卡在防线上。施里芬也害怕出现这种情况，所以才决定靠右翼包抄法军。但如果法军继续深入德国，就会远离本国的防守带，在开阔的地面上与德军作战，这时德军战术上的优势才能得到发挥。

25　参见 Görlitz，*Generalstab*，S. 166.

26　详细情况参见 Reichsarchiv (Hg.), *Der Weltkrieg 1914/18*, Bd. 1: *Die Grenzschlachten*。

27　参见 Keegan, *Der Erste Weltkrieg*, S. 119, 以及 März, *Der Erste Weltkrieg*, S. 59。

28　参见 Hirschfeld u. a., *Enzyklopädie Erster Weltkrieg*, S. 344ff, 870 与 842f。迪特尔·施托尔茨（Dieter Storz）撰写的"大炮"（Artillerie）、"榴霰弹"（Schrapnell）和"75 毫米口径火炮"（Soixante-Quinze）条目。

29　Genevoix, *Sous Verdun*, S. 29; 梅尔休伊什（K. Joy Melhuish）在一篇文章的注释中引用了这部分内容（见 Melhuish, «Deutschland in den Augen der Briten und Franzosen», S. 170），本书使用的德语译文在梅尔休伊什的基础上略有改动。热纳瓦在 1915 年 4 月 25 日受了重伤，于是停止服役；热纳瓦是"参战作家"（écrivains combattants）之一，他的相关信息参见 Lindner-Wirsching, *Französische Schriftsteller*, S. 233f。

30　Genevoix, *Sous Verdun*, S. 108f; 转引自 Melhuish, «Deutschland», S. 171。"德国佬"（boche）这个称呼在 1870~1871 年普法战争期间就出现了，但直到 1914 年秋天才传播开来。从词源的角度来说，它的意思相当于"木头脑袋"或"脑子顽固的人"。相应地，法国士兵被称为"胡子"（poilus）。通俗地说这里是胡子和脑子顽固的人在作战。

31　此处与后续内容参见 Stegemann, *Geschichte des Krieges*, Bd. 1, S. 130ff; Keegan, *Der Erste Weltkrieg*, S. 141ff, 以及 Strachan, *The First World War*, Bd. 1, S. 217f。

32　Müller, *Regierte der Kaiser?* S. 53; 参见 Görlitz, *Generalstab*, S. 167。

33　Clausewitz, *Vom Kriege*, S. 430.

34　相关情况参见 Schmidt, «Frankreichs Plan XVII», S. 224。

35　有文献生动地描写了德军在进攻行动中表现出的强悍与活力，这些描写让人印象深刻，见 Tuchman, *August 1914*, S. 265ff。

36　蒙斯—孔代（Condé）运河附近的战役参见 Stegemann, *Geschichte des Krieges*, Bd. 1, S. 139ff, Keegan, *Der Erste Weltkrieg*, S. 148ff; 以及 Strachan, *The First World War*, Bd. 1, S. 220ff。

37　转引自 Keegan, *Der Erste Weltkrieg*, S. 152。

38　俄国在一开始似乎可以源源不断地为战场提供兵力，相关议题参见 Keegan, *Der Erste Weltkrieg*, S. 218; 有关俄国兵力增长的具体信息见 Khavkin, «Russland gegen Deutschland», S. 70。

39 详细情况参见 Hoegen, *Der Held von Tannenberg*, insbes. S. 40ff, 以及 Pyta, *Hindenburg*, S. 115ff。

40 参见 Nebelin, *Ludendorff*, S. 123ff 与 283ff。

41 参见 Kusber, «Die russischen Streitkräfte und der deutsche Aufmarsch», S. 264f。

42 1914 年 8~9 月东普鲁士的战况见 Wallach, *Vernichtungsschlacht*, S. 255‑233; Herwig, *The First World War*, S. 81‑87; Salewski, *Der Erste Weltkrieg*, S. 124‑136; Keegan, *Der Erste Weltkrieg*, S. 203‑219; Strachan, *The First World War*, Bd. 1, S. 316‑335; 详细的描述见 Uhle-Wettler, *Höhe- und Wendepunkte*, S. 167‑209;（施里芬和毛奇的言论见同一文献，S. 178）。

43 东普鲁士居民对俄国敌人的刻板印象以及相关经验参见 Hoeres, «Die Slawen», S. 187ff; 哥萨克所谓的"野蛮人特质"见 Kappeler, *Die Kosaken*, S. 62ff 以及 Tuchman, *August 1914*, S. 306ff; 东普鲁士居民如何看待俄国人的入侵，参见 Jahn «‹Zarendreck, Barbarendreck – Peitscht sie weg!›», S. 147ff。

44 德军兵力的相关信息出自 Uhle-Wettler, *Höheund Wendepunkte*, S. 176。

45 见 Wallach, *Vernichtungsschlacht*, S. 228f., 脚注 8。

46 见 Uhle-Wettler, *Höhe- und Wendepunkte*, S. 180。

47 参见 Nebelin, *Ludendorff*, S. 125。

48 参见 Hentig, *Psychologische Strategie*, S. 52ff。

49 参见 Pyta, *Hindenburg*, S. 36。

50 兴登堡主要充当形象代表，相关情况参见 von Hoegen, *Der Held von Tannenberg*, S. 38ff, 以及 Pyta, *Hindenburg*, S. 45ff。

51 转引自 von Hoegen, *Der Held von Tannenberg*, S. 37。

52 转引自 Nebelin, *Ludendorff*, S. 125。

53 相关情况参见 Pyta, *Hindenburg*, S. 32。

54 转引自 Ludendorff, *Meine Kriegserinnerungen*, S. 15。

55 Hindenburg, *Aus meinem Leben*, S. 78 与 79. 瓦尔特·格利茨（Görlitz, *Generalstab*, S. 174）也描绘了这一情形："这两个人，兴登堡和鲁登道夫的个性从根子上就截然不同，而且他们来自完全不同的两个时代。然而在这一时期，共同的使命，或者说总参谋部的训练赋予他俩的崇高理想让他们走到了一起，并且他们的合作取得了丰硕成果。在这段'婚姻'中，兴登堡贡献了从军数十年的实际经验，以及仿佛来自奥林匹斯山（Oros Olympos）的沉静、自信的气质；鲁登道夫则贡献了有口皆碑的战略天赋、勃勃雄心、卓越的工作能力，还有表面看不出来但实际上十分火爆的脾气；像这样脾气火爆的人，需要的是家长般的权力。"

56　Pyta, *Hindenburg*, S. 45. 新近研究可参见曼弗雷德·内贝林（Manfred Nebelin）撰写的鲁登道夫传记，而更重要的参考文献是耶斯科·冯·赫根（Jesko von Hoegen）撰写的有关"兴登堡热"发展过程的专著。

57　Riezler, *Tagebücher*, S. 377.

58　转引自 Nebelin, *Ludendorff*, S. 130。

59　俄军死伤人员的数据在 2.5 万 ~5 万之间浮动（Uhle-Wettler, *Höhe- und Wendepunkte*, S. 198; Keegan, *Der Erste Weltkrieg*, S. 217）。

60　Hindenburg, *Aus meinem Leben*, S. 90f.

61　Ludendorff, *Meine Kriegserinnerungen*, S. 20.

62　Hindenburg, *Aus meinem Leben*, S. 89; 坦能堡被神秘化了，详细情况参见 von Hoegen, *Der Held von Tannenberg*, S. 40ff.

63　Müller, *Regierte der Kaiser?*, S. 53.

64　转引自 Wallach, *Vernichtungsschlacht*, S. 232。

65　Beumelburg, *Die stählernen Jahre*, S. 63. 博伊梅尔堡是魏玛共和国时期民族主义右翼最高产、成就最突出的战争题材作家之一。

66　转引自 Uhle-Wettler, *Höhe- und Wendepunkte*, S. 200。

67　François, *Marneschlacht und Tannenberg*, 多处。

68　参见 Menzel, «August 1914», S. 231 - 248, 当然此处的重点不同。

69　对这一悖论的详细论述见 Zamoyski, *1812*, S. 322ff。

70　参见 Salm, *Ostpreußische Städte*, S. 53 - 58, 尤其是第 54 页的地图，这幅地图标出了俄军抵达的最远地点以及被摧毁的居民点。

71　Salm, *Ostpreußische Städte*, S. 57; Ludendorff, *Meine Kriegserinnerungen*, S. 17; Hindenburg, *Aus meinem Leben*, S. 85。

72　转引自 Schwarzmüller, *Mackensen*, S. 94。

73　参见 Stegemann, *Geschichte des Krieges*, Bd. 1, S. 113ff., 125ff。

74　在这场战役中，德军俘获 4.5 万名俄国士兵，缴获 150 门大炮；参见 Uhle-Wettler, *Höhe- und Wendepunkte*, S. 201。

75　Clausewitz, *Vom Kriege*, S. 877.

76　德军在一开始有 4 个军的骑兵，每个军有 2~3 个师。小型的骑兵部队则被分配给了步兵师。参见 Hirschfeld u. a., *Enzyklopädie Erster Weltkrieg*, S. 610 "骑兵"（Kavallerie）条目，以及 Holmes, «The Last Hurrah», S. 278ff。

77　西线更多的战况参见 Stegemann, *Geschichte des Krieges*, Bd. 1, S. 152ff; Kielmansegg, *Deutschland und der Erste Weltkrieg*, S. 38ff; Ferro, *Der große Krieg*, S. 95ff; Herwig, *The First World War*, S. 96ff; Keegan, *Der Erste Weltkrieg*, S. 152ff; Strachan, *The First World War*, Bd. 1, S. 242ff。

78　物资补给的问题参见 Görlitz, *Generalstab*, S. 131, 以及 Wallach, *Vernichtungsschlacht*, S. 174ff。

79　相关情况参见 Görlitz, *Generalstab*, S. 167f; 详细情况见 Wallach, *Vernichtungsschlacht*, S. 162‑167。

80　根据格勒纳的记载（Groener *Lebenserinnerungen*, S. 158），小毛奇在此期间显然是希望"通过全力追击将法军逼出防线以外，并将他们丢在孚日山脉（Vosges）"。但这一计划失败了。

81　参见 Chickering, *Das Deutsche Reich*, S. 35。

82　Moltke, *Erinnerungen, Briefe, Dokumente*, S. 382.

83　见前一文献，S. 383。

84　两处引文均出自上一文献，S. 384。

85　见前一文献，S. 384。

86　对霞飞的描述绝大部分参考 Keegan, *Der Erste Weltkrieg*, S. 165f; 此外也参考 Ferro, *Der Große Krieg*, S. 95ff。

87　参见 Keegan, *Der Erste Weltkrieg*, S. 137。

88　参见 Keegan, *Der Erste Weltkrieg*, S. 157f; Strachan, *The First World War*, S. 249f。

89　Keegan, *Der Erste Weltkrieg*, S. 167; Strachan, *The First World War*, Bd. 1, S. 250f, Wallach, *Vernichtungsschlacht*, S. 168f; Tuchmann, *August 1914*, S. 478ff.

90　基尔曼斯埃格（Kielmansegg, *Deutschland und der Erste Weltkrieg*, S. 47）提出，如果由某一名集团军总司令管辖邻近集团军的总司令被证明是不太可行的，那么可能的替代方案是将若干个集团军整合成一个整体。

91　有文献解释了如何通过强行突破战略完善包围战略，参见 Wallach, *Vernichtungsschlacht*, S. 173; Görlitz, *Generalstab*, S. 139 f（此处提到比洛也坚决支持强行突破的想法）；Kielmansegg, *Weltkrieg*, S. 47。

92　持这一看法的是斯特罗恩，见 Strachan, *The First World War*, Bd. 1, S.

255。

93 相似观点参见 Hubatsch, *Deutschland im Weltkrieg*, S. 46 f, 以及 Salewski, *Der Erste Weltkrieg*, S. 128f。

94 事实上，小毛奇在这段时间里确实将阿尔萨斯的一些军队调到了比利时，把它们和一些刚完成任务的师一起编成第七集团军，但目的不是让这部分军队对付法军，而是万一英军入侵奥斯坦德，他们可以掩护后方运送物资的路线。当时一直有传言说，强大的英军部队已经在奥斯坦德登陆，正自西向东经过比利时；参见 Strachan, *The First World War*, Bd. 1, S. 254f。

95 参见 Johnson, *Breakthrough!*, S. 62ff。

96 马恩河战役的过程参见 Stegemann, *Geschichte des Krieges*, Bd. 1, S. 181ff; Keegan, *Der Erste Weltkrieg*, S. 171‑181; Strachan, *The First World War*, Bd. 1, S. 253‑262; 相关战斗的细节参见 Bose/Stenger, *Das Marnedrama 1914*, 5 Bde., Haffner/Venohr, *Das Wunder an der Marne*, 多处，以及 Herwig, *The Marne*, S. 225f。

97 德国的史学家倾向于认为马恩河战役的失败是无可避免的，英美的史学家则多数认为这场战役也有可能以德国胜利告终；参见奥拉夫·耶森（Olaf Jessen）针对赫维希的作品《马恩河》（Herwig, *The Marne*）撰写的评论，该评论于 2011 年 5 月 20 日发表在 H-Soz-u-Kult 网站上，链接为 http://hsozkult.geschichte.hu-berlin.de/rezensionen/2011-2-144 [1. 7. 2013]。

98 赫维希（Herwig, *The Marne*, S. 276 f.）认为，说比洛的悲观情绪影响了最终决策并不完全正确，因为这个决策就是比洛做出的。

99 Moltke, *Erinnerungen, Briefe, Dokumente*, S. 385f.

100 Görlitz, *Generalstab*, S. 171f.

101 奥匈帝国军队的梯队划分和行军计划参见 Kronenbitter, «Die militärische Planung der k. u. k. Armee», S. 208ff; ders., «Krieg im Frieden», S. 445ff; Rauchensteiner, *Der Tod des Doppeladlers*, S. 113ff; Herwig, *The First World War*, S. 52ff; Keegan, *Der Erste Weltkrieg*, S. 219ff, 以及 Strachan, *The First World War*, Bd. 1, S. 288ff。

102 二元帝国军队的情况参见 Rothenberg, *The Army of Francis Joseph*, S. 157ff, 皇帝其人参见 Palmer, *Franz Joseph I.*, S. 454ff。

103 Herwig, *The First World War*, S. 78.

104 Rauchensteiner, *Tod des Doppeladlers*, S. 110f.

105 同上，S. 172f。

106 哈谢克在他的小说《好兵帅克历险记》中以幽默、讽刺、夸张的口吻，描述军官们感觉战争打乱了他们习惯的生活方式。哈谢克以类似流浪汉小说的叙述方式揭露了奥匈帝国军队的弱点，他仿佛将这些弱点置于放大镜下，供人检视。

107 Rauchensteiner, *Tod des Doppeladlers*, S. 119f.

108 转引自 Kronenbitter, «Von ‹Schweinehunden› und ‹Waffenbrüdern›», S. 127; 亦可参见 Rauchensteiner, *Tod des Doppeladlers*, S. 168。

109 Groener, *Lebenserinnerungen*, S. 535.

110 Hašek, *Schwejk*, Bd. 1, S. 332ff.

111 Rauchensteiner, *Tod des Doppeladlers*, S. 119.

112 相关情况参见 Piekalkiewicz, *Weltgeschichte der Spionage*, S. 255 - 265, 以及 Moritz/Leidinger, *Oberst Redl*, S. 123ff; 不过让人难以理解的是，虽然大家都知道情报被泄露，但奥匈帝国总参谋部却没有更改战争计划。

113 Kronenbitter, «*Krieg im Frieden*», S. 445f.

114 Höbelt, «‹So wie wir haben nicht einmal die Japaner angegriffen›», S. 89.

115 Rauchensteiner, *Tod des Doppeladlers*, S. 114ff; 无法直接转移部队的主要原因是某些地点之间没有铁路，或铁路的线路太少。

116 参见上一文献，S. 122f.

117 塞尔维亚1914年的战斗情况参见 Rauchensteiner, *Tod des Doppeladlers*, S. 128ff 与 183ff; Herwig, *The First World War*, S. 88ff. 与 111ff; Keegan, *Der Erste Weltkrieg*, S. 222ff; Strachan, *The First World War*, Bd. 1, S. 337ff, 相关细节参见 Schwarte (Hg.), *Der große Krieg*, Bd. V, S. 54 - 88。

118 数据出自 Rauchensteiner, *Tod des Doppeladlers*, S. 187。

119 加利西亚的战况参见 Stegemann, *Geschichte des Krieges*, Bd. 1, S. 267 - 325, 以及 Schwarte (Hg.), *Der große Krieg*, Bd. V, S. 22 - 44; Keegan, *Der Erste Weltkrieg*, S. 224ff; Herwig, *The First World War*, S. 89 - 96; Strachan, *The First World War*, Bd. 1, S. 347 - 357; 细节丰富的描写参见 Rauchensteiner, *Tod des Doppeladlers*, S. 135ff 与 159ff, 以及 Höbelt, «‹So wie wir haben nicht einmal die Japaner angegriffen›», S. 88ff; 较为通俗的文本见 Magenschab, *Der Krieg der Groß*väter, S.78ff, 此处包含大量少见的插图。

120 俄国部署在这一地区的军队自北至南依次为第五、第三、第十一、第八和第七集团军。9月下旬还有从科韦利—布列斯特—立陶夫斯克（Kovel'-

Brest-Litovsk）区域出发的第九集团军加入。

121 相 关 情 况 参 见 Höbelt, ««So wie wir haben nicht einmal die Japaner angegriffen›», S. 100f.

122 普热梅希尔之战详见 Rauchensteiner, *Tod des Doppeladlers*, S. 160ff, 重点见 S. 165f。

123 转引自上一文献，S. 179。

124 相关情况参见 Weichselbaum, *Georg Trakl*, S. 178, 以及 Kain, *In Grodek kam der Abendstern*。

125 摘自 Anz/Vogl, *Die Dichter und der Krieg*, S. 155。

126 参见 Stöller, *Hötzendorf*, S. 8; 康拉德的抱怨亦可参见其自述，即 Conrad, *Aus meiner Dienstzeit*, Bd. 4, S. 871 - 873, Bd. 5, S. 976 - 987。

127 相关情况参见 Kronenbitter, «Von ‹Schweinehunden› und ‹Waffenbrüdern›», S. 126, ders., «Waffenbrüder», S. 165ff。

128 参见 Strachan, *The First World War*, Bd. 1, S. 358。

129 参见 Stegemann, *Geschichte des Krieges*, Bd. 2, S. 155 - 256; Keegan, *Der Erste Weltkrieg*, S. 234ff; Herwig, *The First World War*, S. 106ff; Strachan, *The First World War*, Bd. 1, S. 357ff。

130 Herwig, *The First World War*, S. 137f; Keegan, *Der Erste Weltkrieg*, S. 244f; Rauchensteiner, *Tod des Doppeladlers*, S. 206 - 208.

131 参见 Schwarzmüller, *Mackensen*, S. 92ff。

132 参见 Stegemann, *Geschichte des Krieges*, Bd. 2, S. 273 - 335; Herwig, *The First World War*, S. 109f; 有的文献提供的数据不准确，如 Keegan, *Der Erste Weltkrieg*, S. 239f; 数据有差异的是 Strachan, *The First World War*, Bd. 1, S. 360 - 371。

133 Rauchensteiner, *Tod des Doppeladlers*, S. 188; 数据会出现差异，是因为大部分伤者都会归队，所以数据往往只统计了某一段时间的损失人数，而非最终的损失人数。从总数来看，1915 年奥军共有 210 万人伤亡、被俘，高于 1914 年的 130 万人（Höbelt, ««So wie wir ...»», S. 101, 注释 58），但值得注意的是 1914 年战争持续的时间只有 4 个半月，也就是说如果平摊到每个月，1914 年的伤亡情况明显比 1915 年更严重。

134 Deák, *Der k.(u.)k. Offizier*, S. 233.

135 "炮弹危机"的影响参见 Ferro, *Der große Krieg*, S. 104, 以及 Kielmansegg, *Deutschland*, S. 64, 还有 Hirschfeld u. a., *Enzyklopädie Erster Weltkrieg*, S.

136　相关细节参见 Strachan, *The First World War*, Bd. 1, S. 262ff。

137　德军的作战技巧究竟在多大程度上优于英法,对此英国历史书中存在不同
　　　意见:斯特罗恩 (Strachan, *The First World War*, Bd. 1, S. 266) 对德军
　　　的优势表示怀疑;史蒂文森 (Stevenson, *1914 - 1918*, S. 219 - 242) 认为
　　　这种优势一直持续到 1918 年春季,或者说德军在这一过程中能够不断找
　　　回这种优势;弗格森 (Ferguson, *Der falsche Krieg*, S. 291f) 基本认同史
　　　蒂文森的观点;基根 (Keegan, *Der Erste Weltkrieg*, S. 195ff) 主要强调德
　　　国和英国士兵作战英勇,和他观点相似的是费罗 (Ferro, *Der große Krieg*,
　　　S. 106)。德国出版的历史书如果详细描写了战争过程,就会强调 "奔向大
　　　海" 的包抄战略是空忙一场 (Kielmansegg, *Deutschland*, S. 68f., Salewski,
　　　Der Erste Weltkrieg, S. 131ff)。对德军作战效率的总体介绍参见 Murray,
　　　German Military Effectiveness, S. 1 - 38。

138　法金汉的个人特点以及他在战前的人生经历参见 Afflerbach, *Falkenhayn*, S.
　　　17 - 145。

139　参见 Stegemann, *Geschichte des Krieges*, Bd. 2, S. 22 - 43。

140　法金汉的战略偏好以及实际可行的选项参见 Strachan, *The First World
　　　War*, Bd. 1, S. 264ff。

141　这种划分阶段的方法主要出自 Kielmansegg, *Deutschland*, S. 64 - 69; 相
　　　关细节参见 Stegemann, *Geschichte des Krieges*, Bd. 2, S. 66ff 与 S. 101ff;
　　　Keegan, *Der Erste Weltkrieg*, S. 187 - 199; Herwig, *The First World War*,
　　　S. 114 - 116, 还 可 重 点 参 考 Strachan, *The First World War*, Bd. 1, S.
　　　262 - 280。这一阶段对后续战争产生了多大影响,各个作者的看法有所不
　　　同,这也体现为他们对这一阶段的关注度不同:赫维希 (Herwig) 认为影
　　　响很小,基根 (Keegan) 和斯特罗恩 (Strachan) 却认为这一阶段有决定
　　　性意义,因为就是在这一阶段,施里芬计划最终宣告失败。在西线,主动
　　　权转移到了英军和法军手中。

142　鲁普雷希特对战况的看法参见 Rupprechts, *Kriegstagebuch*, Bd. 1, S. 132 -
　　　249。

143　参见 Hirschfeld u. a., *Enzyklopädie Erster Weltkrieg*, S. 336f "安特卫普"
　　　(Antwerpen) 条目。

144　安 特 卫 普 围 城 战 参 见 Stegemann, *Geschichte des Krieges*, Bd. 2, S.
　　　77 - 100; Strachan, *The First World War*, Bd. 1, S. 270 f, 相关细节参见

Tschischwitz, *Antwerpen 1914*, S. 23ff。

145 参见 Strachan, *The First World War*, Bd. 1, S. 271f。

146 参见本书 S. 514f。[①]

147 参见本书 S. 338。

148 Hedin, *Ein Volk in Waffen*, S. 128 - 137；引文出自 S. 132。

149 同上，S. 136。

150 对这幅画的详细描述和分析参见 Sofsky, *Todesarten*, S. 223 - 232；图片及说明见本书 651 页。

151 关于伊普尔战役，从"上层视角"也就是将军视角所作的描述参见 Stegemann, *Geschichte des Krieges*, Bd. 2, S. 139 - 146; Keegan, *Der Erste Weltkrieg*, S. 189 - 197; Herwig, *The First World War*, S. 114 - 116, 以及 Strachan, *The First World War*, Bd. 1, S. 275 - 280。从"下层视角"所做的描述，就是由营成员来描述某个具体地点的战况、战役某个具体阶段，则可参见维尔纳·博伊梅尔堡（Werner Beumelburg）编写的《伊普尔 1914》（*Ypern 1914*）一书，书中收录的相关内容十分详实。此书隶属帝国档案馆（Reichsarchiv）出版的《世界大战中的战役》（*Schlachten des Weltkriegs*）系列丛书。

152 1914 年秋天德军的状态参见 Showalter, «Niedergang und Zusammenbruch», S. 41 - 43。

153 两则"神话"以及对它们的批评参见许普奥夫的文章 Hüppauf, «Schlachtenmythen», S. 57 - 76；关于"朗厄马克神话"还可参见 Weinrich, *Der Weltkrieg als Erzieher*, S. 245 - 312；政治教育领域如何使用这则"神话"，参见 Ketelsen, ««Die Jugend von Langemarck»», S. 69 - 96；对战役过程的通俗化描述见 Kopetzky, *In den Tod - Hurrah*, S. 83ff；一如既往值得阅读的文献是 Unruh, *Langemarck*, 重点见 S. 89ff；战争中大学生的情况参见 Zirlewagen (Hg.), «Wir siegen oder fallen»。

154 转引自 Osborn, *Hineingeworfen*, S. 117。

155 当然，不是只有德国政府在激发、利用民众这种十分理想主义的牺牲精神；法国军队中类似的情况参见 Audoin-Rouzeau, «Children and Primary Schools of France», S. 39ff。

156 转引自 Osborn, *Hineingeworfen*, S. 117；说这段话的人是战后的一名银行

---

① 注释中"参见本书"后面的页码为原书页码，即本书页边码。

职员。

157　Beumelburg, Ypern, S. 35.

158　相关数据见 Keegan, Der *Erste Weltkrieg*, S. 193 与 197。

159　Müller, *Regierte der Kaiser?*, S. 67.

160　转引自 Walther, *Endzeit Europa*, S. 103。

161　同上，S. 103。

162　转引自 Hüppauf, «Schlachtenmythen», S. 56。

第三章

大战的意义与目的

在 1914 年 7 月末，人们已经看出战争即将爆发，而且范围不会仅限于巴尔干地区；继俄国、法国之后，英国政府也于 8 月初动员了军队。这时德国就面临一个问题：它实际上并没有理由非要和半个欧洲作战不可，而且它打这场仗也得不到什么特别明显的好处。现在，这场战争必然给民众带来许多不必要的负担和苦难，所以这一切必须有个合理的说法；最重要的是，政府还要鼓动民众按政府的要求做出牺牲——最好能让他们赴汤蹈火，在所不辞。所以对于"德国为什么要参战，牺牲了战士的生命能得到什么"这样的问题，政府必须给出有说服力的回答。当然，政府可以说，为了跳出所谓"大国的包围圈"，我们一开始动用了外交手段，现在则要动用战争手段——这么说也没错，但不足以调动民众的积极性。

战争的另一方要动员民众则容易得多。俄国政府不仅可以说"南斯拉夫的兄弟与本民族休戚相关"，还可以向公众阐明，俄国有可能通过战争控制博斯普鲁斯海峡，从而完全打通去往地中海的通道。自从伊凡四世（Ivan Ⅳ）以来，这一目标就是俄国政治不可分割的一部分；它和某种帝国意识形态息息相关，这种意识形态认为，莫斯科就是**第三罗马**：如果沙皇能控制**第二罗马**，也就是君士坦丁堡，俄国的使命就完成了。[1] 这种意识形态

可能对俄国的农民没什么吸引力，但它对贵族和资产阶级的影响却很大。法国参与战争的目的就更明确了：他们想报 1870~1871 年普法战争的一箭之仇，将德国占领的阿尔萨斯—洛林地区重新收归法国版图。[2] 被德国侵略的经历仍历历在目，抵御侵略、反击敌人的任务也迫在眉睫，此外，"收复失地"更是要求民众报效国家最强有力的理由。让英国政府解释战争的意义和目的则比较困难。官方的说法是要捍卫比利时的中立地位，但从根本上

说，英国要捍卫的是它从19世纪初一步步打拼出来的霸主地位，这一地位因德意志帝国的崛起而开始动摇。于是英国指出，他们现在必须维护他们一手建立起来的秩序与规则，即"**英国统治下的和平**"（Pax Britannica），使其免受所谓普鲁士军国主义的威胁。在英国的战争目的大讨论中，阻止德意志帝国侵略他国、为德国人带来文明就是核心论点。[3]

不过，在所有参战的大国中，德国最难回答"战争意义"的问题。它的盟友奥匈帝国毕竟还能以王储遇刺为由，理直气壮地对塞尔维亚开战，[4]但德国不一样，它并没有什么诉求是非用武力解决不可的。所以，政府必须想办法发掘这场战争的意义与目的，或者直接编造一个目的。于是，知识分子开始努力发掘战争的意义，这批人以神学学者、哲学学者为主，还有许多广义上的人文学者。这也导致德国阐释战争的文献比任何国家都要多。许多神学学者——不管是大学教授还是教区牧师——都加入了讨论并发挥了重要作用，这是因为威廉皇帝作为普鲁士国王，本身也是普鲁士新教教会的首领。此外，这些神学学者本能地觉得，他们应该将"自我牺牲"的思想应用到军事事务中。哲学学者则十分重视前人留下的德国唯心主义思想。费希特（Johann Gottlieb Fichte）认为，事件的价值（属于"意义"层面）和功能（属于"目的"层面）是通过行动产生的，而依据黑格尔（Georg Wilhelm Friedrich Hegel）的传统，事件的意义是在历史进程中被解读出来的，也就是说，我们只需理性地观察这场战争，辨认出作用于其中的"历史理性"（Vernunft der Geschichte）。[5]

/ 217

和其他国家相比，德国更倾向于从神学、哲学的角度阐释战争的意义，这固然与教会的地位、德国唯心主义的影响有关，但这些只是**前提条件**，而**根本原因**在于，在政治（或经济）层面，德国发动战争的理由根本不充分。为弥补这一缺陷，德国人开始从神学和哲学的角度建构战争的意义，建构方式是追寻事物的"本真"（Eigentlichkeit），这意味着淡化发动战争的真正理由，让战争上升为目的本身。一个人如果接受了这种思路，确信这场战争本身就有意义，就不会再企盼政府通过妥协结束战争。对他们来说，这件事没什么值得协商的，[6]它是为了实现一个更高的计划，是上帝的工作，目的是捍卫文化、拯救人类。德国人的悲剧就在于，他们不得不建构这场战争的意义，"发掘"它的价值，从而证明发动战争与否并不取决于政治需求——这至少体现在，他们以"上帝的工具"自居，认为"战争将开创已然临近的'德意志时代'"，而马堡哲学教授保罗·纳托尔普（Paul Natorp）就持这种观点。[7]这种神学和哲学层面的意义建构将战争与政治剥离开来，这意味着它不必受德国政治的支配，德国人也不必为此承担政治责任——它不过是一个结果早已被预料到的事件。

如果战争不是为了获得政治或经济利益，而是被赋予了更高层次的意义，[8]那么人们也就有机会根据自己的喜好来决定它的目的，甚至会把一些相互矛盾的目的强加给它。在德国内部，推动战争目的大讨论的与其说是政府，不如说是各自独立的利益群体，尤其是学者和知识分子；由于战争缺乏实质性的政治目的，人们便试图通过阐释战争的内涵来弥补这一缺陷，这导致讨论趋于失控。帝国首相贝特曼·霍尔韦格试图通过审查来控制这场讨论的火候，这意味着各种战争目的要以呈文形式递交给首相，但呈文的部分内容不久之后就泄露出去了，而且在消息灵通（或自以为消息灵通）的圈子里流传。

在这种情况下，人们可能会以为，战争目的是德意志帝国从一开始就追寻的目标。例如，泛德意志协会（Alldeutscher Verband）和相关的政治评论家曾经提出，德国应该推行兼并、扩张的政策。[9] 而事实上，在 1914 年夏天以前，他们不得不加大传播力度来弥补政治影响力的不足。[10] 然而在研究文献中，学者往往援引泛德意志主义者的言行来证明，德国具有扩张的野心，而且受野心驱使有计划地发动了战争；而协会主席海因里希·克拉斯（Heinrich Claß）和军事作家弗里德里希·冯·伯恩哈迪二人便是德国扩张政策活生生的证据。[11] 然而在 1914 年以前，伯恩哈迪的作品《德国与下一战》（*Deutschland und der nächste Krieg*）总共只卖出了 7000 册。和积极反对帝国主义扩张的社会民主党相比，泛德意志协会只是一个弱势的组织，它的代表们也一次次抱怨机构的政治影响力不足。[12] 不过上文已经提到，正因为这场战争缺乏实质性的政治目的，各群体对战争目的的讨论才一发不可收拾，而泛德意志主义者也是其中一个群体。不管这场讨论如何发展，总体的趋势就是，它并不为战争提供广阔的蓝图，而是后知后觉地根据战况调整风向：1915 年，德军在东线取得巨大胜利，于是讨论的焦点立刻转移到东线，并且由于德国占领了俄国的城池，人们开始幻想德国可以成为中欧和东欧举足轻重的政治力量，并且这种观点越来越受到追捧。

要说哪些动机决定了这场讨论的方向，那么诡诈和恶毒的分量远远比不上天真和愚蠢。这一点没有人比马克斯·韦伯看得更清楚，他形容这场战争目的大讨论就是一群文人在不负责任地胡说八道，其中有些人也趁机"赚了一笔"：他们"制造出相当多的'观点'，让人们在战场上为之流血牺牲"。[13] 作为一名狂热的民族主义者，同时也是德国"世界政策"的拥护者，韦伯的批评尤其值得重视。[14]1916 年 4 月他写信向他母亲倾诉，说他特别难受，因为"在你所有的儿子中［……］我的'战争天性'最为明显"，却因为年龄问题，不能带领一个连赴前线作战，只能成为海德堡一所军医院里的军官。[15]韦伯看出，对战争目的的讨论已经不受控制，他也提醒人们当心可能产生的后果。在这场讨论中，他看不到真正的政治和政治家必须具备的要素：态度务实且富有激情，行动时充分考虑后果，能够自我批判和自我监督。那些空话则只能在政治上授敌以柄，它们却广为传播而且造成了很大影响，韦伯认为这是德国政府软弱无能的结果。这并不是在谴责贝特曼·霍尔韦格这个人（事实上，韦伯支持霍尔韦格的方针，认为那是正确的），他批评的是帝国的机构组织形式。如果说战争开始之前，帝国首相一直忍受着自上而下的压力，也就是皇帝的喜怒无常和心血来潮，那么他现在遭遇的就是自下而上的压力——那些来自经济界和科学界的文件与备忘录源源不断地提出新的战争目的，雄心一个比一个大。事实上，这场讨论一失控，造成的政治影响可能和施里芬计划一样糟糕。

在讨论战争目的、寻找战争意义的过程中，有个问题虽然不是每一次都被提出来，却相当重要：到底谁才是"真正的敌人"？是俄国，英国，还是法国？[16] 从 1915 年到 1917 年，人们一直在争论德国的战争重点到底在西线还是东线，这也和这个问题密切相关。大部分社会民主党人以及像马克斯·韦伯这样的自由派都认为俄国是主要的敌人，因为它是反动势力的据点，在过去 100 年里，这个独裁的国家镇压了东欧和中欧所有解放运动和进步运动，俄国的数千名知识分子和作家也被流放西伯利亚或被迫流亡西欧。[17] 直到 1919 年，韦伯还坚持认为针对俄国的战争"是值得称道的，那些将它［俄国］击垮的德国将领，他们的功绩将永载德国史册"。[18] 如果有人像韦伯一样，把俄国当成主要敌人，那么他们会因为德国与英国作战而深感遗憾。在他们看来，与俄国作战是不可避免的，尤其是因为是俄国首先下达动员令并宣战的，从这个角度来看德国打的是一场防御战，而且德军在东普鲁士作战的情况也可以证实这一点。但从同样的立场出发，他们认为与英国作战是个错误，也是德国政府能力不足导致的。

另一些人——比如马克斯·舍勒（Max Scheler）和维尔纳·桑巴特（Werner Sombart）——则认为英国才是真正的敌人，因为在英国，"空洞的物质主义"与"不受约束的功利主义"相结合，对德意志的价值观以及德国唯心主义构成了威胁。[19] 这种阐释其实接近政治保守主义的观点，对德国人来说，它强调的是捍卫我们原有的生活方式，抵制冷酷无情的盎格鲁－撒克逊资本主义。持这一观念的人一方面提倡建立国家社会主义，走欧洲中部独立发展经济的道路，从而摆脱英国对国际经济的操控；另一方面他们也同情俄国某些作家和知识分子，这部分人警告俄国人不要完全"西方化"，呼吁捍卫俄罗斯精神。一战前后，德国对陀思妥耶夫斯基（Fyodor Mikhailovich Dostoevsky）作品的接受就体现了这种"俄国观"。[20] 以英国为头号敌人的论断是"德意志特殊道路"的来源之一。[21]

当然，对大部分德国人来说，法国才是头号敌人，这不仅是因为法国境内的战斗最为激烈、在法国北部阵亡的人数最多；更重要的是，两国都想占有阿尔萨斯—洛林地区，所以所有人都会认为，德国对法国开战是自然而然的。不过，仅仅为了这个地区，1914 年的战争也打不起来，可是一旦战争爆发，法国和德国成了敌人，那么阿尔萨斯—洛林就会被看作双方争夺的目标：

法国人想夺回领土，而德国人不但不会拱手相让，还想继续占领1871 年洛林地区留归法国的部分。此外，托马斯·曼（Thomas Mann）还提到"法国文明"与"德国文化"是对立的，[22] 这其实是从形而上的层面解释战争原因，但这种原因远不能与领土争端相提并论。

要理解德国这场混乱的战争目的大讨论，我们必须清楚了解各派对"真正的敌人"的不同看法。如果我们把讨论中提出的某个目的当成真正的战争目的，并据此做出一系列推论，那么迟早会发现其中的自相矛盾之处；如果我们把这些目的放在一起，则可以嗅出一种狂妄的味道。原则上，我们不能完全否认德国内部存在狂妄自大的情绪，但我们也不要以为，这些不同的战争目的隶属于同一个"大计划"。更合理的解释是，德国地处欧洲中心，也因此面临政治困境，所以在这场讨论中，人们争相提出解决方案，这才导致战争目的泛滥成灾。

/ 国家宣战，民众热血沸腾

1914 年 8 月初，几十万人聚集在柏林宫殿门口，唱着爱国歌曲，德国的宣战让他们热血沸腾。皇帝在演讲中说，他认为在这场即将到来的战斗中"人民再无党派之分。我们中间只有德国人"，这时人群中爆发了一阵欢呼。后来，人们多次提到所谓的"八月热潮"（Augusterlebnis），而这就是其中最主要的部分。如今有些地区性或区域性研究质疑，"八月热潮"能否算是大部分德国人的共同经历，或者说是否存在这样的全国性事件。[23] 这些研究认为，8 月 1 日下午朝皇帝欢呼的人绝大部分来自中间阶层①，并且当时在慕尼黑、汉堡和法兰克福也有热情洋溢的集会，成员构成和柏林一样；[24] 工人阶级和农民在事件中是边缘人群，或者根本就没有参与。在许多中小型城市，人们没有唱任何宗教歌曲或爱国歌曲，而是忧心忡忡甚至满怀恐惧地等待最新消息。

所谓的"八月热潮"真的不存在吗？有没有可能是政府为了宣传需要虚构了这个事件，编造出人们狂热迎接战争的场景，目的是掩盖战争来临时民众的惊恐不安？首先可以肯定的是，让人热血沸腾的爱国者集会不仅出现在柏林、慕尼黑或维也纳，也同样出现在巴黎、伦敦和圣彼得堡。协约国的部分民众也为战争的到来兴奋不已，不过相关的游行和集会基本上只出现在首都，参与者绝大部分也是资产阶级，这和欧洲中部两个国家的情况一样。[25] 这再次证实了莫德里斯·埃克斯坦兹（Modris Eksteins）的观点，即第一次世界大战至少在初始阶段是资产阶级的战争。[26] 资产阶级奠定了舆论的基调，并且在很大程度上影响了大家对战

---

① 属于资产阶级。

况的阐释。

德意志统一战争虽说受到了资产阶级的热烈欢迎，但仍然是国家元首通过军队发动的；1813年德意志解放战争的爆发固然有作家、知识分子鼓动的成分，但也还是基于皇家的决定。不过，自从18世纪末19世纪初以来，"内阁的战争"就逐渐转变为"人民的战争"，为了保卫祖国，或是为了摆脱外国的统治，所有男性都被征召入伍——用德国人的话说就是"国王呼吁，天下响应"[27]。从19世纪初以来，欧洲发生的战争如果得不到人民支持，就不可能取胜——这主要意味着，政府必须调动资产阶级以下阶层的积极性。这时，主动权还掌握在政府手中，而资产阶级会留意，不让本阶层承担过多的兵役义务。[28]也就是说，所谓的"天下响应"并不包括资产阶级的子弟。但这一切在1914年发生了变化。虽然重要的决定仍然是官府里的大臣们做出来的，但从这个时候开始，政府也不得不迎合聚集在广场上唱爱国歌曲的大批资产阶级公民。而赴沙场作战的也不再仅仅是贵族和下层民众，而是包括相当多的资产阶级成员。整个19世纪，欧洲社会在精神层面越来越推崇英雄主义，这种趋势在1914年夏天达到了顶峰。[29]人们想象自己可以舍身报国、建功立业，这形成了一股前所未有的强大力量，把整个社会凝聚在一起。

在七月危机期间，柏林、巴黎和圣彼得堡的居民在等待政府宣战的过程中愈来愈激动，他们已经对维持和平失去了兴趣。根据政治左派的分析，这与资产阶级的经济利益以及政府对大众的政治操控有关。这种观点从实际情况来看肯定是没错的，但用它来解释"八月热潮"则显得比较狭隘。毫无疑问，经济利益和政治操控都起了一定作用，但从总体经济利益来看，和平肯定是上上策，尤其是因为各国的国民经济已经交织在一起。而民众的爱国热情肯定也不是政府操控的结果；在当时的情况下，他们不再考虑物质利益，而是想象自己可以获得荣誉、声望和他人的尊重。[30] 这种想法将他们引入了牺牲者的思维模式；他们将牺牲自我，以回应 8 月 1 日政府发出的号召和人们在这一天所唱的歌曲。至于要做出多大的牺牲、具体牺牲些什么，这些参与集会的人还一无所知，但无论如何，民众当时的情绪并非由利益所引发，而是出自甘愿牺牲的精神。在 8 月 1 日，英雄主义的社会迎来了自己的庆典。

在德语中，"牺牲"一词有双重含义，它们在大多数其他的欧洲语言中必须用两个词来表达：一是被动地"成为牺牲品"，这带有一定的宿命色彩；二是"自我牺牲"，是不顾惜生命地为他人付出，是为解救他人而不惜一切代价。拉丁语中就存在"**牺牲品**"（victima）和"**祭品**"（sacrificum）的概念，而几乎所有欧洲语言中都存在由这两个概念衍化而来的词语，这两者就代表了"牺牲"的两重含义。"牺牲"一词的多义性也给我们的分析带来很多启发：8 月 1 日参与集会或自动聚集的群体，有的被**受害者**情绪所笼罩，有的则始终洋溢着**献身**的热情。前者包括小城市里自行聚集的居民，他们满怀恐惧地等待柏林传来最新消息，感觉国家把他们遗弃了。后者则出现在另一些地方，那里的人聚集庆祝，齐声唱着宗教歌曲和爱国歌曲来缓解紧张的情绪。在"八月热潮"之前也就是 1914 年 7 月下旬那段时间，人们已经注意到，在柏林、慕尼黑和汉堡，高档咖啡馆里的顾客开始反对乐手演奏轻松愉悦的乐曲，他们听到这样的乐曲会大喊一声或吹口哨打断；直到小乐队开始演奏军乐或赞美诗，顾客们才重新平静下来，通常还会跟着旋律大声唱歌。[31] 在他们齐声唱歌的时候，**受害者**心态就自动转化成**献身**的热情。[32] 刚开始在咖啡馆里一小群人中间发生的事，没过多久就通过"八月热潮"波及一大群人——被受害者情绪笼罩的社会，转变成为一个勇于**献身**的集体。

相关研究一致认为，在资产阶级的推动下，献身精神才成为社会上最重要的美德。那么对于一个高举英雄主义的社会来说，它的自我认知将因此受到怎样的影响？一些历史学家认为，人们自发聚集或参与集会的现象被错误地用来代表**全体**德国人的感受，而由此产生的政治神话与战争初期的实际情形其实毫不相干。这些学者其实是将"民意"和"压倒一切的民众情绪"混为一谈了。献身的精神之所以受到热烈欢迎，是因为它能提供某种意义，而这正是受害者心态所欠缺的。随着战争的发展，这种情况可能会改变，但在一开始，兴奋感和乐观自信的心态还是占了上风。茨威格是亲身经历过那个时代的人，他反对战争，却这样描述那几天的情况："成千上万的人还从来没有像那天那样，感觉他们是一个共同体，虽说在和平时期，他们本应更好地体会这一点。一座200万人口的城市［指维也纳］，一个5000万人口的国家［指奥匈帝国］，其中的人在那一时刻感觉自己正在共同经历世界历史，正在共同经历一个再不会重现的时刻，每个人都感觉受到了召唤，将渺小的'我'融入沸腾的大众当中，清除一切私心杂念。在这短暂的时刻，兄弟般的感觉奔涌着，淹没了一切因为地位、语言、阶级、宗教而造成的差异。［……］每一个单独的人，都在经历自我意识的提升：他不再是先前那个孤立的个人，［……］他可以成为英雄，妇女们已经在向每一位穿上军装的人致意［……］。那种惊涛骇浪如此凶猛、如此突然地向人类袭来，它泛着泡沫，将人类身上那些昏暗、无意识的原始欲望和本能推到光天化日之下［……］。这种狂热或许还包含了另外一些黑暗力量：献祭的欢娱和酒精的麻醉，冒险的乐趣和虔诚的信仰，还有附着于旗帜与爱国主义言辞的古老魔法，全混杂在其中。有那么短短的一刻，这种势不可当、用语言难以描述的千百万人的如醉如痴，为我们这个时代最大的罪行注入了狂野而近乎迷人的动力。"①33

用法国伦理学家与宗教社会学家们提出的"大型庆典"模式来解释这种"狂野而近乎迷人的动力"或许最为恰当。在远古时代，这类庆典让时间"返回原点"，消弭群体生活中的裂痕：人们试图回归他们所认为的社会的初始状态——人与人之间没有纷争，没有敌意，社会是一个和谐的整体。34 学者们将这类庆典解读为关乎集体心理健康的仪式，在这一仪式中，一切秩序被暂时颠覆，最下层的人或事物得以跃居顶层。这类远古时代的庆典在古代仍然牢牢占据一席之地，而如今的狂欢节就体现了我们对这种庆典的记忆，35 只不过某些程序在狂欢节习俗中表现为玩乐与逗趣儿，在远古时代则是神圣、庄严而又血腥的——那时，必须献上活生生的祭品。这些仪式象征着时间返回原点，喻示社会在一次次循环中不断恢复活力，但仪式的过程相当残酷，因为许多时候社会（乃至整个世界秩序）的更新必须通过人祭来实现。在距离战争爆发还有一年的时候，伊戈尔·斯特拉文斯基创作的芭蕾舞剧《春之祭》在巴黎首演，现在看来，当时作者似乎对后来发生的事产生了某种神秘的预感，因为这部舞剧凸显了"以牺牲个体来挽救整体"的理想：36 画家尼古拉斯·洛里奇（Nicholas Roerich）对亚洲民族的神话和礼俗有特殊的亲近感，他说服斯特拉文斯基，斯基泰人（Scythians）和蒙古人的春季盛典——通过献祭使土地成圣——应当成为下一部芭蕾舞剧的素材。斯特

/ 228

---

① 译文参考民主与建设出版社 2017 年版《昨日的世界：一个欧洲人的回忆》第 9 章，有修改。

拉文斯基创作的节奏沉重的音乐让人联想到革命与战争，而在整部作品中，暴力和毁灭成了正当的手段，因为它们可以让社会重新焕发生机：人们将一位年轻女人献为祭物，从而挽救了整个陷入动荡的群体。[37]

我们可以认为，1914 年 8 月 1 日的集会和游行意味着献身精神已成为社会上最重要的美德；和远古时代用于"更新秩序"的庆典相比，这些活动拥有相同的内在逻辑，只不过人们没有立刻献上祭品，而是过一段时间才献上。"八月热潮"与远古庆典最相似之处在于，人们在庆祝他们放下了纷争与冲突，迎来了崭新的道德空气，并最终将异质的社会重新变回同质的集体。这种解读几乎不去考虑人们紧张的心情，以及人们对未来的担忧和恐慌。尽管对绝大多数人来说，恐惧和担忧或许才是最真实的感受，但这段日子之所以富有意义，是因为一种节日般的氛围将受害者心态变成了献身精神。因此我们有理由认为，许多人虽然在 8 月 1 日这一天感觉害怕、抑郁，但事后回想起来仍会觉得，这一天就是某个神圣事件的中心。直至后来，越来越多的人意识到他们将输掉这场战争，一切牺牲都将付诸东流，这时他们想起"八月热潮"才会有不同的感受。

总之，当时的人认为，此刻发生的一系列事件将造就某个意义无法估量的伟大历史进程，而这种阐释模式当时占据了绝对优势；从它的角度来看，"八月热潮"称得上一段神话。[38] 当时发生的具体事情，还有人们的感受，都被吸纳到这个制造神话的阐释模式之中，经过它的修饰，那些经历和感受就不再是偶然，而被赋予了意义，个人也得以参与到某些了不起的事情中。这样，也唯有这样，在这个神话被广泛接受以后，对 1914 年 8 月最初那几天的回忆才能在每个个体心中唤起相似的情感。这种情感几乎是约定俗成的，谁拒绝它，就会被看作整个事件的局外人。既然"八月热潮"被描述成一段神话，关于它的记忆也就有了信念的支撑，并且在很长时间里，人们都受这段神话的影响，甘愿为英雄主义社会贡献力量，并将这件事视为己任。

/ 战争的意义：团结人民，净化风气

　　许多人似乎都觉得，7 月末 8 月初的一系列事件在德国起到了净化心灵的作用：[39] 8 月 2 日，各个工会决定在战争期间放弃罢工，也不再为工资抗争。所以，很明显，在德国宣战以后，社会民主党即便想发起全国性罢工，也已经做不到了。之前在 7 月，社会党国际（Socialist International）的各个党派还重申，他们决定共同阻止冲突演变为一次大规模战争；在政府对德国军队进行总体动员的前一天，赫尔曼·米勒（Hermann Müller）①和社会民主党领导层的一位同志去了巴黎，想了解法国的社会主义者在国家宣战时做何反应。米勒掌握的信息显示，这部分人普遍认为这场战争是为了保家卫国。[40] 法国社会主义者与德国社会民主党人不同，他们可以说继承了 1792 年和 1871 年的革命传统，而且参与政权的机会也相对较多。到这一刻，所有因素已经表明，就算是社会民主党人也必须为保家卫国的事业尽一份力。况且沙俄已经首先进行了战争动员，在那之后，德国工人党派的领导干部们再也无法阻止战争的发生。剩下的唯一一个问题是，针对国家发行战争债券一事，社会民主党在帝国议会要投赞成票还是弃权票。最终，由于社会民主党议会党团的绝大多数成员赞成发行战争债券，所以 8 月 4 日，议会党团在德国议会中一致投出赞成票。在危急时刻，用议员胡戈·哈泽（Hugo Haase）的话说，社会民主主义没有"置自己的祖国于不顾"。[41] 这一说法让当时的许多人颇感惊讶，因为社会民主党人在不久之前还发起群众集会，公开反对战争。在 7 月的下半月，有数十万名社会

---

　　①　德国政治家，社会民主党成员，后两度出任德国总理。

民主党的支持者在街上示威游行，对战争和维也纳的"战争发动者"表示抗议；最后，在7月28日，游行队伍甚至出现在柏林的菩提树大街上。在那里，支持战争的民族主义者和反对战争的社会民主主义者都试图用歌声盖过对方的声音：一方唱起了"守卫莱茵"和"呼喊声似电闪雷鸣"；①另一方针锋相对，高唱"弟兄们，让我们奔向太阳，奔向自由"②以及"来啊，崇尚正义与真理的人们"③。⁴²而双方竟然没有在街上打起来，这几乎是个奇迹。当然我们也可以说，德国的社会民主主义者没有动武，而是用"资产阶级"的方式，仅仅通过唱歌与对手过招，这说明他们的革命精神还远远不够。

当然，人们无法确定这个工人党派是否会一直表现得这么温顺，所以政府大力强调，在业已爆发的战争中，德国不仅是被侵略的一方，而且它已经为阻止这场战争竭尽所能。"有人怀着极大的恶意将一场战争强加给了德国，"8月4日，宫廷牧师恩斯特·冯·德吕安德尔（Ernst von Dryander）在帝国议会一次会议的开场布道中这样讲道，"理性尚存且愿意思考的人在追问，是什么原因导致这场仗非打不可，却一无所获。为了不让整个世界蒙受这巨大的苦难，我们的皇帝日夜操劳，但一切都是白费力！"⁴³第二天，根据威廉二世的授命，人们在每一处布道讲坛宣读了他的声明；他在声明中表示，他是"迫不得已"才"拔剑出鞘，抵御一次没有任何正当理由的入侵"，为的是让帝国不

---

① "呼喊声似电闪雷鸣"是爱国歌曲《守卫莱茵》（*Die Wacht am Rhein*）的第一句。

② 出自由俄语翻译成德语的工人歌曲，德语版本即以本句命名（*Brüder, zur Sonne, zur Freiheit*）。

③ 《德国工人之歌》，调用马赛曲（*Deutsche Arbeiter-Marseillaise*），本句为首句。

至灭亡，并捍卫民族尊严。"说到战争因何而起，我自认问心无愧，"皇帝反复申明，"我在上帝面前也深信我们是正义的一方。敌人的入侵迫使德国人民奋起反击，保卫祖国，为此我们将不得不献上我们的财产与热血。[……]我从少年时代就懂得要信靠我主上帝，所以在这段危急的日子里，我深深感觉我需要跪在他面前，祈求他的怜悯。"[44] 这话听起来很谦卑，但实际上却不是如此。威廉皇帝其实打心眼儿里认为上帝**必须**站在德国人这一边，因为他们"在和平的状态下"遭到了侵略。很明显，他恰好击中了德国一系列知识分子内心的按钮。诗人恺撒·弗莱施伦（Cäsar Flaischlen）就认为，没有哪个国家能像德国"这么问心无愧"地参战；奥托·恩斯特（Otto Ernst）在 1915 年出版了一部关于战争的论文集，他认为既然德国问心无愧，那么胜利就有了保障："我们获胜的前提在于我们是清白的；我们也必定获胜，**因为**我们就是清白的。"[45]

政府向民众阐明这是一场防御战，一方面是让民众在上帝面前问心无愧，但更主要的目的是让社会民主主义者也投入这场战争。在 8 月 5 日宣读的声明中，威廉皇帝表示，人民在 1866 年和 1870~1871 年的战争中曾支持过他的祖父威廉一世，现在他希望人们能予以他同样的支持，"在这场战斗中忠诚不二，团结一致，不畏牺牲，坚定不移"。[46] 在那之前，由于帝国议会要针对发行战争债券一事进行投票表决，皇帝和首相对社会民主党高层宣布了"国内和平政策"（Burgfriedenspolitik）：只要国家还受到敌人威胁，国内各党派就应当停止斗争。然而，帝国政府与最大反对党合作的矛盾点在于，民族主义的力量会因此受到遏制，也就是说，德国虽然可以用武力抵御侵略，但必须放弃兼并主义方针。社会民主党议员爱德华·达维德（Eduard

David）记录了他和内政部国务秘书克莱门斯·冯·德尔布吕克（Clemens von Delbrück）的一次谈话，其中提到社会民主党希望自己付出的忠诚能得到回报，而他们最期待的"回报"就是政府废除普鲁士的三级选举制度。[47] 所以，社会民主党人投票赞成发行战争债券，这在政治上相当于提供预付款，这笔钱早晚要以另一种方式收回来。因此，政府方面对社会民主党也存有戒心，他们不太确定后者的下一步棋会怎么走，也担心对方会开出高价，而自己却无从拒绝。威廉皇帝在 8 月初的演讲中恳请民众消弭分歧，就是为了对社会民主党保持一定的控制力，希望能以较低的代价换取他们的支持——或者能不付代价更好。[48] 事实上，三级选举制度直到 1918 年 11 月才被废除，那时德国在军事上已经全面溃败。

　　不过在一开始，许多人都希望工人阶级与国家的和解能让德国焕然一新。在《新德国的工人阶级》（*Die Arbeiterschaft im neuen Deutschland*）这部文集中，历史学家赫尔曼·翁肯（Hermann Oncken）和弗里德里希·迈内克（Friedrich Meinecke），还有法学家格哈德·安许茨（Gerhard Anschütz）以及哲学家恩斯特·特勒尔奇（Ernst Troeltsch）就论证了这一观点。[49] 而几乎所有谈论"八月热潮"的文章都会强调"国家内部奇迹般地团结一致"：党派之间达成了一致，各阶级与阶层之间达成一致，最终各教派之间也达成了一致。甚至在许多人看来，1914 年的战争简直就是第三次帝国统一战争——帝国的统一大业自俾斯麦起始，如今将通过这场战争来完成。

　　一篇以战争为主题、措辞带有宗教色彩的布道是这样说的："战争之手何等神奇！人类竭尽所有思虑与辛劳都无法做到的事，战争只消挥舞一下魔法棒便做成了——它让所有德国人团结在一起。在别人对我们宣战的时候，上帝也在德国人民内部赐下和平。［……］让我们像这场战争致敬！它为我们带来了内在的和平，带来了社会的和平。这是主的作为，我们目睹了一个奇迹！"[50]古典语文学家乌尔里希·冯·维拉莫维茨－默伦多夫（Ulrich von Wilamowitz-Moellendorff）在他题为《战争之初》（Krieges Anfang）的演讲中也欢欣鼓舞地说道："融洽的氛围出现了；所有人都团结如同一人，无论你是国王，还是每个党派中排在最末的成员。"[51]直到 1917 年秋天，阿尔弗雷德·德布林（Alfred Döblin）① 在谈及 1914 年 8 月时还表示："战争让整个民族成为共同体，长期的和平却做不到这一点［……］。这个民族共同体超越了社会等级与阶层。它的力量战胜了一切，并且每时每刻都在增长。"[52]在距离马恩河战役还有几天的时候，托马斯·曼写下了散文《战争随想》（Gedanken im Kriege），他在文中提道："整个民族实现了前所未有的团结，这种团结声势浩大，让人如痴如狂。他们心甘情愿地准备接受最深刻的考验——心甘情愿，而且极端坚定，这或许是各民族历史上从未有过的。在安逸的和平年代，仇恨成了一种精神上的追求——它现在去了哪里？"[53]

然而，不是所有人都认为国家要与工人阶级合作，毕竟这种合作要求国家在政治上做出让步。另一种思潮则认为这场战争可以"净化德国的社会风气"。[54]它的重点不是和社会民主党"**以物换物**"、进行利益交换，或在政治上做出妥协，而是战胜物质主义和阶级仇恨，正如这类标语所说的。从这个角度来看，发动战争并不意味着国家要面临改革的压力并对社会民主党做出让步；相反，这场战争将扭转、净化民众的思想，所以国家未必要

---

① 德国小说家，散文家。

考虑补偿和让步的问题。在这里，"净化"和"变革"是对立的：既然战争可以净化社会风气，国家就不一定要实行政治改革，而可以让一切保持原状。

这种观点对"八月热潮"的解读是，它将集体的情谊、牺牲的精神、死亡的神圣与必胜的决心联结在一起，这种联结必将给德国带来希望。马克斯·韦伯在《宗教社会学文集》的《中间考察》（*Zwischenbetrachtung*）一文中强调了从以上角度来看战争的力量究竟有多大："战争将暴力的威胁变成现实，因此，在现代政治的共同体中，它让人热血沸腾，激发了集体主义精神，人们因此甘心委身于更高的目标，战斗者们愿意无条件地集体赴死；不仅如此，人们还普遍对困顿者表现出怜悯与爱，这种爱甚至冲破了所有天然存在的界限与隔阂——由于战争爆发，这一切都成了普遍现象。而只有在遵循博爱伦理的英雄集体中，各宗教激发的精神情感才能与此相提并论。除此之外，由于每个战士对自我价值的认识不同，战争还可以赋予每个人一些独特的东西，这是因为这个人可以通过战争获得意义感、体会死亡的神圣，而这种感觉是独一无二的。"[55] 韦伯可以理性分析战争中不断发展壮大的集体精神和牺牲精神，其他人却强行用他们的意识形态来解释这种转变。他们认为之前的和平年代实际上是世风日下、灵性堕落的时期，在这一时期中，利己主义和贪图享受的风气大行其道。早在 1912 年，弗里德里希·冯·伯恩哈迪就提出，战争的存在"是必要的，它可以改善社会风气"，还表示"政治理想主义才要求发动战争，物质主义在理论上至少是抵制战争的"。他明确指出，长时间的和平并不是一件好事："越来越多的人变得自私自利，暗中算计别人，物质享受导致理想主义趋于衰落。金钱的力量无限扩张，已经超出了合理范围，而高尚的品德却未

/ 235

得到应有的重视。"⁵⁶ 伯恩哈迪所说的和平时期，实际上就是资产阶级价值成为主导、贵族价值观——他所说的"高尚的品德"——日趋式微的时期。贵族阶层不甘心被边缘化，不甘心就此走向衰落，往往就要求通过战争来"恢复德国的道德水准"。

教会的期望是，战争不仅要净化人们的心灵，还要让人们回想起宗教的重要性，并且再度走进教堂。他们期望，在这场战争中，并且通过这场战争，社会民主党的支持者能重新成为忠实的基督徒。其中，马丁·基尔（Martin Kiehr）的一篇文章比较有代表性，这篇文章于战争开始后不久发表在新教报刊《宗教改革》（*Reformation*）附带的一本小册子上。文章认为，德国对外宣战等于是解救了整个民族："社会民主党人喊着'前进'，还说'再怎么无所作为，和平也总比战争强'，这都是白费力气。'德意志，德意志，高于一切'的歌声在街道上此起彼伏，民众欢呼喊着'奥地利万岁'。这才是德国人民。他们奋起如同一人，为了答谢他们的盟友，用雷鸣般的欢呼声来答谢。而且，看哪：日耳曼的战争之灵（furor germanicus）已经飞往敌人的阵地。"⁵⁷

他关注的重点不在于社会民主党是否投票赞成政府发行战争债券，而在于——用当时的话来说——工人阶级应当抛弃社会民主党编造的谎言。所以，基尔根本没考虑过，政府可能需要对社会民主党让步；在他看来，让社会民主党的追随者逐渐疏远这个党派才是上策。这与柏林神学教授赖因霍尔德·泽贝格（Reinhold Seeberg）的思路相吻合，他后来成了一名坚定的兼并主义者，主张无论如何都要在胜利的基础上议和；他曾说："生命之光被裹在一个漆黑的口袋里，可是光芒驱散了黑暗——它要报告胜利的喜讯。在腥风血雨的上空，永活的灵魂跳着轻快的圆圈舞，唱着铿锵有力的歌曲，歌颂世界历史的进步，歌颂更

加强大的德国。而我们，我们也可以成为其中的一员。"⁵⁸

　　在海德堡神学家路德维希·莱梅（Ludwig Lemme）看来，战争不仅拓宽了德国的强盛之路，还将终结"物质主义引发的贪婪""社会风气的腐化"和"审美水准的堕落"："如我们所见，"回顾和平年代，他这样说道，"许多人竟然把摧毁整个宗教当成最崇高、最重要的使命［……］；［……］人们在道德上如此自负，竟不以解放肉体为耻，［……］还把道德沦丧当成一种新的道德来歌颂；［……］每个家庭只生育一到两胎的现象大肆蔓延，不仅如此，群众集会的演说者竟胆敢公开鼓吹新马尔萨斯主义（neo-Malthusianism）①；［……］巴黎糜烂的生活作风已经侵蚀了我们的大学校园。我们不禁要问，社会腐化堕落至此，难道不会招致上帝公义的审判吗？"⁵⁹

　　事实上，人们从不同的观点出发建构了战争的意义，认为战争遏制了社会发展的某些不良趋势；尽管各人提到的趋势完全不同，但总的来看，战争就成了救世主，将人们从长时间的堕落中挽救出来。哲学家马克斯·舍勒就写道："第一声'奋起作战'的呐喊就是对自私心肠的一记重击，它的力量甚至超过了天使的语言。"在他看来，和平时期人们更关心彼此的差异，更在意谁拥有的多，谁拥有的少，而忘却了他们共有的东西，还有那些把他们联结在一起的东西。"和平年代为人类的贪欲、对名利的追逐以及攀比之心提供了温床；事实上，正是差异的存在［有人得的多，有人得的少］让人们一直苦心经营。［……］相反，战争让我们从睡梦与盲目的追逐中醒来，我们终于意识到我们是谁，我们拥有些什么。我们的欲求变少了，爱却变多了。"⁶⁰

---

①　这种理论以马尔萨斯的人口学说为基础，但主张通过避孕来节制生育，从而限制人口增长。

战斗开始几周以后，托马斯·曼在散文《战争随想》中总结了战争的所谓"净化作用"，还提到战争可以拯救德国和欧洲。他认为战争虽然是一场灾难，但这场灾难是必要的，因此也是富有意义的。"我们对这场战争缺乏信心，我们的政治见地不足，所以意识不到欧洲的这场灾难是必须发生的。而作为有道德的人——对，作为这样的人，我们看见上帝的惩罚已经来临，甚至，我们在渴望它的到来；我们从内心深处感觉到，这个世界，我们的世界，不能再这样下去了。"对于过去几十年，托马斯·曼的批判极为尖锐，毫不留情："这个丑恶的世界已经不复存在——或者说一旦风云突变，它将不复存在。精神的毒虫难道不是像蛆一样，爬满了它的表面吗？文明的腐化物难道不是在它里面发酵，散发出阵阵恶臭吗？"[61] 希腊历史学家修昔底德（Thucydides）在被奉为典范的伯罗奔尼撒战争研究中指出，战争会破坏道德秩序，让人心变得麻木，以致人们不能敏感地分辨善与恶、美德与陋习；托马斯·曼却认为这一切是在和平环境中产生的："道德成了另一种形式的腐化。看起来正派的人到处都是，但正派只是一种很微弱的愿望［……］。苦难扭扭捏捏地装出一副道德高尚的样子；思想败坏的人成了'善'的代表，以致暴虐的事情发生，这让好人们感到害怕、困惑，以致他们也开始做不法的事。"这场战争让世界的大厦轰然倒塌，因为这个世界本来就应该毁灭，也必定要毁灭，这样人类才能恢复之前的道德水准，获得新生的力量。"难道艺术家，还有藏在艺术家体内的战士之魂，不应该为和平世界的消亡而赞美上帝吗？这个世界已经让他厌倦，厌倦到了极点！"[62]

人们认为这是个自私、物化、虚谎、堕落的世代，而扭转风气的第一步，就是把牺牲精神发扬光大。在建构战争意义的

马克斯·舍勒是德国最杰出、最高产的哲学家
之一。1915年，他发表了作品《战争的非凡之
处》（Der Genius des Kriegs），他在文中
尝试从哲学的角度解释当时发生的一切（所谓
"发生在道德世界里的独特现象"）。舍勒认为战
争可以遏制功利主义和资本主义社会唯利是图
的观念，所以他把英国看作德国真正的敌人。

过程中，这被看作理想主义的表现，人们为之欢欣鼓舞。作家里夏德·德默尔（Richard Dehmel）就因为战争社会中越来越多的人"乐于牺牲自己"而深感振奋；诗人卡尔·布塞（Carl Busse）甚至觉得"牺牲带来的极度快乐"让人神魂颠倒。牺牲精神被看得十分崇高，人们认为它将使整个道德风气焕然一新。[63] 在战争动员的第一天，海因里希·莱尔施（Heinrich Lersch）写下了诗歌《送别战士》（*Soldatenabschied*），[64] 其中的叠句部分——"纵然吾等赴死，德国必定长存"——可以代表当时社会的精神面貌。牺牲不仅仅意味着献出自己所爱、所看重的一切，也意味着去解救这个国家——战士们死了，德国却将因此获得新生。例如恩斯特·巴拉赫（Ernst Barlach）就觉得"这种崇尚牺牲的氛围仿佛在宣告救赎已经来临"。"牺牲是一种乐趣，甚至是最大的乐趣。[……]它是神圣的，是献身给一切，是一种救赎。如今，德国人如果心甘情愿地牺牲自己，他那颗热切的心就能体会到无上的幸福；这种心甘情愿的态度出自内在的意志与抉择，因此是十分必要的。"[65] 画家弗朗茨·马尔克（Franz Marc）当时自愿加入军队，成了西线的军官，在那里一直战斗到1916年阵亡；对他来说，战争最重要的意义也在于牺牲。当然，在1914年底，他已经把这种牺牲理解为欧洲"民族共同体都要经历的流血牺牲"，也就是说它并非德国人所独有。"世界渴望洗涤自己，它想要打这场仗"，因为"这场战争并不像报纸和政治家先生们所说的，是同盟国和某个外部的敌人在打仗，也不是一个种族和另一个种族在打仗；这场大战实际上是一场欧洲内战，是和欧洲精神那看不见的内部敌人在作战"。[66] 在这里，牺牲的思想脱离了所有政治目的，它和这场战争一样，成了目的本身。

从神学的角度来看，牺牲的思想总是与惩罚以及悔改联系在一起，而且没有哪个参战的民族能逃脱上帝的审判，这和马尔克的观点，即欧洲人不分民族都要做出牺牲，有相似之处。1914年12月13日，天主教在德国的主教们发表了一封牧函，牧函中这样说道："这场战争是**对所有民族的审判**［……］。它将现代反基督、不信神的文化呈在上帝的审判台前，让人看到这种文化其实是无用、空洞、缺乏根基且存在缺陷的。**不过令人担忧的是，这种文化也侵入了我们的祖国**，作为一种超级文化，它的所有内容都不符合基督教以及德意志的价值观，也很不健康；它用外部的装饰掩饰了内在的腐朽，它赤裸裸地追求金钱和享乐，它做出的超人式的举动既狂妄又可笑，它不知羞耻地模仿国外那些已经**被污染的文学和艺术**，以及那些下流、病态的**女性时装**。这是我们人民的过错，因此也是我们的一大过错，且是最大的过错。我们必须为此悔改，也需要［耶稣为我们］赎罪。①" 67

　　为表示悔改，人们有义务做出牺牲，这种牺牲也被安上各不相同的理由和目的。在马尔克看来，它可以帮助尼采主义所说的超人价值体系实现突破；而主教们在牧函里则直接把超人价值体系看成罪恶，要求人们为此而悔改。不过，既然上帝要求所有民族悔改，那么哪个民族在战争中最"乐于做出牺牲"，能"从牺牲中体会到最大的幸福"，他们就能得到上帝的帮助并赢取这场战争。在这方面，德国绝不能输给别的国家。"德国人民优良的精神传统——"1914年8月5日，一名姓尼尔森（Nielsen）的牧师在基尔（Kiel）布道时这样说道，"仍然存在，它被唤醒了。［……］现在，命运正在叩门，乐于牺牲、忠贞不贰、严肃认真、笃信上帝这些美德已经苏醒，它们让一个民族变得有价

---

① 方框内文字为译者所加。

值。人们不分老少，纷纷入伍参战，没有人情愿掉队，也没有人想要退缩。[……]主啊，愿你与我们的人民一同踏上这艰险的道路！在这条路上，我们中的许多人都将牺牲自己。[……]我们所企盼的胜利，请求你赐予我们。请赐予我们的战士勇气和信心，好让他们至死都忠实地履行义务。"[68] 在 8 月 1 日，神学家阿道夫·冯·哈纳克（Adolf von Harnack）已经对柏林大学的学生们说道："既然现在战争那沉重如铁的脚步已经临近，我们要如何应对？我们只需看一看街上的情景！那里的民众安静，坚定，而后又雀跃欢呼。我们进入了全民都乐于牺牲的时代。"[69]

事实上，如果德国要与一个人力和物力都胜它一筹的联盟作战，那么这种愿意牺牲，或者说"乐于牺牲"的精神是必需的。大家似乎从一开始就认为，德国要与对手抗衡，就必须具备更坚强的意志，必须在道德上更加无可挑剔，并且更忠实地履行义务，尤其还要更加乐于牺牲：[70] "舍弃自私的欲求，舍弃个人的财产，舍弃以自我为中心的意志，这是上帝和祖国对我们所有人的第一要求。"[71] 在人们看来，普及牺牲精神不仅可以让社会风气焕然一新、让理想主义重获生机并战胜物质主义，而且是德国与"整个世界的敌人"作战的前提。就这一点来说，人们既要建构战争的意义，也要提升道德水准并以之为武器，两者缺一不可，并且互为前提。1914 年 8 月 8 日被皇帝指定为"针对战争的悔罪祷告日"，福音派牧师特劳布（Traub）在这一天提道："我们有信心取胜，这种信心并非基于［……］军队人数以及备战情况，也不是因为相信军队足够强大。毕竟其他国家的士兵和军舰比我们的还要多。"[72] 1915 年 6 月，德军夺回了利沃夫。蒂宾根（Tübingen）神学教授保罗·武斯特（Paul Wurster）认为，这印证了上帝要善待德国，也已经悦纳德国人做出的牺牲："主为我们做了大事！［……］**要向主唱一首新歌！**东线的敌人自恃人数众多，但他们的计划已经破灭。**勇士不能因力大得救**（诗篇 33:16）①。我们的敌人肯定以为，来自维斯瓦河彼岸的飓风足以将我们吞没！他们以为，他们的人马不计其数，可以把我们压死，而见识、内在的美德、正义和良知都帮不上忙，只有

---

① 本句采用和合本圣经译文。

人数决定了一切。可是他们错了，我们中间持怀疑态度的人也错了，他们以为只有人马众多的一方才能获胜，才被上帝眷顾。[……]耶和华使列国的筹算归于无有，使众民的思念无有功效（诗篇33:10）①。"[73]

当时，强大的敌人包围了德国，企图置它于死地，德国人民必须完全凭借自身的力量进行战斗。这样的政治、经济局势让有些人想起圣经旧约中以色列人面临的困境。所以，有些布道将德国人置于上帝选民的地位，并认为上帝以战争为工具来实现他在世上的计划，也就不足为奇了。德国开始在西线取得胜利以后，身为吉森大学（Gießener Universität）校长的神学家萨穆埃尔·埃克（Samuel Eck）围绕以赛亚书7章9节"你们若是不信，定然不得立稳"②布道，说："如果我们向手持天平审判众民的那一位献上感恩，就必定在生活中更加笃定，因为我们获胜正是出于他的旨意。我们为此而感恩。我们别无选择。如果不是他的旨意，我们就无法为胜利而感恩；如果不是他的旨意，我们也不想为胜利而感恩。我们只愿在感恩的同时谦卑而又自豪地知道：上帝确实与我们同在，我们战士的武器与心灵，我们战争行动的计划与目标，都为上帝的思想和意志所指引。他，世界历史的主宰，拣选了德国人民，他也需要他们——需要我们去践行他的旨意，他要通过我们施展他的力量。[……]上帝与我们同在，他认为我们配得去执行并完成他宏大的旨意。"[74]

埃克和其他一些人都在演讲或文章中提到，上帝拣选了德国人民作为他的工具，并亲自把剑递到他们手中，[75]但他们并没有说清楚，上帝使用德国人是要实现什么目的。上帝的目的

---

① 本句采用和合本圣经译文。
② 本句采用和合本圣经译文。

不可能仅仅是改变欧洲或全球的权力结构，而应该和某个崭新的历史时期有关。1914 年 11 月，社会学家格奥尔格·西美尔（Georg Simmel）在斯特拉斯堡做了题为"德国的内在转变"（*Deutschlands innere Wandlung*）的演讲，他指出战争的意义在于遏制"玛门主义"（Mammonismus）①，催生新人类。他认为，虽说德国即便赢了这场战争，"经济上也相对落后"，但这种相对而言的穷困并不是缺点或不幸；相反，有了这个前提，德国才不至于重复 1870~1871 年战争结束后的发展模式——毕竟经济繁荣年代② 已经成为"国民经济高速增长、投机现象严重、物质主义大行其道的代名词"。在"玛门主义"泛滥的时期，人们不仅把金钱看成一种工具，而且开始"崇拜金钱和物价"。一旦"金牛犊③ 变得至高无上"，历史发展就偏离了应有的目标。在西美尔看来，这场战争给了德国人第二次机会，这一次，他们要为新人类的诞生创造条件——这里的新人类不能与现代人混为一谈。西美尔相信，在人类历史上，德国人将成为一次巨大进步的先行者，理由是"我们的人民正是因为这场战争才终于团结一致，成为一个整体，并以这样的面貌跨进新兴德国的大门"。[76]

/ 244

通过"八月热潮"，他更加确信，德国过去虽然在某些事情上一次次失败，但这次一定可以成功。

至于德国具体应如何达成目标，西美尔并未从政治角度进一步阐述，而马克斯·舍勒在《战争的非凡之处》一书中则指出，

---

① 即拜金主义。见圣经马太福音 6:24："一个人不能侍奉两个主，不是恶这个、爱那个，就是重这个、轻那个。你们不能又侍奉神，又侍奉玛门。""玛门"指财利。

② 狭义上指 1871~1873 年。

③ 圣经中以色列人曾为自己铸造的偶像。

格奥尔格·西美尔是德国社会学的奠基人之一，他研究了这场战争对于民族团结的意义，并希望它能遏制日益泛滥的个人主义价值观。他认为，如果这场战争具有某种意义，而不是仅仅为了杀死敌人、摧毁有价值之物，那么我们应当能够通过它建立一种崭新而崇高的社会秩序。西美尔是犹太人，所以他在德国的大学职业生涯长期受阻；战争开始前不久，他才被斯特拉斯堡的帝国大学（Reichsuniversität）聘为教授。离战争结束还有几周的时候，他在斯特拉斯堡去世。

德国要做的就是与英国资本主义抗争。舍勒也论述了1870~1871年战争结束后，德国为何没有出现文化和道德层面的繁荣，而是在某种程度上完全符合尼采悲愤的说法："'德意志帝国'的存在导致德意志精神被割除。"[77] 舍勒认为经济繁荣年代的不幸在于，"就在我们的国民政治迅速发展的同时，以英国模式为范本的世界性资本主义也开始进入高峰时期，并且这种资本主义形式迫使我们在国民经济以及'国际政治'领域遵循另一套规则，［……］这套规则从根本上讲是英语民族在国际竞争中［给德意志精神］强加的负担，是**违背德国人本性的**"。就此看来，舍勒反对资本主义不是出于国际主义立场，而是专门针对实行某种"社会"秩序的国家和民族。在现在进行的战争中，德国不是要和英国竞争，而是要"摆脱被迫与英国竞争的状态"。舍勒也没有忘记补充："如果有任何一方把英国看作现代高度发展的资本主义的发源地并对其开战，那么这场战争针对的其实就是资本主义及其弊病。"于是他得出结论：在协约三国中，英国是最主要的敌人，所以德国一定要与英国战斗到底，直至分出胜负。针对俄国的战争则是一场守卫文化、反抗暴政和野蛮行径的"圣战"；而针对法国的战争是一场光荣的战争，德国人应当尽快通过单独媾和结束这场战争，"凭借德国的大度与欧洲的智慧达成和平"，必须这样做的原因在于，德国如要守护欧洲，就离不开法国的帮助。但针对英国，德国人"有责任发起一场干净彻底的战争，将自由和独立自主的权利归还给欧洲"。目前欧洲各国的均势是由英国控制的，是英国商人思维的典型产物，这些商人把鲜活的力量当成冷冰冰的数字来计算，而他们要做的就是保持收支平衡。"他们不把自己当成欧洲的一分子，只想承担'清算'欧洲事务的工作，这样的要求无比放肆，不过它拥有富丽堂皇而又占据了伦理高位的标签：上帝赐予英国特殊的历史使命，要他们保护'弱者的权益'。"至于说英国参战是为了保护比利时的中立地位，这在舍勒看来，是英国人口是心非、表里不一的又一例证。英国的资本主义基本价值观也体现在国家与军队的关系中：对英国人而言，士兵"不过是商人的先锋"，所以英国并没有孕育出战斗精神，而只是孕育出了强盗精神。"整个英国哲学，不管是军国主义哲学还是和平主义哲学，都将战士与强盗混为一谈。[……] 英国人从内心深处渴望将岛上的关系模式推广到全世界，[……] 他们也由此推论出，所有战争 [……] 的起因都是追逐经济利益，这是不足为奇的。"同样，英国人对普鲁士—德意志军国主义的批评（一部分英国知识分子宣告说，英国的战争目标是"将德国从波茨坦精神 ① 中解放出来"）[78] 也不过是他们岛上的军队—国家关系模式在意识形态层面的表达，在这种模式中，军队只是为贸易活动提供武装保护，或充当殖民掠夺的工具。[79]

柏林经济历史学家维尔纳·桑巴特是《现代资本主义》（*Der moderne Kapitalismus*）丛书的作者，他在作品《商人与英雄》（*Händler und Helden*）一书中将舍勒的这一思想演绎得更为极端。在书中，他认为战争爆发的原因是英国的"商人价值观"与德国的"英雄价值观"之间存在根本矛盾，而德国的英雄价值观也赋予了这场冲突真正的意义。由谁来统治全世界的海洋，这并不是"人类亟待解决的重大问题；更重要并且关乎人类命运的问题是，商人精神和英雄精神到底谁更强大"。前面提到，由于这场战争缺乏政治目的，所以德国人不得不拼命赋予它意义，这一点在桑巴特这里表现得淋漓尽致："商人和英

---

① 指普鲁士的军国主义等传统。

雄，这两者存在巨大的反差，同时也构成了世界上人类所有价值取向的两极。商人［……］在思索生命时问的是：生命，你能给我些什么；他想要索取，想要以尽可能少的代价获取尽可能多的收益，想要利用生命做一桩有利可图的买卖；这一切导致了他的贫穷。面对生命，英雄问的则是：生命，我能给你些什么？他想要施与，想要燃尽自己、牺牲自己，而不要回报；这一切让他成为真正富足的人。商人只关心'权利'，而英雄只关心他应履行的'义务'。［……］英雄的美德是［……］'施与的美德'：勇于牺牲、忠诚不渝、胸怀坦荡、心存敬畏、英勇无惧、信仰虔诚、服从权柄、纯洁善良。"在桑巴特看来，商人与英雄之间的战斗不亚于一场拯救世界的战斗：在战争开始之前，商人的文化几乎就要征服全世界，而资本主义则是它用来一步步侵占世界的工具。"英国人民最先染上这种称为'商人世界观'的疾病。不过这种英国式疾病又继续传播，更重要的是现在它已经对德国人民构成了危害。"桑巴特也认为这场战争意味着自我净化，是在向腐化、败坏的风气开战。在战争开始之前，这样的风气愈来愈泛滥，以致德国人中最好的那部分也陷入了悲观厌世的情绪中："我们已经确信，人类快要走到尽头；他们在地球上不过是苟延残喘，这种处境十分让人不快，人会因此失去尊严，变得如蝼蚁一般；而商人精神就要强行占领世界上大部分地区；'最后的人'即将来到，他们说：'我们把幸福发明出来了。'并眨了眨眼睛。①"但战争爆发了，拯救了德国人，好让他们再去解救整个人类。80

---

① 出自尼采《查拉图斯特拉如是说》一书中"查拉图斯特拉的序言"。翻译参考中国华侨出版社 2017 年版以及江苏凤凰文艺出版社 2017 年版。

/ 为"德意志精神"辩护

德国的战争论文就像是知识分子的"原罪",从许多具体案例来看,事实也确实如此。毫无疑问,德国的学者和知识分子从一开始就努力反驳英法作者针对德国"野蛮行径"和军国主义的指责。1914 年 8 月 8 日,哲学家亨利·柏格森(Henri Bergson)在题为《这场战争的意义》(La Signification de la Guerre)的学术演讲中摆出了协约国的基本观点,他指出人们必须保卫法国文明不受"德国野蛮人"的侵害:"我们已经开始了这场针对德国的战争,这实际上是文明与野蛮之间的战斗。所有人都能感受到这一点。"[81] 在协约国建构战争意义的过程中,主导的观点就是反抗德国军国主义与野蛮行径。"你们到底是继承了歌德的精神,还是继承了匈人王阿提拉(Attila)的精神?"1914 年 9 月 2 日,罗曼·罗兰(Romain Rolland)在写给格哈特·豪普特曼(Gerhart Hauptmann)①的公开信中问道。[82] 就连俄国沙皇(他率领着当时欧洲规模最大的军队)也宣布"消灭德意志军国主义"是俄国的战争目标之一。[83]"笔尖上的战争"本应成为军队战争的一面镜子,② 但自德国入侵中立国比利时以后,德国知识分子在舆论战中就不得不采取守势,并且他们被迫守卫的阵地根本不堪一击。他们坚决驳斥指责德国"野蛮"的言论,至于有关军国主义的指责,他们不避锋芒,而是直接把"军国主义"当成对德国的褒奖。他们要么指出,是协约国的包围迫使德国不得不奉行军国主义政策,要么宣称必须借助军国主义才能保护欧洲文化不受从"亚洲草原"涌来的"乌合

---

① 德国剧作家、小说家。
② 如果军队采取攻势,"笔尖的战争"也应采取攻势,但德国的情况却相反。

之众"威胁。有些学者甚至把军国主义奉为德国人的基本特征。
"的确,"像托马斯·曼就写道,"德国人的灵魂中具有某些最深
刻而且非理性的东西,因此,其他肤浅的民族会感觉或断言德国
人让人烦恼、不安、陌生、反感,像一个未开化的民族。这种元
素就是德国的'军国主义',是道德上的保守主义,是军人的道
德感;它令人恐惧,又具有英雄色彩;它拒绝承认文明精神就是
最终的也是最合乎人类尊严的理想。"[84] 托马斯·曼自己创作的
作品也充分体现了他的这种军国主义倾向。[85]

很显然,对军国主义的批评让德国知识分子和作家深感不
安:他们之所以喋喋不休地强调德国科学文化的优越性,从根
本上说,是因为西方作家要求他们与普鲁士军国主义划清界限,
而他们要对此做出回应。他们越发坚定地表示拥护军国主义,
并宣称"魏玛和波茨坦"的结合① 是坚不可摧的,因为——他们
断言——文化和科学的繁荣要靠强大的军事力量来保障。历史学
家赫尔曼·翁肯和奥托·欣策(Otto Hintze)将军国主义等同
于普遍义务兵役制,并且补充说,德国处在欧洲中心,随时可能
受到威胁,所以必须依靠一支全民参与的军队和强大的军备力量
来保障自身的安全。[86] 但他们忽略了一点,就是法国实行普遍义
务兵役制的力度比德国要大得多。左翼自由主义者格哈德·安
许茨写道:"外部世界越来越多的人用军国主义一词 [……] 来
谩骂我们,以此表达对我们的反感,但对我们来说它是荣誉的
象征。"[87] 1914 年 10 月 4 日,一批科学家、艺术家和作家共 93
人签署了《对文化界的声明》(*Erklärung an die Kulturwelt*),
宣言提道:"我们的敌人虚伪地宣称,这次战斗针对的是我们所

---

① 魏玛是文化的象征,而波茨坦代表军国主义

德军入侵了比利时并镇压了当地平民的反抗，因此，协约国方面称德国"对比利时施暴"。随后，美国为鼓励民众认购战争债券设计了一张海报，将"施暴"的比喻描绘成现实中的强暴行为：图中的士兵戴着钉盔，显然是个德国兵，而他手中拽着的比利时姑娘几乎还是个孩子。向德国军国主义发起"十字军东征"的想法在这幅图中得到了有力体现。在正式战败之前，德国已经在宣传领域输掉了这场战争。

谓的军国主义，而不是我们的文化，但**这不是事实**。没有德国军国主义，德国文化早就从地球上灭绝了。这个国家几百年来一直受到侵扰，它在这方面吃的苦头没有哪个国家能相提并论，所以它的军国主义脱胎于它的文化，并成为文化的守护者。**德国军队和德国人民是一体的**。这一共识让 7000 万德国人摒弃教育背景、社会地位和党派方面的差异，变得亲如兄弟。"[88]

大多数针对德国的批评，基点是相同的，即把波茨坦和魏玛、俾斯麦和歌德、军队和科学对立起来。所以当时的人认为，批评者试图再次在德国内部制造分裂。在德国人看来，英、法知识分子发表声明便是以另一种形式继续挑起战争，目的是破坏德国人不久前才实现的团结和统一。对此，德国科学家发起了猛烈的反击。1914 年 10 月 16 日发表的《高校教师声明》(*Erklärung der Hochschullehrer*) 表示："德国的敌人，尤其以英国为首，企图将德国的科学精神与他们所说的普鲁士军国主义对立起来，还自称是为我们着想，这让我们满腔怒火。"后面的回应，从言论本身来看，显得极为傲慢："我们相信，唯有德国的'军国主义'在战斗中取得胜利，整个欧洲文化才有未来；军国主义是指一个和睦而自由的民族拥有的美德：严守纪律、忠诚不渝、乐于牺牲。"[89]

公开承认要借助武力来传播德国文化，这在政治上是相当不明智的做法，因为人们从中可以依稀看出德国人内心深处存在很深的伤痕，并且他们只是固执地保持骄傲。在这方面，托马斯·曼的《战争随想》就是很好的例子。他在文中承认"西方文明"和"德国文化"是对立的，并解释说德国人是欧洲"最专注于内在的民族"，并且"作为一个擅长形而上学、教育和音乐的民族，他们更关心的不是政治，而是道德"。随后，托马斯·曼突然笔锋一转，发表了以下既出人意料又不可思议的言论："不过，在内心深处，我们的道德主义和军人精神是紧密相连的。没错，在其他文化的最细微处、在它们的艺术中你都能看到一个趋势：它们完全接受那种体面的、被文明驯化的形态；而德国军国主义本质上就是德国道德的表现形式。"[90]

在西方知识分子对德国的批评中，军国主义被描述成欧洲民主的威胁，由此可以得出结论：针对德国军国主义的战争就是保卫欧洲民主的战争。后来，美国总统伍德罗·威尔逊（Woodrow Wilson）宣布美国参战的核心目标是维护民主，当时他也使用了这种论证模式。尽管德国人认为这些针对战争的辩护词表里不一，不过是为了掩人耳目——毕竟，法、英两国还不是和欧洲威权主义（authoritarianism）① 大本营也就是俄国结盟了，[91] 但他们还是感觉，对方仿佛击中了他们政治上的"阿喀琉斯之踵"。有人站出来解释说，德国民主制度之所以不健全，是因为德国面临的地理政治形势较为特殊，这也决定了它需要一个强大的政府；[92] 托马斯·曼也再次引用了他所说的德国人"专注于内在"的观点：1918 年他出版了《观察一个不问政治的民族》（*Betrachtung eines Unpolitischen*）一书，并在书中创造出"受权力保护的内在生活"（machtgeschützte Innerlichkeit）这一概念作为德国文化的标志。[93] 其他人，比如马克斯·韦伯和恩斯特·特勒尔奇，他们一方面承认德国的民主和议会制度确实存在缺陷；另一方面则坚持认为这些只是德国的内政问题，还强调说，在战争中德国受这些问题的影响最严重，因为它们在很大程度上阻碍了德国施展自己的全部力量。[94]

---

① 介乎极权政治与现代民主政治之间的一种过渡型的政治体制。

不管德国的知识分子选择了什么策略，他们始终处于守势，在辩论中从未真正掌握主动权。这在马克斯·舍勒为德国军国主义所做的辩护中就可以看出来。他的出发点是，对手"指责德国'军国主义'贪得无厌，并认为我们的胜利会'对民主制度和整个世界'构成根本性危害；现在，通过这样的指责，我们的敌人试图宣称他们是更加正义的一方"。对此，舍勒尖锐地反驳道："他们对我们实施了这么多年的包围政策，现在竟敢拿军备问题来指责我们，这其实是在无耻地谩骂一个处在最危急时刻的民族。"针对这种"自相矛盾且厚颜无耻的言论"，舍勒从两个相互独立的观点出发，做出反击。首先，他指出德国军国主义是"一个集体的特定生活方式的存在形态"，他们更看重内在的高贵而非利益和舒适感，更看重荣誉而非具体的好处，更看重权力而非暴力。即使近年来所有欧洲国家并未掀起"让人不堪忍受的扩充军备热潮"，这种"观念上的军国主义"在未来仍有它的意义：它将成为最坚固的堡垒，阻挡如洪水般泛滥的资本主义精神、嫉恨的伦理以及对财富的贪欲，还有人们永无止境的占有欲。根据舍勒的观点，德国军国主义无非就是对功利主义的有力回绝，这也是对西方或者说英国表示拒绝。

/ 253

舍勒还从另一个观点出发做出反击，这个观点针对的是东面的俄国。他指出，即使欧洲内部成立了"西欧合众国"，因而没有发生军备竞赛，德国仍有必要保留军事霸主的地位，这样才能防范俄国对西方的威胁。"消灭德意志军国主义，意味着削弱欧洲用于防范俄国和蒙古部落威胁的武装。从过去到现在，欧洲为所有自由而崇高的文化提供了土壤，而消灭德国军国主义就意味着剥夺欧洲的文化旗帜，并把它交给美国。"而德国的邻邦至少要明白，德国军国主义"虽然'带有悲剧色彩'，却是一种必要的存在，它代表人们牺牲了自由自在的生活"，因为"德国所处的位置和德国人内在的特质决定了上天要赋予它某种使命，所以我们必须为此做出牺牲"。说得这么露骨，这么咄咄逼人。不过在最后，舍勒也反对把军队架构和军人特殊的职业道德应用到社会生活中。他指出有一种军国主义把"所有崇高的天赋和才能"都用在"私人的经济生活中"，这等于是在过度地推崇"资本主义精神"——"战后，德国将拥有强大的民主制度，那时，不断清除这种'军国主义'将成为德国民主制的首要任务；而我们的民主制也认同，唯一有益的军国主义，即军队的军国主义，是必不可少的"。[95]

其他国家还对德国的"野蛮行径"发出了指责，因为德军在入侵比利时期间炸毁了勒芬的内城和兰斯的大教堂，而且劫持并杀害了人质。在这方面，德国知识分子的反驳也没起什么作用。外界对德国文化界所能发出的最严厉的控诉，就是宣称它隶属于一个野蛮的政权，何况协约国在宣传战中还用"对比利时施暴"这样的措辞来强调德国的"野蛮"，而且用富有表现力的漫画来描绘这种行径：德国士兵举着手枪，强迫半裸的比利时女人与其发生性关系；一名头戴钉盔的士兵得意扬扬地挥舞着帝国的军旗，他的脚下是死去的比利时平民。[96] 德国人感觉自己就成了那些"野蛮部落"的一员——过去，这些东方部落涌进欧洲，欧洲人不得不奋起反抗，以保卫自己的文化。之前，柏格森的学术演讲就在德国文化界引起了巨大骚动，因为"野蛮人"一词历史上特指危险的日耳曼蛮族，而柏格森却在描述当前局势时用了这个词。事实上，在 15、16 世纪，人文学家针对德国人在文明上相对落后、继承了蛮族精神这些问题发起争论，最晚在这个时候，

"野蛮人"一词才带上了谴责的意味。如果说从政治和经济角度来看，德国的权力扩张得不到认可，那么德国人至少希望自己的国家可以被称为文化国度。

　　因此，在以话语和图片为武器的宣传领域，德国学者和知识分子毫无悬念地输掉了这场战争，因为他们对协约国的宣传太过耿耿于怀，以至于他们在反驳时往往既傲慢又充满自怜，而对他们最终要争取的中立者来说，这种态度是很难产生感染力的。例如弗里德里希·迈内克就抱怨说，人们把德国人描绘成"残暴践踏国际法的人、杀人放火的强盗、匈人、破坏分子等，因为我们从比利时经过，在勒芬和兰斯有一些军事行动——而我们根本就只是在最艰难的状况下做出了正当防卫，这些事在战争中是必然出现的。如果敌人处在我们的位置，一定也会这么做，而且会表现得比我们还无所顾忌"。迈内克列举了布尔战争中英国的战略，还有法国人的所作所为：他们把阿尔萨斯地区的德国公务员当成参战者逮捕起来；他还特别提到"俄国人在东普鲁士的残暴行径"——说到底，这才是"未开化的野蛮人做出的事"。"战争爆发以后，我们一些德国人还在国外，这时法国和比利时的民众以及政府机关开始残暴地对待他们〔……〕"；[97]和这一点相比，前面的例子都不算什么了，最后这种暴力"从根本上说是一种更为恶劣的野蛮行径，它是在文明的表象之下被孵化出来的"。在这里，"战争行为"和"战争中违反国际法的罪行"被放在一起比较，最后果不其然，对方的行为比我方要恶劣得多。这样的辩护实在没什么力量，但迈内克最想抓住的一点是，德国人毫不避讳地公开承认他们奉行以自我为中心的权力政治，而他们的对手却不是如此："法国人自大革命以来就掌握了一项神奇的本领：无论政府实际上做了什么，他们都能用豪言壮

勒芬的图书馆是欧洲最美的图书馆之一。藏书中最古老的是中世纪出版的图书。和佛兰德地区的教堂以及布匹商行一样，图书馆也见证了中世纪后期和近代前期这一地区经济、文化的繁荣。在战争中，德国军队以平民中潜伏着狙击手为由（这可能是真的，也可能是他们想象出来的）开战，整个图书馆也因此被烧成废墟。上图为战前巴洛克风格的阅览室，下图为建筑被焚毁后原入口大厅的情形。

语赋予它文明和文化的光环。为了窥探我们的炮兵阵地，他们在兰斯大教堂上面设置了观察哨，于是我们只好发射炮弹，试图清除这些对我们来说很危险的岗哨；这时他们就瞪圆了眼睛，向整个人类发出恳求的信号。你们这些伪君子，卑鄙小人！"[98] 在托马斯·曼看来，法国人控诉德军摧毁兰斯大教堂其实是法兰西民族女性化的表现，他们的诉求只有"妇女权益保护法"才能满足：首先他们动用一切手段挑起了战争，可一旦战争突然降临，他们又不愿接受它暴力、残酷的一面。"他们把兰斯建成了堡垒，他们在教堂的阴影中支起了大炮，他们在塔楼里安置了间谍，可一旦敌人朝这里射击，他们就尖声叫道：'救救文明！'"[99]

中世纪的民族志中多次出现了关于日耳曼民族的刻板印象，柏格森也隐晦地提到了这种印象，而马克斯·舍勒则追溯了这些说法，并且不假思索地指出，这种刻板印象其实是对这个民族某些特质的扭曲，而这些特质从根本上讲是正面的："罗马人对我们德意志人的这种指责几百年来反复出现，我们完全有理由拒绝接受；不过我想，我们德意志人的优点已经足够独一无二，所以我们不妨也承认，我们的民族特质中确实存在特定的缺陷［……］。德国人要生存下来太艰难了！"不过舍勒反对的是批评者（主要是英国人）把德国人称为"匈人"。舍勒指出："说到'匈人'，过去东方匈人入侵的时候，只有我们试图制服他们！"[100] 但舍勒忽略了，英国人不过是引用威廉二世在演讲中说过的大话来挖苦德国人：1900 年夏天，德军乘船前往中国镇压义和团运动，当时皇帝要求士兵们在中国壮大德国的声威，"使得所有中国人都不敢再带着怀疑和敌意注视一个德国人"。他还明确地建议士兵们以"埃策尔（Etzel）王 ① 率领的匈人为榜样"："你们碰到敌人，就直接把他杀死，不要手下留情，也不要俘虏他。"101

德国士兵在比利时处决人质的消息传开以后，德国人在敌人眼中就成了"匈人"，而有关德军"暴行"的传言又迅速加深了这种印象；102 在整场战争的后续过程中，人们对德国的印象一直是如此。有一部分知识分子签署了《对文化界的声明》，他们试图扭转这种局面，但没有成功。他们和迈内克一样，指出俄军在东普鲁士的所作所为也十分残暴，还援引了一种尚未被证实的说法，即英国军队使用了达姆弹——这种子弹可导致中弹者严重伤残，而根据《海牙公约》，这种子弹只能在镇压殖民地起义时使用，也就是说只能用于所谓"文明世界以外"的战争。103 **"有人说我们的军事行动践踏了国际法，但这不是事实。**我们的行动并没有什么过分残忍的地方。然而在东线，妇女和孩子被俄罗斯部落屠杀，鲜血浸透了我们的土地；在西线，达姆弹撕裂了我们战士的胸膛。"至于勒芬这座诞生于中世纪的城市被毁，罪责应由那些埋伏并袭击德国士兵、把他们杀死的人承担："有人说我们的军队在勒芬疯狂地烧杀抢掠，但**这不是事实。**［……］它那著名的市政厅仍然完好无损。是我们富有牺牲精神的士兵们守护了它，所以它才不至于被火焰吞噬。"104 托马斯·曼的论证方法与此十分相似；针对德军用大炮炸毁兰斯大教堂一事，他表示，"雅各宾党人统治下的法国文明"对这一"基督教文物"的态度十分冷淡，而"比起那些为了政治利益宁愿教堂被摧毁得更彻底的'公民'，那位不得不下令开炮

---

① 匈人的领袖和皇帝阿提拉的别名。

协约国大力宣传德军用大炮摧毁兰斯大教堂一事，目的是再次证明德国人就是未开化的野蛮人。德国方面则辩解说，法军违背《海牙公约》规定，在教堂塔楼上设置了炮兵观察哨，所以德军朝大教堂开炮是合法的。上图据估计摄于1919年，从图中可以看到教堂北侧，还能看到附近建筑物的废墟。1962年7月8日，夏尔·戴高乐（Charles de Gaulle）和康拉德·阿登纳（Konrad Adenauer）出席了在这座大教堂举行的大弥撒，此事也成为德法两国和解的标志性事件。

的［德国］天主教军官［……］血液里肯定流淌着更多对这圣殿的敬畏之情"。[105]

　　这样的回应或许可以减少自身的罪恶感，但几乎不能给态度中立的人留下什么印象。在双方的宣传战中，至关重要的一点在于，德国是首先入侵了中立国卢森堡和比利时。所以，和德国人说俄军在东普鲁士烧杀抢掠的报道相比，那些关于德军在比利时为非作歹的报道，不管它们是完全真实的，还是只有部分真实，或者完全是凭空捏造的，它们的说服力都要强得多。既然是德国人率先发动战争，那么即使比利时人的遭遇发生在他们身上，别人也会认为他们罪有应得。对这种理解模式，同盟国也无能为力，即使在自我辩护之后再加大宣传力度，甚至亮出"种族"这张牌，也无济于事；种族问题指的是，俄国参与作战的士兵有一部分来自中亚，而西线的协约国军队也包含殖民地部队——法国调来了阿尔及利亚和塞内加尔的部队，英国调来了印度的部队。《对文化界的声明》指出："他们和俄国人以及塞尔维亚人结盟，还面向全世界上演了可耻的戏码，即让蒙古人和黑人追捕白人；这些人最没有权利以欧洲文明捍卫者自居。"[106]

/ "德国式自由"

在政治宣传战的中心阵地，德国知识分子被迫后撤并转为防守，他们仅剩的机会就是开辟自己的舆论战场，并寄望于它能成为主战场。为此他们赋予自己的国家某种特殊地位，而且他们用"德意志文化"和"德国式自由"的概念来强化这种地位。在随后的讨论中，一种以德国为荣的"特殊道路"意识应运而生，它把德国地处欧洲中心这一事实拔高成一种精神上的优势。[107] 当然，俄国本来就被刻画成野蛮、独裁、"近似于蒙古"的国度，所以"特殊道路"其实是把德国和法、英两国区别开来。这一点主要体现为，在"德国式自由"的建构过程中，法国大革命所说的"自由"就算没有被全盘否定，至少也被弱化了。德国人把"1914 年"变成某种历史性象征，并且主要用它来抗衡同为政治象征的"1789 年"：自大革命以来，各国宪法的发展都要以法国为标准，人们也以法国为标尺衡量德国的政治水准。现在，"1914 年思想"之所以出现，就是因为德国要建立自己的政治标准，贯彻自己的价值观，它们将不同于法国大革命提出的标准和价值观。[108] 不过德国人还是借用了"革命"这一概念：面对战争动员和举国上下欢欣鼓舞的情绪，包括国民经济学家、社会学家约翰·普伦格（Johann Plenge）在内的知识分子就提出了"德国革命"的说法；他们认为这次"革命"的意义等同于 1789 年革命，但它与后者的区别在于，这是一次全民参与的革命，目标是社会主义的国家化。[109]

知识分子们以不同的方式强调，正是德国文化赋予了德国特殊的地位：有的人，比如托马斯·曼就在《战争随想》中对比了"德国文化"和"西方文明"，强调前者价值更高；另一些人，

/ 261

比如法学家奥托·冯·祁克（Otto von Gierke）则着重指出德国人对于"世界文化"的贡献。"如果我们拯救德国文化，为它注入新的活力，提高它的地位，那么我们同时也是在为世界文化尽一份力。德国文化能带给人许多灵感，少了它的血液，世界文化也会变得寒酸而且肤浅。没有哪个文化民族不曾从德国文化中汲取养分。"祁克还认为德国文化和法国、英国的文化不同，它不为自己争取优势地位，而是为其他文化提供发展的动力，帮助它们更上一个台阶。"我们明白，每样土生土长的文化都有其特殊价值，也认为文化多样性正体现了人类的富足。[……]那些英国人和法国人从骨子里以为自己的文化才是唯一合理的，但我们绝不会那样想。"[110] 祁克的话可以理解为，德国人被上天指定为欧洲文化多样性的守护者和捍卫者。这相当于在政治上提醒战争中那些保持中立的国家：只有让德国赢得战争（言下之意就是如此），欧洲才能维持文化的多样性。各国如果不想受俄国辖制，不想被法国管束，在文化方面也不想被英国商人"算计"，那么正确的做法就是在战争中支持德国。后来的"欧洲中心"的构想，包括弗里德里希·瑙曼（Friedrich Naumann）的观点也再次提出，欧洲文化的多样性需要一位强大的保护者，否则它就会被世上的强国吞吃殆尽。但祁克在这里要说的并不是"德国的世界性使命"，而是指德国要在欧洲中心守护欧洲的多样性。他的论据是，只有德国人才能把这种"多样性"的观念贯彻到政治领域，因为他们在文化领域中早已把这种观念看作理所当然。

恩斯特·特勒尔奇则提出了"德国式自由"这一概念，它是从祁克有关德国文化的思想中衍生出来的。当时，西欧式的"自由"备受推崇，而它强调个人自由，并认为政府意志仅仅体现了"个人意志的总和"，而"德国式自由"的定义与之针锋相对。特勒尔奇指出，"德国式自由"主要存在于"义务而非权利之中"，它源自民族的历史，最终将发展为"国家社会主义与理性个人主义（Bildungsindividualismus）的结合体"。[111] 根据特勒尔奇的观点，这种自由并非附着"在孤立的个人主义及其千篇一律的理性之上"，而是深植于"整个民族的生命"中，实现这种自由的途径是让"个体为这民族的生命而活，并成为其中的一分子"。[112] 在特勒尔奇的理论中，德国式自由意味着心甘情愿地履行义务，所以它不会全然拒绝西方个人主义式的自由。或者不如说，它将自愿的态度、个人的觉悟和义务、职责结合起来，所以这是对个人主义式自由的扬弃（dialektische Aufhebung）。特勒尔奇表示，德国式自由以康德和路德为基础。

我们也可以认为，特勒尔奇和其他知识分子之所以提出"德国式自由"的理念，是因为在德国的对手看来，西式的自由理念在德国这片土地上还未得到贯彻，而德国知识分子必须对此做出回应。但这一理念并非只是充当防御性武器，它还强调了德意志思想史的传统，将战争时期不得已的选择——为了集体只能牺牲个人利益——解释成德意志民族的特质。特勒尔奇所强调的"德国式自由"的特征不仅仅出自思想史，也出自社会史和政治史：德意志民族是实行**君主制**的民族，如果没有强大的政府，德意志帝国就不会成立，德国也无法成长为工业国家；德意志民族又是一个**尚武**的民族，如果没有一支强大的军队，任何地处欧洲中心的民族都不可能主宰自己的政治命运；德意志民族也是一个**勤劳**的民族，他们不像过着"退休式生活"的法国人和善于经商的英国人，如果没有秩序观念和组织才能，贫困的德国就不可能跃居强国之列；最后，德意志民族还是一个**充满责任感**的民族，他们具有严格的秩序观念。就这些方面而言，德国人有很强的国家社会主义倾向，而虽说秩序观念强的人可能感情冷漠且对上级一味屈从，但德国人的思想比较有深度，所以上述弊端不一定会出现。此外，家庭观念、家国情怀、同志情谊，也都是特勒尔奇所说的"德国式自由"的核心元素。

特勒尔奇把"德国式自由"定义为国家社会主义与传统的理性个人主义的结合体，[113] 而约翰·普伦格则大力强调"组织"这一元素的重要性，并欢欣鼓舞地认为"战争社会主义"就是未来的组织模式。[114] 这一模式要求个体把自己看作集体的一部分，努力融入集体，以集体为优先，并且乐于接受集体的安排，为集体所用。这一点，特勒尔奇认为需要借助德国人的内在生活和思想深度来平衡，而普伦格则认为它是"德国式自由"最重要的元素。这种自由也与1789年革命宣传的自由形成了鲜明对比。瑞典宪法专家鲁道夫·克吉伦（Rudolf Kjellén）的想法与普伦格相近，他针对法国大革命的口号"自由、平等、博爱"，提出了德国的所谓组织化口号，即"职责、秩序与正义"。[115]

我们可以像沃尔夫冈·蒙森那样，称"德国式自由"为"学术界高级学者幻想的产物"，[116] 或者像约阿希姆·米勒（Joachim Müller）一样，认为它是"威廉二世时期宪法架构和社会政治现实在意识形态领域的投射"，[117] 不过这种"自由"还隐含着一个内核，它正是社群主义理论中与契约主义相左的那部分精神，而且在后来的政治思想史上发挥了重要影响。社群主义的政治与社会理论于20世纪80年代由美国传入欧洲，它反对自由主义社会构想中的极端个人主义，强调集体的意义和社会团结的重要性。比起普伦格，特勒尔奇的思想更接近20世纪90年代的社群主义设想；普伦格则继承了费希特《封闭的贸易国》（Der *geschlossene Handelsstaat*）一书提出的乌托邦理想，并且他的构想和法西斯主义存在某种关联，不过也在某些方面和苏联共产主义相吻合。

国家社会主义构想的核心是遏制"曼彻斯特资本主义"①，而这一点绝不仅仅出现在约翰·普伦格的理论中。依据这一构想，国家将取代市场成为可靠的生产活动组织者，而人们劳动不再是为了获取利益，而是出于责任感与美德。资本主义的**社会**只是由单个的人集合而成的群体，这些单独的人都在追逐各自的目标，这让整个社会在不知不觉中成为一个整体；但在国家社会主义的构想中，**社会**的概念被**集体**的概念取代，这个集体把共同利益与人们的意愿、行为联系在一起。

"1914 年思想"将"集体"和"社会"这两个概念对立起来，这种做法源自社会学家费迪南·滕尼斯（Ferdinand Tönnies）的理论。滕尼斯认为，通过这种比较我们可以看出构建传统秩序与现代秩序的原则有何不同，还能看出现代社会中仍然存在传统的价值导向。[118] 他本人并不主张让社会退回"集体"的状态，只是想从概念上区分这两种在他看来非常基础的群体生活组织形式。当然，在战争开始前的很长时间里，人们已经产生出对"旧式集体"的怀旧情绪，他们希望通过复原这种集体生活来消除现代社会人与人之间的隔膜与疏离感。同盟国青少年发起的"候鸟运动"（Wandervogelbewegung）② 也宣传了这种集体生活，[119] 它意味着冲破现有的秩序，但并不是为了重回古代，而是为了开创更美好的未来。人们也会透过这种集体生活的经验来看待"八月热潮"

---

① 曼彻斯特资本主义主张自由经营，反对国家干涉。
② 从 1900 年到一战开始之前逐渐风靡德语世界的青少年野外徒步活动，宗旨是反对学校教育，崇尚自然，反对现代化和工业化。

在欧洲所有国家的首都，民众都热烈地与即将开往前线的部队道别。人们认为这场战争只会持续较短时间，只消等到圣诞节，士兵们就能打败敌人并且回家。上图为1914年8月2日在柏林拍摄的照片，图中，后备军人正前往转运军队的火车站。

和战争中的同志情谊：他们看到的是，德国的青年男性团结一致，共同踏上"伟大的旅程"。战争为人们提供了超越"社会"、重建"集体"的钥匙，这里的"集体"并非只属于某个历史阶段，而是将成为未来的生活组织形式。[120] 例如保罗·纳托尔普就兴奋地表示，在战争的催化下，"只能称之为社会"的群体得以朝纵深发展，并转化为"真正的集体"。[121]

从本质上讲，这其中也已经包含了后来出现的"民族集体"的设想。首先，在世纪之交，人们对社会的转型越发感到不适，而"集体"的概念回应了这种不适感，并在战争的语境中提出了赖因哈特·科泽勒克（Reinhart Koselleck）所说的新的"期待视野"（Erwartungshorizont），这种视野将战争强加在人们身上的负担和损失解读成人们为社会发展所做的贡献——一切都是为了那美好而富有意义的前景。其次，"集体"的概念点明了与西线敌人交战是基于什么矛盾：德国人要改变"社会"这种形式，将一种更高级的群体生活形式变为现实，而西线敌人就是"社会"的代表。再次，"集体"的概念否认战时经济组织形式具有"应急性"和"暂时性"特征，将这种组织形式转化为整个发展进程的初始阶段，而发展的目标是建立紧密团结的社会联盟。这种集体观念其实与社会主义概念紧密相关，只不过这里的"社会主义"脱离了马克思主义的国际主义语境，专为国家的需求服务。所以——也是这里要说的第四点——从这种集体观念来看，国家社会主义不是一个冷冰冰、一味追求效益的国家经济组织，而是带有一定的民族热度，而且表现出思想上的深度。"在危难的战争时期，社会主义思想在德国经济领域大受欢迎，"约翰·普伦格写道，"所以，我们整个民族富有主见地为全人类带来了1914年新思想，就是关于德国组织形式的思想，也是关于

/ 266

/ 267

民族共同体和国家社会主义的思想。"[122] 他认为，"崭新的德国"必定要将"德国式思想"化为现实，从而击碎个人主义式自由，战胜它背后的资本主义社会组织形式，所以，这场战争对德国而言就是"为拯救时代精神发起的十字军东征"。[123] 这次"十字军东征"恰好由德国人发起，这在纳托尔普看来并不是偶然的，他坚定地认为，"道德观念层面的社会主义在他们血液中并不比军国主义来得少"。[124]

　　很长时间以来，历史学家对德国的战争目的的评价都和"战争罪责大讨论"密切相关。如果一名学者主张德意志帝国应对战争爆发承担主要责任，那么他也会认为兼并计划就是德国政治的核心要素：这种兼并计划可大可小，最大规模是进行帝国主义扩张，最小规模则是在欧洲间接地取得霸权，而帝国政府推行的政策基本处在这两者中间，有时偏向这头，有时偏向那头。支持这一观点的关键性文件，是战争爆发几周以后帝国首相贝特曼·霍尔韦格起草的"九月计划"。例如弗里茨·菲舍尔就写道，"直到战争结束，德国的战争目的都以计划中提出的方针为基础"。最重要的是，当时德国刚取得了最初的一系列胜利，但菲舍尔认为，这份文件不是在那之后为与法国和谈而迅速起草的，而是体现了"当时德国经济、政治领域——还有军事领域——领导人物的想法"。[125] 另外，这份计划刚好在 1914 年 9 月 9 日，也就是马恩河战役结果见晓的那一天，被送往相关部门接受专业审核，所以菲舍尔认为这份计划体现了德国要如何扩大世界性影响力，并且它的内容是作准的——它公开了战争之前和战争期间德国政府的真实目的。[126]

　　菲舍尔及其门生认为"九月计划"已经确立了战争的目的，但事实上，德国的战争目的大讨论中出现了许多种声音，而"九月计划"不过是其中一种，何况在它出现的那个时间点，人们还相信德国很快就会打败法国。[127] "这份计划，"米夏埃拉·萨莱夫斯基（Michael Salewski）评论道，"是不成熟、自相矛盾的，人们不太可能把它当成工作的基本原则来执行——这一点贝特曼·霍尔韦格自己最清楚，所以他也没有太拿这份计划当真。"[128] 萨

/ 268

莱夫斯基说帝国首相"在马鞍上做了决定",并指出这份据说确立了基本方针的计划只提西线而不提东线——这有力地证明了它只是历史上某个具体时间点的产物。第二年同盟国的军队在东线打了胜仗以后,德国又针对俄国提出了野心勃勃的兼并计划。

某些迹象表明,这场战争不是德国长期准备的结果,战争的目的也不是久已有之,而是随着军事形势变化的。此外,战争目的也依附于政治大方向,还有那些确立政治方向的人的经济利益。不过,战争目的大讨论的基本特点是相当明确的:一方面,社会民主党主张通过谈判取得和平,最多对国界线略做调整;[129]另一方面,兼并主义者的态度则越来越极端,最后他们异想天开地主张建立德意志大帝国,这个大帝国将从大西洋海岸延伸到第聂伯河(Dnepr),并且控制北角(Nordkapp)与美索不达米亚之间地区的经济。如果说"八月热潮"将德国人民团结在一起,那么战争目的大讨论就是在制造分裂:在讨论中,不同的观点越来越呈现出两极分化的趋势,最终它们形成了两种敌对的立场,这对魏玛共和国期间两大阵营的形成产生了重要影响。[130]这种敌对状态的升级是由主张兼并主义的一方造成的,他们不仅提出了宏大的计划,还谴责想法和他们不一样的人是"失败主义者"甚至"叛徒"。

前面提到,菲舍尔认为"九月计划"是当时德国政治的核心;在与此相左的观点中,思路最清晰的要数彼得·格拉夫·基尔曼斯埃格的分析。他的研究中最核心的一点就是,贝特曼·霍尔韦格在努力消弭党派之间的冲突,也在掩盖战争目的大讨论中越发明显的观点分歧。根据基尔曼斯埃格的观点,贝特曼面对一团乱的发言、呈文和备忘录提出了"对角线政策"(Politik der

/ 270

Diagonale）①，这表明他在绝望地试图弥合那些已经无法弥合的裂痕，而且他既想维持内部和平，又想阻止那些渴望实行兼并主义的右派挑起事端。在这里，帝国首相几乎被描绘成一个悲剧性人物，他失败的主要原因不在他自身，而在于宪法把他摆在了一个相对弱势的位置上，而皇帝又还是那么优柔寡断。他也没有办法更改政治和军事的地位关系，让军事从属于政治——而这正是他在这个职位上的核心任务。面对公众的压力，如果要争取一定的空间，让政府可以调整政策、通过谈判争取和平，那么前提就是军事必须从属于政治。可贝特曼没有做到这一点，迫于兼并主义者的压力，他最终下台了。

贝特曼·霍尔韦格一直把俾斯麦的"适度政策"（Politik der Mäßigung）奉为榜样，但他不能公开这么宣称，因为他担心他的对手会认为这是软弱的表现。帝国首相处理问题比较有策略，有时也会发表一些相互矛盾的言论，这可能是因为他在艰难的环境下不得不做出政治上的妥协——尤其因为德国公众普遍误解了当时的军事形势，也就是说他们以为形势一片大好，但事实并非如此。贝特曼希望将军们可以向兼并主义者澄清德意志帝国及其盟国的军事形势，以免兼并主义者走极端。但最迟等到1916年8月法金汉离职的时候，这个希望就破灭了，因为他的继任者——陆军总元帅保罗·冯·兴登堡，还有他"强大的助手"埃里希·鲁登道夫将军都坚信，德意志帝国必定能借助军事手段取得胜利。[131]

古典学家爱德华·施瓦茨（Eduard Schwartz）在他的一部作品中研究了修昔底德的《伯罗奔尼撒战争史》，并在解析过程

---

① 该政策的目的是在社会民主主义与保守主义之间取得平衡。

中将古代政治家伯里克利和德意志帝国的这位首相联系起来；[132]
而我们必须清楚地认识到贝特曼·霍尔韦格当时的困境，才能理
解这种联系。施瓦茨在政治上倾向于克制的立场，他在这部出版
于 1919 年的作品中讲述道，在家乡城市战败以后，作为历史学
家修昔底德仍然在为伯里克利的战争政策辩护，而他面对的是一
大批伯里克利的批评者。在此处，施瓦茨也联想到了他敬重的那
位帝国首相；他提到战后忙碌的生活"懦弱地背叛了那些伟大
的时代"，这时他眼前浮现的不仅是战后的雅典，还有战后的德
国。施瓦茨总结了修昔底德对战争的描述，并且指出，如果雅典
人遵循伯里克利制定的防御路线，而不是其继任者的扩张政策，
那么雅典从某种程度来讲或许不会战败；而扩张政策之所以出
现，是因为在雅典取得有限的军事成果以后，伯里克利的继任者
高估了雅典的力量，并且为政府制定了一系列野心勃勃的目标。
但由于伯里克利发动了战争，并承诺雅典必定获胜，所以主和派
后来还是将失败的罪责算在他头上。施瓦茨接着表示，贝特曼·
霍尔韦格在一战中的处境与此十分类似：本来，他主张让德国打
一场防御战，但兼并主义者谴责说这是胆怯、懦弱的表现；后
来，德国因为超负荷作战而战败，这时革命者又要求贝特曼为一
项并非出于他本意的政策负责。和修昔底德一样，施瓦茨也意识
到，如果提醒民众保持克制，他们必定反应平平；但如果告诉他
们胜利在望，就会引起热烈的反响。[133]

由于贝特曼·霍尔韦格采取了审查措施，所以战争目的大讨
论直到 1916 年秋天都偃旗息鼓。审查政策有所松动以后，人们
就可以清楚地看出，对于未来欧洲要建立怎样的政治秩序，德国
社会已经出现了很深的分歧。早在 1915 年年中，由知识分子递
交的两份意见相左的请愿书已经体现了这种分歧。第一份请愿书

是由赖因霍尔德·泽贝格带头起草的，有 1347 人签名，其中包括 352 名教授。[134]它呼吁，为了保卫德国的精神与道德生活，"抵御东方野蛮的风气和西方复仇、称霸的欲望"，我们必须拔剑出鞘，在上帝的帮助下，我们"即使与半个世界为敌，也能坚守阵地"并取得胜利。[135]这正是"防御性战争"常见的措辞。随后，请愿书又提到德国迄今为止做出的牺牲，并将话锋转向了兼并主义政策："但现在［……］单纯的防御对我们来说已经不足够了。他们已经迫使我们抽出宝剑并且牺牲了生命财产。现在，我们必须尽一切力量，防止各方再次发动突然袭击，防止今后一系列的战争，防止敌人重整旗鼓。我们将保卫并扩张家乡的土地，并要在这广阔的土地上站稳脚跟，确保我们和子孙后代都能在这里独立生存。"

这份以赖因霍尔德·泽贝格为首的请愿书多次提到德国做出了"巨大的牺牲"，这是因为请愿者们相信，请愿书中提出的要求正是德国人民的一致愿望："刀剑打下来的江山"不能再次（"上一次"指维也纳会议）"毁于外交家笔下"。未来，德国军队的铁蹄所到之处，就是德国的边界所在。而在 1915 年夏天，东线和西线的军队已经在边界以外作战，所以请愿书反复提到德国迄今为止做出的牺牲，从而证明德国必须在胜利的基础上进行和平谈判，而政府也必须根据德国取得的军事胜利确定谈判条件。但事实上，如果战士们牺牲生命是为了让德国在谈判中取得更多土地，那这必然导致更多人流血牺牲，最终政治也会丧失它本身的功能。

克劳塞维茨曾写道，战争从属于政治，"政治在这里以剑代笔，但它仍按自己的规律进行思考"。所以，战争"无非是政治活动用另一种手段来继续"，而同时可以肯定的是，"这种政治

这幅英国漫画诞生于1915年，画中威廉皇帝处在上帝的位置并释放出一些可怕的庞然大物：怪兽从空中扔下了炸弹；陆地上的龙伸手抓住了巴黎，还捏碎了比利时；水上还有一艘鲸鱼形状的潜艇。皇帝背后是一个由军人、实业家和学者组成的合唱团，他们唱着"要么称霸，要么衰亡"的叠句。狂欢节结束以后，日耳曼妮娅（Germania，德意志帝国的女性化形象）摘下了小丑面具；她感到羞耻。

活动并不会因为战争而彻底中断"。①136 现在，神学家泽贝格却利用德国士兵的伤亡来驳倒"战争从属于政治"这种说法，用一场战争（人们认定它会胜利）的过程来规定政治家应如何决策。然而，参战的各方难道不是都要做出牺牲吗？德国人因为有所牺牲，所以要求得到补偿，还要求在未来享受绝对的安全，这是不是不太合理？但这份请愿书认为事情绝不是这样，毕竟是另一方发起了战争：他们强迫德国人拔剑出鞘，而德国人对他们并没有敌意，只是在尽自己的职责。这些话再次表明，"我们只想保护自己"这种断言最基本的含义是什么。

那么在泽贝格等人看来，德国的战争目的到底是什么呢？"可以很肯定地说，我们不想统治世界，只想要符合我们文化、经济和战斗力水平的世界性地位。"请愿书是这么说的。请愿书随后提出的要求也与 1915 年春季工业和农业联盟的要求一致。137 对他们来说，最重要的是控制比利时以及法国位于英吉利海峡沿岸的部分地区，"这样，面对英国的威胁，我们在战略上将更有保障，因为我们有一条更方便的路可以通往大洋"。此外还要扩大阿尔萨斯—洛林地区归属德国的地盘；请愿者们要求不予赔偿地剥夺法国对于被并吞的领土的所有权，还补充强调说，"由我们接管的那部分居民［……］在帝国不能产生任何影响力"——也就是说在那里生活的居民不能享有选举权和被选举权。请愿书也要求把比利时变为附属国，这时它再次提到德国做出的牺牲："比利时是许多德国人用他们宝贵的鲜血换来的，所以不管人们提出什么反对的理由，我们都必须从政治、军事以及经济方面对它严格控制。"如果做不到这一点，这个国家就会重

---

① 以上译文参考华中科技出版社 2016 年版《战争论》第六章第二节"战争是政治的一种工具"，有改动。

新成为"英国发动侵略的基地"。接着，请愿者们又极为坦诚地说道："我们的经济权力因比利时而得以增强。如果随着时间的推移，比利时文化中与我们十分相近的佛拉芒（Vlaams，原文写作 Vlämentum）元素可以从矫揉造作的罗马式风格中解脱出来，并找回自身的日耳曼渊源，那么这个国家也能显著提升我们民族的实力。"

在这里，泽贝格的请愿书已经体现出"大民族主义"的特征；后面这种倾向也越发明显，因为请愿者知道目前东线的形势对同盟国十分有利，所以又提出了一些野心勃勃的目标。在他们看来，俄国的危险性不仅仅在于它对德国形成了现实意义上的军事威胁，更在于德国东部省份"在和平时期被逐渐斯拉夫化"，因为一些波兰工人在特定季节会来德国境内打工，德国的农业工人也会去俄属波兰境内打工。要阻止这一趋势，沙俄帝国必须退出理应由德国人居住的土地："这些土地可以为我们日益增长的人口提供容身之处，也让那些想离开敌国回到德国的人可以在祖国找到一个新家。[……]这些土地让出生率免于下降，让本国人不必背井离乡，还可以缓解住房紧张的问题；如果德国人迁到这里居住，让这个地区实现德国化，那么这里的'精神无产阶级'就有机会过上新的生活。"这里所谓"波兰的边界地带"还包括俄属波罗的海沿岸诸省（Ostseeprovinzen），因为这里"肥沃而人烟稀少的土地"非常适合居住，并且这里的"立陶宛、拉脱维亚和爱沙尼亚居民与俄罗斯民族十分陌生，有他们在，我们就不必担心雇不到急需的工人"。至于在这一地区居住的斯拉夫居民，政府不仅应当彻底剥夺他们的政治权利（这与在西线的做法一样），还要把他们中的一部分人赶出去："如果说，从政治上控制土地是为了获取急需的权力——这对我们的未来十分重要，那么我们也必须从经济上掌控这片土地，而最重要的是，我们必须无偿地得到它。"

　　泽贝格和其他在这份请愿书上签字的人都认为，这场战争是斯拉夫民族与日耳曼民族之间的对决；他们不过是用文化主义的论据来掩盖他们的帝国主义立场，这种立场以冷酷无情的社会达尔文主义为基础。他们说这是"为德国和欧洲文化而战"，而我们必须现在就打这场仗，不能"给未来增加负担"。从许多角度来看，这个由赖因霍尔德·泽贝格提议并由其他请愿者签字同意的计划都可以算是 1941 年以后希特勒政策的先声。然而，与历史学家维贾斯·柳勒维西乌斯（Vejas Liulevicius）的观点相反，我们可以确定的是，一战中出现的这种构想并不代表德国政府的立场，它只是兼并主义理想的最大化，甚至都不曾出现在德国强迫俄国签订的《布列斯特—立陶夫斯克和约》（Friedensvertrag von Brest-Litowsk）中。

/ 276

　　从泽贝格的备忘录来看，他们并不十分关心"非洲中心"或者"欧洲中心"的问题：夺回德国殖民地并扩大其范围，在欧洲中心建立经济集团并控制通往中东的通道，这些事情对他们来说都是次要的；他们只是概括地提到了后者，甚至都没有用到"欧洲中部"这个关键词，只是说要建立一个"范围尽可能广阔的大陆经济区"，"好让我们尽可能摆脱英国的控制，或者说，让我们不必依附某些世界性帝国——它们越来越能够自给自足，表现得好像不需要其他国家"。他们的态度之所以有所保留，可能是因为德国经济领域还有一个悬而未决的问题：德国取得胜利以后是成为与英国有同等权利的经济实体，还是为自己保留一个对外封闭的经济区域。与泽贝格一道请愿的人对这个问题也不十分确定，而除此之外，这份请愿书上的其他构想都十分详细。这也可以证明，"欧洲中心"的构想是兼并主义政策一种较为克制的替代形式，而这份备忘录主要是在鼓吹兼并主义政策。请愿者们想把德国变成在欧洲**具有统治地位的帝国**，而"欧洲中心"的构想与此略有不同：德国要控制欧洲中部的经济并推动这一地区的文化融合，从而确立它在欧洲的**霸权地位**。[138]

至于德国与英国作战是出于什么目的，这里说得也不太明确。请愿书指出，德国必须结束英国的"海上暴政"，为在大洋上与英国取得同等权利而战；必须破坏英国几乎遍及全球的海军系统以及英国对全球报刊过度的影响力——后者是因为英国垄断了整个电缆和通信行业。最后，请愿书还提到了埃及，要求重新由土耳其控制"作为世界贸易通道的苏伊士运河"。至于怎么做到这几点，备忘录没有说。除此之外，请愿书提出的重要战争目的都与中东地区没什么关系。提到英国，请愿书最关心的不是土地，而是钱："如果我们有机会让英国这个舍不得流血牺牲的国家支付一笔战争赔偿，那么这笔赔偿费怎么高都不为过。毕竟是英国先用他们的钱挑动全世界来反对我们。对这个斤斤计较的民族来说，钱包是他们身上最敏感的部位。所以只要我们有这个能力，就必须让他们狠狠地亏一笔。"前面我们提到，有些人认为这场战争的意义在于反对资本主义，但在这里，这种反资本主义的观念变成了纯粹的嫉恨。

并非没有人对泽贝格的请愿书提出反驳。历史学家汉斯·德尔布吕克（Hans Delbrück）从战争的第一天起就反对泛德意志协会以及他们提出的、带兼并主义烙印的战争目的，他在特奥多尔·沃尔夫的帮助下提交了一份针锋相对的请愿书，但这份请愿书他只找到 141 个人签名，但其中包括阿道夫·冯·哈纳克、古斯塔夫·冯·施莫勒（Gustav von Schmoller）、费迪南·滕尼斯和马克斯·韦伯。[139] 但历史学家弗里德里希·迈内克和赫尔曼·翁肯，以及神学家马丁·拉德（Martin Rade），他们虽然也不赞成带兼并主义色彩的战争目的，却没有签署这份请愿书。这表明到这个时刻，"德国人的牺牲应得到补偿""要防止敌人再次实施包围"这些说法仍在发挥影响。值得注意的是，在几个月以后，韦伯也不再针对这一问题公开发表意见，还把《关于缔结合约的问题》（«Zur Frage des Friedensschließens»）一文的草稿留在他的抽屉里。这篇文章的洞察力令人惊叹，韦伯在文章中不仅警告说，继续交战会直接造成哪些不幸的后果，还十分准确地预言了战争可能带来的长期影响："如果一味延长欧洲这场战争，直至参战各方都疲惫不堪，那么欧洲以外的国家，尤其是北美，将取代我们成为工业界霸主，把我们永远甩在后面。"[140] 按照这篇文章的说法，如果有人想继续推动战争，通过兼并其他国家的土地来建立世界性帝国，那么他是在拆毁自身全部的根基，只为了至少可以保住"强国"的身份。

当然，德尔布吕克和他的支持者们也不得不承认，德国人民"经历了无休无止的牺牲与劳累"，他们的英雄行为值得称道，所以理应获得"优胜者的奖励"，这份奖励"在条件许可的前提下应该与他们的付出相称"。德尔布吕克很清楚，他如果不对德国人的牺牲精神表示敬意，那么在德国就没有人会听他说话。然而，德国要求这份"优胜者奖励"的同时也要考虑敌国做出的牺牲，所以德尔布吕克很快又扑灭了读者的期待："优胜者获得的最高奖励，永远都在于我们可以骄傲地认为，德国不必害怕整个世界的敌人；也在于我们的民族以史无前例的方式，在地球上其他民族和子孙后代面前证明了我们的实力。"随后他就坚决反对所有形式的兼并行为："德国参与这场战争的目的不是征服，而是在敌对联盟的威胁之下保全自己，保全它的民族统一性和发展空间。"所以他也要求帝国首相坚决反对所有带着兼并主义烙印的战争目的，因为如果以扩张为目的去战斗，"德意志帝国将被严重削弱"。毕竟这个帝国的根基在于"民族统一、民族团结的思想"；它不是一个多民族帝国，也不应该成为多民族帝国。换句话说：德尔布吕克认为德国是一个民族国家，而且以此为由反对建立跨民族帝国（尽管俾斯麦建立的帝国在其东部省份已经完全具备跨民族帝国的特点），在此基础上又进一步反对夺取更多领土。"纯粹从现实的角度来考虑，"他得出结论，"我们必须声明这一原则：并吞这些政治上独立自主且习惯于独立自主的民族是不可取的。"[141]

这份声明虽然反驳了泽贝格的请愿书提出的战争目的，但并没有拿出自己的一套计划。他们发表这份声明的目的是，在不绑住贝特曼·霍尔韦格手脚的前提下，支持他反对兼并主义立场。声明中多次表示，政府肯定已经知道他们在和谈中要怎样态度坚定、坚持不懈地为德国争取利益。但这种观点不足以吸引更多的人组成政治团体，因此它也只能在学术圈里传播，而兼并主义者不久后就组建了"祖国党"（Vaterlandpartei），获得了政治上的影响力。[142]德尔布吕克坚信，帝国首相推行的政策需要他们的支持，这也说明他绝不认为"九月计划"代表了首相的政见。他担心的是，兼并主义者的要求会剥夺政府进行和谈所需的空间。[143]德尔布吕克和贝特曼·霍尔韦格还有法金汉一样，认为同盟国在与协约三国的战争中不会大获全胜，所以德国将无法强迫对方签订条件苛刻的和约。这意味着德国必须对敌人内部的裂痕加以利用，争取通过谈判签订尽可能对自己有利的和约。1915 年夏天，帝国首相相信此时如果与俄国单独媾和很可能会成功，这样，下一步就可以和西线的国家就结束战争一事展开谈判。[144]在这种情况下，如果国内再次讨论是否要以扩张和兼并为战争目的，后果将是灾难性的。

贝特曼·霍尔韦格和他身边的人推崇"欧洲中心"的构想，这意味着他们基本上已经放弃兼并他国领土的打算。与泽贝格及其支持者不同，首相等人关心的不是获得土地或者"让民族变得更强大"，而是对欧洲中心地区进行经济渗透。[145] 在"九月计划"中，这方面的计划只能看出雏形："通过签订共同的海关协定，我们将建立一个位于欧洲中心的经济联盟，范围包括法国、比利时、荷兰、丹麦、奥匈帝国、波兰还有意大利、瑞典和挪威。这个联盟没有形式上的首领，表面上各成员享有平等权利，但它实际上由德国领导，且必须巩固德国在欧洲中心的经济霸权。"[146] 也就是说，这个经济区的范围差不多相当于后来欧盟的范围。值得注意的是，这里把法国也包含进来了，而且还把波兰当成了独立国家。所以我们可以认为，"欧洲中心"这个构想主要是为了巩固德国在欧洲大陆的霸权——但主要不是靠军事和政治力量，而是靠经济和文化力量。[147] 人们相信，德国的企业既然在战争之前就很有优势，那么等帝国取得战争胜利之后，它们更可以轻而易举地控制大陆的经济关系。到那时，德国将与其他国家签订贸易协定，确保没有哪个国家能通过关税壁垒限制德国产品进入；同时，德国要对英国和美国设置贸易壁垒，加大这两个国家进入欧洲大陆市场的难度。这一构想的目的是脱离由英国控制的全球经济体系，建立由德国领导的经济同盟，并且这个同盟因为范围足够大、原材料来源稳定，所以能够自给自足。在这种情况下，即使别的国家控制了海上通路，这个联盟也不会受影响，并且联盟内部可以通过修建铁路来开辟新的通路。10 年前，哈尔福德·麦金德在伦敦皇家地理学会发表演讲时曾表示：控制海洋

/ 281

将不再是取得世界统治权的钥匙。如果德国的计划得以实施，那么麦金德的担忧也将成为现实。[148]

后来，弗里德里希·瑙曼拟定了"欧洲中心"计划；从1916年起，这套计划开始被公开宣传。乍一看，这套计划像是为了应对世界贸易圈对德国的封锁。原本为了应对英国的海上霸权，德国人也必须有所行动；现在他们打算把危机变成给予，并且不假思索地表态说，战争的目的就是避免被英国封锁。在这一基础上，缔结和约便成为可能：德国军队首先要取得胜利，以确保这套计划涉及的各方都认同相关规则并加入这个欧洲中部的经济联盟；战后必定出现物质短缺的局面，这也为联盟成立提供了有利条件。这样，德国就不必和英国以及英国背后的美国一直战斗，直到流尽最后一滴血，而是可以和由英美组成的"海洋经济联盟"达成和解。在战争开始之前，德国通用电气公司（Allgemeine Electricitaets-Gesellschaft）董事长瓦尔特·拉特瑙（Walther Rathenau）和德意志银行董事阿图尔·冯·格温纳（Arthur von Gwinner）已经论证过类似的观点，杂志《广义的德国》（Das Größere Deutschland）① 的出版者恩斯特·耶克（Ernst Jäckh）和保罗·罗尔巴赫（Paul Rohrbach）对此也极为支持。[149] 当然，这里所说的"欧洲中心"以哪里为边界，内部构成究竟如何，这些问题暂时还没有结论。[150]

帝国首相的"欧洲中心"计划有一个最根本的指导思想，这在首相顾问库尔特·里茨勒写于1915年4月18日的日记里体现得最为清楚："昨天和首相一起吃了很长时间的饭，跟他讨论我对于'新欧洲'的想法，即如何在'欧洲'这件外衣的掩盖下

————————

① 直译为"更大的德国"。

满足我们的权力欲望。这是德意志民族在欧洲中部的帝国。以股份制公司常见的参股形式来比喻，德意志帝国也是一个股份制公司，其中普鲁士持有最大股权，而帝国正是建立在普鲁士持最大股权的基础上，即建立在普鲁士霸权的基础上；'公司'每吸收一名新股东，普鲁士持最大股权的局面就会被破坏。所以我们要以德意志帝国为中心建立一个多国联盟，帝国在这个联盟中必须持有最大股权，正如普鲁士在帝国持有最大股权——所以普鲁士也是这个联盟的实际领袖。我们会这样解决比利时问题：我们要让他们在这一未来的进程中不至于挡我们的路，而是反过来帮我们一起推动它。我们也会让奥地利自己适应这个形势。事情肯定会这样发展，也必须这样发展。我们还要在斯堪的纳维亚以及荷兰强化这种欧洲意识。也根本不用说'要联结于核心国家'这样的话。这种欧洲意识只要自行发展，就一定会达致这样的结果。同样，疲劳感和战后必定会出现的和平主义也将导致这样的结果。我们必须向世界承诺，永久的和平即将到来。"[151]

其中有两点特别值得注意：一是要让比利时融入新的欧洲架构，二是据里茨勒估计，完成这个计划需要较长时间。即使战争很快有了结果，欧洲战后的秩序也不会就此确定下来，因为建立秩序的过程很漫长，战争的结束只是其中一个过渡阶段，并且它将为新秩序的建立提供基本方向。根据里茨勒的观点，在这一过程中人们可能会犯许多错误，如果他们大力宣传并吞土地、迁移人口，德国就会离最理想的结果越来越远。

/ 283

库尔特·里茨勒和马克斯·韦伯两个人都比他们那些支持兼并主义的对手更熟悉政治的运作方式，而他们也都坚信，德国在确立战争目的的时候必须保持克制态度。然而他们只能用文字记录下这一立场，却不能公开地宣传它。放到俾斯麦的时代，这也不是什么严重的问题，因为他们只要能接触到当权者就足够了，而作为首相顾问的里茨勒显然具备这一条件。然而相比起过去的年代，公众的支持在 20 世纪初变得尤为重要，所以里茨勒、韦伯和许多其他人在政治上处于劣势：并吞土地的要求已成泛滥之势且极具破坏力，那些理性地保持克制态度、有分寸感的人显然无法与之对抗。这些兼并主义的反对者很快就被看成轻言放弃的懦弱之辈，而他们一旦陈明必须在政治上保持克制的原因，就会被指责在敌人面前自乱阵脚。

在概念性蓝图、文化传统和对历史进程斯多葛式的信任中，里茨勒找到了避风港："这是有关均势的新概念。但不是康德所说的英国人的均势，他说的这种均势就像一所刚好平衡的房子，只要有一只麻雀落在房子的一角上，房子就会轰然倒塌。"[152]他认为战后德国人必须用维吉尔（Vergil）《埃涅阿斯纪》（*Aeneis*）中狄多的话大声告诉他们的欧洲邻居："特洛亚人，解除担心吧，把忧虑抛到一边。我的处境是艰难的，国家又是新建，迫使我不得不如此戒备，不得不广为设防，保卫我的疆界。"[①][153]在这里，"保卫欧洲与欧洲文化"被用来为德国军国主义正名，但这种保护在里茨勒看来只是实现目标的手段，真正的目的是建立德国领导下欣欣向荣的经济大区，而欧洲的未来也将维系于这个区域。在里茨勒这部分日记的最后一句话中，雄心勃勃的愿景和对现状的考虑融为一体："这个欧洲中心的兴起，在经济上和政治上都是世界历史赋予的使命。"[154]

在德国经济领域，"欧洲中心"计划当然不可能获得一致同意。有一部分经济界代表人物对世界市场更感兴趣，所以并不主

---

① 出自原诗卷一，第 562~564 行；译文出自上海人民出版社 2016 年版《埃涅阿斯纪·特洛亚妇女》，译者杨周翰。

社会学家、国民经济学家马克斯·韦伯（右二）当时任海德堡后备军野战医院委员会（Reserve-Lazarettkommission）纪律官员。战争爆发时，韦伯已至知天命之年，不能赴前线参军，他也曾多次对此表示遗憾。他的根本立场是倾向战争的，但尽管如此，他还是反对兼并主义者提出的战争目的，而对于陆军最高指挥部在政治上起主导作用这一现状，他也提出了严厉批评。

张把经济活动限制在欧洲中心；另一些人则指出，德国在经济利益方面很难与其他欧洲中部国家达成统一，所以"欧洲中心"计划必然导致整个区域分裂为获利者和受损者两大阵营。马克斯·韦伯也对计划持怀疑态度，但他被弗里德里希·瑙曼说服，转而支持这一计划，并表示为了政治上的好处，人们将不得不接受一系列经济上的弊端。[155]

这段时间里，韦伯在思考波兰的政治前景，因为这是实现"欧洲中心"计划的关键。在相关讨论中，有人首先提出了**奥地利—波兰方案**，即让波兰复国并臣服于维也纳皇室：波兰将联合除了捷克（它仍归说德语的奥地利人统治）以外的其他西斯拉夫民族和族群，与它们组成联盟国家；这个联盟国家将成为帝国的一部分，正如 1867 年匈牙利通过签订《奥匈协议》参与政权一样，这样二元帝国就会变成三元帝国或四元帝国。这必定是最符合宪法也最体面的解决方案，而且正合许多德国人的心意。然而在战争第一年，人们已经看出二元帝国军队战斗力低下，所以即使哈布斯堡帝国接收了波兰，人们也有理由怀疑波兰能否守好面向俄国的大门。另一些人，以德国军队领袖为主，则更看好**德国—波兰方案**，这个方案的宗旨是让波兰在政治、军事上都紧密联结于德国。但问题在于，这个国家除了 1815 年被划归俄国的俄属波兰王国以外，还应包括奥属加利西亚以及克拉科夫、普热梅希尔和利沃夫，但若要奥匈帝国让出这部分领土，德国又拿不出什么来交换。但德国的将军们，也就是兴登堡和鲁登道夫，却不认为这是个问题。他们指出，如果不是德军在 1915 年春季和夏季出手相助，奥匈帝国就不可能重新占领加利西亚——所以说德国的使命是保护欧洲不被俄国伤害，而德国要履行这一使命，就得掌握必需的资源。由于维也纳和柏林在这一问题上无法达成一致，"欧洲中心"计划只好被搁置；1917年夏天，俄国军队全线溃败，这套计划也就暂时失去了意义。于是德国强迫俄国签订了条件苛刻的《布列斯特—立陶夫斯克和约》。

"欧洲中心"构想还提出了一个难以回答的问题：为了获得稳定的石油供应，以确保经济区能自给自足，德国的触角必须向中东地区伸出多长。自1914年10月土耳其参战以来，这个问题就变得十分具体：土耳其在美索不达米亚和苏伊士运河与英军作战，德国应投入多少兵力来帮助其取得胜利？或许这里并不是主战场，所以德国方面只需要留意其动向，却不必投入太多？瑞典人鲁道夫·克吉伦从地理政治学的角度得出了结论：高加索地区（Kavkaz）到波斯湾、地中海东岸到波斯之间的区域是战争的中心，它将决定战争的结局；如果说从民族政治的角度来看，战争的重点在哈布斯堡帝国，那么"从地理政治的角度来看，这场世界性大战的主轴就是土耳其在亚洲的帝国"。根据克吉伦的观点，这一地区触及德国、英国、俄国这"三巨头"及其"客户"的利益。

克吉伦认为，英国只有保住这一地区，才能保住印度。他还引用了俾斯麦的一段话："埃及对英国的重要性就和宝贵的面包一样，因为这里有苏伊士运河，它是从帝国东部通往帝国西部最近的路线。它就像颈部的神经，连接了脊柱和大脑。"克吉伦也是这么认为的："埃及是这个世界性大国的基石，如果抽出这块基石，整座大厦就会轰然倒塌，大英帝国也将失守。埃及如同一处岗哨，守卫着连接大西洋和印度洋的运河；又如同一座桥头堡，控制着非洲和亚洲之间的地峡。所以对英国来说，它同时也是印度的外墙，在很长一段时间里，英国能否守住印度都取决于埃及。"将军科尔马·冯·德戈尔茨也曾指出，苏伊士运河是大英帝国的致命弱点。这一地区在地理政治方面对俄国同样影响巨大，因为俄国通往大洋的出海口正位于此。为控制博斯普鲁斯海峡，俄国花了很大力气，但只要英国有能力封锁直布罗陀海峡（Str. of Gibraltar）和苏伊士运河，俄国的扩张就只能止步地中海。至于德国，它被困在俄国和英国这两个大国中间，却在小亚细亚和美索不达米亚找到了对外的通路，这对一个大国来说是必不可少的。德国既然想在欧洲中心称霸，就注定要在这一区域与英国和俄国决战，这场战斗就算现在不打，以后肯定也会打。至于"欧洲中心"的构想，它在克吉伦看来只是一种政治上具有合法性的策略，针对的是俄国及其具有扩张性的泛斯拉夫主义思想；同盟国"以**文化**之名代表欧洲予以回击。他们高举欧洲文化作为对抗斯拉夫种族的盾牌与利剑。他们用罗马来对付拜占庭"。克吉伦的政治地理学分析以三个条件为基础；根据他的观点，只有同时满足这三个条件，一个国家才能转变成为帝国：这三个条件就是扩张、赢得活动空间、保持统一。在中东地区，英国面临统一的问题，俄国面临扩张的问题，而德国则面临活动空间的问题。同盟国，当然这里指的是德国，必须确定哪里才是他们的主战场：或在西线，或在东线，或者按照克吉伦的意思，在中东。[156]

由于在 1914 年 8 月缺乏清晰的战争目的，德国人提出了各种各样的计划，它们也指向各种不同的方向。而人们无条件同意的只有一条：德国打的是一场防御战。其他进一步的构想本质上都是可以被反驳的，若要压制反驳的声音，唯一的办法就是在构想中不假思索地加入所有要求。其结果就是出现了一些太过极端的战争目的；同样不可避免的是，政府迟迟无法决定哪里才是重点战场，也无法制定明确的政治方针。政治画地为牢的一大后果就是军队的决策空间过大。由于政府没有从政治层面给战争的目的、目标限定范围，所以人们提出的目的和目标越来越独立于政治之外，而权力就在不知不觉中被移交给了军队。如果军队由法金汉领导，后果还不至于太严重；一旦兴登堡和鲁登道夫成为陆军最高指挥部领袖，军队也就接管了德意志帝国的政治。同时，战争目的大讨论导致德国政治领域的两极分化越发严重，就这样，虽然"八月热潮"中人们呼吁全部德国人团结一致，但局势已经完全走到了反面。

注　释

1　相关情况参见 Linke, «Russlands Kriegsziele», S. 56f 及 667ff, 以及 Stevenson, *1914 - 1918*, S. 174ff; 俄国人用"帝国使命"（imperiale Mission）的说法使大帝国的存在合法化，相关影响参见 Münkler, *Imperien*, S. 132ff。

2　参见 Soutou, «Kriegsziele des Deutschen Reichs, Frankreichs, Großbritanniens und der Vereinigten Staaten», S. 33f, 以及 Becker, *Les Français*, S. 18ff; 还可参见 Stevenson, *1914 - 1918*, S. 180ff。当然，在几个月以后，法国官方宣称的战争目的就不仅仅是收回阿尔萨斯—洛林地区，还包括以任意形式控制萨尔河地区、卢森堡和莱茵兰地区。

3　参见 Peter, «Britische Kriegsziele», S. 99ff, 以及 Stevenson, *1914 - 1918*, S. 182ff; 不过英国的战争目的绝不仅仅是抵制德国；很重要的一点是，它涉及英国在中东地区的地位。

4　参见 Rauchensteiner, *Tod des Doppeladlers*, S. 67ff。

5　费希特和黑格尔的思想对德国的"战争哲学"产生了深刻影响，相关研究参见 Lübbe, *Politische Philosophie*, S. 194ff 与 201ff。哲学如何影响政治"自我意识"的发展，参见 Beßlich, *Wege in die ‹Kulturkrieg›*, S. 45ff, 以及 Sieg, *Geist und Gewalt*, S. 103ff。

6　克劳塞维茨在其战争理论中很看重目的（Zweck）、目标（Ziel）和手段（Mittel）之间的关联；[1] 新近的研究认为这种关联是理论的核心，相关说法可参见 Aron, *Clausewitz*, S. 348ff。根据克劳塞维茨的理论，"目的"是指"通过这场战争，我们要实现的结果"，"目标"则是指"在这场战争中，我们要达成的结果"；见 Clausewitz, *Vom Kriege*, S. 200 - 213。

7　Lübbe, *Politische Philosophie*, S. 186; 这里吕贝（Lübbe）援引了纳托尔普的观点，该观点见 Natorp, *Der Tag des Deutschen*, S. 55; 纳托尔普的战争哲学参见 Jegelka, *Paul Natorp*, S. 115ff。

---

①　此处几个概念的译法出自华中师范大学 2016 年版《战争论》第一篇第二章"战争中的目的和手段"。本章谈及的战争"目的"原文为 Ziel, 但综合考虑更适合译为"目的"而非"目标"。

8　战争意义建构的核心在于，人们将历史哲学和建立世界级帝国结合在一起。只不过在德国人看来，建立世界级帝国的重点不是掌控政治经济秩序，而是解放世界上至少一部分人。纳托尔普所说的"德意志时代"也是这个意思。

9　相关情况参见 Förster, *The Men who feel most German*, 多处。

10　相似的观点参见 Müller, *Die Nation als Waffe und Vorstellung*, S. 38f。

11　克拉斯曾以笔名丹尼尔·弗里曼（Daniel Frymann）发表作品《假如我是皇帝》（*Wenn ich der Kaiser wär'*），他在书中详细阐述了他认为德国应如何实行扩张政策；他的情况可参见 Leicht, *Heinrich Claß*。英国的出版物为证明德国的军国主义野心，往往援引德国一些名人作为证据，在被援引的名人中，伯恩哈迪排名第三，仅次于特赖奇克（Heinrich Gotthard von Treitschke）和尼采，他的观点体现在《德国与下一战》（*Deutschland und der nächste Krieg*）一书中；为伯恩哈迪辩护的观点参见 Nehring, «General der Kavallerie Friedrich von Bernhardi», S. 303ff; 另一处文献（Sieg, *Geist und Gewalt*, S. 110）准确地形容他是"平庸的骑兵军官"。

12　在研究一战前政治思想史的文献中，涉及德国的部分存在两条叙事线索，它们之间紧密相连：一是工人运动和社会民主党对战争的抵制，二是以"泛德意志协会"为代表的组织急切地要求发动战争。

13　Max Weber, «Parlament und Regierung», S. 296.

14　韦伯对民族和战争的看法参见 Mommsen, *Max Weber und die deutsche Politik*, S. 73ff 与 206ff, 以及 Radkau, *Weber*, S. 495ff 与 699ff。

15　Weber, *Gesamtausgabe*, II, 9, S. 395ff.

16　有文献详细介绍了这场讨论及其中蕴含的政治意义，见 Müller, *Die Nation als Waffe und Vorstellung*, S. 113ff。

17　有文献详细介绍了德国人对俄国的惧怕和敌意，见 Epstein, «Der Komplex ‹Die russische Gefahr›», S. 143ff, 此处文献也反驳了弗里茨·菲舍尔的观点，即德国人之所以形成对俄国的某种刻板印象，很大程度上是受了波罗的海德意志人的影响。

18　Weber, «Zum Thema ‹Kriegsschuld›», in: ders., *Gesammelte Politische Schriften*, S. 492.

19　相关情况参见 Flasch, *Die geistige Mobilmachung*, S. 103ff 与 280f。

20　参见 Bluhm, «Dostojewski- und Tolstoirezeption», S. 305ff。尼古劳斯·桑巴特（Nikolaus Sombart）在他的作品《柏林青年》（*Jugend in Berlin*, S. 116ff）中提到，经常到他父母家中做客的俄国移民被人们称为"俄国来的好

人"（die guten Russen）。

21 参见本书 S. 260f。

22 参见 Mehring, *Das ‹Problem der Humanität›*, S. 55ff。

23 值得一提的研究是 Geinitz, *Kriegsfurcht und Kampfbereitschaft*, Chickering, *Freiburg im Ersten Weltkrieg*, S. 61 - 73; Raithel, *Das «Wunder» der inneren Einheit*; Stöcker, *Augusterlebnis 1914 in Darmstadt*。

24 对研究情况的概述见 Rürup, «Der ‹Geist von 1914› in Deutschland», S. 1ff; Kruse, «Die Kriegsbegeisterung im Deutschen Reich», 重点见 S. 75 - 181; Rohkrämer, «August 1914», S. 759 - 777, 以及 Wirsching, «‹Augusterlebnis› 1914 und ‹Dolchstoß› 1918», 重点见 S. 188 - 194。

25 法国的情况可参考让 - 雅克·贝克尔（Jean-Jacques Becker）的作品《1914》（*1914*）和《法国人》（*Les Français*, S. 15 - 48），他在作品中研究了各个群体相当不同的情绪氛围，尤其是城市和乡村的不同氛围；英国的情况参见 Müller, *Die Nation als Waffe*, S. 70 - 81。

26 Eksteins, *Tanz über Gräben*, S. 270f 与 282ff; 这正好和恩斯特·云格尔的观点相反，后者认为资产阶级原则上是追求安全感的。在云格尔看来，资产阶级是"战士"的反面，正如他们是"工人"的反面一样（Jünger, *Der Arbeiter*, S. 16ff）。

27 这句话出自一首歌曲，作者是笔名为海因里希·克劳恩（Heinrich Clauren）的卡尔·戈特利布·萨穆埃尔·霍伊恩（Carl Gottlieb Samuel Heun）。歌曲的第一句是："国王呼吁，天下相应／手执武器，一无所惧。"克劳恩于1813 年写下了这段歌词，当时他是普鲁士司令部战地报纸的编辑。

28 普鲁士的资产阶级享有一项很大的特权，即他们的子弟可以通过当一年志愿兵的形式履行兵役义务，这样他们服兵役的时间就比其他阶层少得多；参见 Frevert, *Die kasernierte Nation*, S. 207ff。

29 英雄主义社会和英雄主义集体的对比，以及英雄主义和后英雄主义社会的对比参见 Münkler, *Der Wandel des Krieges*, S. 322ff。

30 荣誉和声望主要是贵族阶级的价值取向，并非纯粹的资产阶级价值取向，这一方面体现在它们的价值无法用金钱估量，另一方面也体现在追求荣誉与追求安稳是对立的，而后者被证实是资产阶级的思维方式。

31 参见 Verhey, *Der «Geist von 1914»*, S. 54 - 86。

32 据马丁·萨布罗（Martin Sabrow）描述，20 世纪晚期和 21 世纪早期出现了相反的趋势，即德国社会逐渐脱离英雄主义心态，转而倾向受害者心态

（Sabrow,《Heroismus und Viktimismus》, S. 7ff）。这一趋势和后英雄主义社会的出现密切相关（Münkler, *Der Wandel des Krieges*, S. 338ff）；在后英雄主义社会兴起之前，资产阶级不仅乐于当英雄，而且英雄主义理想也渗透到他们的自我形象中——这一点在 1914 年达到高峰。后英雄主义社会的到来彻底改变了这种倾向。

33　Zweig, *Die Welt von Gestern*, S. 258 f.

34　持这一观点的学者主要包括乔治·巴塔伊（Georges Bataille, *Theorie der Religion*, S. 39 - 59）、罗歇·凯卢瓦（Roger Caillois, *Der Mensch und das Heilige*, S. 125 - 166）和勒内·吉拉尔（René Girard, *Das Heilige und die Gewalt*, S. 9 - 61），参见 Münkler,《Die Tugend, der Markt, das Fest und der Krieg》, S. 302ff。

35　费尔海在他对"八月热潮"的分析中将"好奇的群众""庆祝狂欢节的群众"以及"恐慌、抑郁的群众"区分开来（Verhey, *Der «Geist von 1914»*, S. 130 - 167）。古希腊社会的一部分庆典延续自远古时代的传统，这部分庆典的要素之一就是"伟大的潘神"降临。①

36　在艺术史领域，学者们如果谈一战，往往会将这次首演解读为某种预兆，具体的解读见 Eksteins, *Tanz über Gräben*, S. 26 - 92, 还有 Blom, *Der taumelnde Kontinent*, S. 330 - 334 以及 Illies, *1913*, S. 148 - 150; 详细情况参见 Münkler,《Mythic Sacrifices and Real Corpses》, S. 336ff。

37　参见 Schierliess, *Strawinsky, Le Sacre*, S. 5 - 12。

38　也有学者从这一角度出发，将"八月热潮"当成神话来探讨，见 Mommsen, *Der Erste Weltkrieg*, S. 39。

39　"净化"（κάθαρσιζ）的概念出自亚里士多德的戏剧理论，指在观看戏剧表演的过程中，观众的道德得到了升华；有些学者研究了一战期间民众的精神气质，他们往往会引用这一概念，但表达的意思各不相同。弗里斯（Fries, *Die große Katharsis*）提到的"净化"是指人们对战争的态度变得更为积极，并且他们在探究战争的意义；恩斯特等（Ernst u. a., *Aggression und Katharsis*）提到的"净化"则是指人们虽然在短期内对战争相当狂热，但过后又清醒过来。

40　相关情况参见 Miller, *Burgfrieden und Klassenkampf*, S. 52f; 以及 Pyta/Kretschmann (Hg.), *Burgfrieden und Union Sacré*; 亦可参见爱德华·达维德

---

①　西方语言中"恐慌"一词 panic 是 Pan 即潘神的派生词。

（Eduard David）《战争日志》（*Kriegstagebuch*）一书中 1914 年 8 月 3 日的内容（S. 8f.）。

41　完整的说法参见 Miller, *Burgfrieden und Klassenkampf*, S. 62f。

42　参见 Verhey, *Der «Geist von 1914»*, S. 97f。

43　转引自 Hammer, *Deutsche Kriegstheologie*, S. 209。

44　转引自 Hammer, *Deutsche Kriegstheologie*, S. 204f。

45　弗莱施伦和恩斯特的言论转引自 Fries, *Die große Katharsis*, Bd. 2, S. 17。恩斯特的论文集题为《雷雨之福》（*Gewittersegen*）。

46　转引自 Hammer, *Deutsche Kriegstheologie*, S. 204f。

47　David, *Kriegstagebuch*, S. 24f.

48　参见 Müller, *Die Nation als Waffe*, S. 91ff。

49　Thimme/Legien (Hg.), *Die Arbeiterschaft im neuen Deutschland*.

50　Köhler, *Kriegspredigt*, S. 42.

51　转引自 Pinthus (Hg.), *Deutsche Kriegsreden*, S. 418。

52　转引自 Fries, *Die große Katharsis*, Bd. 2, S. 76。

53　Mann, «Gedanken im Kriege», S. 193; 参见 Beßlich, *Wege in den ‹Kulturkrieg›*, S. 176ff。

54　大学教授（尤其柏林大学的教授）针对这一问题的争论参见施瓦贝的作品 Schwabe, *Wissenschaft und Kriegsmoral*, S. 41f。

55　Weber, *Religionssoziologie*, Bd. 1, S. 549.

56　Bernhardi, *Deutschland und der nächste Krieg*, S. 20f.

57　转引自 Hammer, *Deutsche Kriegstheologie*, S. 201。

58　转引自 Schwabe, *Wissenschaft und Kriegsmoral*, S. 39; 泽贝格的情况参见 Brakelmann, *Protestantische Kriegstheologie im Ersten Weltkrieg*, S. 25ff 与 73ff。

59　转引自 Brakelmann, *Protestantische Kriegstheologie im Ersten Weltkrieg*, S. 40。

60　两处引文均出自 Scheler, *Der Genius des Krieges*, S. 98f。

61　两处引文均出自 Mann, «Gedanken im Kriege», S. 192。

62　同上，S. 192f。

63　参见 Fries, *Die große Katharsis*, Bd. 2, S. 73; 上述引文也出自该文献；亦可参见 Mommsen, «Der Künstler und Schriftsteller», S. 143ff。

64　参见 Fries, *Die große Katharsis*, Bd. 2, S. 18。

65 Barlach, «Güstrower Tagebuch», S. 12 与 21（相关内容分别撰写于 1914 年 8 月 3 日与 21 日）。

66 Marc, «Das geheime Europa», S. 163 与 165。

67 转引自 Fries, *Die große Katharsis*, Bd. 1, S. 182。（楷体字部分在原文中也突出显示。）

68 转引自 Hammer, *Deutsche Kriegstheologie*, S. 218。

69 转引自 Schwabe, *Wissenschaft und Kriegsmoral*, S. 38。

70 Hermann Lübbe, *Politische Philosophie*, S. 204, 这里提到 "出于责任感的激情"（Pathos des Engagements），作者还引用了费希特的观点来说明，这种激情在德国的战争哲学中处于主导地位。不注重逻辑分析、完全听凭权威决断的态度也和这种激情有关。

71 1914 年夏末，一位姓弗雷德金（Frederking）的牧师在一次战争布道中如是说；转引自 Hammer, *Deutsche Kriegstheologie*, S. 228。

72 转引自上一处文献，S. 217。

73 转引自上一处文献，S. 231f.

74 转引自上一处文献，S. 220。桑巴特（Sombart, *Händler und Helden*, S. 143）也以相当自负的口吻表达了 "德国人是上帝选民" 的想法："鹰是象征德国的飞鸟，它盘旋在高空，远离地上所有的动物；而德国人也要知道自己超越了周围的民族，并且我们正在无尽的高空中俯视他们。"

75 其他例子参见 Hammer, *Deutsche Kriegstheologie*, S. 98, 重点参考 S. 100。

76 Simmel, *Der Krieg und die geistigen Entscheidungen*, S. 17 f, 24, 29; 西美尔的相关信息参见 Lübbe, *Politische Philosophie*, S. 217 - 219, Flasch, *Die geistige Mobilmachung*, S. 335 - 343, 以及 Reiter, «Deutschlands innere Wandlung», S. 212ff.

77 "上一场针对法国的战争造成了许多恶劣的后果，其中最糟糕的或许就是一个广为传播并且被普遍接受的错误认识，即［……］认为德国文化在那场战争中获得了胜利，所以它现在必须戴上能配得上它丰功伟绩的桂冠。这种妄想极其有害，［……］因为它可以把我们从胜利推向彻底的失败，这种失败是指 '德意志帝国' 的存在导致德意志精神被割除。"（Nietzsche, *Unzeitgemäße Betrachtungen*, Erstes Stück, S. 3）。

78 参见 Hoeres, *Krieg der Philosophen*, S. 131ff. 与 156ff.

79 所有引文出自 Scheler, *Genius*, S. 27 - 29, 32, 69（此处提到了尼采），73f, 340 - 345。舍勒的战争哲学，以及他后来如何在一定程度上弱化了原先的立场，参见 Lübbe, *Politische Philosophie*, S. 219 - 225; Flasch, *Die geistige Mobilmachung*, S. 103 - 146, 以及 Fetscher, «Max Schelers Auffassung von Krieg und Frieden», S. 241ff。

80 所有引文出自 Sombart, *Händler und Helden*, S. 6, 64f, 99, 117; 此处桑巴特也把尼采当成了"战争哲学家"。至于桑巴特的"战争论文"[①] 与他的经济历史学作品有何关系，参见 Lenger, *Werner Sombart*, S. 245ff; 与战争论文本身相关的信息参见 Lübbe, *Politische Philosophie*, S. 210 - 214。

81 转引自 Rolland, *Das Gewissen Europas*, Bd. 1, S. 43; Bergson, *La Signification de la Guerre*, S. 19ff。

82 转引自 Köppen, *Das Entsetzen des Betrachters*, S. 248。

83 参见 Stevenson, *1914 - 1918*, S. 174f。

84 Mann, «Gedanken im Kriege», S. 205; 托马斯·曼为军国主义所做的辩护参见 Fries, *Die große Katharsis*, Bd. 2, S. 86ff, 以及 Beßlich, *Wege in den ‹Kulturkrieg›*, S. 176ff。

85 Mann, «Gute Feldpost», S. 209.

86 可参见 Hintze, «Der Sinn des Krieges», S. 677ff。

87 转引自 Sombart, *Händler und Helden*, S. 25。

88 Böhme (Hg.), *Aufrufe und Reden deutscher Professoren*, S. 48（楷体字部分在原文中也突出显示）；相关信息参见 Ungern-Sternberg, *Der Aufruf ‹An die Kulturwelt!›*, S. 50ff。

89 Böhme (Hg.), *Aufrufe und Reden deutscher Professoren*, S. 49f.

90 Mann, «Gedanken im Kriege», S. 197f.

91 托马斯·曼谴责了法国人的复仇思想，认为这不过是虚荣心的表现；他又写道："为了实现它［复仇计划］，这个革命的民族和最邪恶的警察国家结了盟——现在由于遇到战争，他们又指望俄国的帮助，指望哥萨克的帮助，仿佛这是来自上天的帮助，因为他们知道，他们很久以来都清楚地知道，他们凭借一己之力是无法打败德国的。可是，如果不能凭借自己的力量复仇，这又算什么复仇呢？"（Mann, «Gedanken im Kriege», S. 200f）

92 讽刺的是，在战争期间，威廉皇帝无论在政治还是军事领域都明显处于弱势；参见 Mommsen, «Wilhelm II. als König von Preußen und deutscher Kaiser», in: ders., *Der Erste Weltkrieg*, S. 75ff。

---

① 应指《商人与英雄》。

93 Mann, «Gedanken im Kriege», S. 197, 以及 *Betrachtungen*, S. 29。"受权力保护的内在生活"这一概念是针对政治精神、政治行为以及"政治的人"提出的概念。托马斯·曼所说的"政治的人"是指那些只注重外在、注重追求权力和财富而且爱耍阴谋诡计的人。"政治精神是一种违背德国价值观的精神，所以从逻辑上来讲，它也必然表现为一种与德国为敌的政策。"

94 德国国内有关民主化和议会制建设的辩论从 1914 年就开始了，但直到 1917 年才在政治上产生了爆炸性效果，参见 Llanque, *Demokratisches Denken im Krieg*, S. 29ff 与 226ff。

95 所有引文出自 Scheler, *Der Genius des Krieges*, S. 240 - 244（楷体字部分在原文中也突出显示）；舍勒提出的"观念上的军国主义"参见 Flasch, *Die geistige Mobilmachung*, S. 142ff。

96 战后，以阿瑟·庞森比（Arthur Ponsonby）里程碑式的研究作品《战争时代的谎言》（*Falsehood in Wartime*）为首（此书也出版了德国和法语译本），学者们开始以批判的态度研究这些宣传手段。有学者简明地总结了其他国家对德国"野蛮行径"的指责，并评述了这种指责产生的影响，参见 Anne Morelli, *Kriegspropaganda*, S. 61 - 70（作者在题词中将这本小书献给了庞森比）；一战期间宣传领域的总体情况见 Jeismann, «Propaganda», S. 198ff。

97 迈内克在这里指的是针对德国人（或者仅仅是起了德语名字的人、名字听起来像德国人的人）的暴力事件；战争开始之后，布鲁塞尔和巴黎、伦敦和圣彼得堡都发生了这样的事件。

98 所有引文出自 Meinecke, «Wahrheit und Lüge», in: ders., *Die deutsche Erhebung*, S. 68 - 71。

99 Mann, «Gedanken im Kriege», S. 201f.

100 Scheler, Der Genius des Krieges, S. 234f.

101 转引自 Sösemann, «Die sog. Hunnenrede Wilhelms II.», S. 350; 后来，非洲西南部德属殖民地（今为纳米比亚）的赫雷罗人（Herero）起义，德国对其实施了灭绝政策，约翰·勒尔认为威廉皇帝的讲话就是开始实施灭绝政策的信号；参见 Röhl, *Wilhelm II.*, Bd. 3, S. 111; 不过更合理的解释是，威廉皇帝在讲话中提到了《尼伯龙根之歌》里的场景，并把它和海军陆战队在中国的行动联系在一起。这种解释可以从谈话本身找到依据：皇帝按照《尼伯龙根之歌》里的习惯，称匈人王阿提拉为"埃策尔"。相关信息参见 Münkler/Storch, *Siegfrieden*, S. 83ff。

102 例如，当时有指斥德军的言论说，他们砍掉了比利时战俘的双手，但这种说法很快就被证实不过是诋毁式宣传。传言里之所以会出现这么残忍的事情，一个不容忽视的原因是，在刚果（它是比利时国王的殖民地，后来也是整个比利时的殖民地），那些"工作成果不令人满意"的黑人确实被砍去了双手。

103　达姆弹或者铅芯外露，或者弹头中部有圆柱形孔洞，如果对方在短距离内中弹，伤口将无法医治。它以印度城市达姆达姆（Dum-Dum）命名，因为英国人曾在这里生产这种子弹（参见 Hirschfeld u. a., *Enzyklopädie*, S. 450）。有关达姆弹的禁令，以及英国人拒绝在其世界性军事行动中遵守相关禁令一事，参见 Dülffer, *Regeln gegen den Krieg?*, S. 76f. 与 151。

104　Böhme (Hg.), *Aufrufe und Reden*, S. 48。（楷体字部分在原文中也突出显示）

105　Mann, «Gedanken im Kriege», S. 201.

106　Böhme (Hg.), *Aufrufe und Reden*, S. 48.

107　我们需要注意的是，在德国曾两次出现"特殊道路"的概念，但两次的含义不同：第一次它是作为正面概念出现的，是指德国拒绝了西方堕落的文化，坚持走自己的"特殊道路"；第二次它则代表了一种批判性思想，这种思想认为是"德国特殊道路"导致这个国家在 20 世纪制造了一系列灾难。不过，这两个概念是紧密相关的，从这个角度来看也正如赫尔穆特·瓦尔泽·史密斯（Helmut Walser Smith）所认为的，"对'特殊道路'这一命题的批评"——这里是指对德国历史的批判性态度——"让我们感觉，德国历史似乎不完全是连续的"（Walser Smith, «Jenseits der Sonderweg-Debatte», S. 35）；1914 年和"特殊道路"之间的关联亦可参见 Mommsen, «Der Geist von 1914», S. 407ff; 有关"特殊道路"的讨论，总体情况见 Peter/Schröder, *Studien der Zeitgeschichte*, S. 103ff。

108　"1914 年思想"包含了当时种类繁多的各种政治和社会设想，相应地，学者们在研究文献中也会从不同的角度去概括：有人认为这些设想只是为了与法国抗衡，有人认为也是为了与英国抗衡，有人认为它们代表了思想史上的转折点，有的还认为它们的提出是为了带动国民经济的改革；相关信息参见 von See, *Die Ideen von 1789 und die Ideen von 1914*; Lübbe, «Die philosophischen Ideen von 1914», in: ders., *Politische Philosophie*, S. 171 - 235; Vondung, «Deutsche Apokalypse 1914», S. 133ff; Verhey, *Der ‹Geist von 1914›*, 重点见 S. 194ff; Greive (Hg.), *Der Geist von 1914*; Maier, «Ideen von 1914 – Ideen von 1939?», S. 525ff; Sieferle, «Der deutsch-englische Gegensatz und die ‹Ideen von 1914›», S. 139f. Müller, *Die «Ideen von 1914» bei Johann Plenge*, insbes. S. 50 - 74, 以及 Flasch, *Die geistige Mobilmachung*, 多处。

109 Plenge, *Der Krieg und die Volkswirtschaft*, S. 171.

110 Gierke, «Krieg und Kultur», in: *Deutsche Reden*, Bd. 1, S. 98f.

111 Troeltsch, «Die deutsche Freiheit», in: ders., *Deutscher Geist*, S. 94 与 103; 特勒尔奇在战争中的情况参见 Drescher, *Ernst Troeltsch*, S. 413ff 与 434ff, 以及 Lichtblau, *Kulturkrise und Soziologie*, S. 409ff。

112 Troeltsch, «Die Ideen von 1914», in: ders., *Deutscher Geist*, S. 49; 下文对特勒尔奇理论的简述参考了 Lübbe, *Politische Philosophie*, S. 225 - 232, Flasch, *Die geistige Mobilmachung*, S. 55 - 61, 以及 Mommsen, *Bürgerliche Kultur*, S. 153 - 162。

113 Troeltsch, «Die deutsche Freiheit», S. 80ff.

114 普伦格的作品除了《战争与国民经济》(*Der Krieg und die Volkswirtschaft*),值得一提的还有《经济阶段与经济发展》(*Wirtschaftsstufen und Wirtschaftsentwicklung*) 以及《1789 年与 1914 年》(*1789 und 1914*);普伦格的情况参见 Müller, *Die «Ideen von 1914»*, S. 57ff, Schild, «Ein konservativer Prophet», S. 523ff, 以及 Beßlich, *Wege in den ‹Kulturkrieg›*, S. 261ff。

115 Kjellén, *Die Ideen von 1914*, S. 211f.

116 Mommsen, *Bürgerliche Kultur*, S. 156.

117 Müller, *Die «Ideen von 1914»*, S. 61.

118 Tönnies, *Gemeinschaft und Gesellschaft*, 重点见 S. 7 - 70; 为避免遭到曲解,滕尼斯曾对他的理论做出过解释,相关信息参见 Lichtblau, *Kulturkrise und Soziologie*, S. 392f。

119 参见 Reinecke, «Das Jahr 1902», S. 3ff; von See, «Politische Männerbund-Ideologie», S. 93ff, 以及 Mogge, «Wandervogel, Freideutsche Jugend und Bünde», S. 174ff。

120 参见 Verhey, *Der «Geist von 1914»*, S. 307ff; 这种集体观念也出现在越来越多的德国战争小说中,相关情况参见 Schöning, *Versprengte Gemeinschaft*, S. 193ff。

121 Natorp, *Deutscher Weltberuf*, Bd. 2, S. 176ff.

122 Plenge, *1789 und 1914*, S. 82.

123　Plenge, *Der Krieg und die Volkswirtschaft*, S. 189 与 200。

124　Natorp, *Der Tag des Deutschen*, S. 48; 战争时期纳托尔普的态度参见 Bruhn, *Vom Kulturkritiker zum «Kulturkrieger»*, S. 59 - 100。

125　Fischer, *Griff nach der Weltmacht*, S. 119.

126　菲舍尔分析了德国 1911~1914 年的政策，而 "九月计划" 是这些分析的关键点；参见 Fischer, *Krieg der Illusionen*, S. 765ff; 类似观点参见 Geiss, *Das Deutsche Reich und der Erste Weltkrieg*, S. 89ff。

127　见 Salewski, *Der Erste Weltkrieg*, S. 146ff; Kielmansegg, *Deutschland und der Erste Weltkrieg*, S. 219ff。

128　Salewski, *Der Erste Weltkrieg*, S. 147.

129　详见 Miller, *Burgfrieden und Klassenkampf*, S. 190 - 281. 社会民主党最终因为内部意见不合而分裂，但他们的分歧主要不在于战争目的，而在于社会民主党是否要以坚决的态度公开其反兼并主义立场。当时他们策略性地考虑到，尽量不要让贝特曼·霍尔韦格下台，当然也不要轻易破坏民众心目中 "德国上下团结一致" 的画面。最终，党派领袖似乎也开始担心，如果明确反对所有试图改变现状的战争目的，那么社会民主党内部也会爆发战争目的大讨论，而这是这个党派无论如何都要避免的。他们还认为，德国工人付出的牺牲必须得到回报，但这种回报不可能仅限于实现内政领域的目标，所以从这种想法出发，他们也愿意暂时与政治对手相安无事。

130　斯文·奥利弗·米勒（Sven Oliver Müller）以德国和英国为例指出，人们可以幻想整个民族是团结的，也可以拿民族当内政斗争的工具（这种情况在战争目的大讨论中也出现了）；为说明这一点，他还阐述了德国人和英国人对 "敌人" 分别有哪些想象。参见 Müller, Sven Oliver, *Die Nation als Waffe*, S. 113ff。

131　Kielmansegg, *Deutschland und der Erste Weltkrieg*, S. 243 - 264.

132　Schwartz, *Das Geschichtswerk des Thukydides*; 这本书出版于 1919 年，当时施瓦茨把它献给在战争初期阵亡的儿子格哈德（Gerhard）。

133　同上，S. 142f., 150（引文）。

134　参见 Kielmansegg, *Deutschland und der Erste Weltkrieg*, S. 259f, 以及 Schwabe, *Wissenschaft und Kriegsmoral*, S. 70ff; 此外还可参见 Brakelmann, *Protestantische Kriegstheologie*, S. 89ff。

135　泽贝格的请愿书见 Böhme (Hg.), *Aufrufe und Reden*, S. 125 - 135; 以上所有引文均出自该版本。菲舍尔在他的书中（Fischer, *Griff nach der*

136 Clausewitz, *Vom Kriege,* S. 990f., 998.

137 参见 Kielmansegg, *Deutschland und der Erste Weltkrieg*, S. 257f. 在工业联盟的备忘录中，布里埃—隆维（Briey-Longwy）的铁矿盆地是他们最关心的问题，但知识分子的请愿书只是顺带提到这一点。德国重工业的需求就是获取矿石和煤，这样，德国就能在欧洲当时的重点工业领域占据支配地位。

138 "帝国主义"（Imperium）和"霸权主义"（Hegemonie）的区别参见 Münkler, *Imperien*, S. 67ff。

139 参见 Schwabe, *Wissenschaft und Kriegsmoral*, S. 71ff, 以及 Fischer, *Griff nach der Weltmacht*, S. 207f. 大概在 1915 年末 1916 年初，韦伯就提出了他认为正确的战争目的：他坚决反对在西线实施兼并政策，也反对将东线说外语的地区收归德意志帝国；他认为德国在东线一带不应实行德国民族主义政策，而应实行西斯拉夫政策，目的是与这里的民族建立稳定的同盟关系，共同对抗俄国（参见 Mommsen, *Max Weber*, S. 220ff.）。

140 Weber, «Zur Frage des Friedensschließens», in: Politische Schriften, S. 130 - 141（引文见 S. 140）。

141 全部引文出自 Böhme (Hg.), Aufrufe und Reden, S. 135 - 137。

142 他们提出的带兼并主义色彩的战争目的参见 Hagenlücke, Deutsche Vaterlandspartei, S. 109ff。

143 德尔布吕克提出的目的和贝特曼·霍尔韦格的回应参见 Schwabe, *Wissenschaft und Kriegsmoral*, S. 73; 此外亦可参见 Mai, *Das Ende des Kaiserreichs*, S. 58ff。

144 法勒（Lancelot L. Farrar）在他的书《分裂与征服》（*Divide and Conquer*）中将替代兼并主义计划的构想看成一种补充战略（专门针对 1915 年的俄国，S. 13ff.）。也就是说，德国的政治看起来是完整的，但事实远不是如此。

145 一战期间，德国"欧洲中心"构想的形成过程参见 Mommsen, «Die Mitteleuropaidee und die Mitteleuropapläne im Deutschen Reich», in: ders., *Der Erste Weltkrieg*, S. 94 - 117, 以及 Schwabe, *Wissenschaft und Kriegsmoral*, S. 63ff。

146 转引自 Fischer, *Griffnach der Weltmacht*, S. 118（楷体字部分在原文中也突出显示）。

147 在以什么手段实现目标的问题上，帝国首相及其周围的人提出的"欧洲中心"构想和海因里希·克拉斯为泛德意志协会提出的构想存在重大区别，因为后者的重点从经济控制转向了政治控制。然而弗里茨·菲舍尔将这两个构想放在一起，合并成一个单独的帝国扩张计划，相关情况参见 Fischer, *Griff nach der Weltmacht*, S. 120。相似观点可参见 Geiss, *Deutschland und der Erste Weltkrieg*, S. 86f。我们可以通过手段的不同区分这是霸权主义还是帝国主义政策，参见 Münkler, *Imperien*, S. 16ff。

148 参见本书 S. 75f。

149 参见 Mommsen, *Der Erste Weltkrieg*, S. 102ff; 拉特瑙的"欧洲中心"计划参见 Berglar, *Walther Rathenau*, S. 132ff, 以及 Volkov, *Walther Rathenau*, S. 131ff。

150 首相顾问库尔特·里茨勒 1914 年 8 月 19 日的日记中有一句话："大德国以比利时、荷兰、波兰为较小的保护国，以奥地利为较大的保护国。"（Riezler, *Tagebücher*, S. 198）这本日记的出版者卡尔·迪特里希·埃德曼根据这句话指出，拉特瑙的构想与"九月备忘录"的构想存在明显区别。（同上，S. 198, 脚注 2）。

151 Riezler, *Tagebücher*, S. 268。

152 同上，S. 268f。这个"只要麻雀落在房子一角，房子就会崩塌"的比喻，最早出自乔纳森·斯威夫特（Jonathan Swift），后来康德在论文《永久和平论》（*Zum Ewigen Frieden*）中引用了这一比喻；参见 Vagts, «Die Chimäre des Gleichgewichts», S. 131 - 160, 重点见 S. 150f。

153 里茨勒引用的是拉丁文原文：Solvite corde metum, Teucri, secludite curas,/res dura et regni novitas me talia cogunt/moliri et late finis custode tueri. Riezler, *Tagebücher*, S. 268; 德语译文见 Vergil, *Aeneis*, Lt.-dt. von Johannes Götte, München und Zürich 1988, S. 36 - 39 (I, 562 - 564)。

154 Riezler, *Tagebücher*, S. 269; 一战之前与之后里茨勒政治思想的演变参见 Flasch, *Die geistige Mobilmachung*, S. 232 - 248。

155 参见 Mommsen, *Max Weber und die deutsche Politik*, S. 229 - 246。

156 所有引文出自 Kjellén, *Probleme des Weltkrieges*, S. 9, 19, 77, 97。

第四章

进退两难的战争

/ 一个政治问题：是结束战争，还是继续战斗？

到了 1914 年末 1915 年初，战争虽然没有完全停滞，但也只有小规模的战斗仍在进行，大规模的军事行动已经停止。各国的目的都没有实现，但各国都蒙受了巨大的损失。俄国投入了 350 万名士兵，其中阵亡、受伤与被俘的共 150 万。奥匈帝国军队折损的比例更高，他们投入 180 万名士兵，其中 19 万阵亡，近 50 万因为受伤无法继续作战，还有 28 万被俘。从英国被派往法国和比利时的军队共有 11 万人，折损 8.6 万人。当然，面对如此严重的损失，军队肯定会再添补人数，但军队的战斗力以及作战的胜算都不能与之前相比；由于缺乏有经验的军官和士官，许多军队的行动都受到了影响。德国军队共折损 80 万人，其中 24 万人阵亡，包括 1.8 万名军官。法国的情况是最糟糕的：通

过军事动员，法军增加到 200 万人，现在已经有超过 30 万人阵亡。比利时也有 3 万人阵亡，而战争开始时他们的军队约有 20 万人——阵亡的比例差不多和法国一样高。和他们相比，损失人数占人口比例更高的可能只有塞尔维亚。[1]俄国补充人员的难度最小，但要补充物资却比较难。有报道说，1915 年夏天一些被送往前线的俄国士兵甚至连武器都没有，只有在其他人阵亡或受伤的情况下，他们才能拿到一杆枪。[2]至于奥匈帝国，它原本有一支归属皇帝的职业军队，但这支军队在加利西亚战场消耗了大半，帝国的形势也因此变得十分危急。1915 年初，奥匈帝国甚至拿不出 30 万兵力与俄国对抗。[3]

所以，这时所有战线上都弥漫着消极厌战的情绪，士兵们也已经体力不支。他们被送往前线的时候，有人曾向他们保证，圣诞节之前他们就可以回家——当然，是以胜利者的身份。但这些

话都落空了。"小伙子们,"1914 年 12 月 31 日,格哈特·豪普特曼在日记中写道,"我会把你们送进乱葬岗,一名中尉说道,在他手下确实有几个连(原文为 Compagnieen)已经牺牲了——今天过来的弗里茨讲了这件事。他是从东线来的。军官们下命令,追赶敌人,牺牲生命,往往都是为了铁十字勋章。"[4] 在国内,人们越来越频繁地听到士兵阵亡的消息,所以整个社会也被消极情绪笼罩,这一点谁都能感觉出来。这段时间的状况用比喻来说就是,好战精神正如微弱跳动的火焰,虽然它仍在燃烧;双方军队都没有实现他们的诺言,而物资需求的飙升也让人们头一次明显感觉供应紧张。自从马恩河战役以来就出现的弹药短缺问题变得更加严重,而且由于炮弹数量实在太少,有些地方的前线几乎已经放弃使用大炮。

从原则上讲,现在正是和谈的大好时机,外交部门应该多方试探,寻找结束战争的办法。过去几个月的战争对欧洲历史来说虽然是一记重击,但它引起的社会后果和政治后果还是可以挽回的。欧洲的经济也刚刚开始适应持久战的需求,由此引起的社会骚乱经过一段时间就能得到平复。虽然政府开始通过激化矛盾推动战争发展,但事情也还没有到达不可遏止的地步。[5]

那么,是什么阻止了和谈?为什么各国一头冲进了这场大灾难?可以肯定的一点是,后来发生的一切事情,今天对我们来说已经是事实,但在当时对他们来说还只是一些模糊的可能性。尽管有很多人曾经警告过,现代战争的规模是惊人的,但在未来的年月里战争会进一步升级到什么程度——如我们今天所见,从消耗战到毒气战,从粮食禁运到无限制潜艇战,从"多瑙河帝国"的瓦解到俄国革命——这对当时大部分人来说是无法预见的。不过,各国规划人员班子以及内阁的负责人在这时已经意识到,如果战争继续下去会产生哪些灾难性后果。例如首相顾问库尔特·里茨勒，他几乎每天都可以和贝特曼·霍尔韦格交谈，掌握的信息最为全面，所以在同时代的人中，他属于面对严峻局势不盲目乐观的那一批。11月2日，也就是进攻伊普尔失败之前，他在日记中写道："西线的进攻进行得十分缓慢。我们还有希望。如果不成功，我们又不能［为了东线的进攻］在西线有丝毫让步，那这场战争就算失败了。"听说盟友奥地利陷入危局，里茨勒对胜利的信心动摇了，因为德国单凭自己的军队是赢不了战争的。他认为现在是时候结束战斗了；但要结束战争，政治家必须不顾军方的反对坚持到底，而据里茨勒的估计，他们很难做到这一点。11月22日他写道："刚开始为伊普尔的战斗紧张不已，损失惨重，可能很多人会战死。对军人，对，这是荣誉问题。但政治上毫无意义。不能信任军队，他们当然是想打胜仗的。"[6]里茨勒担心的是，总参谋长法金汉为了获得军事上的转机，会不惜付出越来越大的代价，但用这种方式是没办法带来转机的。在里茨勒眼中，法金汉不过是个赌徒，他会把全部身家押在一张牌上，却不知道靠这张牌能不能赢。

里茨勒对军事局势的判断是准确的，但他错误地估计了法金汉的分析能力和学习能力。总参谋长最迟在伊普尔战役失败后就已经确信，德国凭借军事力量赢不了这场战争，这主要是因为协约国拥有更多的兵力和物资，而随着时间一个月一个月过去，对方这种优势给德国人造成的压力也越来越大。在他看来，现在最好的结果就是"*拖延时间*"。1914年11月以后，他就对身边的人说："如果我们不输掉这场战争，那我们就赢了。"[7]这句话从字面来看似乎很乐观，但它真正的含义是，如果德国没有输掉这场战争，那只能说是出于运气。1914年11月8日，法金汉与帝国首相讨论，施里芬计划宣告失败以后德国政府在战略上还有哪些选项，这次谈话归结起来也是在说，只有运气眷顾，德国才不至落败。在写给外交部副部长阿图尔·齐默尔曼（Arthur Zimmermann）的公函中，贝特曼·霍尔韦格这样总结总参谋长对局势的判断："只要俄国、法国和英国仍然联手，我们就不可能凭借军事成果与敌人签订一份体面的和约。我们的力量也很有可能逐渐耗尽。我们必须让俄国或法国脱离联盟。第一选择是先与俄国媾和，如果这一步能成功，我们就可以战胜法国和英国并迫使他们接受我们提出的和约，即使日本人漂洋过海赴法国作战，英国不断往战场输送更多兵力，我们也不怕。不过我们可以确定，如果俄国与我们媾和，法国也会放弃抵抗。如果这时英国还不肯完全屈服，我们就利用比利时的地理优势，对英国实施封锁，使其弹尽粮绝；如有必要，封锁上几个月也没关系。这样就可以制服他们。"[8]

/ 293

从法金汉的推断可以看出，德国如果不想输掉这场战争，就必须与至少一个敌人单独媾和。从根本上讲，单独媾和的功能与施里芬计划相同，只不过它不是借助军事上的胜利，而是借助政治谈判，把两线战争转化为单线战争。不过在战争的头几个月里，军事家和政治家在人们心里种下了对于胜利的期望，而单独媾和显然违背了这种期望，更重要的是，它也违背了请愿书中并吞土地的要求。[9] 所以，法金汉对局势的判断不能被放到公众面前，这又导致"先取胜，再和谈"的期望仍在疯狂蔓延。贝特曼·霍尔韦格虽然不能直接左右军事上的决策，却必须为其提供政治支持，所以他在这个问题上也不敢清楚地表明立场。由于实施"对角线政策"，在做一些会引发争议的决策时，他总是犹豫不决；如果要在两个相反的选项之间做出选择，他就显得力不从

/ 294

心。不过在这个阶段，如果有人提议主动与敌人和谈，议会的大部分议员是不会支持的——如果提议与俄国秘密和谈或许还能得到支持。当时德国所有重要的政治人物几乎都希望军队在来年能克敌制胜，所以他们宁愿将主动权交给军队——他们相信这只是暂时的。所以，政治无法重新确立其主导地位。

然而，1914 年末 1915 年初德国政府之所以放弃了争取和平的机会，不仅是因为许多人仍希望赢得战争、并吞大片土地，也是因为存在一个可以说是悲剧性的悖论：从"朗厄马克"的例子可以看出，战斗双方都在战争头几个月里付出了巨大代价，这些死者又被看作**自愿献身的祭品**，受这个概念影响，人们无法客观分析之前的战争进程、推断它的后果。人们不敢清算战争中的得失，因为"清算"这个词本身就亵渎了"祭品"所代表的含义。从理性的角度考虑，人们有充分的理由结束这场战争，但现在这些理由反而鼓动他们以更坚决的态度将战争进行到底。帝国首相贝特曼·霍尔韦格在战争回忆录中很准确地描述了这一困境："社会的整个氛围让人产生这样的想法：放弃一片流了这么多血才征服的土地，就是辜负了那些流血牺牲的人。"[10] 无论同盟国还是协约国，他们在政治上似乎都面临以下处境：双方都在民众心里唤起了很大的期望，同时将敌人描绘得极为危险，让人觉得我们非战胜他们不可；他们也不仅仅投入军队作战（这是国家的"专业工具"），而且动员整个社会为欧洲的未来而战，并要求社会为此做出巨大牺牲——现在他们不能轻易收回说过的话，否则国内就会掀起巨大的政治风波。

这种悖论十分值得关注，它往往也在历史上一些相似的时刻爆发；在这些时刻，人们已经为战斗贡献了十足的勇气，但大多数或者说所有人都缺少道德勇气，无法在关键时刻力挽狂澜，阻止事情进一步恶化。当然，这种道德勇气也包括公开承认"这些人死得毫无价值"。当时的所有执政者——不仅包括柏林的政治领袖，也包括欧洲其他国家的政府高层——没有一个人敢这么做。所以，战争只好继续进行，因为政治家们害怕国家内部爆发矛盾。

若要结束战争，俄国面临的困难可能是最小的，因为俄国政府并没有从社会深处唤起人们对战争的热情。但俄国人并不觉得他们需要结束战争，因为尽管俄国军队与德国作战败得很惨，但他们与奥匈帝国作战却赢得干净利落，还占领了几乎整个加利西亚地区。所以，俄国人很难想象他们还要退回战争之前的边界；如果媾和，奥匈帝国肯定要做出很大的让步。考虑到奥匈帝国的军队损失惨重，这样的条件也不是完全不能接受；但奥匈帝国又在战斗中败给了塞尔维亚，如果再接受对自己非常不利的条件，就必定保不住在欧洲的大国地位，而巴尔干冲突的根源也将继续存在。另外，法国和德国也很难退回战争之前的边界。法国如果退让，那么阿尔萨斯—洛林地区就仍归德国；德国如果退让，就必须放弃已经占领的比利时和法国北部领土。英国要恢复战前状态应该是最容易的，因为英国至少在表面上宣称，他们是为了维持战前状态才参战的，而且到目前为止，他们的损失还比较小。

/ 296

但交战各方没有协商停战乃至媾和的问题，不仅仅是因为阵亡人数逐渐攀升，以至于人们强烈要求战争的成果必须对得起这些牺牲者，也是因为作战联盟中各个国家的利益诉求不同，开战以来他们各自的投入不同，而且它们不能互相信任。一方面，作为三国同盟成员之一的意大利从一开始就不曾履行它对联盟的义务；另一方面，在协约三国内部，为了防止其他两国与同盟国单独媾和，它们——尤其在瓜分土耳其的时候——都许诺让其他两国占领大量土地。另外，几国联合作战通常会遇到的问题是，各国之间的约定不够明确，而且没有一个总的司令部来统筹全局，所以它们的军队只能各自作战。除此之外还有一个问题：一旦有成员国提出停战或和谈，整个联盟就会陷入僵局，因为总会有某个成员认为对本国最有利的谈判时机尚未来到。

有些执政者似乎已经清楚地认识到，如果要让政治回归主导地位，那么1914年底1915年初是最后的机会；如果错过这个机会，那么军队就会彻底掌握话语权。但总会有一些这样那样的因素表明，现在还不是主动提出和谈的时候。这时政治家们也没有想到，今后的战争会如此深刻彻底地改变整个社会的结构和人们的思想气质。现在正是结束战争的有利时机，但这种机会以后不会再有了。

临近1914年终的时候确实出现了一次小规模的和平倡议，只不过它不是由政治家提出的，而是由一些前线士兵提出的，主要成果仅限于一部分对峙中的连和营在几天时间里暂时停火。这就是"1914年圣诞节休战"，当时西线某些区域的军队休战了较长时间，那里的德国、英国和法国士兵离开战壕，在无人区中间见面，交换礼物，一起庆祝圣诞。[11]这种"小范围的和平"是没有保障的，它存在的前提是所有人都愿意配合，没有人破坏这一非正式的约定。从这一角度来看，值得注意的是在不少战区士兵都和敌人一起过圣诞节，而且他们多半一直休战到新年。我们可以认为，前线士兵这么做是因为他们已经厌倦了战场上的生生死死，想借此敦促政府进行和谈；但我们同样可以把圣诞节休战理解为一种约定俗成的规矩，也就是说，在圣诞节期间双方应当和平共处，所以战斗暂时被打断，等节日过去，战斗还会和原来一样激烈。如果选择第二种理解，那么圣诞节休战就和古希腊的奥林匹克休战类似，后者也是指交战的双方在特定时间内，当然这里是指在奥林匹克运动会期间，暂时停火。但圣诞节休战与这种惯例不符的地方在于，它只在 1914 年出现过，而且基本上只出现在西线战场。后者可能是因为拉丁语系国家的圣诞节与东正教圣诞节日期不同，但也可能是因为东线情况与西线不同，那里两军的阵地距离较远，不方便通过呼喊与对方约定停火。至于接下来几年的圣诞节期间，交战双方不再以兄弟之谊相待，[12] 这再次说明过了 1914 年底 1915 年初这个分水岭，战争的性质就变了。直到后来俄国爆发革命，东线战场才出现像圣诞节休战那样的场景，不过这一次很明显是俄国方面提出了倡议，而德国在犹豫之后接受了。[13] 这个转折意味着，在大规模进攻失败以后，德国短时间内再度迎来终结战争的有效时机。

/ 298

/ 一个军事问题：战略方面出现了分歧

就这样，战争仍在继续，刚开始各方投入的兵力有所减少，后来却反而增加了：刚开始，在运动战的背景下，当局因为后劲不足而不得不缩减兵力，于是双方转入阵地战，但当局绝不能让外界看出转入阵地战的真正原因。需要强调的是，阵地战让西线的战斗得以继续下去。事实上，现在双方的损失已经明显下降，但如果哪一方发起进攻，损失将再度加重。通常，进攻方的损失都是防守方的两倍；但如果情况对进攻方不利，那么他们的损失可能飙升至对方的五倍。从马恩河撤退以后，德军首先挖了战壕，并在战壕前面立起带刺的铁丝网。法军和英军也挖了战壕，于是，西线长达 700 公里的战线一直保持原状。本来应该成为战场的地方现在空荡荡的，除非有人从空中俯瞰，才能看到战壕和里面的士兵，看到集结待发的后备军和炮兵阵地。

由于损失惨重，军队开始转为防守，但这样做却导致了十分矛盾的结果：由于阵地上已经修筑了防御工事，前线每个地段只需要数量很少的士兵就可以防守，这意味着部分军队可以撤离，所以当局就可以将匀出来的人组建成新的部队，让他们在别处发动进攻。德国方面还决定给每个部队分配更多武器，从而减少前线用于防守的兵力。这样，每个师就可以由原来的 4 个团减少到 3 个团，同时，上面会派几个机枪排支援他们。

问题在于，这些新组建的师要被派往哪里。同盟国军队虽然掌握了更多的武器，但兵力还是不足，无法同时在东西两线发起进攻，也就无法同时掌握两条战线的主动权。所以现在总参谋长法金汉必须决定，1915 年战争的重点是在东线还是西线。这是他第一次面临基本战略的选择，在这之前，他只是勉勉强强地按施里芬计划的原则行动；伊普尔战役中，他在缺乏长远战略考虑的情况下还试图让军队强行突破。不管这次行动是他自己决定的，还是他没有及时阻止造成的，他都因此受到了猛烈批评，人们也首次质疑他的领导能力。

此外，法金汉在陆军最高指挥部的处境并不太好。他缺乏来自总参谋部的"气场"，态度生硬、性格傲慢，而且他曾经在国外待了很多年，所以在国内没什么势力，无论在军队还是政界都是如此。后来的一系列冲突表明，法金汉唯一能依靠的就是皇帝的信任，但如果有人向皇帝抗议，或者耍一些阴谋诡计，那么皇帝也很可能不再信任他。所以，有关战略重点的分歧演变成了一场权力上的明争暗斗，而影响结果的不是战略观点，而是一些别的东西。[14] 通过这些事情我们也可以看出，皇帝对兴登堡和鲁登道夫的不信任才是法金汉最坚固的后盾，因为威廉皇帝对鲁登道夫的杀伐决断心存畏惧，又觉得兴登堡在赢得坦能堡战役以后已经功高盖主。[15] 所以威廉皇帝紧紧抓住法金汉，因为他对皇帝的地位威胁最小。

法金汉自己倾向于把重点放在西线，但兴登堡和鲁登道夫大力反对，并且一再要求将大批军队转移到东线，还许诺一定会彻底打败俄军。[16] 还有一种方案是将同盟国的军队送往东南战场，从而对塞尔维亚发起新一轮进攻，这也为处理巴尔干问题提供了新的选项——比如可以直接在德国与奥斯曼帝国之间开辟一条通道，而后者已经于 1914 年 10 月 29 日参战并加入同盟国阵营。从 1914 年 12 月开始，陆军元帅冯·德戈尔茨再次赴奥斯曼帝国担任苏丹的军事顾问（从 1909 年开始，他就受苏丹委托，改组奥斯曼帝国的军队），他呼吁总参谋部要更加重视巴尔干和中东的战场。[17]

这张照片是1914年底在东普鲁士马祖里前线拍摄的，从图中我们可以看出，这里的战壕不是特别深，但用圆木加固了，前面立了带刺的铁丝网，战壕防卫墙上的机关枪挨得较近——步兵很难攻打这样的阵地，但它肯定经受不住大炮的集中打击。1915年，西线军队已经转入所谓的"后坡阵地"，这些阵地坐落于敌人对面山脉的后坡，所以敌方观察员从地面无法看清他们的位置。

藏在三个选项背后的问题是，我们应重点进攻最强的对手，还是所谓最弱的对手；我们希望这样的顺序给整场战争带来怎样的影响。[18] 如果军队的兵力足够，也可以两边都进攻，或者两边都试探，看攻打哪一方胜算更大，然后再把力量集中在那里。然而，只要军队和物资从前线的这一区被送往另一区，或者从这一战场被送往另一战场，那么这部分在路上的人力物力就派不上任何用场；正在运输途中的军队相当于不存在的军队。1914 年夏天奥匈军队部署的失误足以说明，让一批军队负责两处战场会导致什么后果：当时，他们的几个军连续几周都在塞尔维亚前线和俄国前线之间奔波，却没能在任何一处战场发挥作用。

要在哪一处战场投入重兵，这个问题也决定了是否要与俄国单独媾和，而法金汉与贝特曼·霍尔韦格还在为媾和努力。这个计划几乎主导着德意志帝国未来几年的政策。[19] 俄国最终也确实退出了战争，虽然不是因为沙皇政府与德国单独媾和，而是因为爆发了革命，但德国军队暗地里也插手了这件事。[20] 事件的实际发展情况与法金汉的想法存在两点不同：首先，《布列斯特—立陶夫斯克和约》直到 1918 年春季才签订，比法金汉预计的晚了许多，所以在和约签订之前，德国在东线又消耗了大量兵力；其次，与德国合作的这个政权并不十分可靠，所以与苏俄政府缔结和约之后，德国仍把大部分军队留在东线，这可能是出于他们对这片领土的贪婪，也可能是出于谨慎。遗憾的是，当时德国需要在西线与敌人决出胜负，却不能把这些军队用在西线。不过，即便德国能在 1915 年与俄国单独媾和，也不太可能让所有军队撤离东线，而是必须把不少部队留在那里，这样万一东线重燃战火，德国方面才能迅速做出反应。但重要的是，法金汉到底有多想与俄国单独媾和。此外，协约三国1914年9月6日还签订了《伦敦协议》，该协议禁止成员国与敌国进行这方面的协商。德国必须给俄国一个强有力的刺激才行。

由于德国无法从积极方面给俄国刺激，所以法金汉选择了"消极刺激"的战略。他打算在特定时间内拨给兴登堡较多军队，好让兴登堡利用这些军队再次击败俄军，而且必须让俄军在下一个冬天无法发起较大规模的军事行动。这样，德国方面就可以邀请俄国进行和谈，而人们也不会认为德国在示弱。但兴登堡和鲁登道夫反对这套计划，因为他们不相信用有限的兵力就可以实现这么远大的目标，更不要说是在法金汉预计的这么短的时间内。东线这两位指挥官推测沙俄政府不会那么轻易让步，除非军队受到毁灭性打击。所以他们打算在俄属波兰境内以"超级坦能堡战役"的形式包围并歼灭俄军。但实现这一目标要花较长时间，需要投入的军队也远远多于法金汉打算拨给他们的军队。为此，在奥匈军队总司令部的支持下，兴登堡和鲁登道夫不断催逼陆军最高指挥部增派军队。奥地利总参谋长康拉德也一再表示他们的处境十分困难，要求德国派强兵支援。[21] 但法金汉实在不能再削弱西线兵力了，否则一旦协约国大举进攻，西线军队将全线溃败。替代方案是通过局部撤军显著地缩短西部战线——兴登堡和鲁登道夫明确提出了这样的要求，但法金汉断然拒绝了，因为他担心撤军（即便只是局部撤军）会给民众带来恐慌。

贝特曼·霍尔韦格则中和了两方的观点。他和法金汉一样坚信，施里芬计划失败以后，德国的当务之急是与俄国单独媾和；但他同时也认为，要做到这一点，就必须先在战斗中完胜俄军，而这也是兴登堡和鲁登道夫努力的方向。所以他支持这两人的要求，赞成将作战重点转移到东线。同时，西线的战斗规模必须缩小，军队只要守住1914年夏季、秋季占领的阵地，抵御法军、英军的进攻即可。不过在他看来，在东线完胜俄军不仅是为了与俄国单独媾和，也是为了争取那些目前仍保持中立的国家。毕竟，许多国家并不打算一直保持中立，他们只是还在观望，看胜利的天平向哪一端倾斜，然后再加入有望取得胜利的一方，坐等分赃。原属三国同盟的意大利现在就是这么干的，而且这样的国家还包括罗马尼亚、保加利亚和希腊。如果德国打败了俄国这样的对手，这些国家的决策就会受到影响，而同样地，不管两方中哪一方落败，都会对其他国家有所影响。所以说，政治因素在时刻影响着军事战略上的决策。这位德意志帝国的首相很清楚同盟国在巴尔干半岛的艰难处境：重中之重就是，必须防止这个地区发生有利于协约国的雪崩效应。目前，奥匈帝国已经一蹶不振，奥斯曼帝国也积贫积弱，这很容易激起希腊和罗马尼亚的贪欲，他们会以为只要及时出手，就可以像英国、法国、俄国一样，在这里瓜分到大片土地。通过战胜俄国，贝特曼·霍尔韦格希望至少能说服保加利亚加入同盟国阵营。保加利亚国王斐迪南（Ferdinand）也正有此意，他认为正可以借此机会夺回保加利亚在第二次巴尔干战争中丢失的领土。但因为奥地利军队在塞尔维亚和加利西亚吃了败仗，所以他认为目前还不是保加利亚参战的正确时机。

贝特曼·霍尔韦格并不想在东线打一场大规模的征服战，他只想彻底打败俄国，以便德国与俄国单独媾和，也为他在巴尔干半岛的外交提供条件，同时还要迫使俄国割让一部分领土，好让国内的兼并主义者满意。所以，一开始他站到了兴登堡和鲁登道夫一边，密谋要让法金汉下台，已经离任的小毛奇和皇后也暗中支持他们。

1915 年这场争论的结果是各方达成了妥协：最后的结论介于法金汉和兴登堡的想法之间，但与贝特曼·霍尔韦格的方针也不完全相同。之所以得出这样的结论，一方面是因为协约国发起了进攻，另一方面也是因为德国本身取得了胜利，比如在戈尔利采—塔尔努夫实现了突破，这为他们提供了更多可能性。总的来说就是，他们计划在西线以防守为主，同时研发防御战的新战术，在东线则主动出击。事实上，在接下来几个月里，德国和奥地利确实打败了俄军，迫使其后撤 400 公里，还征服了塞尔维亚，同时由于保加利亚加入同盟国阵营，德国与土耳其之间的路被打通，所以同盟国现在可以在内线作战了。正因同盟国占据了这方面优势，所以 1915 年成了他们战绩最丰硕的一年，这也为他们后面继续战斗三年创造了条件。作为总参谋长的法金汉本来还兼任普鲁士战争部部长，尽管在 1915 年 1 月他不得不辞去这一职务，但他仍然是军队的最高领袖，因为他总能与其他人达成妥协，也保住了皇帝的信任。[22] 现在他又试图削弱兴登堡和鲁登道夫的影响力，让他们在东线的行动中退居二线。他的这番努力成效十分有限，但确实也让这两个人不再那么春风得意。这时，大将奥古斯特·冯·马肯森则成为东线冉冉升起的一颗新星，他是法金汉为了压制兴登堡和鲁登道夫的名声而重点扶持的。[23]

不仅同盟国在考虑战略重点应放在哪里，协约国也在考虑这个问题。尽管后者拥有的资源要丰厚得多，但他们是在外线作战，要转移军队非常麻烦，而且费时费力。由于俄国和法国的前线之间没有直达路线，所以两个国家很难直接为对方提供支持。俄国的武器和弹药供应也面临同样的问题。运送这些物资必须经过西伯利亚或北冰洋的摩尔曼斯克（Murmansk）港口，但这些地方的铁路运载能力很有限，这导致协约国在1915年无法发挥人员和物资方面的优势。

但外线作战也有优点：协约国可以攻其不备、出其不意，或者在敌人无力还手的位置实施打击。很快，英军就开始考虑，他们可以将战线从法国北部和佛兰德地区转移到别处，因为在这两个地区，他们只能持续不断地正面进攻，但德军阵地毕竟营垒坚固，英国远征军也因此损失惨重。他们也开始反思，既然这里是敌人力量比较**雄厚**的位置，那么哪里才是敌军的**薄弱**环节，在哪里进攻可以事半功倍。[24] 在协约集团的三个大国中，英国第一个想到要找出敌人的薄弱环节，这和他们作为海上强国的传统有关，不过也是因为德军尚未对他们构成正面威胁。尽管在伦敦有很多政治、军事领袖想把全部可调动的兵力送到法国前线，但很多人担心英国军队在法国将蒙受重大损失且无法取得任何成果。所以，他们主张调用政府此前从新西兰和澳大利亚转移到埃及的军队，将这部分军队连同**皇家海军**可调动的大型战斗舰一齐用于**间接路线**（indirect approach）战略。[25] 这部分人中，政治上最有影响力的是海军大臣温斯顿·丘吉尔。[26] 他认为这个战略应该把重点放在巴尔干和中东，因为他比德国人还重视这两个地区；用他自己的话说，他希望能在那里击中"同盟国脆弱的小腹"。

所以，丘吉尔在这一点上与霞飞的立场正好相反，后者要求把协约国所有兵力集中在法国前线。这位总参谋长的要求表明，法国真正的利益诉求是夺回被德国占领的领土。毕竟，原属法国的许多工业基地现在都归德国所有，其中包括法国钢铁和煤矿产区的一半。此外，法国部队受德军牵制，无法离开目前的作战区域，不像英军可以被随意调动；而俄国部队也是如此。

也就是说法国方面根本没办法有效地转移兵力。然而除了持续不断地消耗兵力，霞飞也想不出其他战略。他重复了多次的口头禅是"我大口大口地把它们吞掉了"。[27]丘吉尔针锋相对地指出，协约国如果切断同盟国的运输路线，就能够以很小的代价制服敌人。

　　一部分战略家主张攻占亚得里亚海沿岸从达尔马提亚（Dalmacija）到阿尔巴尼亚的地区，他们计划让军队在这一地区登陆，并通过这种方式鼓动意大利加入协约国阵营。但首先，奥匈帝国的舰队停在这一带；其次，军队要从奥特朗托海峡进入亚得里亚海，而敌人很容易在这一带布雷；再次，海岸线以里的腹地不太适合协约国军队发动大规模进攻。除此之外，协约国方面也可以考虑在中立的希腊发起进攻。但那里的地理、交通方面的情况和亚得里亚海沿岸的伊斯特拉、达尔马提亚一样：除了萨洛尼卡（Salonika）一带，军队无法从其他地方进攻内陆腹地，而且这样做的代价较大，在战略上却没多大意义。当然战略家们可以说，这次行动是为了鼓动犹豫不决的中立国加入协约国阵营，但事实是，这些国家也很可能因为境内出现了大批"异国"军队而决定反其道而行之。所以目前仅剩的选项就是进攻奥斯曼帝国，重点进攻欧洲和小亚细亚之间的几处海峡。如果协约国军队在这一区域取胜，就可以切断君士坦丁堡政府与德、奥之间的联系，打通从西欧到俄国的海上通道，吸收罗马尼亚和意大利进入协约国阵营，这样，他们就有可能开辟针对奥匈帝国的新战线。许多因素都表明协约国应当把战斗重点转移到这个区域，这几乎就是唯一可行的选项。但是，主张把兵力集中在法国北部的那部分人说服其他人相信，不能削弱法国北部的兵力去进攻爱琴海和黑海之间的海峡；所以英国海军高层决定将战斗力最强的战舰和舰队留在北海，继续实施对德国的封锁。结果，在加利波利的登陆行动中，英国只派出一些比较陈旧的战舰以及从新西兰和澳大利亚调来的军队，外加少量的英国、法国步兵部队。

/ 冬天的进攻

1914 年 12 月，在霞飞将军的指挥下，法军在法国北部开始对德军阵地发动第一轮进攻。在此期间，德国军方把一部分战斗力较强的部队从西线调往东线，这事霞飞也知道，他预感法军有机会利用年底这段时间夺回 8、9 月被攻占的领土。此外，他也觉得法军有义务通过进攻缓解俄军的压力，因为后者曾在夏天提前攻打东普鲁士，助法军一臂之力。此外，尽管法军一再受挫，但霞飞还是忠于"进攻"这一原则，不愿考虑打防御战的必要性和可能性。[28] 但最大的问题在于，他高估了德军部队减少后法军在人数上的优势。他在 12 月 14 日和 20 日分别命令军队进攻阿图瓦（Artois）地区和香槟（Champagne）地区，但在德军的阵地上，法军仿佛陷入了泥潭。正式进攻之前，法军的大炮并没有像预想的那样摧毁德军的防御系统；那里的土地因为连日降雨变得泥泞，以致法国步兵难以行进。就算有法军士兵好不容易闯入了德军战壕所在区域，德军也会攻击他们的侧翼，将他们击退。最后，法军损失了超过 9 万人，却没有夺回哪怕一小片土地，更别说有机会强行突破了。

这个冬天，在经历了阿图瓦和香槟地区的战役以后，德法双方都总结了一些对来年进攻战、阵地战比较重要的经验和教训：德军改善了战壕系统，还研发出新的防守战术；法军则改善了步兵进攻—炮兵配合的战斗模式，使两者更好地搭配作战。但对于最关键的问题，法军却丝毫没有吸取教训。本来，他们在进攻受挫以后应该能清楚认识到，正面进攻设施优良的阵地将给己方造成巨大损失，而通过强行突破实现战略目的则是不可能的。在强行突破的过程中，进攻一方难以在短时间内深入敌军阵地，所以防守的一方可以封锁每个突破点，堵住进攻方在战线上打开的缺口。结果就是，在第二年的战斗中，双方为了每一平方米土地都必须付出惨重的代价。西线的情况可以概括为，人们把战略问题抛在一边，却不断地优化战术。后来，埃里希·马里亚·雷马克（Erich Maria Remarque）创作了战争题材的长篇小说《西线无战事》（*Im Westen nichts Neues*）[①]，这部小说的标题就以象征手法描述了当时的情形："西线一切照旧"，这是德国陆军最高指挥部在战争日志中用标准化语言记录的内容——因为在法国北部和比利时前线，所有战斗都不曾改变战线的形状和走向，所以它们也不会出现在日志上。

在此期间，在奥地利—俄国前线，同盟国的情况进一步恶化了。[29] 尽管1914年12月奥匈帝国军队在克拉科夫东南部的利马诺瓦—拉帕诺夫成功阻止俄军西进，但俄军没过多久就继续向南进攻，抵达喀尔巴阡山脉的几处隘口，甚至穿过了某些隘口。所以在春季，同盟国担心俄军会入侵匈牙利的低平原区，这在最坏的情况下可能导致哈布斯堡帝国的军队全线溃败。此外，俄军再度包围了普热梅希尔的堡垒，而奥军要依赖这处堡垒才能守住加利西亚。康拉德固然希望普热梅希尔可以发挥防波堤的作用，拖住行进中的俄军，但他也想尽快给堡垒解围。问题在于，要夺回喀尔巴阡山脉的隘口，给普热梅希尔解围，唯一的办法就是冒着巨大的风险，在冬季发动一次进攻。

当时，德国的3个步兵师和1个骑兵师被调到当地支援康拉德手下的军队，他把这些部队部署在喀尔巴阡山脉东侧奥匈帝国阵线的右翼。由于塞尔维亚前线的战斗仍然陷于停滞，所以康拉

---

① 更确切的译法是：西线一切照旧。

德从此处调出 2 个军，准备利用它们给普热梅希尔解围。奥匈帝国军队首先在东喀尔巴阡山脉发起进攻。康拉德想在此处重新实施 1914 年秋天的战略计划：他命令两批军队在布格河沿岸的高地分别展开钳形攻势，切断加利西亚和俄属波兰区域俄军与其后方的联系，包抄俄军。同时，兴登堡手下的军队要从东普鲁士南侧发起进攻，并从华沙东侧向布列斯特进军。但在一开始，人们就怀疑现有的兵力能否满足这次行动的需要。当然，如果在冬季发起进攻，人们还必须考虑天气情况，而此时的天气情况也十分不利。康拉德提出的战略想法或许十分出色，但他这一次又忘了考虑运输条件。此外，他们还缺少这次冬季进攻所需的装备。康拉德也考虑到，如果不能成功实施包围，就指挥大批军队进攻俄军侧翼；南面的军队在切尔尼夫齐—泰尔诺皮尔（Chernivtsi-Ternopil'）地区进攻，北面的军队，也就是德军，在考纳斯—格罗德诺（Kaunas-Grodno）地区进攻。这样就可以迫使俄军从加利西亚西部和中部抽调军队，这样一来，冬季进攻计划第二步——进攻普热梅希尔就有很大胜算。然而，奥匈帝国和德国的军队高层并没有商定这次合作的细节；[30] 事实上，两国都依据自己的目标在行动。

德军在东线其实取得了一些成就。在 1915 年 2 月的"马祖里湖冬季战役"[31] 中，德军凭借出色的战术取得了胜利，奥托·冯·贝洛（Otto von Below）将军率领的第八集团军和赫尔曼·冯·艾希霍恩（Hermann von Eichhorn）大将率领的第十集团军成功将俄军赶出了东普鲁士，还在不远处的奥古斯图夫（Augustów）树林东侧对其实施包抄，俄国第十集团军几乎被全部歼灭。这场战役中有超过 9 万名俄国士兵被俘，此外，虽然俄军的炮兵部队在德军强行突破以后就早早地撤退，留下步兵部

在东线的运动战中，德军指挥官在战术和战略方面都更胜一筹，所以多次成功包围俄国的若干个军甚至整个集团军，逼迫其投降。大量俄国士兵在这些战役中被俘，他们排着一眼望不到头的长队，首先被送往临时收容所，再从那里被分配到整个德国充当农业工人。图为1915年2月在奥古斯图夫战役中被俘的1.5万名俄国士兵在领面包。

队自生自灭，[32] 但德军还是缴获了超过 300 门大炮。这虽然算不上第二次坦能堡战役，但也是一次值得关注的胜利。至此，德军就彻底消除了俄军对东普鲁士的威胁。之前，兴登堡算计法金汉不成，自己的势力反倒暂时被削弱，现在他的地位也重新得到巩固。但德军取得的战绩并不能明显缓解奥匈帝国前线的压力，因为当时天气恶劣，补给线也被拉长，这导致后续的进攻陷入了僵局。

/ 313

在喀尔巴阡山脉东部发动进攻的奥匈帝国军队并未得到上天同等的眷顾。[33] 虽然这些部队只用了几天时间就抵达切尔尼夫齐，也就是俄国、罗马尼亚和奥地利三国交界之处，但由于俄军顽强抵抗，奥匈帝国的进攻没有取得实质进展，奥地利军队的损失也大大超过了俄军，原因之一是当地温度极低，即使在白天也很少高于零下 10 度。在这刺骨的寒冷中，有几千人失去了生命。伤员不得不一直躺在地上，还在夜里受到狼群袭击。有几万

/ 314

人因为受冻而缺席了战斗。2 月 8 日天气暂时转暖，冰雪开始融化，这导致道路无法通行，后勤补给几乎完全陷入瘫痪。很快，气温再度下降，下起了大雪，但情况并没有因此好转。不过奥匈帝国第二集团军还是开始攻打被俄军占领的喀尔巴阡山脉隘口，而且尽管炮兵部队配合不到位，他们还是攻下了这些隘口，击退了俄军。但俄军有后续部队增援，最终阻止了奥地利军队继续进军。到这个时候，士兵们身体已经极度疲惫。西格蒙德·克瑙斯（Siegmund Knaus）是参加过喀尔巴阡山脉冬季战役的一名军官，他在一篇报告中写道："我们在这里发动进攻，但这整个区域没有一处宿营地；人们把大衣穿在身上，一连几天、一连几周都不会脱下，大部分衣裳上面早就结了冰，变得硬邦邦的。地面被冻得跟石块一样硬，所以进攻的时候，我们不能挖战壕躲避

敌人的炮火，于是损失直线飙升。要转移伤者极为困难，所以大量伤者只好躺在地上忍受痛苦。人们连续几周都在苦苦战斗并且挨饿受冻，虽然累得筋疲力尽，却无法在夜里好好睡上一觉，因为那意味着立刻就会被冻死。[……]面对敌人的阻拦，步兵部队要在没有任何掩护的情况下战斗，而大部分炮兵部队距离前线往往还有3~4 首进行曲的距离。"他想表达的意思总结起来就是："所有身体上的痛苦最终都会导致军队士气低沉，这没什么值得奇怪的。"[34] 陆军副元帅爱德华·冯·灿坦托尼（Eduard von Zantantoni）同时也是奥匈帝国第二十九步兵师司令，在回顾这场战争时，他描绘了士兵们在这次进攻中如何人困马乏，还强调了严寒天气对作战的影响何等恶劣："这些隘口之间最远的相隔 100 公里，每道隘口都会经过许多平行分布的横向山脊；这中间只有少数几条被毁坏的路，而且冬天里它们还被积雪覆盖。这里住的人很少，居住环境看起来也惨不忍睹。大多数时候我们都没有麻烦他们；我们虽然很累，但还是用最后一点力气在雪里给自己挖了几个洞，然后躲进洞里避寒。如果在外面睡着了，就很可能被冻死。甚至有些勇敢的士兵就是这样卸下了他们在喀尔巴阡山树林里的一切辛劳。夜里，狼群还会拿睡着的人满足口腹之欲。"灿坦托尼不由想到，拿破仑那"伟大的军团"从莫斯科败退时，或许也是这番景象："与此相似的场景恐怕在 1812 年的俄国出现过。"[35] 许多士兵不堪忍受这样的折磨，所以奥匈帝国军队的自杀人数急剧增长，逃兵的数量也迅速增加。一股可怕的力量眼看就要摧毁整个奥匈帝国军队，它甚至很有可能挺不到1915 年春季。

在喀尔巴阡战役中，奥匈帝国军队还损失了 60 万人，其中包括阵亡、受伤和被俘的人数。[36] 这是在错误的地点、错误的时

/ 315

间发动的一次进攻：这里的地形不利于作战，隘口又稀少，再加上冬天天气条件恶劣，所以虽然奥匈帝国士兵英勇无畏、富有牺牲精神，但军队还是无法完成既定目标。他们也没能给普热梅希尔堡垒解围；后来，堡垒中储存的粮食逐渐耗尽，驻军为了展现英雄气概还尝试过突围，但最终还是缴械投降，被俄军俘虏。[37] 在那之前，他们已经炸毁了堡垒中壮观的炮兵场和那里的火药库。奥匈帝国不仅在物质上蒙受了难以弥补的损失，他们国家的威望也因此严重受损。

这个冬季，土耳其军队则在高加索地区与俄军作战，他们的状况几乎与奥匈帝国军队一样糟糕。[38] 奥斯曼帝国之所以于1914 年 10 月底参战，是因为帝国在不断走向瓦解，而政府试图抓住有可能阻止这一趋势的最后一根救命稻草。在 19 世纪末 20世纪初，奥斯曼帝国在巴尔干半岛上发动了几场战争，但每一次都战败了。土耳其参战和维也纳政府在七月危机之后发起战争是出于同样的动机：他们都认为，国家唯一的出路就是通过战争克服自身的问题。在那之后，君士坦丁堡政府主要关注两个目标：一是重新控制北非原属他们的领土，所以他们还为埃及和利比亚打了一仗；二是清除俄国在中亚的势力，征服那里的领土——在 12、13 世纪，土耳其人正是从这一地区迁至小亚细亚，后来征服了拜占庭帝国。在土耳其年青一代的观念中，夺回"发源之地"是一项重要的使命。这其实是欧洲民族主义思潮在土耳其的表现形式，作战部部长恩维尔帕夏（Enver Paşa）就对其寄予厚望。他希望，土耳其可以借助这样的行动摘掉"多民族帝国"的帽子，但仍然保有其大国地位。此外，俄国的积贫积弱也给了土耳其参战的动力；参战后，土耳其军队朝东北方向进军，开始攻打俄国。

奥托·利曼·冯·桑德斯（Otto Liman von Sanders）将军

是德国驻土耳其军事顾问团的总负责人，他在一开始曾劝土耳其人不要调动大批军队进攻高加索地区；但从巴尔干半岛的局势来看，同盟国不可能从黑海西岸进攻俄国，所以德国政府最终认可了土耳其的进攻计划。各方面条件看起来也有利于这次进攻：一方面，俄国的大部分军队都在与德国和哈布斯堡帝国作战；另一方面，高加索的大部分地区在 19 世纪初才被俄国征服，那里的大多数居民都是穆斯林，恩维尔希望他们会支持土耳其对该地区的进攻。毕竟，俄国在征服高加索地区期间曾驱逐这里的居民或强迫其基督教化；伊玛目沙米勒（Imam Schamil）曾率领民众反抗俄国入侵者，这场起义持续了 20 年，直到 1859 年才结束，而在半个世纪之后，民众仍对它记忆犹新。为了获得法国、英国和俄国境内穆斯林的支持，苏丹在 1914 年 11 月 11 日已经宣布发动**圣战**（Jihad）。[39]

不过，恩维尔高估了"圣战"这一呼吁的效果，同时严重低估了冬季进军高加索面临的困难。和喀尔巴阡山脉的奥地利军队一样，土耳其侵略军也在严寒天气中受尽折磨（高加索地区温度可达零下 30 度）。奥斯曼帝国第三集团军只能艰难前行；由于只有一条火车线路可用于运送物资，所以物资迟迟没有送到，很快，严寒与饥饿就给军队带来了毁灭性打击，有些部队的大部分士兵都被冻死了。后来俄军发起反攻，成功切断了从埃尔祖鲁姆（Erzurum）堡垒通往高加索方向的火车线路，结果土耳其军队有一整个军投降了。

同样是吃了败仗、处境艰难，维也纳二元帝国的军队在战争最初几个月里就濒临崩溃，而土耳其军人却坚忍不拔，展现了惊人的毅力。当然这也和德国的支持分不开，而且当时一批德国军官组成了司令部，指挥奥斯曼军队作战（但利曼·冯·桑德斯拒绝插手土耳其的战事，因为他对于进军高加索还是不抱太大期望）；除此之外，土耳其军队的战斗力和意志力都超出了意土战争和第一次巴尔干战争以后人们对他们的期待。[40] 很多人都以为奥斯曼帝国很快就会分崩离析，但他们惊讶地发现，它竟然坚持了这么长时间。在小亚细亚，第一次世界大战结束的时间绝不是1918 年秋天，而是 1923 年：1922 年 11 月，新兴国家土耳其取代了原来的帝国，第二年它又在战争中打败了希腊。从意土战争到希土战争，土耳其在战争中度过了不止 10 年的光阴，而且从一个多民族大帝国变成了一个民族国家，后者是以西欧国家为范本建立的，在建国的过程中，军队以及军人出身的政治领袖发挥了决定性作用。比如穆斯塔法·凯末尔（Mustafa Kemal），现代土耳其共和国的缔造者，又被称为凯末尔·阿塔图尔克（Atatürk，即"土耳其之父"），他就是因为参加了 1915 年的加利波利防御战才开始一步步登上权力顶峰的。

直到 1923 年签订和平条约以前，奥斯曼帝国政府曾多次在境内迁移人口或驱逐特定的族群。就这样，在东巴尔干、爱琴海地区和小亚细亚，来自不同族群的居民不再混居，而是各自迁到相应的民族国家范围内，这些国家的疆界也是重新划定的。1914~1915 年冬季，奥斯曼军队在高加索地区战败，帝国为这一仗投入了 9.5 万名士兵，最后只有 1.8 万人存活，在这之后，国内种族压迫的集体罪行也发展到了顶峰。遭遇如此严重的失败，自然要有人来承担罪责；而被当成罪人的并不是某个土耳其指挥官，甚至不是不顾一切反对发动了进攻的恩维尔帕夏，而是亚美尼亚居民；根据指控，是他们用阴谋出卖了国家。19 世纪，俄国征服了高加索，于是一部分亚美尼亚人成了沙皇的臣民，另一部分则仍归奥斯曼帝国统治。自古典时代晚期以来，亚美尼亚人一直信奉基督教。奥斯曼帝国并不十分在意境内这些亚美尼亚基督徒，因为国内本来就存在多种信仰，国家对此也表现得非常包容，只要这些人正常交税并且忠于苏丹，就万事太平。但现在，这种自由的氛围不复存在，因为国内居民受民族主义思潮影响，开始视不同民族、不同宗教的人为仇敌，表现形式之一就是苏丹呼吁穆斯林加入**圣战**；更何况与土耳其作战的俄国军队中也有亚美尼亚人组成的部队，而属土耳其的亚美尼亚人也表现出对俄国的同情。1915 年 4 月，俄国统治下的亚美尼亚人宣布独立并成立了临时政府，这时土耳其人开始采取行动；至于当时发生的事件属于什么性质，仅仅是当地司令官对独立事件做出了过激反应，还是伊斯坦布尔政府策划了一次种族灭绝行动，这个问题至今存在争议。不过可以肯定的是，当时有人下令将亚美尼亚居民驱逐出边境附近的地区；而就算有人躲过了针对亚美尼亚村庄的大屠杀，也没有死在趁火打劫的库尔德团伙手中，他最终也会在叙利亚的沙漠里因为缺水而死。从 1915 年 6 月到 1917 年 12 月，超过 70 万亚美尼亚人成了这次种族驱逐行动的受害者。[41]

/ 发生在中东与德国殖民地的战争

关于这次针对亚美尼亚人的种族清洗、种族驱逐行动，土耳其官方提出了另一套观点，它显然不同于南高加索地区、安纳托利亚（Anatolia）东部地区族群包括库尔德人对此次事件的看法——库尔德人固然在这次犯罪行动中充当了帮凶，但一战结束以后，他们并未如愿成立民族国家。从政治上的基本特征来看，中东的战争与西欧的战争完全不同，但一战将欧洲西部、中部的冲突与地中海东岸、中东地区的冲突交织在一起，这也是它具有"催化功能"的原因之一。在西欧的战争中，民众对国家忠诚不二，而且多半受民族主义思潮鼓动，一心支持政府的政策；而高加索和中东地区的战争则相当于是一系列国家的独立战争，其矛盾的焦点是，在某处由某个国家长期统治或者刚刚被某个国家征服的领土上，人民是否忠心地追随政府。在这些冲突中，国与国的战争和国民内战这两者的特点融合在一起，其结果就是战争格外残酷，双方结下了血海深仇。如果说欧洲西部和中部的战争中存在战争罪行，[42] 那么有些时候，高加索和中东地区的战争就是一系列罪行的集合——而且战争各方都是施暴者。应该说英国人的罪行是最轻的，尽管他们挑起阿拉伯大起义之后就放任新盟友阿拉伯人在战斗中为所欲为，而阿拉伯人做的这些事如果发生在西线，早就引起暴动了。[43] 巴尔干和加利西亚的战争则具有双重性质：一方面，它仍以西欧的战争为范本；另一方面，它又包含了社会内部斗争的元素——后者主要体现为，奥匈帝国军队在塞尔维亚和加利西亚处死了几千人。[44]

有一种观点认为，这场开始于 1914 年的战争之所以被称为"世界大战"，是因为协约国进攻了德国在亚洲东部和非洲的殖民地，而且每个大洋的范围内都发生了海战。这种说法当然也不无道理。不过，亚洲东部的战争在 1914 年就结束了，非洲的战争大部分也在第二年结束。而海战的主要形式是劫持敌方船只以破坏其物资供应，这种战争也只在 1914 年达到了较大规模。这样看来，整场从 1914 年持续到 1918 年的战争之所以成为世界大战，主要是因为它波及了中东地区；而在这一区域，英国投入的军队主要来自日不落帝国的殖民地：在美索不达米亚作战的是印度士兵，在土耳其半岛的加利波利和达达尼尔海峡（Dardanelles）作战的是来自新西兰和澳大利亚的部队。

在奥斯曼帝国正式参战之前，各方因为战舰问题爆发了冲突。这要追溯到 1911 年，土耳其舰队在意土战争中一败涂地，所以君士坦丁堡政府向英国订购了两艘战舰，而 1914 年夏天刚好临近交货期限。[45] 这两艘战舰被命名为"雷沙迪耶号"（Reşadiye）和"苏丹奥斯曼一世号"（Sultan Osman I），配有30.5 厘米口径大炮，足以改变各方在爱琴海和黑海的力量对比。但由于奥斯曼政府在 8 月 2 日与德国和奥匈帝国签订了互助协议，目的是对抗俄国，所以英国政府决定把奥斯曼帝国的这两艘战舰留作己用。它们被改名为"爱尔兰号"（Erin）和"阿金库尔号"（Agincourt），并且被编入英国大舰队（Grand Fleet）。闻知此事，德国政府立刻采取行动，命令由战列巡洋舰"戈本号"（Goeben）和小型巡洋舰"布雷斯劳号"（Breslau）组成的地中海中型舰队开往达达尼尔海峡。英国方面本来可以派出 4 艘装甲巡洋舰，在爱奥尼亚海（Ionian Sea）拦截由海军少将威廉·苏雄（Wilhelm Souchon）指挥的中型舰队，但他们没有行动，因为"戈本号"上配有大口径的远射程大炮。德国的战舰到达君士坦丁堡以后就换上了奥斯曼帝国的旗帜，而苏雄也被任命为苏丹的海军上将。两艘战舰改名为"亚武兹苏丹谢里姆号"（*Yavuz Sultan Selim*）和"米迪利号"（*Midilli*），它们被移交给奥斯曼帝国以后，来自德国的全体船员仍在战舰上继续服役。直到战争结束以前，这两艘战舰与俄国黑海舰队进行了多次战斗，具有很强的威慑力，成功阻止俄军从海上攻打土耳其黑海沿岸。10 月 29 日，奥斯曼帝国对俄国、法国宣战；同一天，遵照恩维尔帕夏的指示，苏雄指挥舰队进攻了俄国港口敖德萨（Odessa）、塞瓦斯托波尔（Sevastopol'）和费奥多西亚（Feodosiya），还击沉了停泊在这几处的一些船只。11 月 2 日，俄国对君士坦丁堡政府宣战，几天后英国和法国也随之宣战。在这一过程中，来自德国的两艘战舰发挥了重要作用。因为奥斯曼政府虽然在 8 月初与同盟国签订了以对抗俄国为目的的互助协议，但土耳其在黑海一侧的海岸线较长，如果没有这两艘战舰，他们很可能没有胆量跟俄国开战。[46]

为了夺回北非地中海沿岸地区，奥斯曼帝国在进攻高加索地区的同时也准备进攻埃及。而德国对此明确表示支持，因为进攻埃及符合两国的利益：君士坦丁堡政府要夺回北非原属于帝国的省份，德国则想控制苏伊士运河，切断英国的贸易路线。自战争爆发以来，英国就禁止敌方船只通过苏伊士运河。这显然违反了相关的协议，也违反了国际法；但此处相当于整个国际贸易的隘口，能从这里下手，阻止货物和原材料流向同盟国，这个诱惑对英国来说实在太大。当然，此处也是大英帝国最核心的交通线路，是印度和母国之间距离最短、交通成本最低的通道，所以德国人也很容易想到要切断这条通道。所以奥斯曼帝国第四集团军在巴勒斯坦集结，他们的司令艾哈迈德·杰马尔（Achmed Cemal）将与德国参谋长弗朗茨·克雷斯·冯·克雷森施泰因

对德国人来说，与奥斯曼帝国结盟意义重大，因为协约国虽然拥有
更多人力物力，却不得不分散兵力。土耳其参战以后，这场战争
又增加了 3 条战线，它们主要牵制住了俄国和英国的兵力。图为
1915 年德皇威廉二世在君士坦丁堡进行国事访问，伊斯兰教长、
君士坦丁堡法典说明官穆斯塔法·哈伊里·埃芬迪（Mustafa
Hayri Efendi）对他表示欢迎。图中央为苏丹穆罕默德五世，他
右边是作战部部长恩维尔帕夏。

（Franz Kreß von Kressenstein）并肩作战。为了不让敌人发觉，这部分军队没有沿海岸线向苏伊士运河进军，而打算穿越沙漠，并且希望在当地居住的贝都因（Bedouin）部落能帮助他们。可惜他们运气不好：一架法国飞机发现了前进中的队伍，所以等奥斯曼帝国的军队抵达苏伊士运河，英军已经有所防备。最后，只有一列纵队在水面成功铺设了浮桥，他们用的材料由德国生产，从保加利亚被偷偷运到土耳其，军队还携带这些材料走了几百公里；但这一队人进攻苏伊士运河也以失败告终。由于贝都因人没有如他们希望的那样提供帮助，土耳其军队只好向巴勒斯坦南部撤退；在这里的加沙高地，双方开始了阵地战，所以战线位置一直没发生什么变化，这种状况一直持续到 1917 年。

我们很难确定，德国总参谋部是否完全了解进攻苏伊士运河的战略意义，以及，如果德国不仅仅提供浮桥材料、安插参谋部军官，而且给予更全面的军事支持，结果会不会有所不同。不过，要把大批军队从欧洲中部运送到奥斯曼帝国几乎是不可能的，因为这时保加利亚还没有参战，德军不能从这里过境；虽然德国可以从这里走私一些军备物资，比如搭建浮桥的材料，但要送出 2~3 个步兵师再加上武器和大炮，那肯定是不行的。等到 1915 年秋天，保加利亚这条路倒是打通了，但大量英国部队已经聚集在苏伊士运河附近，而同盟国当时可支配的部队并不足以打败他们。当然，苏伊士运河是大英帝国的软肋之一，但即便是在土耳其参战之后，德国军队的触角也还是伸不到它那里。

除了陆军元帅冯·德戈尔茨，在外交部颇有影响力的东方学家马克斯·冯·奥本海姆男爵（Max Freiherr von Oppenheim）也一再向总参谋部强调，中东地区尤其苏伊士运河在战略上非常重要；[47] 不过，国内在持续地争论作战重点应该放在东线还是西线，陆军最高指挥部的注意力可能过多地被这场争论吸引，所以他们不怎么关注中东的战事，除非那里出现了危机。总的来说，在德国总参谋部成员的观念中，经济和地理战略因素都是次要的，唯有军事行动才是问题的关键。这就是陆军强国的传统思维方式。

/ 325

英国方面很快意识到，奥斯曼帝国与同盟国接近可能引发哪些后果，所以他们不仅立刻往苏伊士运河增派军队，而且打算在波斯湾以北的地区，就是今天的科威特、伊拉克南部采取军事行动。过去在**大博弈**中，英国曾与俄国约定了各自在波斯的势力范围，同样，在战争开始之前，英国和奥斯曼帝国也达成了非正式的协议：奥斯曼帝国的势力范围到巴格达以南为止，土耳其人将逐步退出相关地区，改由英国来保护那一带的部落首领辖地。英国人预料到，战争爆发后目前的格局可能难以维持，所以就把驻扎在印度的部队调到波斯湾北岸。这些军队既可以抵御土耳其人的进攻，又可以从这里沿着幼发拉底河与底格里斯河朝高加索的方向进攻，在那里与向南进攻的俄军配合，到时双方将对奥斯曼军队形成夹击之势。[48] 英军人数几乎是土耳其军队人数的两倍，而且他们去阿拉伯河（Shaṭṭ al-ʿArab，它构成了奥斯曼帝国和伊朗的边界）入海口附近的登陆点比土耳其军队更方便，后者只能乘坐从巴格达开往大马士革和伊斯坦布尔的列车。

陆军元帅冯·德戈尔茨于 1915 年 10 月接管了奥斯曼帝国第六集团军，他率兵留在巴格达地区防守，等待英军进攻。受敌军诱导，英国的克拉克·汤曾德（Clark Townshend）将军率领部队沿底格里斯河朝泰西封（Ctesiphon）遗址进军，泰西封曾是萨珊王朝（Sasanian Empire）的首都，它的遗址坐落在巴格达东南侧的沙漠中，距巴格达不足 30 公里。在这里，汤曾德的军队遭到土耳其人猛烈抵抗，加上这段时间许多英国士兵都得了病，所以他们又顺着河流下游撤退至库特伊马拉（Kūt al Imāra），但陆军元帅冯·德戈尔茨率军赶到并包围了他们。汤曾德 1895 年曾在兴都库什山脉（Hindu Kush）北侧的吉拉德尔（Chitrāl）堡垒指挥军队抗击围困堡垒的阿富汗人，他相信这一次他也能守住阵地，直至补给物资和援军顺着底格里斯河抵达库特伊马拉。当时也确实有英国军队赶来救援，但他们无法突破敌军的防线；结果，援军损失的人数比被围困在库特伊马拉的人数还高出一倍。1916 年 4 月 29 日，汤曾德被迫投降。但科尔马·冯·德戈尔茨无法目睹这场胜利，他染上了斑疹伤寒，已于 1916 年 4 月 19 日去世。[49]

库特伊马拉战役对英军来说确实是奇耻大辱，更揭示了大英帝国是多么不堪一击。英国人对此也一清二楚。这一年，任职于伦敦外交部新闻出版处的小说家约翰·巴肯（John Buchan）出版了长篇小说《绿斗篷》（*Greenmantel*），小说中，一名在中东、阿富汗、南亚一带经验丰富的观察员向主人公报告了局势的发展。观察员表示，一股"干燥的风"正席卷整个东方，一直刮到了印度；只要出现一丝火星，火焰就会形成燎原之势。"老冯·德戈尔茨预言将有一场'吉哈德'，也就是圣战的时候，我们笑了。不过我想，这个戴着大眼镜的老家伙虽然一脸蠢相，但他说得没错。一场'吉哈德'就要爆发了。"[50] 在这里，巴肯还引用了陆军元帅的言论：欧洲的殖民帝国即将瓦解，20 世纪将是"有色人种"的世纪。冯·德戈尔茨也试图通过自己的努力加速这一进程，并利用它拖垮德国最强大的敌人。但如果我们忽略他取得的那些小型胜利，应该说他并没有实现目标。库特伊马拉

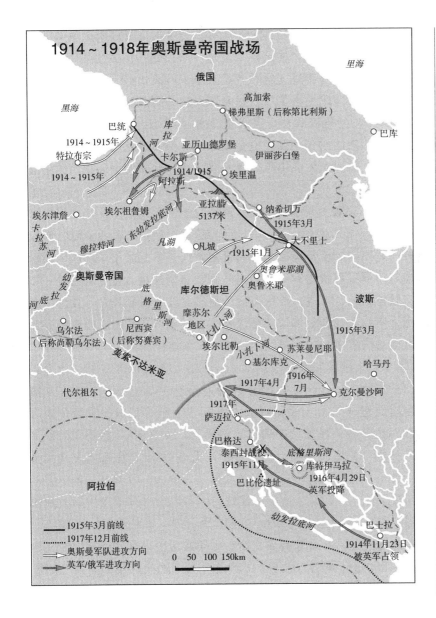

1914~1918年奥斯曼帝国战场

里海

俄国

黑海

高加索
梯弗里斯（后称第比利斯）

巴库

巴统
库拉河
1914~1915年
特拉布宗
卡尔斯
1914~1915年
阿拉斯
1914/1915
亚历山德罗堡
伊丽莎白堡
埃里温
纳希切万
1915年3月

埃尔津詹
卡拉苏河
埃尔祖鲁姆
东幼发拉底河
亚拉腊
5137米
大不里士
1915年1月

穆拉特河
凡湖
凡城

奥鲁米耶湖
奥鲁米耶

波斯

幼发拉底河
奥斯曼帝国
底格里斯河
库尔德斯坦
摩苏尔地区
大扎卜河

1915年3月

乌尔法
（后称尚勒乌尔法）
尼西宾
（后称努赛宾）
埃尔比勒
小扎卜河
基尔库克
苏莱曼尼耶

哈马丹

代尔祖尔
美索不达米亚

1917年4月
1916年7月
克尔曼沙阿

1917年
萨迈拉

阿拉伯

巴格达
泰西封遗址
1915年11月
巴比伦遗址
底格里斯河
库特伊马拉
1916年4月29日
英军投降

幼发拉底河

巴士拉
1914年11月23日
被英军占领

1915年3月前线
1917年12月前线
奥斯曼军队进攻方向
英军/俄军进攻方向

0 50 100 150km

战役其实是他指挥常规军队、运用传统战术打的一场仗。30~40年后，冯·德戈尔茨的预言才在这一地区应验。而目前，中东、阿富汗、南亚一带确实出现了足以影响战局的反帝国主义独立运动，但这些斗争的矛头主要指向奥斯曼帝国，而不是英国。[51]

与中东的情况不同，非洲殖民地当时还没有出现独立运动的端倪。虽然协约国进攻了德国殖民地，但非洲居民并未趁此谋求独立。[52]柏林方面自然希望殖民地不要被欧洲的战争影响，可以保持中立，就像过去几个世纪那样。虽然在1885年的柏林西非会议上，德国和一些国家就非洲殖民地问题达成了协议，但相关协议的国际法地位并不明确，而且这些协议只对德国有利，所以英国方面不太愿意遵守协议。日本方面就更不用说了，因为协约国集团向日本承诺，只要他们对俄国保持友善、克制的态度，协约国就会将西太平洋的马里亚纳群岛（Mariana Is.）、马绍尔群岛（Marshall Is.）和加罗林群岛（Caroline Is.）还有德国占领的胶州湾及其首府青岛移交给日本。日本可以直接占领几处群岛，就和新西兰占领萨摩亚（Samoa），澳大利亚占领所罗门群岛（Solomon Is.）、俾斯麦群岛（Bismarck-Archipel）和德属新几内亚岛（German New Guinea）一样，但要得到青岛，日本人必须为之战斗；这座城市固若金汤，由3000名德国海军士兵防守。日本方面投入了5万人攻打这座城市，英国也派了两个团支援。德国总督率领部下持续抵抗了数周，于1914年11月7日投降。[53]所以说，日本才是东亚战争真正的赢家。日军才损失不足2000人就攻下了青岛，这相当于拿下了大陆上的又一据点；有了这个据点，日本就可以左右中国的局势，而在这方面，日本确实也做到了极致。此外，胶州湾附属的群岛也归日本所有，所以日本占据了非常重要的战略位置；在二战前夕和二战期间，日本政府就试图以这些地方为基点，建立他们的太平洋大帝国。[54]

比起日本争夺青岛的战斗，协约国在西非进攻多哥（Togo）的战斗则更是速战速决：8 月 27 日，法国和英国的殖民地军队已经占领了这一小块德国殖民地。他们遇到的唯一一次抵抗是殖民地官员组织的——他们设法炸毁了无线电台。[55] 占领非洲中部殖民地喀麦隆则困难得多，因为德国人和非洲人组成了一支约 4000 人的驻防军，而且他们在抵抗中表现得特别训练有素。该地区的战争一直持续到 1916 年 2 月。[56] 英国和法国派出的殖民军队人数达 2.5 万，但他们不熟悉当地的情况，也侦查不到可靠的情报。所以他们行动时要么扑空，要么在长途跋涉、人困马乏的时候突然遇到抵抗，而这时他们根本战胜不了对方。在一开始，他们一直探查不到德方军事中心的位置，所以很长时间里他们人数上的优势都发挥不出来。最后，德军及其黑人雇佣兵即"阿斯卡里"（Askari）遇到了难题：他们的弹药所剩不多，他们也无法在作坊里自己制作子弹和炮弹，或者通过袭击敌人的军火库来补充自己的库存。1916 年初，德方还有约 1000 名士兵，雇佣兵的军队则发展到了 6000 人，这部分人还带着家属；这些人眼看取胜无望，最后被拘留在西班牙的飞地木尼河镇（Río Muni）。

在德属西南非洲，也就是今天的纳米比亚，战况则完全不同。1904 年，德国人残酷镇压了赫雷罗人（Herero）的起义，他们完全有理由担心当地人会实施报复，所以没有像在其他殖民地那样把当地人武装成军队。于是，由 3000 人组成的驻防军便扛起了殖民地的防守重任，战争爆发后又有 7000 名移居者加入了这支队伍。[57] 他们要对抗南非的 6 万**国防军**（Defence Force），后者还得到罗得西亚（Rhodesia）白人部队的支持。

由于当地是沙漠，军队只能在少数区域长时间停留，所以协约国军队很快就看出德方向哪里撤退、在哪里防守。从根本上来说，德属西南非洲是守不住的，但驻防军之所以能坚持到 1915 年年中，是因为南非军队内部发生了叛乱，一部分军人不愿意与德国人作战，因为在布尔战争中德国人支持过他们。然而德方没能有效地支持南非军队中的反对派，所以英国甚至都不必往南非调派军队，这次叛乱就被很快地镇压下去了。

1915 年初，南非**国防军**从几个方向对德军发起进攻，很快，德军就被迫撤退至温得和克（Windhoek）。这处行政中心陷落以后，德军又继续抵抗了一个月，直到 1915 年 6 月 5 日最后一批士兵投降。战争结束的场面颇具贵族遗风：军官仍被允许佩剑，那些加入了驻防军的移民带着武器回归农场，因为他们还要用这些武器打猎，或者万一赫雷罗人和纳马人（Nama）再度起义，他们可以用武器自卫。从现在起，殖民地政府不再听从柏林的命令，而是听从开普敦（Cape Town）和约翰内斯堡（Johannesburg）的命令。但德属西南非洲原殖民体制下的财产关系被保留了下来，这与喀麦隆和德属东非的情况不同。[58] 所以，直到 20 世纪七八十年代，这里还可以看到德国殖民者留下的痕迹。

与大英帝国其他白人居住的殖民地不同，南非没有派出军队参加欧洲的战争，但他们的军队却在德属西南非洲、德属东非（今为坦桑尼亚）与德国驻防军作战，而且发挥了重要作用。但军队内部的叛乱表明，他们并没有忘记英国在布尔战争中给他们造成的伤害；而且，他们对帝国的认同感肯定比不上新西兰、澳大利亚或加拿大的白人居民。那么，为什么他们当中的大多数人都愿意支持英国？这可能与"子帝国计划"（Subimperial

Project）有关：按照这个计划，南非可以扩张国土和势力范围，从而提升自身在帝国内部的地位。

　　进攻德属东非驻防军的战争进行得很艰难，也持续了很长时间。后来，德国诞生了一系列以这场战争为背景的政治、军事神话，其中出现了从"忠诚的阿斯卡里"到不可战胜的"非洲雄狮"保罗·冯·莱托－福贝克（Paul von Lettow-Vorbeck）等一干人物。[59] 这场战争持续的时间甚至比欧洲的战争还要长，因为宣布停火的时候，莱托－福贝克的军队还在东罗得西亚和安哥拉（Angola），他没有及时得到消息，这导致非洲的战斗又拖延了两周才结束。一开始，莱托－福贝克就卓有成效地抗击了英军的进攻，守住了德国在东非的殖民地，还拖住了大量英国殖民地军队。德国方面为了强调东非战争的战略意义，特地指出如果这些军队不被莱托－福贝克拖住，就会被送往欧洲战场，但是否果真会如此，我们无法确定。[60] 这种说法其实是为了证明，莱托－福贝克从1916年年中开始用游击战略是合理的。[61] 这场战争造成了严重的损失。史蒂文森指出，当时莱托－福贝克方面有3000名欧洲士兵和1.2万名"阿斯卡里"，外加4.5万名搬运工人；英国方面有5万名"阿斯卡里"外加超过100万名搬运工人；相对于军队的规模，士兵和平民的伤亡人数却远远超出人们的想象。[62] 在东非，约70万人死于这场战争，占了总人口的十分之一，其中只有20万人死于1918年4月开始肆虐的流感，我们可以认为这部分人的死亡是由战争间接造成的。[63] 也就是说，这处战场的死亡率与欧洲战场差不多。大多数士兵和搬运工人不是被敌人杀死，而是病死或累死的。

　　和德属西南非洲的情况一样，东非也有一些人，具体地说是总督海因里希·施内（Heinrich Schnee）等人，他们希望殖民

/ 332

地可以按照柏林西非会议所约定的，不必卷入"欧洲"的战争。因此，施内禁止了一切进攻性军事行动。殖民地肯尼亚与德属东非相邻，那里的英国总督也持同样的态度。但这并不能遏制莱托－福贝克的野心，而肯尼亚一些年轻的英国人也和他一样，他们聚在一起，打算突袭德方的前哨和后勤补给路线。[64] 不过这场战争实际上是在海边爆发的：英国巡洋舰"阿司脱雷号"（Astrea）朝达累斯萨拉姆（Dar es Salaam）的港口开了炮，德国巡洋舰"柯尼斯堡号"（Königsberg）则击沉了英国军舰"珀伽索斯号"（Pegasus），但由于英方实力较强，"柯尼斯堡号"不得不撤退至鲁菲吉河（Rufiji）的河口三角洲，人们在那里卸下舰炮并放弃了这艘巡洋舰。舰上的炮兵和全体船员都加入了驻防军，增强了后者的战斗力。11月2日，大批英军部队在坦噶（Tanga）登陆，但在"蜂巢附近的战役"中，他们却败在德国驻防军手下，而且输得颜面扫地。三天后，他们只得撤回军舰上，把武器和弹药拱手让给了德军。[65] 本来，莱托－福贝克与持反战立场的总督施内产生了冲突，但打赢这场战役以后，莱托－福贝克赢得了更高的声望，先前支持施内中立方针的德国移民团体，现在也转而支持莱托－福贝克。有了印度人和英国人留下的战争物资，莱托－福贝克就可以在1915年一整年里发起进攻战，还可以在大湖地区频繁开展军事活动，[66] 称霸整个东非；而且在贾辛（Jasin）战役中，他指挥军队再一次大败英军。所以，这里的驻防军不仅在1915年年底之前一直坚守阵地，而且几乎控制了整个殖民地。

/ 进攻"同盟国脆弱的小腹"加利波利未遂

如果说"内线作战"的优势在于可以快速调动军队，根据需要集中兵力，那么"外线作战"的优势就在于可以攻其不备，或是打击敌人防守力量薄弱的环节，或者说打击敌人的弱点。协约三国中，基本上只有英国在寻找敌人的弱点。这一方面和他们作为海上强国的传统有关，毕竟他们更习惯于攻击陆上强国力量薄弱的部位，这样可以避免硬碰硬；另一方面也是因为德军并没有直接对英国构成威胁。法军就不同了，由于大部分战线都分布在法国境内，所以他们不得不把兵力集中在这些战线上；俄军虽然远赴加利西亚作战，而且差一点就要击溃哈布斯堡帝国的军队，但他们必须时刻考虑德国可能对他们发起进攻。法军、俄军同德军以及奥匈帝国军队一样，都被束缚在各自的战场上。只有英国人还能腾出手来：尽管他们的大部分陆军都在法国作战，而且必须长期留在那里，否则联盟就会出现危机，并且可能因为法军战败而面临一系列后果，不过他们还有新西兰、澳大利亚的军队可以调遣，这部分军队现在驻扎在埃及。此外，他们也不需要动用**皇家海军**的全部大型战斗舰来封锁北海、拦截德国商船。当然，在伦敦有许多政治家和军事家想把全部可用的兵力部署到法国前线，但也有一些人担心，军队在法国前线将付出惨重代价，却只能取得很小的成果，所以他们想找一个可以实施**间接路线**的地点。在这部分人中，政治上最有影响力的是温斯顿·丘吉尔。

丘吉尔很清楚，英军必须参加法国境内的一系列战役，但他想让法国境内的战争早点结束，所以决定击打同盟国防守薄弱的"小腹"，让敌军失去喘息的机会，一步步走向溃败。目前，英国的军事行动包括两个方面：一是部署舰队对德国实施贸易封

/ 334

/ 335

1914 年 11 月 5 日，在坦噶战役中，德属东非驻防军重挫刚登陆不久的英印部队，迫使其退回军舰上。这次胜利要归功于指挥官莱托－福贝克对战术的熟稔，当然也离不开一些偶然因素，比如侵略者受蜂群围攻。坦噶战役取得胜利以后，德国军官也更有信心守住这处殖民地。

锁，这一手段见效较慢，也不甚引人注目；二是派出远征军赴法国北部和佛兰德地区作战，这些战斗造成大量人员伤亡。而丘吉尔试图找出一个介于这两者之间的折中方案。在各种不同的选项中，丘吉尔最满意的方案是安排战舰在达达尼尔海峡强行突破，同时命令军队以两栖作战的方式在附近登陆，这样可以从岸上协助舰队，确保其突破成功。按计划，英军将用军舰上的重炮对付土耳其人部署在海峡两岸的炮兵小分队，步兵登陆以后将打败剩余的土耳其守军，占领他们的阵地，这样就可以确保军舰顺利通过海峡。[67] 英国方面决定让步兵在达达尼尔海峡属欧洲的一侧而非属小亚细亚的一侧登陆（几十年前，人们在小亚细亚的这个位置挖掘出了特洛伊的遗址），因为对奥斯曼帝国来说，给欧洲那一侧的土耳其守军增派后备军要困难得多。加利波利半岛如同伸入爱琴海的一枚尖齿，它的两面都被海水环绕，所以入侵者可以从不同的位置登陆，也可以从海上开火攻击援军和运送补给物资的队伍。此外据英军估计，土耳其部署在此处的兵力不会特别多。无论从哪个角度来看，英军都有很大胜算。

但这次行动也面临很大的风险：如果进攻失败，英军的名声将严重受损，而奥斯曼帝国已经宣布发动**圣战**，英国殖民地军队中又有一批穆斯林士兵，他们可能因为英军威望下降而不再忠于帝国；此外，如果行动失败，同盟国在巴尔干的势力将得以增强，而目前倾向协约国的中立国很可能就不会加入协约国阵营了。而这次行动最危险的地方在于，奥斯曼帝国可能已经考虑到协约国会发动类似的袭击，并做了相应的准备。当时，德国的军事顾问已经再次入驻奥匈帝国，为君士坦丁堡政府出谋划策。美国大使亨利·摩根索（Henry Morgenthau）在参观了土耳其的防守阵地之后写道："刚开始我还以为自己到了德国。实际上所有军官都是德国人，并且我们在各处都能看到德国士兵正用沙袋加固阵地上的防御工事。"[68] 达达尼尔海峡一带的军队被交给利曼将军指挥，他也是土耳其第一集团军的司令。他不仅组织部下扩建防守基地，命令后备军集结以防备协约国军队登陆，而且在相应的区域布了雷，这样，敌军在实施突破之前就必须先扫雷，而他们的扫雷艇必定会遭到沿岸土耳其炮兵小分队的攻击。

当然，一部分英国军官也会怀疑，他们战舰上的大炮是否足以击垮沿岸的炮兵小分队：毕竟英军在陆地上没有炮兵观察员，所以大炮不一定能准确打中敌军的阵地。[69] 事实上，在战争开始之前的几年里，就连英国海军部和丘吉尔也认为英军突破达达尼尔海峡的可能性极小，或者根本不可能。但由于法国北部的战斗进行得太过艰难，丘吉尔在这段时间里也就改变了看法。而法国方面也不顾霞飞的反对，决定参加这次登陆行动。他们担心的是，如果英国凭一己之力在达达尼尔海峡取得巨大胜利，那么法国将损失长期以来在叙利亚的利益。

3月18日，英法联军出动16艘战列舰和无数巡洋舰、驱逐舰，试图强行突破达达尼尔海峡。最初，所有因素似乎都表明英国胜券在握，军舰上的大炮看上去也足以击溃沿岸的炮兵分队。可是没过多久，法国战列舰"布韦号"（Bouvet）就触雷沉没，英国战列舰"无阻号"（Irresistible）则严重受损，被迫返航；而扫雷艇队伍也遭土耳其军队炮轰，损失惨重。英法联军的司令是海军上将约翰·德罗贝克（John de Robeck），他认为在这种情况下要穿越马尔马拉海（Marmara Denizi）是不可能的，何况他们还没来得及在最主要的雷区扫雷，所以他下令撤退。撤退过程中，联军再次受炮火轰击。约翰·德罗贝克和指挥军队登陆的司令伊恩·汉密尔顿（Ian Hamilton）经过商议，决定让步兵先行登陆，同时军舰向岸上开炮，协助步兵部队占领加利波利半岛、清除沿岸的炮兵小分队，然后扫雷艇才进入雷区扫雷，最后军舰出动，再次尝试突破。也就是说，在突破达达尼尔海峡的计划中，步兵部队原本起辅助作用，现在却成为整个行动的主要执行者，而军舰原本承担着主要战斗任务，现在却只是通过炮击来辅助步兵部队进攻。

事实上，登陆行动也进行得一塌糊涂，只不过它不像突破行动那样即刻宣告失败，而是从 1915 年 4 月 25 日一直持续到 1916 年 1 月 9 日，而且造成了更多伤亡。尽管英军在半岛南端的海丽丝岬（Cape Helles）逐渐站稳了脚跟，澳新军团（Australian and New Zealand Army Corps, ANZAC）也在海丽丝岬以北 10 公里处挖了战壕，但由于临海的山坡上有许多沟壑，所以从这里进攻的军队几乎寸步难行。除了一小块狭长的区域，他们哪里也占领不了，而土耳其军队从各个方向封锁了他们登陆的区域，以致他们无从突破。于是双方开始了阵地战，在阵地战中，土耳其军队尽可能把战壕挖在英国、新西兰和澳大利亚军队附近，这样英国军舰就不能朝土耳其人的阵地开火。实际情况是，一旦有可能伤及自己人，英国军舰就会停止炮击。此外，自大型战列舰撤离以后，英军舰炮的威力就明显不如之前了。这是因为德国往这里增派了潜艇，而且德军潜艇"U21 号"击沉了"胜利号"（Triumph）和"庄严号"（Majestic），这让丘吉尔意识到，英国军舰正是德军潜艇绝佳的目标，[70] 于是他命令大型军舰返回出发的港口。

至此，利用重型军舰打通达达尼尔海峡和博斯普鲁斯海峡、进军黑海的计划暂时宣告失败。已经登陆的步兵则被困在加利波利的海滩上。在 1915 年夏天，他们受岛上的虫子折磨，到了秋天又因为连日下雨而苦不堪言。8 月初，又一批英军在苏夫拉湾（Suvla）登陆，这次登陆同样以失败收场。[71] 联军在全部三处登陆地点一直战斗到 1916 年 1 月，这时协约国方面决定让军队撤离。土耳其军队也任由敌人撤走，并没有追赶。这场战争中土耳其方面阵亡、受伤和失踪的将士约有 30 万，英法联军则折损了超过 26 万人。[72] 当然，其中只有 8 万人战死沙场，另一部分人则是染病身亡——当地粮草不足，卫生条件恶劣，所以疾病大肆传播。正如英国人至今记得发生在佛兰德和索姆河的战役一样，澳大利亚人和新西兰人也不会忘记加利波利半岛上发生的一切。

在达达尼尔海峡战败以后，英国方面再次把兵力集中在法国前线。可以肯定的是，虽然英国是海上强国，但协约国短期内还不能凭借英军的海上作战技能取胜，所以双方只能在法国北部和佛兰德地区分出胜负。协约国方面暂时也不会考虑在另一处地点登陆作战；他们的当务之急是往前线输送更多的军队。温斯顿·丘吉尔作为加利波利行动的推动者，现在也被迫离职。[73] 问题是，那些已经集结在地中海东部的军队现在要怎么办？经过几番斟酌，人们决定让这些军队在萨洛尼卡上岸，并且从那里出发，支援已经陷入困境的塞尔维亚军队。然而他们在此处登陆未获得希腊同意，或者说希腊已经表示坚决反对，但协约国方面不予理会。

从本质上讲，这和德国入侵比利时很相似，因为英法联军目前也只是想从希腊境内通过，并且把希腊变为军队的物资供应基地。但协约国虽然破坏了希腊的中立地位，却并未像德国入侵比利时那样引起轩然大波，这主要是因为希腊人并未抵抗英法联军的入侵。在参战的问题上，希腊政府分为两派，而自他们的头号敌人土耳其加入同盟国阵营以来，大部分民众就倾向于加入协约

加利波利行动主要由英国和澳大利亚、新西兰的军队执行，这个计划与海上强国的战略传统一脉相承：他们认为哪个区域敌人的力量比较薄弱，就用军舰打击、军队登陆的方式进攻这一区域。这两者能否有效配合决定了战斗胜利与否。图为英国海军陆战队占领的登陆区域；沙滩上到处是阵亡的将士和被摧毁的作战装备。

国阵营。[74] 驻扎在萨洛尼卡的联军目前对战争的发展并未起到什么作用；他们虽然对保加利亚和奥斯曼帝国构成了潜在的威胁，但暂时没有表现出进攻的意图。所以他们在这一地区只牵制住了保加利亚和土耳其的几个师。这一局面直到 1916 年秋天才发生改变，当时联军为支持罗马尼亚发起了进攻，当然这次进攻在一开始就失败了。[75] 在那之前，由于一些塞尔维亚的残兵败将逃亡时越过了阿尔巴尼亚，后来被暂时安置在科孚岛（Corfu），所以英法联军的主要任务就是把他们重新组织起来，训练成具备作战能力的军队。

/ 342

法金汉虽然倾向于把作战重点放在西线，但他也知道德军在东线必须比以往更卖力地作战，否则就会失去奥匈帝国这个盟友。他确信，战争的胜败虽然取决于西线，但在那之前，德军必须确保在东线不败。法金汉领导下的陆军最高指挥部和以兴登堡、鲁登道夫为首的德军东线北段总司令部（简称 Ober Ost）一直争论不休，在 1915 年初，他们争论的核心问题不是**要不要**把军队调到东线，而是必须调**多少**军队到东线，当局希望利用这部分军队达成什么目标：是与俄国单独媾和，还是彻底打败沙俄帝国，从而决定整场大战的胜负。此外，以康拉德将军为首的奥地利军队总司令部要求德国再往东线增派 40 个师，这是完全不现实的。法金汉缩减了西线步兵的数量，同时让新兵及康复的伤兵共 18 万人逐月投入战斗，这样他至少可以再组建 14 个后备师。[76] 如果要在东线实施大规模包抄，这些军队肯定是不够的；但有了它们，集中力量打一场突破战总还是可以的。

德方最终决定进攻戈尔利采和塔尔努夫这两座城市之间的狭长地带，也就是维斯瓦河与喀尔巴阡山脉之间的区域，这也是目前俄军西进抵达的最远的地方。[77] 用于运送军队的铁路一直通到了集结地。如果德军突破成功，就可以由北向南进军，从侧面逐段击破俄军在喀尔巴阡山脉的战线。而突破成功的前提条件是俄军对德军所做的准备工作一无所知，否则俄军就会撤离当前这个比较容易暴露的地点，或者派出后备军协助防守阵地。此外，西线的协约国军队也有可能发起进攻，这样一方面可以缓解俄国的压力，另一方面也可以趁德国西线兵力薄弱之际突破其在法国的阵地。好在德国直到发动进攻那一刻都没有泄露机密。当局专门为这次突破战役组建了一个新的集团军，即第十一集团军，由大将马肯森担任司令。此外，参与进攻的奥匈帝国第四集团军也归他指挥，这样可以确保全部军队在进攻区域内统一行动。马肯森则要听从奥匈帝国总司令部的命令，而后者在做任何重要决策时都必须和德国陆军最高指挥部达成一致。之前两国一直在争论，德奥军队的共同行动应该由德国人还是奥地利人指挥，现在双方总算找到了解决方案，而法金汉也成了这一模式的受益者，因为这次突破战有很大胜算，但功劳不归兴登堡和鲁登道夫所有，他们也不能借此提升自己作为"东线英雄"的名声和影响力。[78] 由于这两人在年初曾密谋要让法金汉下台，所以法金汉以这种方式报复他们：现在，东线北段总司令部仅仅发挥辅助作用，他们的任务是通过军事打击转移俄军的注意力，牵制俄军的一部分兵力，从而缓解第十一集团军的压力。

汉斯·冯·泽克特（Hans von Seeckt）上校被任命为第十一集团军参谋长，这对突破战的战术产生了关键性影响。之前在 1915 年 1 月，第三军在苏瓦松（Soissons）发动了局部进攻，相关计划就是他制订的，他也借机指出，德军可以攻破敌方的多层防御系统，前提是各兵种在与敌人交锋时配合默契，重型炮炮兵被部署在重点位置，层级较低的指挥部在做决策时享有较大自由。[79] 这一回，他把西线的经验用在东线的战斗中，而东线的敌人对这种战术并不熟悉。军事史学家格哈德·格罗斯（Gerhard Groß）认为，德军在这场战役中具备"创新的优势"。[80] 当然，协约国军队也用过类似的战术，但俄国不可能那么快从盟友那里学到这些经验，而且各国总是心存戒备、互不信任，这导致他们交流起来更加困难。

德军不仅制定了完善的战术，还拥有命中率较高的重型炮，

/ 344

成功突破戈尔利采—塔尔努夫以后，德国士兵进入加利西亚城市新松奇，城里的犹太居民注视着他们。之前，俄军怀疑加利西亚所有犹太人都与奥地利人勾结，犹太人为此吃尽了苦头，所以他们欢迎德军到来，把后者看成了救星。

而且俄军阵地的位置也很好辨认，所以，德军在5月1日开始用大炮持续轰炸俄军阵地并将其摧毁。第二天，步兵部队开始进攻，但俄军抵抗者寥寥。大部分俄国士兵都弃械投降。两天后，第十一集团军突破一大块俄军阵地，向平原挺进。这时已经有14万俄国士兵投降并且被俘。俄军的情况也正如德方策划者所愿：他们一撤退，布置在喀尔巴阡山脉的阵线就陷入了混乱，而德军虽然不得不蹚过一条又一条发源于喀尔巴阡山脉的小河，却一直顺利前进。他们于6月3日夺回了普热梅希尔，于6月22日夺回了利沃夫，就这样，同盟国几乎重新控制了整个加利西亚。

/ 345

诗人奥古斯特·斯特拉姆（August Stramm）之前也随部队从法国境内被调往东线。4月底，他给先锋杂志《风暴》（*Der Sturm*）的主编赫尔瓦特·瓦尔登（Herwarth Walden）写了一封信，在信中叙述了德军进攻的过程。斯特拉姆于1915年5月被任命为营长，同年9月在第聂伯河—布格河运河附近阵亡，他的信中出现了一些常见的措辞，这些措辞出现在德方许多谈论战争的文字材料中，也是这些材料的一大特色：他抱怨行军辛苦，表示瞧不起奥匈帝国的部队，表示对暴力和毁灭已经麻木，也刻意表现得很乐观："前进，前进。走过小丘，高山，冰雪晶莹的峰峦，永恒的积雪，被烈日炙烤，踩过无数碎石。每天要走50~60公里［原文为 klm］，［4月］25日上午9点动身，一刻不歇地走了两天两夜，没有人道可言。这种疲累常人难以想象。28日晚上8点到达目的地，立刻加入奥地利的队伍开始战斗，而他们已经打算撤退了。这帮懒虫真让人难以置信！人都挺不错的，但就是一群懒狗。想想他们的野战炊具就知道了！晚上我们搂着武器睡觉，白天我们以日光为浴，趴在山丘上，注视着燃烧的房屋，看着俄国人像蚂蚁一样在下面奔跑逃窜，而我们还

/ 346

表现得仿佛敌人不存在似的。我们当着他们的面，剪掉了前线的电话线，结果这些坐在战壕里的奥地利人大吃一惊，不知道该说什么。[……]我们大笑着冲锋。我们对着枪林弹雨哈哈大笑，不让别人来破坏我们愉悦的心情。看到又一所房子失了火，那些蚂蚁又开始跑来跑去，我们就知道炮弹击中目标了，我们像野蛮人一样，为每一次命中的射击高兴不已。战斗带来的快感涌遍了我们全身。[……]成为一名士兵，可以指挥这些年轻人，真是一大乐事。英雄！一切！这是生命中极美妙的时刻。或许是因为它离死亡只有一步之遥。我也感觉到一切都会好起来。太阳，力量，勇气，生命，孩子们，你们好！斑疹伤寒和霍乱在周围肆虐[……]。水是不能喝的。我们很渴。伙食也不够，而且很难被送过来。但这又有什么关系？我们是军人；我们愿意成为军人，而且我们刚好就是。"[81] 斯特拉姆当时 40 岁，从他之前的信件来看，他无论如何都不是战争狂热分子。

与此同时，兴登堡的部队正朝北部的波罗的海地区进军。原本，他们的任务只是转移敌人的注意力，以免敌人发现从背后进攻喀尔巴阡山俄军战线的主力部队。立陶宛的大片土地落入了德军之手，很快，德军在东线就接二连三地取得了胜利，这也影响了陆军最高指挥部的决策。事实上，马肯森率领的第十一集团军只需击退加利西亚的俄军，然后转去与塞尔维亚作战，为奥匈帝国雪耻。此外，人们还希望保加利亚可以加入同盟国阵营。但德军在与俄军的战斗中取得了巨大胜利，这实在太诱人了，德军没有办法适可而止。虽然法金汉还是不赞成兴登堡和鲁登道夫最心仪的方案，即实施大规模包抄，但他支持德军以钳形攻势在华沙东部展开小规模进攻。为此他继续给东线增派军队，有了这些人马，马肯森就可以继续进攻。俄军一直在顽强抵抗，但只要德军的大炮一出动，俄军就招架不住，他们的阵地也就被攻破了。

　　与俄军的抵抗相比，他们的战略"燃烧的大地"给前进中的同盟国军队造成了更大麻烦，也让同盟国的物资供应难上加难。由于俄军毁坏了桥梁和铁路，同盟国方面要费很大力气才能将物资送往前线部队，而且最后到达前线的物资往往数量不足。所以同盟国军队只好放慢进军速度，而俄军就可以趁此机会组建新的防线，或是在撤退时与尾随的同盟国军队拉开距离。不过受苦的是当地平民，因为俄军一把火烧毁了他们赖以生存的家园。俄军对加利西亚地区的犹太人尤其残忍，他们怀疑犹太人和奥地利人是一伙儿；奥地利人则一直压迫乌克兰人，他们怀疑乌克兰人站在俄国人一边并为其提供了帮助。奥地利人认为加利西亚的犹太人值得信任，所以给了他们武器，安排他们在一些可能遭到轰炸的地点站岗，比如桥梁和铁路沿线。在这片土地上，作战的两大帝国都期待某些民族忠于自己，所以他们的行动不仅仅针对敌人的军队，也针对那些他们认为有通敌嫌疑的平民。

/ 348

　　在这一阶段，步兵行进的速度决定了军队进军的速度，因为即使在中欧东部广阔的土地上也不会有骑兵参战，这是人们在战争爆发之前没有想到的。只有在兴登堡率军进攻立陶宛的时候，骑兵才偶尔作为独立的兵种参与作战。而以德国和奥匈帝国军队原先的进军速度，他们将无法及时赶到华沙，封锁俄军撤退时必经的瓶颈路段，并对波兰境内全体俄军实施包围。俄军虽然屡受重创，但他们的兵力并未被消灭。1915 年 9 月，在一段北至里加（Rīga）、南至切尔尼夫齐的道路上，德军暂时停止前进；在这次战斗中，俄军 75 万人被俘，几十万人伤亡。总参谋长尼古拉·亚努科维奇（Nikolai Yanushkevich）向此时被称为彼得格勒的圣彼得堡报告说，军队溃败就像太阳下的积雪融化一样。戈尔利采—塔尔努夫突破战以后，德军取得了整个战争过程中最大的胜利。俄军在撤退过程中也丢弃了大量武器和弹药，而后面要补齐这些物资可就不那么容易了。仅在考纳斯这一处地方，德军就缴获了 1300 门大炮和超过 100 万枚炮弹。

现在，德国与沙俄单独媾和的最佳时机到了。如果沙皇接受德方的和谈邀请，说不定他还能保住他的性命、他的家人，甚至他的皇位。如果事情朝这个方向发展，那么接下来我们就会知道，贝特曼·霍尔韦格和法金汉在德国能否顶住兼并主义者的压力，与俄国签订和约，这份和约不能超出俄国的承受能力，也不能损坏沙皇的名声。第二点是极其重要的：万一主战的军官发动政变，推翻了沙皇的统治，那么德方将失去谈判对象。然而这一切都没有发生。尼古拉二世虽然通过丹麦调停人汉斯·尼尔斯·安诺生（Hans Niels Andersen）打探德国在什么条件下愿意和谈，但最后他还是觉得自己有义务遵守与法、英签订的协议，不能与德国谈判并单独媾和。于是他又通过丹麦通知德国，他不愿就单独媾和问题与德方会谈。[82] 为了明白无误地表明这一立场，尼古拉二世解除了他的叔父尼古拉·尼古拉耶维奇（Nicholas Nikolaevich）大公军队总司令的职务，自己取而代之。这样一来，德军在 1915 年春季和夏季虽然取得了一系列战略性胜利，却并未实现相应的政治目标。他们的军事成就未能转化成政治资本。

由于法金汉仍坚持把战斗的重点放在西线，所以现在他再也没有兴趣向俄军发起进攻了。然而奥地利总参谋长康拉德还想继续攻打俄军，他认为沙俄还远远没有被打败，兴登堡和鲁登道夫的想法也和他一样。但这两人在加利西亚大捷以后影响力有所下降，康拉德也就失去了他在德国军队高层最重要的盟友。于是，在 1915 年 8 月末，他独自率领奥匈帝国军队在沃伦（Volhynia）

奥匈帝国士兵经过俄属波兰境内一座起火的村庄。我们无法通过图片判断，是战争间接导致此处失火，还是士兵们故意纵火。照片中的地点离前线非常近，我们看到士兵们拎着大袋子，所以有理由认为他们抢劫了当地居民；在运动战中，炊事班往往赶不上作战部队，所以士兵抢劫是常有的事。

地区发起进攻，但这次行动表明，奥匈帝国军队已经丧失了独立作战的能力。[83]

由于对作战重点的看法不同，兴登堡和鲁登道夫一直同法金汉等人明争暗斗，此时他们虽然遭遇挫折，但没有因此怀疑自己的立场；相反，他们变得更为激进，还拓展了他们的战争目标。在这段时间里，他们成了德意志"东进计划"（Ostexpansion）的拥护者，根据这一计划，德国不仅要并吞"波兰边境的狭长地带"，而且要在波罗的海地区建立名义上独立、实际上受德国控制的国家。军队大总参谋部的人拿他们的野心开玩笑，当然这里主要指鲁登道夫在 1915 年夏季大捷之后产生的野心；他们说，鲁登道夫在波罗的海地区占领了"一个小王国"归自己所有，在这个王国里，他要做什么全凭自己的喜好。[84]

从瓦尔特·弗莱克斯（Walter Flex）的作品《两个世界之间的漫游者》（*Der Wanderer zwischen beiden Welten*）可以看出，痴迷于"东部土地"的并非只有兴登堡、鲁登道夫二人。

在一战、二战之间，这部作品成了畅销书。书中写道，东线有时一连几周或几个月都风平浪静，此时德军和俄军都留在各自设施完善的阵地上，遥遥相对，只不过偶尔通过侦查和突击行动相互挑衅。这期间，弗莱克斯写道，一支德国巡逻队夜里摸索着到了俄军阵地的铁丝网附近，把一只灯笼挂在上面，唱起了歌曲《守卫莱茵河》（*Die Wacht am Rhein*）。于是俄军开火了："我趴在沙地上大笑，我手下的人则继续愤怒地唱着歌，从嘴里吐出沙子。两只红色的纸灯笼尽管摇来晃去、火光颤动，但仍闪耀着无与伦比的光芒。但我们不能这么一直没完没了，所以我坚决拒绝了所有关于后续行动的建议［也就是再唱几首歌］，命手下的人匍匐退到草地上最近的一处洼地，因为那里比较隐蔽，方便我们会合。从那里我们又匍匐着后撤了 100 米，然后我们起身越过一条小河。感谢上帝，没有人得到什么临别谢礼，不过他们还在背后用刺耳的突突突的声音跟我们殷勤道别。"这也是一种适应战争的方式：为了打发无聊的时间，有些人会主动投身危险的环境。在东线，这种混杂着冒险快感和战争理想主义的情绪尤其常见；与此同时，人们也很享受密林深处的自然环境，而且经常在这里数不清的河流和湖泊中游泳。"我们把衣服扔在讷塔河（Netta）的河岸上，下河游泳。我们缓缓地划水，顺流而下，然后又逆流游回原处，清凉的河水拍打着我们的肩膀，又越过肩膀向后退去。一次又一次，我们站在被太阳烤得发烫的木桥上，感觉脚底仿佛火烧一样，然后一头扎进水中。[……]远处传来大炮的轰鸣声，但我们已经离开战场好几个小时，那里的世界就如梦境一般，显得遥远而不真实。我们的武器就躺在草丛中落了灰的衣服下面，但已经被我们抛在脑后。远处碧绿的草场和湛蓝的河水在太阳底下闪闪发光，草场深处，一只很大的鹞不知疲倦地在空中盘旋；它展开长长的翅膀，时而意气勃发，直击长空；时而悠然自得，徐徐滑翔。我们的目光一直追随着它的身影。"[85]

/ 352

对战争中自然体验的描写给了我们两方面的启发：它介绍了一种战士们勉强可以忍受的阵地战，在这种战斗中，战士们虽然有时通宵不能睡觉，而且必须忍受战壕和避弹所里的种种不适，但相对于战前千篇一律的生活，这也不失为一种调剂，而且有不少人陶醉于此；此外，通过这段描述我们也可以理解，为什么有许多士兵坚持认为这片土地在战争结束后必须归德国所有。对"候鸟运动"的参与者，比如弗莱克斯笔下他的战友恩斯特·武尔歇（Ernst Wurche）来说，东部就是他们梦想的天堂，是大自然中一块未受工业污染的处女地，它可以"治愈人类的灵魂"。在这里，人们一方面认为战争可以让整个民族焕然一新，另一方面也相信，在自然处女地的生活体验可以重建人的道德观；这两种想法被结合到了一起。如果说 1914 年 8 月以后民众对战争的狂热情绪很快烟消云散，那么这一观念的影响力则较为持久。

对 1915 年东线的战争，斯文赫定的描写截然不同。戈尔利采—塔尔努夫突破战结束以后，马肯森率领第十一集团军继续进军，而斯文赫定作为德国一方的忠实支持者被特许随队观察。他对战争的描述与弗莱克斯的描述可以说是互补的；后者用大量篇幅描写自然环境，斯文赫定则主要观察战争的过程，因为他没有一直待在德军的总司令部，也不喜欢那样。他在书中描写了一次突袭之后的景象："普鲁士士兵在东北侧排成不整齐的散兵线，在炮火的掩护下奋力向前冲。炮弹接连不断地击打着正在后退的俄军以及东侧树林边缘他们新建的野战工事。一个炮兵小分队被部署在科尼亚祖夫（Koniaczów）西侧，紧挨着这个地区，他们拥有 21 厘米口径的迫击炮。在他们的炮火中，我看到最后一批俄军也放弃了被炸得千疮百孔的防守阵地，消失在树丛之间——而德军不知疲倦地一直追赶他们。公路排水沟里半躺着一名金色头发、满脸络腮胡子的士兵，他的头靠在排水沟的边缘；他看起来像是睡着了。但物资搬运车发出的嘎吱嘎吱声再也吵不醒他了：他已经死了。然后我们又去看一处战壕；刚才在市政厅那里，我们看到这处战壕被可怕的大火淹没了。一处潮湿的洼地上躺着一名俄国士兵，在死前的剧痛中，他从一边撞向另一边，在柔软的黏土上留下了背部和手肘的压痕。在一处铁丝网旁边，一支排成散兵线的队伍全军覆没。有些人躺在那里的姿势还跟战斗时一样，但他们的脸沉沉地压在手臂上，鼻子被压平，嘴唇和

1915年东线战况

军事堡垒

—— 4月底战线位置

…… 5月底战线位置

– – 7月11日战线位置

— — 9月9日战线位置

•••• 11月战线位置

文茨皮尔斯

里加

俄国西北部战线
列克谢耶夫（Mikhail Alekseyev）
担任司令

叶尔加瓦

陶格夫匹尔斯

利耶帕亚

涅曼集团军

波罗的海

梅默尔
（现为克莱佩达）

梅默尔河集团军

陶拉盖

俄罗斯帝国

德意志帝国

蒂尔西特
（现为苏维埃茨克）

德国第十集团军

8月8日
考纳斯

9月19日
维尔纽斯

明斯克

俄国西部战线

柯尼斯堡

德国第八集团军

阿利图斯

苏瓦乌基

巴拉诺维奇

但泽
（现为格但斯克）

勒岑（现为吉日茨科）

东普鲁士

埃乌克

格罗德诺

普里皮亚季河

格鲁琼兹

加尔维茨陆军集团

坦能堡

比亚韦斯托克

平斯克

普里皮亚季沼泽

德国第十二集团军

托伦

奥斯特罗文卡

布格河

莫德林

8月26日

布列斯特—
立陶夫斯克

波森

瓦尔塔河

华沙

波兰

德国第九集团军

罗兹

伊万哥罗德

科韦利

里夫内

卢布林

卢茨克

沃伊尔施
率领的支队

杜布诺

俄国西南部战线
伊万诺夫（Nikolay Ivanov）
担任司令

布雷斯劳

扎莫希奇

西里西亚

奥匈帝国
第一集团军
克拉科夫

维斯瓦河

泰尔诺皮尔

卡托维兹

塔尔努夫

利沃夫

切申

奥匈帝国
第四集团军

戈尔利采

普热梅希尔

斯特雷

马肯森陆军集团

加利西亚

德国第十一集团军

奥匈帝国第三集团军

切尔尼夫齐

林辛根（Linsingen）
陆军集团

奥匈帝国第二集团军

普夫兰策尔—
巴尔廷率领的
支队

蒂萨河

奥匈帝国第七集团军

维也纳

奥匈帝国

0　50　100　150km

嘴也都变形了。另一些人是在正要跃起进攻的那一瞬间倒地；他们仰面躺着，失去生气的眼睛正好望向天空，而上天并未怜悯他们，现在，太阳在空中又把春天的温暖浇灌在他们身上。"

斯文赫定为德奥军队向东进军而欢欣鼓舞；他相信自己参与了日耳曼族与斯拉夫族之间"永恒的战斗"，并认为德国人实际上继承了瑞典人的事业。有一次，他在克利祖夫（Kliszów）附近的一片树林里躺下睡觉，这片树林位于克拉科夫东北方向约100公里处；这时，他眼前又浮现出瑞典人当年战斗的情形："在这片树林里，卡尔十二世（Karl XII）的300名战士在他们的坟墓中安息，他们是在1702年7月9日的战役中阵亡的。当时，卡尔十二世率领1.2万人歼灭了强力王奥古斯特（August der Starke）率领的波兰军队，这支波兰军队的人数是他们的两倍。"在斯文赫定的梦中，瑞典的凯旋曲和哀歌与德国"在向东进军之路上"所唱歌曲融为一体。他认为德国人和奥地利人追随了瑞典国王的足迹，继承了他的事业，即"竖起一道日耳曼的高墙来抵御斯拉夫的汹涌巨浪"。"这一使命的主要部分，也是过去我们承担的部分，现在已经落在德国人民肩上。现在的目标仍与从前一样，就是把莫斯科人赶回草原。他们是从那里来的，那里才是他们的归宿！"[86]

法金汉和他的奥地利同人康拉德不同，他不会把意识形态当成做决策的依据，也没有低估俄军战败后弥补损失的能力。[87]斯文赫定曾断言，卡尔十二世"富有远见的计划一到俄国的心脏地带就破灭了"，[88]如果法金汉看到这句话，他或许会更加确信自己的观点：德国人必须远离这个心脏地带；克劳塞维茨也告诫欧洲几个大国说："俄国可不是一个能被正式征服的国家，也就是说它无法被占领，至少凭目前欧洲国家的兵力是不行的，即使波拿巴率领 50 万人来攻打也不行。我们只能利用它自身的弱点以及它内部的分裂来控制它。"[89]法金汉不打算利用后者，因为他想和沙皇及其政府单独媾和；鲁登道夫则不同，在他看来，为了消灭敌人可以不择手段，所以 1917 年，鲁登道夫同意让列宁取道德国返俄，列宁回国后也进一步推动了俄国革命。也就是说，法金汉尝试了克劳塞维茨所说的第一种可能性，而鲁登道夫则尝试了第二种可能性。

/ 意大利参战与塞尔维亚战败

1914 年 7~8 月，意大利借助巧妙的政治手段避开了欧洲列强之间的战争。意大利政府首先表示战争爆发的情况与条约规定的参战理由不一致，因为同盟国并未遭到俄国侵略；接着，意大利国王维托里奥·埃马努埃莱（Vittorio Emanuele）又向维也纳和柏林的君主保证，他的国家将保持友好的中立态度。[90] 意大利政府本来可以一直保持这一立场，然而 8 个月后意大利就参战了——而且不是加入同盟国阵营，而是加入协约国阵营。

如今我们可以明确地说，当时意大利的政治军事领袖低估了战争的难度，又高估了军队的战斗力。如果他们提前知道国家将面临怎样的失败和损失，那么在 1914 年夏季到 1915 年春季这段时间里，他们肯定会实行另一套方针。但他们却相信了总参谋长路易吉·卡多尔纳（Luigi Cadorna）的承诺，即军队可以在短时间内击破奥地利的防守阵地，挺进哈布斯堡帝国的心脏地带。显然，他错误估计了当地地理环境的险恶程度以及军队的战斗力。此外，意大利政府参战的时机也极为不利：他们于 1915 年 5 月 23 日向奥匈帝国宣战，此时同盟国刚好在戈尔利采—塔尔努夫突破战中取得胜利，俄国在喀尔巴阡山脉的战线则濒临崩溃。卡多尔纳还需要整整一个月时间准备进攻，所以奥匈帝国军队总司令部完全有时间在尤利安山（Julijske Alpe）和卡尔尼施山（Karnische Alpen）地区部署 6 个师，抵御意大利军队的进攻。在历史上，这次战斗被称为第一次伊松佐河（Isonzo）战役。伊松佐河是山间的一条河流，意军试图沿着这条河流向山区进攻。而后面还会发生十一次伊松佐河战役。[91]

在相关文献中，学者一般会指出，意大利在 1914 年末到

1915 年初为争夺领土煞费苦心，这也是它改投协约国阵营的原因。也有许多人认为，维也纳政府如果按德国所要求的，对意大利做出更大的让步，后者就有可能留在同盟国阵营。但这种情况不太可能发生。加拿大专门研究世界大战的史学家霍尔格·赫维希（Holger Herwig）形容 1914 年末意大利的处境就像一名少女面对两位追求者，他们都许诺给她一些自己没有的东西：[92] 德国政府许诺，特伦蒂诺地区外加伊斯特拉海岸的一部分将归意大利所有，但这两者当时是多瑙河帝国的领土；而协约国在此之外还许诺把奥斯曼帝国的部分领土分给罗马政府。但维也纳皇室拒绝割让特伦蒂诺，同时还指出，德国何不把阿尔萨斯—洛林地区让给法国，满足法国的心意。奥匈帝国政府还表示，如果他们放弃特伦蒂诺，柏林政府就必须让出西里西亚作为补偿，这是普鲁士在七年战争末期占领的地区。这个方案贝特曼·霍尔韦格和法金汉根本不予考虑。如果仅仅关系到特伦蒂诺，这几方或许还可以达成一致，但在此期间意大利还要求得到从南蒂罗尔（Südtirol）到布伦纳山口（Brennerpass）的整个地区，以及亚得里亚海沿岸从伊斯特拉、达尔马提亚直到阿尔巴尼亚的区域。[93]奥地利人驳回了这些要求，认为这纯属敲诈勒索，随后意大利首相安东尼奥·萨兰德拉（Antonio Salandra）创造了"*神圣利己主义*"（sacro egoismo）这一说法，后来它被专门用来形容那些以利益为主导的贪得无厌的政策。

萨兰德拉和他的外交部部长悉尼·松尼诺（Sidney Sonnino）公开表示，巴尔干半岛上各国的势力对比将会发生变化，而意大利必须从中获得相应的回报。当然，他们无法解释，意大利作为未参战国家为何提出这一要求。对外他们宣称，这是因为巴尔干半岛上的局势变化对奥匈帝国有利；但他们真实的想法是，哈布斯堡帝国很可能挺不过这场战争，而他们又想瓜分战利品，所以越来越倾向于参战。在欧洲大国中，意大利的实力最弱，因此没少在其他国家那里吃亏。萨兰德拉和松尼诺认为现在正是改变这一局面的时机。也正是为了表现得像一个"大国"，意大利并未与塞尔维亚或罗马尼亚约定联合发兵，虽然这样可以增加同盟国应对的难度，而宁愿单打独斗，而且选择在对自己十分不利的时机参战。1915年4月26日，意大利代表在伦敦与西方国家签订了秘密协议。

迫于另外一个原因，萨兰德拉和松尼诺还有国王维托里奥·埃马努埃莱、总参谋长卡多尔纳决策的过程并不光明正大：大多数意大利人以及国会中的多数派都反对意大利参战，主张继续保持中立。萨兰德拉和松尼诺反驳说，保持中立将无法提升意大利的势力和名声；他们还对国会先斩后奏。政治学家吉安·恩里科·鲁斯科尼（Gian Enrico Rusconi）指出，偶然因素对意大利的政策产生了关键影响：如果前任参谋长阿尔贝托·波利奥（Alberto Pollio）没有在1914年6月28日意外去世，前任首相乔瓦尼·焦利蒂当时也仍然在任，那么意大利推行的或许就是另外一套政策。波利奥是个彻头彻尾的亲德派，和小毛奇几乎可以说是知心朋友，[94]焦利蒂则强烈反对意大利参战。[95]现在没有他们掣肘，政府可以凭自己的意愿决定参战，但在这场战争中，意大利的期望和实际情况极不相符。[96]

意大利本来要予以奥匈帝国最后一击，可出人意料的是，跟意大利人交战以后，多瑙河帝国在军事方面快要被毁掉的名声竟有所好转：那些德国军官之前一直习惯性地贬低奥匈帝国军队，现在连他们也惊讶地发现，奥匈帝国军队在与意军打仗时竟表现得这么好。现在，奥国军队里的斯拉夫士兵不是在跟另一群斯拉夫人打仗，他们的作战对象是 19 世纪以来哈布斯堡帝国的宿敌；曾经有一段时期，总司令约瑟夫·文策尔·拉德茨基（Josef Wenzel Radetzky）率领奥地利军队长年驻扎在意大利北部，从那时起，奥地利与意大利作战就总是占上风。[97] 所以当奥匈帝国军队与意军交战时，他们觉得自己必须对得住这一传统。此外，奥匈帝国军队是在长达 600 公里的战线上抵御意大利军队的进攻，所以虽然他们在进攻时暴露出不少战术缺陷，但这些问题对防御战没什么影响。

意大利只是对奥匈帝国宣战，并没有对德国宣战。罗马方面显然认为，从长远来看，他们可以与德国结盟，这样他们既可以参与巴尔干地区的势力范围划分，又可以避免其他严重的冲突——在后来墨索里尼与希特勒的协议中，我们也可以看出意大利这种立场。[98] 德国官方虽然谴责意大利是"叛徒"，但这并不代表政府的真实态度；事实上，政府认为暂时没有必要对意大利开战。所以，虽然巴伐利亚一个熟悉山地作战的师打着"德意志山地军"（Deutsches Alpenkorps）的旗号向南蒂罗尔方向进军，要参加高山地区的战斗，[99] 但他们必须严格遵守只守不攻的命令，也就是说，山地军必须保卫维也纳皇室的领土，但无论如何都不得转守为攻。[100] 所以，作为哈布斯堡帝国的第三条战线，这条"意大利战线"基本上没有移动位置；意大利军队一次又一次猛攻奥匈帝国军队的阵地，虽然损失惨重，但只占领了很少量的领土。[101]

/ 360

德国的军事领袖一方面尽可能避免卷入意大利和奥匈帝国之间的战斗，另一方面强烈要求彻底打败塞尔维亚。在塞尔维亚前线，战争已经演变成一场可怕的灾难：1914 年，塞尔维亚前线爆发了三次进攻战；到 1915 年，这里战争的势头虽然暂时减弱，但许多人，尤其军队里的士兵，都死于斑疹伤寒。[102] 法金汉确信，虽然从之前的表现来看，塞尔维亚军队战斗力很强，但要打败他们还是相对容易的，前提是不能像奥地利军队那样正面进攻，而要运用钳形攻势。这就需要保加利亚提供支持，他们的军队可以在尼什（Niš）和斯科普里（Skopje）之间袭击塞尔维亚军队的侧翼和背部，并拦截来自萨洛尼卡的协约国援兵。9月6日，保加利亚国王斐迪南和德国陆军最高指挥部就以上事宜签订了协议。德国之所以能拉保加利亚入伙，是因为德国政府承诺，保加利亚在第二次巴尔干战争中丢失的马其顿地区将仍归其所有；考虑到德军屡次战胜俄军，索菲亚的政府觉得这一承诺还是值得相信的。不过保加利亚方面强烈要求由德国人控制德奥军队总司令部。[103] 德奥军队这次还是沿用了戈尔利采—塔尔努夫战役的方案，即由马肯森担任总司令，但在形式上他必须服从设在切申的军队总司令部，后者做决策时则必须与陆军最高指挥部达成一致。这场战争实际上就是由德国人指挥的，而战略计划的制定者仍然是汉斯·冯·泽克特。[104]

在 1914 年，霉运连连的奥匈部队司令奥斯卡·波蒂奥雷克率军从波斯尼亚和克罗地亚发起进攻，结果败得一塌糊涂；这一次同盟国军队没有重蹈覆辙，而是派出主力部队南渡多瑙河，分别从贝尔格莱德东西两侧进攻。与此同时，保加利亚也从东面发起攻势。这样一来，塞尔维亚总司令拉多米尔·普特尼克只得下令撤退，否则他的军队就会被包围。他还在米特罗维察—普里什蒂纳（Mitrovica-Priština）地区再次修建了防守阵地；因为莫里斯·萨拉伊（Maurice Sarrail）将军率领的**东方集团军**（Armée d'Orient）[105] 就驻扎在萨洛尼卡，普特尼克相信只要这支军队能赶来援助，他就可以守住这处阵地。但按照德国与保加

塞尔维亚军队撤退时经过了黑山山区，损失惨重，最后抵达都拉斯一带的地中海沿岸。

利亚的约定，后者拦截了东方集团军，于是普特尼克决定率领部队沿着被积雪覆盖的山道向黑山撤退。结果一部分士兵死在路上，剩下的人跋涉到了海边；当时法军已经不顾希腊的中立地位入侵了希腊，所以这部分人被法军安置在科孚岛。后来他们被带到萨洛尼卡，重新组织成军队。

法金汉认为巴尔干地区的战事至此已经画上了句号，他撤走了这里的德国部队，打算把他们送往西线，好在1916年与法军决出胜负。康拉德则决定继续战斗，尽管法金汉对此明确表示反对，但他还是指挥奥匈帝国军队朝黑山和阿尔巴尼亚进军。在法金汉看来，这些兵力原本可以解其他地方的燃眉之急，而康拉德却把他们限制在一处新开辟的次要战场上。从1915年12月22日到1916年1月19日，法金汉和康拉德没有和对方说过话；切申的奥地利司令部和普莱斯（Pless）的德国司令部之间一通电话都没打过。对于即将到来的1916年的战争，这是一个糟糕的开始。

/ 防守相对于进攻的优势：论西线的阵地战

在整场战争中，受武器技术影响，防守方往往比进攻方更有优势。在这种情况下，双方都难以实施以进攻为主导的战略。这场战争持续的时间比人们预想的要长，主要就是因为坚守阵地的胜算明显大于主动发起进攻、与对方一决胜负。所以，德国的包围计划在西线失败以后，双方就根据当下的局势，时而倾向于突破战略，时而倾向于消耗战略。但协约国拥有更多人力物力，所以消耗战对德军来说只是战术上而非战略上的选择。时间越流逝，局势对德军就越发不利。实际上，在西线必须采取主动的是德军，而不是法军和英军，但 1915 年德军把战斗重点转移到了东线，所以没有能力在西线采取主动。德军兵力的分配导致西线军队别无选择，只能守住他们在比利时和法国的阵线，顶多在小范围内利用有限的兵力发起进攻，以防止敌方开始大规模的行动。

/ 363

西线德军之所以比英军和法军更擅长使用武器，不是因为他们头脑聪慧，而是形势所迫。英国战争史学家大卫·史蒂文森（David Stevenson）甚至提出，直到 1918 年 7 月，德军的战术水平一直在协约国军队之上。[106] 对此，尼尔·弗格森提出了有力的论据，因为他算出了双方在"杀敌效率"方面的差距："如表 10-1 所示，[……] 尽管在经济方面严重落后，但同盟国却能够给敌人造成更严重的伤亡。[……] 同盟国大规模屠杀的能力比协约国高出了 1/3。"[107] 如果从被俘人数来看，双方战斗的"净效率"就差距更大了。弗格森还统计了双方整个战争期间在所有战场的"净阵亡人数"；这本来并不特别针对西线，但弗格森也提到了西线的情况："图 10-2 将法国、英国和德国的数字进行了汇总，从中我们可以得知，从 1914 年 8 月到 1918 年 6 月，德军每个月损失的士兵都不会超过他们杀害或俘虏协约国士兵的人数。"108①

从另一个角度来看，协约国方面拥有更多人力物力，即使战争效率较低，他们也能承受相应的损失，所以以上数据也没有那么重要。但换个角度来看，根据战时经济学的原则，物质资源丰富的国家应当利用这一优势减少人员投入，而西方协约国在很长时间内都没有做到这一点。我们也可以说，德军正是因为物质资源较少，所以他们的战斗能力提升得更快；根据卡尔·多伊奇（Karl Deutsch）提出的原则，力量较弱的一方迫于情势会努力提升自己，而较强的一方可能感觉不到这种压力。109 但德军的问题在于，他们基本上仅限于在战术领域学习、提升，在战略领域取得的进步则很有限；但德国人过分依赖军队的战术，在政治上缺乏作为，这给他们带来了灾难性后果：刚开始，人们想的是德军还有机会赢得战争，后来竟出现口号说，德军"在战场上是不可战胜的"。对这种现象，弗格森的看法较为谨慎，他并未点出，德国人错误地把战术的提升等同于战略和政治上的胜利。他的说法是："在战争的大部分关键战役中，德国人都能获得和保持更高的军事效率和效力。这一切都让人们觉得，尽管经济形势如此不利，但如果他们是最终的胜者，那也没什么让人惊讶的。"110②

防守方的根本优势在于，他们可以更好地把战壕、铁丝网和机关枪结合起来使用。这三者的结合最早出现在 1905 年的日俄战争中。当时，欧洲各大国都派出了战争观察员，但他们得出

---

① 以上两处译文均出自中信出版社 2013 年版《战争的悲悯》（The Pity of War）第十章"战略、战术以及净阵亡人数"中"协约国的战略"一节。

② 以上两处译文均出自中信出版社 2013 年版《战争的悲悯》（The Pity of War）第十章"战略、战术以及净阵亡人数"中"协约国的战略"一节。

如果一方对另一方发起突袭或突击行动，阵亡的士兵往往一连几周或几个月都被留在两军战壕之间的铁丝网地带，也就是所谓的无人区。如要把他们带走，必须先与敌方达成相应的协议。这样一来，其他士兵很长一段时间里都要在挨近死人堆的地方战斗，这在战争史上是前所未有的，这一情况也反复出现在有关战争的报道中；它表明这场战争完全脱离了人类文明，因为文明诞生的标志就是人类开始安葬死者。

的结论主要都与步兵的进攻以及炮兵的配合有关，并未从根本上重新评估攻防关系。[111] 其中对战术的注解也配有图画，从这些图中我们还能看出，当时他们是在空旷的平地上使用机关枪——不是在战壕里，更不是在机关枪掩体内，而后两种方式在后来的阵地战中十分典型。也就是说，在一开始，机关枪被用来对付轻型野战炮炮兵，而不是冲锋的步兵。机关枪的射速可达每分钟几百发，这大大提高了军队的攻击能力；[112] 对此，战术制定者们在一开始

认为，如果步兵加快冲锋速度，有节奏地跃进、卧倒，就可以化险为夷。但铁丝网的存在让这种想法落了空，因为一旦遇到铁丝网，步兵就只能减缓进攻速度，这样就不得不在机关枪的攻击范围内暴露较长时间。铁丝网本来是一种简单的设施，被牧场主用来限制牲畜的活动范围，现在它和机关枪这种复杂的装置结合在一起，这是农业经验[113] 与典型的工业产品的结合，这一结合彻底颠覆了形成于 19 世纪的战术原则。现在，士兵进攻时无论是排成整齐的队列，还是疏散成散兵群，结局都是惨遭屠杀。同盟国和协约国的各位司令、各参谋部都花了几个月时间才认识到这一点，而法军要接受这一点尤其困难。

从 1915 年冬天开始，双方都挖了很深的战壕，又扩建了原来的临时阵地；另外，现在他们在进攻之前都会先用大炮长时间轰击对方阵地，这不再是为了消灭防守的敌人（或者打击他们的士气），而是为了在铁丝网中间炸开缺口，让己方进攻的步兵通过。另一种方案是让士兵在夜里潜行至铁丝网附近，用钢丝剪在这一障碍物上剪出一些不易被察觉到的大洞。反过来，防守的一方夜里也会检查并修复铁丝网上的破损。双方参与这种战斗的都是一小群专门被挑选出来、接受了特殊训练的士兵，这种战斗也成了阵地战的典型模式，几乎所有关于西线的长篇小说都用一定

章节描写了夜间发生在铁丝网中间及周围的战斗。悬在铁丝网上的士兵尸体也是人们对一战的典型印象之一，至少是对一战上半段的印象。这些阵亡的士兵不再像过去那样平躺在地上，而是被铁丝网挂住，往往身体或多或少有一部分是悬着的。

为了不让敌人轻易通过，防守方设了一层又一层的铁丝网，最后，某些地方竟出现了深达50米的多层铁丝网；守军往往还会给铁丝网通电，或者把它与诡雷或其他装置结合起来使用，尽可能让接触者多冒一些风险、多付出一些代价。[114] 至于进攻一方，在他们的步兵冲锋之前，他们要加大火力轰击敌方阵地，所以越来越频繁地使用迫击炮。迫击炮也就成了阵地战的典型武器；它们不像大炮那样被安置在靠后的位置，而是被架设在战壕里，步兵要凭感觉开炮。双方在轰击对方时都希望能刚好击中战壕中的敌人，给敌人制造混乱，同时他们也在向对方宣称，对于你们的轰击我们并非无力还手。因此，迫击炮成了阵地战中双方军队的交流工具。不过双方并不仅仅借助轰击和炮弹来交流，他们也使用一些传统手段，比如呼喊，喊的内容很广泛，可能是相互谩骂，也可能是为了埋葬死者、治疗伤者而约定暂时停火。

当然，后者得以实现的前提是，双方都相信对方会遵守停火或暂时休战的协议，而一旦对方的部队被调换，这种信任就荡然无存了。定期替换最前线战壕里的士兵倒不是什么大问题，自战争转入阵地战以来，双方都在这么干；但如果一整个团都被调换，比如被调到别处作战，那么信任就彻底被破坏了，而在第一种情况下，被替换下来的连会要求他们返回时战场必须保持原状。所以，双方也尽量按照同一套规则替换士兵。

这样一来，不仅有的战斗区域变得安静、"不活跃"，而且这些地区衍生出一套让自己生存也让别人生存的模式，西线许多士兵也通过这种方式适应了环境。他们每天待在战壕里，却不必作战，只是例行公事，穷极无聊。而长期以来，大多数描述战争的文献都不太重视这一现象，或者只是浅尝辄止地探讨过它；这也是因为这种现象难以被写成跌宕起伏的情节，所以很少出现在战争小说中。直到不久之前，学界才对这一现象予以较多关注，首先对此展开研究的是法国的历史学家。[115]

但这种特殊的战壕文化并未被普及。有时，在进攻或突击行动中阵亡的士兵一连几周或几个月都躺在无人区。"我们前面至多 80 米的地方躺着 6~8 个死去的法国人，他们在那里已经差不多两个月了。"恩斯特·云格尔在他的日记中写道，日期标的是1915 年 1 月 4 日，"他们那裏在红色裤子和蓝色外套里的直挺挺的手脚看起来十分古怪；透过望远镜，我看到其中一个人脸上腐烂之后那种死灰或者说灰黑的颜色。"[116]1915 年 4 月 25 日，在另一处阵地，他又观察到类似的景象："我向右瞥了一眼。原来那里堆满了死人！有些尸体已经有半截被埋进土里，而许多还保持着几周前或几个月前被那颗致命的子弹击中时的姿势。有一名死者没有穿外套，他的身体覆在大腿上，头颅变成了古怪的褐色，上面还有寥寥几缕长头发；另一名死者身上绑着法军专属的皮带，他靠在一棵树上，还保持着标准的作战姿势，我一眼望过去几乎吓了一跳。简而言之，这是一出森然可怖的死亡之舞，就算在中世纪的传说中也找不到比这更可怕的场景。"[117] 在英国军人罗伯特·冯·兰克 - 格雷夫斯看来，阵地战的特征之一就是战场附近还有未埋葬的阵亡士兵，而他也试图尽可能详细地描绘这些死者："我们没能从德军的铁丝网那里取回死者尸体，所以这些尸体一直在发胀，后来它们的腹壁破裂了，可能是它自己破开的，也可能是被子弹打中了。一股恶臭朝我们蔓延开来。死者的脸部刚开始是惨白的，后来就变成灰黄色，红色，紫色，绿色和黑色，最后就跟泥浆的颜色一样。"[118] 法国记者亨利·巴比塞（Henri Barbusse）从战争一开始就自愿随军队出征，他参加了 1915 年在法国的战斗，并将这段经历写进 1916 年出版的长篇小说《火线》（*Le Feu*）中。他对尸体的描写最为细致，笔墨也最为浓重："在无数一动不动的尸体下面，还躺着 5 月进攻中阵亡的轻步兵、塞内加尔狙击兵和外籍军团成员，这些尸体已经逐渐腐烂。当时，我们侧翼的最外端在贝通谷（Bethonval）的树林那里，距此处有五六公里。那次进攻是整场战争中最可怕的进攻之一，这场战争又是古往今来最可怕的战争；在进攻时，他们冲锋一直冲到了这里。然而他们离开大部队跑得太远，结果发现左右两侧都有机关枪扫射。现在他们已经在那里躺了几个月，双眼空洞，脸颊被虫蛀坏；他们的残躯散在地上，经过风吹日晒，几乎已经腐烂，但我们还可以从中看出机关枪的破坏力：这些人被机关枪打得皮开肉绽，背部和臀部布满弹孔，有人的身体还成了两截。它们旁边是一些颜色暗淡、如蜡一般的死人头颅，上面布满了虫子，虫子之间的缝隙中露出了白色的牙齿。变黑的残肢到处都是，以至于地上看起来就像布满了树根；在这些残肢旁边我们还能看到光秃、发黄的头颅，上面是轻步兵红色的军帽，它最外面那层布已经变成灰色，而且像纸莎草纸一样碎成一片一片。有人的衣服成了一团破布，上面还沾着微红的泥土，他的大腿骨却从这团破布中突出来；还有人的衣服脱了纱，破洞底下露出一部分脊柱，上面是一层漆黑的颜色。死人的肋骨散落在地上，好像破旧、碎裂的笼子，上面是已经变脆的皮具、军用水壶，还有布满了窟窿、已经被压扁的炊具。在一堆骨头、破布和装备上面有一个已经被扯碎的背囊，我们看到它周围有一些间隔均匀的白点；我们凑过去，发现那是脚踝和指

/ 370

关节，它们原本属于某一具尸体。"[119]

士兵们在死人堆旁边战斗，他们不仅一直看得到这些尸体，还能闻到尸体腐烂发出的臭味，这正是这次大战与以往所有战争的区别。与死尸共处成了阵地战的一大特点。恩斯特·云格尔在书中描写了"那些不屈不挠的小伙子组成的步兵中队"，他们伏在"一些不起眼的小壕沟里，或是一整排弹坑里"。"而死亡就在他们中间那块地上竖起了战旗。他们眼前是一堆尸体，仿佛是他们用子弹收割的庄稼，而战友的尸体就在他们旁边，在他们中间；他们面容消瘦，目光呆滞，眼中有死亡的影子；这样的面容让人想起过去那些逼真且令人心生恐惧的基督受难图。他们几乎怀着受虐的心情蹲在腐烂的尸体旁边，一旦敌人的机枪重新搅动这静止的死亡之舞，将腐烂的尸体抛向空中，情况就变得让人无法忍受了。"[120]这段描写中又一次出现中世纪"死亡之舞"的意象，这表明作者在他的时代找不到能与这种体验相提并论的事物。

阵地战中，战壕又具备另一种特征：在风平浪静的区域，它相当于地下临时住所，而且避弹所里还有一些简陋的设施；即使偶尔有炮弹击中战壕，那也只是意外状况，不会发展成正式的交锋，而不过是在提醒人们，他们仍然处于战争之中。这些战壕也可能在敌军接连不断的轰击中被摧毁、被局部填平，可能在几场大雨之后被水灌满。但最大的问题依然在于士兵要与死者共处，这些死者要么还没被安葬，要么虽然被草草掩埋，但敌军的大炮又把临时"坟墓"给炸开了。害虫和迅速繁衍的老鼠也成了战壕内这些士兵的主要烦恼。在不必与敌人作战的时候，他们却要和老鼠作战，而且所有报道一致表示，西线战壕里的老鼠比人们通常在房子里看到的老鼠要大得多。交战双方共同对付老鼠的情况也偶有发生。

几乎所有从前线寄出的信件都会提到西线战壕里的老鼠。它们吃战士们的口粮，但也吃战壕附近阵亡士兵的尸体。在一些风平浪静的战区，士兵们往往花更多精力和这种啮齿目动物作战，而不是与敌人作战。当时，有人以明信片的形式寄出了这张照片，上面标注的日期可能是1914年秋天，图中的德国士兵在展示他们捕获的老鼠。右边第二个人手里拿的正是他们用来捕鼠的"武器"：一根钉了钉子的木棍。以死亡为主题的黑色幽默掩盖了战壕生活残酷的一面。

在有的地方，双方的铁丝网离得实在太近，甚至可以说已经融为一体，所以双方甚至会一同维修这种"国际性铁丝网"：有时是修补破损之处，有时是剪出一条通道。双方总是在夜里派出巡逻队或突击队，他们在铁丝网附近交火，最后却一起工作。"在阵地的某些地方，"云格尔在《钢铁风暴》（*In Stahlgewittern*）中写道，"双方哨位相距不过 30 步。有时，人们就这样互相认识了对方；如果对方咳嗽、吹口哨或唱歌，他们可以听出那是弗里茨、威廉或汤米。他们来来回回地喊话，喊的内容十分简短，但不乏一种粗鲁的幽默。'嘿，汤米，你还在吗？'——'在！'——'那你把头缩一缩，我要开枪啦！'"[121]

会这样聊天的哨兵，他们的哨位一般在坑道头靠近敌军阵地的位置。坑道是延伸至无人区的战壕，它方便军队在无人区设置观察哨和监听哨，如果对方有什么动静，这里的哨兵要第一时间通知部队。这样，他们在敌方突击队行动之前就有足够的时间做准备，不至于措手不及；突击队行动一般是为了俘获几名对方的士兵，从而了解对方是什么部队，士气如何。除此之外，战壕里的哨位都是每隔两小时轮换一班。其他士兵就待在避弹所里，睡觉，写信，玩牌，或者用其他方式消磨时间。晚上他们则要继续扩建或修缮战壕。即使在战斗活跃的区域，双方也不是一直都在作战，而且他们也只是在某些情况下才用迫击炮轰击对方。

很快，战壕就成了一个比较复杂的系统，士兵如果不是对它特别熟悉，在里面也会迷路。里面也不全是直线，而是在某些地方突出来，在某些地方拐个弯又回去，呈之字形分布，这样敌人来犯时就不能一味沿纵轴方向猛攻，而防守方士兵也可以在战壕中最近的拐角处集合，发起反攻。这种结构的另一个好处是，即便有炮弹打进战壕，也难以充分发挥其破片效应。当时，德军的战壕系统不仅修建得最完善，而且在1915年春季它被证明是层次最丰富的。冬天的进攻战已经表明，只要敌方集中大炮火力，就可以摧毁前几排战壕和铁丝网，这样负责进攻的步兵就可以占领第一道防线。这时防守方面临的危险在于，如果敌人分批进攻，率先冲进战壕的第一批敌人很快就会获得支援，而第二批敌人也可能越过爆发了战斗的战壕，直接朝后面的区域挺进。而敌人一旦冲进战壕，防守方的射击火力通常会有所减弱，因为许多防守士兵要近身作战，无暇对付第二波、第三波敌人。这种进攻方式会给进攻方造成很大损失，因为第一批冲锋的士兵大部分都牺牲了（所以法军首先派出的通常是从撒哈拉以南非洲招募的部队），但有的军队用这种方式确实取得了一些成果。

/ 374

这种情况下，在阵地两侧安排机关枪掩护可以起到很好的防御效果，也就是说，这部分机关枪不是正对着冲锋的敌人，而是位于阵地边缘，这样它们就可以打中第二、第三批敌人。这种情况下，机关枪所在的位置越发成为防御系统的"基石"，德军司令对此都比较重视，会在修筑防线的时候特地留出这样的位置，或者在敌人进攻时安排机关枪及时到位。巴比塞在书中提到的那些阵亡士兵就是被这些布置在两侧的机关枪射杀的；在新沙佩勒（Neuve-Chapelle）战役中，英军进攻德军阵地，德国第十一步兵营就在阵地两侧安置了两挺机关枪，他们仅凭这两挺机关枪就在两小时内杀了约1000名敌人，敌军的行动也因此陷入僵局。[122]后来英军司令指挥部队袭击阵地两侧，这导致他们的兵力无法集中，进攻也无法顺利进行。防守方有后备军赶来支援，在此期间炮兵部队也增加了人手，而且他们开始轰击进攻部队与后方之间的通信系统。这样一来，冲在前面的进攻部队就很难与后方参谋部联系，尤其很难与己方的炮兵部队联系，所以炮兵部队也无法获悉新的攻击目标在什么位置，只能继续轰击旧的目标，而此时他们自己的人可能已经跑到这些位置上。

在一战中，进攻方经常遇到这种所谓**不带敌意的炮火**（friendly fire），即打中自己人的炮火。虽然双方已经开始尝试使用电话、无线电通信等新通信手段，但它们在使用过程中很容易受干扰，并不十分可靠，所以士兵在行动中往往还是要借助信号弹等工具和本部交流。他们要提前约定信号弹的每种颜色分别代表什么意思。但如果出现了之前没有想到的情况，双方就无法针对这些情况展开沟通并做出决策。所以防守方很重要的一步棋就是打乱进攻者的计划，不按他们的预期出牌，而从两侧攻击敌人就可以达到这一目的。所以法金汉在 1915 年 1 月 25 日下达命令：敌人来犯时，军队无论如何必须守住阵地两侧，并立刻增强这两处的兵力。[123] 这种防守模式的效果主要取决于士兵接受的战术训练、他们的心理素质以及军队纪律；我们也可以说，效果主要取决于防守方的英勇程度。

法金汉相信协约国有朝一日会发动大规模进攻，为避免德军阵地被敌人攻破，他又下令在距原有战壕系统两三公里的地方再建一处设施齐全的防守阵地；后来德军甚至还建了第三道防线。每道防线至少包含两条主要的战壕，每条战壕都带有向前突出或向后突出的槽坑，还有坑道、交通壕、用混凝土加固的机枪巢、避弹所和掩体。[124] 德军修建的战壕技术含量最高，施工过程也最为严谨。"德军的战壕是最坚固的，英军的战壕是最舒适的，法军的战壕是最不完善的。"历史学家让－雅克·贝克尔（Jean-Jacques Becker）和格尔德·克鲁迈西（Gerd Krumeich）根据那个时代的大量描写和评价得出了结论。[125] 不过首先需要解释的是，西线德军大多数时候都侧重防守，所以战壕系统就是他们防守的支柱，而法军不过是从战壕出发开始进攻。

士兵们或多或少都要参与战壕的扩建和修缮。这些工作有时是为了提升战壕的防御功能，有时是为了让士兵们在里面住得稍微舒适一些。从统计数据来看，占用西线士兵最多时间的工作是加固战壕的墙壁。"我们还真是无所不能，"恩斯特·云格尔写道，"每天，我们都有 1000 件跟战壕有关的事要做。我们挖很深的地道，修建避弹处和混凝土台，布置铁丝网，挖排水沟；有的地方要盖上木板，有的地方要用支架支撑，有的地方要铲平，有的地方要加高并做成斜面，还要往茅坑里填石灰，总之，我们凡事都亲力亲为。为什么不呢？我们中间不是有来自不同阶层、从事不同职业的人吗？这个人不会做的事，总有另一个人会做。不久前，我在我们这一组的地道里挖土，这时一名矿工一边抢过我的铲子，一边说道：'要一直往下挖，候补军官先生，上面的土自己会掉下去！'这么简单的事我竟然到现在都不知道，这真是不可思议。而在这一马平川的土地中央，我们突然要面对许多的迫不得已：敌人射击的时候我们必须有地方躲避，风雨来了我们必须有地方藏身，我们不得不给自己做桌子和床，做炉子和楼梯，于是我们很快学会了使用自己的双手。我们认识到了自己动手的价值。"[126]

其他国家的参战人员也经常在报道文章或小说里提到战壕里的工作，[127] 但他们主要描写它的物理成果，而非它带来的社会性效应。所谓"战壕社会主义"的想法完全是德国人提出来的，他们认为士兵们不仅全员出动参与修建工作，而且突破了和平时期的社会等级限制；魏玛共和国时期，这种想法在政治上产生了爆炸性影响。[128]

当然，除了像恩斯特·云格尔这样的"新右派"作家，另一些作家也在书中提到，士兵们在一起工作、一起战斗的过程中产生了集体感，但这些作家持反战的和平主义立场：在阿诺尔德·茨威格（Arnold Zweig）的小说《凡尔登教训》（*Erziehung vor Verdun*）中，德军一度占领了坚固的杜奥蒙堡（Fort de Douaumont）；在共同生活的过程中，这里的士兵冲破了社会等级和教派差异的限制。[129] 如果说"左派"的小说指出，即便在战争之中，阶级对立的问题也是可以被超越的，那么"右派"小说则强调这种情况只可能发生在战争环境中，而在和平时期，社会对立的问题只会越来越严重、影响的范围越来越广。无论如何可以确定的是，与英国战争文学相比，德国战争文学更关注阵地战、堑壕战中的社会学元素。[130]

仅仅让士兵们吃饱饭是不够的。毕竟那么多人挤在一个空间里，那里的环境肯定得符合一定的卫生标准，否则疾病乃至瘟疫就会开始传播，这些疾病和敌人的武器一样凶猛，足以让一支军队丧失战斗力。几个世纪以来，在欧洲的历次战争中，死于疾病、瘟疫的人比直接被敌军杀死的人还要多。[131] 涉及环境卫生的几大难题之一便是如何处理士兵排泄的粪便。在大多数小说和报道中，作者提及这个问题总有些遮遮掩掩，或者干脆避之不谈。恩斯特·云格尔在《战地日记》（Kriegstagebuch）中有时会提到，战壕里建有厕所，而且人们会用石灰给厕所消毒；在另一处他也提到，通往厕所的路遭到敌人的大炮和迫击炮轰击，已经过不去了。[132] 如果把厕所建在敌人看不到的地方，那么去上厕所就不是一件危险的事，但并不是所有军队都会这么做，也不是想做就能做到，因为双方的狙击手都在关注对方是否有人粗心大意地离开了战壕的掩护，而上厕所的人也在他们注意的范围内。对隐蔽在战壕中的军队来说，去厕所排泄体内废物就给了敌人可乘之机：双方都知道敌人什么时候吃完饭、喝完咖啡并从战壕中靠后的位置走到前面，他们会在这段时间连续开火。双方也都知道，士兵在方便时往往不能顾全自身隐蔽的问题。

／ 378

当然，也有一些士兵很反感在对方解手时发起攻击。史学家莫德里斯·埃克斯坦兹曾经很明确地写道："1915 年 9 月，菲利普·吉拉尔代（Philippe Girardet）站在观察哨上，他看到又一个没带武器的法国人爬出战壕，转身走了几步，在野地里解开裤子，蹲在地上。德国人应该已经看到了这个**法国兵**（poilu），吉拉尔代想，因为并没有什么东西遮挡他们的视线。但他们并没有采取行动。这名**步兵**（fantassin）不慌不忙地上完了厕所，又站起身来，系好裤子，安然无恙地返回他的地道里去了。"[133] 埃克斯坦兹查阅了大量战争文献，从中搜集了许多案例，在这些案例中，有关排泄的事情不仅出现频率较高，而且几乎被当成战争的标志。最有名的例子出现在路易-费迪南·塞林（Louis-Ferdinand Céline）题为《炮口》（Casse-pipe）的小说片段中，故事中一支夜间巡逻队躲在一堆马粪里，这样他们可以取暖，但又几乎要窒息而死。[134] 恩斯特·云格尔有一次提到德方朝英军战壕里发射迫击炮，他写道："我们看到沙袋、木料和报纸纷纷落下，于是一个很聪明的人认为，我们炸毁的是英国人的厕所。"[135]

《好兵帅克历险记》的体裁近似流浪汉小说，所以作者雅罗斯拉夫·哈谢克可以直接描写军队中和如厕有关的话题。小说中有一段插曲，讲的是军队中上厕所的正确方式。帅克所在的连要转移，他们中途在某个地方停留了较长时间。一位将军趁此机会来视察部队，依照他的命令，连里的士兵分成几个大组去上厕所："茅厕里共有两条很长的沟，所以连里每进来一拨人都要分成两大群。士兵们一个挨着一个，乖巧地蹲在掘出来的两道沟上面，就像秋天里燕子聚集在电报线上，准备飞往非洲一样。"这时，将军、他的副官以及排长杜布走进了茅厕。刚开始所有人都"继续蹲在地上"，后来终于有人反应过来："帅克意识到了事情的严重性。他霍地跳起来，也顾不上别的，任凭裤子掉下来，皮带挂在脖子上，而最后一刻他还在使用手纸；他吼道：'暂停！起立！注意！向右看齐！'然后行了礼。两排的人都起立，裤子都掉在地上，皮带都挂在脖子上，他们就这样行了礼。"哈谢克描写这一场景的重点在于对当时的军队尤其是多瑙河帝国的军队发出谴责。在故事中，排长杜布试图缓和气氛，他对将军说："少将先生，请允许我向您报告，这些人都是蠢货，是白痴，是不可救药的笨蛋。"而将军坚持认为，当时只有帅克一个人做出了正确的判断和恰当的反应。他当着重新蹲下的士兵们表扬了帅克："对军人来说，尊敬上级、遵守军队规章、遇事沉着果断就是一切。如果再加上英勇无畏，那我们就不必害怕任何敌人了。"[136]

当局出于卫生方面的考虑，为士兵在后方的性生活制定了一系列规定。国内的人虽然不直接受规章约束，但这些人通过士兵感染性病的现象也十分严重，所以当局也向女性说明应当如何与返乡休假的男人们交往。[137]"在我们柏林，"克特·珂勒惠支（Käthe Kollwitz）1915 年 5 月 29 日在日记中写道，"越来越多的女性有必要接受道德审查。这些战士的女人每天都可能收到消息说，她们的男人已经战死沙场。"[138]有一件事情往往让前线士兵深为苦恼：当他们在最前线作战的时候，那些不必服兵役的男人、返乡的男人还有因为各种原因留在家乡的男人可能会和他们的妻子或未婚妻发生性关系。在士兵们的观念中，保卫家乡几乎总是意味着保护自己国家的女人不受敌军士兵侵犯；而令他们无法忍受的是，在他们离家期间，那些开小差的逃兵可能乘虚而入，占有他们爱人的感情和身体。[139]而敌方在宣传中也会利用这一点来打击他们的士气。这种做法的目的是破坏"家乡"和"前线"之间的信任感。士兵们如果被"妻子或未婚妻是否忠诚"的问题困扰，可能就无法把全部注意力集中在敌人身上，以致在行动中不够谨慎，最终被敌方狙击手杀死。

战争开始的时候，各国都认为它会很快结束，所以当局没有在军队中预先采取措施，规范前线附近的卖淫活动，也没有在后方以及军队疗养、休整的地方开设妓院。直到 1914 年秋天，军队高层在这方面所做的仅限于要求下属禁欲，并强调他们很快就可以回家。1914 年 11 月，德军守备部队的军医库尔特·门德尔（Kurt Mendel）博士写道："这场战争要求每个人做出的牺牲如此之多，如此之大，而每个人［……］也十分乐意、十分情愿做出这样的牺牲，在这种情况下，军队提出了节制性欲、不与妓女性交的要求，这是完全可以实施下去的，也是他们做得到的。"这一时期还有传言说，法国人有计划地将染了性病的女人秘密带进德军占领区，为的是让尽可能多的德国士兵彻底失去战斗能力。所以门德尔建议，"在整个守备区［即绍尼（Chauny）］的大范围之内禁止士兵发生性行为，并且要向他们说明性病可以在很大的一片地区迅速传播，而且感染性病对士兵本身、对我们的军队、对我们家乡的女性都构成很大危险，而且军队每周都对士兵进行健康检查，如果查出士兵患有性病，将根据规定予以惩罚。" [140]

但很快，禁令、检查与惩罚就不能再有效防止性病传播了。此外，相对于军队在前线蒙受的巨大损失，一些士兵已经不觉得染上性病有什么可怕的；有些人甚至认为如果染上性病，正好可以"给自己头上来一枪"（这是士兵们的俗语），然后名正言顺地离开前线。毕竟比起在战斗中阵亡或残废，得性病的风险也算不了什么，在这种情况下，惩罚是起不了作用的。[141] 更有效的做法是建立完善的规章和检查体系，帮助士兵预防、治疗性病。在人们的印象中，德军在这方面做得最好，[142] 这不仅因为他们以前成立过类似组织，经验最为丰富，而且因为他们的药物疗效最强：德国的化学和制药工业水平很高，他们不仅利用这种优势生产有毒战剂，而且在医学领域也取得了超出其他国家的成就，其中最重要的成就是保罗·埃尔利希（Paul Ehrlich）研发了洒尔佛散（Salvarsan），这是最早的能有效治疗梅毒的药物。[143] 军队的妓院也开始注意最低限度的性卫生：妓女们要定时接受检查，进入妓院的士兵每人要领一包用于预防性病的东西，这个包裹被命名为"奈塞尔包裹"（Neisser-Packung），因为是阿尔贝特·奈塞尔（Albert Neisser）医生发现了淋病的病原体。[144] 有时，工作人员会在士兵进入妓院之前或之后就地把他们的生殖器粗略地检查一遍。如果发现性病感染率上升，军队就会组织整个部队接受体检，士兵们称之为"阴茎检阅式"或"小鸡鸡视察礼"。[145] 这些检查当然只是针对普通士兵和士官，军官们是不必接受检查的，而这两批人去的妓院也是分开的：对普通士兵和士官开放的妓院挂着红色的灯笼，对军官开放的妓院挂着蓝色的灯笼。

从恩斯特·云格尔的《战地日记》可以看出，相比由军队规范化运营的妓院，他更喜欢去找"体制"以外的妓女，并且他认为对出生入死的战士们来说，享受性快感是一种不错的调剂。[146] 他描写了康布雷（Cambrai）一所"由军队管理的妓院"："你轻轻地敲几下门，一名医疗兵会给你开门；你付他 10 马克，他会给你一张凭证。你将穿过一间摆着医疗防护用品的前厅，来到接待大厅，在那里可以挑选'姑娘们'。把你的凭证递给其中一位姑娘，就可以接受相应的服务了。"[147] 很明显，云格尔写的是一所对军官开放的妓院，因为普通士兵去妓院的时候根本没有"轻轻地敲门"这一说：这些妓院门口的士兵已经排成了长队，那里通常还有士兵站岗，而且他会把步枪背在身上，露出刺刀，因为他要负责让等候的人保持安静、遵守秩序。[148] 不过最重要的是，来这里嫖妓的士兵不能挑选妓女，只能怎么快怎么来：哪个小房

/ 383

/ 384

由于战争时间越拖越长，众多妓院便在战区开张了。如果妓院门口排起长队，就会有士兵背着带刺刀的步枪站岗，防止排队的人发生冲突，或者后面的人拥到前面。他还要负责分发装有卫生指南和除菌剂的袋子。不过部分流程一般在室内进行。我们看到图中有一名女性在门口迎接嫖客，这说明这是一家对军官开放的妓院。嫖客还要留意窗户上方悬挂的营业时间。

间空了，排在最前面的人就得进去，里面的妓女要尽快和他办完事，好让下一个人再进来。所以，在外面等待的人有的兴高采烈，有的紧张不安。妓院是由鸨母私人经营的，不过要接受德军监视，而鸨母要确保妓院内部的运作流程符合军队规定。

法军和英军前线的情况也十分相似：他们的房子也挂着红色或蓝色灯笼，挂红色灯笼的房子前面也排着长队。"'红灯区'，也就是军队妓院，"兰克 - 格雷夫斯写道，"坐落在主街道的拐角。在门口可以看到 150 个人排着长队，等着进入房子，和三个女人中的一个欢聚片刻。我的勤务兵也在那里排过队，他告诉我，价格是每人 10 法郎，当时值 8 先令。妓院里每个女人每周要接待大约一个营的士兵——前提是她扛得住。军队警察的代理司令表示，一般来说她们只能坚持三周，'然后她们就带着赚来的钱退休了；她们看上去苍白无力，但十分自豪'。"[149] 如果你认为这些女性自愿出卖身体，并且通过这种方式赚了一大笔钱，只要熬过这几周，就可以过上清闲的生活——那么你就错了。有的军队禁止妓女在后方私自与士兵交易，而他们惩罚这些妓女的方式就是强行要求她们转入军队妓院——至于三周以后妓院是否会轻易地让她们离开，那就很不好说了。一般来说，前线附近地区的女性都是因为贫困才做这一行，而比起进入军队妓院，尤其对普通士兵开放的妓院，她们更愿意"独立工作"。如果说在这个群体中，有一个人从事性交易并非为贫困所迫，那么她就是埃罗特小姐（Madame Herote），当然这是塞林长篇战争小说《茫茫黑夜漫游》（*Voyage au bout de la nuit*）中的人物。她在巴黎开的洗衣店同时被用作"应急妓院"，这样她就可以和英国、法国的军官以及巴黎的艺术家——或者自称艺术家的人——发生性关系。在塞林的小说中，她靠这一行当赚了很多钱："不到几

/ 385

个月，她就通过协约国军人，尤其通过他们的下半身，赚了不少钱。[……]埃罗特小姐懂得充分利用最后仅剩的机会，为了一丁点儿钱站着与人交媾。[……]报纸在发疯似地报道最后一批士兵如何为国捐躯，而生活还在继续，人们依然过得从容不迫、按部就班，而且比以前还要精打细算。这就是硬币的两面，是光线与阴影。"150

曾在东线里加作战的阿尔萨斯人多米尼克·里歇特（Dominik Richert）回忆说："许多女孩和年轻姑娘因为贫困、没有工作而沦为妓女，以这种可悲的方式赚取生存所需。此外还有许多姑娘已经被俄军残忍地玷污过，现在她们又和德国士兵干起这个行当。"151 在里加，他曾和一名奥地利战友一起去妓院——和西线相比，当地军队执行相关规定显然没有那么严格。他写道："在一个大房间里，靠墙摆着一排桌子，桌子旁边挤满了正在喝茶的士兵。三个穿得破破烂烂的小伙子一边演奏乐器，一边跳着舞。大约有 8 个姑娘和士兵们一起转着圈跳舞，她们的动作真是不能更难看了。这些姑娘由于举止轻浮，看起来一点儿都不讨人喜欢，但她们还是装作很有活力，还寻找机会勾引士兵。角落的隔间里坐着一个上了年纪的女人，她怒气冲冲地看着跳舞的人群。士兵如果想带某个姑娘上楼，就要去窗口那里用两马克换一张小卡片。他要向自己看中的姑娘出示这张卡片，然后那个姑娘就得上楼去。"最后，里歇特明确地评价说："这种行当让我们双方都觉得失去了做人的尊严。"152 这与兰克－格雷夫斯在法国港口城市勒阿弗尔（Le Havre）看到的情况十分相似：他和他的战友们一到那里，"许多男孩就过来搭讪，要给他们所谓的姐姐拉皮条。'我带您去见我姐姐，她人特别好。在床上很猛。不用很多钱。很便宜。特别好。我现在带您去？给我很多香槟？"153 但我们要看到，战争期间的性交易活动并不仅仅如兰克－格雷夫斯描写的那样，要遵从一定的市场秩序，而且在许多时候也由暴力说了算。哈谢克就描绘了这样的场景：送捷克士兵去前线的火车在某处停靠了一段时间，然后又继续前进，这时"人们发现少了18名步兵，其中包括第十二步兵连的排长纳萨克拉。后来，火车早已消失在伊萨塔尔克萨（Isatarcsa）后面，但在坐落于山谷间小路上的火车站后面，就是那片长着金合欢树的小树林里，排长还在跟一名站街女讨价还价。当时他们已经办完了事，女子要排长付她5个克朗，排长却说，要么付她1个克朗，要么给她几巴掌。最后，第二个建议引起了激烈的争吵，而火车站那边有人听到他们的叫嚷声，也过来瞧热闹"。[154]

/ 霞飞的进攻与德国的毒气战

　　1915 年春天，西线的同盟国和协约国军队都面临一个问题：既然防守一方更占优势，那么他们应当怎样提高进攻的威力。[155] 通常人们会想到可以提高火炮的攻击效率，但很快，双方都开始研制有毒战剂，特别是毒气。[156] 按理来说，只要这类新型的攻击性武器仍处于测试阶段，并且军队的领袖也能够理性地计算得失，那么他应该倾向于保持守势，让敌人去冒进攻的风险。不过，虽然德军迫于时间压力，必须与对方一决胜负，可是在 1915 年，西线几乎都是法军和英军在进攻。[157] 难道霞飞和弗伦奇对战略局势的判断彻底错了吗？其实，至少霞飞这么做是可以理解的，因为 1914 年 12 月他曾受两方面因素影响，在冬天攻打了阿图瓦和香槟地区，而 1915 年这两方面因素对他来说仍然存在：一是德军占领了法国的部分地区，二是在西线发动进攻可以减轻俄军的压力。[158] 此外，西线协约国军队此时的人数也明显高于德军，所以他们已经具备进攻所需的人数优势：1915 年初，德军有 100 个师，而英军、法军总共有 150 个师。[159] 在霞飞看来，他们有足够的理由在 1915 年春季就发动大规模进攻。

　　法军总参谋长发动进攻的目的不仅仅是把德军赶出法国，还包括彻底打败德军，结束这场战争。[160] 至于具体计划，可以确定的是，孚日山脉、阿登高原和阿戈讷地区地形过于复杂，不适合大规模进攻。佛兰德的沿海地区同样被排除在外。英军其实很想在此处进攻，并从德军手中夺取奥斯坦德和泽布吕赫（Zeebrugge）这两处港口，因为德军部署在这里的潜艇对英国的物资供应构成了威胁；但法军的反对理由很有说服力：这一地区的路太难走，协约国军队连行军都困难；另外，如果在此处进攻，协约国军队可以夺回比利时的国土，但法军自己的国土仍被德军占领，法国民众肯定不允许这样的状况出现。所以，这次进攻不仅原因与几个月前相同，而且可选的进军路线以及战略部署也都和之前一样：军方决定仿照冬天的进攻，指挥军队朝阿图瓦和香槟的战区挺进。军队如果能在此处成功突破，就可以直抵梅斯—里尔铁路沿线，切断敌军运输物资的核心交通线。这样一来，德军将不得不放弃西北部战区，也将失去对比利时各运河港口的控制。这是英军喜闻乐见的，而且德军不可避免地要从比利时的大部分地区撤离。

于是，霞飞提出的计划，即同时进攻阿图瓦和香槟地区，就有了清晰的战略目标，并且从军队人数来看，这一目标应该是可以实现的——当然，前提是他们能突破德军的防守阵地。为此，霞飞和英军司令约翰·弗伦奇决定在凡尔登和佛兰德中间发起进攻。在这一带，德军的战线向外突出，形成一道较大的弧线，所以和其他区域相比，这里的部队更容易受攻击。而且这道弧线的中间就是埃纳河与马斯河河畔的山脉，这意味着一旦某个区域的德军受到攻击，其他区域将很难派兵支援。根据霞飞和弗伦奇的计划，协约国军队不会直接进攻阿图瓦和香槟战区的中心，而是进攻它们的"肩部"，这样在他们突破时，德军就无法从侧面进攻。[161] 也就是说，协约国军队放弃进攻德军战线中最薄弱的部位，转而攻打在他们看来更重要的位置，而德军正是从这些位置派出军队增援力量薄弱的地区，在必要时为后者也提供保护。

但德军经受住了考验。1915 年 5 月 9 日，第一场进攻战役在新沙佩勒和拉巴塞（La Bassée）爆发，在这场战役中，英军损失了 1.2 万人，而仅仅攻下了一处 1200 米深的狭长区域以及一座连墙基都被毁掉的村庄。[162] 不过英国的将军们还是认为这场战役取得了一定成果，因为英国远征军中有几个师是由新招募的志愿兵组成的，他们表现出了很强的斗志，这已经超出了法国人的预期。不管怎么说，英军之前一直保持守势，现在他们头一次证明他们也具备进攻能力，而且还缩小了他们与法军"在牺牲人数上的差距"。后者对英军来说相当重要，因为唯有这样，制订战略计划时他们才能获得与法军同等的话语权。事实上，英军的这次进攻可以说是一败涂地，而且暴露了自身的许多不足之处，[163]但这都不是他们关注的重点，因为法军在香槟地区的行动也没好到哪里去：在持续 4 周的战役中，他们一次又一次进攻，付出了极为沉重的代价，但攻下来的领土少得可怜。[164] 而霞飞和弗伦奇的结论是，要取得胜利就必须投入更多大炮和士兵。这便成了1916~1917 年技术装备战的前兆。

德军则选择了另一条同样通往技术装备战的道路。1915 年4 月 22 日，德军进攻伊普尔，第二次佛兰德战役爆发。德军发动这次战役原本是为了转移敌人的注意力，阻止他们在阿图瓦和香槟地区再次发起进攻。毕竟当时法金汉虽然得知协约国方面可能会发动进攻，但他想利用 1915 年解决东线迫在眉睫的问题，所以不打算把东线的大批军队转移到西线。从战略角度来说，发生在伊普尔地区的战斗其实不值一提，因为通过这场战役，德军甚至未能阻止协约国军队继续向南进攻；[165] 而 1915 年 4 月 22日之所以成为一战历史上极为关键的一天，是因为德军在这次战役中开始使用毒气。

不过，最早使用有毒战剂的肯定不是德国人。早在 1914 年秋天，法军就使用过灌入了溴乙酸和氯丙酮的弹药和手榴弹，但它们几乎没有产生任何效果。这些战剂刚开始是为了满足警察部门的需要而研发的，效果和催泪弹相似，但只在狭窄的街道上和密闭的房间里起作用，如果被投放在开阔的地方，气体就会很快飘散。很快，德军也向法军阵地发射灌入了某种氯磺酸盐的炮弹，但效果好不到哪里去：事实上，敌军并没有注意到这些含刺激性物质的粉末①。法军使用的氯丙酮在战场上虽然没发挥什么作用，但德国人后来长时间生产并使用毒气，就是受了法军的影响：法军的有毒战剂让德国人意识到，为了研发真正有效的毒气，他们可以逾越一切法律和道德的樊篱。事实上，德国的科学界和工业界都在等待这个信号，好让他们大展拳脚：一方面，在化学领域，德国的科研水平和生产技术处于领先地位，而在其他工业领域，德国并未取得这么高的成就；另一方面，虽然一战爆发后英国对德国实行贸易封锁，德国无法从智利进口硝石，但德国人自信可以借助哈伯—博施合成氨生产法（Haber-Bosch process）满足这方面的需求，即用氢气和氮气合成氨，再利用后者来生产硝酸。没有硝酸盐就无法生产炸药，没有炸药就不能发动战争。卡尔·博施（Carl Bosch）改进了弗里茨·哈伯（Fritz Haber）研发的氨合成法，使硝酸盐的低成本、大批量生产成为可能。[166] 战争爆发以后，各国工业界转型生产战争物资，这导致协约国在1914年秋天爆发了"弹药危机"②；而在同盟国，人们却通过发展新技术、改革生产工艺解决了这一危机；如果不是因为他们在这方面做得太过出色，这场战争最迟到1915年春天就该结束了。从科研史的角度来看，这一工艺的出现是德国科学取得的巨大胜利——在那几年里，德国获得了一系列诺贝尔奖，其中最重要的就是弗里茨·哈伯获得的诺贝尔化学奖；而且

/ 391

---

① 原文 Juckpulver 指会引起瘙痒的粉末，但此处应是指催嚏性粉末，它会刺激眼睛和鼻腔的黏膜。

② 因为转型不成功，物资短缺，所以弹药的供应也不足。

在化学工业领域，德国这一时期取得的成就也确保它在接下来的几十年里一直领先于其他国家。

但要大范围使用化学战剂，德国还面临一些阻碍：一方面受**技术条件**所限，他们还无法在空旷处释放高浓度的有毒物质；另一方面，这种做法也是**战争法**禁止的，因为德国也签署了《海牙公约》的附件，承诺不在战争中使用有毒物质。此外，许多人还从**道德**的角度反对使用毒气：许多军官就认为，使用毒气违背了他们作为军人的伦理。在这几方面的阻碍中，战争法的限制是最不足虑的。《海牙公约》附件第23条固然禁止"使用毒物或有毒武器"，同时也禁止"使用足以引起不必要痛苦的武器、投射物或物质"，[167] 但不管怎么说，炮弹在爆炸的时候都会释放有毒物质，所以如果要严格遵守这一条款，那么打仗时就连大炮都不能用了，而事实上人们一致接受的是，炮弹的破片效应必须明显超过它的毒性。这一约定俗成的理解让化学家们有了可乘之机：他们可以争论说，这一条款只是禁止军队发射带有毒气的炮弹，但军队还可以通过钢瓶吹放毒气，让毒气随风飘至敌军阵地。这样一方面解决了技术问题；另一方面通过细抠条款，反而摆脱了它的约束。另外德国人还可以强调说，是法军首先使用了毒气，所以在这方面，陆战法规已经对德军失去了约束力。

剩下的就是道德上的顾虑了。在道德方面提出质疑的包括卡尔·冯·艾内姆和巴伐利亚王储鲁普雷希特，即第三和第六集团军总司令，他们所在的战区正是德军要使用毒气的地方。1917年2月，冯·艾内姆在给妻子的信中回忆道："我因为他们使用了这种气体而深感愤怒，这种事从一开始就让我十分反感。这种违背骑士精神的东西本来只有恶棍和罪犯会使用，把它用到战争中当然是法金汉的功劳，他总是这么无所顾忌，以为用了这种东西就能易如反掌地赢得战争。"[168] 不过，冯·艾内姆和鲁普雷希特虽然心存顾虑，却还是勉强接受了法金汉和哈伯的解释。法金汉表示，德军人数不及协约国军队，这是德军的根本劣势，而这些新型战剂可以弥补这种劣势；哈伯则指出，与爆炸性武器相比，毒气致死率更低。纯粹从科研的角度来看，哈伯说得没错，因为在毒气战中，吸入毒气的人只有3%~4%死于中毒；相比之下，传统火炮和机关枪的致死率要高得多。[169] 毕竟这种武器真正的价值不在于杀死尽可能多的敌人，而在于摧毁敌人的心志。事实上，如果我们一连几个小时用大炮猛烈轰击敌军，同样可以导致对方心理崩溃——这种情况被称作炮弹休克症（shell shock）；而毒气的不同之处在于，人们从一开始就公开宣称，使用这种武器是为了给敌人制造恐慌。他们预想的情况是，大部分敌人只要一闻到毒气的味道，就会丧失斗志。战争结束两年以后，弗里茨·哈伯做了一场报告，题为"战争中的化学"（*Die Chemie im Kriege*）。他在报告中讲道："虽然从表面上看，所有武器都是为杀死敌人而存在，但我们能凭借它们取得胜利，事实上仅仅是因为在我们反复使用武器的过程中，敌人的心志动摇了。要在决定战争结局的战役中取胜，关键不是消灭敌人的肉身，而是影响那些不可预测的心理因素，在关键时刻，这些因素可能让敌人放弃反抗并认为自己已经被打败。"[170]

/ 393

4月22日，第十五军在他们的战区使用了毒气。司令贝特霍尔德·冯·戴姆林（Berthold von Deimling）将军事后辩解说，他们这么做是为了一个更崇高的目标："当时我们接到任务，要我们像毒死老鼠一样用毒气攻击敌人，我必须承认，对此我是打心眼儿里反对的，每个自认诚实正派的士兵内心都会反对。但我们如果使用毒气，说不定就可以攻下伊普尔，可以取得决定性

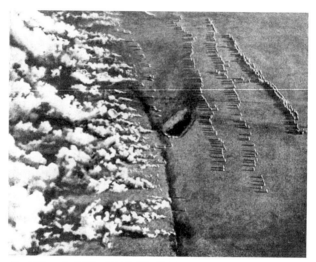

在一开始，由于毒气无法通过炮弹被充分释放到敌军阵地，所以吹放气体的技术应运而生，人们要从半埋入战壕的压力瓶中将毒气释放出来。在这种情况下，毒气的使用必须依赖当下的主要风向，所以将毒气用于大规模进攻将面临许多限制。而且一旦风向改变，进攻方自己也可能中毒。上图为德军在东线吹放毒气，照片是一名俄国飞行员拍摄的，被发表在英国的一份杂志上，又被《柏林画报》（*Berliner Illustrirten Zeitung*）转载。

胜利。在这崇高的目标面前，我们必须放下内心所有顾虑。"[171]
相比伦理和良心问题，王储鲁普雷希特提出的反对意见显然更有
分量，根据他的《战地日记》（*Kriegstagebuch*）记载，他在进
攻伊普尔之前反复强调，敌军很快也会使用毒气，而法国北部和
比利时的主要风向显然对敌人更有利。别人反驳说，以敌人目前
在化工领域的水平，他们还不能大批量生产毒气。[172] 但这种说
法是错误的：截至 1918 年，双方利用氯气和光气发动的进攻共
有 400 多次，其中约 350 次是英军和法军发动的。[173]

/ 394

德军先锋在伊普尔埋了 1600 个大型钢瓶和约 4000 个小型
钢瓶。在 1915 年 4 月 22 日，它们释放了 150 吨氯气。这些气
体形成了一团 6 公里宽、600~900 米深的浓雾，它缓缓朝敌军
阵地飘去。侦探小说作家阿瑟·柯南·道尔（Arthur Conan
Doyle）这样描述这一场景："法国士兵在战壕的胸墙后面看着这
团奇怪的浓雾，至少在很短一段时间内，他们在浓雾的'保护'
下没有被敌人的炮火轰击。可是突然之间，可以看到他们举起手
臂，用手掐着脖子，倒在地上打滚，然后悲惨地窒息而死。许多
人再也没有站起来，而他们的战友面对这邪恶的场面无计可施，
只好转过身像没头苍蝇一般赶紧逃命，他们就像疯了一样，只想
赶紧摆脱这团可恶、难闻的浓雾。他们一直跑到远处的战壕并躲
在里面。"[174] 一个小时以后，跟在毒雾后面缓缓前进的德国步兵
便占领了朗厄马克，而在前一年秋天里，他们为攻打这座小城付
出了沉重的代价。4 月 23 日，王储鲁普雷希特写道："除此之外
我们没有遇到任何抵抗。由于浓雾逐渐迫近，敌方的射击手纷纷
逃命，有的人还带走了他们的机关枪［……］。看起来好像没有
人因为毒气［……］窒息身亡，不过所有的战俘都在呕吐，我们
是在避弹处俘获他们的，他们在里面保住了性命。"[175]

/ 395

第一次毒气战取得的成果出乎交战双方的意料。其实几周以前，法军已经通过战俘和倒戈者获悉德军在做相关准备，但对这些信息缺乏重视，也没有采取应对措施。德军方面也没料到这种"让毒雾飘散"的技术有这么大威力，所以并没有集结更多兵力实施战略性突破，并且第一次吹放毒气的位置并不是他们需要突破的位置。所以这次进攻虽然出乎敌人意料，但长远来看，德军并没讨到多少好处。[176] 至于多少人死于这次进攻，各方提供的数据在 620~3000 人之间浮动。偏向 620 人那一端的数据应该是更可信的，因为虽然许多中毒者身体所受的损伤可能持续了较长时间，但他们毕竟活了下来，而且过一段时间许多人中毒的症状就会消失。

4 月 22 日的毒气战已经证明，防守一方会因为恐慌而陷入巨大的危险之中，所以人们立即开始为之后的毒气战做准备。协约国方面首先要消除士兵们面对毒气时无能为力的感受，所以接下来几天里司令们就给被攻击地区的士兵们分发了防护用品，主要是在化学药品中浸泡过的手帕和绷带，士兵可以用它们捂住口鼻。这些防护措施未必能有效保护士兵不受氯气伤害，但它们确实帮助军队恢复了士气，而且如果再次遭遇毒气攻击，士兵们也不至于陷入恐慌。交战双方在科技领域的竞赛也就此拉开序幕：为了应对不断"升级"的毒气，人们也在不断寻找更有效的防护措施。[177] 在这种情况下，防毒面具诞生了，而德国的面具要比协约国的好用很多。这种面具由涂了橡胶的材料制成，在前部有一个可以拧开的过滤器，里面主要用活性炭填充。这种过滤器最大的优点在于使用者可以根据不同的毒气类型更换填充物，当然也可以取出用过的填充物再放入新的。[178] 这种防毒面具相对比较可靠，所以在德军内部得以被推广。而英军直到 1916 年秋天

为了应对毒气战，人们必须想办法降低毒气对人体的伤害。我们经常在照片中看到，一战后期人们使用了一种典型的面具，但当时它还未诞生。上图摄于1915年4月的第二次伊普尔战役之前，拍摄这张照片很明显是为了展示德国士兵的防护情况。图中德军卫生员的口鼻都用口罩覆盖，身上还背着供氧装置，以便给中毒的人吸氧。

都在试用几种性能较差的面具，其中最主要的是一种带头罩的面具，它的头罩是在化学药品中浸泡过的。后来他们的面具开始向德国式面具靠拢，当然，他们在面具前面装了一条比较长的软管，用它连接揣在上衣口袋里的过滤器。法国人（还有向他们学习的意大利人）刚开始也尝试使用浸泡过药水的头罩，后来又试用过一种不带过滤器的面具，但直到战争结束，他们都没有研发出真正好用的面具。

然而防毒面具之所以让人印象深刻，主要是因为它覆盖了士兵本来的面貌，而且面具上带有眼罩和呼吸管，这让人联想到原始时代动物的模样，又联想到在这场战争中，并且受这场战争影响，整个人类都在倒退。比如在奥托·迪克斯的画中，藏在头盔和毒气面具后面的是一群没有任何个性的"生物"。与其说他们是人，不如说他们是战斗机器；他们看起来虽然可怕，但因为从人变成了机器，他们又显得十分痛苦、无助，这种情绪吞没了他们带给人的恐惧感。面具上嵌着圆形的眼罩，这让人感觉到，面具底下的那个人要很费力才能呼吸。防毒面具意味着攻击性与脆弱感并存，戴面具的人既给人恐惧感，他本身也是恐惧的写照；这一切因素让防毒面具成为第一次世界大战最重要的标志。

直到战争结束，德军使用毒气都比对手更胜一筹。在 1915 年 9 月的卢斯（Loos）战役中，德军在这方面的优势第一次体现出来：当时，英军向德军阵地吹放毒气，但他们自己的士兵没有戴合适的防毒面具，这时风向突然改变，英军士兵被自己释放出来的氯气包围了。[179] 罗伯特·冯·兰克 - 格雷夫斯用英国战争文学中常见的讽刺笔法描绘了一场与此类似的灾难。在一开始，连长召集了各位排长，通知他们即将发动进攻。有人问他个人怎么看待毒气战，他说："'这种手段真是卑鄙。虽说是德军开的头，但这种东西不应该出现在战争中。这都是下流的勾当，也不会给我们带来什么好运。我们肯定会搞砸的。你们想想这个新建的毒气连［……］，被他们看一眼，我都感觉不寒而栗。伦敦大学的化学教师，一些刚从学校毕业的年轻人，一些参加过普通战斗的军士，他们花了三周时间在一起接受培训，然后上面就交给他们这样的重任。他们当然会搞砸。不然还能怎么样。不过还是打起精神吧。'"接下来的情况也和卢斯战役差不多：先锋队长告诉师参谋部，当下完全没有风，无法吹放毒气。可是上级又重复了一遍吹放毒气的命令。"托马斯绝对没有高估毒气连的能力。他们要用扳手拧下钢瓶旋塞上的螺丝，可是大部分扳手和螺丝都不匹配，只有几把例外。毒气连成员在那边跑来跑去，喊着谁有可调节的扳手。他们总算打开了一两个旋塞。气体噗噗噗地从瓶里冒出来，在离我们几米远的无人区形成了一团浓雾，可这团雾却缓缓朝我们的战壕飘过来。德军已经做好了应对毒气的准备。他们立刻戴上了防毒面具，面具是用半刚性的材料做的，比我们的要好。此外，他们把一捆一捆蘸了煤油的棉花铺在战壕边缘并且点燃，用这种方式保护自己不被毒气伤害。然后他们的炮兵小分队朝我们的阵线开火。我们阵地最前面的位置想必已经一团糟。有些炮弹直接击碎了气瓶，于是战壕里毒气弥漫，而毒气连的人惊恐万状，赶紧逃命去了。"[180]毒气是一种难以掌控的战剂，而仅仅基于这个原因，大部分士兵就明确反对化学战，不管它是哪一方发起的。

和之前在阿图瓦和香槟地区发起的冬季进攻一样，霞飞于1915年5月在相同地区发起的春季进攻进行得并不顺利：当时，法军和英军虽然占领了德军阵线最前面的位置，但他们的进攻陷入了僵局，损失越来越大，而德军的反攻又迫使他们退出业已占领的阵地。持续作战几天以后，进攻方的力量已经耗尽，于是进攻行动分散为小规模的袭击，最后终于彻底中断了。1915 年秋天，协约国军队发动第三次进攻，情况也和前两次类似。而协约国原本希望，通过对阿图瓦和香槟地区的这次进攻，他们可以在一年之内与敌军决出胜负。[181] 法军和英军为这次进攻投入了更多大炮和更大批量的火药，参与进攻的师也比之前要多。而德军春季的防御战打得很漂亮，他们也从中吸取经验，进一步扩建了阵地，也完善了从两侧攻击的战术；根据经验，他们没有把后坡阵地放在高地的脊部，而是放在远离敌人的下坡地段，这样，敌军炮火击打的效果会有所下降，而且敌军会因为看不清此处阵地而无法瞄准。借助这些措施，德军可以一直支撑到援兵抵达：1915 年 9 月 25 日，德军在阿拉斯北侧有 8 个师，不到 500 门大炮，协约国方面有 28 个师，约 1600 门大炮；但两周以后，德军就增加到 21 个师，大炮增加到 1200 门，而协约国军队有 35 个师，大炮数量不变。赶来支援的是在东线打完了加利西亚战役和立陶宛战役的部队，在他们的帮助下，德军挫败了西方协约国军队的进攻。[182]

在 1915 年的战争中，德军通过内线作战取得了出色的成果，而取得这一切成果的前提在于他们及时积累了经验，知道敌军大规模进攻时会将兵力集中在何处，并派兵在相应的地方迎敌。在这一过程中，当局必须迅速、果断地调动军队；有几次，法金汉的犹豫不决险些导致德军陷入危局。不过最后，德国后备军还是按时到位了，没有给英军和法军突破的机会。当然，协约国失败的关键因素在于，他们在外线作战，而且没有协调好各自的行动，例如没有在东西两条战线同时发起进攻。在 1916 年，这种局面将发生改变。

注　释

1　在研究文献中，学者们对于损失的人数有不同说法。在有些文献中，学者基于相对准确的数据计算出损失人数；另一些研究提到的人数则基于学者的估计。具体人数参见 Keegan, *Der Erste Weltkrieg*, S. 197f 与 243; Herwig, *The First World War*, S. 119f。

2　参见 Keegan, *Der Erste Weltkrieg*, S. 325。

3　Herwig, *The First World War*, S. 120.

4　转引自 Walther, *Endzeit Europa*, S. 129。

5　Kramer, *Dynamic of Destruction*, S. 31ff.

6　Riezler, *Tagebücher*, S. 223.

7　转引自 Afflerbach, *Falkenhayn*, S. 198。这句话让人想起亨利·基辛格（Henry Kissinger）所强调的非对称战争的特点，即从常理来讲会赢的一方如果没有赢，那就是输了；而从常理来讲赢不了的一方如果没有输，那就是赢了（参见 Münkler, *Der Wandel des Krieges*, S. 184）。法金汉对局势的分析亦可参见 Afflerbach, «Die militärische Planung des Deutschen Reiches», S. 287ff。

8　转引自 Afflerbach, *Falkenhayn*, S. 204。从这番针对英国的言论可以看出，这位熟悉陆战的战略家十分缺乏与海上强国作战的经验。正因为缺乏经验，法金汉提出了对英国发动无限制潜艇战的要求。法金汉与贝特曼在这段时间的关系参见 Janßen, *Der Kanzler und der General*, S. 49ff。

9　参见本书 S. 267ff。

10　Bethmann Hollweg, *Betrachtungen*, Bd. II, S. 27.

11　有关西线圣诞节休战的信息参见 Eksteins, *Tanz über Gräben*, S. 171 - 179。

12　参见恩斯特·云格尔《战地日记》中 1915 年 12 月 24 日的内容（Jünger, *Kriegstagebuch*, S. 267ff.）："后来，英国人为了讨好我们，把一棵插着小旗帜的圣诞树放到了二排前面的防卫墙上。我们的人连开好几枪，把它打下去了。"那天下午，一名德国士兵被英军的炮弹打中，倒地身亡。

13　参见埃得勒夫·克彭（Edlef Köppen）小说《统帅部战报》（*Heeresbericht*）中双方"以兄弟之谊相待"的情景（S. 341ff.）。

14　参见 Kielmansegg, *Deutschland und der Erste Weltkrieg*, S. 70ff; 详细情况见 Afflerbach, *Falkenhayn*, S. 21 ff 与 218ff; 还可参见 Janßen, *Der Kanzler und der General*, S. 56ff 与 85ff。

15　参见 Röhl, *Wilhelm II.*, Bd. 3, S. 1188ff; Clark, *Wilhelm II.*, S. 295ff。

16　兴登堡和鲁登道夫必胜的信心以及他们对法金汉的批评参见 Pyta, *Hindenburg*, S. 156ff, 以及 Nebelin, *Ludendorff*, S. 173ff。

17　相关信息参见 Krethlow, *Generalfeldmarschall von der Goltz*, S. 309ff 与 419ff。有的方案主张把作战重点放在中东, 尤其放在苏伊士运河与美索不达米亚, 瑞典地理政治学家克吉伦对此已经做了最为清楚的阐释。参见本书 S. 286ff。

18　如何从战略上决定是进攻敌人"强有力"的一环, 还是进攻敌人"薄弱"的一环, 参见 Ferro, *Der große Krieg*, S. 110ff。

19　参见 Farrar, *Divide and Conquer*, S. 13ff., 57ff 与 72ff。

20　参见本书 S. 558。

21　参见 Rauchensteiner, *Tod des Doppeladlers*, S. 200ff。

22　详细信息参见 Kielmansegg, *Deutschland und der Erste Weltkrieg*, S. 70 - 77。

23　施瓦茨米勒（Schwarzmüller）撰写的马肯森传记中有一章的标题为"同盟国的皮洛士式胜利"（Der Pyrrhussieg der Mittelmächte）, 这一章讲的就是相关事件, 见 *Mackensen*, S. 119 - 143。

24　此处及后续内容参见 Keegan, *Der Erste Weltkrieg*, S. 317ff。

25　间接路线一派的战略思想参见 Heuser, *Den Krieg denken*, S. 217 - 225, 由于利德尔·哈特（Liddell Hart）在 1929 年出版了《间接路线战略》（*The Strategy of Indirect Approch*）一书, 所以在人们的印象中, 这一派别主要是在一战结束后发起了相关讨论。这场讨论的起因是英军在佛兰德地区与索姆河一带损失惨重; 同时, 战争期间有一部分人已经在寻找可行的方案来代替正面强攻和强行突破战略, 他们也通过这场讨论捍卫自己的观点。

26　相关信息参见 Krockow, *Churchill*, S. 76ff。

27　参见 Ferro, *Der große Krieg*, S. 116f。

28　霞飞的战略和法军的进攻参见 Ferro, *Der große Krieg*, S. 118; Keegan, *Der Erste Weltkrieg*, S. 258f; 最关键的信息参见 Johnson, *Breakthrough!*, S. 57ff。

29　发生在喀尔巴阡山脉的两次进攻战详见 Rauchensteiner, *Tod des Doppeladlers*, S. 199 - 211; Keegan, *Der Erste Weltkrieg*, S. 243ff; Herwig, *The First World War*, S. 136ff。

30　参见 Rauchensteiner, *Tod des Doppeladlers*, S. 202。

31　相关信息参见 Keegan, *Der Erste Weltkrieg*, S. 246f; Herwig, *The First World War*, S. 135f。

32　相对于阵亡人数来说，俄军被俘人数的比例相当高，这说明俄军因高层领导不善而士气低落。

33　相关信息亦可参见 Magenschab, *Der Krieg der Großväter*, S. 90 - 103; Höbelt, «Österreich-Ungarns Nordfront», S. 97f。

34　转引自 Rauchensteiner, *Tod des Doppeladlers*, S. 205。

35　转引自上一文献, S. 204。

36　数据出自 Höbelt, «Österreich-Ungarns Nordfront», S. 100。

37　参见 Rauchensteiner, *Tod des Doppeladlers*, S. 206ff。

38　1914~1915 年高加索地区的战役参见 Keegan, *Der Erste Weltkrieg*, S. 314 - 317; Trumpener, *Germany and the Ottoman Empire*, S.75ff; Stevenson, *1914 - 1918*, S. 148ff; 相关细节参见 Allen und Muratoff, *Caucasian Battlefields*, S. 240 - 292。

39　发动圣战的呼吁以及伊斯兰世界对此的反响参见 Hagen, *Die Türkei im Ersten Weltkrieg*, S. 3 - 8。

40　总体情况参见 Zürcher, «Little Mehmet in the Desert», S. 230ff; ders., «Between Death and Desertion», S. 235ff; 一些较为陈旧的文献也介绍了总体情况，见 Larcher, *La guerre turque*, 以及 Yalman, *Turkey in the World War*。

41　参见 Hosfeld, *Operation Nemesis*, 以及 Gust, *Der Völkermord an den Armeniern*。

42　从德国视角罗列的战争罪行参见 Müller-Meiningen, *Der Weltkrieg und der «Zusammenbruch des Völkerrechts»*, 2 Bde。

43　参见 Falls, *Armageddon*, S. 120ff。

44　参见 Holzer, *Das Lächeln der Henker*, S. 66ff., 112ff 与 158ff。

45　相关信息及后续内容参见 Keegan, *Der Erste Weltkrieg*, S. 307ff;Stevenson, *1914 - 1918*, S. 110f 与 142f, 具体细节参见 Strachan, *First World War*, Bd. 1, S. 644ff。

46　与俄国的宿仇是促成土耳其参战的关键因素；怨恨英国没有移交战舰也是一个因素。但正是因为有了这两艘装甲巡洋舰，土耳其才有可能和这两个国家作战。

47　相关信息参见 Krethlow, *Colmar von der Goltz*, S. 163 - 193, 重点见 S.

183ff; Caskel, «Oppenheim», S. 4. 休·斯特罗恩（Hew Strachan）认为德国制定了全球性战略，他也详细描述了这个战略，参见 Strachan, *First World War*, Bd. 1, S. 684 - 814。

48 相关信息和后续内容参见 vgl. Keegan, *Der Erste Weltkrieg*, S. 311f, 这里非常简要地介绍了英军在库特伊马拉（Kūt al Imāra）战败的情形；更详细的介绍参见 Ferro, *Der große Krieg*, S. 125ff, 以及 Strachan, *Der Erste Weltkrieg*, S. 156ff。

49 参见 Krethlow, *Colmar von der Goltz*, S. 527ff。

50 转引自 Strachan, *Der Erste Weltkrieg*, S. 159。不过冯·德戈尔茨戴的不是大眼镜，而是一副度数较高的小眼镜。

51 参见本书 S. 551。

52 萨莱夫斯基（Salewski, *Der Erste Weltkrieg*）和费岁（Ferro, *Der große Krieg*）的研究作品几乎没有讨论发生在殖民地的战争；这可能表明，他们认为殖民地战争对一战的结果没什么影响。所以说，以何种态度研究殖民地战争，其实反映了作者对一战"本质"的看法：马伊（Mai, *Das Ende des Kaiserreichs*）认为它是欧洲战争，所以没有对殖民地战争展开研究；梅尔茨（März, *Der Erste Weltkrieg*）则较为详细地研究了殖民地的战争，因为在他看来，正是殖民地战争让这场大战成为"世界性战争"。

53 参见 Strachan, *Der Erste Weltkrieg*, S. 100f; Keegan, *Der Erste Weltkrieg*, S 293f。

54 Ferro, *Der große Krieg*, S. 208 f, 这里指出，法国和英国政府对日本的让步实际上违背了他们本国的利益；但这两国要仰仗日本的支持，也担心日本会转投同盟国。1917 年美国参战以后，这一局面逐渐发生了变化。

55 持续 3 周的多哥进攻战参见 Sebald, *Die deutsche Kolonie Togo*, S. 173 - 184。

56 相关信息参见 Schulte-Varendorff, *Krieg in Kamerun*, 多处。

57 参见 Keegan, *Der Erste Weltkrieg*, S. 259ff; 亦可参见 Strachan, *Der Erste Weltkrieg*, S. 115f, 此处的内容虽然十分简短，但提到了当时的政治局势，很有参考价值。

58 汉斯·格林（Hans Grimm）的长篇小说《没有生存空间的人民》（*Volk ohne Raum*）曾影响了魏玛共和国时期和纳粹时期德国人的地理政治观念（参见 Jureit, *Das Ordnen von Räumen*, S. 265ff），小说中大部分的情节就发生在德属西南非洲，主人公是一位农民，也是驻防军成员。德国在德属西南非洲的统治结束以后，这块殖民地仍存在于德国人的集体记忆之中，这在很大程度上也要归功于这部许多人都阅读过的小说。

59　有学者针对莱托－福贝克尤其是针对以他为中心的"神话"展开了批判性研究，具体情况参见 Schulte-Varendorff, *Kolonialheld für Kaiser und Führer*, 多处；Bührer, «Lettow-Vorbeck», S. 287ff；战争本身的情况参见 Schulte-Varendorff, *Kolonialheld*, S. 28‐67；也有学者着重讨论莱托－福贝克死后在人们心目中留下的英雄形象，参见 Busche, *Heldenprüfung*, S. 111‐131；对他的英雄形象的建构参见 Pesek, *Das Ende eines Kolonialreichs*, S. 335ff, 此处也介绍了非洲人对这场战争的真实回忆（S. 364ff）。

60　东非战争的第一阶段参见 Keegan, *Der Erste Weltkrieg*, S. 298‐301; Strachan, *Der Erste Weltkrieg*, S. 116f;Strachan, *First World War*, Bd. 1, S. 569‐599. 斯特罗恩（Strachan）最为明确地区分了东非战争的两个阶段。亦可参见 Stevenson, *1914‐1918*, S. 157, 此处认为非洲的战争牵制了同盟国的军队。还可参见 Pesek, *Das Ende eines Kolonialreichs*, S. 41‐123。

61　在东非战争的第二阶段，莱托－福贝克从 1916 年起就指挥军队以极为灵活的方式作战，并且借鉴了一些游击战的战术，相关情况见本书（原书）551~552 页。

62　Stevenson, *1914‐1918*, S. 157; 更多相关数据参见 Pesek, *Das Ende eines Kolonialreichs*, S. 123, 这里断言："和协约国军队相比，德军士兵的健康状况好得出人意料。"

63　Schultze-Varendorff, *Kolonialheld*, S. 66.

64　相关情况参见安格斯·布坎南（Angus Buchanan）的叙述（Englund, *Schönheit und Schrecken*, S. 216ff.）；塔尼亚·比勒（Tanja Bührer）称莱托－福贝克的所作所为是"丛林中的政变"；见 Bührer, «Lettow-Vorbeck», 重点见 S. 293ff。

65　参见 Durschmied, *Der Hinge-Faktor*, S. 146ff, 即书中有关坦噶战役的章节；此处将英军失败的原因归结为，英军登陆的区域附近有养蜂场，蜂群受到惊扰，比德军以及"阿斯卡里"还要更猛烈地攻击英军。事实上，由于英军登陆的时间被推迟，所以德军有机会从其他地方调拨部队支援；援军发动反击，将印度部队打得连连败退。参见 Bührer, «Lettow-Vorbeck», S. 195f。

66　1951 年上映的电影《非洲女王号》（*African Queen*）就以德国在大湖地区的霸权统治为题材；这部电影改编自 C. S. 福里斯特（C. S. Forrester）于 1935 年出版的同名小说。

67 加利波利的登陆行动参见 Hart, *Gallipoli*, S. 62 - 139; Keegan, *Der Erste Weltkrieg*, S. 331 - 351; Strachan, *Der Erste Weltkrieg*, S. 146 - 156; Stevenson, *1914 - 1918*, S. 150 - 154; 详细的过程和细节参见 Wolf, *Gallipoli*, 重点见 S. 106ff。

68 转引自 Strachan, *Der Erste Weltkrieg*, S. 151; 当时有许多德国军官在土耳其军队中指挥作战，名单参见 Wolf, *Gallipoli*, S. 233 - 274, 此处有一份较长的名单；此书还介绍了德军在加利波利一系列战斗中的损失以及塔拉比亚（Tarabya）的阵亡将士公墓，同上，S.206-222。

69 相关信息重点参考 Stevenson, *1914 - 1918*, S. 152 与 154。

70 参见 Neulen, *Feldgrau in Jerusalem*, S. 91ff。

71 苏夫拉湾登陆的具体情况参见 Hart, *Gallipoli*, S. 330 - 369; 中肯的评论参见 Regan, *Militärische Blindgänger*, S. 234 - 237, 此处指出，战斗失败是因为司令弗雷德里克·斯托普福德（Frederik Stopford）优柔寡断，而且军队向前推进的速度太慢；相似观点参见 David, *Die größten Fehlschläge der Militärgeschichte*, S. 62 - 75。

72 参见 Keegan, *Der Erste Weltkrieg*, S. 349; 有另外的文献记载土耳其军队损失 21 万人，英法联军损失 14.1 万人。土耳其军队伤亡量巨大是因为爆发了时疫。

73 Krockow, *Churchill*, S. 84ff。

74 参见 Keegan, *Der Erste Weltkrieg*, S. 355 与 357f。

75 参见本书 S. 446。

76 参见 Herwig, *The First World War*, S. 140f。

77 戈尔利采—塔尔努夫突破战的相关情况参见 Herwig, *The First World War*, S. 141ff; Stevenson, *1914 - 1918*, S. 191f; 详细的叙述参见 Kalm, *Gorlice*, 多处；Groß, «Die deutsche Kriegführung an der Ostfront», S. 59ff; 从俄方视角叙述的文献参见 Stone, *The Eastern Front*, S. 135 - 147。

78 参见 Schwarzmüller, *Mackensen*, S. 103ff。此处也引用了鲁登道夫说过的话，他对自己被"冷藏"表示愤怒。

79 参见 Groß, «Die deutsche Kriegführung an der Ostfront», S. 60, 以及 Meier-Welcker, *Seeckt*, S. 51ff。

80 Groß, «Die deutsche Kriegführung an der Ostfront», S. 63。

81 转引自 Walther (Hg.), *Endzeit Europa*, S. 155f; 这封信的开头影射了赖纳·玛利亚·里尔克（Rainer Maria Rilke）的作品《旗手克里斯托夫·里

尔克的爱与死之歌》(*Die Weise von Liebe und Tod des Cornets Christoph Rilke*),这部作品在一战期间大受追捧;相关情况参见 Milz, «Der schöne Soldat», S. 60ff。

82 参见 Kielmansegg, *Deutschland und der Erste Weltkrieg*, S. 239 - 242; Hildermeier, *Geschichte Russlands*, S. 1126; Afflerbach, *Falkenhayn*, S. 208f; 相关细节参见 Winterhager, *Mission für den Frieden*。

83 参见 Rauchensteiner, *Tod des Doppeladlers*, S. 287 - 296。

84 相关信息详见 Liulevicius, *Kriegsland im Osten*, S. 72ff。

85 两段引文分别出自 Flex, *Der Wanderer*, S. 43f, 51f; 差不多在同一时期,奥古斯特·斯特拉姆也描述了东线战场的环境,不过他写的不是立陶宛的情况,而是加利西亚的情况,这些描写和弗莱克斯笔下的自然体验形成了鲜明对照:"我坐在一个地洞里,它被称作避弹所!真了不起!一截蜡烛,一个炉子,一把沙发椅,一张桌子。都是现代的产物。出自 20 世纪的文化。而上面在不停地鼓掌!啪啦!啪啦!嘘!嗡嗡嗡!这是 20 世纪的伦理。几条蚯蚓从我旁边的墙上探出头来。这是 20 世纪的美学。"这是他在 1915 年 5 月 5 日写给内尔(Nell)和赫尔瓦特·瓦尔登的信,转引自 Walther (Hg.), *Endzeit Europa*, S. 156。弗莱克斯和斯特拉姆都从事文学工作,类似于法国人所说的"作家战士"(écrivains combattants),两人都是军官,都在东线战死:担任营长的斯特拉姆死于 1915 年 9 月的一次突袭,担任连长的弗莱克斯 1917 年 10 月在波罗的海萨雷马岛(Saaremaa)战死,也是死于突袭。1915 年,在他死之前不久,斯特拉姆写下了《战争墓园》(*Kriegsgrab*)一诗:"指挥棒向交叉的手臂发出恳求 / 文字惧怕苍白的未知 / 花儿放肆 / 尘埃羞怯 / 微光闪烁 / 流泪 / 失神 / 忘却。"(见 Anz/Vogl (Hg.), *Die Dichter und der Krieg*, S. 118。)

86 Hedin, *Nach Osten!*, S. 135, 151f.

87 俄军的兵力在 9 月减少到不足 400 万,但在 1916 年 2 月又增加到 620 万,同年 6 月甚至增加到 680 万;参见 Strachan, *Der Erste Weltkrieg*, S. 187。

88 Hedin, *Nach Osten!*, S. 151.

89 Clausewitz, *Vom Kriege*, S. 1024.

90 参见 Rusconi, «Das Hasardspiel des Jahres 1915», S. 28f; Afflerbach, «Vom Bündnispartner zum Kriegsgegner», S. 53ff。

91 根据官方说法,第一次伊松佐河战役中意大利方面有 2000 名士兵阵亡,1.2 万人受伤。意军伤亡惨重的原因在于,当地的岩石被炮弹击中后裂为碎石，这些飞迸的碎石杀伤力有如子弹；参见 Keegan, *Der Erste Weltkrieg*, S. 323。第二次伊松佐河战役发生在 1915 年 7~8 月，意大利伤亡人数是第一次的 3 倍（Herwig, *The First World War*, S. 153）；在后面的战役中，意军伤亡人数则一次高过一次。有作品从意军的角度叙述了战争过程，参见 Insenghi/Rochat, *La grande guerra*, 多处；奥地利角度十分详细的叙述参见 Alfred Krauß, «Der erste Isonzofeldzug», in: Schwarte (Hg.), *Der große Krieg*, S. 141‑173。

92 Herwig, *The First World War*, S. 149.

93 参见 Valliani, «Die Verhandlungen zwischen Italien und Österreich-Ungarn», S. 160ff。

94 参见 Palumbo, «German-Italian Military Relations», S. 347ff。

95 Rusconi, «Das Hasardspiel», S. 35f.

96 相关信息参见 Gooch, «Moral and Discipline in the Italian Army», S. 434ff。

97 参见 Keegan, *Der Erste Weltkrieg*, S. 323; Strachan, *Der Erste Weltkrieg*, S. 192f; Herwig, *First World War*, S. 152。

98 意大利政策在地理战略方面的延续性参见 Rusconi, «Das Hasardspiel», S. 40ff。

99 南蒂罗尔和特伦蒂诺的战线从斯泰尔维奥山口（Passo dello Stelvio）向南延伸，绕特伦托（Trento）半圈，经过阿夏戈（Asiago）再转回科尔蒂纳（Cortina）/ 塞斯托（Sesto）的方向，相关情况参见 Langes, *Die Front in Fels und Eis*, 多处；Etschmann, «Die Südfront», S. 27ff, 以及 Speckmann, «Der Krieg im Alpenraum», S. 101ff。德军为了这场战斗人困马乏，但它的战略目标仅限于防守，不过在战术上也会采取进攻，目的是占领高地，增加敌人进攻的难度。埃米利奥·卢苏（Emilio Lussu）的自传体小说《高原上的一年》（*Un anno sull' Altipiano*）就描绘了发生在"七市镇"（Sette Comuni）的战斗，是这部分战争以及这种战争类型的文学性史料。

100 参见 Herwig, *First World War*, S. 153f。

101 截至 1915 年末，意大利损失了 23.5 万人，其中 5.4 万人阵亡；Strachan, *Der Erste Weltkrieg*, S. 193。

102 塞尔维亚方面的损失参见 Herwig, *The First World War*, S. 158f; 希施费尔德则在文章中（Hirschfeld, «Serbien», S. 836）提到，塞尔维亚 15~55 岁的男性人口减少了超过四分之一，原因之一是 1915 年以后，所谓独立行动的狙击手（Komidatschi）在塞尔维亚山区发动了一场游击战，为此奥地利军队处死了大量平民。参见 Holzer, *Das Lächeln der Henker*, S. 67ff。

103 此处及后续的情况参见 Herwig, *The First World War*, S. 1567ff; Strachan, *Der Erste Weltkrieg*, S. 193ff; Keegan, *Der Erste Weltkrieg*, S. 356ff; Ferro, *Der große Krieg*, S. 133ff。

104 参见 Meier-Welcker, *Seeckt*, S. 65‐84。

105 参见本书 S. 340ff。

106 Stevenson, *1914‐1918*, S. 382ff 与 441f。

107 Ferguson, *Der falsche Krieg*, S. 283.

108 同上。

109 Deutsch, *The Nerves of Government*, S. 111. 当然，这里需要说明的是，军队人员物资较少且遭遇失败，并不意味着他们一定会主动提升战斗能力，奥匈帝国的情况正说明了这一点。德军战术改进的效果参见 Gudmundsson, *Stormtroop Tactics*, S. 171ff。

110 Ferguson, *Der falsche Krieg*, S. 285. 在弗格森所说的"与死亡有关的决算表"中，除了纯粹的阵亡人数，他又加入了经济成本："这是一种衡量战争的综合效率的方法，即德国在'以最小的代价造成最大的杀伤力'方面完胜对手。众所周知，1914~1918 年，协约国共花费 1400 亿美元用于战争，而同盟国的经费则为 800 亿美元。然而后者在杀敌人数方面却遥遥领先。在此基础上，我们可以简单地做一下总结：协约国需要花费 36485 美元 48 美分杀掉同盟国的一位军人，而同盟国杀掉一位协约国军人则仅需要 11344 美元 77 美分 [……]。"[①](S. 308f) 在协约国拥有更多资源的情况下，同盟国或者说德国还能坚持战斗这么长时间，而且一次又一次将敌方推向失败的边缘，关键就在于此。

111 参见 Storz, *Kriegsbild und Rüstung vor 1914*, S. 136ff。

112 机关枪的技术特点参见 Ellis, *The Social History of the Machine Gun*, S. 9‐45; Lachmann, «Zur Entwicklung des Maschinengewehrs», S. 724f, 此处指出了德军武器的不足之处；机关枪连的组织形式参见 Johnson, *Breakthrough!*, S. 119ff。

113 相关信息参见 Razac, *Politische Geschichte des Stacheldrahts*, S. 10ff 与 60ff。

---

① 译文出自中信出版社 2013 年版《战争的悲悯》第十一章"困窘的战时经济"中"死亡的代价"一节。

114　相关信息参见 Leed, *No Man's Land*, S. 96ff。

115　Audoin-Rouzeau, *Les Combattants de Tranchées*, S. 37–73.; ders., «The
　　French Soldier in the Trenches», S. 221ff.; Ashworth, *Trench Warfare*;
　　Leed, *No Man's Land*, S. 105ff. 对 "战争文化" 这一研究领域的概述参见
　　Offenstadt, «Der Erste Weltkrieg im Spiegel der Gegenwart», S. 67ff.

116　Jünger, *Kriegstagebuch*, S. 9. 马丁・迈尔 (Martin Meyer, *Ernst Jünger*, S.
　　47) 提到，詹巴蒂斯塔・维科 (Giambattista Vico) 认为对死者的安葬与宗
　　教、婚姻一样，是人类文化诞生的标志之一；他估计云格尔通过这段描写
　　想表达，这种新的战争模式意味着文化的断裂。

117　Jünger, *Kriegstagebuch*, S. 33. 这两段被改写之后也出现在云格尔的《钢铁
　　风暴》(*In Stahlgewittern*) 中 (S. 16, 31)。云格尔的战争体验以及他如
　　何在文学作品中描写这种体验参见 Meyer, *Ernst Jünger*, S. 15 - 98; Kiesel,
　　Ernst Jünger, S. 110 - 133, 此书还专门探讨了云格尔如何在文学作品中
　　描写战争，见 S. 172 - 261, 这一议题还可参见 Martus, *Ernst Jünger*, S.
　　17 - 48。

118　Ranke-Graves, *Strich drunter!*, S. 196; 有关兰克 - 格雷夫斯的信息参见
　　Fussell, *The Great War*, S. 203 - 220。

119　Barbusse, *Das Feuer. Tagebuch einer Korporalschaft*, S. 317f; 对阵亡士兵相
　　似的描述见 S. 270ff 以及 S. 323f; 相关信息参见 Relinger, *Barbusse*, 多处，
　　以及 Lindner-Wirsching, *Französische Schriftsteller*, S. 41 - 50。

120　Jünger, *Der Kampf als inneres Erlebnis*, S. 21.

121　Jünger, *In Stahlgewittern*, S. 53; 在他的《战地日记》(*Kriegstagebuch*) 中，
　　对应的文字出现在 15. XI. 1915 (S. 60) 以及 12. XII. 1915 (S. 65f)。

122　相关信息参见 Keegan, *Der Erste Weltkrieg*, S. 277。

123　Keegan, *Der Erste Weltkrieg*, S. 275.

124　对这一防御系统的详细描写参见 Stevenson, *1914 - 1918*, S. 217 - 228;
　　简要的介绍参见 Ulrich, «Schützengräben», in: Hirschfeld u. a. (Hg.),
　　Enzyklopädie Erster Weltkrieg, S. 820 - 822; 阵地扩建的情况参见 Lossberg,
　　Meine Tätigkeit im Weltkriege, S. 237f.

125　Becker/Krumeich, *Der Große Krieg*, S. 221.

126　Jünger, *In Stahlgewittern*, S. 54f. 在他的《战地日记》(*Kriegstagebuch*)
　　中，云格尔经常提到战壕内和战壕附近的挖掘工作，只是没有从群体建设
　　的角度对这项活动做出正面评价。

127 比如 Ranke-Graves, *Strich drunter!*, S. 119ff。

128 战壕如何被赋予了神秘主义色彩，学界针对相关描述又展开了怎样的争论，主要可参考 Leed, *No Man's Land*, S. 115ff。

129 Zweig, *Erziehung vor Verdun*, Drittes und Viertes Buch.

130 法国战争文学则介于两者之间，参见 Lindner-Wirsching, *Französische Schriftsteller*, S. 75ff; 英国战争文学的情况参见 Cecil, «British War Novelists», S. 801ff。

131 参见 Urlanis, *Bilanz der Kriege*, 多处。自从克里米亚战争（Crimean War）也就是 19 世纪中期以来，敌军武器对死亡人数的影响开始超过疾病、瘟疫的影响。

132 例如 Jünger, *Kriegstagebuch*, S. 67。不过，把大便留在公共场合是无礼且带有敌意的举动，见书中 S. 209："上午我去努尔卢（Nurlu）散步。在教堂里，我看到一个漂亮的大理石洗礼盆，可惜有些不信教的人在里面拉了很多屎。"

133 Eksteins, *Tanz über Gräben*, S. 340.

134 Céline, *Kanonenfutter*, S. 35f.; 相关信息参见 Field, «The French War Novel», S. 833ff。塞林最著名的战争题材长篇小说是《茫茫黑夜漫游》（*Voyage au bout de la nuit*）。

135 Jünger, *Kriegstagebuch*, S. 50.

136 所有引文均出自 Hašek, *Schwejk*, S. 128–130。哈谢克在书中几次提到有关粪便的话题，不过对他来说，粪便不仅仅是战争的象征，也是各民族达成谅解的暗号。后来，帅克所在的连来到前线附近，而哈谢克这样描述当时的情形："由于各国军队曾经从这里经过并在周围安营，所以这里到处都可以看到各国人民——包括奥地利人、德国人和俄国人——留下的一小堆、一小堆的粪便。来自不同国家、不同信仰宗派的士兵把大便拉在其他人的大便旁边，或者其他人的大便上面，而这一堆一堆的粪便之间倒不会发生什么冲突。"见书中 S. 182。

137 军队如何"管理"士兵的性生活，如何处理与性病相关的问题，仍可参见 Hirschfeld/Gaspar (Hg.), *Sittengeschichte des Ersten Weltkrieges*, S. 171ff, 231ff 与 255ff; 在现实中和想象中，敌军怎样强暴了"我们的女人"，妓院的情况如何，人们又如何对待"和敌人生下的孩子"，亦可参见 Horne, *Dynamic of Destruction*, S. 244–251。

138 转引自 Walter (Hg.), *Endzeit Europa*, S. 162。

139 参见 Mosse, *Nationalismus und Sexualität*, S. 150ff。

140 转引自 Hirschfeld/Gaspar (Hg.), *Sittengeschichte*, S. 232f。

141 在有些部队，人们甚至明目张胆地买卖淋病的脓性分泌物；参见 Englund, *Schönheit und Schrecken*, S. 319。

142 在战争期间，相关情况并未形成可靠的数据，不过我们可以参考战争开始之前的数据。我们可以比较确定地认为，战争期间各国军队患性病人数的比例基本维持之前的排名——即便发生了变化，也是因为英国军队刚开始由职业军人组成，后来招募了志愿兵，最后又强制招募义务兵，所以英军感染性病的人数也增多了。从战争爆发那一年往前推 20 年，当时德国每 1000 名军队成员大约出现 25 例性病，法国为 42 例，奥地利为 61 例，意大利为 85 例，英国则超过 170 例。参见 Hirschfeld/Gaspar (Hg.), *Sittengeschichte*, S. 173。1915 年，在赴法国作战的加拿大士兵中，估计有 22% 的人因染上性病接受了治疗。

143 参 见 Winkle, *Geißeln der Menschheit*, S. 595ff; Porter, *Die Kunst des Heilens*, S. 454ff。

144 Hirschfeld/Gaspar, *Sittengeschichte*, S. 172.

145 Hirschfeld/Gaspar, *Sittengeschichte*, S. 248ff.

146 可参见 Jünger, *Kriegstagebuch*, S. 105 - 108, 196。

147 同上，S. 274。

148 参见 Hirschfeld/Gaspar, *Sittengeschichte*, S. 234ff。

149 Ranke-Graves, *Strich drunter!*, S. 247.

150 Céline, *Reise ans Ende der Nacht*, S. 63f.

151 Richert, *Beste Gelegenheit*, S. 278; 有关里歇特战争回忆录的信息参见 Wette, «Die unheroischen Kriegserinnerungen», S. 127ff。

152 Richert, *Beste Gelegenheit*, S. 279. 里歇特接着写道，有一个看起来特别伤心的女人给他们俩讲了一个特别伤感的故事，于是他给了这个女人和嫖资相当的钱，但没有和她发生关系就离开了。

153 Ranke-Graves, *Strich drunter!*, S. 111.

154 Hašek, *Schwejk*, Bd. 2, S. 150.

155 参见 Kielmansegg, *Deutschland und der Erste Weltkrieg*, S. 89f。

156 相关信息参见 Martinetz, *Der Gaskrieg*, S. 9 - 67, 以及 Hanslian/Tümmler, *Gaskrieg!*, S. 13ff 与 49ff。

157 1915 年西线的战况参见 Stegemann, *Geschichte des Krieges*, Bd. 3, S. 83 -

119, 171 - 184 与 401 - 420; Keegan, *Der Erste Weltkrieg*, S. 274 - 288; Herwig, *The First World War*, S. 164 - 178; Kielmansegg, *Deutschland und der Erste Weltkrieg*, S. 89 - 100。

158 法国沦陷区的情况参见 Becker, «Life in the Occupied Zone», S. 630ff。

159 Herwig, *The First World War*, S. 164.

160 英军和法军在战略问题上的争论参见 Keegan, *Der Erste Weltkrieg*, S. 265 - 288。

161 参见 Keegan, *Der Erste Weltkrieg*, S. 266 与 273。

162 Stegemann, *Geschichte des Krieges*, Bd. 3, S. 109; 战役的过程见同一处文献，S. 104 - 109; Keegan, *Der Erste Weltkrieg*, S. 274 - 279。

163 Stegemann, *Geschichte des Krieges*, Bd. 3, S. 107.

164 对战役过程以及其中各个阶段的详细介绍参见 Stegemann, *Geschichte des Krieges*, Bd. 3, S. 109 - 116。

165 第二次佛兰德战役的情况参见 Keegan, *Der Erste Weltkrieg*, S. 280 - 283, 以及 Herwig, *The First World War*, S. 168 - 172, 这两处主要介绍了 4 月 22 日的毒气战；总体介绍第二次佛兰德战役的文献见 Stegemann, *Geschichte des Krieges*, S. 177 - 184, 以及 Stevenson, *1914 - 1918*, S. 239ff; 也有文献从比较新的角度探讨了战争中使用毒气的问题，见 Tümmler, *Gasangriff!*, 多处，以及 Trumpener, «The Road to Ypern», S. 460ff。

166 相关信息参见 Szöllosi-Janze, *Fritz Haber*, S. 175ff 与 270ff。

167 *Haager Landkriegsordnung*, S. 85.

168 转引自 Szöllosi-Janze, *Fritz Haber*, S. 325。

169 相关数据参见 Martinetz, *Gaskrieg*, S. 127ff; 毒气战的历史参见 Moore, *Gas Attack!*, 多处。

170 Haber, *Fünf Vorträge*, S. 36; 毒气战对敌人心理的影响亦可参见 Cook, «‹Against God-Inspired Conscience›», S. 48ff。

171 转引自 Martinetz, *Der Gaskrieg*, S. 21。一战中包括贝特霍尔德·冯·戴姆林在内的少数军官后来转而支持和平主义与共和制度，参见 Ulrich/Ziemann, *Krieg im Frieden*, S. 116。

172 参见日记中 1915 年 3 月 22 日的内容；Rupprecht, *Mein Kriegstagebuch*, Bd. 1, S. 318f; Martinetz, *Der Gaskrieg*, S. 21。

173 见上一处文献，S. 48ff.; Müller, «Gaskrieg», S. 520; Cook, «‹Against God-Inspired Conscience›», S. 54f.

174 转引自 Brauch, *Der chemische Albtraum*, S. 63。

175 Rupprecht, *Mein Kriegstagebuch*, Bd. 1, S. 327.

176 相关情况参见 Hanslian/ Tümmler, *Gasangriff!*, S. 73 – 84。

177 相关情况参加本书 S. 397f。

178 防毒面具的研发过程以及面具的不同种类参见 Martinetz, *Gaskrieg*, S. 92 – 98。

179 英军以为德军阵地已经被毒气包围，所以从开阔的平地上向后者发起进攻，结果德军用机关枪扫射，杀死了几千名英军；相关信息参见 Herwig, *The First World War*, S. 171f。

180 Ranke-Graves, *Strich drunter!*, S. 176, 183.

181 这两次进攻的情况参见 Stegemann, *Geschichte des Krieges*, Bd. 3, S. 221 – 233, 407 – 419; Keegan, *Der Erste Weltkrieg*, S. 283f, 286ff。

182 Kielmansegg, *Deutschland und der Erste Weltkrieg*, S. 97.

第五章

胜负未分的"决战"

1915 年末，人们面临的问题和一年前一样，即这场战争该如何进行下去，什么才是取胜的关键因素。对协约国来说，过去 12 个月的战斗实在进行得一塌糊涂：法国北部的进攻行动在付出惨重代价之后失败；加利波利登陆行动失败；盟国塞尔维亚战败；俄军遭受重创。考虑到协约国人数上的优势，这样的局面几乎让人难以置信。霞飞将军意识到，问题在于各国进攻时未能相互配合。这样一来，德国就可以在某一处战线上集中比敌人更多的兵力，他们也因此取得了一系列胜利。

为了扭转这种局面，霞飞把盟国的一些关键人物请到了自己在尚蒂伊（Chantilly）的司令部，在 1915 年 12 月 6~9 日，他们达成了两个共识：[1] 美索不达米亚、埃及和萨洛尼卡前线在战争计划中处于次要地位，要避免多余的兵力被牵制在那里；法军和英军、意军和俄军要约定进攻的时间。为了掌握主动权，协约国军队打算在 1916 年 3 月初同时发起进攻。

协约国看起来也具备了发动进攻的条件：1915 年，法国弹药和野战炮的产量翻了不止一倍，而且当局通过重组军队，组建了 25 个新的步兵师；俄国的军备产量也明显提升，某些军备的产量甚至是原来的 10 倍，而军队在新的一年里又可以吸收一批刚刚符合年龄条件的新兵入伍，用他们来填补 1915 年的惨重损失是绰绰有余的；英军人数的增长影响最为重大，他们招募的志愿兵已经组成了 30 个新的师，这些部队现在正在法国作战。[2] 同盟国的兵力显然无法与协约国相比：在西线，德军有 119 个师，而协约国军队有 150 个师；也就是说，英军和法军加起来比德军多了将近 80 个营。[3] 此外，同盟国物资供应的漏洞在这段时间也彻底暴露出来了。奥匈帝国总参谋长弗朗茨·康拉德认为，他们的国家只能撑到 1916 年秋天；埃里希·冯·法金汉对德国的情况较为乐观，他估计德国还可以多撑一年。而德军的状况之所以相对较好，主要是因为战斗重点刚刚转移，部分军队不久前从东线被调到了西线。

如果同盟国还想在取胜的前提下结束战争，那么留给他们的时间已经不多了。但这两个盟国还想对 1915 年那些让专业观察员始料未及的成果加以利用，在力量耗尽之前实现各自的一些目的，所以他们制订计划时无法达成一致，甚至无法决定如何配合。由于奥匈帝国实力较弱，康拉德再次被迫让步，放弃自己的战略计划，但德奥两国的关系却因此蒙上了巨大的阴影。[4] 这也对两国造成了深远的影响，正如休·斯特罗恩（Hew Strachan）所说的："1915 年这两个盟友还能在行动中相互配合，1916 年他们就分道扬镳了。"[5] 这样看来，同盟国在 1915 年虽然取得了一些成果，包括击败俄军、占领塞尔维亚，但这些成果很快就带来了负面影响，因为两国被胜利冲昏了头脑，不再认为他们非配合作战不可，自此，德、奥两国开始表现出脱离同盟的倾向。法金汉和康拉德仅仅在一件事情上达成了一致，就是不再进一步对俄国发动大规模进攻。兴登堡和鲁登道夫的看法则完全不同，他们仍然认为在东线有可能取得决定全局的大规模胜利。但在法金汉看来，即便同盟国军队占领了彼得格勒，那也不过是一场象征性的胜利，并不能决定战争结局；他也拒绝让军队朝莫斯科方向进军：他不仅从内心深处对这种深入俄国境内的进攻行动表示怀疑，而且担心东、西线之间的距离会拉得过长，以致德军无法快速地转移军队。第三种方案是占领乌克兰，这样虽然能解决同盟国粮食供应的问题，但同时也会导致战线延长，大量兵力被牵制。[6] 然而法金汉认为，俄国已经没有能力发动大规模进攻，所以东线面临的威胁很大程度上已经被消除。基于这一原因，他打算从东线撤走大部分德军，将防守的任务交给奥匈帝国军队。从东线撤走的德军将赴西线与法军决战。但很显然，法金汉错误估计了俄军的情况，这导致后来东线的局势急转直下，他也因此被迫下台。

康拉德对俄军的看法与法金汉有多一致，他就有多反对德国总参谋长得出的结论：如果照这些结论去执行，奥匈帝国军队将失去几乎所有活动空间，也必须放弃自身的作战目标。康拉德心里很清楚，只有西线的战斗才能决定战争结局，但他想先打败意大利，再放手让奥匈帝国的军队去西线对付法军和英军。为此，他计划发动一次大规模进攻，让军队从特伦蒂诺出发，经波河河谷（Pianura Padana）向亚得里亚海的方向挺进，因为意大利的大部分军队都集结在东北部，康拉德打算从背后袭击并歼灭这部分军队。要发动这种规模的战争，康拉德必须向德军借用 8 个师。而法金汉不仅认为这点兵力相对于行动规模来说实在太少，而且坚决拒绝让德国部队参与这种战斗。因为在他看来，意大利不过是次要战场，德军如果过多介入这片靴子形国土上的战斗，只会导致自己的兵力受到牵制，却并不能让战局朝有利的方向发展。到这个时候，德国和奥匈帝国都认为，要实现自身的目标还需要对方提供某些支持，但他们都不愿为对方提供相应的支持：奥地利军队攻打意大利北部，德国没有派兵援助；法金汉也无法按照最初的计划把东线的大批德国部队调走，他之前还一度打算让奥地利部队加入西线的战斗，但这个想法最终也无法实现。[7]

法金汉认为 1915 年德军在针对俄国的战斗中取得了巨大胜利，他还想在西线复制这样的胜利，但德军目前可用的兵力远远不足以完成这个目标。完成这个目标意味着要在战斗中重创敌军，而且这次胜利必须产生深远的影响，使敌军彻底失去作战能力；所谓"失去作战能力"可以是物理上的，即用于作战的军队被摧毁；也可以是心理上的，即军队的损失超出了民众的承受极限。在法金汉看来，德国方面就算不能取得彻底的胜利、迫使对方接受条件苛刻的合约，至少也可以对敌军产生强大的震慑作用，迫使其签订尽可能符合德国利益及权力诉求的和平条约。[8] 正是他的这种思维导致凡尔登战役爆发。[9]

此时，法金汉再次成为具有两副面孔的雅努斯①，他的这种态度后来在历史书中也被翻来覆去地讨论。[10] 一方面他可以极为清晰地认识并描述出同盟国尤其是德国的处境；另一方面，他近乎偏执地仇视英国，并且相信有的问题虽然早已进入政治斡旋的阶段，但仍然可以通过军事手段解决。本来这种问题应该由帝国首相负责，法金汉本应放手，让贝特曼·霍尔韦格通过外交手段与其他国家协商，争取签订德国可以接受的合约——在这种情况下，签订合约的对象将不仅包括俄国，也包括英国。[11] 当然，这样一来，总参谋长将不得不更改1916年的作战目标和计划——简而言之，他将不得不放弃此前的立场，承认克劳塞维茨提出的"军事从属于政治"的观点。但法金汉虽然很清楚德国在战争中进退两难的处境，但他还是深受施里芬以来普鲁士总参谋部的传统影响，想让军事凌驾于政治之上，让政府依据国家的军事形势做出政治上的决策。

显然，贝特曼·霍尔韦格原本可以掌握主动权，要求军队行动服从政治指挥。但兼并主义者提出的五花八门的要求让帝国首相寸步难行，[12] 所以他希望通过法金汉让这些人看清德国在军

---

① 罗马神话中拥有两副面孔的形象。

事上的艰难处境，从而降低他们的期望值。我们无法确定这些圈子里的人是否会相信法金汉的说法，因为他并没有朝这个方向努力过。本来，他的任务是让政治上的右派察觉到德国在政治领域尤其在战争中面临的两难局面，最重要的是让他们意识到，德国必须首先在军事上取得重大胜利，然后政治家才能态度谦和地登场谈判，与对方达成双方都能接受的和平条约。但从"泽贝格请愿书"来看，人们对形势的认识刚好相反：军队一取得胜利，公众的要求也就水涨船高。只有在同盟国军事形势恶化的情况下，公众才愿意政府做出让步，但这种情况下协约国是不太愿意谈判的。先在战斗中打败对手，然后在政治上保持克制——历史上许多受军事影响但行之有效的政策都符合这一基本模式，然而这种模式在同盟国尤其是德国实施起来格外困难；协约国在这方面倒没有那么为难，对他们来说，在军事上取得胜利就意味着可以强迫对方接受条件苛刻的合约，因为持久战毕竟对他们更有利。但事实上，协约国方面也不是完全不会面临德国那样的两难处境，只不过同盟国的难处就摆在眼前，而协约国的难处要经过较长时间才浮现出来。事后来看，1919 年协约国代表在凡尔赛（Versailles）参加和平谈判的时候，这种两难处境带给他们的压力并不小于德国政府在战争期间面临的压力。不过目前可以确定的是，德国之所以输掉这场战争，是因为它的政治和军事领袖没有意识到，受制于军事的政治让德国陷入了两难[①]，所以也不知道如何摆脱这种处境。

从某种角度来看，法金汉其实回避了这一悖论，认为这都是英国人耍阴谋造成的。[13] 当时人们称英国为"卑鄙的阿尔比恩

---

① 应指上文所说的，政治家的本意是为了和谈必须打胜仗，但打了胜仗却导致民众期望值提高、和谈受阻。

（Albion）①"，这在很大程度上导致德国的政治和军事领袖未能直面政治上的核心问题，而是一头钻进了阴谋论的死胡同。受这种思维影响，法金汉否认德国还有机会通过政治手段争取和平。他认为，"全数歼敌的决心"奠定了英国政策的基本方向，所以德国如果提出和谈，就是在向敌人示弱。他一察觉到贝特曼·霍尔韦格可能想利用目前军事上的优势与协约国接近，就于1915年11月28日警告对方，怀有这种幻想是非常危险的，因为帝国已经无法选择是在让步的基础上签订合约，还是继续战斗，"甚至不惜牺牲最后一名男子、用尽最后一个芬尼②"。法金汉指出，事实上德国已经不得不"选择第二条路，而且无论是福是祸、不管我们是否愿意，都必须坚持到底。有人认为我们还可以选择，那是因为他完全不了解我们参与了一件多么可怕的事情。这已经不再是我们之前所理解的战争，眼下它成了一场真正关乎所有参与者生死存亡的战斗"。14 帝国首相如果真的主动提出与协约国和谈，那就说明他有胆量解决德国政治、军事模式造成的两难处境。当然，没有多少线索表明他当时真的打算这么做；很显然，是法金汉过度解读了首相的一些言论。

一个世纪以后，我们再去看总参谋长说的这番话，会觉得他是一个在任务面前自视甚高的专家，他认为自己的看法是唯一正确的，却也因此在不知不觉中由一名专家变成了一个半吊子。如果不考虑当时的处境，帝国首相肯定会强烈谴责法金汉，或者迫使他辞职。但事实上，首相需要依赖法金汉这位总参谋长，因为法金汉毕竟还能认识到德意志帝国的选择十分有限；一旦他离任，取代他的就是兴登堡和鲁登道夫，而这两人坚信德国可以战

---

① "阿尔比恩"是大不列颠岛可考的最古老的名称。
② 德国钱币单位。

斗到底，直至以胜利者的身份缔结和约。如果他们成为军队最高领袖，首相在政治上的活动空间就更少了。贝特曼·霍尔韦格显然未能正确认识这一点，所以一直想让兴登堡担任总参谋长。但法金汉身后还有皇帝在无条件支持他。

法金汉分析局势以后得出了3条结论。首先，决定战争结局的战斗不会发生在中东、阿富汗、南亚一带（这与协约国军事领袖们的想法一致）[15]，也不会发生在东线，而将发生在西线。其次，必须再次发动针对英国的无限制潜艇战，并且坚定不移地将其推行到底。最后，必须挫败法国继续战斗的决心，使协约国失去人数上的优势，因为在法金汉看来，法国是西线敌人中较弱的一方。对此，贝特曼·霍尔韦格指出美国很可能会参战，所以无限制潜艇战行不通；他也说服皇帝接受了这一观点。此后，法金汉便集中全力将第三个推论付诸实践。在他看来，要打击法国最好是采取一种从消耗战衍化而来的方式，他先后称之为"流血计划"（Ausbluten）、"榨血计划"（Weißbluten）和"血泵计划"（Blutpumpe）。[16]

在1915年12月的"圣诞备忘录"（Weihnachtsdenkschrift）中，法金汉解释了实行这一战略的理由。[17]这份备忘录的核心段落提到，尽管法军"所做的牺牲令人赞叹"，但他们国家"付出的代价很快就会超出可承受的范围"。很显然，法金汉在这里主要是指，法军损失的人数无论按比例还是按绝对值算，都超过了德军，而法国的人口出生率显然低于德意志帝国。如果可以让法国人"清楚地认识到，他们在军事上已经无可指望，那么民众就会觉得损失已经超出能够承受的极限，这就相当于击落了英国手中最锋利的那把剑。这样我们就不必在突破战中和他们拼人数，毕竟这种方式既不可靠，也超出了我们的能力。在西线法军的战线后面，有一些地方是我们有可能攻占的，法国当局如果要守住这些地点就不得不让最后一个男人应征入伍。如果他们当真这么做，法国的兵力就会被耗尽，因为不管我们能否到达那些地点，他们的士兵都必须在阵地上迎战，不能被调走；如果他们不这么做，这些地点就会落入我们手中，这将对法军士气产生极大的影响"。在这段话的最后，法金汉把这种想法具体化了："上文所说的地点是指贝尔福和凡尔登。我们可以在这两处推行上述计划。而凡尔登是第一选择。"[18]

但有人提出了不同意见。据他们推测，德军之所以发动凡尔登战役，是因为法军的这一要塞对他们构成了威胁：这个要塞"像鼻子一样"插入敌军阵线，如果法军要发起进攻，这里就是最合适的军队集结地点。[19] 然而在 1915 年底并没有迹象表明法军计划在凡尔登发起进攻。事实上，凡尔登一带在西线属于比较平静的区域。也是基于这个原因，在过去几个月里，霞飞从这里把一共 40 个轻型炮和中等重型炮小分队调到了香槟地区和阿图瓦地区。"从城市周围的环境来看，这里更像是一处被遗弃的营地，而不是一处守卫森严的要塞。"法国历史学家马克·费罗（Marc Ferro）这样总结 1915 年凡尔登一带的状况。[20]

/ 412

当时城市的两侧都被德军包围，对法金汉的"榨血战略"来说，这样的条件堪称完美。此外，总参谋长十分确定，法军肯定不会放弃凡尔登，必定坚守到底，因为凡尔登和别的城市不一样，它是法兰克帝国分裂的象征，以这里为起点，法国和德国各自国土的雏形才开始形成。[21] 他的想法没错：凡尔登之所以被选为战场，不是因为它的地理位置特别适合战斗，而是因为一些与它有关的故事已经成了德法关系的里程碑。说得夸张一点，如果凡尔登被德军占领，整个法国也就沦陷了。

当然，法金汉制订的 1916 年计划还包含了另一些元素，这些元素德国历史学家很少提及，英国历史学家提到它们的频率反而比较高。总的来说就是，法金汉希望德军能够再次从某种程度上支配西线战事的发展，因为在 1915 年一整年里，德军在西线仅仅是被动做出回应或实施防御。而且德国方面还要考虑到，他们可能无法再像之前那样充分利用"内线作战"的优势，所以德军必须先发制人，打乱协约国的时间计划。实现这一目标的前提是德军必须在年初尽早发起进攻，而且要攻击敌人兵力薄弱的部位，迫使对方调用集结在其他区域准备进攻的部队（后来霞飞也确实这么干了）。所以，法金汉在试图"榨干敌人鲜血"之外还有一个目的，就是让敌人失去主动权。在"圣诞备忘录"中，法金汉也简要地提到了这一意图。他指出，在攻打凡尔登的过程中，德国将"不至于被迫从其他前线抽调大量军队支援局部的行动——这种做法一方面会耗尽自己的兵力；另一方面也造成其他地方兵力空虚，是十分危险的。相反，德军可以胸有成竹地等待敌军为缓解凡尔登的压力进攻其他前线，甚至德军到时手头应该有充足的兵力，可以发起反攻。因为德军可以自主决定进攻的快慢，决定是暂时停止进攻还是加大进攻强度，只要这些做法能达成目标就行"。[22] 很显然，法金汉在这里犯了两个错误：首先，虽然法军处境危急，英军并没有为了缓解法军的压力，匆忙调动新集结的师进攻其他战线；其次，德国事实上没有办法按照自己的意愿分配兵力，而且德军一停止进攻，法军就会转守为攻，这样一来，德军的行动又要受制于法军。

/ "榨血计划"：凡尔登战役

凡尔登的战场已经成了某种象征：在一开始，它象征着勇敢无畏的英雄气概，后来则象征着整场战争毫无意义，象征着当权者（尤其德国一方）冷血无情、漠视生命。围绕这场战役诞生了无数作品，有目击者回忆录、长篇小说、战争史，而随着时间的流逝，这些作品融合成为一个宏大的故事，以至于我们不太可能清楚区分哪些情节是真实的，哪些是虚构的。经过严格的考证，有些情节已经被证明是编造出来的，目的是发展战地旅游业，其中包括著名的"刺刀战壕"（tranchée des baïonnettes）的故事：据说当时战壕里有一队法国士兵正准备发起突袭，然而敌人的炮弹击中了战壕，将他们全数埋在里面，只有排成一排的刺刀露出了地面。而真实情况是，战役结束后有人把 17 名士兵临时埋在这处战壕里，又把武器插进地里作为标记。战争结束后不久，当地就流传出许多有关"刺刀战壕"的故事，这些故事产生了巨大的影响，甚至美国一位百万富翁也深受感动，出资为这处战壕修建了纪念碑形式的保护性建筑。[23] 这场战役其实包含三个阶段，即德军进攻阶段、僵持阶段和法军反攻阶段，而在德法双方的叙述中，凡尔登战役几乎不分什么阶段，只见令人毛骨悚然的一幕幕画面在连续播放，无穷无尽，所以这场战斗经常被称作永无止境的"凡尔登地狱"。[24]

/ 414

但就算是地狱也有不同的分区。参与凡尔登战役的不仅有突击队，还有一些部队在后方负责给前线士兵输送粮草和弹药；炮兵部队里也不全是处在敌人轰击范围之外的重炮炮手，还有一些时不时会被敌人炮火击中的炮兵小分队，因为他们必须在更靠近敌军阵地的地方作战。法军的部队每隔一段时间替换一次，而德军只是增派士兵补齐损失的人数。[25] 由于德军部队是在特定地区招募的，所以这些城市和地区有大批家属收到了阵亡通知。这些差异造成如今两国对事件的集体记忆有所不同：说起凡尔登，法国人会联想到法军的顽强不屈、不可战胜，也联想到这是一次所有法国士兵经过轮番努力取得的军事胜利；而德国人则会联想到，无数阵亡报告就是从凡尔登发来的。在战争题材小说《生于1902》（*Jahrgang 1902*）中，作者恩斯特·格莱泽（Ernst Glaeser）回忆道："每天中午我从学校回家，我母亲总是跑到院子里接我，语气惊慌地对我说：'那谁和谁也阵亡了！'我问：'在哪儿？'她回答说：'在凡尔登……'又是在凡尔登，对当时的我们来说，这是死亡在重复它的旋律。"[26]

　　法国和德国以不同的方式为战役"供应"士兵，这除了给双方留下不同的集体记忆，还导致了其他结果。德军开始进攻以后，菲利普·贝当（Philippe Pétain）将军就被任命为凡尔登要塞内部及周围的法军部队的司令，他也是法军顽强意志的化身；正是他引入了部队替换制度，目的是让士兵的心理防线不至于崩溃，而法军心理防线崩溃恰好是法金汉战略生效的前提：这位德军总参谋长认为，经过长达几周的战斗，面对大炮无休止的轰击，法军将会失去斗志，他们中越来越多的人会觉得心灰意冷，原本表现得十分英勇的士兵最终也会缴械投降。但贝当手下的营只要在最前线战斗一周或略长于一周的时间就会被撤下来，而另一些被偷偷转移到凡尔登的部队将取代他们继续战斗；通过这种方式，法军一直保持着比较好的斗志——法国士兵都知道，他们只要挺过这段时间，就可以离开凡尔登，转到相对平静的战区。

　　德军的情况就不一样了。法金汉相信德军会有更为高昂的士气和斗志，所以不需要像法军那样轮岗。发动进攻的是第五集

凡尔登战役

进攻的主要方向

1916年2月21日进攻开始前战线的位置

德军的进一步进攻

法军夺回部分土地后战线的位置

防御工事　小山

1916 年初凡尔登附近战线的位置其实有利于德国进攻整个要塞的侧翼。但法金汉根本就不想占领或包围凡尔登，只想拿它引诱法军跟德军打消耗战，他认为，为了夺回马斯河东北侧被德军占领的山脉，法军会"流干最后一滴血"。然而德军的进攻未能完成法金汉的计划。

在战争过程中，我们会发现战场上的人在逐渐减少，最后几乎一个人都看不到，这是一战战场明显区别于 19 世纪战场的地方。在 19 世纪的战场上，除了架设好的大炮，随处可见的是穿着各种颜色军服的步兵和骑兵部队。而在一战中，士兵们躲进了战壕里；在照片上你得仔细看才能找到他们。上图为发生在凡尔登防御带附近的战斗，图中荒野般的土地上只有零星几个士兵，当重型炮炮弹爆炸时，他们在找地方躲避。

团军，这个集团军名义上由王储威廉率领，实际上则由参谋长康斯坦丁·施密特·冯·克诺贝尔斯多夫（Konstantin Schmidt von Knobelsdorff）指挥。下属的团主要来自普鲁士，还有一部分来自符腾堡、巴登（Baden）和黑森（Hessen），[27] 后来还有巴伐利亚的部队加入。法金汉认为法军的损失将高达德军损失的2.5倍之多——这不是他凭空想出来的，而是根据战争爆发以来的数据推测的。然而他忽略了一点：1915年主要是法军在进攻，德军在防守，而现在是德军进攻，所以法军反而享有防守的优势。所以这场战役最后法军和德军的损失相差不大：在大约300平方公里的战场上，法军有不到32万人阵亡，德军约28万人阵亡。[28]

不管从哪个角度来看，法金汉的战略都失败了。不仅如此，王储威廉从此被许多德国人称作"凡尔登屠夫"。对德国来说，这次进攻行动不仅造成了军事上的失败，也在事后引发了政治上的灾难：让王储率领整个集团军出战，本来是为了让霍亨索伦王室通过建立军功重树威望，[29] 结果王储却成了大众眼中冷血无情、藐视生命的人；他的战士们在前线一次又一次发起进攻，血洒沙场，他却在后方沉迷酒色，引发了一系列桃色新闻。所以1918年11月当威廉皇帝被迫退位的时候，没有人打算让他的儿子登基——不管是做德国皇帝还是做普鲁士国王。事实上，威廉王储曾多次向法金汉提出抗议，强烈要求停止进攻，但这些事被人们淡忘了。[30]

继马恩河战役之后，西线德军在凡尔登战役中经历了第二次重大失败，而导致失败的部分原因在于法金汉下达的指令不明确，为此他和施密特·冯·克诺贝尔斯多夫也多次产生矛盾。指令的不明确导致的结果是，在凡尔登附近很大一片范围内，第五集团军的作战方式更像是要一点一点占领法军的地盘，最终拿下马斯河畔的这座城市，而不是要尽可能消耗敌人的兵力。[31] 此外，营长们必须严格按照上级的要求战斗，不能根据自己对形势的判断决定下一步行动，而在此之前，德军作战是有一定自由度的。缺乏自由度也导致在战役的最初几天里，德军没有攻占那些防守力量薄弱的阵地，后来法国援军赶到，德军才付出惨重的代价占领了这些地方。这样一来，士兵就对军官的领导能力产生了怀疑——而之前德军战斗力之所以强大，其根本就在于士兵信任他们的军官。

如果德军唯一的目的是消耗法军的兵力，那么比较合理的做法不是集中火力攻击凡尔登周围的外堡，而是全力进攻那里的唯一一条大路，因为它连接了整个要塞和位于巴勒迪克（Bar-le-Duc）的后方。事实上，运输问题才是凡尔登法军的"阿喀琉斯之踵"，因为通往凡尔登的两条铁路已经被马斯河东西两侧德军战线的突出部分切断，第三段铁路则受到德军炮火攻击。于是霞飞和贝当决定用卡车继续输送人员和物资，并且仿照流水线的模式，先让卡车将新到的军队和弹药、粮草运到凡尔登，随即将从战场上撤下来、筋疲力尽的部队运走。这样一来，每天就有多达 9000 辆车经过这条 *"神圣的道路"*（voie sacrée）——这个说法当时是民族主义记者和政治家莫里斯·巴雷斯（Maurice Barrès）提出来的。如要实现"榨血计划"，最合理的做法是从马斯河东侧圣米耶勒（St. Mihiel）处的弧形战线向这条通路挺进，直到距离足够靠近，可以用炮火攻击这条路。可是德军没有这么做，而是朝凡尔登附近几处壁垒森严的防御工事逼近，这些防御工事的名字后来就成了"凡尔登地狱"的别称，它们是河东的杜奥蒙、沃（Vaux）和弗勒里（Fleury），以及河西的 304 高地（Côte 304）和死人山（Le Mort Homme）。[32] 德军之所以在凡尔登战役中落败，也是因为他们搞不清楚这场战役的目的是攻占敌军堡垒，还是消耗法军的兵力。

德军原本打算在2月10日发起进攻，但因为天气原因把时间推迟到了2月21日。当日，他们用猛烈的炮火轰击敌军阵地，开始了这次进攻。德军的各式大炮加起来约有1200门，其中包括奥地利的30.5厘米口径榴弹炮，还有口径42厘米的超重型大炮"胖贝尔塔"；在进攻过程中，他们用这些大炮朝法军阵地发射了远超过100万吨的炮弹钢，而法军的发射量也大致相当。在以往的战斗中，火力还从来没达到这种强度。[33] 甚至在德国境内都能听见大炮轰隆隆的声响从凡尔登传来。"我甚至知道，"格莱泽在《生于1902年》中写道，"在哪个位置可以听得最清楚。我们经常站在城郊铁路信号员的小屋旁边，竖起耳朵听大炮的轰隆声，这声音就像一辆收割车满载粮食一颠一颠地驶过一座木桥。"[34] 本来，德军的进攻对法军来说并不是秘密，因为有叛逃者告诉法军，德军正在为进攻做准备，也有法国平民看见德军的运载火车从某些区域经过，目击者也把消息传开了。但德军带着粮草和弹药躲进了凡尔登附近的树林里，所以没有被侦察机发现；而巴黎负责敌情侦察的**总参谋部二处**（Deuxième Bureau）更相信空中侦察的结果，而不是小道消息，因为后者有可能是某些人蓄意编造的假情报。而且霞飞也没有想到德军竟打算进攻凡尔登，这显然是在啃法国防线上最硬的一块骨头。所以当德军进攻的时候，法军几乎没什么防备。当时要塞司令弗雷德里克－乔治·埃尔（Frédéric-Georges Herr）手头只有9个师，这样的兵力显然不能与德军的40个师相抗衡。所以在最开始的那几天里，尽管法军英勇抵抗，德军的进攻还是进行得很顺利；法军方面由于损失惨重，也考虑过放弃凡尔登，向后方的阵地撤退。但

在凡尔登附近的防御带中,一些堡垒后来被赋予了传奇色彩,杜奥蒙堡垒就是其中之一。左图是在德国开始进攻之际拍摄的航空照片,从照片中可以认出堡垒的围墙、挖得比较深的战壕和堡垒本身,还有分布在周围的田间小路。在后来数月的战斗中,堡垒两度易主,最后它看起来就是坑坑洼洼的地面上一块被无数弹坑覆盖的区域。除了战壕,我们只能隐约认出堡垒的主体。而单凭第二张航空照片我们可能想不到,堡垒虽然遭到双方持续轰击,但它的钢筋混凝土骨架并没有被摧毁,所以双方直到最后都在争夺这座堡垒。

坚决守卫凡尔登的想法占了上风，这也正在法金汉的意料之中。为了保住凡尔登，霞飞任命贝当为要塞司令，并许诺为他提供防御战所需的一切资源。这样一来，凡尔登战役就成了争夺"法国中心"的战斗。[35] 很快，法军就增强了防守力量，德军只得放慢进攻节奏。人们开始以小分队、突击队为单位开展军事行动，相关的战斗至今仍与"凡尔登"这个名称联系在一起。

德军在这场战役中使用了 3 种新的武器或装备，它们后来也成了第一次世界大战的标志：一是毒气，但与伊普尔进攻战不同的是，这一次毒气不是被吹放出来的，而是通过大炮发射的；二是喷火器，可以用来攻击防守方的避弹所和碉堡；三是新型钢盔，它取代了原来由皮革制成并钉上金属零件的钉盔。

刚开始，通过炮弹发射毒气的难题在于，毒气要么可以腐蚀铁，要么一接触到铁就会分解。后来专家们研发了一种瓷罐，人们可以先将毒气装进瓷罐里，再将瓷罐置于炮弹中，这样就避免了毒气和铁直接接触。之前德军吹放的是纯粹的氯气，现在使用的则是双光气，即氯气与一氧化碳的混合物，它可以侵入呼吸道，伤害肺组织。这种毒气又称绿十字毒气——因为弹药筒上印有绿十字的花样，以便辨认——它将毒气战提升到了新的层次。虽然之前法军也使用过几次光气（它和双光气有相似之处），但还没有哪支军队像德军这么大规模、这么密集地发射毒气弹。在凡尔登战役中，他们共发射了超过 10 万枚毒气弹，其中包含约 12 万升双光气。[36] 如果说之前交战各方还会考虑《海牙公约》的约束，那么现在这份公约已经失去了最后一点约束力。在技术装备战中，毒气成了随时都必须考虑的元素。毒气战的影响和之前一样，主要体现在心理层面而非物理层面：从 6 月 22 日晚到 23 日，德军在凡尔登附近发射了大量绿十字毒气，导致法军 1600 人中毒，但其中只有 90 人死在阵地上。[37]

德军还用喷火器攻打防弹掩体以及凡尔登周围的堡垒，这种武器的威力有目共睹，当然它造成的伤害也极为可怕。它可以将点燃的油喷射到敌军阵地，喷射距离最远为 50 米。而它的威力在于，火焰可以通过掩体上狭小的枪眼被喷射到掩体内部，烧伤不幸挨到火的士兵，或引爆里面的弹药。1916 年 7 月，在凡尔登作战的喷火器部队有了属于自己的标志：他们军服的左臂袖子上多了一个髑髅头图案。[38]

不过，在有关战争的图像资料中，让人印象最为深刻的还是德军的新型钢盔。它由不锈钢制成，分为大小不同的型号，最大号重达 1.3 公斤。[39] 它的样式是由弗里德里希·施韦尔德（Friedrich Schwerd）设计的，两侧下沿较长，可以保护颈部和太阳穴，挡住爆炸产生的碎片和远距离发射的枪弹，更重要的是防止大石块和圆石砸伤头部，因为在多岩石的地区，炮弹的打击往往造成大量石块跌落，这些石块造成的损伤可能是炮弹本身的好几倍。而法军在 1915 年就把原来的船形军帽换成了用轻型薄钢板制成的头盔，人们用头盔设计者奥古斯特 - 路易·阿德里安（August-Louis Adrian）将军的名字为它命名。德式钢盔比法式钢盔重一倍，但在堑壕战中，前者的防护能力远高于后者：使用钢盔以后，德军士兵头部受伤的概率明显下降了。或许正因如此，但可能也因为它看起来比较美观，所以 20 世纪所有军队都使用了这种钢盔，最多也只对它做了些许改造。被称作"1916 年款"（Modell 1916）或简称 M16 的钢盔在战争期间的产量高达 750 万件，其中 50 万件给了盟友，尤其是奥地利军队。钢盔不仅改变了德国士兵的外在形象，而且直到战争结束之后仍与他们的身份紧密联系在一起，是他们的标志与象征。战士的形象一旦和钢盔融为一体，他所渴望的就不再是胜利，而是战斗本身，战斗就是他的目的。这样，凡尔登一方面象征着战争的无意义性，象征着政治、军事领袖冷血无情、漠视生命的态度；另一方面也代表了一种斗士精神，这些斗士高唱赞歌，庆祝自己成为新生的人类，他们的坚韧、果敢和顽强不屈在历史上留下了浓重的一笔。[40]

1916 年 4 月，由于凡尔登法军司令菲利普·贝当已经稳定了战局，所以他的职务由罗贝尔·尼韦勒（Robert Nivelle）接替，后者更倾向于以守为攻。于是从 5 月开始，德军和法军轮番发起进攻。但此时德国不得不将部分军队调到别的战区，主要是调到索姆河一带，因为有征兆表明英法联军将在当地发动大规模进攻；此外还要调到东线，因为俄军也开始大举进攻，这显然出乎法金汉的意料。这样一来，法军在凡尔登就逐渐占据了优势。7月 11 日，德军在凡尔登发起最后一次进攻，一直挺进到了苏维尔（Souville）堡垒；但在那之后，德国第五集团军就只是在防守之前付出沉重代价占领的区域。但就连这一点他们也没做到：1916年 10 月末到 12 月中，法军几乎夺回了 2 月以来马斯河东岸所有被德军攻占的土地。这从战略上来讲意义不大，但至少表明法军在凡尔登战役中没有被打败。至此，法金汉制订的 1916 年战争计划宣告失败。

在两三个月之前，也就是 8 月 29 日，威廉二世皇帝就解除了法金汉总参谋长的职务。不过法金汉下台最主要的原因不在于凡尔登战败，而在于罗马尼亚于 8 月 27 日参战，这在皇帝看来就意味着他们目前已经输掉了战争。他在绝望中同意任命兴登堡为总参谋长，也同意让鲁登道夫以第一军需总监的身份辅助兴登堡。威廉二世向来反对重用他们二人。他能觉察到，兴登堡凭借自身的光环很可能成为皇帝第二，而精力充沛、执行力超群的鲁登道夫也将夺取对帝国的控制权。皇帝犹豫是对的：一旦兴登堡和鲁登道夫成为军队最高领袖，霍亨索伦王朝在德国的统治也就临近尾声了。

/ 二元帝国的战争

从表面上看，1915年底奥匈帝国的军事形势还是很不错的：他们夺回了从战争一开始就被俄军一举占领的加利西亚，打败了塞尔维亚；伊松佐河战线的情况原本令人担忧，但后来也趋于稳定；他们还占领了俄属波兰，这几乎意味着维也纳皇室的势力范围将进一步扩大，不过如何处置这部分领土，奥匈帝国政府还必须与德国政府达成一致。但如果仔细研究，我们会发现二元帝国的处境其实相当严峻。军队中损失的人数虽然有一部分已经由1898年出生的新兵补上，但这些新兵只接受过很简单的培训，而且被派往前线的部队缺乏有经验的军官。如果说在战争初期，现役军官和后备军官的数量大致相等，那么他们现在的比例就是1∶5。在战争的头两年里，奥匈帝国军队共有73万名军官阵亡、受重伤、患难以即刻治愈的疾病或者被俘；在这段时间内，军队还损失了超过200万名普通士兵，但要补足军官的数目可不像补足士兵数目那么简单。在1916年初，康拉德手下的军队从本质上讲就是一支民兵队伍。[41] 从官方数字来看，他拥有一支230万人的军队（其中包含3万名军官），但在前线真正能打仗的只有90万人。[42]

当然，运输问题才是奥匈帝国军队最大的弱点。[43] 二元帝国的交通工具仍以马匹为主，但此时已经有许多马匹因过度劳累、饲料质量不佳而送命，剩下的马匹力量多半不如从前，它们能负担的重量自然也就下降了。缓解这个问题的办法是解散骑兵部队，毕竟这些部队现在也很少有机会参加战斗；但这也意味着不能把部队的马匹还给农业生产者，而后者同样亟须用马。1916年初，军队可支配的马约有70万匹。铁路是奥匈帝国的第二大运输媒介，它的情况更加糟糕：之前，在俄军一路顺风顺水挺进加利西亚的过程中，当地的许多火车头和货运车厢都不见了；此外，频繁使用铁轨和火车也造成这两者严重磨损、无法修复。

由于交通运输业要优先服务于军队，所以国内的民用经济越发凋敝，在农业领域尤其如此。在和平时期，奥匈帝国是肉类和谷物的出口大国，但现在国内粮食的供应状况在不断恶化。在这种情况下，我们很容易理解，为何帝国内部的社会和民族矛盾越来越尖锐，尤其是不同族群的人会感觉政府对他们并不平等公正。由于匈牙利的有关部门不太愿意给奥地利提供粮食，而且布达佩斯方面希望在战争中大地主豢养的牲畜数量可以保持稳定，于是给它们留了一些谷物，所以奥地利方面强烈谴责说，在政府看来匈牙利的猪比奥地利的人还值钱。毕竟，匈牙利的面粉配给量是奥地利的两倍。[44] 二元帝国前程未卜的另一原因是皇帝弗朗茨·约瑟夫年事已高；可以确定的是他过不了多久就会去世（事实上这位君主于 1916 年 11 月 21 日逝世），这导致国家政治生活瘫痪，政客们拉帮结派、钩心斗角。[45] 要让帝国内部的奥地利人和匈牙利人团结一致，就必须有人以二元帝国最高领袖的身份主持大局。

/ 428

奥匈帝国和盟友德国的关系也面临严峻的考验。德军总参谋长法金汉并未将凡尔登战役的战略目的告知盟友，康拉德也向奥古斯特·冯·克拉蒙（August von Cramon）将军隐瞒了进攻意大利的具体计划，后者是德国在奥匈帝国军队总司令部的代理人，因此也是德国陆军最高指挥部的代表。德奥双方互不信任，而且一旦对方不赞同自己的建议，他们就会认为对方用心险恶。最后，阴谋论又盛行起来，而康拉德特别容易受其影响：他在 1914 年秋天就认为，德国没有提供军事援助的原因在于，威廉皇帝将东普鲁士特雷克纳镇（Trakehnen）的种马看得比加利西亚的盟友更重要；现在他又坚信，法金汉之所以拒绝进攻意大利，是为了保护德国在当地的经济和政治利益，或者因为德国需要借第三方"勒住哈布斯堡帝国的辔头"。[46] 在奥匈帝国作战部负责意大利战事的卡尔·施内勒尔（Karl Schneller）中校提议，让德军承担对俄作战的大部分任务，好让奥地利军队腾出手在特伦蒂诺作战。但这对法金汉来说是不可能的，毕竟他正想让奥地利军队承担对俄作战的重任；此外，如果削弱对俄作战的兵力，最大的受害者可能是匈牙利而不是德国，所以布达佩斯方面也会反对这种做法。最后，当局只能派出很少的兵力进攻意大利，这些军队也不可能发起大型歼灭战，只能打一场征伐战以示惩罚。[47]

虽然缩小了战斗规模，但这个计划依然缺乏可行性。施内勒尔认为发动进攻需要 14 个师，而康拉德费尽九牛二虎之力才凑齐了这么多人。这些人来自俄国前线南段、伊松佐河前线以及阿尔卑斯前线一些战斗较少的区域。法金汉发动凡尔登战役的时候想攻其不备，现在康拉德也想攻意大利一个措手不及，他计划在 2 月——最迟在 3 月——发动进攻，所以集结在特伦托和博尔扎诺（Bolzano）之间的军队根据计划提前出发了。可是路上的积雪有一米深，大炮根本运不过去，又有将近 1000 人在疏通道路的时候死于雪崩或其他意外。[48] 于是发动进攻的时间不断推迟，先是推迟到 3 月，然后又推迟到 4 月，最后推迟到了 5 月。

出征的士兵共有 20 万人，被分为两个集团军；这些人由谁来指挥，王储卡尔大公在其中又应扮演什么角色，奥匈帝国对此有争论。当初，政府把军队总司令的位置给了弗里德里希大公而没有给卡尔，而现在似乎正是让王储在登基前建功立业的大好时机。然而根本问题在于，卡尔大公和德国第五集团军司令、普鲁

发生在阿尔卑斯山脉和喀斯特高原的战争有它自身的规则，因为那里地形地貌特殊，军队运送粮食弹药会遇到很多困难。图为位于雅佛瑟科山（Monte Javorcek）马鞍形山脊的阵地；通过照片我们不难想象，在12次伊松佐河战役中，防守方和进攻方经历了何等艰苦卓绝的战斗。

士王储威廉一样，缺乏指挥战斗的经验，这么重要的进攻由他来指挥很可能会出问题。当局必须想办法规避这样的风险，尤其是因为一旦卡尔大公战败，造成的影响可比取胜大多了。当然，他们面临的最大问题是，由于奥匈帝国军队提前集结，意大利方面已经知道敌人要发动进攻，并且有所防备。于是总参谋长路易吉·卡多尔纳增强了前线的兵力：在1916年5月15日奥匈帝国军队发动进攻时，他们的敌人已经做好一切准备。到这个时候，康拉德已经看出这次行动胜算不大。距进攻还有两天的时候，他对皇帝弗朗茨·约瑟夫表示："一个月前行动是突袭，现在行动就是决斗了。"[49]

　　事实上，康拉德的计划还是很有吸引力的，因为意大利三分之二的兵力都驻扎在弗留利（Friuli）和威尼托（Veneto），而当时正在进行第五次伊松佐河战役，卡多尔纳打算指挥军队从上述两个地方突破，并经由克恩滕（Kärnten）向多瑙河帝国的中心挺进；[50] 为了实现这一目标，他暂时顾不上保护军队的侧翼和背部。如果奥地利军队在3月进攻，或者在5月下半月快速、果断地发起袭击，那么他们很有可能击败意大利人，而且这次胜利将比1917年秋天的胜利规模更大、影响更深远——1917年秋天，在突破科巴里德（Kobarid）以后，奥匈帝国军队击溃了意大利的整条战线。[51] 不过这要看奥匈帝国的兵力是否足以包围人数远超过他们的意大利部队，或者卡多尔纳手下的军队是否有可能夹击敌人的先头部队并将其歼灭。但事情没能发展到这一步，因为奥地利军队的进攻在第二周就再衰三竭，最后彻底停滞了。[52]这时奥匈帝国已经没有可支配的后备军，无法继续推动进攻计划。因为在此期间，俄军在俄奥战线的南段大举进攻，为了阻止其继续挺进，康拉德不得不投入所有兵力。所以奥匈帝国只好停止对意大利的征伐，并把相当一部分兵力调回东线。至此，协约国成员在尚蒂伊达成的协议终于起作用了：他们在 1916 年的合作远比 1915 年密切，因为现在同盟国军队一进攻，协约国就快速做出反应，在另一战区发动进攻缓解盟国压力，迫使同盟国放弃原来的行动。[53]

/ 432

俄军突然进攻东线，这不仅迫使奥地利军队放弃对意大利的征伐，而且打乱了德军在凡尔登的计划。1916 年 3 月，俄军首先集结在战线北段，袭击驻扎在里加地区以及立陶宛湖区、由兴登堡指挥的集团军群。[54] 俄军在此处提前发动进攻有双重原因：不仅因为法军情势危急，俄国要助他们一臂之力，而且因为鲁登道夫在德军占领的波罗的海地区推行德国化政策，这让俄国再也沉不住气了。[55] 这一政策的危险性在于，原归沙俄统治的德占区居民将与俄国越来越疏远，所以，集团军群司令阿列克谢·N. 库罗帕特金（Aleksey N. Kuropatkin）和阿列克谢·E. 埃弗特（Aleksei E. Evert）在动员士兵时特别强调了夺回俄国领土的重要性。也就是说，鲁登道夫严厉对待占领区居民导致俄国方面采取了行动，而且俄军是在他们原本只打算防守的区域发动了进攻。这一切并非鲁登道夫的本意，但终将对东线战况产生决定性影响。

当时，纳拉奇湖（Lake Narach）附近的战区形势最为危急，因为所有可支配的后备军都驻扎在西线，如果俄军在这个位置突破，德军的整条防线就会崩溃。在这一区域服役的士官瓦伦丁·施特罗施尼特（Valentin Strohschnitter）在他的日记中写道，在这一年初，德军主要忙着取暖和扫除积雪，并没有为应对俄军的大规模进攻做准备："我们遭遇了特大暴风雪，所有辛辛苦苦站岗的士兵都生病了。"（1 月 16 日）"我们进一步加固了战线前部一整排的铁丝网。"（1 月 30 日）"我在读冈霍费尔（Ludwig Ganghofer）的《奔赴德军前线》（*Reise zur*

/ 433

deutschen Front）。"（2月20日）"下午有重型炮轰击我们的村子和穿过村子的那条路。于是上级命令我们给交通工具——目前只有莱茨欣（Letschin）滑雪板——再找一条路，并用木桩标示出来。这条路穿过一处低地，敌军通常是观察不到那里的。"（2月27日）然而："据说那些天不怕、地不怕的俄国骑兵竟然穿过〔结了冰的〕纳拉奇湖，冲过警戒哨，从我们的背部接近我们。〔……〕第十三、十四连在米亚齐奥尔湖（Lake Miadziol）放哨，有人在那里发现了哨兵的尸体。其中也包括火枪手克洛特尔（Klotter）的尸体，他在我们队里待过一段时间，有人用铁锹从他脸上砍下去，把他杀死了。"（3月18日）[56] 这里属于大体上较为平静的战区，现在却发生了散兵战。

俄军于3月17日发动进攻，而就在那之前，天气突然发生了变化。由于冰雪开始融化，俄军不可能越过结冰的湖面攻击德军，所以德军不必再防守大段战线，而可以集结后备军，准备封锁俄军进军的突破口并发起反攻。不过在一开始，俄军有5000门大炮，每门大炮配了约1000枚炮弹，所以他们的炮兵部队显然更具优势，而且这些炮兵现在使用法军的战术作战；他们的步兵则与过去一样，集结在一起正面冲锋，所以在德国守军的机关枪和榴霰弹面前一排排倒下。此外，俄军人数虽然几乎是德军的两倍，但他们集中在一块十分狭长的区域里作战，所以无法发挥人数上的优势。俄军于1916年3月31日停止进攻，这时他们已经损失了约11万名士兵，而德国方面只损失了2万人。[57] 不过这次行动表明俄军仍然具备发动大规模进攻的能力，而且他们的炮兵部队的数量超过了上一年，他们的军官驾驭炮兵部队的能力也有了明显提升。这对德国总参谋长来说是个值得重视的危险信号，因为德国在东线已经没有后备军。

俄军在战线北段的兵力远远强于在南段的兵力。战线南段始于斯托希德河（Stochid），即普里皮亚季河（Pryp''yat'，在如今的乌克兰—白俄罗斯境内）的支流，并且一直延伸至布科维纳（Bukovina）地区。我们可以看一下部署在两段战线上的人数：普里皮亚季河以北有超过 150 万名士兵，河流以南约有 65 万名士兵。同盟国在河流以北可以派出不足 60 万人与俄军对阵，在河流以南可以派出不足 50 万人。由于战线长达 500 公里，所以俄军在南段的优势并不明显。[58] 然而驻扎在此处的奥匈帝国军队情况也不妙，他们战斗力最强的部队和过半数的重型炮炮兵部队已经被调往南蒂罗尔。俄军于 1916 年 6 月 4 日开始进攻，而奥地利总参谋长在一开始却不同意将远征意大利的部队调回俄奥前线。康拉德这么做既有心理方面的原因，也是出于现实的考虑：毕竟意大利方面的兵力已经大大增强，此时奥匈帝国军队如果立刻放弃在特伦蒂诺的进攻，就会严重受挫。康拉德面临的问题与发动了凡尔登战役的法金汉一样：军队一旦被进攻行动占用，就不归他们支配了。

不过奥匈帝国第四、第七集团军的不幸在于，俄军在南面的进攻由阿列克谢·A.勃鲁西洛夫（Aleksey A. Brusilov）指挥，而他的能力比北边的司令库罗帕特金和埃弗特要强得多。尽管南段炮兵部队的优势不如北段，但勃鲁西洛夫和另外两位司令的区别在于，他不仅掌握了法军炮兵部队的战术，而且熟悉步兵进攻的新方法：他让步兵从交通壕冲向敌军阵地，这样，他们跑动的距离要少于地面冲锋。见进攻方冲到跟前，奥地利守军再下令开炮掩护几乎已经来不及了，就算开炮，也很可能打中自己的阵地。很快俄军就攻下了第一道防线，随后又一举突破了第二、第三道防线。6 月 6 日，奥匈帝国第四集团军阵地一处 75 公里深、

/ 435

20 公里宽的范围已经陷落；而俄军几乎在同一时间突破了切尔尼夫齐以东奥匈帝国第七集团军的战线。正所谓兵败如山倒。两个集团军的司令，卡尔·泰尔什詹斯基·冯·纳道什（Karl Tersztyánszky von Nádas）和卡尔·冯·普夫兰策尔-巴尔廷（Karl von Pflanzer-Baltin）在几天后命令部队撤退，可是他们已经损失了大部分人马。[59]

不过，俄军之所以取得胜利，并不仅仅是因为他们的作战水平有了整体提升。很明显，勃鲁西洛夫已经注意到奥匈帝国军队内部出现了瓦解的迹象，越来越多的士兵丧失了斗志，执行任务时敷衍了事。他们军队的高层不认为俄国方面还能采取什么大规模的行动，因为在之前的"新年战役"中（这场战役从 1915 年 12 月 20 日持续到 1916 年 1 月 26 日），奥匈帝国军队奋勇战斗，挫败了俄军的进攻。[60] 所以一些高级军官又像战争开始时那样，把他们的妻子接到了司令部，所以有人描述此时司令部的主要活动就是"冬眠、找女人作陪、打猎、听音乐会"。[61] 随着军官群体威望的下降，军队中的民族矛盾和阶级矛盾越发明显，受这些矛盾影响，军队也越发呈现出分裂的趋势。一些捷克部队，比如来自摩拉维亚（Morava）的第八步兵团，可以说是毅然决然地转投了俄军，而许多乌克兰士兵则不战而降。士兵临阵脱逃并不是什么新鲜事。在 1914~1915 年冬季的喀尔巴阡山脉进攻战中就有许多捷克人当了逃兵，来自布拉格的第二十八步兵团甚至因此而解散。[62] 值得注意的是，奥匈帝国的部队如果由德国军官指挥，作战表现就有了起色，比如之前俄军进攻时，由费利克斯·冯·博特默（Felix von Bothmer）将军指挥的奥匈帝国集团军群就能战斗到底，这也是这次战斗中唯一一个坚持到底的集团军群。所以勃鲁西洛夫集中火力进攻由奥匈帝国军官指挥的奥匈帝国军队。如果有德军开进俄军正在攻打的地区，俄军基本上都会绕开；他们会停止在这一区域的进攻行动，将进攻的重点转移至奥匈帝国部队驻扎的地区。就这样，奥匈帝国的军队被打得几乎分崩离析。英国历史学家约翰·基根（John Keegan）在谈及这次进攻时说："第一次世界大战的准则是为每一寸土地战斗，用这一标准来衡量，这次进攻可算是协约国在所有战线取得的最大胜利。"[63]

1914 年秋天的悲剧似乎又重演了。康拉德唯一能做的，就是请求德国陆军最高指挥部派更多的军队支援他们。他亲自前往柏林与法金汉协商此事，但这次协商却成了他的"卡诺萨（Canossa）之辱"①。这位奥地利总参谋长表示，他宁可打自己 10 个耳光，也不愿再去德国首都谈判。[64]事实上法金汉也没有足够的军队可以阻止俄军在加利西亚的进攻，因为此时在加利西亚以北约 100 公里处，俄国第三集团军已经开始进攻德国和奥匈帝国战线之间的连接处。好在德军成功阻止了埃弗特将军指挥的进攻，而德军的这次胜利也成为俄军夏季进攻的转折点。这时康拉德也将大部分部队从南蒂罗尔调到了东线。尽管刚开始勃鲁西洛夫在战线南段又打了几场胜仗，也占领了切尔尼夫齐，但南段的战事还是渐趋平静，俄军的攻击强度也逐渐减弱了。

/ 438

勃鲁西洛夫的战略是避开强势的对手，打击力量薄弱的对手，让强势的对手独力难支，这样俄军便有机会取得最终胜利。这和法金汉的思路正好相反，后者打算在西线通过打击强者定胜负。如果按照勃鲁西洛夫的思路继续战斗，俄国要彻底打败奥匈帝国也不难，到那时德国也就不太可能继续战斗下去了。但前提

---

① 神圣罗马帝国皇帝亨利四世曾亲赴意大利卡诺萨城堡，以谦卑、屈辱的方式请求教宗恢复其教籍。后来西方用"卡诺萨之辱"表示在冲突面前忍气吞声。

阿列克谢·勃鲁西洛夫将军（右）是俄国军队中最出色的战略家。1916年夏天，他指挥军队将东线南段的奥匈帝国军队打得几乎分崩离析。然而沙皇尼古拉二世（左）没有任命他为军队总司令，而是在1915年9月15日授予自己这一职位。这导致后来民众因为俄军战败、损失惨重而归罪于他。而且，在位于莫吉廖夫（Mohilyow）的司令部，他忽略了彼得格勒政治局势的变化。

是，俄国必须把在北段进攻却没有取得成果的部队调往南段作为后备军，以便在更多的区域突破防线。从这一角度来看，鲁登道夫在波罗的海地区实施的德国化政策对战争产生了双重影响：一方面，它导致俄军把战斗重点放在北部，所以一部分德军必须留在这里作战，法金汉无法把他们调到人员紧缺的西线；另一方面，基于上述原因，俄军也错失了在南部取胜的机会。这一失误以及 1916 年夏末俄军在科韦利蒙受的巨大损失加速了沙俄帝国的覆灭。[65] 对德国来说，1916 年夏天东线的战争则成了兴登堡和鲁登道夫登上权力顶峰的跳板。

第一次世界大战后的国界

- ▨ 1914年的同盟国
- ▧ 德国损失的领土
- ---- 1923年后的国界
- ……… 1914年的国界

挪威

没得兰群岛

奥克里斯蒂

斯卡格拉

丹麦

北海

赫布里底群岛

奥克尼群岛

斯卡帕湾

大不列颠及北爱尔兰联合王国

都柏林

利物浦

爱尔兰

荷兰

阿姆斯特丹

海牙

卢森堡

伦敦

比利时

布鲁塞尔

大西洋

英吉利海峡

凡尔赛 巴黎 凡尔登

科隆

巴塞尔

瑞士

法国

里昂

罗讷河

比斯开湾

波尔多

图卢兹

马赛

撒丁岛

葡萄牙

马德里

杜罗河

塔霍河

安道尔

巴塞罗那

比利牛斯山

里斯本

西班牙

瓜达尔基维尔河

巴利阿里群岛

地中海

直布罗陀（英属）

丹吉尔
（1924年成为
国际共管区）

西属摩洛哥
（西班牙保护国）

阿尔及尔

非斯

摩洛哥
（法国保护国）

阿尔及利亚

0 100 200 300km

俄罗斯帝国

莫斯科

萨拉托夫

阿斯特拉罕

亚历山德罗夫斯克

里海

亚速海

梯弗里斯
（现为第比利斯）

黑海

巴统

亚美尼亚

特拉布宗

埃尔祖鲁姆

大不里士

博斯普鲁斯海峡

库尔德斯坦

君士坦丁堡

马尔马拉海

加利波利（现为盖利博卢）

奥斯曼帝国

美索不达米亚

士麦那（现为伊兹密尔）

安哥拉
（现为安卡拉）

巴格达

麦塔利亚

多德卡尼索斯群岛
罗得岛
（属意大利）

塞浦路斯
（1878年起由英国管理）

大马士革

海

耶路撒冷

亚历山大

开罗

埃及
（英属）

苏伊士运河

红海

ℛ
ℕTHORN BIRD
忘　掉　地　平

Beyond
the horizon

索·恩 历史图书馆
001

Author: Herfried Mьnkler
Title: Der GroЯe Krieg: Die Welt 1914 bis 1918
©2013 Rowohlt Berlin Verlag GmbH, Berlin,
Germany

Chinese language edition arranged through
HERCULES Business&Culture GmbH,
Germany.

DER GROSSE KRIEG
大战 1914~1918 年 的 世界
Die Welt 1914 bis 1918

［德］赫尔弗里德·明克勒　著

钟虔虔　译

HERFRIED MÜNKLER

下

社会科学文献出版社
SOCIAL SCIENCES ACADEMIC PRESS (CHINA)

上

Contents /

下

到目前为止，法金汉有皇帝撑腰，所以他严格限制了兴登堡和鲁登道夫在战略和政治决策方面的影响力，而且在他的干预下，这两人在德国民众中间的威望也没有再上一个台阶。当然，民众仍然对兴登堡寄予一定期望，要彻底压制这种期望是不可能的，毕竟之前当局大力宣传了坦能堡战役的胜利。法金汉试图扶植奥古斯特·冯·马肯森代替兴登堡，但这个计划进行得也不太顺利，因为这位骠骑兵将军并不具备兴登堡那样突出的魅力。[66]法金汉的对手们则别有用心地一次又一次将兴登堡推到光环之下，而这位年老的陆军元帅也积极地配合了他们的动作。[67] 1915 年 10月，他被调到立陶宛的考纳斯，也就是他手下集团军群司令部的所在地——法金汉对付兴登堡和鲁登道夫的基本策略在于，这两人不能掌握整个东线的指挥权，也不能掌握整个德军战区的指挥权，他们只能指挥战区北部的战斗；这时兴登堡经过周密的考虑和计划，增加了自己的曝光度，好让德国民众仍然意识到他的存在。这一系列行动的重头戏，是有人在柏林给这位陆军元帅立了一尊巨大的木质雕像，每个人只要捐出一定数额的钱，就可以往雕像上钉一枚钉子，这样，木质的兴登堡就逐渐变成镀铁的兴登堡。这尊雕像离胜利纪念柱很近，当时胜利纪念柱还立在国会大厦前面，旁边是巨大的俾斯麦纪念碑。

从斯文赫定的一篇文章中我们也可以看到，兴登堡希望在众人面前展现怎样的形象。这位探险家一直不知疲倦地为德国的战事摇旗呐喊。1915 年春季，他有机会在兴登堡司令部用晚餐，那天，他和其他客人一起在客厅等待统帅出现。"8 点钟，我们听见隔壁房间传来陆军元帅沉稳的脚步声，随后门槛上出现了他那魁梧、丰满、健壮的身影。[……]这是我第一次看见他，这值得信赖的保障，他周身散发着坚毅而又安静的光芒。于是我开始理解战争中人格的力量，统帅正是借助这种力量统管整个军队。[……]保罗·冯·兴登堡取得了一系列伟大的胜利，他将荣耀归给上帝，因为上帝与他同在；也将荣誉归给皇帝，因为他是奉皇帝之命，在东线担任如此重要的职务；他还将荣誉归给鲁登道夫，他的左膀右臂，也是一位具有敏锐洞察力的总参谋长；归给所有了不起的军官，最后（但同样重要的）也归给手下英勇的战士们。他自己则不追求什么嘉奖或名声。他赢得了所有德国人民的心，他们对他永远心存感激，这也赋予他一种平静的快乐。但他并没有因此自夸。他为有机会为国争光而感恩，并且在上帝和人民面前保持谦卑。"[68]这类文章把兴登堡描绘成许多人心目中的德国救星以及艰难时期最后的希望，这与他在素描画以及油画中的形象一致。兴登堡的高升象征着德国在战斗中坚持到底的决心以及必胜的信念，而这也证明媒体拥有强大的力量。最重要的是，从兴登堡身上我们可以看到，如今公众意见对德国的国家局势产生了重大影响。

这种精心策划的宣传战略之所以能奏效，是因为民众仍然对俾斯麦创造的政治神话念念不忘——俾斯麦是帝国的奠基人，是"铁血宰相"、"国家的缔造者"、国王和皇帝"忠实的顾问"；国家必须找到一个人顶替他在民众心目中的位置，这样，民众才会继续信赖政治、军事领域的当权者。[69]当年，年轻的皇帝让年老的帝国首相离职，但朝中再无人能与之相提并论，这也让许多人深感遗憾。威廉二世想要抵制他的影响，于是提拔小毛奇当总参谋长，[70]然而在开国的"三人统治集团"（威廉一世、俾斯麦和老毛奇）中，俾斯麦才是核心人物，要找人取代他的位置绝非

1915年9月4日，一尊超过真人大小的兴登堡雕塑被立在国会大厦前面的广场上，挨着当时还立在那里的胜利纪念柱和俾斯麦纪念碑。你只要捐出一定数额的钱，就可以往木质雕像上钉一枚钉子，这样"木质"的兴登堡就会逐渐变成"镀铁"的兴登堡。兴登堡曾指挥军队打赢了坦能堡战役，所以当局利用他的光环加以宣传，鼓励民众怀着必胜的信念坚持到底。

易事。在小毛奇和法金汉的战略宣告失败以后，民众越发渴望出现一位新的俾斯麦。我们可能很容易想到让帝国首相贝特曼·霍尔韦格来扮演这个充满神话和象征色彩的角色，但他因为政治声望不高、执行力较弱，没有机会入选；而法金汉也不是老毛奇第二——在德国人心目中，老毛奇曾与俾斯麦、威廉一世共同谱写了政治神话。没有神话人物，民众就很难相信这场战争能取得胜利。于是，政府在国会大厦前广场、俾斯麦纪念碑的旁边立起兴登堡的雕像，这位陆军元帅也因此成了"铁血宰相"的继承人。[71]

　　1914 年末 1915 年初，一些人联合起来反对法金汉，当时他们可能就利用了人们对政治神话的期待，因为当时人们已经意识到，就是威廉皇帝也满足不了外界对他的期待。[72]战争持续的时间越长，当局就越发急迫地要找到一个能够背负德国人期望的人物。而政治领袖中没有人堪当此大任，所以这个人只能是军事领袖，而自坦能堡大捷以后，军事领袖中合适的人选就只有兴登堡。在这种情况下，兴登堡的某些缺陷也都变成了优点：他既不是卓越的战术高手，也不是天才的战略家或精力充沛的军事活动组织者，但他的特点是不容易动感情，而人们可以把这一点理解为不惧外界变化、对胜利坚信不疑。不仅民众接受了他的这一形象，士兵还有高级军官也受他影响：隶属德国司令部的奥匈帝国第四集团军吃了败仗以后，兴登堡在 1916 年夏天去了一趟他们的司令部，让他们相信他将通过改组军队避免军队全面瓦解，于是第四集团军高层又恢复了对兴登堡的信心，并协助稳定了前线的局势。[73]就连贝特曼·霍尔韦格也想利用兴登堡的影响，做一些不太受欢迎的决策：他希望可以利用这位陆军元帅的影响力对付那些兼并主义者，引导民众接受一份建立在谅解基础上的和约。"靠兴登堡的影响，"帝国首相的一位熟人记录了首相的想法，"皇帝和他甚至可以签订一份令人失望的和约；靠法金汉就不行了。"[74] 这听起来也并非完全不可行，但他们忽略了一点：兴登堡参谋部所有成员的目标是"以绝对优势签订和约"，[75] 而在兴登堡成为军事最高领袖以后，他们的影响力肯定会明显提升，到时德国政治格局的变动也将超出贝特曼·霍尔韦格的预期。

当然，在 1916 年初夏，人们还不需要考虑由谁来接替法金汉的职务，当时主要的议题是，是否要成立东线总司令部，并把它交给兴登堡（当然也包括鲁登道夫）管辖。事实上东线直到 1916 年中都没有统一的司令部，这是一个严重的疏忽，也造成了许多不良后果。法国北部和佛兰德地区的英军、法军也面临同样的问题，但自战争爆发以来，他们在这方面已经经历了一系列严峻的考验，现在应对起来比同盟国军队要出色得多。东线的德军和奥匈帝国军队往往互相较劲，双方的目标也不同，而且众所周知，奥地利方面总是担心被德国人边缘化，所以双方只在某些单独的时间点达成了合作。不久之前，奥匈帝国军队面对"勃鲁西洛夫攻势"节节败退，此时同盟国在东线的唯一出路就是重组军队、统一指令体系，而从各方面情况来看，如要成立总司令部，兴登堡便是唯一适合担任总司令的人选：[76] 换成其他任何人，都过不了民众那一关。

这意味着兴登堡将不再仅仅是必胜信念的象征，而是成为这一信念最核心的实践者，政府将交付他重大的使命与责任——而事实上，支持政府这样做的所有因素又反过来证明，成立东线总司令部并把它交给兴登堡是一步险棋：法金汉很清楚，一旦兴登堡成为东线总司令，他就不能再拒绝后者的要求，只能给东线增派兵力；威廉皇帝有预感，如果让兴登堡继续高升，他自己的名声和政治权利将会受损；康拉德一直对法金汉有敌意，按理说他是兴登堡天然的盟友，但他也反对让兴登堡当东线总司令，因为这样一来二元帝国就不再是与德国平起平坐的盟友，而只能低德国一等，并且哈布斯堡帝国将当着全世界的面被排挤出欧洲强国的行列。我们也可以从相反的角度来看联合作战的问题：东线之所以这么长时间以来都没有建立统一的总司令部，正是因为所有人都知道，一旦总指挥权被交在兴登堡和他的助手鲁登道夫手中，他们会做的就不仅仅是指挥战争这么简单了。他们将对政治施加影响，而结果也会如他们所愿，因为他们掌握着整个东线的军事指挥权。但首先他们将成立另一个陆军最高指挥部，这样一来，基本的战略方针就不再由军队大司令部单方面决定了。

所以，在 1916 年 6~7 月勃鲁西洛夫发动进攻期间，法金汉和康拉德还采取了一系列措施，试图阻止政府任命兴登堡为东线总司令。他们在战线南段把奥匈帝国第七、第十二集团军以及冯·博特默将军率领的德国"南方集团军"编成一个集团军群，它名义上由卡尔大公统帅，而德国的汉斯·冯·泽克特将军则作为总参谋长从旁辅助。这样既顾全了多瑙河帝国的名声，又让泽克特掌握了实际领导权，而泽克特是一名战术高手，他也确实稳定了前线的局势。[77] 但除此之外，位于切申的奥地利军队总司令部不打算再做让步了，他们坚持认为只有康拉德才管得住奥匈帝国军队中的斯拉夫部队。[78] 后来俄军于 7 月 20 日再次取胜，于是这个理由也不起作用了。最终，兴登堡掌握了整个东线的指挥权，并且在布列斯特成立了他的司令部。

接着，柏林和维也纳政府很久以来一直害怕看到也一直想要阻止的事情发生了：1916 年 8 月 17 日，罗马尼亚与法国和俄国签署协议，根据这份协议，特兰西瓦尼亚（Transylvania）地区、布科维纳和巴纳特（Banat）都将归属罗马尼亚，而这些都是奥匈帝国的领土。这确实是一笔很诱人的报酬，比德国和奥地利能提供的要好得多，后两者只能许诺在打败俄国之后分给罗马尼亚一些油水。8月27日，罗马尼亚对同盟国宣战。在不久之前，法金汉还宣称罗马尼亚不可能加入协约国，所以这件事终于让威廉二世下定决心，解除了法金汉总参谋长的职务，让兴登堡顶替他的位置——于是，第三代领导人接管了陆军最高指挥部。

不过，罗马尼亚西临匈牙利，南抵保加利亚，这显然不利于他们进攻同盟国。之前，布加勒斯特（Bucureşti）的政府虽然很想得到特兰西瓦尼亚地区，却仍然迟迟没有决定是否参战，原因就在于此。但之前"勃鲁西洛夫攻势"进行得十分顺利，奥匈帝国也濒临瓦解的边缘，所以罗马尼亚公开投靠协约国、实现"大罗马尼亚"政治梦想的时机似乎已经成熟——尤其协约国方面也表示，罗马尼亚只要**现在**参战，就可以得到特兰西瓦尼亚地区。[79]协约国的计划是，罗马尼亚军队要进攻特兰西瓦尼亚地区，"解放"居住在那里的罗马尼亚人；与此同时，来自法国、英国和塞尔维亚的 14 个师要从萨洛尼卡地区出发，自南向北进攻，打败驻扎在保加利亚、归陆军元帅冯·马肯森统帅的德国部队，因为这部分军队力量较弱。但事实很快证明，罗马尼亚对战争的准备很不充分，而且他们就像一年前的意大利，已经错过了参战的最佳时机。他们如果提早 4~6 周进攻，可能会在同盟国内部引起恐慌，并导致后者在军事上全面崩溃；但此一时，彼一时，现在"勃鲁西洛夫攻势"已经趋于停滞，奥匈帝国军队也在夏天里得以喘息，俄军部队却因为在科韦利作战失利，目前已经没有能力再度发起进攻。也就是说他们无法给予罗马尼亚实质性支持。

南部的支援也成了一场空，因为在德军和土耳其军队的支持下，保加利亚军队抢先一步进攻，在弗洛里纳（Florina）打败了塞尔维亚的流亡部队，且以事实证明莫里斯·萨拉伊率领的**"东方集团军"**是无能之辈。于是罗马尼亚的 23 个师只能凭一己之力战斗。马肯森率领的第十一集团军虽然人数不及罗马尼亚军队，却还是攻破了罗马尼亚边境的防线，并且越过多瑙河向布加勒斯特进发。法金汉在 9 月中旬被任命为第九集团军司令，现在

他率领这个集团军击退了入侵特兰西瓦尼亚地区的罗马尼亚部队，越过了喀尔巴阡山脉的隘口，同样朝罗马尼亚腹地挺进。[80] 1916 年 12 月 5 日，德军和奥匈帝国军队开进了布加勒斯特。只有在摩尔多瓦（Moldova）省，即锡雷特河（Siret）的东北部，还有罗马尼亚部队在俄军的支持下继续战斗。从战略上讲，同盟国的这次进军复制了 1915 年秋天攻打塞尔维亚时采用的方法，即从几个方向快速朝同一个中心进攻，而且两次的对手都是不擅长运动战的军队。[81]

同盟国在不到 3 个月的时间里打败了罗马尼亚，这对前者来说意义极为重大，无论在物质层面还是心理层面都是如此。首先他们缴获了罗马尼亚的军事装备，其中主要包括 360 门大炮，此外还获得 200 万吨谷物、900 万吨石油以及大量牲畜。其次，这场速战速决的胜利让人们忘却了同盟国军队在"勃鲁西洛夫攻势"中遭受的重大挫折。此外，这一处新开辟的战场则导致俄军在战略上处于劣势，因为他们的战线延长了，而且他们必须留下大量军队在此处防守，这样一来他们的胜算又变小了。罗马尼亚参战几周以后，勃鲁西洛夫在 1916 年 10 月初彻底停止了进攻。

然而最重要的是，现在新任总参谋长兴登堡和他的第一军需总监鲁登道夫成了真正掌控局势的人。在接下来的两年里，这两位掌握了军队最高领导权的男人不仅会做出重大的军事决策，而

且将决定国家的政治方针，并对德国的社会秩序产生深刻影响。在许多描写一战的文献中，兴登堡仿佛从坦能堡战役一路直接走进了第三代陆军最高指挥部，中间顶多只被一些小事打断。然而事实绝非如此。在一战中，兴登堡和鲁登道夫的军事和政治生涯绝不是一帆风顺的。他们之所以取得成功，一方面是因为他们树立了良好的自我形象，而记者、政治评论家们也在竭尽全力帮助他们；另一方面也是因为他们的军事功绩不容置疑，当然他们的对手到目前为止都是俄军，而俄军在战术和战略方面都比不上西线的协约国军队；此外，兴登堡就任东线总司令以后，战争中又发生了一些意外状况，他也因此坐上了军队的第一把交椅。

/ *448*

/ 索姆河战役：飞机、坦克和一种新战术

对于索姆河战役，英国人和德国人的理解有很大不同，这是一战中其他事件所不能比的。大多数英国史学家认为这场战役是一次严重的失败，缺乏经验的士兵们只能靠英勇表现和牺牲精神来弥补策划者犯的错误；[82] 而德国历史学家则强调这场战役打得十分艰难，持续时间很长，而且英军和法军几乎要突破成功，索姆河畔的帝国军队则屡次濒临失败边缘，险些因此输掉整场战争。[83] 和凡尔登战役相比，索姆河战役对德军来说是更为典型的技术装备战，在这场战役中，现代技术施展出极大的威力，双方国家也一直源源不断地为战场供应武器装备，这让士兵们的作战环境充满危险。恩斯特·云格尔让人印象深刻的作品名称"钢铁风暴"就源自他在索姆河战役中的体验。

当时，不同国家的人对这场战役的理解就已经存在明显不同。英国士兵在索姆河战役中最主要的"战争体验"（Kriegserlebnis）[84] 就是在德军机关枪的扫射下，他们步兵的冲锋队伍溃不成军，尤其在 1916 年 7 月 1 日，那是战争史上英国人流血最多的一天，他们共有 2 万人阵亡，4 万人受伤——而那一天冲向德军阵地的英国士兵约有 10 万人。[85] 后来英国有关这场战役的记载都集中于这一天，其他阶段的战斗都被弱化了，而这并非偶然。[86] 德国人在提到索姆河战役时首先想到的则不是其中某一天，或他们曾经为争夺某一处具体的地点而战，而是这场战斗几乎没有尽头——它开始于 6 月 24 日，从那天起同盟国军队一连多日开炮强力轰击德军阵地，最后战斗一直持续到 11 月 19 日——以及土地被炮弹炸成了一片废墟，到处是瓦砾和弹坑。双方对战争的记忆不同，某种程度上当然也是因为英军是进攻方，

而德军是防守方，双方的经验自然有所不同；不过最主要还是因为英国最后是战胜国，而德国是战败国，所以两国人民会怀着不同心情回顾这段历史：对英国人来说，这场战役意味着他们为了取胜做出了可怕的牺牲；而对德军来说，这场战役意味着在无限循环的技术装备战中，他们又一次付出了代价，而最后他们还将输掉整场战争。[87]

因此，德国人和英国人看待索姆河战役的角度也不一样。对英国人来说，索姆河战役首先代表了一种有时近乎轻率的战斗精神和视死如归的态度，那些几乎没有战斗经验的志愿兵正是凭着这种精神一次又一次地冲锋陷阵；对德国人来说，这场战役则代表幻想的破灭，因为他们遭遇敌军炮火接连不断的轰击，不得不一连几周苦苦地防御。恩斯特·云格尔在《战地日记》中提到，他所在的连怎样抵达索姆河战役的一处集结地，并且头一次了解到来自战场的第一手信息："一个人从前线来接我们，告诉我们怎么去晚上住宿的营地。他讲了一些不太愉快的事情。人们似乎是因为精神错乱才发动了这场变态的索姆河战役。他提到有人留在各处的洞里，可是这些洞之间却没有通道，周围也没有相近的战壕；又提到可怕的炮火，提到敌军没完没了地进攻，双方都在屠杀战俘，士兵们口渴难耐，尸体散发出恶臭，伤兵因为缺乏护理，身体情况恶化，还有一些别的事情。"一天后，云格尔又提到了新式钢盔："士兵们戴上这种钢盔真是够难看的。"[88]加入了英军的罗伯特·冯·兰克－格雷夫斯则写道："这个营已经打了几场硬仗。他们在弗里库尔（Fricourt）发动首次进攻，一举攻下对面德军步兵团的阵地。[……]他们的下一个目标是'四角地'，即位于马梅斯（Mametz）小型森林这一侧的一片小树林，西格弗里德［即诗人沙逊（Siegfried Sassoon）①，兰克－格雷夫斯与他关系较近〕在那里大出了一番风头，因为他一个人就攻下了对方一个营的前几排，而几天前皇家爱尔兰军团却没能占领这部分阵地。在日光下，他拿着手榴弹，只借助几杆步枪的掩护，就冲过去赶走了阵地上的敌方士兵。他的英雄行为实在毫无意义，因为他没有要求战友支援，而是坐在德军的战壕里，开始读一本诗集。他回来以后甚至都没有向上级汇报情况。斯托克韦尔（Stockwell）上校气坏了，大声斥责了他一通。由于有报告说英国侦察队还没回来，所以进攻马梅斯小型森林的时间推迟了两个小时。而所谓的'英国侦察队'就是西格弗里德和他的诗集。"[89] 沙逊早在

1914 年就以志愿兵的身份报名参加了一个精英团，在索姆河战役中，他的精神受到严重打击。在野战医院里，他受身为数学家、哲学家以及和平分子的伯特兰·罗素（Bertrand Russell）影响，开始怀疑战争的意义，并发表了宣言《请结束这场战争》（*Finish the War*）。为此，当局险些起诉他犯有叛国罪，不过他在兰克－格雷夫斯的帮助下以患有神经疾病为由逃过一劫。[90]有一些传说提到体育精神是英国人发动索姆河战役的动力之一，其中一个故事说，在进攻刚开始的时候，英国士兵把一个足球踢进了无人区，他们就像在赛场上一样一直往前运球，想把它踢进德军的战壕里。而大多数参与了这次"体育比赛"的士兵都没有活着回去。[91]

　　在战役开始之前，索姆河一带的战区一直相当平静。索姆河是一条小河，河水在迂回曲折的河道中缓缓流淌；德军在河的

---

① 在他的诗作中，我国读者最熟悉的是"我心有猛虎在细嗅着蔷薇"。

两岸都挖了战壕，但一直以来这里并没有发生过什么大事。至于这种局面意味着什么，英国人和德国人说法不一。英国的说法是，德军一直利用安静的环境扩展其阵地。他们在白垩质土地底下 10 米的深处挖了地道，这样即使敌军用最大口径的火炮轰击，地道里的人也能安然无恙。此外，他们还为机枪巢修建了混凝土掩蔽所，加厚并加固了铁丝网。德国的说法则强调，由于这一战区在较长时间里都没发生什么战斗，所以人们开始对这里掉以轻心，陆军指挥部还一再从这里抽调军队到别处。其结果是，在协约国军队开始进攻时，英军人数是德军的 3 倍，而在法军负责进攻的某些区域，法军人数竟达德军人数的 8 倍之多。这是因为法金汉对法军人数的估计出现了严重失误：他以为凡尔登的战事正吃紧，法军的兵力将被占用，所以法国人肯定会把索姆河一带的进攻行动交给英军全权负责。事实上这是一次主要由英国远征军执行的进攻，霞飞也确实要求远征军总司令道格拉斯·黑格（Douglas Haig）在计划时间之前行动，目的是减轻凡尔登战役带给法军的压力；但这位法国总参谋长也坚持让法军部队参与进攻，以免有人说，英军凭一己之力拯救法军脱离了凡尔登的败局。

于是霞飞给了福煦将军 11 个师，其中 5 个负责进攻，另外 6 个是后备师，一旦进攻部队突破了德军阵地，后备师就可以从背后袭击德军战线。英军方面派出了两个集团军，分别由亨利·罗林森（Henry Rawlinson）将军和埃德蒙·艾伦比（Edmund Allenby）将军率领，它们加起来共有 18 个师，其中 14 个师负责进攻。他们的对手是由 7 个师组成的德国第二集团军。英法联军的战线上每隔 20 米就设有一门野战炮，每隔 560 米就设有一门重炮或迫击炮，[92] 此外他们还有将近 390 架飞机。而德军只能派出 130 架飞机。在索姆河战役中，虽然英军也从空中袭击德军的机枪巢，但总的来说这些飞机主要不是被用作攻击机，而是承担了炮兵观察员的任务，或被用作歼击机①。[93]德军还将热气球用于火炮校射，地面部队要根据气球上观瞄人员提供的指示袭击敌军阵地的后方位置，而这些缓缓飘动的气球一旦被协约国军队击落，德军炮兵部队从某种程度上说就只能凭感觉射击，而英军飞机还可以执行侦察校射的任务。这一回，西方协约国技术装备上的优势头一次起了决定性作用；如果说之前人们只是预测到这种情况，那么在 1916 年夏天，它真实地发生了。来自法兰克福的赫伯特·祖尔茨巴赫（Herbert Sulzbach）在不久之前才被提拔为炮兵少尉，他和其他许多德国籍犹太人一样，认为这场战争就是"他们的"战争；[94]他用让人印象深刻的方式描述了德军在技术装备方面的劣势："透过剪刀式双筒望远镜，我发现在法军中间名为弗曼多维勒 - 苏瓦库（Vermandovillers-Soycourt）的街道上，有一队又一队汽车开过，有些运的是弹药，有些运的是步兵，而且，乖乖的，一整天都是如此。虽然这是很诱人的射击目标，但我们不能开炮，因为我们的炮弹必须留到大伙儿冲锋的时候用。空军的行动真是棒极了，而且天气也开始变晴朗了。我们经常可以看到一打敌军的飞机在空中盘旋，一架挨着一架；它们下面则是巨大的观瞄气球，气球上的人厚颜无耻地从空中看着地上的一切；一些纽波特（Nieuport）②歼击机则忠实地守护着观瞄气球，这些飞机翻着跟斗，仿佛每个飞行员都是珀古。[阿道夫·珀古（Adolphe Pégoug）是一位著名的特技飞行员。] 远

---

① 攻击机偏重对地作战，歼击机偏重对空作战。
② 法国飞机公司。

远地，我们可以看到敌方的一排系留气球①，它们互相之间挨得很近，仿佛从远处瞪着我们。这真让人不自在。"95

协约国军队一连6天都用火炮轰击德军阵地，为进攻的部队开路，为此英军用掉了1.2万吨钢和炸药；步兵于7月1日开始进攻，没想到还是遭遇德军猛烈的抵抗。此外，有些地方的大部分铁丝网都完好无损，另一些地方的铁丝网遭炮火轰击以后虽然不再稳固，但并没有被炸飞。现在它们仍然横在德军阵地前面，长长的铁丝缠在一起，和遭受炮火轰击之前一样，没有留出任何通道。新组建的英军部队还没有学会法军的进攻战术，即穿过坑道直抵敌军战壕，在敌军战线跟前发动进攻；他们还是用老办法，从自己的阵地出发，经由无人区冲向敌军阵地。步兵本来应该在徐进弹幕的掩护下进攻，96 但为了不掉速，他们只好昂首挺胸，排成横列往前冲。这对进攻方来说是致命的，因为防守方的许多士兵之前藏在深处的地道里，躲过了准备阶段的炮火，现在他们的机关枪终于可以就位了。由于英军在进攻的时候全副武装，这相当于每个人都负重27公斤，所以不仅进攻的速度受到限制，而且士兵的灵活性也不足。不过，反正地面已经被炮弹炸得坑坑洼洼，英军无论如何都不可能快速前进。第一纽芬兰步兵营在40分钟内就损失了大约90%的成员。

第二天，英军重整旗鼓，再次发动进攻。这一次他们不再排成横列，而是一队一队地前进，并且利用坑坑洼洼的地形为自己提供掩护；这样一来，德军就很难守住阵地。另外，英军士兵还跟德军士兵捉对厮杀，所以德军折损的人数也越来越多。在7月1日，德军损失的人数只有英军的十分之一，而现在在某些区

---

① 气球被金属绳系留在某一区域，可能用于观测或阻止敌机活动。

索姆河战役是一战中最血腥的进攻战之一。法军和英军对德军阵地的进攻从1916年7月一直持续到11月,但进攻方未能实现突破。图为在德军铁丝网前面倒毙的法军;人们在他们身上撒了漂白粉,因为战斗仍在继续,其他人没有办法把尸体带回去埋葬。

域，双方的损失已经持平。在接下来两周里，德军被迫放弃了越来越多的阵地。

于是法金汉任命弗里茨·冯·罗斯贝格（Fritz von Loßberg）上校为第二集团军新任参谋长。罗斯贝格在1915年秋天研发了一种行之有效的防御战术，这种战术应该能够适应现在的新形势。[97] 考虑到英军在火炮和空军方面更占优势，罗斯贝格制定了"深度防御"的方案：他没有让最前线的几个连继续防守整个战壕系统，而是让小队的士兵分散在各处，从弹坑或单个地洞里向敌人射击。与堑壕战相比，这当然要求士兵具备更坚定的战斗意志和更强大的心理素质，但分散防守力量的好处在于，进攻方很难再用大炮击溃防守方军队——尤其空中的观察员很难判断蹲在弹坑里的究竟是德国人还是英国人。这可以解释，为什么英军使用了极为强大的技术装备，但后来的作战效果却不如预期。士兵们不再聚集在多层次的战壕系统内部，而是像象棋的棋子那样，分散在很大一片范围内。这一战术得以实现，是因为上面给步兵配备了更多武器：只要有机关枪，现在一个排的火力也抵得上原先的一个连。

所以，面对敌人更为密集的火炮攻击，罗斯贝格的新战术就是扩大射击点的分布范围。这种方法确实导致敌军大炮无法集中射击，从而明显降低了它的杀伤力。不过大炮之间的"决斗"则比之前激烈得多，因为军队无法让大炮也分散在各处，而他们即便把大炮所在的位置很好地伪装起来，也难以弥补这一缺陷。对步兵来说，只要改变战术就有可能弱化对方在技术装备方面的优势；而对炮兵来说，取胜靠的就是装备，所以西方协约国军队火炮的优势比步兵的优势要明显得多，因为双方的步兵要深入整个区域作战。

/ 456

当然，步兵们现在面临另一个难题：他们不再和大部队一起作战，而正是大部队为他们提供了安全感和心理支持。现在他们必须分成小组，而且每组的人数越来越少，甚至有少数人只能独自作战。之前协约国军队开炮准备进攻的时候，他们躲在地道里还能获得一些安全感，但现在他们不能再躲进去了。事实上，如果地道出口被重型炮轰塌，里面的人往往也会丧命；并且大多数时候，躲在里面的守军都要花很长时间才能出来并做好射击准备，而进攻方通常会利用这段时间进入德军的战壕，所以德军士兵如果没有被敌人扔进地道的手榴弹杀死，那么出来以后也将面临战败和被俘的命运。罗斯贝格制定的新防守战术，着眼点就在于消除士兵对地道的依赖，迫使他们更加积极地应战。[98]恩斯特·云格尔在《战地日记》中描述了这种作战方式：他一整天都蹲守在积了水的散兵坑里，没办法排便，没有东西吃，不知道战斗进展如何，又觉得十分孤独，似乎随时会遭遇危险，心情极度紧张。[99]德军的战线算是守住了，不过他们为此付出了沉重的代价。

9月，英军再次尝试推动战役的进度，于是他们使用了新型武器——坦克。[100]它将破坏战役进行至今防守方逐渐增长的优势。之前，技术专家愈是提高步兵所持枪支的射击频率以及榴霰弹的杀伤力，防守方就把战壕挖得愈深。士兵只有将自己置于敌军视线之外，并利用突起的地面或沙袋作为掩护，才能减小子弹和炮弹碎片对人体的伤害。但这样一来他们就不能移动了。而在坦克上，士兵既得到了掩护，也可以移动。

几乎所有参战的国家都试过使用胸甲，即用钢板保护士兵的上半身，但事实证明这种装备实在太重，不适合在进攻时使用，否则会严重影响士兵前进的速度。让战壕附近的哨兵穿上胸甲倒不失为权宜之计，但步兵穿着它冲锋则会导致灾难性后果。

后来成为作家及政治家的意大利军官埃米利奥·卢苏（Emilio Lussu）在自传《高原上的一年》（*Un anno sull'altipiano*）中提到意大利士兵用了所谓的法里纳（Farina）铠甲，它由保护上半身的厚钢板以及一顶头盔组成，这套装备重约 50 公斤；书中的情节是这样的：一名将军刚开始还称赞这套铠甲质量不错，并且让一队士兵穿着铠甲，在晴朗的日子里朝锡本格麦登（Sieben Gemeinden）一带奥地利军队的阵地进发。"军士首先从战壕里爬了出来，其他人跟在他后面，因为穿着重重的铠甲，他们的动作很慢，但他们充满了自信。不过他们走路时把头埋得很低，因为头盔只遮住了头部、太阳穴和后颈部，而他们的脸还露在外面。将军笔挺地站在那儿，直到最后一名先锋队员离开战壕，然后用严肃的口吻对上校说道：'罗马人是因为穿了铠甲才能打胜仗！'"奥地利的机关枪枪手一看到前进中的先锋队员就朝他们扫射。卢苏最后写道："所有先锋队员一个接一个地倒下。没有一人能走到敌人设置的障碍物那里。"[101] 所以，用胸甲防止士兵受伤是不可行的。卢苏也用尖刻的语言毁掉了那位将军的形象；那位将军会滔滔不绝地谈论一些并不可靠的历史传闻，而在整部作品里，他代表了能力不足并且轻视生命价值的军队领导阶层。[102]

/ 458

英国首先开始研制配备大火力武器的装甲战车，这种战车首先必须可以越野行驶。当然，可以在铁轨上行驶的装甲列车，以及可以在街道上行驶、配有轻型炮的装甲卡车早在战争初期就出现了。而坦克的新颖之处在于它的履带——有了履带，这种战车就具备了越野进攻的能力。最早的原型样车"小威利"（Little Willie）看起来像一个巨大的水箱，所以人们给它起了"坦克"（tank）这个代号，后来这一概念被用来指称所有这一类的武器。以"小威利"为基础，人们又研制出"马克Ⅰ型"（Mark Ⅰ）到

/ 459

图为1916年7月索姆河战役中德国步兵部队的反攻。士兵们头戴新型钢盔，分成小队行动。穿过被炸毁的铁丝网时，他们放出人造雾，掩护他们的行动。而在1914年夏季，步兵是组成密集的散兵群进攻的，相比之下我们可以看出，步兵战术自那时起发生了巨大变化。

"马克Ⅳ型"（Mark Ⅳ）坦克，它们就是一战中使用的最典型的坦克。这类坦克重约 28 吨，上面配有 5.7 厘米口径的火炮或 5 挺机关枪；前一种被称为"雄性"坦克，后一种则被称为"雌性"坦克。这两种类型的坦克在战斗中可以互相配合。最重要的是，弹坑和铁丝网不会构成它们前进的障碍；它们的任务就是给后面的步兵开路。1916 年 9 月中旬，英军在巴波姆（Bapaume）发起进攻，出动了 36 辆坦克。然而这个阶段的坦克还不适用于前线战斗：其中 13 辆停在了进军的路上，11 辆在无人区出了故障，其余的虽然参加了战斗，但要么被德军的大炮炸毁，要么因为被步兵用手榴弹打中而失灵。在这次战斗中，坦克的表现绝对不算成功，[103] 但这次战斗却暗示了未来两年战争的发展方向。

/ 英雄形象

　　格哈德·居特勒（Gerhard Gürtler）是一名来自布雷斯劳的 21 岁神学生，他在写于 1917 年 8 月 10 日的信里提到了他在佛兰德战役中的经历：他所在的炮兵小分队在离前线很近的地方通过弹幕射击协助部队抵御了英国步兵的进攻，他们自己却遭到敌军大炮的轰击。"大地像一块肉冻那样不停地震动、颤抖，信号弹那白色、黄色、绿色和红色的光芒照亮了暗沉沉的天空，一株株身形纤细的杨树也默默投下了它们阴森的身影。我们坐在弹药堆成的小山旁边，有些人膝盖以下都泡在水里，我们不停地射击，射击；一颗又一颗炮弹在我们附近爆炸，地上的黏土溅得到处都是，我们的阵地被炸得七零八落，树木也倒下了，我们背后的屋子被夷为平地，我们身上也溅满了污泥，甚至我们看起来就和刚洗过泥浴一样。［……］炮管已经热得发烫，从大炮里取出的弹药筒也和烧着了一般，而我们做的唯一一件事就是：开火！开火！开火！直到失去意识。"

　　居特勒的描述很冷淡也很客观，从中我们既看不到英雄主义的激情，也看不到痛苦与愤恨。它读起来就像一份记录性文件，并不掺杂主观的价值判断。居特勒知道在这样的战役中，生死全凭偶然："只有我这门大炮的炮手是一直好端端的。"后来战争的势头逐渐减弱，人们把炮兵小分队阵地上的空弹药筒收集到一起，而新的弹药也被运过来了。"现在战斗接近尾声，情况就和所有其他战役一样——而佛兰德战役的情况更为突出：卫生员抬着担架排成长队，他们要把担架上的人送到最主要的集合点；大队小队的轻伤士兵身上缠着绷带；有人叹着气抱怨说，一整天都是这种刺耳的响声，让人连饭都吃不下了；另一些人则一言不发，他们无动于衷地用沉重的短靴踩着泥泞的路面，继续往前走，短靴上全是泥块；还有一些人比较兴奋，因为从现在开始战区将安静较长一段时间了。[……]事实上，这里的战场和一个巨大的墓园没什么两样。除了弹坑、七零八落的矮树林、被炸毁的农庄，我们只能看到地上竖着无数白色的小十字架，我们的前后左右都有，上面写着'一位英勇的英国人在此安息'或者'炮手……6.52'①。他们就这样躺在一起，朋友和朋友在一起，敌人和敌人在一起。在报纸上人们会读到：'他们就在他们流血、受难的地方安息，这也是他们贡献了力量的地方。他们亲爱的战友，也是曾经和他们一起奔赴战场的人，看着他们被安葬，而大炮也在他们坟墓的上空发出雷鸣般的轰隆声。在接下来的每个日日夜夜里，为这些英勇牺牲的人复仇吧！……'但没有人会去想，敌人也在继续开火，将炮弹发射到英雄的坟墓上，他们的尸骨将被炸成碎片，和上面的污泥一起随风飘散；而几周以后，在阵亡士兵最后的安息地上面，泥泞的土地将重归平坦，只有一个歪歪斜斜的白色十字架标示出了他曾经躺卧过的地方……"[104]

在1917年，官方仍在用热情澎湃的语言谈论战争，对此居特勒小心翼翼地提出了质疑。[105]他总结了人们在德国报纸上读到的"敌国境内"阵亡士兵墓地的情况。在他摘录的那段话中主要出现了3个带有英雄主义色彩的概念：战友，英勇牺牲的人及其坟墓，还有复仇。这名神学生主要在探讨"英雄"的概念，不过他在这里面对的问题是，战争中的死亡事件被过度神圣化了。对此居特勒提出了反对意见：阵亡者根本不在墓地里安息，他们的墓地看上去并无尊严可言，而战友之情也没有经受住死亡的考

---

① 数字的意义不明。

验。在居特勒的叙述中，炮弹惊扰了刚被安葬好的死者，整个墓园也被炸了个底朝天——他似乎毫不费力地向我们呈现了战场的恐怖；几年来，战火一直在这片土地上燃烧，而军队高层还在不断地将新兵送往前线。战场和墓地已经融为一体。

社会心理学家库尔特·莱温（Kurt Lewin）曾经提出"战争图景"的现象学模型，而居特勒描述的画面之所以让人印象深刻，是因为它完全不符合这种模型。根据莱温的描述，如果出现新的国界或战区，那么人们对战争图景的认识就会发生变化；而距离前线越远，人们就越感觉不到这种图景。莱温的现象学分析中最重要的一点是，战争图景可以超越空间和时间，成为和平图景的一部分，这表现在战火一度波及的地方，表现在不久前还能看到战争图景，现在却恢复了和平图景的地方：那里仍然留有战斗的痕迹，但正是这些痕迹表明战争已经离去。莱温在这里还用战壕里未被埋葬的阵亡士兵作为例子：他们在提醒人们，之前发生的一切已经画上了句号。[106] 而居特勒描述的正与此相反：阵亡士兵已经被埋葬了，可战争还未结束。所以死者得不到安宁，而幸存的战友也不会留在他们坟墓旁边"默哀"——战友关注的是怎么保住自己的生命。由于战争就在当地继续进行，所以现在和过去会重叠在一起，因为幸存的士兵在某一刻也会阵亡。这种现在和过去的交叠也让人联想到未来，让人感觉这场战争似乎不会有尽头，而即便它有一天会结束，现在在这里战斗的人也等不到了。那些怀着传统英雄主义激情的人盼的是有一天英雄可以凯旋归故里，或者他们的坟墓可以成为圣地，但这种盼望已经被现在的战争形式否决了。所以居特勒也不再把自己看成传统意义上的英雄。他知道他必须战斗，除此之外别无选择——但他不再把这当成什么了不起的事情。他默默地承受了这一切。写下这封信之后第 4 天，他阵亡了。[107]

在技术装备战的语境下，一种新型英雄诞生了：他们的特点不在于冲锋时多么英勇，而在于坚守阵地，不受外界影响。与此同时，成为英雄的权利又回到了少数人手里。在战争的第一个月，"英雄"被用来指称一整群人，整个军队都笼罩在英雄的光环之下；而现在可以明确的一点是，并非每个身着军服的人都是英雄，而且人们还拿后方的军官与在前线战斗的新型英雄对比。有关 1916~1918 年德军前线部队战术创新的分析显示，对英雄形象的重新定义绝不仅仅是为了宣传；它在更大程度上是为了让战士适应新型的作战技术，尤其是深度、运动性防御战的战术，因为在这种防御战中，人们期待以小组为单位的士兵表现出主动性和进攻性，即在敌人侵入德方防线的时候，他们必须发起反攻。这不仅要求士兵具有高度的自主性，而且要求他们相信自身的能力——我们就不说他们必须想象自己不会受伤了。[108] 军事历史学家米夏埃尔·盖尔（Michael Geyer）这样总结道："一支共同行动的队伍或一支部队，甚至是一整支军队，他们越相信自己有能力作战，他们的攻击性就越强。"[109] 把自己想象成英雄是实施运动性防御战的有利前提。

来自莱比锡的 19 岁法学生弗里德尔·厄梅（Friedel Oehme）在索姆河战役中担任排长，他在写于 1916 年 8 月 21 日的信中描述了战役的情况，这封信特别直观地体现了上述观点。他提到，他所在的连要去占领最前线的阵地，他们在进军过程中遭到炮弹和榴霰弹的猛烈攻击，一批人在炮火中倒下了。"我们来到村子的边缘。阵地就在那里。这条路通往阵地的左侧。那里有一处平坦的低地，之前是战壕所在地。我们跳了下去。已经有一些人趴在那边的洞里或残留的避弹处里。他们生气而又懒洋洋、无动于衷地看着我们。现在人员分散了。这里一个，那里一个。他们害怕得快要疯了。炮弹一颗又一颗地飞过来。碎片和泥点在空中飞舞。[……]我急忙穿过阵地，观察士兵们的情况。我震惊地发现，自己刚刚是从尸体上踩过去的，那些尸体就横七竖八地躺在水里。"[110] 随后上面命令他们继续前进，去占领前方几百米处的阵地："我把我手下的人召集到一起，要带他们走一条有掩护设施的路，然后我就跳到了那条路上。谁知我环顾四周，发现旁边并没有人，后面也没有人跟上来。我折回去劝说他们，命令他们和我一起跳。这次是跳到开阔的平地上，因为如果跳到那条有掩护设施的路上许多人就会溜走。[……]另一位军士长拿手枪逼迫手下的人前进，最后战线上由我们负责的 200 米区域内聚集了约 40 名士兵。而我们带过来的是 90 个人。"[111]

厄梅叙述的情况和许多其他人叙述的情况十分相似：当时已经不存在什么完整的战壕系统，一支部队仅由少数人组成，敌军炮火在频繁地轰击我军阵地，"汤米"① 随时可能发动进攻。不过厄梅的信更清楚地表明，当时的军队已经丧失了进攻性和纪律性：厄梅尝试以自己为榜样带动士兵前进，另一名排长则用枪逼迫他们前进，而士兵敷衍塞责、拒不执行命令已成为常态。绝望和对死亡的恐惧在士兵中间蔓延，长官和普通士兵的区别日益明显。在厄梅所说的"手下的人"中间不存在英雄，但他也不敢把长官说成英雄。长官们也不过是在尽自己的责任。厄梅和居特勒一样，描绘了一幅缺少英雄主义激情的战争画面。他的叙述很仓促，几乎像是喘不过气。不过他很清楚地表明，要不是军士长和

---

　　①　指英国兵。

少尉们命令或用榜样激励手下的人战斗，战线就会彻底崩溃。我们也能看出厄梅在叙述中美化了军官和其他长官，因为他们激励并催逼手下的人去履行自己的义务、去战斗。他也在暗示资产阶级以下的阶层出不了英雄，但并没有明确说出这一点。

社会民主党明确反对这一观点，尽管正如党报《前进》所说的，和"战争英雄"相比，他们更欣赏"品格突出的英雄"。[112] 社会民主党不愿看到贵族和资产阶级独占英雄称号，而是希望他们自己的追随者和选举人在战争中取得的功绩能得到认可。但如果不为这些人发声，这一愿望就几乎不可能实现。厄梅的叙述很好地解释了为什么莫德里斯·埃克斯坦兹认为这次世界大战是一次中间阶层的战争：[113] 依据中间阶层成员对战斗过程的描述，他们实际上承担了原本属于贵族阶级的使命——而厄梅作为法学生无疑也属于中间阶层。通过描写战斗过程以及自己在其中的角色，他相当于指出了由资产阶级担任社会和政治领袖是合理的。这是社会民主党所不能容忍的——可他们一旦指出工人阶级在战争中的功绩，就会越来越滑向民族主义的爱国主义立场。社会民主党反对中间阶层独占英雄称号，这作为一种政治努力可以说是合情合理的，但它却导致左派内部的裂痕进一步加深，因为这个阵营中有一部分人坚定地认为，谁和中间阶层争夺战斗英雄的称号，谁就背叛了左派的政治理想。工人运动内部出现了裂痕，这种事情不仅发生在国内，而且发生在前线，而主要矛盾也在于是否要成为这种新型的英雄。许多有社会民主主义倾向的工人是军队中的士官，所以在队伍中也会起到类似于"领班"的作用。但他们也只是执行"上级"颁布的命令。"上级"虽然一直存在，但如何对待上级的命令却取决于个人意志：他们可以决定，是做英雄还是逃避危险。在工人运动的整个过程中，这一裂痕始终存在，而有些人之所以选择某一政治立场，其实只是为了解释他个人之前所做的决定，或使其合理化。

英雄行为的表现形式发生了变化，这不仅引发了政治冲突，而且将当时的人引入了语义的迷宫之中，即使在事后看来，这个迷宫也几乎无解。在前线，运动战变成了阵地战，决战变成了技术装备战，正面强攻变成了突击队行动，这不仅导致新的英雄形象诞生，而且改变了"英雄"这一概念的含义。[114] 这些新的含义首先必须阻止幻想进一步破灭，而幻想的破灭是在战争爆发几个月之后开始的，之前几乎所有人都以为这场战争能够速战速决。"英雄"的全新含义将帮助人们重新整合、建构他们的经验空间与期待视域。战地书信和战地日记就是这一变化的晴雨表；这些材料表明，士兵们愈来愈倾向于以具体行为来定义他们想象中的"英雄"。在心中，抽象的概念和宏大的词语，比如祖国、荣誉和为国捐躯，已经逐渐失去吸引力，取而代之的是一些对他们个人有利的事情，比如下一次休假回家，被调往较为平静的战区，但也包括得到战友认可、在家乡获得称赞。我们也可以说，坚持下来的人就是英雄，而英雄行为本身也代表着要将战斗坚持到底。在战争刚开始的时候，人们怀着必胜的决心，渴望实现民族复兴，而现在人们想的是要坚持下去，而且不排除战败的可能——尤其是因为人们看到与自己亲密作战的战友倒毙沙场，自己的部队在进攻战中败北并付出了惨重代价。而他们的英雄精神就体现在，他们虽然一再受挫，却还能振奋精神、坚持奋战。人们深信，消沉、气馁的人更有可能阵亡，从这个角度来讲，士兵们至少应该拿出一丁点儿英雄气概，因为这是一种生存策略。

受西线大型技术装备战影响，人们不再认为"牺牲"意味着"主动为国献身"，而是和刚开始一样，认为它意味着"受害"。如果说民众在 1914 年夏天和秋天还热血沸腾地想要为集体献身，[115] 那么现在他们越发感觉那些在前线倒毙的人死得毫无意义，这些人不过是被迫牺牲了自己。战士们也觉得自己是受害者，是牺牲品，而不再觉得"牺牲"是一种能够拯救社会、国家的举动，他们自我牺牲的意愿也越来越弱，再也无法满足军事领袖的期望。自愿参军的人数越来越少，当局需要在滞留家乡的人中筛选出适合参军的人。此外，"英雄"这个概念也带上了某种讽刺、挖苦的色彩。

当然，在这样的趋势中并非没有例外。尤其在阵地战中，双方大部分时间都不得不待在同一个地方，只有在想到冲锋陷阵的时候，士兵们的英雄梦才有所寄托。1915 年 9 月 22 日，大学生奥托·海涅巴赫（Otto Heinebach）在写给父亲的信中提到了一位朋友的死：当时他的朋友正在站岗，因为被一枚炮弹击中而身受重伤，很快就死了。海涅巴赫还提到几个小时以前他与这位朋友的谈话："这天晚上，他又说起他讨厌阵地战，因为在阵地战中，士兵不得不钻进地底下和坑道里，他们变得懦弱，而且注定要处于被动状态。［……］如果在地面上作战，他们可以大声呐喊着冲锋陷阵，这样死去他会觉得好受些，而他的兄弟也这么认为。可他最终还是没能如愿以偿。"[116] 同样是受伤身亡，士兵们显然更情愿在冲锋的时候倒下，而不是在站岗执勤、"无所作为"的时候倒下。在瓦尔特·弗莱克斯的自传体小说《两个世界之间的漫游者》中，他描述了朋友恩斯特·武尔歇生前及战死时的情形，相关的文字也体现了这一点。他拜访了死者的母亲，后者问他："'恩斯特死前参加了冲锋没有？'我点了点头：'参加了，在瓦尔蒂（Warthi）。'于是她闭上眼睛，跌坐回椅子上。

/ 468

'那是他的一大心愿。'她缓缓说道。许久以来，她一直害怕这个愿望会成真，现在它终于成真了，她似乎在痛苦中又感觉到喜悦。"[117]1915 年 10 月 12 日，来自海德堡的哲学学生阿尔弗雷德·韦思（Alfred Vaeth）在一封战地信件中提到了他们部队在香槟地区的一次冲锋："这次冲锋实在是又可怕又精彩，是我经历过的最精彩也最糟糕的一次。炮兵们在射击的时候表现得真是出色，两个小时以后［……］德国步兵就可以冲锋了。这次冲锋正体现了德国步兵的水平，这是其他国家的士兵所达不到的。这太壮观了——我们的人，也就是年轻的那批人，他们前进的样子真是太壮观了。有些其他团的军官看到了这一幕，他们向我们承认，他们从未见过能与之相比的阵势。"[118]这些人被迫日复一日地守在战壕里，在他们心中，向前冲的愿望与打败敌人的愿望结合在一起，以至于死亡也成了一种诱人的渴望：他们会心甘情愿地牺牲自己，只要这牺牲能打开胜利的大门。虽然在堑壕战和技术装备战中，受害者情绪又占了上风，但只要联想到冲锋，献身的精神就会在战士们心中再次燃烧起来。

　　我们很难想象一场战争缺失了英雄形象会怎么样。英雄形象既体现了一名士兵应当满足的基本标准，也体现了人们对他更高的要求，体现了那些超出平均水平之外、特别值得强调的优异表现，某些士兵正是因为这些表现才被授予勋章，获得了大部分人所没有的殊荣。不过有时人们不能准确区分"基本标准"和"过人的表现"，一旦战争持续时间过长，这两者之间的界限就越发模糊。当局颁发的勋章越来越多，这表明人们对军人的期待发生了变化，[119]同时也表明，当局在寻找合适的手段激励士兵，好让他们更卖力地打仗，而当局通过威胁无法达到这一目的：如果当局一味要求士兵表现英勇，越来越多的人将不予理会，或者根本做不到。不过和多民族帝国的军队相比，德国军队中逃兵的比例还是很低的，[120] 这是因为在德国，当局还可以利用民族主义情绪鼓动民众为国献身。不过逃兵的数量还取决于一个因素，就是人们所说的是广义上还是狭义上的"逃兵"，大部分人是否用比较模糊的标准去衡量某些人逃避危险的行为。战争持续的时间愈长，人们愈常提到所谓"贪生取巧者"，而在战争初期全国处于亢奋状态的时候，这个概念是不曾出现过的。贪生取巧者首先包括那些不想上战场杀敌，于是想方设法进入国防工业工作、因而不必服兵役的人；[121] 如果把范围再扩大一些，也可以包括军队中只在后方服役的人，最后还可以包括那些尽力逃避危险任务，如侦察、突袭等任务的人。即便在反军国主义以及和平主义的文本中，根据文本意图的不同，我们可以看出作者对"贪生取巧者"有不同的定义。例如在阿诺尔德·茨威格的长篇小说《凡尔登教训》中，工兵营营长就是一个爱吹牛的懦夫，他不离开后方一步，用手下人的生命安全换取自己的舒适惬意。

士兵们被苛求在战斗中表现英勇，而他们如何回应也体现了军队内部不同成员的区别。[122] 不仅前线的士兵和"后方的猪"有所不同，而且基于组织原因，前线部队内部也存在差别，因为有个别部队会被抽调出来执行难度更高的任务，因而他们需要表现得比其他战士更加英勇。他们不和大部队一起进攻，而是分成小队，这样敌人的炮火就不容易对准他们。[123] 所以在战斗过程中，冲锋逐渐发展成突击队行动，而这部分任务只能交给经验最丰富的战士执行。如果说在战争头几个月里，人们从照片中看到的"英雄"是大批的军人，那么现在的"英雄"就是某个个体，或是承诺忠于彼此的一小群人。而剩下的人是不值一提的。这些孤独的英雄不仅包括歼击机飞行员和潜艇舰长,也包括某些步兵;不过,这种孤胆英雄的行为并不属于某个兵种的伦理——在西线的技术装备战中,它存在的首要意义是防止这一小群人像大多数人那样死去。

不仅"英雄"的标准发生了变化,而且在物理和心理两个层面上,"英雄"这一概念也几乎瓦解,因为战争持续的时间越长,人们就可以看到越多"战争残废"(Kriegskrüppel)或"战争恐惧症患者"(Kriegszitterer)。尤其前者在战后一段时间内经常出现在街头,让人们回想起战争的可怕;和这种回忆比起来,当初人们对英雄的想象显得既可笑又毫无意义。[124] 当然,并非所有受过重伤的人都会残疾;医学已经取得进步,所以许多受过重伤的人不仅活了下来,而且恢复一段时间以后还可以重返部

队。[125] 每 1000 名受伤的德国陆军士兵中只有约 100 名因为彻底失去作战能力而退伍,可以很快归队的则超过了 600 人。每两名士兵阵亡,就有 10~11 名重伤或重病后痊愈的士兵重返前线。[126] 后来,受伤频率甚至成了判断英勇程度的指标之一。如果一个人没有受过几次伤,就很难称得上英雄;政府在给受伤者颁发伤员勋章的同时也会颁发英勇勋章,这便赋予伤残人士英雄的身份。不过有些伤员可能因为双侧截肢或脸部严重受伤,他们的外在形象已经被彻底毁掉。[127] 失去一条腿或一只胳膊的人完全能够以战争英雄的形象出现,他们残缺的肢体正表明他们确实战斗过。但被截去两腿的人只能依靠轮椅行动,被截去两只胳膊的人时刻要依靠别人帮助,他们看起来只是可怜的"战争残废",没有一点儿英雄气概。一旦这样的重伤人员越来越多,人们就一直有机会看到"英雄气概"的另一面,这也影响了人们对于英雄的想象:透过这些"残废",人们意识到所谓的"英雄"从根本上讲不过是个

战争导致大量士兵残疾，这在战争期间已经构成社会问题，过去政府会把这些人安置在残障军人之家，但这个办法现在已经不足以解决问题。而技术的发展为他们提供了越发高级的假肢和复原方法，所以按照设想，他们应该能够再度参加工作。上图摄于1916年或1917年，地点是哈弗尔河（Havel）河畔勃兰登堡（Brandenburg）附近的残障军人之家，图中，被截去一条腿的士兵在做平衡练习。

艺术形象，由各种不同特征拼凑而成——对英雄形象的解构意味
着这一形象开始走向瓦解。

如果说"战争残废"受到的伤害是显而易见的，那么"战争恐惧症"的患者则会被怀疑是为了避免返回前线而装病，或者人们会认为他失去了意志力和决断力，证据就是他已经无法控制自己。[128] 事实上，当时战场上密集的炮火给一部分士兵留下了精神创伤；虽说在德军精神病医生的努力下，他们不至于被交给军事法庭，也没有被鉴定为残疾，但医生却使用一些残酷的方法——比如电击疗法——为他们治疗，目的是让尽可能多的人返回前线。这到底说明当时的人依然迷信"意志"的力量：他们深信，士兵有某种创伤也好，因为创伤留下后遗症也好，只要决心足够坚定，就一定能战胜这些难处。当局尤其要求军官和士官具备坚强的意志，且能够控制自己的身体和精神状态。[129]

从当时的形势来看，德军在人员和物资方面不如协约国军队，所以他们只能用士兵取胜的决心和牺牲精神来弥补。所以我们不难理解，为什么和协约国方面相比，德国人更为狂热地崇拜英雄行为，也更强烈地要求同胞表现出同样的态度。英雄气概作为一种集体特质一再受到推崇，是因为唯有如此，德国才能继续战斗下去。许多在西线战斗的士兵也感觉到了这一点，所以虽然受害者心态已经占了上风，但他们在书信中还是一再流露出献身的热情，而这不过是资源匮乏问题在精神层面的反映。如果放弃了这种热情，就等于放弃了这场战争。1916 年 8 月 30 日，在西线的一次进攻失败后，来自蒂宾根的自然科学学生瓦尔特·施密特（Walter Schmidt）在写给母亲的信中完全把献身精神当成了某种纲领："看哪，我站在鲜血和尸体中间，与死亡面对面，而突然间，胜利的喜悦深深地浇灌在我心里［……］。我们已经完成了

使命，只要不让敌人得逞，我们哪怕死 1000 人也不足惜。在这种时候，个人的生命又算得了什么呢？和所有人一起准备献出生命，这难道不是实现生命价值最好的方式吗？［……］死亡固然令人难过，但我们可以首先在内心战胜死亡，这样，在暴行和鲜血中，我们会看到我们为之献身的目标正闪着幸福的微光，这个目标就是——拯救我们的祖国！于是，死亡就变得不再重要了。"[130]

后来，形势越发清楚地表明，德国凭借再多的牺牲精神和求胜意志也打不赢这场战争，这时，一种终极的英雄形象也越发受到推崇，而出人意料的是，它的出现也意味着战争目的大讨论已经走向终结，因为这个英雄形象不再追求实现战争**目的**，而只追求战争的**意义**。许久以来，所有英雄行为都以取胜为目的，而一旦德国彻底输掉这场战争，军队也不再为胜利而战斗，战士的新形象就被看作德国在这场战争中真正的收获并受到推崇。云格尔在 1922 年发表的散文《作为内在体验的战争》（*Der Kampf als inneres Erlebnis*）中欢欣鼓舞地提到了这一形象："这是新兴的人类，是战斗工兵，是中欧的佼佼者。一个全新的人种，头脑聪明、力量强大、意志坚定。［……］他们不会一直像打仗时那样，借助弹坑、炮火和钢铁的武器来开路，但他们会保持战场上冲锋的脚步、钢铁的速度。一个时代即将没落，它那燃烧的晚霞也正是黎明的曙光，在这曙光之中，人们将武装起来，准备投入又一场更加艰难的战斗。［……］这场战争不是故事的终结，而是夺取控制权的序曲。它就像一个锻工车间，在这个车间中，世界被锤打出新的边界，新的共同体诞生了。"[131] 在云格尔看来，战争的意义就在于塑造"新兴人类"。塑造这样的人类并非如政治左派所说的，要靠家庭和学校教育，而是靠战斗，以及战斗对人的"净化"。[132] 云格尔写道："最本质的事情不是我们**为何**而战斗，而是我们**如何**战斗。[……] 一切对善与恶的沉思，都比不上这种战斗精神，这种哪怕为了最微不足道的理想也愿意付出一切的状态。"[133]

这种对英雄气概的狂热激情已经脱离了政治和军事上的目的；在这种激情的影响下，人们转而主张，战争的意义不在于目的达成与否。毕竟，德国人虽然付出了沉重的代价，但还是输掉了这场战争，如果用目的达成与否来衡量战争的意义，那就意味着他们在战争中付出的所有代价都是徒劳的。也正因如此，后来雷马克才提出了"迷惘的一代"（die verlorene Generation）的概念，但云格尔在作品中反驳了雷马克的想法：没有什么是徒劳、无意义的，战争的目的就在于它本身，因为它把一代人培养成为战士和英雄。这种观点同时也回答了另一个问题，即那些在大型战役中活下来的人应如何定义战争与他们自身的关系：他们应该仅仅因为活下来而心存感激，然后就把这段经历抛到脑后（战争刚结束的时候大多数人都这么做），还是应该控诉当权者，投身反战运动，确保政府不再发起新的战争（刚开始有许多人都这么做），或者应该为他们在战争中的经历高唱赞歌，将这种经历渲染为英雄故事，使之成为他们生命中的高光时刻（战争过去越久，就有越多人这么做）？[134]

一战中德国英雄形象的发展至少可以分为 3 个阶段：在战争的头几个月里，人们感觉德国军队似乎在无休无止地向前挺进，每个参战的士兵都可以称为英雄；后来在技术装备战时期，英雄的主要特点不再是勇往直前，而是坚守阵地，只有那些孤独地蹲守在弹坑中的突击队员可以被称为"英雄"；战争结束以后，英雄形象的构建迎来了第三阶段，这时"英雄"的范围又进一步缩小，因为战争已经失败了，而战争的失败证明大多数士兵都不是英雄。在一些文学作品中，英雄的形象遭到了解构，其中比较典型的是埃得勒夫·克彭（Edlef Köppen）的作品《统帅部战报》（*Heeresbericht*）中炮兵赖西格（Reisiger）的形象；与此针锋相对的，是云格尔对英雄形象的重新建构，他笔下的英雄认识到，战争的意义在于验证并提升他们的男子气概，而他们也忠实地接受了历练，所以，只有那些在**战后**仍以英雄的标准约束自己的人才算得上英雄。

如果要分析大众对"英雄"的想象如何影响了人们的行为，就必须区分英雄形象发展的这 3 个阶段（或者更多）——这也是因为从大趋势来看，所有参战国家都经历了头两个阶段，[135] 直到第三阶段，各国对"英雄"的想象才有所不同，比如德国和英国的英雄故事就不一样，德国和奥地利的英雄故事也不一样。[136] 有人从战后英雄形象的建构情况推断出战争期间人们想象中的英雄形象，或者把这两者等同起来，这从方法上讲是错误的，也会对实际操作产生误导。我们如果对比云格尔的《战地日记》和他后来创作的日记体小说《钢铁风暴》，就可以发现两部作品中的英雄形象有所不同。在《钢铁风暴》中，云格尔几乎原封不动地引用了《战地日记》中的一些段落，只对它们稍做修改，但凭借这一丁点儿修改，云格尔便将原来基本不加修饰的叙述转化为带有英雄激情的故事，由此赋予了《钢铁风暴》新的意义。他笔下一名战士的形象最为明确地说明了这一点：在索姆河战役中，这名来自符腾堡的战士曾领着云格尔所在的连抵达某个集结区，云格尔在日记中对他的描写还是就事论事的；而在《钢铁风暴》中，这个男人的面貌就完全不同了。云格尔写道："这是我看到的第一名戴着钢盔的德国士兵，在我眼中，他来自一个陌生且更为艰苦的世界。我俩待在公路排水沟里，我坐在他身边，好奇地向他打听阵地上的情况。他很平淡地告诉我，他们一整天都蹲在弹坑里，弹坑之间没有通道，周围也没有相近的战壕；他还告诉我，敌人在无休无止地进攻，某些地方堆满了尸体，他们口渴得要发疯，伤员受尽折磨然后死去，此外他还说了许多别的事情。他的脸一动不动，钢盔的边缘仿佛就嵌在他脸上，他的声音则没有任何感情，前线的喧嚣声又仿佛是背景音乐——这让我们觉得十分恐怖。这位领我们踏入战场的使者只比我们早来几天，可他身上已经带着某种印记，这印记似乎以一种无法形容的方式将他和我们区分开来。'倒下的人只能躺在原处。这事儿谁也没办法。没人知道自己能不能活着回家。敌人每天都在进攻，但他们突破不了。谁都知道，这是生死攸关的大事。'这声音唯一让人印象深刻之处，就是它极为冷静，它已经被火炼净了。这才是能战斗的人。"[137]

一段文字在描述某次战役或某一群士兵时是否带有英雄主义色彩，通常是由语义上的一些细微差异决定的。以云格尔的作品为例，他在日记中着重描写了技术装备战作为杀人机器的一面，而士兵们只是被卷入了这样的战斗中，他们唯一的选择就是尽一切办法让自己活下来。而在小说中，他虽然描绘了同样的场景，却增加了一层含义：他使读者确信，有人可以在如此艰难的处境中坚持下来，而一旦他们坚持下来，他们的心灵就得到了净化，精神境界也得以提升。士兵要经历"火的洗礼"和"钢铁的浸泡"，谁经受住了考验，就可以成为新人：他们不是身体和精神遭受重创的人，他们是"英雄"。云格尔说，他在索姆河战役中结识的那位来自符腾堡的士兵已经"被火炼净"。云格尔在描述战争的时候使用了"火"与"钢铁"的意象，[138] 他要传达的信息在于，这火不会将士兵烧毁，而是要净化他，要除去他身上所有弱点和不符合"英雄"标准的特质，直至他成为纯粹的战士；而"钢铁风暴"也不会摧毁士兵的身体或精神，而是要把他们塑造为世界上前所未有的全新的战士。

注　释

1　尚蒂伊会议的情况参见 Keegan, *Der Erste Weltkrieg*, S. 385f; Afflerbach, *Falkenhayn*, S. 351, 以及 Stevenson, *1914 - 1918*, S. 199ff。

2　数据出自 Keegan, *Der Erste Weltkrieg*, S. 386ff。

3　参见 Afflerbach, *Falkenhayn*, S. 357。

4　相关信息参见 Kronenbitter, «Waffenbrüder», S. 165ff。

5　Strachan, *Der Erste Weltkrieg*, S. 199.

6　同上，S. 354f.

7　法金汉和康拉德之间的冲突参见 Rauchensteiner, *Tod des Doppeladlers*, S. 325 - 343。

8　参见 Becker/Krumeich, *Der große Krieg*, S. 219ff, 以及 Afflerbach, *Falkenhayn*, S. 351ff。

9　相关信息参见 Krumeich, ««Saigner la France»», S. 17ff, 以及 Foley, *German Strategy and the Path to Verdun*, S. 209ff。

10　除了 Afflerbach, *Falkenhayn*, 讨论过这一问题的主要文献还有 Kielmansegg, *Deutschland und der Erste Weltkrieg*, S. 301 - 307, 以及 Salewski, *Der Erste Weltkrieg*, S. 187ff。

11　参见 Janßen, *Der Kanzler und der General*, S. 171ff。

12　参见本书 S. 270ff。

13　法金汉对英国的仇视参见 Afflerbach, *Falkenhayn*, S. 198ff。

14　转引自上一处文献, S. 352; 亦可参见 Janßen, *Der Kanzler und der General*, S. 165ff。

15　在克吉伦看来（参见本书 S. 286ff），德国与英国的较量也可以发生在苏伊士运河、美索不达米亚以及更远的波斯，德国还可以取道阿富汗进攻英属印度——奥斯卡·尼德迈尔（Oskar Niedermayer）和马克斯·冯·奥本海姆也持类似的想法（参见 Seidt, *Berlin, Kabul, Moskau*, 以及 Kreutzer, *Dschihad für den deutschen Kaiser*, 还可见本书 S. 552f），但法金汉认为这些地方都是次要战场，同盟国可以通过这里的战斗牵制英军，但这些战斗不足以挫败大英帝国求胜的意志。至于这一观点是否正确，学界至今仍存在争议。

16 参见 Meschnig, *Der Wille zur Bewegung*, S. 97ff; 杰 胡 达·L. 瓦 拉 赫（Wallach, *Vernichtungsschlacht*, S. 248ff）称法金汉的计划是"兵法的堕落"。

17 法金汉是否确实在 1915 年 12 月起草了所谓的"圣诞备忘录"，还是事后为了给自己制定的进攻战略辩解才发布了这份文件，这在学界仍然存在争议。但由于这份备忘录阐述的作战思路与法金汉付诸实施的战略思路一致，所以我们可以认为，备忘录至少反映了 1915 年末法金汉基于何种想法做出了决策。认为备忘录真实可信并在此基础上展开论证的学者主要包括基尔曼斯埃格（Kielmansegg, *Deutschland und der Erste Weltkrieg*, S. 301ff）和萨莱夫斯基（Salewski, *Der Erste Weltkrieg*, S. 186）；阿夫勒巴赫（Holger Afflerbach）和贝克尔（Jean-JacquesBecker）、克鲁迈西（GerdKrumeich）则对备忘录可信度表示怀疑，见 Afflerbach, *Falkenhayn*, S. 542ff, ders., «Weihnachtsdenkschrift», in: Hirschfeld, *Enzyklopädie Erster Weltkrieg*, S. 959, 以及 Becker/Krumeich, *Der große Krieg*, S. 227。

18 Falkenhayn, *Oberste Heeresleitung*, S. 183f.

19 事实上，法金汉在备忘录中提到距凡尔登不足 20 公里处就有一条铁路，德军正是利用它为铁路西侧的前线部队运送物资；见上一处文献，S. 184。

20 Ferro, *Der große Krieg*, S. 140.

21 公元 843 年，夏尔·勒肖夫（Charles le Chauve）和路德维希·德多伊奇（Ludwig der Deutsche）签订《凡尔登条约》，一致同意分割查理曼（Charlemagne）大帝的法兰克王国。他们分得的国土中间还夹着洛泰尔一世（Lothaire I）的王国，即洛林，这部分土地很快诱发了东、西法兰克王国之间的争端。

22 Falkenhayn, *Oberste Heeresleitung*, S. 184.

23 参见 Herwig, *The First World War*, S. 184, 以及 Münch, *Verdun*, S. 460ff。

24 凡尔登战役之所以有名，并不是因为阵亡人数多——有的文献实际上夸大了这场战役的阵亡人数。对此，费罗（Ferro, *Der große Krieg*, S. 138）写道："索姆河战役的死亡人数和凡尔登战役一样多，而前一年里香槟战役给法国造成的损失比这两者还要高。但凡尔登是法军英勇抗战的象征，这场战役的独特光环属于凡尔登的战士们。"

25 参见 Salewski, *Der Erste Weltkrieg*, S. 201。

26 Glaeser, *Jahrgang 1902*, S. 233; 至少从事后来看，格莱泽会认为凡尔登战役

是战争的转折点，因为从那时起，人们不再对战争充满信心，而是绝望地祈求让它赶紧结束："我们这座城市的伤亡人数在一天天增加。我们就像一个不断被分割、不断缩小的数字。这些天里，许多人都不再祈求战争胜利，而只是祈求让它赶紧结束。几个月以前，许多妇女还会祷告说：'主啊，请保佑我们的英雄。'现在她们只是草草地合上双手，近乎绝望地说：'主啊，请保佑我们家的经济支柱……'"（S. 242）。

27　1866 年以后，黑森（当时称为黑森大公国）的军队就归普鲁士指挥，所以格莱泽在《生于 1902 年》中提到，他们反复接到来自凡尔登的阵亡报告。书中主人公住在上黑森地区一座名为布茨巴赫（Butzbach）的小城，在那里入伍的士兵加入了正文中所说来自黑森的团。

28　数据出自 Salewski, *Der Erste Weltkrieg*, S. 196; 相关信息亦可参见 Herwig, *The First World War*, S. 184。

29　皇帝所有的儿子都参战了，而且都是上校或上校以上的军衔；相关信息亦可参见阿诺尔德·茨威格在《凡尔登教训》一书中描写的充满矛盾的王储形象。

30　王储要求停止进攻的情况参见 Herwig, *The First World War*, S. 195; 法金汉针对这场战役做了特别的规划，有一部分后备军没有出动，而如果他们出动，德军或许就能占领凡尔登，相关情况参见 Wallach, *Das Dogma der Vernichtungsschlacht*, S. 256ff。王储威廉在他的《德军激战回忆录》一书中（Wilhelm, *Erinnerungen aus Deutschlands Heldenkampf*, S. 225）提到，他的参谋长施密特·冯·克诺贝尔斯多夫一直想要继续推动进攻，这也导致这位参谋长后来被调走。

31　凡尔登战役的过程参见 Horne, *The Price of Glory*; Keegan, *Der Erste Weltkrieg*, S. 390 - 400; Herwig, *The First World War*, S. 183 - 195; 有文献详细描述了单个区域的战斗细节，参见 Stegemann, *Geschichte des Krieges*, Bd. 4, S. 13 - 43, 以及 Werth, *Verdun*, 多处；简短、概括性的介绍见 ders., *Schlachtfeld Verdun*, S. 19 - 36。同时代的人和后人对战役的理解、战斗的日常情况以及后来所谓的"凡尔登神话"参见 Münch, *Verdun*。

32　在以凡尔登战役为题材的著名小说中，故事往往围绕这几个地名展开：阿诺尔德·茨威格的《凡尔登教训》主要围绕"杜奥蒙"，阿尔弗雷德·海因（Alfred Hein）的《一连士兵》（*Eine Kompanie Soldaten*）则围绕"304 高地"和"死人山"。

33　参见 Keegan, *Der Erste Weltkrieg*, S. 392f, 以及 Herwig, *The First World*

34 Glaeser, *Jahrgang 1902*, S. 235.

35 见 Herwig, *The First World War*, S. 183 的章节标题。

36 Martinetz, *Der Gaskrieg*, S. 68 - 70; 以 及 Szöllosi-Janze, *Fritz Haber*, S. 347ff.; Herwig, *First World War*, S. 188.

37 Martinetz, *Gaskrieg*, S. 70.

38 参见 Hirschfeld u. a. (Hg.), *Enzyklopädie Erster Weltkrieg*, S. 488 f. " 喷火器 " (Flammenwerfer) 条 目; Matuschka, «Organisationsgeschichte des Heeres», S. 255; Herwig, *The First World War*, S. 189; 后来党卫队 (Schutzstaffel, 简称 SS) 也使用了这一标志。

39 参见 Gross, «Stahlhelm», in: Hirschfeld u. a., *Enzyklopädie Erster Weltkrieg*, S. 864f, Matuschka, «Organisationsgeschichte des Heeres», S. 233, 以 及 Baer, *Vom Stahlhelm zum Gefechtshelm*, Bd. 1, 多处。

40 相关信息参见 Hüppauf, «Schlachtenmythen», S. 73ff。

41 数据出自 Herwig, *The First World War*, S. 230。康拉德最大的担忧在于, 被俘的奥匈帝国军官多于阵亡的军官。当然, 士兵和士官的被俘人数比军官被俘人数多了 3 倍。在士兵群体中, 阵亡人数和被俘人数的比例约为 1 : 2.5 (参见上一处文献)。根据马丁·范克勒韦尔德 (Martin van Creveld) 提出的战斗力参照标准 (*Kampfkraft*, insbes. S. 200ff), 以上情况表明奥匈帝国军队内部较为脆弱。不同的观点参见 Rothenbeg, *The Army of Francis Joseph*, S. 193ff。

42 Herwig, *The First World War*, S. 230.

43 与此处及后续内容相关的信息参见 Herwig, *The First World War*, S. 238ff。

44 参见 Hardach, *Der Erste Weltkrieg*, S. 132f。

45 弗朗茨·约瑟夫统治末期的情况参见 Palmer, *Franz Joseph I.*, S. 470ff。

46 奥匈帝国军队总司令部和德国陆军最高指挥部互不信任的情况参见 Rauchensteiner, *Tod des Doppeladlers*, S. 330 - 333 (康拉德的言论见 S. 331)。如果说法金汉对英国怀有固执的敌意, 那么康拉德对意大利也怀有明显的仇恨。

47 这次远征不仅兵力不足, 而且当局对行军速度的估计也完全不切实际: 他们认为只需 6 天时间, 军队就可以从特伦托行至威尼斯; 参见 Rauchensteiner, *Tod des Doppeladlers*, S. 330。

48 事后来看我们会感到诧异, 因为进攻计划并未特别关注行军过程中天气情况可能造成的麻烦。这一区域可能直到 4 月都被很深的积雪覆盖，而且这种情况并不罕见。天气问题被忽略的最主要原因可能在于，康拉德认为时间十分紧迫，他们必须在俄国有能力发动进攻缓解英法压力之前彻底击败意大利，所以他在计划中故意避开了天气问题。此处及后续内容的相关信息参见 Rauchensteiner, *Tod des Doppeladlers*, S. 333‑339。

49 同上，S. 339。

50 与意大利交战的总体情况参见 Etschmann, «Die Südfront», S. 27ff, 以及 Afflerbach, «Vom Bündnispartner zum Kriegsgegner», S. 15ff。

51 参见本书 S. 603ff。

52 奥地利军队在特伦蒂诺发起进攻的详细过程参见 Rauchensteiner, *Tod des Doppeladlers*, S. 339‑343; 亦可参见 Stegemann, *Geschichte des Krieges*, Bd. 4, S. 420‑424, 以及 Schwarte (Hg.), *Der große Krieg*, Bd. 5, S. 199‑224; 十分简短的描述见 Keegan, *Der Erste Weltkrieg*, S. 420, 以及 Strachan, *Der Erste Weltkrieg*, S. 234。

53 奥匈帝国的征伐行动虽然在初期取得了显著成果，后来却彻底停滞，对此相关文献总结了 3 个主要原因。首先，搬运重型炮耗费了太多时间。其次，集团军群司令欧根大公下令要尽可能避免较大的损失，必须等大炮在下一处意大利阵地为进攻的军队开道以后，他才允许步兵继续前进。最后，最重要的是，由于在 1914 年秋天加利西亚的战役中奥匈帝国军队不负责任地一味牺牲士兵的生命，故而以卡尔大公为首的一些人吸取了教训，主张尽可能"少流血"，这却导致他在行动时太过迟疑，多次错失机会，在意大利军队落败时没有乘胜追击。

54 这一区域以南的战线主要位于如今的白俄罗斯境内，此处的军队由巴伐利亚的利奥波德（Leopold）亲王指挥；再往南的战区则归奥匈帝国军队总司令部管理。俄军进攻纳拉奇湖（Lake Narach）和里加地区的过程参见 Keegan, *Der Erste Weltkrieg*, S. 421f, 详细的介绍参见 Stegemann, *Geschichte des Krieges*, Bd. 4, S. 50‑63。

55 鲁登道夫推行的政策究竟属于什么性质，产生了怎样的影响，相关文献对此评价不一。基根（Keegan, *Der Erste Weltkrieg*, S. 421）认为这一政策造就了"繁荣的占领区经济"，虽然希特勒在 1914 年后实行过类似政策，但鲁登道夫做得更为巧妙，他主要依赖波罗的海地区的犹太人（他们大部分说德语），把他们当成实现德国化的工具。柳勒维西乌斯（Liulevicius, *Kriegsland im Osten*, S. 72ff）则认为鲁登道夫残酷地剥削当地人民，并将他的统治与希特勒的统治相提并论（S. 301ff）。对第二种观点的批判见 Koenen, *Der Russland-Komplex*, S. 73ff。

56 所有引文均出自 Strohschnitter, *Der deutsche Soldat*, S. 240, 241, 243f 与 245。

57 数据出自 Keegan, *Der Erste Weltkrieg*, S. 422。

58 Stegemann, *Geschichte des Krieges*, Bd. 4, S. 64.

59 Stone, *The Eastern Front 1914 - 1917*, S. 250 - 254; 更多有关俄军进攻的情况参见 Jérábek, *Die Brussilowoffensive 1916*。

60 有关"新年战役"的情况参见 Rauchensteiner, *Tod des Doppeladlers*, S. 309。

61 转引自上一文献，S. 349。

62 士兵临阵脱逃的情况参见 Rauchensteiner, *Tod des Doppeladlers*, S. 205f; Höbelt, «Österreich-Ungarns Nordfront», S. 114f; Lein, *Pflichterfüllung oder Hochverrat?*, S. 59ff; 针对逃兵问题的基本研究见 Jahr, *Gewöhnliche Soldaten*, S. 17ff。

63 Keegan, *Der Erste Weltkrieg*, S. 425.

64 同上，S. 350。

65 相关情况参见 Wildman, *The End of the Russian Imperial Army*, Bd. 1, S. 99ff。

66 根据特奥·施瓦茨米勒（Theo Schwarzmüller）在传记《马肯森》（*Mackensen*）中的描写，马肯森是一名很有能力的军人，但他在政治上相当天真，也没有太大的雄心抱负。

67 兴登堡在媒体上的自我曝光有何影响，参见 Pyta, *Hindenburg*, S. 115ff; 一些出入兴登堡司令部的德国和犹太作家、艺术家对他十分崇拜，这些人大部分是左派人士，相关情况参见 Koenen, *Der Russland-Komplex*, S. 73; 1915 年和 1916 年上半年，兴登堡在政治上遭到冷遇，无法发挥影响力，相关情况参见上一文献，S. 177ff。

68 Hedin, *Nach Osten!*, S. 9 - 12.

69 "兴登堡神话"的哪些元素和表现形式满足了这一需求，参见 von Hoegen, *Der Held von Tannenberg*, S. 99 - 166; 兴登堡和俾斯麦之间的关联详见 S. 156ff。

70 参见 Görlitz, *Generalstab*, S. 147。

71 从俾斯麦到兴登堡，我们可以看到政治神话的延续性，具体情况参见

Gerwarth, *Der Bismarck-Mythos*, S. 105ff, 不过此处的文献主要探讨了魏玛共和国时期的情况；所谓"俾斯麦神话"亦可参见 Parr, «*Zwei Seelen wohnen, ach! In meiner Brust!*», S. 55 - 156。

72　相关情况参见 Deist, «Kaiser Wilhelm II. als Oberster Kriegsherr», S. 13ff。

73　相关情况参见 Rauchensteiner, *Tod des Doppeladlers*, S. 359; 像兴登堡这样的政治神话构成了所谓的"语言材料"，正是通过这些材料，政府如安妮·利普（Anne Lipp）所说的，得以在战争中引导人们的观点。

74　von Müller, *Regierte der Kaiser?*, S. 206（1916 年 7 月 26 日记录的内容）。

75　参见 Afflerbach, «Die militärische Planung», S. 302ff。

76　此处及后续的相关信息参见 Rauchensteiner, *Tod des Doppeladlers*, S. 353 - 360。

77　参见 Meier-Welcker, *Seeckt*, S.85ff。

78　Rauchensteiner, *Tod des Doppeladlers*, S. 358.

79　参见 Kielmansegg, *Deutschland und der Erste Weltkrieg*, S. 361。

80　汉斯·卡洛萨（Hans Carossa）在《罗马尼亚日记》（*Rumänisches Tagebuch*）中从营队医生的视角描写了争夺特兰西瓦尼亚地区尤其是争夺喀尔巴阡山脉隘口的战斗。除了战斗过程，卡洛萨还描绘了当地壮观的景色和他在此处遇到的异族人。在他的笔下，这是一个对他来说完全陌生的地区，而战争也被刻画成他在这一地区的发现之旅。

81　1916 年同盟国攻打罗马尼亚的详细过程参见 Torrey, *The Romanian Battlefront*, S. 45 - 169。还可参见 Rauchensteiner, *Tod des Doppeladlers*, S. 414ff; Ferro, *Der große Krieg*, S. 146f; Keegan, *Der Erste Weltkrieg*, S. 426ff; Herwig, *The First World War*, S. 217 - 222; 相关细节参见 Stegemann, *Geschichte des Krieges*, Bd. 4, S. 143 - 226; 此外还可参见 Schwarzmüller, *Mackensen*, S. 144ff, 以及 Afflerbach, *Falkenhayn*, S. 465ff。罗马尼亚其余的部队撤退至喀尔巴阡山脉东南侧，这里在 1917 年夏天又爆发了激烈的战斗，德军在山区杀出一条路，征服了罗马尼亚剩余的国土。对这部分战斗的描写见 Erwin Rommel, *Infanterie greift an*, S. 98 - 186。

82　持这一观点的主要是约翰·基根，可参见他著名的研究作品《战役》（Keegan, *Die Schlacht*, S. 241ff）；此外还可参见 Middlebrook, *The First Day on the Somme*, 书中对战争过程的描述基于作者对幸存者的采访；Sheffield, *The Somme*; Liddle, *The 1916 Battle on the Somme*; Hart, *The Somme*; Prior/Wilson, *The Somme*, 以及 Farrar-Hockley, *The Somme*, S.

87ff。

83 确立这一基本观点的文献是 Stegemann, *Geschichte des Krieges*, Bd. 4, S. 116ff。持这一观点的最新文献为 Hirschfeld u. a., *Die Deutschen an der Somme*, S. 79ff。

84 在描述战争的文献中，"战争体验"也是分析战争的工具之一，它的定义、用法以及它在集体记忆中的呈现方式参见冯东的作品 Vondung, *Kriegserlebnis*, 多处。一般来说，"战争体验"的概念较"战争经验"（Kriegserfahrung, 参见 Hirschfeld u. a., *Kriegserfahrungen*）更为常见，不过前者更强调主观元素以及个人对战斗过程的理解，而"经验"这一概念则更侧重客观的战争过程。此外，"战争体验"的概念显然存在一个问题：它在魏玛共和国时期被赋予了太多英雄主义色彩。

85 相关数据参见 Keegan, *Der Erste Weltkrieg*, S. 412, 以及 Herwig, *The First World War*, S. 201。

86 法勒 - 霍克利在书中记叙了这一阶段的战斗，相关段落的标题为"长时间忍受极度的痛苦"（The Long Agony, 见 Farrar-Hockley, *The Somme*, S. 133-201）。

87 1916 年夏天虽然也有法国部队参加了索姆河战役，但由于凡尔登战役给法国人留下的印象太过深刻，所以索姆河战役在他们心目中只是一场次要的战役；从法国视角探讨索姆河战役的文献见 Laurent, *La bataille de la Somme*, 以及 Miquel, *Les oubliés de la Somme*。

88 Jünger, *Kriegstagebuch*, S. 166.

89 Ranke-Graves, *Strich drunter!*, S. 249f; 沙逊本人对这件事情有不同说法，参见 Sassoon, *Memoirs of an Infantry Officer*, S. 57 - 61。

90 相关情况参见 Wilson, *Sassoon: The Journey from the Trenches*; ders., *Sassoon: The Making of a War Poet*。沙逊和兰克 - 格雷夫斯以及在战争接近尾声时阵亡的威尔弗雷德·欧文（Wilfred Owen）都属于英国最著名的战争诗人；沙逊的代表作包括《老猎人》（*The Old Huntsman*, 1917 年出版）、《〈反攻〉与其他诗歌》（*Counter-Attack and Other Poems*, 1918 年出版）以及《一位步兵军官的回忆》（*Memoirs of an Infantry Officer*, 1930 年出版）。

91 参见 Keegan, *Die Schlacht*, S. 291; 以及 Eksteins, *Tanz über Gräben*, S. 194。

92 Keegan, *Der Erste Weltkrieg*, S. 407; 德军和协约国军队大炮数量对比见 Herwig, *The First World War*, S. 199。

93 参见本书 S. 541f; 1916 年法、德、英三国空军的战斗力水平参见 Morrow, *The Great War in the Air*, S. 132 - 187, Kennett, *The First Air War*, S. 23ff, 以及 Bölkow, *Ein Jahrhundert Flugzeuge*, S. 376 - 388。

94 相关情况参见 Angress, «Das deutsche Militär und die Juden im Ersten Weltkrieg», S. 77ff。

95 Sulzbach, *Zwischen zwei Mauern*, S. 111.

96 详见 Johnson, *Breakthrough!*, S. 87ff。

97 Loßberg, *Meine Tätigkeit im Weltkriege*, S. 215ff.

98 参见 Kielmansegg, *Deutschland im Ersten Weltkrieg*, S. 316。

99 Jünger, *Kriegstagebuch*, S. 167 - 177; 计划制订者则从他的角度阐述了 "深度防守" 的战术，见 Loßberg, *Meine Tätigkeit im Weltkriege*, S. 237。

100 参见 Wright, *Tank*, 多处。

101 Lussu, *Auf der Hochebene*, S. 118f, 121; 作者还描写了另一起士兵因为穿法里纳铠甲而遭遇不幸的事件，见同一文献，S. 146f。

102 和其他国家相比，意大利的高级军官最被士兵看不起，士兵认为这群人十分无能; 参见 Procacci, *Soldati e prigioneri*, 多处。

103 巴波姆坦克进攻战的情况参见 Keegan, *Der Erste Weltkrieg*, S. 415f; 以及 Herwig, *First World War*, S. 202。

104 转引自 Witkop (Hg.), *Kriegsbriefe gefallener Studenten*, S. 331 - 333。

105 引文出自 1928 年版书信集，在此之前还有 1916 年版和 1918 年版。有文献批评了威特科普（Witkop）对这部书信集的编辑方式，见 Jarka, «Soldatenbriefe des Ersten Weltkrieges», S. 157ff, Hettling, «Arrangierte Authentizität», S. 51ff, 以及 Hettling/Jeismann, «Der Weltkrieg als Epos», S. 205ff。还有文献指出战地书信不足以说明问题，参见 Ulrich, *Die Augenzeugen*, S. 150ff, 此书还罗列了德国出版的战地书信集，见 S. 315 - 320; 在有关 "战时社会" 的研究领域，战地信件有哪些价值，参见 Knoch (Hg.), *Kriegsalltag*。阿里贝特·赖曼（Aribert Reimann）比较了德国和英国的战地信件（«Die heile Welt im Stahlgewitter», S. 132f），注意到士兵在信中会使用大量公式化的语言，这导致他们表达不出自己在战争中的亲身感受。赖曼推测大部分写信的人并不善于用语言描述自己对事物的体验和认知，所以他们在信中很少提及他们作为士兵的辛酸和痛苦。

106 Lewin, «Kriegslandschaft», S. 440 - 447; 莱温曾是野战炮兵，他的分析主要基于 1915 年的战斗经验。

107 这是出版者加在这封信页眉上的文字，见 Witkop (Hg.), *Kriegsbriefe*, S. 330。

108 参见上一文献，S. 131。

109 Geyer, «Vom massenhaften Tötungshandeln», S. 129.

110 转引自 Witkop (Hg.), *Kriegsbriefe*, S. 251。

111 同上，S. 252。

112 相关情况参见 Schilling, «Kriegshelden», S. 282。

113 Eksteins, *Tanz über Gräben*, S. 270f; 参见本书 S. 222f。

114 勒内·席林（René Schilling, «Kriegshelden», S. 25f）区分了"领袖英雄"（Führerhelden）和"牺牲的英雄"（Opferhelden）这两个概念，前者指打了胜仗的统帅，后者则出现在法国大革命与普鲁士解放战争以来从民众中被招募并参加战争的大批士兵当中，也出现在自愿参战的人当中。他们的英雄行为表现为通过自我牺牲让团队在小型战斗或战役中取胜。席林认为在这次世界大战中，这第二类英雄只出现在歼击机飞行员和潜艇舰长中间（S. 253ff）。按席林的标准，"英雄"的范围很小，所以他的观点也不涉及堑壕战和技术装备战中士兵英雄形象的转变。此外他也没有将士兵的军衔和社会文化动机分成两个层面来讨论。曼努埃尔·克彭（Manuel Köppen）也认为"新式英雄"只出现在歼击机飞行员和潜艇舰长中间（Köppen, *Das Entsetzen des Beobachters*, S. 226ff）。

115 参见本书 S. 225ff。

116 转引自 Witkop (Hg.), *Kriegsbriefe*, S. 211。一年以后，海涅巴赫因为在凡尔登战役中身受重伤，在一家野战医院去世。

117 Flex, *Der Wanderer zwischen beiden Welten*, S. 48.

118 转引自 Witkop (Hg.), *Kriegsbriefe*, S. 135; 韦思于 4 天后阵亡。

119 参见 Winkle, *Der Dank des Vaterlandes*, S. 95ff。

120 相关信息参见 Jahr, *Gewöhnliche Soldaten*, S. 109ff; 此书还比较了德军与英国陆军的情况，见 S. 123ff。

121 在战争的头几个月里，德国和法国的许多工人虽然从事与战争息息相关的行业，但还是自愿报名参军或应征入伍，这导致军备物资的生产出现危机，于是军队又将企业所需的劳动力遣送回国。随着战争的发展，这种情况发生了变化，人们认为在国防工业工作意味着生命安全有了保障。

122 士兵们可能以哪些方式拒绝"英勇作战"，参见 Ulrich/Ziemann, «Das soldatische Kriegserlebnis», S. 1561ff, 相关材料参见 diess., *Frontalltag*, S.

105ff。

123 参 见 Raths, *Vom Massensturm zur Stoßtrupptaktik*, S. 165ff, 以 及 Gudmundsson, *Stormtroop Tactics*, S. 43ff; 这些部队组建和部署的情况参见 Lacoste, *Deutsche Sturmbataillone*, S. 22ff。

124 相 关 信 息 参 见 Jürgens-Kirchhoff, *Schreckensbilder*, S. 229ff; Kienitz, «Körper-Beschädigungen», S. 188ff; dies., «‹Als Helden gefeiert – als Krüppel vergessen›», S. 217ff; Cohen, «Kriegsopfer», S. 217ff; Szczepaniak, *Militärische Männlichkeiten*, S. 128ff 与 218ff, 以 及 Ulrich/Ziemann, *Krieg im Frieden*, S. 118ff。

125 一战中救护队和野战医院的情况参见 Eckart/Gradmann (Hg.), *Die Medizin und der Erste Weltkrieg*, 还有文献以较短的篇幅概括地介绍了相关情况, 见 diess., «Medizin im Ersten Weltkrieg», S. 202ff; 协约国方面的情况参见 Bosanquet, «Health System in Khaki», S. 451ff。

126 参见 Geyer, «Tötungshandeln», S. 118。

127 有的士兵因为面部受伤导致毁容, 人们往往以此为由对战争发动者发起控诉, 在恩斯特·弗里德里希 (Ernst Friedrich) 的作品《反对战争的战争》(*Krieg dem Kriege*) 中尤其如此 (S. 204–227)。"残废者"的形象参见 Müller, *Der Krüppel*, S. 104ff。

128 何谓"战争恐惧症患者", 他们又要经历怎样的"疗愈"过程, 相关概念 参 见 Fischer-Homberger, *Die traumatische Neurose*, 以 及 Riedesser/ Verderber, *Geschichte der deutschen Militärpsychiatrie*; 对这两部经典作品的批判与修正见 Hermes, *Krankheit: Krieg*, S. 16ff; 有关这些人是否装病的争议见其中 S. 250ff; "男性歇斯底里症"的诊断见 S. 330ff; 有学者简单总结了关于战争中精神崩溃现象的讨论, 参见 Hofer, «Was waren ‹Kriegsneurosen›?», S. 309ff。

129 参见 Breymayer u. a. (Hg.), *Willensmenschen*, 多处。

130 转引自 Witkop (Hg.), *Kriegsbriefe*, S. 285; 施密特于 1917 年 4 月 16 日在拉昂 (Laon) 阵亡。

131 Jünger, «Der Kampf als inneres Erlebnis», S. 72f. 相关信息参见 Martus, *Jünger*, S. 41ff。

132 值得注意的是, 越激进的政治左派越能接受云格尔提出的以战斗求变革的模式。

133 Jünger, «Der Kampf als inneres Erlebnis», S. 74。

134 相关情况参见 Bessel, «Die Heimkehr der Soldaten», S. 260ff. 值得注意的是，战争文学的"繁荣"出现在战争结束约 10 年之后；而恩斯特·云格尔的文章出现较早，是个例外。路德维希·雷恩（Ludwig Renn）的作品《战争》（*Krieg*）出版于 1928 年，埃里希·玛利亚·雷马克的《西线无战事》出版于 1928~1929 年，埃得勒夫·克彭的《统帅部战报》出版于 1930 年，弗朗茨·瓦伦博恩（Franz Wallenborn）的《西线 1000 日》（*1000 Tage Westfront*）出版于 1929 年。持好战民族主义（bellizistisch-nationalistisch）立场的作品也是一样：维尔纳·博伊梅尔堡的《坏磨坊主分队》（*Die Gruppe Bosemüller*）出版于 1930 年，汉斯·措贝尔赖恩（Hans Zöberlein）的纳粹主义作品《对德国的信仰》（*Der Glaube an Deutschland*）出版于 1931 年，威廉·哈通（Wilhelm Hartung）的《大型战斗、男人与炮弹》（*Großkampf, Männer und Granaten*）出版于 1930 年，弗朗茨·绍韦克尔（Franz Schauwecker）的《国家的觉醒》（*Aufbruch der Nation*）出版于 1930 年。相关情况参见 Müller, «Bewältigungsdiskurse», S. 776ff, 以及 Schneider/Wagener (Hg.), *Von Richthofen bis Remarque* 一书中布罗伊希（Broich）、施奈德（Schneider）、弗勒施勒（Fröschle）、埃尔克－罗特蒙德（Ehrke-Rotermund）以及沙夫尼策尔（Schafnitzel）的文章。

135 赖曼（Reimann, «Die heile Welt im Stahlgewitter», S. 129ff）比较了德军和英军的战地书信，他的分析为上述观点提供了主要依据。

136 在《军队中的男子气概》（*Militärische Männlichkeiten*）一书中，莫妮卡·什切潘尼亚克（Monika Szczepaniak）以战后出版的文学作品为依据，对比了"德国男性"和"奥匈帝国男性"，发现前者包含"钢铁硬汉"和"贪生取巧者"，后者则不像前者那样分为两极，而主要是"忧郁得无可救药的人"。造成这种区别的显然不是双方在战争中的经历，而是战争的结果以及战后国家的前景：他们一方面临"重建"德意志帝国的问题，另一方则只能缅怀一去不复返的哈布斯堡帝国。但什切潘尼亚克的判断只在一定条件下适用于"奥匈帝国男性"，因为阿尔贝格（Arlberg）地区的人和蒂罗尔人的自我想象就与德国人极为相似；参见 Hämmerle, «‹Es ist immer der Mann›», S. 35ff。

137 Jünger, *In Stahlgewittern*, S. 102f.; 相关信息参见 Martus, *Ernst Jünger*, S. 28f, 以及 Lethen, *Verhaltenslehren der Kälte*, S. 198ff; 从事后来看，英雄形象的形成通常和钢盔分不开，因为钢盔改变了士兵的外在形态，使他们

更不容易受伤，同时也将他们塑造成钢铁硬汉的形象。云格尔在《作为内在体验的战争》（Jünger, *Der Kampf als inneres Erlebnis*, S. 72）中写道："如果我们看到那些人站在昏暗的光中，骨瘦如柴，大部分还是孩子，那么我们不太可能信任他们。但钢盔底下的面孔看起来线条分明、果敢、老练。我知道，在危险面前，这些人会毫不犹豫地冲上去，表现得敏捷、矫健、娴熟。"

138　见云格尔著作和文章的标题：《钢铁风暴》、《火与运动》（*Feuer und Bewegung*）、《火与血》（*Feuer und Blut*）等；一些充满英雄激情的战争文学中也出现过"火的洗礼""钢的浸泡"这种意象，参见 Szczepaniak, *Militärische Männlichkeiten*, S. 35f 与 55。

第六章

战斗的扩大

在西线的技术装备战中，双方开始了工业实力的较量；到1916 年，形势已经很明朗：要打赢这场战争，靠的不是单个士兵的英勇善战，不是靠团队司令的战术水平，也不是靠统帅的战略智慧，而是靠各国投入的资源，靠各国的工程水平和研发新武器的技术能力。[1] 在陆地上，一方还可以通过提升战术、发明新战法来应对对方技术装备上的优势，但在海战、空战中，这种方法从一开始就行不通。海战中，双方都在利用战争以前的技术发明，而空战则成为飞机制造领域技术创新的催化剂：战争临近结束时，军队使用的飞机（从歼击机到带有 2 台甚至 4 台发动机的轰炸机）和战争初期使用的侦察机几乎没有什么共同点——当时飞行员或侦察员还用手枪朝敌人射击，因为人们还想象不出所谓的"空战"应该怎么打。[2] 飞机在快速地更新换代，而大型战舰的制造周期则要长得多，所以海军方面必须提前较长时间制订作战计划，而且一切必须按计划执行，这意味着他们只能根据战前的规划来使用战舰。[3]

飞机制造技术的发展也带来了两种截然不同的影响。一方面，正因为歼击机的存在，空战似乎成了个人英雄主义最后的家园，而飞行员只要射杀了一定数量的敌人，就可以晋级为"王牌飞行员"（Fliegerass）。[4] 另一方面，飞艇和大型飞机则为战略性轰炸铺平了道路，而在空军轰炸大城市与工业基地的过程中，平民也沦为牺牲品。在由海军主导的贸易战、经济战中，平民受到的牵连就更严重了。根据英国官方的历史记载，贸易封锁导致德国约 77.2 万人死亡，这差不多相当于英国在所有前线的兵力损失。[5] 德国飞艇和轰炸机袭击英国城市也造成 1450 位英国平民死亡，3350 人受伤，但这和前面的数据相比就显得微不足道了。[6]

　　这场战争也表明，奥匈帝国和德国绝不像之前人们以为的那样，在农业上可以自给自足。政府虽然进行了经济动员，却没有考虑到国内的肥料和猪油主要依靠进口，也完全忽略了前线对马匹的需求，并且低估了农业生产领域缺乏男性劳动力的问题。在战争过程中，这些问题造成的影响越来越明显。西方协约国可以不受限制地继续开展国际贸易，而同盟国在经济方面则日益陷入窘境，因为战争提升了国家对资源的需求，但资源的供应却受到限制。很显然，德国方面的第一考虑是如何扰乱甚至切断英国的物资供应，有关无限制潜艇战的争论也围绕这一问题展开。又一次，德国人——或者说德国的领导班子——主张自己是被侵略的一方，因为敌人的举措已经违反了战争法规，他们必须予以反击，而他们也绝无进一步扩大事态的意图。

/ 风险舰队（Risikoflotte）和"存在舰队"（Fleet in being）

在 19 世纪 80 年代，法国和俄国表现出结盟的迹象，所以德国开始组建舰队。当时，人们认为法国舰队将封锁或进攻北海的港口，而俄国在征服波罗的海以后也将寻找机会，从水路两线沿着德国漫长的波罗的海海岸线发动进攻。从地理战略的角度来讲，在这场博弈中，德意志帝国在一开始就占据了优势：德国舰队的唯一任务就是阻止法国和俄国的舰队联合起来，而这一点很容易做到，只需封锁丹麦和挪威之间的海峡即可。利用当时以威廉一世皇帝命名的北海—波罗的海运河，德方可以在"内线"作战，这样肯定比另外两方更具优势。[7] 德国的目标是，和敌人中实力更强的一方相比，德军舰队的战斗力必须高出 30%；就德国当时的经济和财政实力而言，这一目标是完全可以实现的。

不过，如果和英国在海上作战，那么从地理战略的角度来看，德国势必处于劣势。虽然德国所处的位置有利于海军在"内线"迅速转移战舰，但德国人缺乏的是通往大洋乃至国际市场的通道：不列颠群岛仿佛就是德国通往大西洋的天然屏障，因为要去大西洋只能穿过英吉利海峡或者苏格兰与挪威之间的海域，而英国可以轻而易举地封锁这两处针眼大的地方。地理条件决定了德国不可能出动陆军征服不列颠群岛，而德国的舰队也还不够强大，尚不足以与英国在海上一决胜负。从 19 世纪末开始，德国海战领域的战略家就致力于研究这一对峙局面所包含的风险和机遇，但始终没有得出令人信服的结论。

事实上，第一次世界大战已经表明，只要不和英国海军正面交锋，也就是说在波罗的海和黑海这样的"内海"范围内，德国皇家海军可以有效应对紧急情况，阻止敌人控制相关海域。"布雷斯劳号"和"戈本号"在黑海海域确实做到了这一点，有它们在，土耳其当局就可以将本应守卫小亚细亚北部海岸的陆军派往别处作战。很显然，德国要维持对这一海域的控制权，前提就是英法联军突破达达尼尔海峡的行动失败，这样，协约国海上力量的潜在优势就无法充分发挥。[8] 在波罗的海，由于丹麦以北的海域遭到封锁，英国海军也只能偶尔凭借潜艇取胜。德国海军司令部认为战斗双方将在北海决出胜负，所以在波罗的海只部署了少量战舰（1915~1917 年的情况是如此），但这里的俄国海军大部分时间仍处于守势；他们的行动仅限于守卫波罗的海的东北部区域，这里爆发了小规模的海战，双方都蒙受了损失。[9] 但值得注意的是，德国要从瑞典进口重要的战略物资——铁矿，这意味着每天有 6~7 艘船运送铁矿经过波罗的海，这些船只在战争期间一直畅行无阻。

然而在 1897 年 9 月，阿尔弗雷德·提尔皮茨被任命为帝国海军国务秘书，他认为德国海军肩负着另一番使命，也因此改变了皇家海军的战略方向。距上任还有两个月的时候，他在给女儿比安卡（Bianca）的信中说道："如果德国的政治势力不能扩展到欧洲大陆以外，那么泛美利坚、大不列颠、斯拉夫人和日本统治下的蒙古族人，这些超级民族一旦联合起来，将会在未来几年里消灭或彻底压制德国。在这个世界上，事情都是硬碰硬的，所以我们生存下去的前提就是组建一支舰队。"[10] 在他看来，海军不是陆军的辅助，它要保护德国飞速发展的国际贸易、保护德国在世界上的大国地位，这意味着德国的舰队必须能与英国舰队分庭抗礼。[11] "如果没有海军力量，"提尔皮茨在回顾这段历史时说道，"德国在国际竞争中就像没有壳的软体动物。"[12] 在那之后，德国发展海军就不仅仅是为了在北海南侧以及波罗的海称霸，更是为了在大洋上与英国竞争。组建舰队的第一目的，是公开表明德国在政治上与其他世界级大国是平等的，也就是说，无论在提尔皮茨还是在威廉二世看来，这支舰队首先不是军事工具，而是政治工具——尽管他俩谁也没有公开表达过这一观点。此外，提尔皮茨尤其重视大型战舰的建造，因为鱼雷艇和潜艇虽然作战效率很高且造价便宜，但看起来不够震撼、威慑力不足，而对提尔皮茨来说，战舰给人的观感才是最重要的。根据他的结盟理论，一支外观震撼的舰队可以提升德意志帝国的身价，使其他国家更愿意与之结盟，这也就相当于提升了德国的政治势力；他对大型战舰的重视也正是以这一理论为基础。与这一理论对应的是他的风险理论：舰队价值的大小，取决于它在多大程度上提升了英国与德国开战的风险和代价。提尔皮茨在 1900 年解释了制定舰队法令的理由，并在其中表达了有关"风险"的思想："在现有环境下，保护德国海上贸易和殖民地的唯一的办法就是建立一支足够强大的舰队，这支舰队必须对海军力量最强的敌人构成这样的威慑：他们如果与我们开战，自己的霸权地位也将不保。要达成这一目标，德国舰队的实力不一定非得和海军最强国相等，因为一个海军大国一般不会集中他们所有的兵力来对付我们。就算敌人调集的兵力和我们相比有明显优势，但打败强大的德国舰队之后，他们的实力也将严重削弱，这意味着，他们虽然能取得一定胜利，却无法再凭借一支兵力充足的舰队在海上称霸。"[13]

我们从这些说法可以推断出，在提尔皮茨心目中，德国舰队首先必须具备威慑力：要让潜在的敌人知道，如果爆发武装冲突，他自身的地位将明显下滑，这样，敌人会尽量避免与德国开战。提尔皮茨以上想法的内核可以说带有一定的马克思主义色彩，他认为，英国的政治由伦敦的企业说了算，所以前者在决策时将优先考虑商业利益。[14] 根据他的观点，在和平环境中，或者说在很长一段时间内，英国不会将大部分舰艇集结在北海对付德国；这一结论基于这样一种判断：英国人做政治决策只遵循一种模式，即理性的成本—收益分析模式；如果英国方面将大部分舰艇开进北海，那么他们不仅要削弱东亚及地中海联合舰队的实力，而且将不得不放弃对全世界的控制。这将导致"**英国统治下的和平**"走向终结，英国将丧失它的世界霸权。提尔皮茨认为英国政府不可能冒这么大的风险，所以一支强大的舰队足以让德意志帝国在谈判中处于优势地位。这样，德国不必通过战争就可以成为世界霸主之一，因为英国为了保住霸主的地位，将不得不把一部分权力转让给德国。这就是提尔皮茨的如意算盘，而在1914 年 8 月，这一观点连同他的结盟理论都被证明是错误的，这些错误的观点也给德国带来了不幸：在战争开始之际，德国舰队不得不毫无准备地面对他们根本无法完成的战略挑战。[15]

/ 485

不管怎么说，英国人其实理解不了德国舰队的威慑作用，因为在他们看来，海军绝不仅仅是政治工具，更是军事工具；他们不仅利用海军防止战争爆发，也用它们发动战争。德国和英国地理战略形势的不同导致双方舰队肩负截然不同的使命，而尽管当时两个国家都经常提到地理政治，却没有多少人能认识到双方地理战略形势的差异。战争开始后，这一问题引发了一系列后果：[16] 英国政府虽然对美国和日本做出了一系列让步，后来还对法国和俄国做出了让步，但并没有对德国做出让步，因为英国人始终认为德国人对大英帝国的本土构成了威胁。英国先是从加勒比海（Caribbean Sea），后又从东亚乃至被视为帝国"气管"和"主动脉"的地中海抽调舰艇，以确保英国在北海的大型

/ 487

534

按照传统方式，战舰会排成纵列前进；后来，战舰上都建有可三面旋转
的炮塔，这意味着舷侧炮已经失去意义，但许多部队仍然沿用纵列队形。
和过去一样，战舰部队在排成纵列的时候杀伤力最强，并且由这一队形
可以变换出多种作战队形。图为德国的中型舰队。

战舰多于德国。[17]英国人宁愿放弃全球霸主的地位，也不愿让德国从中分一杯羹。在提尔皮茨看来，这是非理性的做法，所以他从未考虑这种可能性。这一决策完全不符合商人的思维，反而彰显了一个战斗民族的固执与骄傲。

德国的决策者既没有料到英军会将海军力量集中在北海，破坏了德国在局部区域苦心营造的平衡局面，也没有分析过一旦英国舰艇开进北海，英国政府还有多少回旋余地，他们因此将不得不采取哪些行动。在以丘吉尔为首的集团看来，为了维护政治权力，对德国开战势在必行，而且越快越好，好让军队回归原位，继续维持英国的世界霸权。另一些人则表露出对德国根深蒂固的敌意；在他们看来，大英帝国的权势之所以盛极而衰，都是德国以及德国那个热衷于组建舰队的皇帝造成的。[18]1897年9月11日，《星期六评论》（*Saturday Review*）上发表了一篇被后人诟病的文章《德国必须被毁灭》（*Germaniam esse delendam*），这句话在当时只代表少数人的立场，而在一战前夕和初期，持这一观点的人却不断增多。[19]不过最重要的是，英国人也认为对手在催逼着他们尽快做出决定，而这时德国人如果还幻想一旦法国、俄国联起手来与同盟国开战，英国可以保持中立，那就太不切实际了。丘吉尔虽然认为，只要打败了德国这个竞争者，英国就可以重新控制局面，得回之前暂时放弃的一切，但在他看来，可用的时间已经所剩不多了。[20]伦敦的主战派坚信，一旦打败了德国，英国就可以显著提升自身地位，确保大英帝国在接下来几十年里屹立不倒。但事实上，在战争结束的时候，德国与英国的筹划都彻底落空了。在1914年以前，只有少数英国政治家意识到，在世界上那些被英国海军统治了一个多世纪的地区，英军目前的撤离并非是暂时的，而是永久的。[21]很快，美国就开始和英国争夺海上霸权，并且一步步取代了英国的位置。

既然英国的政治家、军事家都认为，在海上与德国开战是理所当然的选择，那么我们面临的问题就是，在紧急情况下，提尔皮茨打算如何应对英德之间的冲突（这一冲突本是他极力要避免的），在他看来德国又有几成胜算。可以肯定的是，在战争开始之际，提尔皮茨规划的舰队还未组建完毕，而小毛奇又想尽快发动战争，所以提尔皮茨很想争取时间建造更多大型战舰。然而，在战争爆发之前的几年里，舰队的组建进程已经表明，按照目前的速度，德国海军的水平是追不上英国的。即使战争晚几年开始，到时德国舰队的作战水平也还是比不上对手。[22] 建造更多舰艇意味着海军将占用更多财政预算，从政治角度来讲，这在德国是行不通的，而且德国军队在 20 世纪第一个 10 年里虽然并未大规模地改用现代化装备、招募新兵，但在战争之前的几年里，军队的需求也越来越大。单纯从这方面来看，海上军备竞赛实际上是没有终点的，1905 年英国战舰"无畏号"（*Dreadnought*）的下水正说明了这一点：突然之间，所有正在服役的战舰都落伍了，军方只能把它们调往次要战场。[23] 研究海上霸权问题以及德英矛盾的专家保罗·肯尼迪（Paul Kennedy）[24] 提出，提尔皮茨或许是"一名出色的规划者和组织者，老谋深算的战术家和宣传者，大概还是那个时代最精明的政治家"，但他同时又是"一名糟糕的战略家，看不出自己制订的计划有何自相矛盾之处，也没有预见到英国人会如何应对这个计划"。[25]

事实上，对于如何在海上与英国开战，提尔皮茨的想法以一系列基本观点为基础，而这些观点都经不起探究。他认为只有在海战中取胜，才能掌握制海权（command of the sea）。这一观点来源于美国海军上将、海战理论家阿尔弗雷德·塞耶·马汉（Alfred Thayer Mahan）的著作，[26] 在他的作品中，海上强国与海战的联系十分紧密。显然，受马汉的作品影响，德国人更倾向于发动海上战役，这也符合国内对克劳塞维茨《战争论》的主流解读，即举行军事演习不过相当于出示账单，打仗才是向对方收取现金。然而这种解读简化了克劳塞维茨的思想，得出的结论也是错的，[27] 而同样地，德国人也把马汉的理论简单化了。战后，德国海军军官爱德华·伟格纳（Edward Wegener）分析了提尔皮茨海上战略造成的两难选择，并追问这样的战略到底在什么条件下能够实现；他指出，是舰队和地理战略位置共同造就了海上强国，而马汉在阐述中始终将后者考虑在内。[28] 只不过马汉是美国人，这一点对他来说再自然不过了，所以他并没有特别强调。而德国方面却只注重舰队而忽略了地理位置的重要性，或者说对其重视不够。此外，马汉的理论诞生于帆船时期，所以并未考虑燃煤舰艇航行时的里程限制。伟格纳指出，帆船的航行里程和连续航行的时间是不受限制的，[29] 要阻止它们驶向另一海域，就必须近距离封锁相关的港口。但换成燃煤舰艇就不一样了，这些舰艇过一段时间就必须靠岸添加燃料，所以没必要为了它们近距离封锁港口和海岸，何况实施封锁的国家总是要冒一定风险；现在，它们只要靠岸添加燃料，就等于暴露了行踪。而提尔皮茨的舰队计划则基于这样一种观点：一旦爆发战争，英国将近距离封锁德国港口；而要维持这样的封锁，他们就必须准备与德国舰队公开作战。提尔皮茨反复强调，决战将发生在黑尔戈兰岛（Helgoland）和泰晤士河口之间。所以他在组织建造战舰的时候根本没有考虑，这些战舰如果在远离祖国港口的地方执行任务，怎么添加燃料。

/ 490

除了舰艇航行里程受限，还有另一个因素也不同于以往：当时武器技术已经取得较大发展，尤其是敌人可能使用海洋水雷和鱼雷，[30] 所以对英国来说，再实施近距离封锁已经不合时宜了，毕竟实施封锁的舰艇极有可能受到攻击，而且德国海军有可能集中火力发起进攻，让英国海军损兵折将，从而使英德两国的力量趋于平衡，扭转德国"主力舰数量较少"这一劣势。而英国人也相信，远距离封锁的某些效果和近距离封锁是一样的。[31] 这样，只要德国舰队不攻击多佛尔（Dover）附近英吉利海峡的封锁线，或者挺进苏格兰和挪威之间的海域，英军也就不必冒险卷入海战；他们只要控制北海的入口和出口，并且让舰队发挥单纯的威慑作用（这样的舰队被称为"*存在舰队*"），就可以保住制海权。而德国的舰队如果试图突破封锁线，则会面临不可预知的风险，因为那样相当于逼近英国的海军基地；他们有可能驶入雷区，被鱼雷艇和潜艇袭击，他们的退路也可能被切断。简要地说，英军实施近距离封锁对德军有好处，实施远距离封锁则可以自己占有这些好处。双方的地理战略局势决定了，德国舰队如果要有所作为，就必须冒着很高的风险主动出击，而英国则只要维持现状就万事大吉。[32] 提尔皮茨似乎也意识到，他的计划从根源上就出现了逻辑错误，但这会造成哪些影响深重的战略后果，他不愿意考虑。总之，他排挤了他的批评者，或者让他们闭嘴。[33]

/ 处于守势的德国海军

在战争初期，不管是英国还是德国都不想让双方的舰队直接爆发冲突。如果发生这样的冲突，英国方面更有可能得不偿失。后来，丘吉尔还明确表示，身为**英国大舰队**司令的海军上将约翰·杰利科（John Jellicoe）是"唯一一个有可能只用一个下午就导致整场战争失败的人"。[34] 这是因为 1916 年杰利科率领的舰队在斯卡格拉克海峡（Skagerrak）附近卷入了一战中唯一一场大型海战，当时的情况十分凶险。所以后来英国舰队一直坚持防御战略，也因此失去了原有的光环：到了 1918 年，事实已经表明战争的主力不是舰队，而是陆军。自战胜拿破仑以来，在整个 19 世纪，英国当局在制定安全政策的时候基本忽视了陆军的存在；尽管在布尔战争之后，公众和政府已经予以陆军更多的关注，政府也拨出经费用于陆军的改组和装备更新，但海军依然是帝国国防事业的顶梁柱。遗憾的是，正因海军在一战中服从总体战略，所做的无一不正确，所以他们的威望反而下降了，不过不是相对于德国海军而言，而是相对于英国陆军而言。

战略防御的方针显然与英国海军的精神和自豪感相冲突，何况就连英国民众也无法理解这种慎重的做法。人们心目中的**海军**绝不应该仅仅扮演**存在舰队**的角色。或许提尔皮茨也抓住了英国人的这种情绪：毕竟在战争头几个月里，德国海军通过攻击英国沿海城市发起挑衅，希望英国海军能开进北海南部与德军作战。他们之间也确实发生了两次交锋，一次是 1914 年 8 月 28 日在黑尔戈兰湾（Helgoländer Bucht），一次是 1915 年 1 月 24 日在多格浅滩（Dogger Bk.），但德军在这两次交锋中运气都不太好：在黑尔戈兰湾，德军损失了 3 艘小型巡洋舰和一艘驱逐舰；

在多格浅滩，德军的装甲巡洋舰"布吕歇尔号"（Blücher）失踪了。[35]因此，威廉二世皇帝命令海军在今后的行动中要更加谨慎，无论如何都要保住舰队以及绝大多数主力舰。这样一来，德军在行动中也变得小心翼翼，而在北海的决战也就不可能发生了。如果在战争初期的交锋中，德国的运气能好一些，或者舰队由一名敢冒风险的海军上将而不是小心谨慎的弗里德里希·冯·英格诺尔（Friedrich von Ingenohl）指挥，那么海战的走向可能就不一样了。[36]但即便是像侦察中队司令弗朗茨·希佩尔（Franz Hipper）海军中将这样胆大的人，也改变不了"确保舰队安全"的基本方针，因为这支舰队是政治工具。

可以确定的是，除了打一场大规模的决战，舰队原本还可以发挥其他作用，比如果断挺进英吉利海峡，这样至少可以增加英国往法国北部派遣远征军的难度，从而协助小毛奇实施施里芬计划。此外，兴登堡于1915年春季进攻俄国前线时，德国舰队本来也可以出手相助，甚至可以在当地登陆作战。然而，海陆两军实现合作的前提是总参谋部与海军部深入沟通并达成一致，而提尔皮茨最害怕的就是让陆军将军们来左右舰队的行动。结果，德国的这两个军种只顾策划并推动他们自己的战争，好像另一方不存在似的。[37]在战争的后半段，这种局面稍有改善，但两军也只在波罗的海北部有合作：俄国革命爆发后，海军在波罗的海北部大举进攻，这主要是为了支持芬兰独立运动，并且进一步对彼得格勒施压，迫使新政府尽快与德意志帝国和谈。[38]1918年秋季，海军高层策划了舰队"敢死行动"（Todesritt），想让舰队在一场大型海战中"光荣赴死"，但这件事他们也没有和陆军最高指挥部协商。[39]值得注意的是，提尔皮茨于1916年3月离职，到此时已经过去两年多时间，而说到底，德国海军之所以采取这一举措，也是因为他们一直受到限制，不能有所作为。

1914 年之前，人们按照提尔皮茨的计划，孤注一掷地建造大型战列舰，目的是从观感上震慑英国，这样的战略是不是错了？当时德国是不是应该大规模建造小型战舰，特别是航速较快的巡洋舰，以及鱼雷艇和潜艇？如果德国人吸收法国"少壮学派"（Jeune école）的思想，而不是"蓝水学派"（Blue water school）的思想，结果会不会好得多？[40] 后者以马汉为代表，重视大型海战，因而也十分重视大型战列舰的建造；而"少壮学派"的名称已经表明它的思想区别于经典的海上战争学说，它强调鱼雷艇是海岸防御工作的支柱，因为一枚鱼雷可以击沉一艘庞大的战列舰；而快速巡洋舰则可以干扰敌方的贸易活动，袭击海上强国最薄弱之处，也就是说，它不必攻击对方的舰队，而可以攻击商船队。[41] 事实上，这些战略思想针对英国的薄弱环节存在不同看法。在战争爆发之前，德国的战略大讨论一直围绕"英国的薄弱环节"这一问题展开。海军中将卡尔·加尔斯特（Karl Galster）曾提出近海岸小规模作战的战略，海军中将库尔特·冯·马尔灿（Curt von Maltzahn）则提出了巡洋舰作战计划，不过这两者都被看作备选方案，而真正被执行的是提尔皮茨所坚持的关于舰队和海战的想法。

提尔皮茨也没有全然拒绝以鱼雷艇和潜艇为主导的小型战争，不过在他看来，这顶多只能支援战列舰的行动，不能成为海上战略的方向，因为这种小型战争无法实现他想要的**政治**效果：它既不能提升其他国家与德国结盟的意愿，也不能迫使英国与德国分享制海权。小型战争方案从本质上说是一种防御性战略，它可以有效保护德国的易受攻击的北海海岸和波罗的海海岸。如果实施这一方案，德国只能保住欧洲大陆上的强国地位，却不能像提尔皮茨指望的那样，成为有资格与其他国家争夺世界霸权的海上强国。以鱼雷艇和潜艇为主导的海岸防御策略不管效果多好，都不适合用来实现这番雄心壮志。

如果执行马尔灿提出的巡洋舰作战战略，情况就不太一样了。这一战略认为，德国凭借快速巡洋舰，完全可以挑战英国船队的世界霸主地位：虽然快速巡洋舰上配备的是轻型武器，装甲防护的程度也不如战列舰，但它的射程更远。它的结构有利于它在大洋上"巡航"。不过人们不能确定的是，既然从战略上讲，巡洋舰的攻击对象是英国的商船队而非舰队，那么它们能否实现提尔皮茨赋予战列舰的政治功能。提尔皮茨从一开始就否认这一点（对他来说，舰队的政治效用在于其威慑力），并且指出，德国虽然拥有殖民地，但并没有那么多稳定的供应站来支持他们打一场持久的巡洋舰战争。在这方面，他其实和他的英国对手温斯顿·丘吉尔想法一致，后者曾在战争爆发之际表示："敌人的巡洋舰无法长时间在大洋上航行，因为它们缺乏稳定的煤燃料来源。另外，他们为了获得更多的战利品，必须航行很长距离［这意味着要消耗更多的煤］。在无线电的时代，它们的位置随时都会暴露。如果英国出动快速巡洋舰追赶它们，那么它们在被截住之前并不会给我们造成太大损失。"[42]

提尔皮茨和丘吉尔的观点是否正确，目前并没有结论。1914年12月，在马尔维纳斯群岛（Islas Malvinas）附近的战役中，由海军中将马克西米利安·冯·施佩伯爵（Maximilian Graf von Spee）率领的太平洋中型舰队很快被拦截并被歼灭，这次失败似乎证实了上述观点（当时4艘战舰被击沉，施佩和他的两个儿子以及2200名德国海军士兵殉难）；小型巡洋舰"柯尼斯堡号"的命运与此相仿，它曾取得几次胜利，后来在东非沿岸的鲁菲吉河入海口被拦截并遭拆毁。[43] 另外，一些专门干扰贸易活动的舰艇和小型巡洋舰在北海、波罗的海之外的范围行动，其中的少数舰艇，例如巡洋舰"埃姆登号"（*Emden*）和"卡尔斯鲁厄号"（*Karlsruhe*），还有由费利克斯·冯·卢克纳伯爵（Felix Graf von Luckner）任船长的帆船"海鹰号"（*Seeadler*），则取得了相当不错的成果。[44] 施佩伯爵曾率领德国东亚中型舰队在智利的小海湾科罗内尔（Coronel）附近歼灭了英国的一支部队，用约翰·基根的话说，这是"英国100年来第一次在海上吃了败仗"，[45] 在那之后，英国就将北海的部分战舰调到了南大西洋；这至少表明，将较大规模的巡洋舰战争与战列舰作战结合起来，这在战略上是很有前景的。这时，北海上可以说已经出现了德国人期望的力量均势：德国和英国的大型战舰在数量上暂时势均力敌。但德国方面并没有打算利用巡洋舰战争促成力量均势，[46] 所以就错过了在北海和英国全面开战的机会。英国舰队本应采取守势，但一些中型舰队司令打算偶尔冒险出击，而不是"死板"地保持克制态度——原因之一是他们低估了德国战舰的质量。斯卡格拉克海战之后，情况发生了变化，英国方面开始禁止战舰主动出击。[47]

/ *497*

/ "德国人撼动了监狱之门"：斯卡格拉克海战

斯卡格拉克海战，英国人称之为日德兰（Jylland）海战，更大程度上是由各种偶然事件引发的，而不是战争双方策划并发动的。事实上，德方以为英国只会出动停泊在爱丁堡（Edinburgh）附近罗赛斯（Rosyth）的两个战列巡洋舰中型舰队，而不至于出动在斯卡帕湾（Scapa Flow）保卫奥克尼群岛的**英国大舰队**。英国方面则比较了解德军的目的和动作，因为他们成功破解了德军无线电通信的密码，并且他们做得十分周密，没有让德方察觉这一状况，所以后者直到战争结束都没有修改密码。之前，英方捕获或击沉了德方的一些船只，在上面发现了密码本和信号本，而具有传奇色彩的英国海军部40号房间（Room 40）将这些信息加以整合、分析，奇迹般地破解了密码。[48] 英方根据所掌握的信息得出结论：德军计划沿着丹麦的西海岸朝挪威的方向挺进。不过一开始他们还不清楚，是海军中将希佩尔率领由5艘战列巡洋舰组成的中型舰队执行侦察任务，还是舰队司令赖因哈德·舍尔（Reinhard Scheer）海军中将率领整个舰队出击。不过英方决定出动全部兵力，凭借兵力上的优势拦截德方舰艇并歼灭其舰队。于是，在1916年5月31日与6月1日期间爆发了历史上规模最大的海战（根据参战舰艇的吨位和火力来计算）。[49] 这场战役对后续的战争自然没有起到什么作用，它体现了德国海军在战术上的成就，但并未改变北海的均势。几天后，纽约一家报纸扼要而准确地总结了这场战斗，它说："德国舰队攻击了狱卒，却还要继续坐牢。"[50]

在德国民众的观念和记忆中，斯卡格拉克战役具有重大意义。在德国，官方宣称德军在战役中大获全胜，并且以此回击那

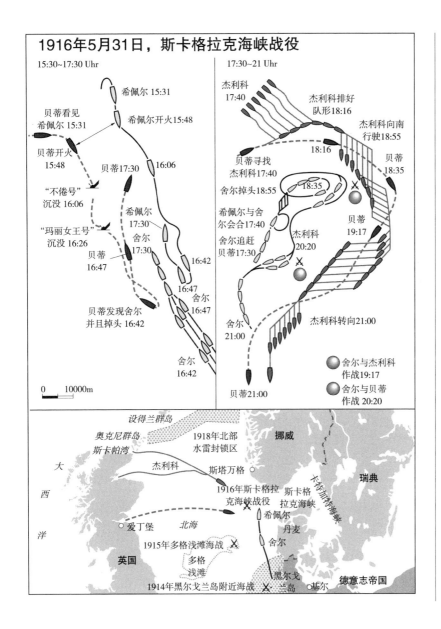

1916年5月31日，斯卡格拉克海峡战役

15:30~17:30 Uhr

希佩尔 15:31

贝蒂看见
希佩尔 15:31
希佩尔开火15:48

贝蒂开火
15:48
贝蒂17:30
16:06

"不倦号"
沉没 16:06

"玛丽女王号"
沉没 16:26
希佩尔
17:30
舍尔
17:30
贝蒂
16:47
16:42

16:47

贝蒂发现舍尔
并且掉头 16:42
16:47
舍尔
16:47

舍尔
16:42

0   10000m

17:30~21 Uhr

杰利科
17:40
杰利科排好
队形18:16
杰利科向南
行驶18:55

18:16

贝蒂寻找
杰利科17:40
18:16
贝蒂
18:35

舍尔掉头18:55
18:35

希佩尔与舍
尔会合17:40
贝蒂
19:17

舍尔追赶
贝蒂17:30
杰利科
20:20

舍尔
21:00
杰利科转向21:00

贝蒂21:00

⬤ 舍尔与杰利科
作战19:17
⬤ 舍尔与贝蒂
作战20:20

设得兰群岛

奥克尼群岛
斯卡帕湾
1918年北部
水雷封锁区
挪威

杰利科   斯塔万格 ○

大
西
洋
1916年斯卡格拉
克海峡战役
斯卡格
拉克海峡
瑞典

希佩尔

○ 爱丁堡
北海
丹麦

1915年多格浅滩海战 ✕
舍尔

多格
浅滩

英国
黑尔戈
兰岛 基尔
德意志帝国

1914年黑尔戈兰岛附近海战 ✕

些指责大型战舰几乎全无用处的言论。[51] 这场战役和坦能堡战役以及凡尔登战役一样，成了神话，这个神话讲述的是德军如何战胜傲慢的英国舰队。神话故事的奠基者是威廉二世皇帝，他在战役结束几天以后对全体船员发表讲话，在讲话中说道："这支强大的舰队属于海上霸主阿尔比恩①。自100年前的特拉法尔加（Trafalgar）海战以来，它一直在海上一头独大，掌控着整个世界，据说它是不可超越、不可战胜的——而这支舰队就出自这样一个国家。结果呢？英国舰队被打败了。我们给了他们第一记重击，英国作为世界霸主的威名已经荡然无存。"[52] 从各个角度来看，这都是在夸大事实，这场战役在战略上的效果也绝对没有这么大。不过英军在斯卡格拉克海峡附近的损失确实明显高于德军，而且他们并未如自己以及"全世界"期望的那样，一举歼灭德国舰队。从这个角度来看，这次海战对英国而言确实是一次失误，至少可以说是一次形式上的失败。[53]

　　战斗开始于5月31日下午，起因是两国的侦察部队发生了接触，而侦察部队后面跟着主力舰队。率领第一、第二中型舰队6艘战列巡洋舰的海军中将戴维·贝蒂（David Beatty）决定与敌军开战；他相信对手只包括海军中将希佩尔率领的5艘战列巡洋舰，因为在德国的海军将领中，只有希佩尔曾经指挥手下的舰艇在北海上航行这么远的距离。[54] 贝蒂以为英军的力量比德军更胜一筹，而且在后面不远的地方，还有海军少将休·埃文-托马斯（Hugh Evan-Thomas）率领第五中型舰队的4艘重型伊丽莎白女王级（Queen Elizabeth-class）战列舰跟着，所以贝蒂没有理由再等后面的**英国大舰队**。此外，他担心德军会从他的

――――――――

① 即英国。

眼皮底下溜走，撤退至喇叭礁（Horns Riff）的水雷屏障后面——喇叭礁是日德兰半岛西岸附近一处绵延很远的浅滩，中间的航道十分狭窄。希佩尔也向英军开战，他已经指挥舰艇转向东南偏南的方向，要把英军也引到那个方向上，因为海军上将舍尔正指挥战列舰朝那里驶去。在贝蒂看来，德军正往那里逃跑或者说撤退，而希佩尔却是为了出奇制胜，因为只要他手下的舰艇与皇家战列舰会合，德国方面的兵力就明显高于英方。可希佩尔不知道的是，跟在这10艘英国战舰后面的正是海军上将杰利科率领的**英国大舰队**。所以海战开始的时候，双方都错误估计了对方的实力；很有可能正是因为他们判断错误，这场海战才会爆发。

两军相距15公里的时候，贝蒂和希佩尔手下的战列巡洋舰分别开火，随后英军在45分钟时间里就损失了两艘舰艇：先是"不倦号"（*Indefatigable*）爆炸，很快，"玛丽女王号"（*Queen Mary*）也爆炸了。见到这一情形，贝蒂说了一句后来被频频引用的话："我们这些该死的船今天好像出问题了。"（There seems to be something wrong with our bloody ships today.）[55] 尽管德方大炮总体上比英方大炮的命中率更高，但德国舰艇也被英军打中了。不过事实证明，德国舰艇还是比英国舰艇更坚固一些，它们即使被炮弹打中，也不至于完全失去战斗力，或者像英国舰艇那样发生大爆炸。后来的研究显示，英军舰艇容易损坏的主要原因在于，英国人为了提高射速往炮塔里装了较多炮弹，弹仓的仓门没有关上；炮塔一旦被打中就会起火并且爆炸，最终整艘军舰都会成为碎片。

/ 501

"玛丽女王号"沉没后不久，英军就看见了德军的远洋舰队。于是，贝蒂命令剩下的8艘大型战舰掉头，幸亏它们航速较快，才躲过了德军的追击。至此，战争进入第二阶段——"向北

在斯卡格拉克战役中，英国战列巡洋舰"玛丽女王号"因为与德国战列巡洋舰"德夫林格号"（*Derfflinger*）一对一作战，结果被几枚炮弹打中，这导致炮塔下弹仓内的弹药筒起火，里面的炮弹爆炸，"玛丽女王号"被炸成了碎片，军舰上的近 1300 名船员仅 8 人生还。

竞速"（Wettlauf nach Norden）：贝蒂想把德国舰艇引到**英国大舰队**的炮口下，好让**大舰队**一举歼敌，而此时**大舰队**正从西北方向向他们靠近。按理来说德军至少也要蒙受惨重的损失，因为在舍尔率领的舰队中，第二中型舰队由几艘排成直线队形的旧式战舰组成，和其他战舰相比，这些战舰航速较慢，火力较小，配的装甲也较少。双方战列舰即将交火的时候，希佩尔手下的战列巡洋舰由于航速较快，又一次冲在远洋舰队前面，结果遇上了海军少将霍勒斯·胡德（Horace Hood）率领、由 3 艘战列巡洋舰组成的英国第三中型舰队。希佩尔再次掉头，想把初次见面的敌人引到远洋舰队那里。但胡德没有追赶，而是朝**英国大舰队**的方向撤退，而希佩尔因为忙于掉头，并没有注意到**大舰队**正向他们靠近。就这样，双方的主力舰队离得越来越近，却都不知道前面的对手是谁。于是战争进入了第三阶段。

/ 502

我们能够还原战斗过程，尤其是还能把它分成几个阶段，是因为整个过程对后世研究者来说已经一目了然。而对参战的司令们来说却不是这样，因为战舰烟囱冒出的浓烟、射击时炮口的浓烟还有舰艇燃烧释放的浓烟严重干扰了人们的视线，而部队之间的信息交流也极不通畅：一方面，受浓烟影响，之前常用的发射信号弹的方法效果不佳；另一方面，舰长和海军上将都忙于战斗，无暇考虑发送的信息是否准确，所以信息即便通过无线电发送，有时也解答不了战友的疑问，而是让对方产生了更多疑问。[56]例如贝蒂发送的无线电报对杰利科来说就相当费解。所以双方在行动的时候对具体情况都一知半解，只能加上几分猜测，而杰利科和舍尔就在这种情况下做出了决定。到了这个时候，舍尔仍然不知道他的对手是**英国大舰队**；杰利科尽管从英国本土的窃听站收到了一些不太确切的消息，但还是认为德国远洋舰队已经出

/ 503

港，正在朝他驶来。他决定动用英国人所说的"抢占 T 字头战术"（Crossing the T）：面对呈纵列前进的敌军部队，英方进攻时没有选用平行于敌方的队形，而是在垂直于敌方的方位上排成一列，挡住敌方队伍的去路；这样，英军的一整列舰艇都可以火力全开，而敌方只能开动队首的大炮。

在随后的交火中，德军损失了小型巡洋舰"威斯巴登号"（Wiesbaden），诗人兼水手约翰·基瑙（Johann Kinau）也在船上殉难，不过人们更熟悉他的笔名戈尔希·福克（Gorch Fock）。这时，英国的战列舰"厌战号"（Warspite）因为船舵失灵，被德军的火炮长时间合力轰击，结果严重受损，只好脱离舰队，独自返回英国。装甲巡洋舰"勇士号"（Warrior）的情况也类似，而它的姐妹舰"防御号"（Defence）也在遭受重击之后爆炸并沉没。德国的战列巡洋舰"吕措号"（Lützow）和"德夫林格号"也严重受损，舰上的炮塔都倒下来了，这大大削弱了它们的战斗力。但由于德军的实力不如英军，所以这两艘军舰还不能离开舰队，必须继续作战。胡德手下的旗舰"无敌号"（Invincible）之前一直缠着它们不放，现在它们集中火力攻击"无敌号"，这也让船员们的视野暂时变清晰了。德方炮弹 5 次命中"无敌号"的关键部位，后者在一次爆炸中裂为两半。

用"爆炸""沉没"或者"船体断裂"这些概念显然很难再现战役中的情形。例如，"威斯巴登号"被炸成残骸以后，在无人驾驶、失去任何防御的情况下，还在两国的舰队中间漂了几个小时；而英国的几艘体积相当庞大的大型战舰却因为弹仓爆炸，不到几分钟就从水面消失了。[57] 这些军舰上的生还人员寥寥无几："玛丽女王号"上有近 1300 名船员，其中只有 8 人获救；"防御号"上的船员有 900 人出头，无一生还；"不倦号"和"无敌号"

上各有约 1000 名船员，生还人数分别为 2 人和 6 人。"威斯巴登号"上有 590 名船员，但最后仅 1 人生还。驱逐舰和鱼雷艇飞快地穿梭于双方舰队的大型战舰之间，它们的任务之一就是在沉船附近搜救生还者。与此同时，战斗的火力丝毫未减，鱼雷艇和驱逐舰也要时不时地袭击大型战舰，所以它们只能在敌人的炮火中执行搜救任务。和陆战相比，在海战中，人们面对巨大的、毁灭性的打击更加无能为力，因为他们在船上既得不到保护，也无法逃跑。

尽管到此刻为止，战争的进展对德军比较有利，但他们也面临十分棘手的局面。他们必须有这样的心理准备：英国舰队很快就要全面发挥其优势，而更糟糕的是，德方此刻所处的位置在战术上十分不利，因为他们正径直朝杰利科布设的队伍驶去，与其构成了 T 字阵型。海军中将希佩尔此时也不得不离开他的旗舰"吕措号"，因为这艘战舰被炮弹击中后损毁较为严重，希佩尔如果留在上面将无法指挥他的部队。所以希佩尔想带上指挥棒，让一艘鱼雷艇把他转移到战列巡洋舰"毛奇号"（Moltke）上面。但由于敌军火力太过凶猛，他们无法实施这个方案，所以这支中型侦察舰队在较长时间里都由"德夫林格号"的司令负责指挥。为了脱离危险的 T 字阵型，舍尔在傍晚 6:30 的时候命令排成纵列行驶的军舰立即原地 180 度掉头，仍然排成纵列，朝原方向的相反方向行使，原来在最前的军舰现在在最后。这么做的难度相当高，因为军舰之间距离较近，掉头时很有可能发生碰撞。不过他们还是很顺利地调了头，很快，整个德国舰队开始向西南方向行驶。杰利科由于看不清战场上的情况，刚开始并未意识到德军已经撤退，所以并没有果断下令追击。不过他的想法可能是，**大舰队**现在正朝东南方向的日德兰半岛驶去，只要保持这个航向，就可以在喇叭礁雷区附近追上德军并再度开战。此外，和德国相比，英国中型舰队的航速较快，所以他们至少可以捕获德方的几艘旧式军舰。然而在将近傍晚 7 点的时候，舍尔又一次下令原地掉头；现在德军直线向东行驶，再次对英军发起进攻。但这样一来舍尔的舰队又和英国舰队构成了 T 字阵型，于是舍尔第三次下令掉头撤退，朝西南方向驶去。这一次，舍尔在下令掉头的同时还命令鱼雷艇一齐攻击英国舰队。杰利科招架不住，于是命令部队改变航向。由于双方都改变了航向，所以两支舰队快速分开了，大规模的交锋也到此为止。

这时夜幕已经降临，这对德军来说是件走运的事，因为他们要返回东南方向的威廉斯港（Wilhelmshaven），中途必然会撞上此时已转向西南方向行驶的**英国大舰队**，后者的目的正是要切断舍尔手下舰队的退路。这时战役进入了第四阶段，在这一阶段，双方在夜里有几次交锋，也都损兵折将，但没有爆发大规模战斗。在一次交锋中，纵列舰队里的"波美拉尼亚号"（Pommern）被炮弹击中并严重受损，带着舰上的约 850 名船员一同沉入海底。旧式巡洋舰"弗劳恩洛布号"（Frauenlob）和英国巡洋舰"黑太子号"（Black Prince）的命运也与此相似。"吕措号"由于受损严重，已经无法返航，于是人们把舰上的海员转移到鱼雷艇上，然后弃船离开。就这样，这场大型海战逐渐接近

尾声。德军损失了"波美拉尼亚号"和"吕措号"这两艘大型军舰，而英军则损失了 6 艘主力舰。

英军损失的舰艇总吨位几乎是德军的两倍，阵亡人数则是德军的 2.5 倍，而英军耗费的弹药也比德军多出四分之一。我们也可以说，德国人干得不错，但仅此而已。这次战役几乎没

从图中可以看出战列舰的巨大杀伤力。图为1916年5月31日斯卡格拉克战役中一艘德国主力舰舷炮齐射的情景。

有改变英国和德国之间海军的力量对比——正相反，由于希佩尔手下的战列巡洋舰全部被送往船坞修理（而且修理军舰的花费很大），所以这些军舰很长一段时间都无法为舰队效力，于是英军与德军在实力上进一步拉开了差距。从这次的经验来看，德国要冲出北海、走向大西洋似乎更不可能了——而之前人们还希望德国舰队可以冲破英国的海上封锁，现在这个希望也破灭了。1916 年 7 月 4 日，海军中将舍尔在递交给威廉二世的报告中理性地总结道："我们最近的行动都比较顺利，敌人也在战斗中遭受重创，但即使我们在远洋战役中取得了最为乐观的成果，也无法迫使英国在这场战争中与我们签订和约，这一点是毫无疑问的。和岛国相比，我们的军事地理位置没什么优势，并且我们的物质资源也比敌人少很多，而单凭舰队我们无法真正弥补这些缺陷，也无法打破针对我们的封锁并战胜岛国——即使用全部潜艇来对付敌军，我们也做不到这一点。"[58] 这并不是说舍尔认为德国不可能战胜英国，而是说，他不相信通过正面交锋可以做到这一点。在他看来，胜算更大的做法是利用潜艇攻击大英帝国的"薄弱环节"："要在不太长的时间里赢得这场战争，唯一的办法就是破坏英国的经济活动，即派出潜艇干扰英国的贸易。"[59] 舍尔说这话的意思是，对于针对英国的潜艇战，政府不应加以限制或给它设置任何障碍。之前，远洋舰队与**英国大舰队**开战，却未能完成使命，现在德国的潜艇将承接这一使命，开始袭击英国商船。

/ 508

战争刚开始的时候，潜艇还被称作"水下艇"（Unterseeboot）或"潜水艇"（Tauchboot），当时几乎没有人想到，它在后来的战斗中会发挥怎样的作用。后来潜艇对德国而言确实意义非凡，但在1914年的时候，德意志帝国拥有的潜艇数目甚至少于法国和英国。人们以为潜艇只适用于小型战争，在战略上并没有多少价值。后来，人们改善了鱼雷的驱动系统，从而提高了它的命中率（之前它相当于装有驱动的水雷，并不能准确攻击特定的目标），这时，潜艇才从设计师手中无足轻重的小玩意儿摇身变成对敌人真正的威胁。在当时的情况下，潜艇虽然比不上所有其他类型的战舰，因为它的甲板上只有一门大炮，并且以它的结构，一旦被炮弹击中便很容易损毁，但它毕竟可以拦截并击沉没有配备武器的商船。不过一开始，几乎没人想过潜艇还有这种用途，在德国更是如此，因为自提尔皮茨提出发动海上决战以来，这样的信条已经深入人心，而潜艇充其量被看作一种辅助工具。[60] 德国人原本不论陆战还是海战，都为大型决战投入了一切资源，然而从1916年开始，他们却希望利用潜艇和英国打贸易战，拖垮英国经济，从而扭转当前的局势——这实在是世界战争史上讽刺的一笔。

德国人在刚开始有多迷恋战列舰和远洋舰队，现在就有多重视潜艇——它不仅成了公众讨论的中心，在海军部门眼里，它也是军事行动的核心。甚至人们认为，要看德国人战斗的决心有多大，就要看他们是否无限制地使用潜艇作战。刚开始为战列舰投入一切资源的那些人，现在把一切期望都寄托在潜艇上。潜艇成了一种神秘的武器，人们相信，只要尽可能大胆地使用这种武器，并且不让《海洋法》和《战争法》妨碍相关行动，那么潜艇这种武器就可以创造奇迹。当然政治家也对此表示忧虑。批评者们警告说，这一战略极有可能导致美国参战，这样一来，虽然潜艇可以击沉敌人的部分船只，但一旦美国加入，德国将再度处于劣势。支持无限制潜艇战的人则反驳说，美国尽管名义上是中立国，但实际上早就加入了协约国，他们不仅贷款给西方国家，还为后者提供武器和弹药。美国威胁说，如果德军用潜艇击沉商船，他们就要参战，可是英国违背国际法，对德国实施饥饿封锁，美国却没有采取任何行动。[61] 在 1917 年初，只有帝国首相贝特曼·霍尔韦格和他手下的几名部长、国务秘书觉得无限制潜艇战的风险高于海军高层所认为的胜算。不仅总参谋部、海军高层赞成这一战略，而且自中央党（Zentrumspartei）改变立场

以后，国会里大多数议员也都支持改用潜艇战战略。现在的局面和施里芬计划被付诸实施之前非常相似：人们在评估时更突出这一战略对未来的战斗有什么好处，而低估了它的政治代价。格哈德·里特尔分析了 1871~1918 年德国的政治，指出这是军事第二次凌驾于政治之上。1917 年 1 月 9 日，德国皇室委员会（Kronrat）决定于 2 月 1 日发动无限制潜艇战，里特尔对此评论道："对贝特曼个人来说，这一决议宣告悲剧的最后一幕已经上演；对德国来说，这一进展不仅极其不幸地延长了他们苦苦战斗的时间，而且［……］几乎扼杀了他们取得军事胜利的希望。对全世界来说，（所有参战国家都知道）它的后果在于，大洋彼岸的大国必然被牵扯进战争中，脱离历史上的孤立状态。然而这也带来了世界历史的拐点（这是参战国未曾意识到的），这样的转变，欧洲世界在过去 1500 年里都不曾经历过：欧洲将从世界政治活动的中心，变成一个附属的舞台。"[62]

一艘德国潜艇浮出水面，拍摄到了鱼雷袭击船只的情景。

这样看来，海战中最微不足道的武器却造成了最大、最深远的影响。事情的讽刺之处在于，德国早在 1915 年 2 月就宣布发动无限制潜艇战，但由于可用的潜艇数量太少，军方只能把战争限制在很小的范围内；[63] 1917 年初，德国显然已经拥有许多可投入使用的潜艇，最重要的是，其中还包括一些可以在英国西海岸执行任务的潜艇，而英国最重要的补给线就位于西海岸；但由于长时间以来德国当局并未针对潜艇战的问题达成共识，所以没有全面启动潜艇制造计划；后来，当局总算正式决定发动无限制潜艇战，在那之后，海军高层才订购了大批潜艇，而这批潜艇直到战争结束时才制造完毕，大部分已经不再需要交货了。[64] 德国冒着难以预料的政治风险走了这步棋，可当时他们在军事上却没有做好必要的准备。人们满怀怨愤地在公共媒体上辩论，说发动潜艇战与否是战斗意志的问题，而事实上它关系到物质准备是否充足的问题。陆战中在战术层面出现过的情况，此时又在政治舞台上重演：人们必须具备更坚强的意志，才能弥补国家在物质方面的不足。

现在的主要任务和之前一样，就是让学者和知识分子证明这场战争的合理性。以历史学家迪特里希·舍费尔（Dietrich Schäfer）、爱德华·迈尔（Eduard Meyer）和奥托·赫奇（Otto Hoetzsch）为代表的一批人很早就主张以强硬的手腕对付英国，因为他们认为，英国是协约国的中心，也是德国的核心敌人。他们坚信，一旦英国被迫放弃战斗，德国就赢了这场战争，所以德国在战斗中无论用什么手段都是合理的，何况英国政府已经对德国实施贸易封锁，率先破坏了海战法规中的相关条款。来自柏林的国际法专家海因里希·特里佩尔（Heinrich Triepel）在一份意见报告中证实了这一点，而经济学家赫尔曼·

莱维（Hermann Levy）和马克斯·泽林（Max Sering）则表示，英国由于大力实施经济封锁，它目前的力量其实比德国脆弱很多。[65] 但德国如果和英国在海面上作战，则无法抓住英国的弱点，因为英国的海军比德国强大，所以德国必须加大潜艇战的力度。但贝特曼·霍尔韦格仍然犹豫是否要宣布发动潜艇战，而在1915 年 2 月潜艇战开始之后，他又迫于美国的警告，立刻要求对潜艇战加以限制。基于这个原因，以舍费尔、迈尔和赫奇为核心的一帮教授——目前也包括阿道夫·冯·哈纳克、奥托·冯·祁克、威廉·卡尔（Wilhelm Kahl）、特奥多尔·席尔曼（Theodor Schiemann）、古斯塔夫·冯·施莫勒以及乌尔里希·冯·维拉莫维茨－默伦多夫——开始大力宣传无限制潜艇战。

批评者们（其中值得一提的是汉斯·德尔布吕克和马克斯·韦伯）[66] 的反对理由是，一定时间内潜艇的产量可能不敷使用，而且发动潜艇战存在政治风险；潜艇战的支持者们则认为通过这件事可以看出一个人的品质：支持潜艇战说明一个人有勇气、对德国的力量充满信心，反对潜艇战则说明这个人心怀恐惧、是个"扫兴鬼"。发动潜艇战与否本来是个复杂的专业问题，专家必须经过全面的评估才能得出结论，现在却连非专业的人文学者也有资格大发评论。还有一件事也说明了这一点。1916 年 8 月 23 日，迪特里希·舍费尔的多位同事签署了他起草的《告德国人民书》（*An das deutsche Volk*），他在这份文件的结尾呼吁道："英国人曾说，我们会打赢所有战役，但英国会赢得战争，但这句话不应该变成现实。德国人民，你们要坚强！你们是在为现在和将来而战。兴登堡已经大声告诉你们答案：现在最重要的不是坚持，而是取胜……"[67]

/ 513

德国人文学科的衰落和人文学者的这种"责任感"有密切

联系：在威廉二世时期的德国，人文学科在精神和道德领域起着引导作用，许多人文学科的代表人物认为他们必须利用自己的影响力支持无限制潜艇战，于是他们便将触角伸向另一个领域，而在这个领域真正有话语权的其实是工程师、海战战略家和经济学家。他们受爱国热情的驱使，就像马被拴在一辆自己拉不动的马车前面，至于这辆车的尺寸和重量，他们一无所知。如果将他们的言论和马克斯·韦伯于1916年3月发表的文章《潜艇战的升级》（ Der verschärfte U-Boot-Krieg ）放在一起比较，前者的缺陷就更明显了，因为韦伯的文章在掌握大量专业知识的前提下客观地衡量了潜艇战带来的机会与危机，最后指出，人们要求发动潜艇战是在推行一种"冒险的政治"。[68] 其实弗里德里希·迈内克和赫尔曼·翁肯也站在德尔布吕克一边，但和潜艇战的支持者相比，批评者仍是少数，获得的反响也远不及主张"以胜利为基础缔结和约"的人。所以大部分人文学者在战后都发现自己被愚弄了。为了掩饰判断失误带来的羞耻感，许多人在战后都选择了更为激进的政治立场。

只有少数人文学者利用自身的专业知识来批评无限制潜艇战，其中之一就是古典学家爱德华·施瓦茨。他仍像之前批评兼并主义战争目的一样，[69] 通过对比伯罗奔尼撒战争和当前的战争来表达自己的观点：如果雅典人遵从伟大的政治家伯里克利制定的防御方针，而不是被巨大的利益诱惑，远征西西里（Sicilia）进攻锡拉库萨（Siracusa），那么他们就可以打赢战争，但结果却是他们为自己叩开了失败之门。[70] 历史学家汉斯·德尔布吕克在战后表示，他想起1917年初贝特曼·霍尔韦格曾在亲信圈子里将无限制潜艇战称作"我们的西西里远征"。[71] 施瓦茨的判断是事后做出的，但距离事情发生的时间很近（他的作品于1919

年出版），所以我们可以认为这是一种政治干预。也就是说，当时他的许多大学同事仍然坚信，德国之所以输掉战争，是因为没有早一点发动无限制潜艇战。[72]

德国的潜艇战在一开始就取得了胜利，这完全出乎他们的意料：[73]1914 年 9 月 22 日一早，"U9 号"的舰长奥托·韦迪根（Otto Weddigen）海军上尉正在荷兰沿岸巡逻，这时他看到 3 艘英国的装甲巡洋舰正在泰晤士河口和荷兰角港（Hoek van Holland）之间巡航。"U9"号首先发射鱼雷攻击"阿布基尔号"（*Aboukir*），然后又攻击"霍格号"（*Hogue*），最后是"克雷西号"（*Cressy*）。3 艘战舰上有超过 2200 名海员，其中只有近三分之一被荷兰的渔船救起；"U9 号"还甩掉了前来追捕它的驱逐舰。三艘旧式装甲巡洋舰被击沉，这对英方来说显然不是什么了不得的灾难——他们的战列巡洋舰"无惧号"（*Audacious*）因驶入德军雷区而被炸毁，他们要难过得多——但这番袭击头一次表明，大型战舰在潜艇面前是多么不堪一击，也表明这种新型武器在军事领域将创造怎样的可能性。于是，韦迪根取得的成果在德国被反复强调并大肆宣传。英军的应对方式是把主力舰留在港口，让驱逐舰执行巡逻任务，后者可以通过转向避开鱼雷，而且就算被击中，英方至少也还损失得起。[74] 用潜艇对付战舰多多少少还是奏效的——10 月 15 日，韦迪根又击沉了英国的巡洋舰"霍克号"（*Hawke*）；第二年，协约国军队在加利波利登陆失败，这主要也是地中海一带德国潜艇的汗马功劳。然而在海战最主要的战场——北海，被潜艇击沉的英国战舰数量却比较少，英国的海上霸权也没有因此受到威胁。于是德国海军高层决定，下一步主要用潜艇对付商船。这是海军高层对英国封锁行动做出的

/ 515

官方回应，他们对外宣称，潜艇战的目的是拦截一部分运往岛国的原材料和战争物资，从而削弱英国的作战能力。后来，英国的封锁开始造成德国粮食短缺，于是德方也公开表示，用潜艇击沉英国商船的目的是让联合王国的公民挨饿，使他们产生厌战情绪。

一方在采取行动的时候往往会表示，这是对对方行动的回应，对方才应该为事态的升级承担责任。总的来看情况可能也是如此，只不过根据海洋法的规定，水上贸易战和水下贸易战的性质并不相同。这其中虽然有历史原因，但定罪的时候就得按这套规则来。1939 年，美国历史学家弗兰克·钱伯斯（Frank Chambers）总结道，和英国相比，德国触犯海洋法和战争法的情节更为严重，影响更为恶劣。[75] 这是因为，潜艇袭击直接导致英国商船上的船员和乘船旅行的平民死亡，而英国的海上封锁行动虽然也造成德国平民死亡，但这与英国触犯战争法的行为只存在间接联系。但封锁一事使德国人极为愤怒并引发了大讨论，在这种愤怒的情绪中，他们根本意识不到英德两方的行为有何区别。在这个层面上，人文学科也发挥了影响：人文学者们宣称双方的违法行为造成的伤害是等同的，并指责英国人首先破坏了法律，这样，德国人才能坦然接受无限制潜艇战及其后果，而不至于良心不安。

从政治的角度来看，德国最顾虑的不是英国，而是那些中立国，因为这些国家是招惹不得的。为了避免麻烦，德方在 1915年 2 月要求中立国远离英国岛屿附近的海域，尤其不得往英国运送武器和弹药。这样一来，理论上可以防止中立国接管物资运输事宜，也防止英国商船"冒用别国旗帜"，即挂上中立国国旗躲避德国潜艇的袭击。这些情况也确实发生了，于是后来德国潜艇决定击沉在相关海域出现的所有船只。这样做从军事角度来看是合理的，因为船只可能改换了旗帜；但从海洋法的角度来看，这么做却有很大问题。[76] 根据1856年《巴黎海战宣言》(*Paris Declaration on Naval War*) 和1909年《伦敦海战法规宣言》(*London Declaration Concerning the Laws of Naval War*) 的规定，贸易封锁涉及绝对禁运品和有条件的禁运品；禁运品是指那些不被允许进入相关国家的物品，所以可以确定的是，封锁行动只能针对战争物资，而不得针对供平民使用的物资。德国人也正是根据这一节法规判定，英国针对同盟国的贸易封锁违反了国际法。战争物资属于绝对禁运品，而既可军用又可民用的物资则被称为有条件的禁运品。此外还有一系列不得被列入禁运范围的"自由物资"。因此，在尚未检查船上货品的情况下，另一方不得直接将船只击沉；正确的做法是先拦截船只并由拿捕小组上船检查，再决定是击沉船只还是准许其继续行驶。如果要击沉一艘货船，那么攻击方的舰长必须负责让货船上的船员下船，将他们转移到安全的地方。如果由驱逐舰或巡洋舰负责检查过往商船，这一点倒是有可能做到，但潜艇的大小就决定了它不可能先接手另一艘船上的全部人员再将船击沉。此外，潜艇如要对船只实施检查，就必须浮出水面，而它在这种状态下特别容易受到攻击。很快，英军就针对这种情况专门设下圈套：他们让一些商船模样的船只出海，却给它们配备了武器，"商船"上的船员一见潜艇浮出水面就立刻朝它开火。在这种情况下，潜艇的舰长如果坚持要先检查货船而不是直接将其击沉，就要冒很大的风险。德方的观点是，如果商船像战船一样朝浮出水面的潜艇开火，那么他们就可以视这艘商船为战船，这意味着可以在不发警告的情况下对其发射鱼雷。"无限制潜艇战"的意思就是在不发警告、不检查货物的情况下对英国附近海域的所有船只发射鱼雷。

经海军高层同意，自 1915 年 2 月 18 日起，潜艇舰长不仅可以依据拿捕条例发动袭击，还可以不经警告就在水下发起攻击。这还不是真正的无限制潜艇战，但也非常接近了。在那之后，被潜艇击沉的船只数量明显上升：2~3 月共击沉了 38 艘货船，4 月击沉了 29 艘，5 月则击沉了 52 艘。这段时间里，德国在北海和英国岛屿西侧部署了 25 艘潜艇。但后来出现了棘手的情况，对此，批评这种潜艇战形式的人也曾提出警告：1915 年 5 月 7 日，"U20 号"在爱尔兰南侧击沉了悬挂英国国旗的客轮"卢西塔尼亚号"（*Lusitania*），船上有近 1200 人遇难，其中包括 125 名美国公民。[77]

事实上，"卢西塔尼亚号"上也有弹药，它并不是纯粹的客轮，也属于运输弹药的船只。德军对其发射鱼雷的行为属于什么性质，这从战争法的角度来看也难以界定。可是被鱼雷击中以后，这艘轮船却发生了第二次爆炸，而这不太可能是船上的弹药导致的。不过和英方所宣称的不同，"U20 号"并没有发射第二枚鱼雷，所以最合理的解释是，轮船因为发生煤尘爆炸而迅速沉没。德国驻美国大使馆事先已经知道船上有弹药，也在"卢西塔尼亚号"出发前提出过警告。我们不清楚的是，既然知道德国潜艇在这一海域行动，这艘船为什么还要经过这里。在宣传战中，英国将这一不幸事件渲染成德国残暴行径的又一例证，德国方面则回应说，丘吉尔故意让德军毁掉这艘船，目的是鼓动美国参战。但美国总统伍德罗·威尔逊没有宣战，而是向柏林方面提出了严正抗议，于是在帝国首相贝特曼·霍尔韦格的强烈要求下，德国暂时停止了这种形式的潜艇战。[78] 威尔逊也知道英国无限制的贸易封锁违反了国际法，他认为美国既然没有采取措施阻止这一行动，那么很显然也不应该因为德国潜艇袭击了船只而对德国宣战。而自从"卢西塔尼亚号"沉没以后，德国政府肯定已经知道发动无限制潜艇战会带来什么政治风险。[79]

总参谋部则仅仅从战略角度看待这一问题，所以观点与帝国首相不同：在保加利亚加入同盟国阵营之前，法金汉反对无限制潜艇战，但在那之后他转而支持这一战略，甚至在1915年的"圣诞备忘录"中称，不久之后德国将在凡尔登战役中用"血泵计划"对付法军，而无限制潜艇战将和"血泵计划"遥相呼应。[80] 德国当时之所以没有再度发动无限制潜艇战，是因为贝特曼·霍尔韦格反对的态度十分坚决，而皇帝则举棋不定。提尔皮茨此时也早已不再仅仅关注大型战列舰。在一份写于1916年2月的备忘录中，他强调："当务之急是立即使用潜艇作战且不要有任何顾虑。如果迟迟不发动无限制潜艇战，英国就有时间在军事上和经济上采取防御措施，到时我们的损失只会更高，并且即使我们当下取得了胜利，可能也扭转不了大局。越早使用潜艇作战，胜利也会来得越快，而英国的指望，即通过消耗战来制服我们，也会迅速破灭。只要打败英国，就等于折断了敌军联盟的脊梁。"[81] 当时提尔皮茨没有提到，用于这一战略的潜艇还根本没有造出来。无限制潜艇战以及整场战争失败以后，他又认为原因在于舰队没有朝一个战略方向努力，而这其中的责任在于政敌，与他无关。他在1920年出版的回忆录中写道，人们决定全力推动潜艇战的时间太迟了，他们也花了太多时间去顾虑美国和国内社会民主党的看法；但关键问题不是我们缺少潜艇，而是我们的决心不够，所以我们"怀着对威尔逊的恐惧和期望错过了这一时机"。停战两年后，提尔皮茨总结道："以后总会有人公平地指出，如果我们当时有战胜英国的勇气，英国就打不赢这场战争。"[82]

在提尔皮茨眼中，帝国首相贝特曼·霍尔韦格要对国人缺乏必胜决心这一状况负责。他自从 1916 年 3 月 12 日辞去帝国海军部国务秘书的职务以后，就开始以前所未见的攻势抹黑贝特曼·霍尔韦格，而兼并主义者和支持"在胜利基础上缔结和约"的人也狂热地支持他。其中一位支持者就是前面提过的古代历史学家爱德华·迈尔，他在与学生维克托·埃伦贝格（Victor Ehrenberg）的通信中——后者曾捍卫过贝特曼·霍尔韦格的政策——多次提及这一话题。1917 年 7 月 14 日（当时贝特曼·霍尔韦格已经离职，而无限制潜艇战早已全面打响），迈尔写信给在西线一个炮兵营服役的埃伦贝格说："现在我们将充满忧虑地度过战争中最艰难的时光［……］。贝特曼［因为反对潜艇战］造成了无尽的伤害，这些伤害显然是无法弥补的，错过的机会我们再也追不上了；不过我们或许还有些许指望可以挽回整个局面。"[83]

贝特曼·霍尔韦格周围的人对无限制潜艇战的看法则截然不同。1916 年 10 月初，他的副手、财政部部长卡尔·黑尔费里希（Karl Helfferich）就在帝国议会的中央委员会的会议上强调，这样的决策会带来不可预知的风险，导致局势迅速恶化："如果打出了无限制潜艇战这张牌却压不过对方，那我们就输了，而且我们要输几百年。"过了两年，在德国战败以后，他回忆道，这句评论虽然给一些人留下了印象，但没起到什么决定性作用。当时，他在中央委员会的会议上还补充说："如果发动潜艇战，要是后面事情发展不妙，人们可就没有资格再说：啊，当时有人跟我们说过这事或者那事就好了；那些在相关职位上的人当时能指出这个或那个问题就好了。"[84] 黑尔费里希指出，在决定发动无限制潜艇战之前必须考虑清楚，因为这一次和之前不一样，德国再没有回头路可走。这正好与提尔皮茨"机不可失、时不再来"

的论证相反。具体地说，这一次如果决定让战争升级，美国就很有可能参战。1917 年 1 月 9 日，当局在普莱斯（Pleß）的司令部做出了相关决策；贝特曼·霍尔韦格很清楚这一决策会导致哪些不可逆转的后果，所以从普莱斯回去以后，他对黑尔费里希表示："我们已经越过了卢比孔河（Rubicon）。"①85 首相顾问里茨勒在日记中写道："首相松口了。[……] 说得很轻松，但并不是赞成。海军方面信誓旦旦，但我们已经跃入黑暗的深渊。我们所有人都觉得，这个问题就像悬在头顶的命运之剑。这不祥的潜[艇战]是德国此前所有悲剧性错误的化身，如果历史按照悲剧的路数发展，那么德国将因为这一战走向灭亡。"86

里茨勒说"海军方面信誓旦旦"，是指海军上将亨宁·冯·霍尔岑多夫（Henning von Holtzendorff）在备忘录中预言，如果德国海军每月击沉船只的容量之和为 60 万总登记吨，这样持续上 5 个月，那么英国的经济和军事就会陷入崩溃。霍尔岑多夫也是提尔皮茨在帝国海军部的继任者爱德华·冯·卡佩勒（Eduard von Capelle）海军上将的朋友，他提出此观点的依据是基尔世界经济研究所（Kieler Institut für Weltwirtschaft）所长伯恩哈德·哈姆斯（Bernhard Harms）教授的一份意见报告。哈姆斯教授经过计算得出结论：英国如果损失船只总容量的40%，就无法将战争继续下去。87 于是贝特曼·霍尔韦格的意见被压下去了，因为陆军和海军高层都支持无限制潜艇战，帝国议会的大多数议员也站在他们一边，加上提尔皮茨做了几个月的宣传，还有支持他的教授帮他说话，所以公众也赞同进一步扩大战

/ 522

---

① 恺撒曾率军渡过意大利与高卢之间的天然边界卢比孔河，渡河后恺撒向部下表示骰子已掷出，他们已没有退路。在西方，"渡过卢比孔河"即表示事情已没有退路。

争。皇帝作为贝特曼·霍尔韦格最后的支柱，在此期间也转而支持军方的观点。海军上将冯·米勒在 1917 年 1 月 8 日写道，"在别人意想不到的时候"，皇帝"好像突然悟到了无限制潜艇战的必要性"并对其表示支持，即使帝国首相反对这种形式的战争。"他这样做相当于选择了一种很不寻常的立场，即认为潜艇战是纯粹的军事事务，和首相毫无关系。"[88]贝特曼·霍尔韦格无奈之下只得同意。[89]但他提到了卢比孔河，这表明他预感到这个决定可能打开了灾难之门。

事实证明，哈姆斯的计算出错了，霍尔岑多夫的预言也不会成真。他们没有考虑到，一旦美国参战，许多原本保持中立的国家也随之纷纷向协约国靠拢，协约国方面的运输能力便得以提升；另外，英国也采取措施应对德国的袭击，主要方式是派出护航队，所以英国船只被击沉的概率在一段时间后明显下降了。[90]当然，在一开始，英方损失船只的数量有所上升，在某段时间内甚至明显超出德国海军参谋部设定的临界点，即每月 60 万总登记吨——根据推算，一旦英方每月的损失超出这个数值，他们就很难保证物资的正常供应。按照这个速度，截至 1917 年末，英国损失的船只容量之和将远超过 10 个 60 万总登记吨，而根据德方推算，那时英方将不得不结束战争，然而英国人并不打算让步。[91]1918 年，英国和美国造船厂生产的船只数量是被德国潜艇击沉之船只数量的两倍。[92]军方有关无限制潜艇战的承诺并没有兑现。在这件事上，最不应受到指责的是潜艇上的船员；在所有军种中，除飞艇机组人员以外，潜艇船员的伤亡率是最高的：参与袭击的潜艇船员有一半不能返航。[93]那些驾驶潜艇的人，包括舰长、军官和水手，是一战中被遗忘的战士；他们虽然在战争期间也受到推崇，但战争结束以后很快就被淡忘，至少和歼击

陛下之艇"U35号"是皇家海军中战绩最卓著的舰艇，它击沉的船只超过220艘，其中大部分是海军上尉洛塔尔·冯·阿尔诺·德拉佩里埃击沉的。"U35号"执行任务的范围是从亚得里亚海的军港普拉（Pula）到地中海。图中，潜艇正在平静的海面上行驶，并且处在敌方战舰和飞机的射程之外。

德意志帝国海军的舰艇名字开头通常有"Seiner Majestät"的缩写，表示舰艇归属于皇帝。

机飞行员相比是如此，因为在两次世界大战之间的时期，人们记住了后者的肖像和击落敌机的数量，他们也深深沉淀在社会成员的集体记忆中。洛塔尔·冯·阿尔诺·德拉佩里埃（Lothar von Arnauld de la Périère）先是"U35 号"的舰长，后来又成为"U139 号"的舰长，而直到现在，即便是军事专家都不太知道他，然而在海战史上，他击沉的船只数量超过了其他所有的潜艇舰长：他在地中海执行任务 10 次，共击沉 194 艘商船以及两艘战舰，总吨位近 45 万总登记吨，是所有被击沉船只总吨位的1/27。[94]

可能有许多方面的原因导致潜艇战士被人遗忘；其中一个原因自然是，他们没有像歼击机飞行员那样把自己的经历写成故事，魏玛共和国时期出版的战争小说也没有哪一部涉及潜艇以及它们在战斗中发挥的作用。但我们很难说这纯粹只是出于偶然，毕竟德国人曾经对这一武器寄予厚望。而期望的落空也不能完全解释，为什么潜艇战士会被遗忘，否则按照这个逻辑，飞行员还有步兵，包括战斗工兵恩斯特·云格尔，都应该面临同样的命运。事实上，正是潜艇这一武器的本质特点，即不引人注目、可以"隐形"，导致它在德国人的集体记忆中缺席：它即便出现在海上阅兵式中，也不会给人留下多少印象，而最好的做法是压根儿不在公众面前展示它，因为对于这种神秘的武器，敌人知道得越少越好。在战斗中也是这样：如果进攻比较顺利，那么人们只能通过燃烧或者下沉的船只猜测到附近有潜艇，却看不到它们。这样一来，它们的作战方式也就带上了某种阴险狡诈的色彩：它们悄悄靠近，埋伏在一旁，并且向商船发射鱼雷，这些商船上没有武器装备，而其中大多数也对这样的袭击毫无准备。[95]虽说潜艇本身也极易受到攻击，这在某种程度上可以挽回它的形象，但不能改变一点，即战斗的双方是不平等的，这和空战不一样，至少人们在观念中认为空战是一场公平的战斗。[96] 和那些在公开、公平的战斗中表现英勇的战士不同，潜艇战士的英雄气概表现为自我克制、心理素质过硬：他们必须自我克制，才有勇气踏进这连一扇窗都没有的圆柱形钢壳，并驾驶着它出海；他们必须心理素质过硬，才有勇气潜入水中，才愿意相信潜艇能正常运转，他们也会有好运气。这需要很大的勇气，但这种勇气又和人们心目中那些"英雄"的勇气截然不同。

错误的筹算和缺乏依据的期望导致潜艇战士成了牺牲品。在这件事情上，德国人再次误解了英国人，他们仍以为后者是商业民族，只会根据资本主义的运作规律计算得失，而不是坚韧不拔的钢铁战士；这种误解又一次让他们付出了代价。前线的战士们心里很清楚，他们的对手不会因为物资匮乏就向敌人屈服，如果有人询问这些战士，就会发现他们心目中的"汤米"和潜艇战策划者、宣传者描述的英国人形象完全不一样。这是德国继施里芬计划之后第二次重大的决策失误，而它根植于德国人对英国人的刻板印象，这种刻板印象尤其反映了德国人反资本主义的思想和态度。它的影响在这次贸易与经济战中体现得最为明显，在这场战斗中，用维尔纳·桑巴特的话说，"英雄"希望自己能战胜"商人"。

/ 战略性空战初见端倪

说到一战中的空战，人们想到的往往是图画中的歼击机飞行员，也就是人们所说的"风中骑士"，他们驾驶飞机在空中作战。事实上，当时大城市和工业中心也曾遭遇空袭，这些袭击的目的不是摧毁敌人的战争资源，而是挫伤对方继续战斗的物质基础和精神意志，不过这些事大部分都被遗忘了。这主要是因为1940~1945 年的空袭给人们留下的印象太过深刻，而它的规模和影响与一战中的空袭截然不同。不过 1940~1945 年空袭战的思想基本来源于一战，并且其战略方针也由 1914~1918 年的战斗经验发展而来。[97] 也就是说，一战中已经有人想到这种策略，二战中它才被全面付诸实施。当然，在一战时期，人们还缺乏实施这一战略的必要条件：当时的飞机还太脆弱，齐柏林飞艇也容易受到攻击，仅凭它们还无法将整座城市炸成废墟。但相关的计划在当时已经成形了。

战争刚开始的时候，只有德国有能力发动战略性空袭战；赋予他们这种能力的不是飞机，而是飞艇，这种飞行工具的续航力和载重量比飞机大得多。[98] 因此，德国人一心期盼可操纵的飞艇可以在战争中为他们提供便利；[99] 而敌方同样对齐柏林飞艇充满恐惧，英法两国的**军事虚构**文学也充分反映了这种心理。[100] 当时出现了名副其实的"齐柏林飞艇热"，人们极力渲染齐柏林飞艇的威慑力，但这些描述完全不符合事实。[101] 英国人担心飞艇的兴起会让军舰失去作用，这样即使英国掌握着制海权，德军也有可能突然入侵。从这个角度考虑，国家在掌握制海权的同时也要取得制空权作为补充，不过这就意味着必须投入大量资源组建新的军种，而在这方面德国已经处于领先地位，所以具备一定

战争刚开始的时候，仅德国一方拥有齐柏林飞艇，当时它被看作"神奇武器"，因为它可以攻击敌人，敌人却不能有效地反击。鉴于飞艇的续航力较强，人们希望利用它对敌方首都实施战略性袭击，从而挫伤敌人的士气。上图为1915年一本童书中的插画，它以十分天真的方式描绘了这一想法：伦敦被熊熊大火淹没，本应保卫城市的士兵弃城逃跑，作为进攻方的德国士兵投下炸弹，自己则安然无恙，身边还有泰迪熊当助手。而实际情况和图画中截然相反：由于导航能力有限，齐柏林飞艇通常飞不到英国首都，后来还有许多飞艇被炮弹击中并起火；另外，进攻行动即使进行得十分顺利，也起不到什么战略效果。

优势。此外，这种新型战斗将逾越战争法规中士兵与平民、战斗人员与非战斗人员之间的界限，因为战略性空战并不区分前线与非战斗地区。面对这一趋势，当时的人有两种选择：要么在海牙会议上约定放弃发展空军，将战争限制在陆地和海洋的范围内——这一主张的代表人物是态度坚决的和平主义者贝尔塔·冯·祖特纳（Bertha von Suttner）[102]；要么根据需要研发具有防御、威慑作用的新型武器，这将引发新一轮的军备竞赛。在这个问题上，每个国家都做出了自己的选择，但谁也不指望依赖国际法来遏制这一趋势。此外，对军事现代化水平相对落后的国家来说，发展空军似乎是很有利的，因为他们在这一领域相对比较容易赶上。战争开始之际，俄军甚至已经拥有一架带 4 台发动机的轰炸机，这是欧洲其他国家所没有的；而意大利则致力于组建和其他欧洲大国力量相当的空军。[103]德国人则寄望于让齐柏林飞艇和许特－兰茨（Schütte-Lanz）飞艇大显神威。[104]

不过首先挑起战略性空战的是英国和法国。英国于 1914 年 11 月 21 日派出 3 架双翼飞机袭击腓特烈港（Friedrichshafen），目的是轰炸当地齐柏林飞艇的飞机库；法军则于 1914 年 12 月 13 日空袭了弗赖堡。英军袭击腓特烈港针对的是军事性目标，目的仅限于炸毁齐柏林飞艇，而法军袭击弗赖堡是为了象征性地表示报复。在此之前，德国的齐柏林飞艇曾多次袭击比利时和法国北部城市，但这些城市要么本身就是堡垒，要么位于前线附近，也就是说，空袭只是为陆军的行动提供战术性支持，安特卫普的陷落就是典型例子。[105]1915 年初德国飞艇袭击伦敦，作为独立战略的空战这才拉开序幕。但事实证明，导航的过程显然并非人们在和平时期所认为的那么简单。[106]飞行员必须通过所在之处的地貌特征尤其是通过河流和高山来辨认方向，所以夜间只有借着月光才能进攻（白天被歼击机袭击的风险太高了），也就是说，飞艇进攻必须依赖特定的天气条件。如果刮大风，飞艇便无法准确地接近目标；如果高空的空气太过潮湿，飞艇上就会结冰，这导致飞艇进攻时无法停留在必要的飞行高度上。[107]

后来德国的飞艇的导航问题得到了改善，但在此期间英国和法国也研制出了防御武器，他们使用高射炮和探照灯，迫使齐柏林飞艇爬升得更高，在这个高度上它们已经不可能朝目标投射炸弹了。原本齐柏林飞艇可以躲过其他所有飞机的袭击，可后来，飞得和齐柏林飞艇一般高的飞机就问世了。在燃烧弹出现之前，枪支射击很难给齐柏林飞艇造成损伤，所以协约国方面尝试通过飞机向齐柏林飞艇发射炸弹。但这样一来，飞机就必须飞得比飞艇还高，而这很难做到。不过事实证明，飞艇那用氢气、氦气填充的气囊相当脆弱：一旦气囊被击中并着火，飞艇会坠毁。德国有大约 120 艘飞艇，其中 40 艘被击落，39 艘则在未受敌人袭击的情况下因失事而坠毁。齐柏林飞艇投掷的炸弹导致 550 名平民死亡，近 1400 人受伤。齐柏林飞艇袭击英国造成的物质损失估计达到 150 万英镑，而这远不及德国用于这一系列袭击的资金。虽然齐柏林飞艇在远距离侦察方面表现出色，但在战略性空战中，它还是辜负了人们对它的期望。在战争接近尾声的时候，人们几乎不再用飞艇发动袭击了，取而代之的是双引擎的**哥达轰炸机**（Gotha Bomber）；事实证明，这种轰炸机的攻击效率——尤其是袭击码头、工厂、港口设施等军事目标的效率——比飞艇高得多。[108]

在此期间，德国的政治和军事领袖在争论，针对伦敦的空袭是否为道德标准和战争法规所允许，此事在政治上的负面影响是否超过了军事上的益处。这次争论与针对无限制潜艇战的争论发生在同一时期，所以我们可以理解，提尔皮茨为何主张对伦敦发动无限制空袭。他经过论证指出，一旦德军袭击市中心的货仓，这些商人就会放弃战争。[109]皇帝的立场则取决于他的心情，也取决于他刚好跟谁交谈过。1915年9月12日，海军部部长冯·米勒海军上将（针对伦敦的袭击主要由隶属海军的飞艇执行，所以也和米勒的工作相关）记录了他和皇帝的一次谈话："吃完早饭后，我和陛下谈了轰炸伦敦市中心的问题，我从政治的角度出发坚决反对这种做法。但陛下不接受我的意见。他认为一个民族如果为生存而战，就可以不择手段。我强调说，从实际情况来看，这种手段是起不了作用的。我不是从情感上认为它败坏了道德，而是因为如果这样做，不仅英国，整个世界都会憎恨我们，并且可能会把我们看成极其野蛮的国家，会像十字军那样联合起来征伐我们。我们的谈话到此为止，但它的影响持续了一段时间。我们聚集去做礼拜的时候，他把我喊过去，对我说：'既然您这么反对轰炸市中心，那您就通知海军司令部总司令，让他停止行动。'"[110]

哥达轰炸机可以从比利时的机场直抵英国南部，包括伦敦。这种飞机的载弹量为500千克，飞机上还配有2~3挺机关枪，以防备歼击机的袭击。由于它们可以爬升到5000米的高空，所以在刚开始，歼击机是追不上它们的，因此它们可以在白天进攻，这样就可以精准地击中目标。如果这种轰炸机发动袭击，受害者主要是平民：1917年6月，在某一次针对伦敦的袭击中共有超过160人丧生。不过齐柏林－斯塔肯（Zeppelin Staaken）重型轰炸机的战斗力又超越了哥达轰炸机（其名称由生产者和出产地组成），它的翼展达42米，载弹量可达2吨。这架机器虽然有4个引擎，但飞行速度比哥达轰炸机要慢，反应也没有那么灵敏。

战争刚开始时，只有俄国拥有载弹量较大、载弹情况下飞行距离较远的大型飞机；他们原本有机会利用西科尔斯基轰炸机（Sikorsky-Bomber）实施战略性空袭，却没有这么做。西方协约国和德国则致力于策划战略性空袭。上图摄于1918年，图中的士兵正在给一架双引擎德国哥达轰炸机（哥达Ⅴ）装配炸弹。

1917 年底，英国方面研制出了能飞到同一高度的歼击机，随后齐柏林－斯塔肯重型轰炸机坠毁的概率就显著上升，所以德国方面暂时停止了对英国南部的袭击，后来又转为在夜间发动袭击。

1918 年春，德国在西线发动最后一轮大规模进攻，他们利用哥达轰炸机袭击了敌军前线的后方。至此，战略性空袭宣告结束，在后面的战斗中，轰炸机主要提供战术性支持。英国陆军自 1917 年起开始进攻佛兰德地区，虽然无法实现突破，但他们仍坚持不懈，这不仅因为有证据表明德国在奥斯坦德和泽布吕赫建了潜艇基地，而且因为比利时南部有哥达轰炸机的跑道：英国公众一再要求，袭击英国的德国轰炸机从哪里出发，军队就必须占领相应的地区，这样才能保护国内平民。保护国内平民的另一种方法是对德国城市实施报复性打击。**英国皇家飞行队（Royal Flying Corps）在德国境内投掷的炸弹超过了德国在英国投掷炸弹的两倍；**[111] 而死亡人数的比例则正相反。对他们双方来说，这大概是战争中成本最高的杀戮——如果把耗费的金钱和技术平摊到每名死者头上。

/ "炮兵之眼"和"风中骑士"

一战中最出名的歼击机飞行员曼弗雷德·冯·里希特霍芬（Manfred von Richthofen）骑兵上尉原本是一名骑兵，并且在战争最初的几个月里随自己所在的乌兰骑兵（Ulanen）部队一起执行侦察任务；[112]这种情况并不是偶然的：在战争过程中，飞行员承担了越来越多过去由骑兵执行的任务，其中最重要的任务就是远程侦察（在一开始是如此）。骑兵部队的衰落和空军的兴起是息息相关的。不过，在空军兴起之初，骑兵和飞行员部队的区别仅在于行进方式，而一战的步兵和歼击机飞行员却代表了两种截然不同的趋势，这也鲜明地体现了战争中技术进步的两面性：在地面的技术装备战中，个体士兵完全"溶解"在整个战争机器里，而在空战中，他们作为独立个体的作用则被强化了；空战还原了古代战争中单打独斗的模式，而在阵地战中这种模式早已销声匿迹。由此，飞行员中间也产生了一套伦理，有人还将飞机画成骑士纹章的样式，以艺术的形式宣扬飞行员伦理。[113]而且人们从远处就能看出是谁在和谁作战。飞行员和中世纪全盛时期以及晚期的骑士一样，他们的身份是可辨识的，拥有自己的徽章，在击败对手时通常也知道对方是谁，因此这次胜利更有可能被广为传扬。空中战斗和地面战斗的另一个不同点是，飞行员多数时候都有机会避开危险，他可以藏进云层中，或者及时返航。在地面战斗中被视为怯懦甚至是逃避义务的行为，在空战中却深受飞行员青睐。飞行员也可能"自主出击"，寻找敌人并与之战斗，这有时看起来就像骑士外出冒险，因为他不想在自己的城堡中"虚度光阴"：他想通过与人决斗来证明自己值得尊敬并提升自己的名望。

/ 534

因此，很快人们就把飞行员称作"风中骑士"，他们还让有的步兵艳羡不已。恩斯特·云格尔也在《战地日记》中说，有时他很想当一名飞行员。[114] 歼击机飞行员的荣耀更是胜过了其他所有兵种，人们对他们既钦佩又嫉妒。[115] 他们所代表的英雄形象和地面战斗中的新型英雄截然相反，几乎已经属于上一个时代。[116] 不过，1920 年德国出版了关于空军的官方权威作品，全书有将近 600 页，但其中有关歼击机飞行员的内容不过短短 3 页，从中我们可以看出，个体英雄形象的出现并非空军高层的本意，事实上，空军高层自 1916 年起就将歼击机编成中队，要求它们呈一定队形向敌机发动进攻。[117] 我们可以认为，个体歼击机飞行员将自己神话化，其实是想利用这些故事反对上层将他们编入飞行大队。虽然在空战中，物质资源和飞机数量已经成为决定成败的关键因素，但个体飞行员如果成了"王牌飞行员"，他们还可以作为英雄受到推崇。人们对传统英雄形象最后的执着，就是将生前大量歼敌的阵亡战士塑造成英雄。

歼击机飞行员通过"自主出击"为自己争取了一定的自由、独立的空间，在这个过程中他们不必接受任何战术性的指挥。脱离了这些限制，飞行员们就可以直接与敌人较量并证明自身的优势。里希特霍芬在他的作品中写道：[118] "我父亲认为狙击手（猎人）[原文如此]① 和纯粹把射击当成乐趣的射手不同。如果我射杀了一名英国人，我接下来一刻钟的捕猎欲望就被满足了。所以我做不到连续射杀两名英国人。只要有一人倒下，我就会不可遏制地产生满足感。我花了很长时间才过了这一关，成了一名合格的射手。"里希特霍芬在这里提到两种不同的杀敌动机：一是对

---

① "狙击手"原文为 Jäger，也可指"猎人"。

荣誉的渴求，它鼓动飞行员去追捕、射杀敌人并在合理范围内尽情享受胜利的喜悦；二是机械刻板的原则，它要求飞行员击落尽可能多的飞机。前者让人联想到带有贵族色彩的空中决斗，后者则体现了现代战争的刻板要求。在后者的影响下，歼击机飞行员也臣服于技术装备战的准则：在这类战争中，人们最看重的不是胜利与否，而是击落了多少架敌机。[119]

飞行员之间也展开了竞争，要看谁击落的敌机最多，这给了他们很大动力去和敌人展开殊死搏斗。豪普特曼·奥斯瓦尔德·伯尔克（Hauptmann Oswald Boelcke）被里希特霍芬奉为榜样，他和中尉马克斯·伊梅尔曼（Max Immelmann）都在击落 8 架敌机后获得了**功勋勋章**（Pour le Mérite）——这种勋章是蓝色的，飞行员们为了纪念伊梅尔曼，又称它为"蓝马克斯"（blauer Max）；后来里希特霍芬的战绩超过了他们："第 17 架敌机坠落了。在所有飞行员中，我的成绩是最顶尖的。这就是我追求的目标。[……]伯尔克和伊梅尔曼击落 8 架敌机就获得了**功勋勋章**。我击落的敌机是他们的两倍。"[120] 当时他暂时还没正式戴上这枚代表普鲁士最高荣誉的奖章，不过上级已经发电报通知他被授予勋章，于是他心满意足地写下了这段话。事实上，不仅飞行员之间存在竞争，他们所属的中队之间同样存在竞争："这段时间我很努力地跟伯尔克的歼击机中队竞争。傍晚我们互相报了猎物数量［原文为 Strecke］。那些家伙真是不要命。打败他们是不可能了，最多和他们中队打个平手。"[121]

/ 536

歼击机飞行员之所以被塑造成英雄（塑造的对象仅限于歼击机飞行员，因为侦察机和轰炸机飞行员中找不到这类"英雄"），主要是因为政府发起了对内的宣传，这种宣传旨在将个体战士树立成典范。这种宣传的诉求和空军高层的诉求不同，它追求的不

在 1915 年，公众大部分都还没听说过骑兵中尉曼弗雷德·冯·里希特霍芬。上图中，我们看到他（中间身着皮衣者）和另外两名军官站在他的双翼飞机旁，这架飞机有两个座位，它主要被用作侦察机。后来里希特霍芬才成了歼击机飞行员。

是作战效率。伊梅尔曼、伯尔克、里希特霍芬和其他许多飞行员都写下了他们的经历，他们的信件也得以出版，这种"普及本"在很短时间内就印刷了 10 万册甚至更多。在他们描绘的战争中，个体不会湮没在军装的灰色中，而是可以"青史留名"，而很多人显然愿意为这样的故事埋单。歼击机飞行员在作品中并没有美化空中战斗，[122] 但从总体上看，他们描绘的战斗情形还是比较理想化的：他们要突出空中一对一战斗（这种战斗所有人都能看到），还有他们掌握的当时最先进的技术（这让他们成为对内宣传中的一大亮点）。在有关战争的回忆和想象中，歼击机飞行员占据了重要位置，而他们起的实际作用远没有那么重要。也就是说，在空战中，歼击机飞行员这个群体只具备辅助性功能：他们要为己方侦察行动提供援助，同时要破坏敌方的侦察行动、击退投掷炸弹的敌机——从功能角度来看，这三种任务其实都属于陆战和海战的范畴。

　　毕竟飞艇的续航能力更强，能持续飞行更长时间，所以至少在海上侦察领域，它们的优势比飞机更明显——这也意味着在北海和东海的战斗中，德军比英军和俄军更有优势。[123] 直到英国人研制出水上飞机，他们的海上侦察能力才算与德国人分庭抗礼；过去他们对齐柏林飞艇毫无办法，现在终于能够发射弹药将其烧毁。[124] 在那之前，虽然英军能很好地监控德军的无线电通信，但德军有齐柏林飞艇加持，在实物侦察领域更胜一筹，所以双方在获取信息方面算是打了平手。为了在空军领域迎头赶上，英国人又研制出第一代航空母舰，这种航空母舰用起重机放出并收回飞机，使其能在水面上起飞，也能在水面降落。[125] 情势愈来愈清晰地表明，海战已经离不开空中侦察：如果一方在空中侦察领域占据优势，另一方除非舰艇数量远超过对方，否则就不能与之抗衡。在斯卡格拉克海峡附近的战斗中，如果双方能够提升空中侦察的水准，战役的过程就会不一样。当时德军虽然动用了一艘齐柏林飞艇，但它并没有侦察英国大舰队出发的区域。不管怎么说，在那场战役以后，英国海军高层吸取经验，强烈要求英军也必须配备齐柏林飞艇。[126]

运动战中的侦察活动更离不开飞艇和飞机。在坦能堡战役中，德军曾通过监听敌方无线电通话，推测伦宁坎普率领的梅默尔河集团军不会去援助萨姆索诺夫率领的纳雷夫集团军，而飞艇和飞机的侦察证实了这一推测；也正因如此，德军才派出主力部队包围萨姆索诺夫率领的军队。[127] 当时有人把兴登堡的肖像印在明信片上，称他为"东线的解放者"，而画面上同时还出现了一艘飞艇，这也意味着在坦能堡战役中，作为一种战术手段，空中侦察发挥了不可估量的作用。协约国军队也曾借助侦察机干扰土耳其军队横渡苏伊士运河的行动：后者在穿越西奈半岛（Sinai）的途中被法国侦察机发现，这让英军有机会采取应对措施。不过在西线，由于战斗陷入了僵局，所以侦察机也被系留气球取代：如果炮兵要射击敌军后方，系留气球就是他们最重要的"眼睛"。后来无线电通信的发展改变了这种局面：飞机上的火炮观察员可以借助无线电直接与炮兵中队联系，指挥他们朝适当的方向射击。[128] 在此之前，飞机会在己方的前线上空投掷装有情报的盒子，情报中总结了观察员观察到的情况，这样炮兵就知道应该打击哪些新目标。如果某处炮兵阵地被敌军的飞机发现，观察员也会通知部队转移阵地。

不过一般来讲，火炮要朝哪个方向射击，这主要还是系留气球上的观察员在指挥；人们利用卷扬机让这些气球升至几百米的高空。系留气球上（它们之所以被称为"系留"气球，是因为人们用绳子将它们拴在地面上）设有一个工作台，上面有一名炮兵观察员站岗，他借助电话线与炮兵阵地联系。[129] 虽说人们在教堂塔楼上也能俯瞰战斗的全局，但与之相比，系留气球具有一系列优势：首先，使用系留气球不违反战争法规（而海牙陆战法规禁止将教堂建筑用于军事目的）；其次，它可以升至几百米的高空中，那里的视野比任何教堂塔楼上的视野都要广阔；最后，气球的位置不是固定的，人们可以根据需要让它升到适当的高度。不过系留气球会随风飘动，这有时会导致观察员"晕机"。为了降低风对系留气球的影响，德国人将系留气球做成了圆柱体，而且它的"头部"有一块"隆起物"，所以这些系留气球被称为"风筝"；在法国，人们则用制造者的名字为系留气球命名，称它们为"卡科"（Caquot）。英军和意大利军队使用的是法国的"卡科"，奥匈帝国军队则使用德国的"风筝"。[130] 如果一方的前线上升起了若干个系留气球，那等于是在明白无误地告诉敌人，一场进攻即将爆发，而进攻之前火炮将长时间轰击敌方阵地，为军队开路。尤其重炮中队必须依据系留气球上观察员的指令开火，他们要打击敌军阵地后侧的炮兵阵地、军队集结地以及铁路和火车站。

/ 540

当然，战争双方也都试图击落对方的观察气球。刚开始是用高射炮将其击落，而另一方的应对方式是把气球升到射程以外的高度。人们也想用飞机攻击这些气球，但这个方法不容易实现，除非人们研制出能点燃气球内气体的弹药。用机关枪虽然可以在气球表面打出几个洞，但相对于气球的体积来说，这几个洞并不足以导致其坠毁或迫使敌方收回气球。有些大胆的飞行员会将飞机开到十分靠近系留气球的位置，这样他们可以用信号枪射击气球，利用发光剂将气球点燃。不过这种做法相当危险，有的飞机就因此被气球的绞线缠住并且坠毁。此外另一方也意识到必须防止飞机袭击气球，所以一战中最早的大型空战是围绕系留气球展开的。

对空中侦察员来说，最重要的不是作战能力出众，而是能够准确地观察敌情并正确判断出对象的位置。战争的最初几个月里，情报出错、被误读或未经充分检验即被采信的情况屡屡出现，这些事件充分证明，信息匮乏将导致战斗遭受致命的挫折：军队高层会因此被误导，做出错误的决策，这些决策将造成灾难性后果——例如，霞飞曾命令军队于 1914 年 8 月向阿登高原挺进，这就是一个错误的决策。[131] 所以参谋部军官在很长时间里都不信任空中侦察部队汇报的结果，不将其作为决策依据，而这又导致了新的失误。后来情况之所以得到改善，是因为飞行员开始在空中拍摄照片，有了照片，人们就能得出比较客观的结论。不过要完成拍摄，飞机上首先必须配备专用的相机和胶卷，飞行员还必须学习相应的飞行方式，以免拍出来的照片一片模糊。在这方面，德国的技术领先于其他国家，因为德国在耶拿（Jena）有光学仪器工厂；而协约国方面直到战争接近尾声时才迎头赶上。[132]

/ 541

/ 542

如果说歼击机的任务是在空中和敌人捉对厮杀，那么攻击机或者叫步兵飞机的任务则是通过炸弹轰炸或机关枪扫射支援地面部队。最早在 1916 年西线的大型战斗中，这种作战方式已经得到普及：攻击机成了"空中大炮"，可以迅速攻击机枪巢和炮兵阵地——前者妨碍了进攻，后者通常能够避开另一方进攻前大炮的清场行动。从索姆河战役开始，西方协约国物质资源的优势也在空战中越发凸显出来。尽管德国方面不断制造出新型歼击机，从而击落了大量敌机，使得双方的空军力量暂时保持平衡，但在战

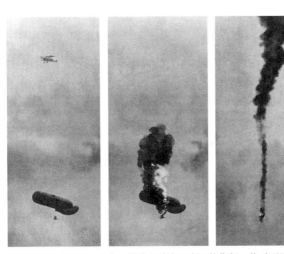

系留气球是"炮兵之眼"，借助气球上观察员的指挥，炮兵可以打击敌人主阵地以外的炮兵阵地、军队集结地或铁轨；可想而知，这些气球也成了敌机的重要袭击目标。以上3幅摄于1918年春季的照片就记录了这样一次袭击：第一幅图中，德军飞机开始发起攻击；第二幅图中，气球被击中并开始燃烧；第三幅图中，仍在燃烧的气球残骸从空中坠落。从图中无法看出观察员是否已经跳伞脱险。这些照片是由另一架德国飞机拍摄的。

争的最后两年，天平还是越发朝英军和法军倾斜。[133] 取得战场制空权的一方才能提升他们在炮兵决战中的战斗效率——而后者正是技术装备战的一部分。在凡尔登附近的战役中，德军一开始掌握着制空权，但他们当时还不太知道怎么从战略上利用这一优势；大约3个月后，法军的空军力量开始和德军打成平手，这时地面的局势也就发生了变化。[134]

要取得制空权，当然不能只靠那么几个大师级飞行员偶尔"主动出击"，击落几架敌机。更重要的是，多架飞机必须长时间在战场上空飞行。后来，一方会派出 12 架或 12 架以上的歼击机组成歼击机中队，那么另一方的飞机也必须组成大型队伍并以固定的队形飞行。所以空战愈是发展，所谓的王牌飞行员受到的束缚就愈多；因形势需要，他们成了中队队长，也就不能再随心所欲地在空中盘旋、俯冲，而必须负责训练手下的中队排成一定/ 543队形作战。唯有这样，军队才能在战斗中投入数量足够的飞机，也能确保刚到前线的飞行员能够在集体作战中积累经验，他们的飞机也不至于立刻被敌人击落。

值得注意的是，在 1914~1918 年，空军各机种实现了高度分工。在战争开始时，双方都拥有不同的机型，但它们在功能上差别不大。[135] 人们期望飞机既可以用于侦察，又可以用于投掷炸弹，不过刚开始他们倒是没想过让飞机在空中展开精彩的战/ 544斗。给飞行员配备了手枪以后，人们便开始尝试给飞机装配机关枪。但只有两座的飞机才能安装可旋转的机关枪，而两座的飞机不够灵活，不能作为歼击机使用；如果安装一架不能旋转的机关枪，它在射击时则会毁坏飞机本身的螺旋桨，导致飞机坠毁。于是人们尝试在飞机尾部安装推进式螺旋桨，但这种飞机并不符合空战的需求。后来法国飞行员罗兰·加罗斯（Roland

上图不是齐柏林公司的飞艇，而是用木架支撑的许特－兰茨飞艇，事实证明这种飞艇十分脆弱，与人们想象的不一样。不过它的优点在于，即使遭遇强力射击，只要没有着火，它就不会坠落。图中这艘飞艇就受到了袭击，它在进攻英国南部后返航，在比利时的海岸紧急迫降。

Garros）在螺旋桨上加装了子弹导板，这样，当机关枪射出的子弹击中桨叶时，导板可以使子弹偏转方向，不至于打中自己的飞机。另一种方案是将机关枪安装在双翼飞机上层机翼的上方，让机关枪从螺旋桨上方射击，但这种方法和加罗斯的子弹导板一样乏善可陈。在这方面实现了突破的是荷兰籍设计师安东·福克尔（Anton Fokker），[136] 他设计的机枪射击协调器将机枪的射速调整为与螺旋桨转动的节奏同步，从而确保子弹从桨叶的空隙间射出。从某种意义上说，这是歼击机正式诞生的时刻，因为飞机和机枪终于融为一体。[137] 从此以后，飞行员就可以直接将飞机头对准敌人并开始射击。里希特霍芬描绘说，飞行员如同猎人，飞机带着他在空中翱翔，而机关枪就像一根长矛。[138]

随后，人们又优化了歼击机的机翼和引擎，因为飞机飞得越快，爬升能力越强，在战斗中就越有优势；此外，飞机越适合急转弯，就越有机会从敌人背后袭击，而这个位置更有利于击落敌机。飞机设计领域的竞争也十分激烈，最初胜出的是单翼飞机，后来是双翼飞机，有一段时间则是三翼飞机，而福克尔正是凭借后者让德国空军在一段时间内占据了优势。空中军备竞赛主要是发明家和技术人员的竞赛，但最后还是掌握雄厚资源的一方占了上风。在 1918 年春季的进攻中，德军又一次暂时取得制空权，但很快就失去这一优势，从那以后，西方协约国空军的优势越来越明显。1918 年夏季，前线的空战形势已经表明德国输掉了这场战争。

英国参战后，同盟国的实力就明显不如协约国了。这不仅因为同盟国的人员和物资储备少于对方，而且因为同盟国所处的地理位置不利于他们争取盟友或说服中立国采取有利于同盟国的政策。只有奥斯曼帝国和保加利亚站到了德国和奥匈帝国一边，前者是因为在俄国扩张过程中受到了压迫，后者是因为在第二次巴尔干战争中战败。此外人们也相信，瑞典在较长一段时间内（实际上直到战争结束）都对德国持友好态度；瑞士的情况和瑞典相似，至少在讲德语的国土上是如此。而在全球范围内，由于英国是海上霸主，同盟国又遭遇贸易封锁，所以中立国家只能和协约国进行贸易。英国违反《伦敦宣言》的规定（当然，英国并未正式接受这一宣言），禁止橡胶、棉花、油和矿石通过针对同盟国的贸易封锁线。哪一国如果公开支持德国和二元帝国，就等于断送了自己的经济和政治前程，所以在整个战争过程中，同盟国在欧洲中心地区以外是找不到盟友的。在战争后半段，德意志帝国也往这个方向尝试过，主导者是外交部部长阿图尔·齐默尔曼，即戈特利布·冯·雅戈（Gottlieb von Jagow）的继任者，但这些尝试要么失败了，要么酿成了政治灾难：日本方面利用德国的示好要挟英国，后者只得提高价码，让日本留在协约国阵营内；德国眼看美国加入协约国阵营的意图越发明显，便试图挑动墨西哥与美国开战，这却促使华盛顿政府正式向德国宣战。[139]

既然同盟国受限于地理政治局势，无法争取到其他国家政府的支持，那就只能退而求其次，争取让敌对国家中那些对政治现状不满、企图颠覆政府的群体助同盟国一臂之力。这种做法显然充满了悖论：德意志帝国的政府尽管本身十分保守，从骨子里抗拒政治上的变化，现在却和政变发动者、革命分子、起义者和分裂主义者成了盟友——只要这样做有一丝机会可以削弱协约国的力量。[140] 在这方面，他们倒是听从了俾斯麦的建议。这位帝国奠基人曾引用维吉尔的名言来形容这种情况："如果我不能改变天神的意志，我将去发动地狱。"[①][141] 德国的颠覆政策主要针对两大帝国——沙俄帝国和大英帝国；如果要用同样的办法对付法国，则只能发动北非殖民地的穆斯林。[142] 概括地说，德国在特定时间段内推行的"革命病毒"政策包括 3 个重点，即支持宗教政治运动、民族主义分裂运动和社会革命。当然，这三种运动是相互交错、无法严格区分开的。但这一切清楚地表明，随着时间推移，德国政府越来越不惮冒险，而其中的风险就在于他们有可能引火烧身：德国政府先是催促奥斯曼帝国呼吁民众加入圣战，又在 1916 年春支持爱尔兰复活节起义，最后在 1917 年 4 月让流放瑞士的列宁取道德国返回俄国，好让他在彼得格勒发动革命，这一切表明，德国政府在越来越肆无忌惮地玩弄这革命之火。

在战争爆发之前，德国人就意识到伊斯兰世界有可能爆发起义，这也对德国人的心态产生了一定影响。当时的军事虚构文学也反映了这一点。在记者费迪南德·格劳托夫（Ferdinand Grautoff）1905 年出版的畅销书《1906：旧世界的覆灭》（*1906. Der Zusammenbruch der alten Welt*）中，作者幻想，阿拉伯人和穆斯林发动了一次起义，推翻了法国和英国在北非与中东、阿富汗、南亚一带以及印度的统治。格劳托夫试图借助这部小说

---

① 译文出自上海人民出版社 2016 年版《杨周翰作品集：埃涅阿斯纪·特洛亚妇女》，《埃涅阿斯纪》卷七，312 行，译者杨周翰。

呼吁（基督教的）欧洲团结一致，因为如果欧洲内部发生冲突和战争，那么它在全球的统治权可能就会面临危机。[143] 不过这种担忧也很容易转变成德国人民的希望：如果英国和法国统治下的阿拉伯人和穆斯林果真起义，那么德国在欧洲的战争中就能占到很大便宜。早在 1914 年 7 月 29 日，威廉二世就在一篇外交报告中批注道，德国在君士坦丁堡的军事使命是"挑动针对英国的战争和起义"。第二天他又提出要求："我们在土耳其和印度的领事，还有特工等，必须煽动所有穆罕默德的信众以暴烈的起义对抗这个可恨、说谎成性、丧尽天良的商业民族，因为我们如果不得不流血，那么至少要让英国失去印度。"[144] 在德国，这一观点的主要代表人物是冯·德戈尔茨将军以及东方专家、政治学者恩斯特·耶克，还有探险家马克斯·冯·奥本海姆。[145]1914 年 8 月 15 日，威廉皇帝命人通知奥斯曼帝国作战部部长恩维尔帕夏："土耳其必须开战。苏丹陛下必须呼吁亚洲印度埃及非洲［原文如此］的穆斯林为哈里发国发动圣战。"[146]1914 年 11 月 14 日，奥斯曼帝国满足了他的要求：在德国政府催促了几个月以后，君士坦丁堡的法典说明官代表苏丹穆罕默德四世宣布圣战。

/ 548

　　这一呼吁在政治上倒是不会对德意志帝国和二元帝国造成什么危险，因为它的对象仅限于协约国统治地区的穆斯林，其反殖民主义的意义无论如何都要高于其宗教意义；但支持爱尔兰等地的民族主义或分裂主义运动就比较危险了，因为德国内部也存在政治上不愿归属帝国联邦的少数民族。其中最主要的是居住在普鲁士东部诸省的波兰人，此外还有居住在石勒苏益格北部的丹麦人。当然，这一政策对多民族的哈布斯堡帝国来说就更危险了，毕竟这个国家在许久之前就深受民族独立运动困扰。柏林政府支持国外民族起义，这等于暴露了奥匈帝国的阿喀琉斯之踵，但在这件事上德国政府不打算再为盟友考虑。至于支持社会主义革命，那就是最危险的一步棋了，因为这革命之火可能会烧到德国，而社会主义革命的力量在奥匈帝国则比较微弱——尽管战后将有 210 万战俘从俄国返乡。[147] 而帝国政府和陆军最高指挥部之所以借列宁与布尔什维克之力，是因为在他们看来，这是单方面结束东线战争的唯一机会；而唯有在东线单独媾和，德军才能将全部力量投入西线最后的决战。[148] 考虑到俄国有可能爆发社会主义革命，德国政府最担忧的不是军队受到布尔什维克思想影响，而是德国社会民主党会因此脱离统一战线。社会民主党之所以在 1914 年 8 月投票赞成发行战争债券，主要是因为在他们眼中，沙俄作为彻头彻尾的反动势力，是德国的头号敌人。由此可以预见，一旦俄国成了社会主义俄国，他们的态度就会截然不同。德国试图通过送列宁回国唤醒"地狱的力量"，最终这股力量也击中了德国，这体现在德国基尔爆发了水兵起义。

若要全面了解德国推行的"革命病毒"政策，我们必须看到，战争中有两种趋势在相互较量：一是阻止战争进一步扩大；二是将战争升级为"世界大战"，而"革命病毒"政策也在这场较量中发挥了作用。一开始，德国政府和大部分民众都希望将战争限制在欧洲范围内，主要限制在法国东北部，东线战争则最好不要超出俄国西部边境，小毛奇、法金汉和兴登堡也打算在这些区域发动大型战役，速战速决。这也是因为他们希望战争如柏林会议约定的那样，不要波及殖民地，这样殖民地仍可以充当帝国的原材料产地。[149] 后来德国很快失去了亚洲东部和非洲西部的殖民地，这一期望也就落空了。英军和法军在相对较短的时间内征服了德国的大部分殖民地，只有在非洲东部，英裔印度人组成的登陆部队在攻打德国驻防军过程中吃了许多苦头；[150] 于是英法两国成功地将主要战场限制在欧洲范围内，并且切断了同盟国从全球获得资源的通路，而协约国凭借地理政治方面的优势，仍能不受限制地获得各种资源。为了改变这种不平衡的局面，重新取得主动权，德国政府的态度发生了180度转变，他们开始动用一切手段试图将这场欧洲的战争升级为世界性战争。人们一度争论这场战争应该称为"大战"还是"世界性战争"，这绝不仅仅代表了他们对战争的不同理解，更体现了两种不同的战争纲领，即参战者试图让它成为怎样的战争。协约国如果成功将世界性战争缩小为欧洲战争，就会有更大胜算；德国如果能从内部攻破英法两国的殖民地，他们取胜的可能性也会提高。

在呼吁圣战这件事上，德方试图利用泛伊斯兰主义的大一统思想扩大战争；同时，德国也支持一些国家的民族分裂主义运动，这是在利用排外的地方分治主义思想挑起事端。当然，这些招数协约国也曾经用过：自从1856年在克里米亚战争中败北后，俄国就用泛斯拉夫主义政策对付哈布斯堡帝国，而英国自战争爆发以后就利用奥斯曼帝国内部的民族主义和分裂主义思想煽动民众起义、造反。总的来说，德方所利用的泛伊斯兰主义并没有产生太大影响，而英国却利用某些阿拉伯部落的独立运动，有效打击了奥斯曼帝国。德国和英国的目的都是要瓦解多族群、多民族、多宗教信仰的国家，他们也都试图将目标国家的民族 / 宗教多样性转化为加速其灭亡的催化剂。在第一次世界大战中，事实证明和泛民族、泛宗教运动相比，民族 / 族群独立运动的颠覆性要高得多，它们能够让大帝国迅速灭亡。自1916年起，由 T. E. 劳伦斯（T. E. Lawrence）挑起的阿拉伯部落起义就牵制住了大量土耳其军队；阿拉伯骑兵部队还破坏了汉志（Ḥijāz）铁路，这导致奥斯曼军队无法在红海附近正常运输人员和物资；起义军又对规模较小的奥斯曼部队发动闪电式袭击，所以阿拉伯半岛上奥斯曼军队的领袖在很长时间内都惶惶不安。劳伦斯在作品《智慧七柱》（*Seven Pillars of Wisdom*）中描写了由沙漠部落发动的小型战争，并由此提出了 20 世纪游击战的基本原则。[151] 不过，奥斯曼帝国巴勒斯坦前线最终之所以全线崩溃，是因为英国第八集团军于 1917 年 11 月在加沙战役中成功突破——也就是说，这些游牧民族仅凭自己的力量其实难以战胜这个老牌帝国的军队。尽管劳伦斯自己也指出这些部落军队缺乏纪律性、内部冲突不断，但人们往往还是高估了阿拉伯起义对土耳其南部战线的影响，这也是因为人们将劳伦斯以及由他鼓动的起义理想化了。

在游击战的发展历程中，如果说德国方面有什么成就能与劳伦斯的战略相提并论，那么最早的成就要数保罗·冯·莱托－福贝克在非洲东部的军事行动。在当地，英国和比利时的军事力量已经大大超过德国，德军如果在平原上正面作战，则无法保住殖民地领土；于是莱托－福贝克用了另一种方法：[152] 他率领军队长途行军，又在敌人意料不到时突然转弯，从而一再避开敌人追捕，并以迅雷不及掩耳之势突袭对方。英国及南非的军队因此损失惨重，而莱托－福贝克缴获的武器和弹药也足够他继续推动运动战。[153]1917 年他手下的部队在葡属莫桑比克（Mozambique）作战，最终进入了北罗得西亚（Northern Rhodesia），他们是一战期间唯一攻入英国领土的德国军队。在战斗中，劳伦斯和莱托－福贝克二人都避免与敌军部队发生正面冲突，而试图转到敌人背后，摧毁其资源供应基地。这一作战方式的战略意义就在于，它不追求一举击败敌人，而仅限于削弱敌军力量，牵制其兵力，逐渐损耗其精力，让自己成为力量更强大的一方。劳伦斯在

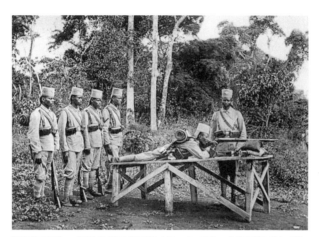

"阿斯卡里"一词出自斯瓦希里语（Swaheli），本意仅指"士兵"。在德语中，它的复数形式专指非洲东部德国殖民地的驻防军——主要是在殖民地范围内雇用的军人，但也有一部分人是从外部雇用的。他们对殖民地政府忠心耿耿，这种尽忠职守的态度战后被理解为"忠诚"并加以美化，但他们这么做显然也是因为雇主许诺支付佣金直至他们去世：直到20世纪60年代最后一批"阿斯卡里"去世之前，联邦政府一直在给他们支付佣金。

这一过程中可以利用当地的解放思潮鼓动阿拉伯人作战，而莱托－福贝克只能依赖"阿斯卡里"的忠诚度——他无法利用政治意识形态影响当地人的行动，所以只好发挥自己作为"非洲雄狮"的独特魅力。尽管我们首先会注意到劳伦斯和莱托－福贝克二人在政治上的差异，然而在军事战略和作战战术的层面他们却表现出许多相似之处，当然，他们不同的"光辉事迹"几乎完全掩盖了这些相似之处。[154]

和劳伦斯鼓动阿拉伯人反抗土耳其人统治不同，德国煽动伊斯兰世界对抗协约国的努力没有取得太大成果。奥斯曼军队从挺进苏伊士运河开始就接二连三地吃败仗，当时他们原本指望西奈半岛的贝都因（Bedouin）部落会援助他们，但事与愿违。呼吁圣战也并未对英国军队里的穆斯林产生什么影响。印度军队内部虽然发生了暴动，但这是因为士兵们觉得英国军官对他们不公，而且对提供的膳食不满意。德国方面还试图煽动波斯人起义，因为波斯的南面被英国军队占领，北面则被俄国军队占领，但这番努力也收效甚微。[155]建议呼吁圣战的是马克斯·冯·奥本海姆和恩斯特·耶克，他们也对此充满信心，但他们对这一区域发展程度的估计比实际情况超前了几十年。这期间比较有可能成功的，是少尉奥斯卡·冯·尼德迈尔和公使秘书维尔纳·奥托·冯·亨蒂希（Werner Otto von Hentig）率军远征阿富汗的行动：他们打算鼓动阿富汗的部落起义并诱使他们对英属印度发动突然袭击，目的是迫使英国将军队从法国转移到印度。[156]但阿富汗酋长迟迟不能或者说不愿做出决定，他在德国人面前只是一直敷衍、拖延时间。最后远征军返回奥斯曼帝国——刚开始还满心希望喀布尔（Kābol）的局势会有所转变，但阿富汗人不相信德军有能力给予有效支持，所以没有发动进攻。也就是说这次尝试也失败了。[157]

　　形势越发清楚地表明，如果不出动军队，泛伊斯兰主义这张牌是起不了作用的，于是柏林政府加大了支持民族分裂运动的力度，支持对象包括英国的爱尔兰人和俄国的芬兰人、波罗的海居民、波兰人和一些高加索地区的民族。这一政策和之前的伊斯兰政策以及东方政策一样，为政治空想家和规划师提供了大好机会，他们可以发表谈话表达观点，并要求国家予以财政支持。[158]比如有人建议煽动加拿大国内的不满英帝国统治的人群起义，还有人试图用民族主义思想"感染"西线被俘的印度士兵，培养反英帝国运动的核心力量。从长远来看，这的确对帝国瓦解起了一定作用；但在短期内，敌人后方并未因此形成足以影响战争结局的阵线。真正有希望削弱英国战斗力的，只有爱尔兰分裂运动和北爱尔兰新教徒针锋相对的反抗运动。早在 1914 年夏天，伦敦的内阁就为爱尔兰岛上的冲突忙得焦头烂额，而现在间谍又向柏林政府汇报说，爱尔兰岛上的局势在继续恶化，民族主义者计划发动一次起义反抗英国的统治。因此德国政府打算为起义者提供武器。按照计划，货船"奥德号"（*Aud*）和潜艇"U19 号"将运送 4 万支步枪于受难节当天抵达凯里（Kerry）郡，但由于协调不周，这批武器没有按时送到。[159]最后，英国军队成功镇压了起义。但这次起义成了爱尔兰历史的转折点；1949 年，爱尔兰共和国脱离英国，实现完全独立，而整个独立运动便以这次起义为序幕。从某种程度上说，爱尔兰的复活节起义也给了德国喘息的机会，因为英国不得不在爱尔兰境内驻军，而且没有将政府在爱尔兰岛南部招募的士兵派往法国前线。但这次起义并未如德国政府所愿，让整个英国陷入动荡。

　　德国还支持了芬兰的民族分裂运动，并且他们估计瑞典也会对此次运动表示同情，因为芬兰 1809 年成为沙俄附属国之前正是被瑞典统治。1899 年，尼古拉二世颁布《二月文告》，宣布取消芬兰公国广泛的自治权，而之前亚历山大一世在位期间，这些权利是被俄国承认的。这一举措引发了波兰人的反俄运动。从 1915 年起，芬兰志愿军开始在德国境内接受训练，为反俄斗争做准备。[160] 不过大家心里都很清楚，只有德国出兵相助，芬兰独立战争才有胜算可言。这时陆军最高指挥部和帝国政府犹豫了：在法金汉看来，再开辟一条针对俄国的辅助战线并没有什么战略意义；贝特曼·霍尔韦格当时还希望能够与俄国单独媾和，而且正努力争取谈判，如果此时爆发冲突，谈判之路将会更加艰难。所以一开始德国对于支持芬兰独立运动一事能拖则拖。但俄国爆发革命以后，形势就不同了：1917 年 3 月 20 日，彼得格勒杜马宣布芬兰重新获得自治权；布尔什维克政变以后，芬兰上议院于 12 月 6 日宣布国家独立，而列宁也很快承认芬兰是主权国家。1918 年 1 月，由于社会主义者试图推翻政府，芬兰爆发了为期 3 个月的内战，这成了波罗的海国家社会冲突的前奏——后者也于 1918 年脱离了俄国。[161] 芬兰"红军"以布尔什维克的苏维埃社会主义革命为榜样，与卡尔·古斯塔夫·曼纳林（Carl Gustaf Mannerheim）将军率领的"白军"展开斗争，后者的目标是建立资本主义社会秩序。在这场内战中，"白军"凭借其在德国受过训练的步兵取胜，而这一次德国也亲自派兵支援。但这次冲突并未让德国在大战中得到喘息的机会，反倒牵制了德国的兵力。

更为棘手的政治问题是如何处理波兰的民族独立运动，因为在处理这个问题的同时，德方不仅要寻求和俄国单独媾和的机会，还必须考虑盟友奥匈帝国的利益。同盟国军队于 1915 年夏天占领俄属波兰以后，最开始将它分成了两个区，它们分别由一名德国将军和一名奥地利将军管理。[162] 当时波兰内部在政治上有几种不同意见：一些人指望在沙俄帝国内部享有自治权，但由于俄国在战争中失利，这种方案也就失去了吸引力；另一些人希望西方协约国取得胜利，好让波兰重新成为俄国和德国中间一个完全独立的国家，这自然意味着波兰人在战争中只能充当旁观者；还有一些人认为应当在战争中积极协助同盟国，以这种方式为波兰复国铺平道路。基于这一主张，早在1914年8月，加利西亚就成立了**波兰军团**，军团由3个旅组成，共有约2.5万人，它作为独立部队加入了奥匈帝国的军队，与后者共同作战。[163] 人们对这

/ 557

支波兰部队的战斗力评价不一。德国军官对它的评价很糟糕，但这可能与波兰军团加入了奥匈帝国军队有关。不管怎么说，他们一度表现得非常积极，所以陆军最高指挥部还想过在波兰的德军占领区组建军队，使其与德军一同作战。德军在凡尔登战败后，兴登堡和鲁登道夫敦促政府尽快在"波兰问题"上取得进展，然而取得进展的唯一途径就是在政治上做出相应的妥协。1916年11月5日，德国在俄属波兰的军事总督汉斯·冯·贝泽勒在华沙王宫宣布波兰王国复国——当然，这时的波兰王国既没有君主，边界也不明确。这一事件以庄严雄伟且极具标志性的王宫作为背景，这让人们忘记了这个新生国家存在严重的缺陷，而出现这一缺陷的原因在于，德国并未与奥地利达成一致，决定这个新生国家由柏林还是由维也纳统治。此外，德国一些政治右派希望并吞波兰的部分土地作为"安全分离带"（Sicherheitsstreifen），而贝特曼·霍尔韦格没办法让他们适可而止。德国的政治领袖又一次失去了明确的方向，而他们也不敢对那些坚信德国可以在胜利基础上签订和约的人说明，德军已处在失败的边缘。所以，宣布波兰王国复国不过是一场空洞的仪式，人们很容易看出，德国

这么做首先是为了获得某种宣传效果。

在波兰征兵的事情也进行得很不顺利。波兰军团的士兵除了宣誓效忠他们那位不知名的国王，还被要求宣誓效忠德国皇帝，结果这件事引起了轩然大波：大部分军官和士兵都拒绝宣誓，于是军团被解散了，让波兰人成为战争盟友的计划也失败了。德国处理乌克兰和格鲁吉亚民族运动问题的结果也差不多：由于行动缺乏诚意且自相矛盾，德国人白白浪费了这两个机会。[164]

与此相比，德国处理另一件事既果决又迅速，几乎令人吃惊：1917 年 4 月，外交部的外交官和陆军最高指挥部的将军们决定，让以列宁为中心的布尔什维克革命集团从德国过境；他们希望这些人抵达俄国以后可以使俄国局势变得更加混乱，或者改变俄国的政治局面，让德国有机会与俄国单独媾和。也就是说，于 1917 年 3 月上台的资产阶级政府并无单独媾和的打算。毫无疑问，在列宁过境德国之前和之后，人们都在讨论，究竟是谁利用了谁，这种利用又是出于什么目的：是德国政府利用俄国革命者实现自己在东线的战争目标，还是列宁及其追随者利用德国人的帮助返回俄国发动革命，并且希望这革命之火最终也会烧到德国。1918 年春，德国政府的谈判代表和布尔什维克政府签订了《布列斯特—立陶夫斯克和约》，后者在条约中放弃了西部的大片领土。此时在人们看来，德国似乎取得了胜利。然而 1918 年秋，德国在西线请求停火，这时局面又逆转过来了；西线的败局使他们丧失了在东线获得的一切优势。对于 1917 年春德国为俄国革命者提供帮助一事，人们的评价也随着局势的转变一直在发生变化。后来，两国于 1922 年签订《拉帕洛条约》(Vertrag von Rapallo)，恢复外交关系，促进贸易往来，还在军事上秘密合作；而在 1941 年 6 月，德国撕毁了此前的希特勒—斯大林条约，突然对苏联发起进攻。从这一系列事件来看，列宁过境德国似乎就是德国和苏联相互"勾结"的开端，而两国的往来在地理政治层面造成了深远的影响。

不过，在 1917 年春，德国政府究竟是主动的一方，还是仅仅被动地抓住了结束东线战争的最后机会？如果我们查阅德国的档案以及战争刚结束时德国政治家和将军撰写的回忆录，就会同意军事历史学家维尔纳·哈尔韦格（Werner Hahlweg）的结论，即此事并非由德国人发起，而陆军最高指挥部也只是负责准备所需的火车。[165] 革命者及其身边的人留下的文件和回忆录也表明，革命者才是此事的发起者，而在德国方面，社会民主党人对此事的影响要大于政府和陆军最高指挥部。[166] 格尔德·克嫩（Gerd Koenen）研究了德国人如何看待他们与俄国的关系，发现在战争之前很长时间里，德国已存在这样一种观念，即俄国的政权颇具危险性，德国应借革命之力将其推翻。[167] 事实上，列宁过境德国一事可能由列宁本人、他身边的人或者亚历山大·帕尔武斯－赫尔方德（Alexander Parvus-Helphand）发起，后者是一名富有的社会主义革命者，他出生于俄国但后来居住在德国，和各方面的关系都很好；而德国政府和陆军最高指挥部也认识到，这是他们长期以来一直在争取的机会，于是促成了这次过境。在政治上，他们已经准备好给俄国革命再加一把火；与布尔什维克主义者达成协议显然也不会给他们带来什么问题。乌尔里希·冯·布罗克多夫－兰曹伯爵（Ulrich Graf von Brockdorff-Rantzau）是战争期间被派往哥本哈根的德国公使，他在策划列宁过境的事情上发挥了重要作用；在写于 1917 年 4 月初的备忘录中，他的观点和上述说法是一致的："我们应当［……］用尽一切办法，在暗中激化温和派与激进派之间的矛盾，因为如果后者上台，我们的利益就会最大化——毕竟在那种情况下，根本性变革是避免不了的，而且会以各种形式表现出来，这必然动摇俄罗斯帝国生存的根基。"他当然也强调说，德国应"避免以任何外界可见的形式卷入俄国革命"。[168] 在这一点上，德国和列宁集团的利益也是一致的，因为后者不想被政治对手谴责为德国间谍。由于这些谴责在 1917 年夏季即布尔什维克的十月革命之前就出现了，所以列宁相对比较容易驳回指控、消除人们的一切怀疑。[169]

尽管列宁已经尽力清除了一切表明"德国为革命者提供了支持"的证据，或者让留下来的证据尽可能相互矛盾，但人们对他有所怀疑也是完全合理的：所有证据都表明，1917 年 4 月以后，德国仍通过不同渠道提供了几百万马克用于创办一份布尔什维克主义报刊，这份报刊则为 1917 年 11 月列宁夺权创造了条件。[170] 但这并不意味着列宁和布尔什维克主义者（像他们自己国内可能会说的那样）是"德意志帝国主义的间谍"，只不过他们需要加大革命力度，德国方面想让俄国军队进一步瓦解，双方的利益刚好吻合，所以他们尽管在政治意识形态上有很深的分歧，出于战略需要却还是达成了合作。在短期内，德国甚至可以说是这场合作中更强势的一方，因为比起在彼得格勒成功夺权的布尔什维克主义者，德国的行动时间并不是那么紧迫。正是基于这一原因，德国和苏俄签订了对后者十分苛刻的《布列斯特—立陶夫斯克和约》。然而，德国人还是没有看清政治总体局势，所以没有抓住有利机会，在做出妥协的前提下与敌人协商并签订和约，结束这场战争——实际上，与俄国的媾和当时已经让西方协约国心惊胆战。[171] 于是东线的胜利成了孤立事件，德国人摸索着走到了这里，却没有继续前进。[172]

注　释

1　参见 Zimmermann, «Die Rolle der Technik im Ersten Weltkrieg», S. 320ff。

2　相关情况参见 Neumann (Hg.), *Die deutschen Luftstreitkräfte*, S. 58 - 149。

3　参见 Marder, *From Dreadnought to Scapa Flow*，重点见 Bd. 2; Herwig, «*Luxury*» *Fleet*, S. 33 - 92; Keegan, *Der Erste Weltkrieg*, S. 364f。

4　1915 年，一名法国记者创造了"王牌飞行员"一词；法国的标准是击落 5 架敌机，德国的标准是 8 架；参见 Westwell, *Der 1. Weltkrieg*, S. 184f。

5　数据出处为 Strachan, *Der Erste Weltkrieg*, S. 263。

6　Westwell, *Der 1. Weltkrieg*, S. 116f.

7　相关情况参见 Hobson, *Maritimer Imperialismus*, S. 236ff, 以及 Salewski, «Die militärische Bedeutung des Nord-Ostsee-Kanals»; in: ders., *Die Deutschen und die See*, S. 96 - 118。

8　相关情况参见本书 S. 333ff, 以及 Halperin, *A Naval History*, S. 223ff.; Hubatsch, *Kaiserliche Marine*, S. 248ff。

9　参见 Halperin, *A Naval History*, S. 179ff, Hubatsch, *Kaiserliche Marine*, S. 235 - 240。

10　转引自 Salewski, *Tirpitz*, S. 52。

11　参见 Rödel, *Denker, Krieger, Amateure*, S. 25ff; 在大方向上支持、维护提尔皮茨的文献见 Hubatsch, *Die Ära Tirpitz*, S. 25ff; 完全持批评态度的见 Salewski, *Tirpitz*, S. 37ff。

12　Tirpitz, *Erinnerungen*, S. 50.

13　转引自 Salewski, *Tirpitz*, S. 52。

14　参见 Hobson, *Maritimer Imperialismus*, S. 305f。

15　德国研究界近来更加注重提尔皮茨的舰队计划在内政领域发挥的作用，即在政治上拉拢资产阶级、排挤社会民主党，这可能就是因为提尔皮茨组建的舰队以威慑敌人为主要目的，而且战争爆发后它从战略上讲并无实际意义；可参考的文献包括 Berghahn, *Der Tirpitz-Plan*; Epkenhans, *Wilhelminische Flottenrüstung*, 以及 ders., «Ziele des deutschen Flottenbaus», S. 48ff; 持批评态度的文献见 Hobson, *Maritimer Imperialismus*, S. 338ff。由于舰队计划看起来缺乏实际意义，所以这些文献挖掘了它背后隐藏的目的。无可否认的是，为了组建舰队，提尔皮茨在宣传方面下了很大功夫，而**舰队同盟**（Flottenverein）与"舰队专家"也在宣传中发挥了重要作用；参见 Deist, *Flottenpolitik und Flottenpropaganda*, 以及 vom Bruch, «‹Deutschland und England»», S. 7ff。这场宣传战深刻影响了帝国的内政局势。

16　在新近有关德国海军战略以及舰队组建问题的讨论中，学者深入探讨了英国和德国地理战略形势的不同；相关文献包括 Kennedy, «Maritime Strategieprobleme», S. 178ff; Wegener, «Die Tirpitzsche Seestrategie», S. 237ff; Rahn, «Seestrategisches Denken», S. 142‑148; ders. «Strategische Probleme der deutschen Seekriegführung», S. 341ff, 以及 Epkenhans, «Die kaiserliche Marine», S. 319ff。

17　此处及后续情况参见 Kennedy, *Aufstieg und Fall der britischen Seemacht*, S. 227‑262。

18　参见 Kennedy, *Aufstieg und Verfall der britischen Seemacht*, S. 252ff, 以及 Neitzel, *Weltmacht oder Niedergang*, S. 233ff 与 263ff。

19　参见本书 S. 74f。

20　参见 Kennedy, *Aufstieg und Verfall der britischen Seemacht*, S. 247。丘吉尔的基本观点是，与德国交战以后，英国要么变得更强大，要么至少有能力恢复原来的地位。这一误判绝不亚于提尔皮茨的误判，而它对政治的影响甚至超过了后者。事实上，从 1904 年开始，英国的势力就开始退回"本土"海域。参见 Marder, *From Dreadnought*, Bd. 1, S. 40ff。

21　对政治影响最为深远的，是英国的势力退出了东亚—太平洋海域，因为这让日本得以崛起并称霸这一地区。在战争期间，人们已经觉察到这次撤退造成的影响，因为日本不断要求扩大其在中国的势力范围，还以转投同盟国相要挟，迫使英国认真对待这些要求。英国别无选择，只得一次又一次向日本屈服；参见 Stevenson, *1914‑1918*, S. 435f。最打击英国人自信心的，是英国海军不得不撤出地中海，并将西地中海的控制权转交给法国，这意味着至少在道义上，英法军事联盟的基础是两国互相从属于对方。作为交换，英国接管了法国运河港口的防御工作。相关情况参见 Kennedy, *Aufstieg und Verfall der britischen Seemacht*, S. 245ff。

22　保罗·肯尼迪（Paul Kennedy, «Maritime Strategieprobleme», S. 202ff）推测，提尔皮茨真正的计划是组建规模更大、足以挑战英国海军的舰队，但从大型战舰的实际建造速度来看，这一推测缺乏说服力；霍布森（Hobson）

就对肯尼迪的观点持批评意见，见 Hobson, *Maritimer Imperialismus*, S. 286f。

23　参见 Marder, *From Dreadnought*, Bd. 1, S. 43ff。

24　参见 Kennedy, «Maritime Strategieprobleme»。

25　见上一处文献，S. 202。

26　Mahan, *Der Einfluss der Seemacht auf die Geschichte*; 参见 Crowl, «Alfred Thayer Mahan», S. 444ff; 马汉在德国的影响力参见 Rödel, *Krieger, Denker, Amateure*, S. 177ff, 以及 Hobson, *Maritimer Imperialismus*, S. 165ff。

27　提供了相关信息的文献主要是 Aron, *Clausewitz*, S. 372ff。

28　Wegener, «Die Tirpitzsche Seestrategie», S. 241.

29　Wegener, «Die Tirpitzsche Seestrategie», S. 251.

30　鱼雷的发展参见本书 S. 508。海军对鱼雷的使用导致舰艇的分级制度发生了巨大变化：在此之前，战列舰在舰艇中位居第一，因为它可以摧毁其他所有舰艇，其他舰艇却伤害不了它（这是所谓的"向后兼容性"，参见 Rödel, *Krieger, Denker, Amateure*, S. 21f），而现在，鱼雷艇和潜艇这两种小型"廉价"舰艇的发展却打破了现有的等级制度。不过，不只是提尔皮茨，就连他在英国的对手约翰·费希尔（参见 Hough, *The Great War at Sea*, S. 12ff; Halpern, *A Naval History*, S. 5f, 以及 Kennedy, *Seemacht*, S. 239ff）也十分重视战列舰，他的战舰建造计划和海上战略也以战列舰为核心。

31　参见 Rahn, «Strategische Probleme», S. 345。对于如何规划海上封锁，英国内部的争论参见 Marder, *From Dreadnought*, Bd. 1, S. 367ff。

32　针对舰队"不作为"的问题，英国内部的讨论参见 Marder, *From Dreadnought*, Bd. 2, S. 42ff。

33　Wegener, «Die Tirpitzsche Seestrategie», S. 253f.

34　转引自 Herwig, *«Luxury» Fleet*, S. 149。

35　参见上一文献，S. 149 - 153; Hough, *The Great War at Sea*, S. 66 - 68 und 132 - 143; Halpern, *A Naval History*, S. 30f 与 45 - 47, 以及 Stegemann, *Geschichte des Krieges*, Bd. 3, S. 14ff 与 30ff。

36　参见 Ruge, «Zur Marinegeschichtsschreibung», S. 363f。

37　相关情况参见 Herwig, «Admirals versus Generals», S. 208ff; 一些值得一提的例外情况参见 Gross, «Unternehmen ‹Albion›», S. 171ff。

38　相关情况参见 Gross, «Unternehmen ‹Albion›», S. 171ff。

39　Herwig, *«Luxury» Fleet*, S. 249ff.; Kielmansegg, *Deutschland und der Erste*

Weltkrieg, S. 686ff.

40 "蓝水学派"和"少壮学派"的海上战略方针是相反的，参见 Hobson, *Maritimer Imperialismus*, S. 92ff, 以及 Heuser, *Den Krieg denken*, S. 266ff。

41 与提尔皮茨思想相反、以鱼雷艇和快速巡洋舰为核心的海上战略是如何发展起来的，参见 Rödel, *Krieger, Denker, Amateure*, S. 197ff, 以及 Franken, *Vizeadmiral Karl Galster*, 多处。

42 转引自 Kennedy, *Aufstieg und Verfall der britischen Seemacht*, S. 277。

43 德国太平洋中型舰队的情况，以及科罗内尔和马尔维纳斯群岛附近海战的情况参见 Stegemann, *Geschichte des Krieges*, S. 51 - 71; Marder, *From Dreadnought*, Bd. 2, S. 101 - 129; Halpern, *A Naval History*, S. 88 - 100; Herwig, «*Luxury*» *Fleet*, S. 155 - 158; Hough, *The Great War at Sea*, S. 87 - 98 与 103 - 120。

44 "埃姆登号"和"卡尔斯鲁厄号"的情况参见 Stegemann, *Geschichte des Krieges*, Bd. 3, S. 46 - 51; Halpern, *A Naval History*, S. 72 与 74 - 77 以及 S. 78 f; 费利克斯·冯·卢克纳伯爵的情况参见 Busche, *Heldenprüfung*, S. 132 - 153。

45 Keegan, *Der Erste Weltkrieg*, S. 304.

46 战争结束后，人们才开始探讨，如果从战略角度将由巡洋舰主导的贸易战与北海的大型海战结合起来，可以在多大程度上弥补德意志帝国地理战略方面的劣势。而在战争中，战略问题引发的争论导致人们看问题太过极端，他们以为在巡洋舰战争和大型海战之间只能二选一，所以并未全面地考虑过在战略上能否把两者结合起来。

47 参见 Kennedy, *Aufstieg und Verfall der britischen Seemacht*, S. 272f。

48 **40 号房间**的相关情况参见 Hough, *The Great War at Sea*, S. 123ff, 以及 Halpern, *A Naval History*, S. 37ff。英国人十分走运，刚好从不同船上分别发现了密码本和信号本，相关情况参见 Keegan, *Der Erste Weltkrieg*, S. 372。

49 关于斯卡格拉克战役的过程，较为全面的叙述参见 Karsten/ Rader, *Große Seeschlachten*, S. 323 - 348; 基于德国视角的叙述参见 Stegemann, *Geschichte des Krieges*, Bd. 4, S. 263 - 274; Hubatsch, *Kaiserliche Marine*, S. 226 - 233;Uhle-Wettler, *Höhe- und Wendepunkte deutscher Militärgeschichte*, S. 211 - 249; 以 及 Rahn, «Die Seeschlacht vor dem Skagerrak», S. 139 - 196。基于英国视角的叙述见 Marder, *From*

Dreadnought, Bd. 3, S. 36 - 162; Hough, *The Great War at Sea*, S. 235 - 297, 以及 Halpern, *A Naval History*, S. 310 - 329; 有学者从后果出发评价这场战役, 参见 Herwig, «*Luxury» Fleet*, S. 178 - 198, 以及 Marder, *From Dreadnought*, Bd. 3, S. 166 - 212。

50　转引自 Kennedy, *Aufstieg und Verfall der britischen Seemacht*, S. 271。

51　参 见 Hillmann, «Die Seeschlacht vor dem Skagerrak in der deutschen Erinnerung», 以及 Kindler, «Die Skagerrakschlacht im deutschen Film»。

52　转引自 Salewski, *Der Erste Weltkrieg*, S. 213。

53　参见 Grove, «Die Erinnerung an die Skagerrakschlacht in Großbritannien», S. 301ff。

54　希佩尔的相关情况参见 Busche, *Heldenprüfung*, S. 30 - 57。

55　Rahn, «Die Seeschlacht», S. 162; 转引自 Uhle-Wettler, *Höhe- und Wendepunkte*, S. 226。

56　一方要用摩尔斯电码发送无线电信号, 摩尔斯信号还要被加密, 所以信息有可能在 10 分钟后才到达指挥中心。在战斗的环境下, 这种速度实在太慢了, 所以双方舰队都更倾向于使用信号弹与同伴交流。参见 Keegan, *Der Erste Weltkrieg*, S. 368。

57　战列巡洋舰 "无敌号" 是个例外: 它在一处较浅的水域沉没, 裂成两半以后, 船体就从水里立起来了。

58　转引自 Rahn, «Die Seeschlacht», S. 192。

59　Rahn, «Die Seeschlacht», S. 192f.

60　鱼雷的发展情况参见 Marder, *From Dreadnought*, Bd. 1, S. 328ff; 潜艇的历 史 参 见 Rössler, *U-Bootbau*, Bd. 1; Huck (Hg.), *U-Boote in deutschen Marinen*, 以及 Koldau, *Mythos U-Boot*; 鱼雷的发展情况参见 Gray, *The Devil's Device*。

61　对 相 关 争 论 简 要 的 介 绍 参 见 Kielmansegg, *Deutschland und der Erste Weltkrieg*, S. 388ff; 有的德国政治家经过评估认为, 如发动潜艇战, 美国参战的可能性将高于德国通过潜艇战取胜的可能性, 相关观点见 Helfferich, *Der Weltkrieg*, Bd. 2, S. 379 - 430。在文中提到的这段时间内, 卡尔·黑尔费里希（Karl Helfferich）任财政部部长以及代理首相。

62　Ritter, *Staatskunst und Kriegshandwerk*, Bd. 3, S. 382.

63　Chickering, *Das Deutsche Reich und der Erste Weltkrieg*, S. 111.

64　德国海军高层对潜艇的 "订购" 缺乏计划性, 相关情况参见 Kielmansegg,

Deutschland und der Erste Weltkrieg, S. 387f。

65 参见 Schwabe, *Wissenschaft und Kriegsmoral*, S. 97f。

66 参见 Schwabe, *Wissenschaft und Kriegsmoral*, S. 101f。

67 转引自 Schwabe, *Wissenschaft und Kriegsmoral*, S. 96f。

68 Weber, *Gesammelte Politische Schriften*, S. 146 – 154, 此处见 S. 154。

69 参见本书 S. 781f。

70 Schwartz, *Das Geschichtswerk des Thukydides*, S. 142f.

71 Delbrück, *Weltgeschichte*, Bd. 1, S. 263f.

72 施瓦茨将他所著有关修昔底德的作品献给在战争初期阵亡的长子。施瓦茨原本在斯特拉斯堡的帝国大学任教，但他不得不在 11 月逃离阿尔萨斯。后来他被慕尼黑大学聘为教授（参见 Polenz, «Schwartz»）。

73 此处及后续的相关情况参见 Hogue, *Great War at Sea*, S. 53ff; 详细的描述见 Stegemann, *Geschichte des Krieges*, Bd. 3, S. 1922; 韦迪根的情况以及他在德国的名声见 Busche, *Heldenprüfung*, S. 11ff。1915 年 3 月，韦迪根率领手下船员驾驶 "U29 号" 潜艇执行进攻任务，结果这艘潜艇再也没有返航。

74 参见 Marder, *From Dreadnought*, Bd. 2, S. 349ff。

75 Chambers, *The War behind the War*, S. 199. 钱伯斯（Chambers）这部作品的扉页上用德语印着席勒的金句作为箴言："世界历史就是世界的法庭。" 英国在战争头两年的封锁行动参见 Marder, *From Dreadnought*, Bd. 2, S. 372ff。

76 此处及下文的相关情况参见 Stevenson, *1914 – 1918*, S. 298ff, 以及 Grewe, *Epochen der Völkerrechtsgeschichte*, S. 647f。

77 参见 O'Sullivan, *Die Lusitania*, 多处。

78 德国徽章设计师卡尔·格茨（Karl Götz）为此设计了一枚纪念章，纪念章的一面是正在下沉的 "卢西塔尼亚号"，另一面是死神在售票给即将横渡大西洋的旅客；相关情况参见 Beitin, «Geprägte Propaganda», S. 177ff。

79 相关情况参见 Stevenson, *1914 – 1918*, S. 313ff。

80 Salewski, *Der Erste Weltkrieg*, S. 189ff; 兴登堡被任命为第三代陆军最高指挥部统帅以后，在打败罗马尼亚之前，他也没有积极要求发动无限制潜艇战，因为中立国荷兰和丹麦可能因为冲突升级而加入协约国阵营，为了应付这一局面，他必须先确保有充足的军队可以支配；参见 Kielmansegg, *Deutschland und der Erste Weltkrieg*, S. 389。

81 Tirpitz, *Erinnerungen*, S. 195.

82 同上，S. 199。

83 Meyer/Ehrenberg, *Ein Briefwechsel*, S. 98.

84 两处引文均出自 Helfferich, *Der Erste Weltkrieg*, Bd. 2, S. 389。

85 同上，S. 401。

86 Riezler, *Tagebücher*, S. 395.

87 Kielmansegg, *Deutschland und der Erste Weltkrieg*, S. 390f.

88 Müller, *Regierte der Kaiser?*, S. 247.

89 在国家决定发动无限制潜艇战以后，贝特曼·霍尔韦格和他手下的几位部长显然考虑过离职，但基于国家利益至上的原则没有付诸行动。海军上将冯·米勒将 1 月 9 日贝特曼·霍尔韦格在普莱斯的发言总结为："不同意，不过勉强接受这一事实。"（同上，S. 248）。

90 参见 Marder, *From Dreadnought*, Bd. 4, S. 115ff，与 259ff，以及 Bd. 5, S. 85 - 96。

91 Kielmansegg, *Deutschland und der Erste Weltkrieg*, S. 395; 1917~1918 年无限制潜艇战的情况参见 Hough, *The Great War at Sea*, S. 298 - 321, 以及 Halpern, *A Naval History*, S. 335 - 380 与 403 - 444。

92 参见 Stegemann, «Der U-Boot-Krieg im Jahre 1918», S. 333ff。

93 Kielmansegg, *Deutschland und der Erste Weltkrieg*, S. 395.

94 参见 Herzog, *Deutsche U-Boote*, S. 151, 以及 Westwell, *Der 1. Weltkrieg*, S. 154f。

95 皇帝在 1916 年 2 月 26 日发表的一句评论很能说明问题："如果我是潜艇舰长，我看到一艘船上有妇女孩子，就绝对不会向它发射鱼雷。"Müller, *Regierte der Kaiser?*, S. 158。

96 事实上，洛塔尔 - 金特·布赫海姆（Lothar-Günther Buchheim）的自传体小说《艇》（*Das Boot*）以及同名电影取得了一定成就，这似乎与以上结论不符，但这个故事的基点在于，敌方通过发射深水炸弹追击潜艇，所以潜艇用"诡计"对付护航队显得情有可原。

97 对相关情况的精彩叙述参见 Müller, *Der Bombenkrieg*, S. 15 - 28; 空战战略参见 Heuser, *Den Krieg denken*, S. 338ff; 一战中的德国空军史见 Bülow, *Geschichte der Luftwaffe*, S. 41 - 126。

98 参见 Robinson, *The Zeppelin in Combat*, S. 40ff。

99 早在 1910 年就有人预言未来战争的情景，见 Martin, «Der Krieg in 100

Jahren», S. 63ff, 以及 Brown, «Die Schlacht von Lowestoft», S. 91ff, 均出自 Brehmer (Hg.), *Die Welt in 100 Jahren*, 这两处文献都认为齐柏林飞艇将成为决定战争与战役胜败的关键因素。

100 在1908年出版的《大空战》(*The War in the Air*) 中, H. G. 威尔斯 (H. G. Wells) 讲述了35万德国士兵如何乘坐飞艇从加来 (Calais) 飞往多佛尔, 占领了英国诸岛。

101 参见 Kennett, *The First Air War*, S. 11 与 41。

102 Suttner, *Die Barbarisierung der Luft*; 参见 Hamann, *Bertha von Suttner*, S. 290ff。

103 Kennett, *The First Air War*, S. 46f.

104 参见 Robinson, *The Zeppelin in Combat*, S. 18ff; 齐柏林飞艇 (简称Z) 和许特－兰茨飞艇 (简称SL) 实际上是两种不同类型的飞艇, 但根据语言习惯, 下文中的"齐柏林飞艇"(Zeppelin) 含义等同于"飞艇"。

105 参见 Morrow, *The Great War in the Air*, S. 68f。

106 Robinson, *The Zeppelin in Combat*, S. 95ff。

107 此处及后续情况参见上一处文献, S. 57ff。

108 "哥达轰炸机"这一概念通常涵盖了所有大型飞机 (Großflugzeug, G-Flugzeug), 尽管其中只有特定的几种机型出自哥达的飞机制造厂, 其他则出自德国电器公司 (Allgemeine Elektricitäts-Gesellschaft, AEG) 以及腓特烈港的飞机制造厂。最广为人知的哥达轰炸机是哥达Ⅳ轰炸机。德国轰炸机的发展和应用情况参见 Kilduff, *Germany's First Air Force*, S. 67‑85。

109 Müller, *Regierte der Kaiser?*, S. 84f.

110 见上一文献, S. 128. 从9月19日起, 德国限制了针对伦敦的袭击行动。

111 参见 Jones, *The Origin of Strategic Bombing*, S. 50ff 与 130ff。

112 相关情况参见里希特霍芬的自述 Richthofen, *Der rote Kampfflieger*, S. 21‑40; 参见 Castan, *Der rote Baron*, S. 43‑56。

113 参见 Nowarra, *Eisernes Kreuz und Balkenkreuz*, S. 129‑159 中的插画; 里希特霍芬驾驶的飞机见 S. 133 的信天翁 D 战斗机 (Albatros D III) 与 S. 153 的福克 DR. I 战斗机 (Fokker DR I)。

114 Jünger, *Kriegstagebuch*, S. 277ff. 另一个例子是阿诺尔德·茨威格《凡尔登教训》中的克罗伊辛 (Kroysing) 少尉。

115 飞行员拥有独特的自我形象, 他们和飞机之间也存在某种特殊的联结, 相关证据参见 Neumann (Hg.), *In der Luft unbesiegt*, 多处；分析性文献参见 Bruce, «The War in the Air», S. 193ff, 以及 Kilduff, «A German air man and his war», S. 206ff; 飞行员文学中飞行员的自画像以及他们将自己奉为英雄的现象参见 Schüler-Springorum, «Vom Fliegen und Töten», S. 208ff; Hüppauf, «Fliegerhelden», S. 575ff; Fuhs, «Fliegende Helden», S. 705ff; 以及 Szscepaniak, *Militärische Männlichkeiten*, S. 70 - 78; 在叙述中对英雄形象比较推崇的文献见 Busche, *Heldenprüfung*, S. 154ff。这是有关飞行员恩斯特·乌德特（Ernst Udet）的记叙。

116 参见上一处文献，S. 459ff。

117 Neumann (Hg.), *Die deutschen Luftstreitkräfte*, S. 450 - 452.

118 Richthofen, *Der rote Kampfflieger*, S. 174; 此书（《红色的战斗机驾驶员》）是"乌尔施泰因战争书系"（«Ullsteins Kriegs-Büchern»）第 30 册，截至 1918 年，此书共印刷了 40 万册。它实际上是一部以冯·里希特霍芬的笔记为基础的新闻作品；参见 Schneider, «Zur deutschen Kriegsliteratur», S. 106。

119 曼弗雷德·冯·里希特霍芬提到这一区别是为了说明他和他的兄弟洛塔尔（Lothar von Richthofen）不同，这当然不无讽刺意味。洛塔尔·冯·里希特霍芬是哥哥指挥的第二歼击机中队的一员，他在短短 6 周内就击落了 20 架敌机，与此相比，他哥哥的战绩也黯然失色了；参见 Castan, *Der rote Baron*, S. 114f; 洛塔尔·冯·里希特霍芬的相关情况以及他作为歼击机飞行员的战绩参见 Kilduff, *Germany's First Air Force*, S. 104 - 118。

120 Richthofen, *Der rote Kampfflieger*, S. 106; 飞行员之所以更容易成为受人崇拜的英雄，**功勋勋章**在其中起了决定性作用；参见 Winkle, *Der Dank des Vaterlandes*, S. 90 - 95。

121 Richthofen, *Der rote Kampfflieger*, S. 110. 我们注意到这里使用了猎人的惯用语：里希特霍芬提到了一天里的"猎物数量"（Strecke），即被杀死的野兽的数量。

122 持相反观点的是 Szscepaniak, *Militärische Männlichkeiten*, S. 77f; 伊梅尔曼曾研发出一种战术，即从背后、敌人看不见的地方发动袭击，有一种意见认为这一战术根本不符合"英雄"的作风，这也和正文的观点不同；歼击机飞行员及其战斗方式参见 Kilduff, *Germany's First Air Force*, S. 33ff 与 104ff, 英国飞行员的情况见 Winter, *The First of the Few*, S. 78ff。

123 参见 Robinson, *The Zeppelin in Combat*, S. 81ff, 以及 Morrow, *The Great War in the Air*, S. 68ff。

124 参见 Robinson, *The Zeppelin in Combat*, S. 234ff。

125 相关情况参见 Morrow, *The Great War in the Air*, S. 187ff; 德军也让部分侦察机从辅助船上起飞；参见 Kilduff, *Germany's First Air Force*, S. 90f。

126 参见 Morrow, *The Great War in the Air*, S. 156; Marder, *From Dreadnought*, Bd. 4, S. 3 - 10。

127 参见本书 S. 533f; 此外还可参见 Kilduff, *Germany's First Air Force*, S. 52ff。

128 参见 Kaufmann, *Kommunikationstechnik und Kriegführung*, S. 276ff。当然，通信与媒体理论领域的研究作品有可能高估现代通信技术的实际作用。

129 参见 Kennett, *The First Air War*, S. 24ff; Kilduff, *Germany's First Air Force*, S. 119 - 133。

130 在战争过程中，德方制造并使用了约 2000 个"风筝"，西方协约国军队则制造并使用了 4000 个"卡科"。

131 参见上本书 S. 132ff; 初期侦察机的侦察能力参见 Kennett, *The First Air War*, S. 30ff; 飞艇辨认方位的能力不佳，而侦察机也存在类似问题，参见 Robinson, *The Zeppelin in Combat*, S. 40 ff 与 57 ff。

132 参见 Kennett, *The First Air War*, S. 37。

133 参见 Morrow, *The Great War in the Air*, S. 197ff 与 281ff。在战争过程中，德军损失了 3128 架飞机，约有 8000 名飞行员丧命。其中在东线损失的飞机仅 189 架，由此也可以看出空战的主战场在西线；相关情况参见 Kennett, *The First Air War*, S. 175 与 256。

134 参见 Morrow, *The Great War in the Air*, S. 132ff。

135 德国空军初期的情况、他们的战术方向以及法国空军在战争开始时的领先地位参见 Bülow, *Geschichte der Luftwaffe*, S. 6 - 40。

136 福克尔设计的飞机最开始陈列在柏林的约翰尼斯塔尔（Johannisthal），后来又陈列在什未林（Schwerin）。

137 用肯尼特（Kennett, *The First Air War*, S. 69）的话说，"飞机和机关枪举行了婚礼"。

138 Richthofen, *Der rote Kampfflieger*, S. 127.

139 德国的墨西哥政策和齐默尔曼发送的电报参见 Tuchman, *Die Zimmermann-Depesche*, 以及 Nassua, «Gemeinsame Kriegführung,

gemeinsamer Friedensschluss»。

140 尤其在德国政治界，人们在叙述一战时很少特别关注这一层面；只有少数文献对此做了认真探讨，参见 Kielmansegg, *Deutschland und der Erste Weltkrieg*, S. 214-219; 亦可参见 Kröger, «Revolution als Programm», S. 366ff; 以及 Kloke, *Von Innen schwächen - von Außen besiegen*, S. 33ff.

141 Vergil, *Aeneis*, VII , 312.

142 参见 Kröger, «Revolution als Programm», S. 369。

143 参见 Dülffer, «Kriegserwartung und Kriegsbild», S. 115。约斯特·迪尔费尔（同上，S. 116）指出，在军事虚构文学中，此书的对抗文本是 J. H. 拉沃尔（J. H. Lavaur）出版于 1912 年的《1913 年德意志帝国的终结》（*La fin de l'empire allemande pour 1913*），据这部作品记叙，在发生于哈姆（Hamm）和翁纳（Unna）两地之间的大型战役中，在法国服役的非洲部队强行取得了突破，这最终导致德意志帝国覆灭。此处描写的不是殖民军队起义，而是他们的献身精神以及对母国的忠诚。

144 转引自 Kröger, «Revolution als Programm», S. 371。

145 有关冯·德戈尔茨的情况参见 Krethlow, *Generalfeldmarschall von der Goltz*, S. 164ff; 耶克值得一提的是他出版于 1909 年的作品《上升的新月》（*Der aufsteigende Halbmond*），这部作品为德国面向东方世界的经济和文化扩张摇旗呐喊。1914 年 8 月 20 日，耶克呼吁道："英国和法国作为外来者统治了从印度到摩洛哥的广大疆界，先知的旗帜应当唤起泛伊斯兰世界对这异族统治毁灭性的仇恨。"（转引自 Jäckh, *Der aufsteigende Halbmond*, S. 237）有关马克斯·冯·奥本海姆的情况参见 Treue, «Der Archäologe und die Politik», S. 61ff, 当然，此处有意淡化了奥本海姆的政治参与度；亦可参见 Kreutzer, *Dschihad für den deutschen Kaiser*.

146 转引自 Kröger, «Revolution als Programm», S. 371。

147 劳亨施泰讷（Rauchensteiner, *Der Tod des Doppeladlers*, S. 551）指出，导致多瑙河帝国的覆灭的是民族主义而非社会主义力量。

148 维尔纳·哈尔韦格（Werner Hahlweg）出版了德国保留的有关列宁及其同伴过境德国一事的档案，他在图书的引论中对此事的评价与上文相同；见 Hahlweg (Hg.), *Lenins Rückkehr*, S. 29f.

149 参加本书 S. 328。

150 参见本书 S. 332f.

151 Lawrence, *Seven Pillars of Wisdom*; 参见 Thorau, *Lawrence von Arabien*, S.

108ff, 以及 Hahlweg, *Lehrmeister des kleinen Krieges*, S. 91ff, 还有 Heuser, *Rebellen, Partisanen, Guerilleros*, S. 91ff。

152 这一时间点及之前发生在非洲东部的战争参见本书 S. 331f。在介绍游击战的文献中，作者通常只是顺带提到莱托－福贝克，比如 Heuser, *Rebellen, Partisanen, Guerilleros*, S. 30f。

153 相关情况参见 Schulte-Varrendorff, *Kolonialheld*, S. 47ff, 以及 Michels, «*Der Held von Ostafrika*», S. 211ff。

154 在魏玛共和国时期、纳粹主义时期和联邦德国早期，莱托－福贝克都被奉为殖民英雄，但后来越发受到批评，因为他曾在 1920 年卡普（Kapp）政变时期表现出反共和制立场，而且他对纳粹主义持一种自相矛盾的态度。最后他遭受尖锐的批评是因为，他曾在 1905 年参加赫雷罗人（Herero）种族灭绝行动，而且他的作战方式导致东非民生凋敝。T. E. 劳伦斯则不同。在 20 世纪 20 年代，由于英国不再支持阿拉伯人成立统一的民族国家，所以他被视为悲剧英雄；后来人们围绕他的经历拍了几部故事片，他本人又因为一起摩托车事故英年早逝，这两者导致他悲剧英雄的形象更加深入人心。莱托－福贝克于 1964 年逝世，死前已是高龄，他逝世后对德国的影响参见 Busche, *Heldenprüfung*, S. 111ff。

155 参见 Kröger, «*Revolution als Programm*», S. 376f。

156 相关情况参见 Vogel, *Die Persien- und Afghanistanexpedition*, S. 49 - 133 与 197ff, 以及 Seidt, *Berlin, Kabul, Moskau*, S. 59ff。

157 同盟国在中东、阿富汗、南亚一带以及非洲东北部的其他失败尝试见 Kröger, «*Revolution als Programm*», S. 377ff 与 382ff; 有文献十分全面地介绍了德国针对俄国的革命计划，见 Koenen, *Der Russland-Komplex*, S. 76ff。

158 相关情况参见 Kielmansegg, *Deutschland und der Erste Weltkrieg*, S. 214ff。

159 相关情况参见 Kloke, *Von Innen schwächen - von Außen besiegen*, S. 22ff; 这次起义的历史参见 Foy/Barton, *The Eastern Rising*, S. 52ff; 后期英国政府镇压及处决起义者的情况见上一处文献，S. 218ff; 德国运送武器遇到的问题见 S. 25f。

160 此处及后续情况参见 Kielmansegg, *Deutschland und der Erste Weltkrieg*, S. 216f。

161 对此德国政府和军队也提供了"支持"，相关情况可参见立陶宛间谍尤奥扎斯·加布雷希（Juozas Gabrys）对世界大战的回忆，Demm/ Nikolajew

(Hg.), *Auf Wache für die Nation*, 重点见 S. 193ff。

162　此处及下文相关情况参见 Liulevicius, «Besatzung (Osten)», S. 379ff。

163　第一旅的司令约瑟夫·毕苏斯基（Józef Piłsudski）正是波兰独立后的第一任国家元首。

164　参见 Kielmansegg, *Deutschland und der Erste Weltkrieg*, S. 218f。

165　Hahlweg, *Lenins Rückkehr*, S. 26ff。

166　参见 Scharlau/Zeman, *Freibeuter der Revolution*, S. 244ff。

167　Koenen, *Der Russland-Komplex*, S. 63ff; 有文献总结了双方的看法，见 Carrère d'Encausse, *Lenin*, S. 198ff, 还可参见 Farras, *Divide and Conquer*, S. 96ff。

168　转引自 Hahlweg, *Lenins Rückkehr*, S. 12。

169　参见 Scharlau/Zeman, *Freibeuter der Revolution*, S. 267ff, 以及 Koenen, *Der Russland-Komplex*, S. 121ff。

170　相关情况参见 Koenen, *Der Russland-Komplex*, S. 95 – 97, 105, 110 与 119, 以及 Kloke, *Von Innen schwächen*, S. 56ff。

171　参见 Koenen, *Der Russland-Komplex*, S. 133f。

172　相关情况见本书 S. 661ff。

第七章

战争让所有人疲惫不堪

在德国历史书上，1916~1917年的冬天被称为"芜菁之冬"
（Steckrübenwinter）。由于之前夏天和秋天的收成不好，铁路
又一直被军队占用（这一点也常被诟病），所以针对民众的粮食
和煤炭供应全线崩溃；此外由于海路被封锁，几乎无法从国外进
口粮食，所以大城市的粮食供应危机演变成一场灾难。在过去几
个冬天里，虽然政府减少了面包的配给量，人们还可以吃土豆
充饥，[1]但现在连土豆也几乎没有了，所以人们不得不用芜菁代
替粮食，用它煮粥、做汤或做成酱料涂在面包上。而这时恰逢
严寒天气，人们在挨饿的同时还要受冻。来自澳大利亚的埃塞
尔·库珀（Ethel Cooper）当时已经在莱比锡（Leipzig）住了
约20年——她到德国学习音乐并留在了这里，她于1917年4月
2日写信给居住在澳大利亚南部的姐妹埃米（Emmie）说："这
里已经没有煤了，大多数房子也没有电灯（感谢上帝，我还有煤
气），街上的有轨电车已经不走了，顶多在大清早才会开，所有
剧院、学校、歌剧院、布商大厦、音乐厅和电影院都大门紧
闭——我们连土豆和甜菜都找不到——而这些是我们最后的救命
稻草——这里也没有鱼——而德国也终于不再到处宣称，它的人
民不可能挨饿，还说得跟真的一样。另外，我家厨房窗户外面的
温度计显示，现在是零下31度。"[2]

英国实施的封锁虽然也会影响军队的物资供应，但首先受
害的还是平民，尤其是平民中的老人和弱势群体——今天国际社
会对某些国家实施经济制裁，情况也是如此。战争开始前，普鲁
士地区疗养院的死亡率是9.9%，1918年则上升到28.1%。[3]和
二战相比，此时平民被卷入战争暴力的程度还较轻，但战斗人员
和非战斗人员之间的界线已经逐渐消失——自1648年的《威斯
特伐利亚和约》（Westfälischer Frieden）签订以来，这一界线

在欧洲就愈来愈清晰并产生了约束力，后来被写入《海牙陆战法规》，得到国际法承认。"家乡战线"（Heimatfront，一般译为"大后方"）这一概念很快从比喻变成了现实。在这条战线上，人们遭受的暴力是单向的：他们不必作战，却要忍受苦难。这对于战场上的士兵也并非没有影响，因为到了战争的后半段，许多士兵都在质疑，既然守住了战线也不能保护家乡远离苦难，那么守着它还有什么意义。[4]

两年多的战争让人们认识到，粮食供应危机造成的后果是文明水准严重倒退，许多在 20 世纪初被视为理所当然的准则，现在已经支离破碎。那些不得不在商店门口排长队的人（在德国北部，排队的现象被称为"粮食波兰舞"）怨气越来越重，骚乱和暴动也频繁出现；抗议的人打破了橱窗玻璃，砸烂了里面的陈列品。政府命令警察去平息暴乱，控制事态发展，而警察在报告中却以饱含谅解的态度描述街上的骚乱事件。他们显然也更同情女性而不是参与骚乱事件的男性，事实上后者更难从事件中全身而退。[5]"报纸上说'整个民族充满热忱，全心全意地予以支持'，我不知道这种热忱究竟藏在哪儿。"埃塞尔在写给姐妹的信中说道。[6]

/ 565

凡尔登和索姆河附近爆发技术装备战以后，有一点已经非常明确：参战各方如果还要坚持战斗，就必须付出巨大代价。就同盟国方面来说，奥匈帝国、保加利亚和奥斯曼帝国征用的人力物力已经超过极限，他们的经济和政治都濒临崩溃；[7]而在协约国方面，人们也越发清楚地意识到，沙俄帝国在经历了 1915 年的失败和 1916 年的巨大挫折以后，已经没有能力保持原来的战斗强度。[8]法国和英国政府甚至不得不考虑俄国完全退出战争的可能性；不过他们希望意大利在伊松佐河能够彻底打败已经疲惫不堪的奥匈帝国军队。此外人们已经意识到，1917 年的战况如

/ 566

1916 年，德国的粮食供应情况进一步恶化，人们不得不在供应站排长队领取食物。他们必须先领到粮票，然后才能取得分配给每个人的食物份额。上图摄于 1916 年 6 月 30 日，图中的妇女和儿童就是在等待领取粮票。从图片来看，一切进行得井然有序；但在其他地方，一旦排队的人被告知已经没有存货，现场往往就会发生骚乱——人们会砸烂橱窗玻璃，冲进商店。

何取决于参战各国能否劝说自己的民众继续坚持，并调动至今未曾使用的经济、社会资源。[9] 对协约国来说，这个重任落到了英国肩上，而对同盟国来说，这个重任则落在德国肩上：英国于 1916 年开始实行义务兵役制，德国则启动了"兴登堡计划"，迫使经济活动完全服从战争的需要。

要根据战争需要调整经济活动，就意味着政府将强制使用某些资源，不过最主要的是将原本用于生产消费品的部分资源转移到军需工业领域。战争从原则上讲都会导致参战国的生活水平下降，而这与战争是否在该国境内发生、该国战胜还是战败无关。从 1914 年开始，大量企业就转型生产武器和弹药，而继续生产消费品的企业产量也下降了：这些企业生产设备的老化越来越严重，因为他们无法获得新的机器和零件，此外他们用于加工的原材料的质量也越来越差。所以物资供应不足的问题出现得越来越频繁，也越来越难解决。1917 年，所有参战国家都遇到这样的难题；英、法、德这几个国家虽然工业比较发达，刚开始还能将战时经济的不利影响限制在一定范围内，但此时也陷入了困境。在俄国、奥地利这样的农业大国，[10] 粮食供应情况更是急剧恶化。这或许出乎我们意料，毕竟这些国家和工业国家相比应该不那么容易出现粮食短缺问题，因为工业国家还要依赖粮食进口。不过在农业国家，工业必须接受更大范围的调整以满足武器生产的需求，这样国家才能确保军事装备的水准符合技术装备战的要求，所以他们用于铁路维修的资金要少于工业国家。虽然俄国和奥匈帝国的谷物理论上足够养活全国的人，但这些谷物往往不能被运往城市，只好烂在仓里，或者被农民用来喂牲口。[11]

德国的情况则不同，毕竟它是英国经济战的重点打击对象。如果说战时经济的目标是快速、全面地调动自身资源并有效地使用这些资源，那么经济战的要求就是在核心战略区域封锁敌人的资源，使其失去战斗能力。[12] 对一个国家来说，从和平时期经济过渡到战时经济必定会产生一系列消极影响，而敌方会有意识地通过军事行动强化这些影响，从而提前消耗掉对方的力量。这也是海上强国最喜欢的作战方式：他们会派出舰队封锁敌方的运输路线，而敌方的陆军却无法直接进攻他们。英国实行海上封锁的目的在于，尽可能限制运往德国的工业原料以及供民众消费的粮食，从而使德国失去继续战斗的能力。德国虽然是工业国家，但在战争开始之前，它几乎已经实现了粮食自给自足，不过前提是要大量从国外进口生产化肥的原料。[13] 提尔皮茨本想通过组建舰队提升英国发动此类经济战争的成本，好使后者知难而退。而随着英国参战，提尔皮茨的筹划也宣告破产，德国政府不得不应对这一场经济战，而他们其实并没有胜算。

德国方面本来指望依靠施里芬计划速战速决，这一计划在1914 年 9 月宣告失败后，德国同样发动了一场经济战争。这场经济战争不是武器战争的替代方案——对海上强国来说，经济战争往往扮演这种角色——而是要为武器战争提供支持，并弥补封锁环境下德国战时经济产生的一系列结构性缺陷。经济战的核心是掠夺被征服与占领地区的资源：德国将比利时、法国北部工业区、波罗的海诸国和俄属波兰纳入自己的战时经济体系，挖掘这些地区的潜在生产力，在当地居民中招募工人代替被送往前线作战的德国劳动力。[14] 后者我们很容易理解，因为在战争开始之前就有约 100 万名外国人在德国境内工作，主要从事农业生产。战争爆发以后，德国境内的工作环境当然发生了根本性改变，而劳动力市场的情况清楚地表明战时经济通常就是统制经济。[15] 政府用 90 万名战俘填补了农业领域的劳动力缺口，[16] 而在工业领域，人们一开始还试图在自由自愿的前提下从国外尤其是比利时招募工人。但通过这种方式招募的工人人数还是不够，所以德国方面决定采取强制措施，将所需的劳动力强行转移至德国。

面对英国的贸易封锁，德国海军高层决定打击进出英国的商船，试图以此逼迫英国让步。而潜艇是用来发动经济战争的最佳工具——当然，这些行动肯定不符合海战法规 的相关规定，也就是说，德方不会先行搜查目标船只，也不给船上人员离开船只的机会，而是直接将船击沉。图为1915年7月英国货船"伊比利安号"在北大西洋被潜艇"U28号"击沉。

　　从理论分析的角度来看，海上强国和陆上强国发动的经济战争，形式是完全不同的：前者是封锁海路，切断敌方与外界的贸易往来；后者是为了进行经济掠夺而征服特定地区。然而在一战期间，这一区别很快就消失了：和之前的战争相比，英国不得不投入更大规模的陆军作战；而德国的作战手段也不同于其他陆上强国，因为它掌握了可用于经济战争的有力武器——潜艇。不过德国人花了两年时间才意识到这一点，于是他们不再优先将潜艇用于纯粹的军事战争，而是将其用于经济战争；根据命令，潜艇舰长们瞄准的也不再是战舰，而是商船。

　　德国政府的强制措施当然不仅仅针对战俘和外国公民，事实上它也针对德国各行各业的工作者，具体表现为限制他们自由选择居住地和工作岗位的权利。1917 年 3 月，德国的《助军服务法》(Hilfsdienstgesetz) 正式生效，这部法律旨在防止专业人员因军备产品需求量上升而提出苛刻的报酬要求，也防止太多人选择进入军备行业工作，导致前线军队的人数不足。尽管如此，被免除兵役的工人人数还是从 1916 年 9 月的 120 万上升到 1917 年 7 月的 190 万，战争结束时则达到 200 万。[17] 军队和军备工业在战时经济的大环境下争夺越发短缺的劳动力，为此国家必须引入相应的调节机制，以确保这两个领域都不缺人手，还要确保大部分民众都能接受军队和生产领域、前线和后方的人员分配情况。19 世纪以后，如果国家这方面的安排不被民众接受，那就什么战争都打不成。俄国失败的原因也在于政府未能在军队、工业和农业之间取得平衡，他们的协调政策无法被各方认可。1917 年沙俄军队中暴乱频发，这主要也是因为政府的协调工作没做好，而绝不是因为民众的革命情绪太过高涨。在 1916~1917 年的冬天，德国也爆发了一系列骚乱，但大部分骚乱参与者并未表现出阶级意识和政治倾向——警察在报告中说得很清楚，工人阶级妇女和下层中产阶级的妇女在事件中共进退——相反，他们都在以激烈的方式表达自己的诉求：国家既然把父亲和儿子、把家庭的供应者送上了战场，那么留在家乡的人也必须获得最低限度的食物供应。和平的呼声在 1917 年也响彻德国，这不是因为全世界的工人阶级团结起来了，而是因为越来越多的人被战争剥夺了生存资源。把这一点和英国发动的经济战争联系起来看，我们就会发现，英国打算通过贸易封锁剥夺德国继续战斗的意志和能力，他们的目的几乎达到了。

兴登堡和鲁登道夫领导的新一届陆军最高指挥部却不理会这一危险信号。他们早在 1916 年秋天就宣布实施"兴登堡计划"，这当然不是什么真正意义上的经济计划，它的内容仅限于要求工业界继续压制消费品生产，从而提高军备产品的产量。根据计划，火药和弹药的月产量最迟在 1917 年春季要翻一番，迫击炮的产量也一样；政府甚至想把每月添补给部队的大炮和机关枪数量增加到原来的 3 倍。但这份计划并没有说要怎么达成这些目标；它只是将纯粹的军事战略分析和彻头彻尾的唯意志论结合在一起，而且它本身完全建立在错误的假设之上，这个假设是：军事化体系一旦拓展到经济领域就可以带来效益。比如该计划规定所有 15~60 岁的男性公民都必须履行相应的兵役或工作义务，希望借此调动更多的劳动力。在西线技术装备战的影响下，兴登堡和鲁登道夫得出结论：决定此次战争结果的不是人数，而是各国投入的技术装备的规模。所以，如果可以提高重型武器和弹药的产量，他们也愿意让士兵离开战场进入军备行业工作。在东线，他们已经习惯利用先进的武器、娴熟的战术和战略上的优势一次又一次以少胜多，现在他们要把这套方法搬到西线。

鲁登道夫不认为一次性从法国北部和佛兰德地区抽调几万名士兵有什么问题——即便德军为此不得不缩短战线。毕竟早在1915 年他就要求法金汉缩短西部战线，当时他打算把抽调出来的部队派往东线；而法金汉害怕局部撤退的消息会带来不良的心理影响，所以拒绝了这一要求。现在鲁登道夫可以自己做主了，而且他做决定时不会顾虑太多，这是他一贯的风格：他过去坚持认为东线的胜利是西线取胜的前提，现在他也坚信，只要大幅提升军备产品的产量，德国就可以取胜。

这一计划在军事上的影响或许还是可控的，但对经济和政治的影响却不可控。从经济角度来讲，该计划导致资源供应短缺的问题进一步恶化；民众迄今为止虽然也表现出坚持到底的决心，但早晚会因为供应问题恶化而放弃坚持，并要求政府立即签订和平条约，即使这样的条约可能对德国十分不利。为了争取一点儿渺茫的胜算，鲁登道夫有可能将民众对战争的热情消耗殆尽，但他从一开始就不惜冒这个风险。他和继任者威廉·格勒纳（1918 年 10 月上任）的不同在于，他不理解战时经济应满足什么基本条件，这也成了他最终失败的原因。不过，或许鲁登道夫根本不想搞清楚这其中的关联——而且后来"总体战"的概念也是他提出来的。[18] 事实上，由他发起的"兴登堡计划"便是"战争总体化"最浅显易懂的表现形式；1916~1917 年，所有参战的大国都出现了战争总体化倾向，当然造成的影响各不相同：在德国，战争总体化表现为经济军事化，其结果是军事领袖成了独裁者；在英国和法国，议会控制下的政府才是总体化进程的组织者和监管者；在俄国，相应的举措则导致沙皇的统治被推翻、军队逐渐瓦解、原有的社会秩序被革命摧毁；多瑙河帝国和意大利也做了战争总体化的尝试，但他们的国家结构无法满足总体化的基本条件，所以这两个国家只好半途而废。[19] 一旦政府要求所有社会活动必须服从战争需求，国家就会出现一系列政治和社会矛盾。这种做法会导致社会两极分化，其危险程度堪比玩火，而最后只有英国和法国控制住了局面。但假如协约国最终战败，或者美国没有大力支持它们，那么英法在实现战争总体化以后还能否稳住社会局面也是未知数。

在德国，"兴登堡计划"还导致帝国以及单个王国的政治结构趋于瘫痪。例如，普鲁士作战部原本有权反对总参谋部的决议，现在却成了后者的执行部门；[20] 同时一种基于社团主义的经济秩序出现了，它要求企业家和工会直接对谈、协商，从而针对企业运作过程中的基本问题做出决策。[21] 战争总体化的举措产生了适得其反的效果：国家丧失了对经济和社会活动的领导权，而社会领袖开始行使原本属于国家的责任。此时国家看起来正处于最强有力的阶段，但实际上已经被掏空；它将权力的触角伸得过长，实行的措施超出了自身能力，结果反而导致权力严重流失。国家权力的流失还包括另一层面，即军队指挥部和帝国议会内部的"跨党团委员会"[22] 逐渐掌握了原属于皇帝和帝国政府的政治决策权。当时列宁断定这就是"国家垄断资本主义"，但这从理论分析的角度来讲并不正确，还是称之为"有组织的资本主义"[23] 比较合适，因为与企业家、资本家合作的主要不是国家，而是被组织起来的工人阶级代表。鲁登道夫实施军事独裁的前提在于，工会和大部分社会民主党人愿意配合，一同为战时经济奠定可靠的基础。所以一方面工会在政治上被承认为工人阶级的代表；另一方面，社会民主党也在 1917 年 4 月分裂为两派，因为党派中那些坚决反对战争的成员不愿再服从多数派支持战争的政策。[24]

但社会民主党之所以分裂，"第二国际"之所以解散，[25]并不仅仅因为他们内部在是战是和的问题上产生了根本性分歧，或者因为他们在另一个问题上无法达成一致，即德国工人运动首先应归属于国际无产阶级还是德意志民族（而他们也希望工人运动被后者接受与认可）。[26]实际上，造成这次分裂的另一个原因在于，德国从和平时期经济过渡到战时经济，这对经济活动产生了诸多影响，尤其加剧了工人阶级内部的矛盾。[27]当然，在战争过程中，几乎所有工人的购买力都下降了，因为粮食价格上涨的比例远远超出了工资增长的比例（和1913年相比，1918年的粮食价格涨至300%以上）。社会历史学家于尔根·科卡（Jürgen Kocka）认为此时社会上"物资缺乏、贫困加剧、剥削现象严重，这种局面自工业化进程开始后就再没出现过"。[28]在战争结束后的两年里，物价仍在迅速上涨，[29]但不同的工人和职员受到的影响是不一样的——这取决于他们是在军备行业还是消费品行业工作。战争结束时，军备工业男性工人的**净工资**下降至1914年3月的77.4%，而消费品行业男性工人的净工资则下降至55.5%。女性工人的状况则要好一些：军备行业下降至87.9%，消费品行业下降至61.9%；不过她们的工资本来就比男性要低。[30]购买力下降最严重的时期是1916年秋至1917年春，也就是"芜菁之冬"。对此，一位柏林的磨床工人描写道："在食堂每周12顿饭都吃芜菁，每天中午一顿，半夜一顿［机器日夜都在运转］；偶尔还有土豆，但大多数时候没有。"[31]在这家企业里，食物短缺对所有人造成的影响是一样的，工人们关注的不过是厨房师傅给工人打汤、打粥时是否公平，他们把勺子装满了没有。而在工厂食堂以外，人与人的差距就严重多了：有时商店里的东西被卖光了，但人们不得不面对的现实是，黑市上还在出售他们在商店里买不到的所有东西，只是价格超出了许多人的支付能力。[32] 和物资短缺相比，稀缺商品分配不均引发了更多不满和抗议。在那个冬天，明斯特（Münster）军队副总司令部的一名军官表示："老百姓发现自己已经一贫如洗，可却没人能忍受别人拥有的比自己稍微多一点儿，这实在是一种奇特的现象。如果政府能让全国人民相信，所有人面临的粮食短缺状况是完全一样的，那么人们不满的情绪会立刻消失。"[33] 这番话虽然掩盖了局势的严重性，但确实道出了社会对立日益严重的真实原因：在"八月热潮"中，德国人幻想整个社会是一个不可分割的整体，人人愿意为之牺牲，而现在他们发现这不过是一个阶级社会。德国社会的矛盾在战争前夕一度有所缓和，而现在重新出现了严重的两极分化现象，而且不仅旧的冲突再度爆发，新的社会裂痕也开始出现。德国人所说的"发国难财的人"绝不仅仅指那些军备工业的企业家和在战争中投机倒把的商人，而且包含了农民，更包括在军备行业工作的人，因为农民在黑市高价售卖属于配给范围的粮食，而军备行业的工人极有可能在特定时间内不必服兵役，而且工资上涨的幅度最大，社会地位也随之提升了。[34] 这改变了中层社会的结构：下层中产阶级现在由技术工人组成；而工人运动也因此失去了凝聚力，因为工人阶级现在越发难以作为一个政治上的整体被组织起来。

不管从长期还是短期的角度来看，女性都不是这场战争的受益者。在这段时间里，参加工作的女性迅速增多，所以过去的社会史认为妇女解放运动始于 1914~1918 年。但这一论证忽视了那些妨碍妇女解放的因素；当然，在国家全面调动社会资源和劳力的情况下，女性确实证明了男性的工作她们也可以完成；但与此同时，战争也导致传统的性别形象再度受到推崇，所以两性平等的局面不可能持久。[35] 除了少数情况，女性总的来说不会加入军队，更不会上前线打仗。[36] 她们即使服兵役，也仅限于在战线后方或家乡的野战医院工作。

由于男性应征入伍，所以企业必须雇用女性以补充人手，而统计显示，女性名义薪资的涨幅高于男性。原因之一在于，许多女性原本从事服务业或轻工业，按照惯例，这些行业的报酬都比较低，而现在她们开始进入军备行业工作：此时女性在其他家庭帮佣的比例急剧下降，从事工业生产的人数则在 1914 年到战争结束期间增长了 12%。[37] 但考虑到战争造成了革命性影响，这个涨幅不能算高，何况我们可以肯定，战争结束后男性又会回到原来的工作岗位。此外，许多军备企业的工人都反对企业雇用更多的女性，因为这样一来，留在企业的男性工人就只能干最重的体力活了。前面提到的那位磨床工人在记叙中就对女性工人表现出很大成见："每天夜里都有一名或几名妇女因为劳累、饥饿或生病在机器旁边累垮。［……］在食堂里几乎每天都能听到女人大呼小叫，有时这种争执还会演变成令人丧气的斗殴事件，而起因据说就是'勺子没有装满'。"[38] 这说明男性对女性的身体和心智能力存在偏见，而事实上，这些女性在工作之余还必须照顾孩子；此外他们也担心女性会成为他们的竞争者。

从两性平等与否的角度来看，这场战争对妇女解放运动的影响是双向的：一方面如于尔根·科卡所说，"在战争的后半段，男性和女性的收入差距缩小了，而且女性工人也供不应求，许多女性还更进一步，开始承担需要特殊技能、高报酬、之前被男性独占的工作"[39]；另一方面，和战争期间相比，在 1914 年以前的 10 年里，从事工业生产的女性人数实际上增长得更快。[40] 战

一旦男性赴前线作战，女性通常要接替他们的工作，包括生产武器。以上这幅1917年摄于克虏伯弹药工厂车间的照片就说明了这一点。机器旁的妇女们正在生产手榴弹引信。照片几乎让人感觉生产过程是宁静和谐的，但这其实是假象：许多留在工厂里的男性都担心，女工人数增加以后，他们这些男性工人就只能去干最重的体力活。

争期间的主要变化不在于参加工作的女性比例增加了，而在于她们涌向了过去由男性主宰的行业，并且人们眼中的女性形象也发生了改变：女仆和纺织业的缝纫女工虽然也在工作，但这类工作非常符合传统的女性角色定位；而女性一旦进入军备行业工作，或者成为市里有轨电车的列车员，传统观念受到的震撼就非同小可了。

/ 579

战争结束后的相当长一段时间里，传统的性别定位开始松动，但不管战争在多大程度上加速了这一进程（从短期和中期来看，战争产生的社会心理学效应事实上巩固了这种角色定位），战争爆发前经常被谈及的"男性危机"正是因为战争而宣告终结。[41] 这里的"男性危机"一方面指男性作为"一家之主"的地位受到威胁，而资产阶级出身的年轻女性开始要求上大学接受教育，并从事过去为男性所独占的职业；另一方面也指男性性别角色的定义越发变得模糊。虽然社会史认为战争在某些方面推动了女性的解放，但如果从精神思想史的角度去观察，我们可以证明相关事件起到的作用恰恰相反。事实上，正是战争在男女性别角色之间画出了清楚的界限：男性赴前线参军，成了"英雄"，[42]因此他们的地位是中欧及西欧社会的女性根本无法企及的。另外，由于战争期间婴儿出生率普遍下降（作为补救措施，法国士兵从 1917 年开始可以规律地休假），而且人口损失严重，所以人们不断强调女性的职责是生育后代，一些公开发表的言论也要求女性履行这一义务。这是"祖国父亲"对"女儿们"的期望。尽管 1914 年以前传统的性别定位已经有所松动，但这一局面直到 20世纪 60 年代才在（联邦）德国再度出现——如果我们从社会思想发展和价值变迁的广度上来说，那么这是千真万确的，尽管战争结束后女性立刻获得了选举权，20 世纪 20 年代还涌现出一批杰出

/ 580

的女性。在所有参与了战争的国家，情况都与此相似，所以在欧洲，没参与过一战的斯堪的纳维亚国家在男女性别角色转变方面长期处于领先地位。

战争爆发以前，发生在各阶层和阶级的两性冲突程度也有所不同，其中冲突最激烈的应数小资产阶级家庭，因为这些家庭的经济情况不如 19 世纪晚期普通资产阶级家庭那么宽裕，这让大多数妻子感到不满。于是有些男性合法地"逃"到了前线，而且缩短了休假时间，宁可提前回部队和战友待在一起。通过在前线作战、在战后加入志愿军或成为激进党派的打手，他们可以尽情发泄男子气概中为家庭所反感的那一面，而不必听妻子的抱怨。从这个角度来讲，战争在精神思想史层面的影响胜过了它在社会史层面的影响；① 对男性气概的狂热崇拜无疑来源于战争，而当时如果少了这种狂热，魏玛共和国政治历史的走向将完全不同。不过，这场以"大战"为背景的两性战争并非仅仅由男性在主导：在某些情况下，女性也会责备自己的丈夫逃避兵役义务，还要求有关部门征召他们入伍并送他们上前线。这些人的丈夫有不少已经超出必须服兵役的年龄，或者身体状况并不适合服役。要知道企业家也曾用"上前线"威胁工人使其顺从，而女性也会用这种伎俩对付自己的丈夫。[43]

---

① "在精神思想史层面的影响"指战争要求男性上前线打仗，女性留守家园并生育后代，因而固化了传统的性别定位；"在社会史层面的影响"指战争导致女性接替了男性的工作，提升了女性地位。

　　1916 年秋天，同盟国军队打败了罗马尼亚。从军事角度来看，这次胜利并不重要；但从经济角度来看，它却对战争的发展起了关键作用：如果德国没有从罗马尼亚索取大量资源，被称为"芜菁之冬"的 1916~1917 年冬天将出现一场更为严重的饥荒，而且仅仅在这段时间里，抗议活动可能就会从商店蔓延到企业，从负责分配的部门蔓延到负责生产的部门；国内的暴动还将演变成大规模罢工。[44] 当时德国的经济濒临崩溃，唯有掠夺被征服、占领的国家，帝国才有可能让战争继续下去。1916 年 12 月，兴登堡在接受美国记者采访时表示，针对罗马尼亚这一战铲除了"粮食短缺可能引发的所有危险"。[45] 虽然这句话不过是一种委婉的说法，但它也反映出德国总参谋部对局势的真实看法：如果不从东欧的"谷仓"取粮，德国现有的粮食已经支撑不了这场战争。从罗马尼亚索取的食物和饲料相当于德国这一年谷物收成的6%。[46] 英国贸易封锁对同盟国的影响越严重，德国的战时经济转变为匮乏经济的趋势也越明显，人们也就越发希望能占有东部国家的资源，这样至少能稍微缓解粮食短缺的问题。这也可以解释陆军最高指挥部为何不顾之前的战争计划，在 1917 年，但更主要是在 1918 年派兵东征。这批军队最终占领了乌克兰，德国政府于 1918 年 2 月 9 日与乌克兰① 政府缔结了和平条约；而该条约被称为"面包和约"并不是偶然的。[47] 自 1916 年以来，国家在军事和粮食经济这两个领域的需求都很紧迫，这两个领域也一直在争夺德国的人力，这让德意志帝国难以应付。回顾历史我们会发现，

---

①　其时乌克兰成立了苏维埃社会主义共和国。

英国实施海上封锁的主要战略目的就是迫使德国军队东进，这样德军就不会集结在西线并对英国构成威胁。所以经济战争会直接导致对方的重点战场发生转移。

从 1915 年开始，英方就提高了贸易封锁的强度和效率。问题在于有的中立国家正在绕开封锁与德国开展贸易。德国还有奥匈帝国为求一条生路愿意支付高昂的价格，另外，由于和平时期的经济体系已经瓦解，之前一些生意已经做不成，所以中立国的处境很不乐观，他们也乐意满足同盟国的需求。[48] 对美国、斯堪的纳维亚国家、荷兰与瑞士而言，这类交易可以带来可观的利润，而大量的企业和商人也正努力抓住这些机会：1915 年从荷兰出口至德国的奶酪是 1913 年的 3 倍，猪肉甚至达到之前的 5 倍；瑞典为德国提供的鲱鱼则是战争前的 4 倍。[49]

这些问题英国的舰队也解决不了，只能通过外交手段解决，而这需要不少时间。英国和中立国打交道时不能无耻报复，不能下最后通牒，甚至不能说任何威胁的话；可英国既然封锁了德国，总不能眼睁睁地看着它再从中立国采购必需品，看着一船一船的原材料和粮食从斯堪的纳维亚诸国或荷兰被运到德国。刚开始，协约国方面也采取了一些代价高昂的应对措施。1916 年，由英国主导，他们从中立国大量收购粮食产品，这些产品对协约国来说不是必需的，收购的目的就是防止德国在匮乏状态下获得粮食供应。德国人按计划人均每天应摄入 2240 卡路里，但这一配额在 1917 年 2 月急速下降至 1000 卡路里。而在 1913 年，一个"正常人"平均每天的摄入量为 3400 卡路里。[50] 由于德国庄稼歉收，可使用的土豆又比往年少了 9500 万公担①，而国家无法

---

① 在德国，1 公担 =50 千克。

通过向中立国购买粮食来解决这一问题。[51]

一战中很讽刺的一点在于，正是德国的无限制潜艇战让英国下定决心实施更为严密的封锁：美国参战意味着中立国集团里最强有力的角色已经转投协约国；而那些欧洲小国，它们一度起到德国"气管"的作用——小毛奇在变更施里芬计划时曾这样形容荷兰，[52]但现在它们再也无法回绝英国乃至美国的"请求"与期待。英国军事历史学家休·斯特罗恩形容，"协约国向德国施加的经济压力直到1917~1918年才表现出最大的破坏力"。[53]德国人利用潜艇发动了经济战争，结果搬起石头砸了自己的脚，而且这场经济战争的攻击性越强，持续的时间越长，就越发清楚地证明它本身就是个严重的错误。德国发动经济战争的本意是让英国人吃到经济匮乏的苦头，借此迫使他们在政治上让步，结果非但没有达到目的，反而导致国内经济匮乏的局面进一步恶化。我们如果拿潜艇战和"兴登堡计划"相比，会发现后者的影响毕竟还是可逆的，而前者则更为深刻地阐明了这样一条规律：如果我们一味宣扬为实现目标必须"坚定不移"，却不理会所采取的措施会对政治——尤其对战争——产生哪些计划之外的影响，那么事情很快就会朝相反的方向发展。

在这一点上，有一个现象很能说明问题：当时有许多学者和知识分子为无限制潜艇战摇旗呐喊，而他们所在的研究领域多半更关注行动的动机而非实际效果。战争结束后，社会科学的地位相对于人文学科有所提升，这在某种程度上也是因为这些动机主义者曾经提出错误的政治见解及建议。人文学科总是用"纯洁的心灵"和"正直的动机"来论证观点的正确性，现在它们不得不接受来自社会科学领域的反对意见。1919年马克斯·韦伯做了一次题为"以政治为业"（*Politik als Beruf*）的演讲，他在演讲中系统地论述了这些反对意见，指出在政治范畴内，责任伦理应优先于意图伦理。[54] 从表面上看，这篇演讲针对的有可能是巴伐利亚苏维埃共和国 ① 的支持者，这些人当时错误地以为政治新纪元已经来临；但我们如果深入分析，会发现韦伯其实是在清算观念各异的动机主义者们都造成了哪些政治影响——有些人怀着善良的意图却给社会带来灾难，韦伯形容这种善恶转化有如出自"恶魔的势力"，而那些动机主义者并不懂得如何与这恶魔的势力周旋。[55]

面对经济战争造成的计划之外的负面影响，英国人应对起来要巧妙得多。他们从不否认，针对德国军备工业的贸易封锁实际上变成了针对德国平民的饥饿封锁；但他们指出，虽然他们确实阻止其他国家向德国提供制作化肥的原材料，而且缺少肥料会导致农作物减产 30%~40%，[56] 但这些原料同样可以用于弹药的生产，另外，如果其他国家为德国提供谷物，那么不仅平民会消费这些谷物，国家也会用它们来养活军队。借用今天的话说，英国在某种程度上将德国平民遭遇的饥荒描述为"附带损害"。这当然只说出了一半的事实，因为英国的战略计划从一开始就包含了"拖垮德国经济"这一项，而且在这场包含了经济战的战争中，英国人推行的毫无疑问就是消耗战战略。但英国人和德国人不同，他们的话术更侧重结果而非动机：他们指出，封锁确实造成了负面影响，导致德国平民的死亡率上升，这是无法避免的；但他们绝不会承认自己早已把这一后果计算在内。[57]

当然，德国陷入饥荒并不仅仅因为英国实施了贸易封锁，也因为物资匮乏时期政府管理不善。[58] 毕竟当时需要由国家来调控

---

① 1919 年 4 月，巴伐利亚的无产阶级在慕尼黑建立了革命政权，不过政权持续的时间很短。

经济，因此国家必须成立一个核心机构来履行这一职责、协调各项必要的措施，但受帝国和各王国宪法限制，国家在一开始无法成立这样的机构。[59] 在战争初期，许多德国人出于恐惧开始囤货，这导致物价猛涨，于是城市和社区获得授权，可以规定商品的价格上限，从而达到抑制通货膨胀的目的。在特定时间内，这些地区的商品价格确实也稳定下来了；但时间一长，这一措施便导致大量商品流向那些未受管控或管控不严的地区。于是商品价格受管控的地区很快出现了物资短缺的现象。这也表明市场会以自己的方式应对国家干预。然而不仅贸易活动会启动自我调节机制；事实上，什么产品的价格受管控，农民就会自动降低它的产量：1914 年 10 月国家宣布了谷物的价格上限，于是农民开始大量生产牛奶，并利用已收割的谷物作为饲料；后来国家规定了牛奶的价格上限，这时他们又大量生产肉类。[60] 政府于是强制全国屠宰 200 万头猪，这就是所谓的"家猪大屠杀"（Schweinemord）。这一措施确实导致猪肉价格在短期内下降了，但深层的问题并没有得到解决，因为没过多久，猪肉价格又急速上涨，政府只好又规定了猪肉的价格上限。很快，市场上便很难再见到猪肉的踪影。[61]

1916 年，战争食品办公室成立，国家不再给商品设置价格上限，而是开始实行粮食配给制度，也就是说，从此所有人得到的粮食都一样多，或者确切地说，一样少。值得注意的是，人们单凭官方分配的粮食并不足以维生，[62] 而有关部门甚至也不能保证每个人都能领到规定的配给量。于是恶性循环出现了：国家在分配时不能确保民众获得最低限度的粮食供应，因此黑市的交易就活跃起来；粮食越发涌向黑市，国家就越发没有能力保障最低限度的粮食供应。国家还考虑到，如果分配给军队的粮食太少，军队就会失去战斗力，所以后来连国家部门也不得不通过"非法交易"购买军队所需的粮食。军备企业的负责人和市政官员也步其后尘。[63] 在战争的最后一年，政府频频指责民众毫无法律意识，但在这件事上，国家和城乡各级部门也难辞其咎：在物资匮乏的时期，既然国家机关可以不守法律法规，民众又凭什么要遵守呢？在此之前，德国人本有很强的法律意识，现在地下经济的持续扩张不仅加速了社会分裂，而且德国社会的法律意识也遭到严重破坏。很快，不但多数人都参与了非法交易，而且盗窃现象也日益严重；很多人去乡下囤货，有时这种行为也会演变成纯粹的抢劫。[64]

限价制度和粮食配给制度导致德国的平行经济、地下经济迅速发展；只要你能支付相应的钱或实物，那么你在黑市上几乎什么都可以买到。黑市交易不比军备工业，人们无法通过这种交易积累大量财富，因此它也不至于引发社会变革。它带来的变化仅仅在于，和平时期人们从乡村涌向城市，而现在这一趋势暂时反过来了：由于囤货的现象发生在乡村，所以至少货币的流向与和平时期相反，而农民自然不会放过这大好的机会，德国某些地方的大农场主更是如此。后来黑市交易中出现了不少轻微犯罪行为，在魏玛共和国成立后相当长的一段时间里，这种现象也仍然存在。

1916~1917 年的"芜菁之冬"过去以后，虽然战争仍在继续，但德国有关部门终于有能力确保在接下来两年里，人均每天的卡路里摄入量不低于医学最低标准的 95%——虽说政府可以提供的食品种类比较单一，而且往往都是一些替代性食品。[65] 粮食供应情况得到改善和德军在东线取得胜利有很大关系。这一系列胜利也确实解了燃眉之急，因为在 1917 年 4 月 15 日，政府下调了面粉配给量，还缩减甚至取消了一系列补助，于是柏林首次爆发了参与者多达几十万人的大罢工，其中还包括军备工业的工人。[66] 从这时起，第三代军队最高指挥部在制订所有军事计划时都必须顾及德国的粮食供应情况。

　　除了粮食和原材料供应问题，[67] 德国最大的经济难题就是如何为战争筹措资金。在 1914 年 7 月，德国确实拥有一笔高达 2.05 亿帝国马克的"帝国战争财产"，这笔钱是 1871 年普法战争结束后法国支付的战争赔款，被保存在柏林施潘道（Spandau）堡垒的尤利乌斯塔（Juliusturm）内。但这场战争需要德国出动百万大军并使用现代武器，而这笔钱只够两天的开销。[68] 但最主要的问题在于，德意志帝国的财政体制决定了国家难以负担一场大型战争的开支，哪怕这场战争只持续较短时间，因为当时只有间接税是归帝国所有的，而根据 1871 年以来的惯例，所有直接税都归王国所有。所以，单是舰队的开销已经让帝国十分为难了（德国引入香槟酒税也正是为此）。各王国则要负担各自军队的开销。但战争的开销与和平时期军队的日常开销又是两码事。

　　但德国政府不会在战争期间彻底改革财政体制，因为其中涉及的许多政治问题都十分棘手。于是政府决定设置特别预算，通过借贷来筹措战争经费，这样就不会影响以税收为主要收入的普通预算。因此，截至 1918 年底，德国的战争经费只有 14% 左右来自税收，而英国的战争经费至少有 28% 来自税收。[69] 通过发行债券，德国政府可以提前筹措战争经费，代价就是向公民支付一定的利息。这些公民对军队很有信心，他们相信德国一定能在战争中获胜，也确信购买战争债券不仅是爱国之举，也是一桩合算的买卖。战争期间，德国共发行了 9 期战争债券，这些债券的认购情况都很好，认购群体甚至包含了下层中产阶级成员。截至

德国于 1917 年春季发行了一期战争债券，券面上的图案由版画家弗里茨·埃勒尔（Fritz Erler）绘制，它呈现了战争下半段最具代表性的德国战士形象。当时，人们已经不再天真地相信他们很快就会取得胜利，而他们对优秀战士的诠释也发生了变化：此时的优秀战士应该不屈不挠、沉着冷静，并且在家乡人民的支持下坚持战斗；他们带着钢盔，脖子上挂着防毒面具，身侧的口袋里装着手榴弹，身后则是铁丝网。这些元素表明战斗方式发生了转变。画中士兵的身上没有军衔标志，因为他完完全全是德国士兵的代表；他将左手搭在木桩上，看上去十分沉着冷静。埃勒尔的这幅画采用彩色平板印刷术印制，这说明政府在宣传方面做得越来越细致了。

1916 年，政府可以借助这种方式将战争中产生的各项债务变为统一公债。[70] 这种融资方式也可以解释，为什么资产阶级的大多数成员都坚决要求国家在取胜的前提下签订和约，反对国家做出任何让步，更反对国家直接放弃某些权利：毕竟只有在德国取胜的情况下，他们才能把钱要回来。

在政治辩论中，政府主要从两方面论证了为何通过发行债券而不通过税收来筹措资金。首先，如果通过发行债券筹措资金，那么不仅这一代人，下一代人都可以参与到这场"决定德国世界地位的伟大较量"中；其次，一旦发行了战争债券，战后便可以让（战败的）敌人承担战争费用，这与 1871 年法国战败后的情况类似。卡尔·黑尔费里希是帝国财产局的国务秘书，按照今天的职级，他应该是财政部部长，他于 1915 年中在议会对这一决定做了如下解释："战争的始作俑者［黑尔费里希指的是英国和法国］理应承担这几十亿元的沉重负担，他们可能要几十年一直背着这个包袱，而我们可不想要这个负担。"[71] 可悲的是，这一决定导致帝国首相贝特曼·霍尔韦格难以向敌方发出和谈倡议，因为如果他在战争开支的问题上向对方做出巨大让步，那么下一轮债券融资将难以进行，而认购了债券的民众也会群起反对。因此，受融资手段所迫，战争只好继续进行下去。

融资的转折点也出现在 1916 年秋天。在那之前，国家每月的战争开销约有 20 亿帝国马克，这些钱都是通过发行债券筹集的。但军备方面的开支仍在增加，所以自 1916 年 10 月起，战争开支达到了每月 30 亿帝国马克，在 1917 年 10 月更是攀升至每月 40 亿帝国马克。在战争的最后一个月，即 1918 年 10 月，战争开支甚至接近 50 亿帝国马克。早在 1916 年政府就已经意识到，单靠发行债券是满足不了战争需求的。所以政府采纳了社会民主党的建议，开始征收所谓的战争利润税，即向战争时期从军备工业领域获利的人征税，并用这部分税收支付军备费用：以战争前 5 年里企业和个人的平均收益为基点，战争爆发以来收益超出这一平均水平的企业和个人必须以超出部分为基数缴税。[72]这部分税款政府原本打算一次性征收，但很快就改为持续征收，而且每过一段时间就会提高税率，最后相关的企业或个人每获得100 万帝国马克的利润就要缴纳 60% 的税款。后来国家又开始征收财产税，如果财产超过 100 万帝国马克，就要缴纳 0.5% 的税款；然后是商品营业税，税率为 0.1%，这一税种在 1918 年 7月转变为税率 0.5% 的一般营业税。所以，现代税收国家诞生的原因在于一战期间军费开支太过庞大。不过，这些税收给国家带来的年收入仅仅相当于每期战争债券的平均收入。当时，大量帝国国库券（也相当于纸币）流入市场，国家却没有能力减少它的流通量，所以国内不可避免地出现了通货膨胀，当然在战争环境下，通货膨胀还不至于不受限制地发展。[73]

战争结束时，德国的债务为原来的 30 倍，高达 1500 亿帝国马克；对外贸易逆差为原来的 10 倍；货币流通量为原来的5 倍；而帝国马克相对于其他货币如美元或英镑的价值则下降了一半。[74]如果粗略计算，德意志帝国的战争债务相当于国民财富的一半。从战争开支和资金筹措的角度来看，1916 年秋天仍然是战争中至关重要的转折点。如果参战各国想结束这场战争，又不想摧毁原有的社会结构或引发彻底的变革，那么 1916 年秋天就是最后的机会。然而德国终究与这次机会无缘，原因之一就是政府发行了战争债券，而债券认购者都担心自己为战争投资的钱打了水漂。这一切的结局就是整个德国的财产都蒙受了损失。

饥荒不仅发生在德国，也发生在多瑙河帝国和俄国；和德国相比，这两个多民族国家的反战与和平呼声更加高涨。[75] 对奥地利来说事情更是雪上加霜，因为皇帝弗朗茨·约瑟夫于 1916年 11 月 21 日去世。他从 1848 年开始统治奥地利，是一个时代的象征，那个时代其实早已成为过去，只因之前高龄的皇帝仍健在，所以人们感觉它似乎还未结束。而随着弗朗茨·约瑟夫逝世，这一时代正式宣告落幕。至于新登基的卡尔皇帝会实行何种政治方针，人们在一开始也并不清楚，毕竟这位年轻的君主不管在军事方面还是政治方面都缺乏经验。不过趁着皇位更迭的机会，一批新的领袖正好可以上台，他们有可能改变帝国的政治路线，并调动新的力量。德国方面担心维也纳皇室会与原来的盟友渐行渐远并想办法尽快结束战争。

沙俄帝国则没有机会重新开始。自掌握军队最高指挥权以后，尼古拉二世就一直留在莫吉廖夫的司令部，也就是今天白俄罗斯的境内；在首都彼得格勒，皇后亚历山德拉（Alexandra Feodorovna）和她的亲信即巡回布道者、所谓的信仰疗法治疗师拉斯普京（Grigori Rasputin）逐渐掌握了政权，皇后在用人时主要考虑对方是否忠于自己，不太重视对方的能力。[76] 此外俄国社会已经严重分裂：城市资产阶级主张继续战斗，要求政府付出更多努力以争取胜利，而越来越多的农民则加入了反战的阵营。由于军队主要从农村地区招募士兵，所以农民的态度也间接影响了军队的战斗力。工人阶级则集中在大城市，由于那里的物资供应情况日益严峻，他们不堪重负，纷纷发起罢工。到了 1917 年初，俄国的政治局势已经岌岌可危，西方观察者也警告

／ 594

说，俄国可能陷入严重的政治和社会动荡。[77]

　　法国的粮食供应情况比欧洲中部和东部国家要好一些，但法国民众对战争的热情并不高，因为过去几年里有大批法国士兵牺牲在战场上，而且法国虽然展开了大规模进攻，但至今没有取得什么决定性进展，也没有赶走深入法国腹地的德国军队。在参战的各国中，法国的损失是相对较为惨重的，而法国的农村人口是最直接的受害者，因为许多城市人口都受雇于和战争相关的行业，不必服兵役。[78]1917 年初，根据军人身份确认牌计算，阵亡战士的数量接近 100 万，也就是说，步兵部队里有将近四分之一的士兵被杀。法国社会在物质上和精神上都已经疲惫不堪。[79]法国的政治领袖将战争失利的责任归到总司令霞飞头上，并于 1916 年底解除了他的职务；他的继任者是罗贝尔·尼韦勒将军。

　　意大利的政治和文化原本都处于分裂状态。参与战争不仅让意大利有机会跻身欧洲强国之列，而且有可能帮助其调和北方诸省和南方诸省之间的矛盾。然而战争的实际影响与此恰好相反：意大利的步兵大部分都是来自南部的农民，他们必须不断进攻伊松佐河附近的奥地利军队，所以伤亡惨重；而炮兵部队和特种部队成员主要来自伦巴第（Lombardia）和皮埃蒙特（Piemonte），这些部队的伤亡人数自然也较少。意大利军队虽然作战很卖力，但并没有取得什么值得一提的成果。总司令路易吉·卡多尔纳伯爵认为原因在于某些部队纪律涣散，所以试图通过严厉的整顿措施来提升军队的战斗力。在意大利军队中，反抗行为和小型的叛乱都是家常便饭，这是士兵"罢工"的一种方式；[80]而俄国士兵也有他们"罢工"的方式：刚开始，他们在战斗中还是乐于牺牲的，但这个阶段过去之后，他们一整营甚至一整团的人会一起被捕。埃米利奥·卢苏曾在特伦蒂诺前线担任步兵军官，他在自传体小说《高原上的一年》中就描写过意大利士兵叛乱的情况。卢苏没有提到故事发生的时间和地点，它可能取材自作者在前线经历的几次不同的叛乱，所以可以被看作这类事件的范例。卢苏笔下的这个团属于后备军，晚上，军官们正坐在一起一边喝酒一边讨论问题，这时营里当值的军官突然冲进来说："整个团都造反了。是从第二营开始的，其他营也被挑动起来了。部队已经离开了司令部，一边走一边尖声大叫。他们还毒打了几名军官。"根据卢苏的描写，身为连长的他迅速赶到自己的部队，这时他的部下正在如火如荼地讨论什么问题。他命令部下把枪扛在肩上并排好队："我心想：'他们毒打了军官，而我命令他们带上武器，那我至少应该不会挨揍了。他们既然手里拿着武器，考虑问题自然会周到一些，最坏的结果就是他们开枪把我打死。'我不得不承认，我宁愿被开枪打死，也不愿挨他们的拳头。"于是他手下的士兵给枪支上膛并装好刺刀，全连集合完毕；而让卢苏十分欣慰的是，这些人并没有参与叛乱。而这时周围骚乱的声音越来越大了，他听见有人大声要求将军队开到后方去，说他们在战壕里已经待够了。还有许多人齐声喊着："打倒战争！"卢苏继续写道，一大群叛乱的士兵靠近了他的部队："各个部队的士兵都混在一起，已经分不清谁是谁的部队。他们都没有拿武器。他们冲我们靠近时大喊大叫，朝办公室的窗户扔石头。营里有两辆前轮大后轮小的自行车停在街道边上，它们像玩具一样被人推倒并砸烂了。"叛乱的士兵见他们无法发动卢苏手下的连一起造反，就撇下他们走掉了。这些叛乱者并没有遇到抵抗，但也找不到其他进攻的目标，于是造反行动便陷入了僵局。这时团长找到了卢苏的连，问身为连长的他，这支部队是否可以开进战壕。卢苏回答说可以。团长又问他们是否可以和叛乱者作战。卢苏犹豫了一下，然后拒绝了。几个小时后，军队又恢复了秩序。军团司令听从旅长的建议，没有判处任何人死刑，只是狠狠关了闹事者头目一顿禁闭。[81]

在这种情况下，每次大规模进攻都会面临不可预测的风险。然而在1917年，协约国还是在西线发动了新一轮进攻，这次进攻导致法国和意大利的军队都濒临崩溃。其中的第一场大型战役发生在法国北部。在这场战役中，鲁登道夫和军事防御专家弗里茨·冯·罗斯贝格一起分析了德军在防守方面的弱点，并采取了相应的措施：军队尽量撤到后面去，减少前面几排战壕里士兵的人数，这样敌军的大炮就不会给德军造成太大损失。

与此同时，德军还要立起大炮，趁敌方步兵冲锋前集合之际予以致命一击。所以德军首先要将大多数兵力部署在战线后部，这样，一旦敌军冲到敌方大炮射程以外，德军就可以全力反击并将敌人击退。[82] 在1915年与1916年的战役中，大炮起了决定性作用，所以军方在调整防御战术的过程中必须充分考虑这一点；总的原则就是尽量降低敌方大炮的攻击效率，同时提升己方大炮的攻击效率。

若要发起大规模反攻，军队必须释放部分兵力作为后备军，所以鲁登道夫决定放弃德国战线在索姆河附近、苏瓦松和阿拉斯之间的突出部分，以圣康坦为中心，精心选择合适的地段修建了一道弓形的防线。这道防线被命名为"齐格弗里德防线"（Siegfriedstellung）①，而英国人则称之为"兴登堡防线"（Hindenburg Line）。日耳曼神话和德国英雄史诗则为这次行

---

① "齐格弗里德"（Siegfried）意为"以胜利为基础的和平"。

动及后来的军事行动提供了大量可供选择的名称：这次从战线突出部分撤离的行动就被称为"阿尔贝里希行动"（Unternehmen Alberich）。通过缩短战线，德军释放了 10 个师的兵力，他们被编入新组建的"鲁普雷希特王储陆军集团"，这一集团将在 1917 年春季的防御战役中接受考验。不过在撤离的事情上，陆军最高指挥部是犹豫过的，因为这意味着要放弃几年来辛苦修建的军事设施。[83] 这些设施至少不应该为敌人所用，所以德军在撤离时将一切有利用价值的地方都夷为平地。对此，罗斯贝格的说辞是："我们彻底摧毁了村镇（它们中的大部分早已在敌人的炮火之下变为废墟）、道路、铁路和桥梁等，这样敌人要迅速追上来就很难了。"[84] 俄军在撤军时实行了"焦土政策"，而"阿尔贝里希行动"等于是把这种做法搬到了西线——这在西线还是前所未见的。2 月 13 日，鲁普雷希特王储在他的战地日记中写道："那些法国民众真是可怜，他们不得不迁出阿尔贝里希行动要清理的地区，好让我们摧毁他们的家园。"他又补充道："好在与德国人相比，法国人更随遇而安，所以更容易适应这些不可避免的事情。"他这么说似乎是想安慰自己。[85]

霞飞原本计划一开春就继续上一年持续到 11 月的索姆河战役，进一步击退德军，可是德军一撤离，这个计划就行不通了。由于这一带已经被废弃，要立马在这里发动大规模进攻是不可能的。不过法军的新任总司令尼韦勒将军对如何破敌另有想法。[86] 作为菲利普·贝当的继任者，他曾在凡尔登战役中成功制敌，而现在他的计划在法国政界也大受欢迎，这主要是因为他十分擅长用语言推销自己的观点。他正是凭借这一优势打败了其他资格更老的候选人，成为法军的最高领袖，这也导致对手对他怀恨在心，他后来倒台也和这一点不无关系。尼韦勒从一开始就不打算继续 1916 年秋天的战役，不打算直接在索姆河附近发动进攻，因为他制订的突破战计划与霞飞的不同，不适合在这一带执行。事实上，他打算再度使用 1915 年的战略计划，攻打德军战线突出部分位于阿拉斯和埃纳河的"两肩"。他相信凭借在凡尔登战役中使用过的新型炮兵战术，法军不会重复 1915 年的败局。而事实证明鲁登道夫可以敏锐地嗅到敌人的意图，因为他命罗斯贝格研究了 1916 年 12 月法军在凡尔登取胜的原因，并制定了应对措施。[87] 既然上次法军凭借这种方法取胜，那么德军就不允许同样的情况在同一战线上重演——不管怎样，德军总要从失败中吸取教训。德国第一、第五集团军的军官曾经参加过凡尔登战役和索姆河战役，他们时不时就会一起交流经验，而罗斯贝格在确定防御原则时也充分考虑了法军在 1916 年深秋时节的战法。这些防御原则将成为尼韦勒取胜的绊脚石。

法国总司令相信，1916 年 12 月霞飞在任时盟友的承诺至今仍然有效，即各国将同时在所有战线发起大规模进攻，这样同盟国就来不及转移兵力。这一方案已经在 1916 年被证明是有效的，而这一次协约国打算尽早发动进攻，以免德国再次先发制人，打乱协约国的计划，正如凡尔登战役中那样。然而俄国的二月革命让这一打算化为泡影：俄国先是推迟了进攻时间，后来虽然发动了进攻，却也只是聊胜于无；意大利虽然再次进攻了伊松佐河，但时间也晚于其他国家。在这种情况下，德军就不是非调用后备军不可了，相反，这些部队仍可留在西线受到攻击的地段；此时俄国战线的南端风平浪静，所以总参谋长康拉德可以让奥匈帝国的后备军开往伊松佐河作战，阻止意大利的进攻。在这一背景下，1917 年 4 月 9 日英军在阿拉斯战役中对德军"右肩"的进攻可以说取得了很大胜利：[88] "这场战役的规模相当大，"

复活节后的星期一，冯·特尔（Albrecht von Thaer）中校在日记中写道，"今天我们和位于我们右侧的部队都遭遇了惨败。"两天后他又写道："我们的军队很顽强地坚持下来了，但伤亡惨重。"[89] 首次在此地作战的加拿大军队攻占了维米岭（La crête de Vimy）的斜坡，在德国战线上强行打开了一道长达几公里的缺口，并且只付出很小的代价就俘虏了 9000 名敌军。

德军很快从失败中吸取教训：在那些有可能受协约国军队攻击的地段，他们炸毁了地下深处的避弹所（虽然这里的军队并不想放弃这些庇护所），用地面上的混凝土掩体取而代之，这样一来，那些在掩体内部作战的士兵仿佛就永远住在战场上了。[90] 另外，进攻方即英军和加拿大军队在取得最初的胜利之后犯了很大的错误：为了守住夺得的阵地，他们暂停进攻，这样德军就有机会召集后备军、填补战线上的缺口。尽管双方在阿拉斯又继续战斗了几周，但英军的进攻再也没有任何进展，就像西方协约国之前所有的进攻一样。

/ 601

在埃纳河附近以及河流北侧"贵妇小径"（Chemin des Dames）所在的山脊，法军的情况要糟糕得多。约翰·基根认为法军"一败涂地"，法军接下来一整年的战斗力也因此受到影响。[91] 然而在 4 月 15 日晚上，形势看起来仍对法国十分有利；法军连续好几天都用炮火轰击德军阵地，晚间尼韦勒针对第二天的行动下达了命令，还满怀激情地在结尾附上一句："时候到了！拿出信心！拿出勇气！法国万岁！"尼韦勒制定的进攻战术极为细致，这些战术要求炮兵和步兵密切配合，但他们显然还不具备这种默契。德军的防守战术是减少最前面几排战壕的兵力，将军队部署在后部，并由后备军中的若干个师发起猛烈反攻——这些战术打乱了法军的时间计划和进攻节奏。本来法军以为只要炮兵和步兵配合默契，便可将损失降至最低，可现在他们的伤亡情况越来越严重。在战役爆发后第5天，尼韦勒下令停止进攻，让军队稍做休整，而他也要重新确定进攻的重点区域。

此时他已经损失了13万人，占领的土地却少得可怜，更不要说实现突破了。9天后他就被免职了，因为飙高的伤亡率令总理亚历山大·里博（Alexandre Ribot）和作战部部长保罗·潘勒韦（Paul Painlevé）的内阁深感震惊，他们也开始质疑这次行动是否真的有胜算。贝当将军被擢升为总司令，取代尼韦勒。在5月3日重新发动进攻之前，贝当不得不向政府担保尽可能减少伤亡率，因此他决定不再进攻那些防御森严的德军阵地。这却给第二阶段的进攻带来了不幸，因为德军正是在这些阵地上用远程炮轰击进攻方的侧翼——其中一处位于布里蒙（Brimont）山，又一次给敌军造成惨重的损失。贝当最终在5月6日停止进攻，当时，参与进攻的4个集团军都已经丧失了攻击能力。停止进攻也是不得已的，因为全军上下都拒绝出战。也就是说，法国军队的大部分士兵开始"罢工"了。[92]

不过新近的研究指出，这些叛乱并不意味着法军拒绝战斗，而仅仅意味着他们拒绝进攻，也就是说，如果德军主动出击，那么法军将士肯定会应战并将其击退。[93]从当时司令员的视角来看，这当然只是一种学究式的争论，因为关键问题在于士兵拒不从命，而不在于抗命的原因。贝当以半强硬半妥协的方式处理了士兵"罢工"的问题：他将3000多名士兵送上了战争法庭，其中约有550名被法官判处死刑，而真正被处死的只有49名。军方考虑到参与叛乱的有54个师，几乎相当于法军人数的一半，所以并没有起诉每一个参与了叛乱的士兵；被送上法庭的人多半也是因为运气不好，不得不为参与叛乱的连或营背锅。对案件的审理主要起惩戒作用，总原则就是，但凡参与了叛乱的部队，其成员个个有罪。处理叛乱案件的首要目的是向全军清楚地表明，只有将军才能决定军队将于何时、何处以及如何发起进攻，士兵没有这种决定权。不过贝当也是聪明人，他知道在半数士兵都抗命的情况下，要恢复军队纪律是不可能的，于是他公布了有关休假的新规定，并制定了士兵轮班的制度，这一制度让所有士兵的休息时间得以延长。而贝当平息这场风波的关键之举在于，他在没有明说的情况下与士兵达成了某种妥协：只要士兵们愿意参与规模较小的进攻行动，那么他就不再发动大规模进攻。[94] 毕竟他不能让德军觉察到法军失去了战斗力，所以放弃大规模进攻就意味着他只下达那些士兵愿意遵守的命令。按伦纳德·史密斯（Leonard Smith）的说法，我们可以认为在这一事件中法国士兵以公民的身份取得了胜利，他们在罢工中重新发出了自己的"政治声音"；而俄国士兵则不同，在二月革命中，他们并未获得类似的机会。[95] 不过值得注意的是，法国总司令之所以可以做出这样的妥协，是因为他打算借助其他兵力继续这场被搁置的大型进攻战：在埃纳河附近的战役中，尼韦勒首次使用了坦克，而贝当相信很快又会有一大批坦克出厂；另外，美国不久前已经参战，应该可以派出军队增援法军。同时，为了降低法军的死亡人数，贝当将更多殖民地军队调到了西线；1916 年法军的阵亡人数为 22 万人，1917 年确实下降至 12 万人，这 12 万人多数是在大规模叛乱之前的进攻行动中牺牲的。[96]

/ 603

意大利战线中兵力最强的当属伊松佐河一带，可他们恰恰在此处遭遇惨败，这次失败导致意大利军队于 1917 年 11 月全面瓦解，而且有半年多时间无法投入战斗。根据总参谋长卡多尔纳

/ 604

伯爵的部署，这里不但集中了意大利大部分的兵力，而且其中还包括最出色、战斗力最强的部队。然而同盟国军队突破了科巴里德——这座小城的德语名字是卡尔福莱特（Karfreit）——这大大出乎意大利军队的意料，而且这时意大利方面还以为他们很快就会打败奥地利，取得决定性胜利。接下来意大利军队的情况和法军在埃纳河以及贵妇小径附近战败的情况差不多，只不过法军是因为进攻失败损失了战斗力，意大利军队则是在毫无准备的情况下被德奥军队攻击，失去了在之前 11 场伊松佐河战役中付出极大代价夺取的所有土地。为了确保弗留利地区兵力充足，协约国方面只得将法国和英国的部分军队调往意大利，这又导致后来法国境内兵力不足。在被称为"卡尔福莱特奇迹"的第十二次伊松佐河战役中，同盟国军队大获全胜，这是同盟国在一战中取得的重大胜利之一，论战斗成果恐怕只有戈尔利采—塔尔努夫突破战能与之相比，[97] 不过当初在加利西亚，同盟国军队曾迫使俄军撤兵，但现在他们部署在弗留利地区的军队有限，无法以同样的方式迫使意大利军队撤兵。即便这场战役没有导致意大利军队瓦解，但有一点是不容置疑的：意大利参战的最终诉求是获得"欧洲大国"这一身份，但现在这个愿望已经不可能实现了。在巴黎和会上，意大利并没有多少话语权，这就是他们兵败科巴里德导致的政治后果。所以，唯有结合意大利的这段耻辱史，我们才能理解一战、二战中间意大利的历史，尤其是贝尼托·墨索里尼（Benito Mussolini）为何能够迅速上台，也能理解为何意大利的名声在 20 世纪欧洲各国的军队中一直很坏。[98]

另外，德奥军队的进攻大获全胜，这也挽救了维也纳和柏林之间岌岌可危的关系，而且让他们的同盟一直持续到战争结束。事实上，在 1917 年春季，卡尔皇帝在尚未与德国商议的情况下，曾命人打听法国、英国是否愿意与奥匈帝国单独媾和。[99] 但即使德国方面在一开始对此事一无所知，他们也可以确定维也纳政府对战争的热情已经不高了。海军上将冯·米勒于 5 月 4 日记录了海军上将冯·霍尔岑多夫在军队大司令部做的报告，后者在报告中谈了自己访问维也纳的情况，提到"那边人们的状态确实很低迷"。[100] 伊松佐河战役与俄国前线的战役不同，它的胜利被德国人看作德奥军队共同努力的结果，但这种结果对多瑙河帝国更为有利。突破意大利北部战线也被奥地利人视为"卡尔福莱特奇迹"，因为德国在东线一直占据主导地位，而这次突破至少可以让奥匈帝国挺直腰板。奥匈帝国虽然面临内忧外患，却可以在接下来长达一年的时间里坚持作战，这恰恰要归功于这次胜利。

事情开始于卡尔皇帝再次向威廉皇帝求助，虽然这种做法可能不符合卡尔皇帝登基后一直努力竖立的自信形象。当时，来自克罗地亚的斯韦托扎尔·博罗埃维奇（Svetozar Boroević）将军（他被称为"伊松佐狮子"）手下的奥匈帝国守军已经陷入困境，维也纳方面担心他们再也抵挡不住意大利军队的进攻。如果的里雅斯特被意大利占领，奥匈帝国争夺亚得里亚海制海权的战斗就彻底失败了，假如这时协约国军队在伊斯特拉—达尔马提亚海岸登陆，沿岸地区将会失守，这样，通往帝国心脏的道路便向敌人敞开了。于是卡尔皇帝于 1917 年 8 月 26 日写信给威廉皇帝，他在信中说道："根据之前 11 场伊松佐河战役的经验，我确信，在即将到来的第 12 次战役中，我们将处于十分不利的地位。我的军官和勇敢的战士们都确信，如果要在困境中反败为胜，最有效、最稳妥的方式就是发动进攻。可是我们目前在意大利战场作战的军队数量有限，无法发动进攻。"[101] 此时原总参谋长康拉德·冯·赫岑多夫已于不久前离职，他的继任者奥尔兹·冯·施

卡尔皇帝（图中央）在东线南段视察奥地利部队。他身后头戴钉盔的军官是德军中将费利克斯·冯·博特默伯爵，在勃鲁西洛夫发动进攻期间，他曾与德国和奥地利部队（即"南部集团军"）一同守卫东部战线的右侧翼。我们可以认为这张照片象征着奥匈二元帝国当时的处境：冲锋队队员（从领章、绑腿和鞋可以看出他们是奥地利人）都戴着德式钢盔，而且通常要接受德国军官的指挥。卡尔皇帝很想通过参与军事活动彰显自身的魅力，从而巩固他那不受重视的地位，但他在这里的身份不过是一名访客。

特劳森布格（Arz von Straußenburg）动身去找了鲁登道夫，与他商议德方出兵援助的可能性。奥地利方面最初的计划是将俄国前线的奥匈帝国部队调到伊松佐河附近，再由德军往俄国前线补充兵力。但鲁登道夫考虑到奥地利军队曾远征特伦蒂诺"惩罚"意大利，结果吃了败仗，另外，如果能够长时间稳住维也纳这个盟友，对德国也是好事，所以他坚决主张直接将德军的 7 个师派往伊松佐河。自 1916 年 8 月以来，德意志帝国和意大利也处于交战状态；和一年半以前法金汉的想法一样，鲁登道夫也不认为他们可以彻底打败意大利，但从长远考虑，他希望能显著削弱意大利的力量。[102] 于是德奥双方再次达成一致，同意军队最高指挥权归奥地利所有，但由德国和奥地利部队组成的第十四集团军则由德国司令奥托·冯·贝洛率领，执行进攻任务。

　　从许多方面来看，伊松佐河附近的战斗都与西线的战斗相似。这里的进攻也逐渐朝技术装备战的方向演变：为达到目的，双方都将炮兵部队集中在一起，数日里连续不断地开炮轰击敌军阵地。意大利得到法国支持，所以军队的武器和弹药比德军多得多。不过在山区作战和在平原作战不同，不仅军队行进和物资供应面临诸多障碍，而且士兵负伤的概率比在西线作战高出许多，因为在平原上，许多炮弹下落时可能会陷进柔软的土地里，没有爆炸，而山上的岩石则会加强炮弹下落后的破片效应。所以和其他战线的情况相比，伊松佐河战役中双方的兵力消耗得更快，亟须后续部队增援。战争结束后不久，历史学家赫尔曼·施特格曼（Hermann Stegemann）描述了尤利安山上的惨状："在这里，战争露出了最为狰狞的面目，它剥夺了死者被安葬的权利，放任夏日的太阳肆意烤灼腐烂的尸体，纵容冬天的风雪将一个个被冻死的士兵堆在壕沟里；在月复一月、年复一年的时间里，人们内心积压了多少对阵地战的恐惧、对野战的愤怒，而战争将这些情绪压缩在区区几平方公里堆满死人头骨的空间里。"[103]

卡多尔纳认为胜利就在眼前，所以只顾准备下一轮进攻，却没有考虑到如果对方反攻，意大利军队要如何保住已夺取的阵地，这就给了敌人可乘之机，为后来军队的灾难性溃败埋下了伏笔。德奥军队于10月24日开始行动，他们刚开始只打算冲击意大利战线的侧翼，目的是迫使意大利军队在局部区域撤退，结果这次行动演变成一场猛烈的进攻，德奥军队在此过程中消灭了敌人的两个集团军。一开始意大利军队也坚守阵地，顽强抵抗，可一旦第一排士兵被冲破，意大利的防线就一溃千里。所以德国和奥地利士兵可以一次又一次绕过敌人，再从背后攻击他们，而意大利军队则陷入了恐慌，士兵们仓皇逃跑，或者整连、整营地投降。进攻方使用的渗透战术让意大利军队高层难以招架，虽然意大利军队人数更多，但军方想不出办法来阻止敌人进攻并将其击退。埃尔温·隆梅尔（Erwin Rommel）在这场战役中率领一个来自符腾堡、由若干个连组成的山地步兵营作战，他在他的战争回忆录中描述了意大利军队溃败的情形。当时，他率领的部队在某个位置冲破了意大利的阵线，转到对方背后作战："狭窄的碎石坡边缘有灌木丛，我们藏在灌木丛中下山，[……] 很快发现脚下就是敌人的阵地。阵地上是密密麻麻的士兵，钢盔一顶挨着一顶，我们在上面连他们战壕底部的情况都能看清。[……] 突击队做好了开火的准备，然后我们向山下的士兵喊话，要求他们投降。这些意大利士兵转过身，一脸惊愕地盯着我们，甚至他们手中的枪支也掉落在地上。他们知道大势已去，于是发出了移交阵地的信号。我手下的突击队甚至不必耗费一枪一炮。——在我们与耶乌施特舍克（Jevšček）之间的那块阵地上，约3个

第十二次伊松佐河战役

奥匈帝国第十集团军，由克罗巴廷（Alexander von Krobatin）率领

蒂罗尔州
奥匈帝国
梅拉诺
布里克森（现为布雷萨诺内）
菲拉赫
阿迪杰河
博岑
南蒂罗尔（现为博尔扎诺）
皮耶韦
克恩滕
科巴里德
德国第十四集团军，博y·贝洛率领
奥匈帝国第十一集团军，由康拉德率领
意大利第四集团军
10月24日
11月7日
11月9日
11月10日
同盟国军队托尔明
特伦托
萨奇莱
11月10日
伊松佐河
里瓦
11月4日
乌迪内
意大利第二集团军
10月28日
戈里齐亚
10月24日
阿尔谢罗
塔亚韦河
阿夏戈
意大利第四集团军，由贾尔迪诺（Gaetano Giardino）率领
11月6日
11月1日
意大利第三集团军
奥匈帝国第二集团军，由博罗埃维奇率领
加尔达湖
意大利第一集团军，由布鲁萨蒂（Roberto Brusati）率领
特雷维索
蒙特法尔科内
的里雅斯特
布雷西亚
维罗纳
维琴察
意大利第二集团军，由卡佩洛（Luigi Capello）率领
意大利第三集团军，由奥斯塔公爵（Duca d'Aosta）率领
皮亚韦河
意大利军队，由迪亚兹（Armando Diaz）率领
帕多瓦
威尼斯
威尼斯湾
意大利
曼托瓦
阿迪杰河
波河
罗维戈

同盟国军队进攻方向
1917年10月24日前线
1917年11月12日前线

0 10 20 30 40 50km

连的军队放弃了抵抗，不仅如此，在这处阵地以北，其他战壕里的敌人也都［……］缴械投降，这实在大大出乎我们的意料。［……］在耶乌施特舍克以北650米处有一处洼地，那里一个团的意大利人都投降了，全团有1600名成员，37名军官。我们缴获了大量装备和武器，我颇费工夫才找到足够的人来卸除敌人的武装。"[104] 意大利的战线节节失守，德奥军队在进攻的第三天就攻破了尤利安山的封锁线，朝弗留利的平原挺进。卡多尔纳意识到，他手下的几个师可能会落入孤立无援的境地，于是命令军队全线撤退，这次撤退最终演变成一场令人触目惊心的大逃亡。在逃亡途中，士兵们丢掉了所有碍手碍脚、沉重的东西，于是进攻方缴获了各种口径的大炮和大量弹药。在塔利亚门托（Tagliamento）小河附近，卡多尔纳试图再建立一条完整的战线，但没有如愿，因为德奥军队已经追了上来。同盟国军队一直攻打到皮亚韦河（Piave）附近距威尼斯30公里处才罢手。

在第12次伊松佐河战役中，意大利损失了将近65万人，然而其中只有1万人阵亡，6万人受伤。这种情况在一战的战役中并不常见。通过这一现象我们可以看出，在第一处阵地被突破以后，意大利军队怎样迅速走向覆灭：28万名士兵被俘，35万名士兵逃跑[105] 并在农民家中借住，给他们充当廉价劳动力。意大利的这部分兵力就如同消失了一般，直到战争结束都没有再出现。而在之前的11次伊松佐河战役中，卡多尔纳已经损失了16.6万人，这比尼韦勒在埃纳河附近损失的兵力还多，[106] 不过当时他手下的军队还是基本完整且能打仗的。如今在我们看来，处于进攻状态的部队几乎不可能整连被俘，而在进攻时逃跑也是相当冒险的举动。可一旦军队开始撤退，情况就不同了。对于意大利军队的快速瓦解，我们可以这样解释：在进攻过程中，他们

1917 年伊松佐河附近的意大利阵亡士兵。

可以有序地行动，可一旦被迫转为防守，军队就会开始瓦解，因为此时士兵"罢工"的机会比进攻时多得多（这和法军的情况不同，法军是拒绝进攻，而意大利军队确实是拒绝作战）。当然还有另一种很合理的解释：经过 11 场伊松佐河战役，将士们内心已经积攒了许多不满、绝望、沮丧的情绪，一旦他们认为军队已经战败，情绪的洪水便冲破了军纪的约束，成决堤之势。卡多尔纳伯爵之前也遇到过卢苏描述的那种小型叛乱和造反活动[107]，他也严厉处罚了涉案人员。为阻止同盟国军队进一步突破，意大利军方调来了后备军，据说逃亡士兵与他们相遇时曾骂这些人是"工贼"①。还有人提到，被俘的士兵们一会儿喊"奥地利万岁"，一会儿喊"德国万岁"。[108] 如果这是真事，那就说明军队的高压政策和卡多尔纳对胜利的执念已经让士兵们喘不过气，在他们看来，战败意味着从这桎梏中解脱出来。他们并未陷入沮丧、消沉的情绪，而是欢欣鼓舞，因为战争已告结束，而他们保住了性命。

当时，欧内斯特·海明威（Ernst Hemingway）是意大利军队中一名志愿急救人员，他在长篇小说《永别了，武器》（*A Farewell to Arms*，德语译本的标题为"在另一片土地上"）中描写了意大利军队瓦解的情形。书中提到，急救站的司令是一名上尉，他接到了准备撤退的命令。但这道命令又被撤销了：

> 我问起关于突破的消息，他说他在旅部听说，奥军突破了第二十七军团阵地，直逼卡波雷多②。北边整天有大恶战。
>
> "倘若那批龟儿子真的让他们突破的话，我们就成为瓮中之鳖了，"他说。

---

① 即罢工时继续工作的人。
② 即科巴里德。

　　"进攻的是德国部队，"一位军医说。一提到德国人，大家谈虎变色。我们不想跟德国人打交道。

　　"一共有十五师德军，"军医说。"他们已经突破过来，我们就要给切断了。"①109

　　在撤退、造反和"罢工"的过程中，流言发挥了重要作用，这种作用超过了流言对战争本身的影响，毕竟战争本来就是流言的发源地。流言夸大了某些事件的严重程度和发展势头，所以可以加速事件的变化发展；但流言也会引起恐慌，而这种恐慌又导致流言越传越多、传播的范围越来越广。这时就需要了解全局的人站出来安抚陷入恐慌的人。在海明威笔下，流言扰乱了军队秩序，打击了士兵的士气，最终还导致一场有序的撤退演变成疯狂的大逃亡。在俄国爆发革命前夕，流言也发挥了非常关键的影响，当时人们可能因为皇后是德国人，也可能因为首相鲍里斯·施蒂默尔（Boris Stürmer）有个德国姓，所以怀疑他们通敌。有传言说，他们在想办法跟德国单独媾和，这将导致俄国之前的牺牲失去意义；还说俄国战败和他们有关。110 流言会导致冲突升级，而最适合流言传播的环境具有两大特点：一是局势在迅速发展变化，任何事似乎都有可能出现；二是信息被政府严格管控。在战争时期，政府可能会解释说，管控信息是必需的，因为信息一旦公开就可能被敌人利用。这样说也没有错，但对信息的严防死守也导致流言四起，这会成为战争中最致命的隐患。

/ 614

　　战线被突破，撤退，逃亡，恐慌——在意大利第一、第二集团军瓦解的过程中，是流言在推动意大利的败局一步步升级。意

---

① 译文出自欧内斯特·海明威著《永别了，武器》，上海译文出版社，2011，第二十七章，译者林疑今。

大利的军队高层试图以强硬的手段、坚决的态度阻止军队瓦解，所以公开处决了那些被认定是逃兵的士兵。军方想要毫不含糊地表明，和继续战斗的士兵相比，逃兵面临更高的死亡风险。一年半以前，在尼韦勒进攻失败以后，贝当也处理过类似事件；卡多尔纳的做法和贝当相似，他下令镇压所有参与叛乱的部队，而不细究内部成员的具体情况。但和法国军队的情况相比，意大利军方对士兵的处罚要残酷得多。卡多尔纳下令对涉案部队执行罗马时代的"十一抽杀律"，即每 10 人处死一人。根据官方公布的数字，被意大利军事法庭判处死刑的人中约有 750 人被处死，而历史学家休·斯特罗恩证实，"这在所有参战国的军队中是最多的"[111]；另外，在军队撤退、士兵从伊松佐河附近逃亡的过程中，应该还有一大批人根据紧急状态法的规定被处决，只是这部分情况没有被记录在案。意大利军方遵循的基本原则是军官的责任高于普通士兵，所以军官如果被发现没有和他手下的部队在一起，就会立刻被处决。海明威在书中描述了这一情形：一支获得宪兵支持的巡逻队拦住了大批撤退的士兵，人群中如果有军官没和手下的部队在一处，他就要接受审问。

/ 615

　　我看看那个正在受审问的人。他就是方才从撤退行列中给拖出来的那个灰头发的中校，胖胖的小个子。审问者冷静能干，威风凛凛，操人家生死大权的意大利人大致是这个模样，因为他们光枪毙人家，没有人家枪毙他们的危险。

　　"你属于哪一旅的？"

　　他告诉了他们。

　　"哪一团？"

　　他又说了。

"为什么不跟你那一团人在一起？"

他把原因说了出来。

"你不知道军官必须和他的部队在一起的规矩吗？"

他知道的。问话到此为止。另外一个军官开口了。

"就是你们这种人，放野蛮人进来糟蹋祖国神圣的国土。"

"对不起，我不懂你的话，"中校说。

"就是因为有像你这样的叛逆行为，我们才丧失了胜利的果实。"

"你们经历过撤退没有？"中校问。

"意大利永远不撤退。" ①112

接受审问的人按顺序一个个被处死了。在皮亚韦河附近，意大利军队终于停止了撤退。但这主要是因为德奥军队的供应线拉得过长，让意大利军队有了喘息的机会，而不是因为后者遵照上级指示，丧心病狂地处死了一大批人。

1917 年法国军队和意大利军队内部都发生了大型叛乱和抗命行为——法军是因为发动了进攻且损失惨重，意军则是因为战线在缺少防备的情况下被敌人突破。事实上，1914 年后奥匈帝国军队也发生过"罢工"，俄军更是拿"罢工"当家常便饭，有时会有一整连的士兵投敌或不加抵抗地被俘。英军士兵偶尔也会恶意破坏他人财物或公共财物，比如毁掉整个法国村庄，然而这不是"罢工"，而是酒后泄愤的行为；英军和德军一样，很少出现集体抗

---

① 译文出自上海译文出版社《永别了，武器》第三十章。

命的事件。大多数叛乱的共同点是叛乱者并未展现出特别坚定的政治意志，他们只是在表达一般性的不满。士兵们感觉长官要他们白白送死，他们的牺牲毫无价值，所以，如果哪个军官在他们眼中代表了这场战争的无意义性和无目的性，他们就会专门和他作对。不过埃米利奥·卢苏的例子表明也有例外情况：如果士兵们认为，他们的军官是他们中的一分子，与他们同甘共苦，那么他们就会继续服从命令。他们大多数人只是觉得太过疲惫，想要恢复精力，想要适当地休息一阵子。所以，叛变在一开始并不是要求和平的示威行动，它针对的只是作战方式。士兵们其实是想呼吁军方改善士兵状况，革除军队中的重大弊端。如果军方认可这一诉求，那么一段时间以后局面就会趋于稳定；何况在最初的愤怒和骚乱过去之后，叛乱者内部可能也没有政治领袖来告诉他们下一步怎么做。但如果政府动用武力镇压叛乱，矛盾就会升级，暴动也会演变成革命。在 1917 年，法国、意大利的情况与俄国的情况完全不同，关键的区别就在这里。

法国军方以某种形式与士兵达成了妥协，意大利军队的动乱也在几个月后得以平息。但俄国军队内部的问题却不断激化，最终导致整个国家走向覆灭。早在二月革命爆发之前，沙俄军队的状况就已经不妙了。谢尔盖（Sergei Michailowitsch Krawtschinski）大公爵在总司令部负责与炮兵相关的事务，他在 1917 年 1 月初就指出："至少有 100 万名士兵已经丢掉军服回家乡去了。"[113] 这是一种个人化的"罢工"形式。这种行为在政治上引发了热议，因为归根结底，它反映并加深了俄国的政治与社会裂痕。俄国社会的问题在于，资产阶级还沉浸在民族主义的乐观情绪中，还想将战争进行下去，但参加战斗的士兵大部分来自农民阶级，他们对战争的热情并不高。这一矛盾在二月革命以后进一步升级：以自由主义力量自居的权力集团在彼得格勒夺取了政权，他们坚决主张继续作战；而大部分士兵却以为推翻了沙皇就可以迎来和平时期。以列宁为首的布尔什维克主义者意识到，他们正好可以利用这一矛盾为自己争取更多的支持者，于是以"土地与和平"的口号揭开了革命序幕，这一口号最终也帮助他们夺取了政权。[114] 资产阶级和农民的矛盾也在军队中体现出来：当时，沙皇军队中大多数资格老、经验丰富的职业军官要么已经阵亡，要么因为重伤退役，出身下层中产阶级的军官取代了他们的位置，但这些军官受过的训练十分有限，他们不仅能力不足，行为举止还十分傲慢，所以在军队里不能服众，那些有经验的士兵更是不把他们放在眼里，所以军队纪律很快变得形同虚设。[115]1917 年春季晚期，政府总理亚历山大·克伦斯基下令再度发动进攻，目的是在西方盟友面前恢复俄国军队的声誉。但这次进攻最终演变成一场灾难：俄军只在一开始打了几场小规模胜仗，之后就没有取得任何成果，反而损失惨重，这也导致军队最终瓦解。

除了军队走向覆灭，1917 年俄国两次革命的过程中还有两件事具有重大意义。第一个事件是沙皇决定出动近卫军的若干个团镇压彼得格勒范围内的罢工和因饥荒引发的暴动，还命令他们向游行示威的民众开枪。一旦用军队来对付首都民众，沙皇政权就越过了一条本不应触碰的红线。在欧洲革命史上，如果政府用军队对付民众，一旦出现流血事件，政府往往就再无合法性可言，革命也会因此愈演愈烈。[116] 俄国历史上也出现过一些相反的例子，不过在那些例子中，军队被政府牢牢控制着，而那时政府也知道农民阶级士兵长期以来都对市民心怀怨恨，所以巧妙地利用了这种怨恨去对付市民。而 1917 年冬天彼得格勒的情况则

/ 618

与此不同：那些政府信得过的近卫军部队已经在重大战役中被消灭得差不多，眼下可用的只有几个后备营，成员包括刚招募的新兵和在战争中受过伤的老兵，结果这些士兵拒绝向民众开枪。[117] 随后便接连发生了一系列事件，最后沙皇于 3 月 2 日下午退位。刚开始他以为米哈伊尔大公（Michael Alexandrovich Romanov）会继承皇位，但后者拒绝了，而杜马又反对让皇储即沙皇的儿子阿列克谢·罗曼诺夫（Alexei Romanov）即位。于是延续了几个世纪的沙皇统治走向了终结。

第二个核心事件是俄国成立了工人委员会与士兵委员会。通过委员会选举，叛乱活动的指挥者取代原来的军官成为军队正式的领袖，这让前者得以巩固他们在叛乱中取得的领导地位。[118] 此外，正在罢工的工厂工人和发动了暴乱的士兵也联合起来了。在 1917 年，俄国局势和法国、意大利局势的最大区别就在于，俄国工业界工人和军队达成了合作，而在后两个国家，城市的工人罢工和军队叛乱是相互独立的事件。如果说，布尔什维克主义者是根据现实情形提出了"工农政权"的口号，那么这种"现实情形"就出现在当时俄国的这一局势中。当然，这种情况几乎只在俄国出现，而这一点对欧洲革命的进一步发展是至关重要的。

1917年，用历史学家卡尔·迪特里希·埃德曼（Karl Dietrich Erdmann）的话说，是"世界历史上划时代的一年"。[119] 转折的关键点在于此前一直保持中立的美国参战，并且俄国爆发了十月革命，这两件事导致欧洲失去了对世界政治的主导权。美国参战让欧洲各大国之间的较量分出了胜负，而它自己也崛起成为世界大国——虽说后者并非美国有意为之，因为美国的大多数政治领袖并不曾为他们的国家争取这一地位。他们原本只想保住19世纪以来美国逐渐取得的地区性大国地位。可是一旦加入欧洲的大战，美国就不可能再退回原来的状态了，虽说他们在1919年后还否认过自己是世界大国。十月革命则导致俄国暂时被欧洲的政治体系排除在外，而原因恰恰在于，列宁坚信只有让革命蔓延至欧洲的工业国家，俄国才能长期保留其革命成果——为避免这种情况出现，这些国家动用了一切手段。一战的战胜国从政治上孤立了苏维埃俄国，这迫使布尔什维克主义者在欧洲以外寻找盟友，苏俄也因此崛起成为世界政治格局中的重要力量。当然，这在第二次世界大战结束后表现得更为淋漓尽致。

/ *620*

所以说，以欧洲为中心的世界格局在1917年走向了终结。不过这一年对德国历史来说也是划时代的一年，因为在这一年——而绝不是1918年——德国开始了议会化进程。虽说和世界政治的大变革相比，这件事似乎没那么重要，但通过彻底改革政治制度，德国实际上避免了像俄国那样通过革命实现变革。1918年德国君主制度的覆灭虽然至今仍被称作"革命"，但参照1789年的法国革命和1917年的俄国革命，我们就知道德国发生的并不是一场革命。不过，当时霍亨索伦、维特尔斯巴赫

（Wittelsbach）、韦廷（Wettin）和其他许多王侯家族都放弃了王位，这就改变了人们对这场政治改革的看法——何况主导了改革的社会民主党人一直喜欢使用革命化的语言。直到很久之后他们才从理论分析层面和概念层面认识到，20世纪的许多次政权更迭都将效仿这种政治变革模式。在1917年，德国君主制还有最后一次机会可以自救，具体方式就是与立宪制、议会制相融合，但要做到这一点，德国需要一位比威廉皇帝更有远见和决断力的君主。海军上将冯·米勒整个战争期间一直待在皇帝身边，根据他的描述，皇帝完全无法应付时局的种种变化，总是找各种办法推脱责任，时而称病不理朝政，时而又摆出常见的傲慢姿态。[120] 当时，德国的对内、对外政治等于互相堵住了对方的去路，而威廉皇帝也无法解开困局，所以政府虽然努力地想在政治上采取主动，却终究无法重新掌控局面。但即使是比威廉更强有力的皇帝或许也处理不了这些问题。1917年和平倡议的失败充分说明，国内政治局势已经给对外的政治倡议判了死刑，而当权者虽然顾虑外部局势，却始终不敢果断地通过改变内政局势来清除这些障碍。在1917年，那些主张在胜利基础上签订和约的人还相信这一目标很快就可以实现，可德国却突然放弃了成为世界强国的野心。当时许多人的政治目标和梦想都脱离了现实，它们以越来越可怕的形式出现，很快就导致德意志帝国的政治局面趋于极端化。这给德国政治带来了灾难性影响，而且这种影响一直持续到第二次世界大战结束。

1916年，爱德华·豪斯（Oberst Edward House，外号"豪斯上校"）受美国总统伍德罗·威尔逊所托再度访问欧洲，目的是考察柏林、巴黎和伦敦的政府是否有意进行和平谈判，美国在这中间可以采取什么行动。豪斯返回美国后表示，柏林和巴黎方面都不愿意做出让步，顶多只有伦敦方面真正表现出愿意让步的态度。[121] 其实他对伦敦政府的判断是错误的，因为自大卫·劳合·乔治取代赫伯特·阿斯奎思担任首相以后，强硬派就掌握了话语权。不过豪斯低估了贝特曼·霍尔韦格进行和谈的意愿。作为帝国首相，他早就认识到德国凭武力打不赢这场战争，唯一对德国有利的做法就是进行和谈。他对战争持怀疑且有所保留的态度，所以不会轻易受那些盲目的乐观主义者影响，而自德国军队打了胜仗以后，这种乐观主义者已经越来越多，其中不仅包括皇帝和他身边的人，也包括大部分帝国议会的议员。豪斯之所以未能看清贝特曼·霍尔韦格的立场，可能是因为首相要顾虑盟国以及国内其他人的想法，所以不想公开表示自己支持停战与和谈。他担心别人会认为这是软弱的表现。

此外还有一个根本性问题：贝特曼·霍尔韦格本应与盟国商定共同的战争目的，而豪斯自然也想了解这些目的，这样才能找到双方目的的重叠的部分并促成政府间的协商；然而同盟国和他们的盟友（索菲亚政府和君士坦丁堡政府）的战争目的却存在差异，在某些点上甚至无法相融，如果把事情放到桌面上谈，他们之间很可能会反目。贝特曼·霍尔韦格可不想冒着联盟分裂的危险去争取那一点点谈判的可能性，毕竟联盟内部早就充满了各种矛盾。例如，奥斯曼帝国和保加利亚就对过去属于土耳其的部分领土存在争议，这些领土在第一次巴尔干战争期间落入保加利亚手中，但君士坦丁堡政府很想夺回这些领土，目的是巩固对帝国欧洲部分的统治。此外柏林方面还担心，奥斯曼政府可能要求德国方面提交一份担保书，保证维持目前奥斯曼帝国的边界状态，以此作为维持联盟关系的前提——这将大大压缩德国在和平谈判中的回旋余地。于是德国方面向土耳其保证，如果没有取得后者同意就不会缔结任何和平条约。这实际上也保障了奥斯曼帝国领土的完整，但按照这个约定，德国至少还有机会开始一场和平谈判。[122]1916 年晚秋时节，同盟国军队打败了罗马尼亚，这时德国与保加利亚的关系开始紧张起来，因为此时保加利亚有机会收回第二次巴尔干战争中被罗马尼亚占领的南多布罗加（Dobrogei de Sud）；至于此事是否对德国有利，德国在后面与协约国的谈判中又是否会坚持这一点，那就不好说了，何况罗马尼亚是应协约国的邀请加入战争的。所以索菲亚政府对德国政府相当不信任。对德国政府来说，最大的难题是如何与奥匈帝国就战争目的达成共识。在这件事情上，贝特曼·霍尔韦格要么必须接受奥匈帝国提出的诸多要求，这样就不可能再跟协约国谈判；要么他只能向维也纳政府做出让步，而他也知道这种让步在德国国内连提都不能提——例如，德国有可能将特伦蒂诺当成谈判的筹码，① 于是奥地利方面要求德国在紧急情况下也必须让出阿尔萨斯—洛林地区。最终，贝特曼·霍尔韦格在与奥地利外交部部长斯特凡·布里安·冯·劳耶茨男爵（Stephan Baron Burián von Rajecz）的谈话中回绝了维也纳方面提出的要求。后者警告说，如果谈判之前联盟没有就战争目的问题达成一致，那么它就会解体；[123]首相则针锋相对地指出，如果他们事先几乎完全限定了谈判的结果，那么对方可能根本不会跟他们谈判。最后德国做出了妥协，但这种承诺极有可能是靠不住的。

在国内，兼并主义者依然构成了最大的障碍。首相虽然屡次在讲话中表现出这样一种倾向，即他依然拥护"九月计划"中

① 当时特伦蒂诺归奥匈帝国所有。

的扩张目标，但这只是他口头上对国内政敌的妥协。[124] 贝特曼·霍尔韦格被那些愿望和他相反的人牵制着，他要避免激怒他们，以免他们反对与协约国进行和平谈判。当初，由于迟迟不同意发动无限制潜艇战，贝特曼·霍尔韦格一度被民族主义右派抹黑，这足以证明他此时有充分理由采取谨慎的态度。贝特曼·霍尔韦格为何会表现出两面性，对此我们无法给出完美的解释；但大多数证据都表明，他的战略目标一直都是和平谈判，而对于那些主张在胜利基础上签订和约的人，他只是战术性地做出妥协。[125]

如果不在这两种本质上不可调和的立场之间游走，那还有什么可行的办法吗？这个问题早就被提出来了，因为贝特曼·霍尔韦格实行了很长时间的"对角线政策"，但这一政策却没起到什么实际效果。虽说兼并主义者的野心很大，他们的主张也引领着舆论方向，但首相有皇帝撑腰，原本可以制止其中的代表人物，并针锋相对地表明自己的立场。但要让民众放弃兼并主义者为他们点燃的希望，即德国可以大获全胜，首相就必须公开说明德国军队的艰难处境；但即便德国在这种情况下终于得以和协约国谈判，它在谈判中也必然处于弱势地位，何况公开德国军队的处境必定会一石激起千层浪，威廉二世绝不会允许。虽然根据俾斯麦制定的帝国宪法，在受皇帝信任的前提下，首相可以推行和议会及公众意见相左的政策，但这种权力仍是受限制的，因为一旦涉及预算问题，首相就必须服从议会表决的结果，而贝特曼·霍尔韦格在 1917 年中以前就遇到了这样的难题，因为议会中兼并主义者占多数。所以他想利用外交上的有利形势和军事上的胜利为自己在国内争取必要的活动空间，好让和平谈判成为可能。也就是说，一旦战争形势对同盟国有利，贝特曼·霍尔韦格就认为，此时民众比较能接受通过谈判解决问题。但这其实是不可能实现的。帝国首相言论中的自相矛盾之处，包括其中流露出的宿命主义倾向（在战争爆发之前，他就曾表现出这种倾向），根源都在于他面临的问题太过棘手，这些问题他不得不去解决，却又力不能及。解决问题的唯一出路就是皇帝不仅为首相的政策保驾护航，而且带头快刀斩乱麻——毕竟政治家们已经陷入这纠缠不清的"乱麻"之中。但威廉皇帝并不具备这样的能力，他在贝特曼·霍尔韦格的催促下也开始采取一些措施，但显得太过小心翼翼，行动的力度也远远不够。因此，德国的政治始终被各种问题纠缠，受各方力量胁迫，而事实上，正是德国在战争初期的做法使它陷入了这一困境。

所以，后面发生的事情可想而知：美国总统威尔逊于1916年11月连任，他也让奥伯斯特·豪斯进一步调查了欧洲的情况，并且在此基础上发起了第一次和谈倡议，又于12月21日要求双方公布他们的"和平目标"，但同盟国做不到。于是德国错过了一个重要机会：如果他们已经表示愿意让步，但谈判还是被搁置，那么在这种情况下承受政治压力的就是协约国，而美国或许也会保持中立。毕竟威尔逊竞选总统时，民主党的口号是"他让我们远离战争！"虽然同盟国在内部谈话中集中提出了一些要求，但这些要求之间存在较大差异，德国方面不可能把它们公布出来，而德国的外交使团也做不到按重要程度给它们归类，因此人们无法区分哪些是最大目标，哪些是最小目标。[126] 于是德国政府于12月26日发表了一份内容空洞的声明作为答复，政府在声明中表示，他们首先要等待协约国答复之前德国提出的和平倡议。后者是指德国、奥匈帝国、保加利亚和奥斯曼帝国于12月12日向协约国和中立国递交的外交照会，但这份照会只是笼统地催促各国立即开始和谈，而并未提出任何具体的建议或条件。

不管怎么说，和谈一事再次被提出来了。其实，之前双方没有完全放弃和谈，仅仅是因为他们想借这些机会拉拢敌方阵营里的某个国家和自己单独媾和，从而破坏敌方阵营。而这次双方再度提出和谈倡议，为什么却没能缔结一份像样的和约呢？

常见的解释是，同盟国并非真心想要和谈，这只是他们的一种手段，目的大概就是在外交领域给即将开始的无限制潜艇战打掩护。[127] 考虑到贝特曼·霍尔韦格付出的努力，这种评论是有欠公允的，而且它仅仅从政治理论的角度做出了假设，却没有从外交的角度看问题。事实上，面对德国的和谈倡议和威尔逊的调查，英法两国的反应非常接近上述观点：他们认为同盟国就是侵略性军国主义和独裁统治的温床，而协约国（此时也包括沙俄！）则在为人权和民主政治而战。假设同盟国呼吁和谈只是为了掩人耳目，方便他们扩大战争规模，那么英法发表上述言论显然也是为了把这场战争粉饰成正义战争。二战期间，在纽约任职的德裔神学教授赖因霍尔德·尼布尔（Reinhold Niebuhr）将双方分别称为"好人"和"坏人"，"光明之子"和"黑暗之子"，[128] 但在美国总统威尔逊发出的照会中并未出现这种歧视性字眼。但美国在参战后立刻改变态度，因为他们现在是"光明之子"的领袖，何况几周后，俄国的资产阶级就在二月革命中推翻了沙皇的统治，协约国也就可以更理直气壮地表示，这是一场民主政治和专制王朝之间的战争，所以美国转变态度也就更加自然而然了。这本是一场强权政治下的冲突，一开始知识分子们为了赋予它意义才引入了"世界观战争"的元素，[129] 而现在这种元素成了战争的纲领。

所以，对于威尔逊在 12 月 21 日发出的照会，如果德国政府能表现出更为开放的态度，那么他们自己也将从中受益。[130]

然而，面对仅剩的一点可以用来争取和谈的空间，德国政府并没有好好加以利用；协约国在宣传中将自己描绘成民主和人权的捍卫者，而德国政府也没有抓住这个机会，反戈一击。假如外交部比对方更加坚定地主张和谈，那么中立国就可以看出，协约国政府和同盟国政府一样，也很难就战争目的的问题达成一致；而协约国之所以标榜自己是民主和人权的捍卫者，主要就是为了掩盖这一问题。毕竟巴黎和伦敦方面担心俄国会退出战争，所以虽然俄国政府提出的一些目标比较过分，英法政府也不敢反驳。对于俄国的要求，泰晤士河畔与塞纳河（Seine）畔的政府也做了很大让步，这种让步可能是他们不敢对民众承认的。1916 年 1 月，英国军官马克·赛克斯（Mark Sykes）和法国外交官乔治·皮科（Georges Picot）代表各自的政府达成了秘密协定，在协定中，双方针对如何瓜分奥斯曼帝国的大部分领土达成了共识。这不仅违背了民主和人权的基本原则，也违反了他们对这一地区的阿拉伯人的承诺，即保障他们的民族自主统治权。为了防止俄国退出战争，英国和法国还扩充了协定内容，承诺让这位摇摆不定的盟友并吞亚美尼亚（Armenia）的全部领土和库尔德斯坦（Kurdistan）的部分领土。英法也用同样的方式鼓动意大利继续作战——他们承诺要把爱琴海（Aigaio）的几个岛屿分给意大利，并将伊兹密尔（İzmir）附近地区划为意大利的势力范围。伦敦和巴黎政府清楚地知道，意大利更在意的是提升自身战略位置优势、为自己争取大国地位，而不在乎什么民主和人权。[131]

也有人认为，德国在 1916 年 12 月 12 日提交的和谈提议中流露出十分自信的态度，而几天之前德军刚刚征服了布加勒斯特，这两点可以表明德国并非真心想要和谈。当然我们知道这只是一次和谈提议，不同于 1918 年深秋德国提出的和平请求，但即使忽略这一点，我们也应注意到，贝特曼·霍尔韦格不能在事情正式开始之前就因为这样一份倡议激怒陆军最高指挥部和民族主义右派，让后两者跟他作对。贝特曼·霍尔韦格清楚地知道，双方一旦开始谈判，战争就不可能继续进行了，因为参战国的力量和资源已经被耗尽了。[132] 那些主张在胜利基础上签订和约的人当然也清楚这一点，虽然他们一直忽视局势的严峻程度。所以他们试图树立较高的战争目标，这样双方就根本无法开始谈判。我们还可以看到，其实法国也有这种倾向。比如法国方面就有人提出，必须恢复拿破仑时期的德法边界，即双方以莱茵河为界，而且这里的"莱茵河"包含从巴塞尔（Basel）到韦瑟尔（Wesel）的完整长度。身为记者、政治家的乔治·克列孟梭（Georges Clemenceau）自 1917 年 11 月起再度出任法国总理，同时兼任作战部部长；而这位政治家甚至想让德国回到 1871 年德意志帝国成立之前的状态。[133]

威尔逊认为，如果双方能在谈判开始前公布战争目标以及和平目标当然最好；如果双方不提先决条件，谈判仍然可以进行，只是他们必须如欧洲大多数国家的政治左派所期望的那样，在一开始就放弃所有并吞土地的要求。但事实证明，在 1917 年，这条路同样走不通，因为人们无法明确规定多民族帝国应如何处理民族自决权的问题。所以，1917 年的所有和谈倡议和相关的努力都卡在起点。[134] 其中包括在瑞士和瑞典举行的社会主义党派会议（第二国际正是通过这些会议得以重建），梵蒂冈提出的和平倡议，[135] 维也纳政府与协约国单独媾和的尝试，还有德国帝国议会做出的和平决议。

对维也纳政府来说，1917 年初的局势特别糟糕。协约国于 1916 年 12 月 30 日拒绝了同盟国的和谈提议，并且表示，"如果［同盟国］不能保证恢复被损害的权利和自由，不承认每个民族自主建立国家的权利以及小国的自由生存权利"，[136] 那么缔结和约就无从谈起。这意味着协约国向意大利人、塞尔维亚人、罗马尼亚人、捷克人和斯洛伐克人做出了承诺，要救他们脱离哈布斯堡帝国的"民族牢笼"，这等于是把"击垮奥匈帝国"提升为战争目标。因此，在1917年春季，卡尔皇帝决定暗中调查是否存在与协约国媾和的可能，并试图通过内兄西克斯图斯·冯·波旁－帕尔马（Sixtus von Bourbon-Parma）与法国政府取得联系——毕竟皇后齐塔（Zita von Bourbon-Parma）是具有意大利血统的法国人。[137] 西克斯图斯是一名军装上挂满勋章的比利时军官，他给卡尔皇帝提了以下建议：德国应将阿尔萨斯—洛林地区归还法国，德军应撤出比利时，德国还必须向这个惨遭蹂躏的国家支付战争赔款；奥匈帝国必须解除对塞尔维亚的控制，不再封锁后者去往亚得里亚海的通道，也不得再进攻意大利；此外还必须确保俄国船只一直能够自由通过达达尼尔海峡。卡尔皇帝在1917年3月24日的信中同意了以上建议，并且拜托内兄转告法国总统雷蒙·普恩加莱（Raymond Poincaré），他"将动用一切手段支持法国讨还阿尔萨斯—洛林的合理要求"。[138] 但事情只停留在这一步，并没有真正进入谈判阶段。这位好心但缺乏政治头脑的皇帝试图再一次利用欧洲王族之间的亲属关系，让众人意识到他们本是一家，但这种凝聚力早就不存在了，或者说它在政治上是毫无意义的。社会主义党派和天主教会也在努力，试图与大多数人的民族主义爱国情绪相抗衡，让众人意识到欧洲是一个利益共同体，但他们没有成功；而在这一点上，欧洲王族的努力更是注定要失败。

如果不是因为奥地利外交部部长奥托卡尔·切尔宁（Ottokar Czernin）伯爵后来的举动，这些努力也不过就是皇帝交的学费。1918 年 4 月，切尔宁不无得意地公开表示，法国政府，也就是总理克列孟梭"问我是否已经准备好谈判，基本条件是哪些。于是我先与柏林方面达成一致，然后立刻回答说，我已经准备好了，除了阿尔萨斯—洛林问题，我不认为与法国和谈还有任何障碍。巴黎方面回复说，不会在这样的基础上与我们谈判"。[139] 这种说法法国人根本不能接受，因为首先，是奥地利政府主动向法国政府提出请求，而不是反过来；其次，奥地利当初为与法国谈判答应做出让步，现在却又拒绝履行承诺。克列孟梭通过法国的哈瓦斯通讯社（Agence Havas）向全世界公开表示，法国的档案中有一份文件，在这份文件中，卡尔皇帝承认了法国对阿尔萨斯—洛林的所有权。其结果就是柏林和维也纳反目了。但这件事对奥地利国内局势的影响更糟糕：切尔宁伯爵强调说，他根本没见过这封写给法国总统的文件，这等于让卡尔皇帝在公众面前下不了台，所以皇帝在 1918 年 4 月 14 日免了他的职；而在那之前不久，切尔宁曾在奥匈帝国与乌克兰、俄国以及罗马尼亚缔结和约的事情上起了关键性作用，也因此被称为"和平部长"，所以他被迫辞职一事导致奥地利一些高级军官、政治家和外交官对皇帝心怀不满。[140] 而维也纳王朝再也没能从这次内部信任危机中走出来。

与此同时，在 1917 年，德国政坛发生了让人意想不到的变化：帝国议会两个最大的党派，即中央党和社会民主党，开始向对方靠拢，而进步党也跟他们联合起来，于是这三个党派对德国局势的发展产生了前所未有的影响，这是以前任何议会团体都比不上的，在战争年代则更是如此。[141] 三党合作导致的直接结果是帝国议会通过了和平决议、贝特曼·霍尔韦格倒台：前者是一次大胆的尝试，目的是推动德国政治发展、解除政治对军事的依赖；后者则是相关政治家在无意中造成的，因为他们对强权政治缺乏经验。[142]

社会民主党、中央党和进步党之所以能达成合作（在有的情况下民族自由党也加入了），是因为社会民主党和中央党在普鲁士选举制度改革的问题上改变了方针。普鲁士不能再继续实行三级选举制，这早已是不争的事实，但有些人，特别是普鲁士国家议会的保守派，一直强硬地反对一切改革。他们希望等战争结束后才启动改革，这样他们就可以保住尽可能多的权力，而且很有可能获得兴登堡和鲁登道夫的支持，因为这两人都出自地主家庭。资产阶级党派和社会民主党都看穿了他们的心思，所以战争延续的时间越长，他们就越发坚持必须改革选举制度。作为"国内和平政策"的主要践行者，德国社会民主党右翼要求迅速修改相关法律。在这一问题上，社会民主党和中央党、进步党的立场是一致的，而民族自由党也和他们站在同一战线——该党派在古斯塔夫·斯特来斯曼（Gustav Stresemann）的领导下格外坚决地支持选举制度改革。1917 年 4 月，德国社会民主党的左翼从党派中分裂出来。这部分成员之前一直怀疑，党派对政府的认同、支持在政治上是否真的有益；现在他们成立了独立社会民主党（Unabhängige Sozialdemokratische Partei Deutschlands，USPD）。这让社会民主党多数派（Mehrheits-SPD，MSPD）压力倍增，他们的议员不得不想办法证明自己的政治成果。于是在一次正式谈话中，帝国议会议员菲利普·谢德曼（Philipp Scheidemann）和爱德华·达维德威胁贝特曼·霍尔韦格，如果选举制度改革不能取得进展，那么在 7 月举行的议会表决会议中，社会民主党将不再支持国家发行战争债券。而帝国首相则预感战争不会在 1917 年结束，德国人民还要在战争中度过第四个冬天，所以这一威胁对他来说是很有分量的。

对德国军事状况持悲观态度的不仅是贝特曼·霍尔韦格，还包括帝国议会中央党团的领袖马蒂亚斯·埃茨贝格尔（Matthias Erzberger）。[143] 和其他议员相比，埃茨贝格尔掌握了较多相关信息，因为他本身一直是兼并主义战争政策的支持者，可以接触到陆军最高指挥部的线人；同时他还跟梵蒂冈有联系，能够了解到国外的状况；此外他掌握的数据清楚地表明，开始于 1917 年 2 月初、专门针对英国的无限制潜艇战并未达到预期效果，也就是说它不可能造成英国经济崩溃。军方要么没有看清真相，要么是在欺骗议会——因此，他的党派理应帮助政府看清真相并行使相关权利。1917 年 7 月 6 日，埃茨贝格尔在帝国议会主要委员会发表了一场相当精彩的演讲，他在演讲中要求政府重新确认这场战争是一场防御战——在 1914 年 8 月 4 日，德国议会正是在这一基础上做出了一系列决策——并且起草一份决议，以表明政府决心在不并吞他国土地的前提下寻求和平。至此，埃茨贝格尔改变了政见，和社会民主党站到了同一阵线上。因为在 1917 年 4 月 19 日，谢德曼已经代表他的党派提出了和平的构想，他虽然在蓝图中对国家领土的边界做了细微调整，但原则上放弃了改造欧洲政区图的想法。[144] 在埃茨贝格尔发表演讲那天，德国社会民主党、中央党、进步党和民族自由党的代表也见了面，商讨在帝国议会要拿出怎样的提案，而后来只有民族自由党没有参与提案。1917 年 7 月 19 日，凭借另外 3 个党派贡献的投票，议会通过了一项和平决议，它以埃茨贝格尔和谢德曼提出的建议为基础。[145] 但这一决议在协约国方面没有引起什么反响，因为他们不太确定，在德国究竟谁说了算，目前的议会多数派执行力如何。在这种情况下，英国和法国采取了观望政策，而美国虽然刚参战不久，总统威尔逊却决定相信德国的社会民主党派，并且将

/ 634

他们政治影响力的提升作为和谈条件，还提出在德国民主化、议会化的前提下，双方可以启动以终止战争为目的的谈判。

在议会化进程中，跨党团委员会起了核心作用，它之所以成立，正是因为 7 月 6 日那天来自德国民主党、中央党、进步党和民族自由党的帝国议会议员聚在一起商议事情。虽说当时这些人不过组成了一个非正式的座谈小组，也无权做出决定，但在接下来的几个月中，这个委员会逐渐成为德国政治新兴的核心力量。这样一来，陆军最高指挥部和政治右派最重要的对手就不再是帝国首相贝特曼·霍尔韦格，而是帝国议会中新兴的多数派，以及支持多数派的知识分子，他们都加入了"为自由与祖国服务的民族同盟"（Volksbund für Freiheit und Vaterland），这部分人包含了特勒尔奇、迈内克和德尔布吕克。为了调和这立场相反的两派人，贝特曼·霍尔韦格曾经推行"对角线政策"，或者说他至少曾经试图推行这个政策，但现在实施这一政策的可能性已经不复存在了。面对新的局势，政治右派调整了自身的组织结构，以便进入议会这个战场——于是祖国党（Vaterlandspartei）于1917 年 9 月成立。[146] 这样一来，不同的政治派别之间分歧越来越深，它们的关系已经不可调和了。

不幸的是，当时与此事有关的领袖，或许除了鲁登道夫一派的人，没有人意识到这一变化会带来怎样的结果。贝特曼·霍尔韦格不明白，跨党团委员会的建立意味着政坛上的胜败很快就要见分晓，所以，最重要的是，他自己现在必须做出选择——从当时的局势来看，他唯一的选择就是加入帝国议会多数派，和他们一起对抗鲁登道夫以及兼并主义者。议员们也没有意识到，在这种情况下最重要的不是做出什么决议，而是夺取权力。既然革命的方法不在选择之列（事实上就连独立社会民主党也从未认真考虑过这一选项），那么夺取权力的唯一机会就是和行政机关的领导人联手。事后来看，当时构成帝国议会多数派的几个党派应当尽一切努力保住贝特曼·霍尔韦格的职位，并帮助他在这个位置上发挥更大作用。可是，一方面首相没有做出选择；另一方面，这几个党派也仍习惯于和首相保持对立：贝特曼·霍尔韦格的做法还和以前一样，他态度友好地做出承诺，在倾听意见时对对方表现出充分的理解，而议员们对这一套已经厌倦了，所以兴登堡、鲁登道夫和威廉皇储攻了议员们一个措手不及，并且利用他们来对付首相。[147]1917 年 7 月 13 日早晨，特奥巴尔德·冯·贝特曼·霍尔韦格辞职了。海军上将冯·米勒写道："命运多么讽刺！帝国首相一直在抵制德国国内那些愚蠢的宣传，可埃茨贝格尔稍一发力他就倒台了。埃茨贝格尔为了抵制'泛德意志主义'的战争目标，几乎或者说完全把自己拉低至社会民主党的水平。他倒台了，成了陆军最高指挥部斗争的牺牲品——陆军最高指挥部其实就是兴登堡—鲁登道夫公司，它一直与贝特曼·霍尔韦格作对，而他曾经将这家公司……扶上了宝座。"[148]

贝特曼·霍尔韦格的继任者是格奥尔格·米夏埃利斯（Georg Michaelis），他原是一名普鲁士官员，在政治方面没什么经验，但办公的效率很高。在他被选为首相这件事上，帝国议会多数派没有任何话语权。米夏埃利斯是陆军最高指挥部的人，是鲁登道夫在柏林的代理者。但新任首相难以胜任这份工作，所以他在 1917 年 10 月末又被巴伐利亚首相格奥尔格·冯·赫特林伯爵（Georg Graf von Hertling）取代，而后者年事已高，在政治上已经不能有什么作为。[149] 在过去，首相是德国政治权力的核心，但贝特曼·霍尔韦格倒台后，这一职位再也无法发挥原有的作用，德国政治两极分化的趋势也就越来越严重。虽然帝国议会通过了和平决议，但它在这种情况下已不可能让德国结束战争。相反，从此刻开始，军队大司令部便掌控了德国的政治。自 1917 年 1 月起，军队大司令部便设在克罗伊茨纳赫（Kreuznach），但皇帝不愿意在那里逗留；他平时住在陶努斯山（Taunus）巴特洪堡（Bad Homburg）的宫殿，偶尔从那里乘火车前往司令部。所以，此时德国的政治决策产生于 3 个地点——柏林、克罗伊茨纳赫和巴特洪堡；此外，皇帝专列时不时在德国境内、盟国境内和占领地穿行，它可以算作第四个决策地点。这意味着德国出现了三个或者多个政治中心，它们之间的对立也日益严重。

/ 佛兰德战役

/ 637

在尼韦勒组织的进攻宣告失败、法军于 1917 年 5 月爆发叛乱以后，英军面临的问题就是，在这一年剩下的时间里，他们是否也要停止大型进攻行动，还是说这种情况下他们应该继续进攻，以免协约国失去必胜的决心。[150] 法国不想让英国看出他们的军队基本上已经失去进攻能力，也为此想了不少办法，但英国政府还是很快意识到，他们暂时不能指望盟友法国有什么大动作；这时英国如果还想在西线对德国施加压力，就只能独自进攻。当时，英国首相劳合·乔治也有权参与战斗计划的制订；他在原则上并不反对单独进攻，但他指出必须将损失控制在一定范围内，以免国内产生厌战、反战情绪，同时也避免对美国产生依赖。华盛顿政府于 1917 年 4 月 6 日向德国宣战，这让英国人松了一口气，但他们担心等战争结束以后，美国将过度介入欧洲格局重塑的过程。说到底，这涉及大英帝国的国际地位，而在这方面，伦敦政府认为美国的威胁并不比德国小。所以，在这种情况下，英国想趁着美国还没在欧洲战场大展拳脚，尽量先迫使同盟国屈服。

美国舰队的现代战舰几乎和英国舰队一样多，而且在华盛顿政府宣战之后，这支舰队可以立即投入战争，所以从这个角度来看，协约国再也不必惧怕德国了。当然，如果要在陆地上打仗，美国暂时只能派出海军陆战队，这并不能明显改变双方在法国前线的力量对比——事实上，美国的首批大部队直到 1918 年 6 月才加入战斗。[151] 美国军队介入较迟，这在英国看来绝对是有好处的，但其中也隐含着某些危机；英国方面尤其担心俄国和意大利会支撑不住，也就是说，如果法国和佛兰德地区的协约国军队长时间不进攻，鲁登道夫就会从这里调走大批军队，好让他们去对付俄国和意大利。毕竟自二月革命以来，协约国就对彼得格勒政府不太放心，他们有理由担心德国攻下这最薄弱的一环，从而破坏整个联盟。协约国的军事规划者对意大利的状况也充满忧虑，因为意军虽然付出了巨大代价，却始终未能在伊松佐河地区实现突破；几个月后，也就是 1917 年 11 月，意军在第十二次伊松佐河战役中全线溃败，这表明，英国担心德国转移军队是完全合理的。所以，英国有充分理由通过发动大型进攻来牵制尽可能多的敌军。劳合·乔治也曾考虑进攻美索不达米亚和巴勒斯坦，或者从萨洛尼卡发兵，希望借此减轻盟军的压力，但这些战场都无法取代佛兰德战场的重要性。在佛兰德发动大规模进攻已经是无法避免的事情了。

虽说在是否进攻、在何处进攻的问题上，英国内部并不存在争议，但这次进攻的战略目标是什么，伦敦政府在一开始并不能达成一致；他们的争议在于：英军应该通过进攻消耗掉德军的战斗力，让他们尽可能损兵折将，还是应该实现突破，从而摧毁德军的整条战线？英国陆军总参谋长威廉·罗伯逊（William Robertson）更倾向于前者，因为他和此前的法金汉、霞飞一样，坚信凭借现有的进攻条件，要实现突破是不可能的。英国远征军总司令道格拉斯·黑格则认为他们有可能实现突破，而且如果以突破为目标，英国可能就不必像过去那样，凡事以法国的意见为准，而是可以贯彻自己的战略想法。他规划的大规模进攻虽然也对盟友有利，但它的首要任务是清除德国对英国的威胁——这里的"威胁"是指比利时海岸的潜艇基地以及附近的德国轰炸机飞机场。毕竟在这个时候，无限制潜艇战才爆发不久，一时间有大量驶向英国海港的商船被击沉，所以许多英国人担心，如果德国潜艇一直保持 1917 年春季的战斗力，那么不列颠群岛的处境可能就相当危险了。所以，此时担任海军大臣的海军上将约翰·杰利科尤其支持陆军攻打英吉利海峡的德国潜艇基地，他还在谈话中提到，海军也将配合陆军突破并且登陆作战。在他们看来，佛兰德进攻战将清除英国面临的最大威胁。[152]

黑格断言，要实现突破，英军只须将足够的炮兵集中在一起，并且改善炮兵和步兵配合的情况；如果新型坦克可以投入使用，并且效果和之前的设想一致，那么英军就有可能突破。何况有迹象表明，德军的战斗力很快就会耗尽，面对协约国的进攻，很难说他们还能否保持 5 月的战斗状态——当时他们在埃纳河与贵妇小径狠狠打击了协约国军队。另外，在英军的指挥下，加拿大部队于 4 月迅速攻下了维米岭，这表明他们已经学会如何在德军阵地上"撬开"一道口子。[153] 如果英军能从佛兰德一路向鲁莱斯（Roulers）挺进，就可以夺取铁路枢纽，而后方给德军右翼运送补给物资必须经过此处，所以英军可以在此处迫使德军撤退。1917 年 6 月，英军在梅西讷（Messines）攻破了伊普尔周围山上的德军阵地，这进一步提升了黑格的信心。在梅西讷，英国工兵花了将近一年的时间才挖通了通往德军阵地底部的坑道。他们在坑道中放入 600 吨甘油炸药，并于 6 月 7 日清晨将其引爆。当时，人们在伦敦都能感觉地面微微震动。一部分德军阵地被炸出了大坑。爆炸后英军很快发动进攻，而活下来的德国士兵没有进行任何抵抗，而是在惊慌失措中束手就擒。虽然后备部队火速赶到，封住了阵线上被英军攻破的部位，但英军取得的成果还是让德国守军深感震惊。

/ 640

1917 年 7 月底，黑格指挥军队在佛兰德地区突然发动进攻，于是佛兰德战役打响了。这场战役的物资投入、战斗强度以及持续时间都远远超过过去几年里的大型战役，而双方在这场战役中的损失也超过他们在凡尔登、索姆河战役中的损失，更超过他们在第一次佛兰德战役中的损失。[154] 虽说在德国，有关这场战争的记忆和"凡尔登神话"相比显得黯然失色，但对英国以及加拿大、新西兰和澳大利亚来说，这场战役至今仍是集体记忆的一部分。佛兰德原野的罂粟花至今仍象征着人们对这场战争中阵亡战士的缅怀。至于佛兰德战役的意义和目的为何，历史学家们至今仍在争论，而这也成了记忆的一部分：斯特罗恩认为，黑格坚持进攻这个决定"在政治上和战略上都是正确的"；基根则确信，1916 年黑格在索姆河附近"用他的命令杀死了英国风华正茂的年青一代"，而 1917 年他"在帕斯尚尔（Passchendaele）又将幸存者推入最令人绝望的深渊"。[155] 佛兰德战役在英国被称为帕斯尚尔战役，在德国军事史中又被称作第三次伊普尔战役，它实际上就是决策者在肆意挥霍将士的生命，在战略上没有起到任何作用，因为在 1917 年 11 月中旬战事逐渐趋于平静的时候，两国的战线和进攻与开始时相比没有发生任何变化。虽然英军在一开始确实迫使德军后退了几公里，而且在某段时间内英军看起来已经快要突破了，但最终他们还是失败了，因为德军突击队以运动性防守的方式发动了反攻，击退了敌人。在佛兰德战役中，毅力极强的英军和坚韧不拔的德军可谓棋逢对手。

/ 641

战斗开始时，情况对英军十分不利：[156] 连续两周时间，英军都用大炮轰击德军阵地，这种强度超越了以前所有的战役；然后英军于 7 月 31 日开始冲锋，这时下起了雨，而且连续不断地下了一周，战场也因此变成了一大片沼泽。据英国士兵描述，大约一米深的土地都成了燕麦糊状。之前的战斗几乎完全摧毁了佛兰德地区的排水系统，所以地下掩体积水严重，躲在掩体中的伤员也溺水身亡。在这场战役中，伤员的遭遇不堪设想，因为卫生员在泥沼里很难走动，更没有人敢背着伤员走动，毕竟弹坑里一旦积满水，人掉进去就再也出不来了，只能痛苦地窒息而死。在佛兰德的泥沼中，大炮也丧失了一部分威力，因为许多炮弹无法爆炸，而是沉进了泥浆中。如果让炮兵小分队转移阵地，则可以将大炮打到更远的敌方，但这样做要费很大周折。更何况即使成功移动了大炮，它很可能也立不稳，以致炮兵每发射完一枚炮弹就要重新瞄准。尽管英军用大炮长时间、高强度地轰击敌军阵地，可当步兵开始进攻时，大炮提供的帮助却不及以往的一般水准。所以，直到 8 月底，步兵的进攻都没什么进展，而事实上黑格此时有充分的理由停止进攻，但他只让手下的士兵休息了短短几周，到 10 月初天气好转以后就再次命令他们进攻。然而此时德国已经开始大规模反攻，英军被迫撤回最初的位置。加拿大、澳大利亚和新西兰的部队再度进攻，于是伊普尔附近帕斯尚尔村（也就是英军进攻的中心点）的周围爆发了两场战役，在这两场战役中，仅加拿大部队就损失了 1.6 万人。整座村庄在战役中被夷为平地，最终这片废墟被英军占领，这意味着黑格可以宣称战斗取得了成果，于是这场发生在伊普尔附近战线突出部的战役结束了。

但英国方面还远远没有放弃进攻的打算，因为黑格知道，首相劳合·乔治对他的表现不满意，已经打算让其他人取代他。这位英国远征军总司令亟须取得战斗成果，而新型的坦克或许能帮他做到这一点。虽然黑格在伊普尔也使用过坦克，但当地太过泥泞，而且布满了弹坑，显然不适合坦克行驶。于是他采用了朱利安·宾（Julian Byng）将军的建议，即在康布雷地区利用坦克发动大规模进攻。[157] 这里的地面是干燥的白垩土，再沉重的坦

/ 643

/ 644

克也可以在上面行驶。此外，这里的战线已经安静了很长时间，所以德军不会想到英军将在这里发动大规模进攻。不过军队在正式进攻前一般要花几周时间用火炮轰击敌军阵地，这样就会引起德军注意，为了防止这种情况出现，炮兵军官休·图德（Hugh Tudor）和休·埃利斯（Hugh Elles）专门制订了一个计划。根据计划，各炮兵小分队不再单独试射，而是统一通过少数几次射击精准测定目标区域的范围，然后对准这一区域射击。[158] 于是英军在 11 月 20 日突然用火炮猛烈轰击德军阵地，这完全出乎德军意料；很快，300 多辆坦克和 6 个步兵师开始进攻。过去还从来没有哪国军队一次出动这么多坦克。在这次战役中，坦克不仅作为移动的机关枪和大炮为步兵提供支持，还要直接碾过德军阵地，进击德军后方。为此，所有坦克都携带了成捆的木条、木板条或金属管，士兵把它们投进德军的战壕里，这样坦克就可以从上面碾过去。英军相信，利用坦克突破将使德国守军大为恐慌。这也不是不可能，因为在这次进攻中，英军的对手只有两个步兵师，而且它们不属于德军战斗力最强的部队。虽然也有炮兵为这些步兵提供支持，但他们的大炮数量只是略多于英军大炮数量的十分之一。

在某些地点，进攻进行得很顺利，英军在几小时内就深入德军阵地几公里。陆军集团司令鲁普雷希特在战地日记中写道："在干燥的土地上，那些坦克得以顺利向前挺进，它们的速度快得让人难以置信；而更让人难以置信的是，铁丝网本是位于主战场和中间阵地前面的障碍物，向来没人能闯进它所在的 100 米深的地段，而这些坦克轻而易举就冲破了铁丝网。很显然，坦克的突然出现让军队的士气跌到谷底，而我们并没有一支能够制服它们的炮兵部队。"[159] 然而在其他地点，英军却遭到德军猛烈的抵

以上照片由澳大利亚摄影师弗兰克·赫尔利（Frank Hurley）
上尉拍摄。1917 年 7-11 月，规模宏大的佛兰德战役就发生在
照片中的地区。图中，5 名澳大利亚士兵正通过泥沼上用木板铺
成的小桥。此处是胡治（Hooge）附近经历了战火洗礼的沙托
（Château）森林。

抗，后者用大炮和迫击炮攻击英军的坦克。一旦英军步兵没有跟上开路坦克的速度，或者和坦克之间拉开了较大距离，德军的小型突击队就会冒险冲到前面，将手榴弹扔到坦克之间的间隙里，或者将几个手榴弹绑在一起炸毁坦克的履带，这样坦克就无法前进了。虽然在有些地点英军已经深入德军战线内部，但这些地方的德军也更加猛烈地抵抗，这导致英军又一次突破失败。英军还损失了很多辆坦克，所以在第二天无法继续进攻，而德军则在11月30日开始反攻，他们不仅重新占领了被英军夺走的土地，而且还占据了某些原本属于英军的阵地。至此，佛兰德大战宣告结束。

在进攻中，英军顽强的意志和坚韧不拔的品格几乎让人难以置信。可是战斗结束后，他们的力量也耗尽了。他们既没有发动叛乱，也没有拒绝执行命令，但他们已经不具备进攻能力了。和通常情况相比，许多营只剩下一小部分人可以作战，大批军官已经阵亡，越来越多的士兵表现出听天由命的态度。毕竟在这次进攻中，英军使用的火炮数量是前所未有的，他们还出动了坦克这种充满潜力的新型武器，也付出了常人难以想象的辛劳，而最终却几乎什么都没得到。在类似的情况下，法军会抗拒命令并制造骚乱，而英军此时却陷入了消沉状态。政府在一开始的应对方式是成立专门的信息与宣传处，后来这个处又升级为信息与宣传部，政府希望通过它的宣传让人们振作起来，这足以说明当时的状况确实让政府十分忧心。这个部门归约翰·巴肯管理，1914年以前他就在小说中谈论德国对英国的威胁，也因此被公众关注；后来比弗布鲁克男爵（Lord Beaverbrook）接替了他的职务。此外，俄国发生了十月革命，英国失去了最重要的盟国之一；法国此时已经元气大伤；意大利于1917年11月遭遇惨败，人们很难预测它后面会有什么表现，但肯定不能指望它再为英国提供什么有意义的支持。唯一能提供可靠支持的只有美国。如果不是因为美国的陆军很快可以投入战斗，那么在1917年末，那些因为英军在佛兰德战败而主张和平谈判的人或许就会控制伦敦政府。[160]

而德军又是靠什么坚持下来的呢？为什么德国军队中没有发生叛乱，逃兵的比例也没有像意大利、奥匈帝国、俄国那样大幅上涨？克里斯托夫·雅尔（Christoph Jahr）提炼的数据表明，1917年战争法庭审理的和逃兵有关的案件多于过去几年，但即使我们按照非官方的估计数值，假设这一年的案件数量是以往的200%，这一逃兵比例也不足以导致军队瓦解。[161]然而在战斗中，德军坚持到底的决心已经明显不如从前了。

在这个时候，德国不可能再指望有新盟友来救他们于水火；"兴登堡计划"认为只要提高德国的武器装备产量，就能在装备方面和协约国打成平手，但佛兰德战役证明这一切不过是幻想。而潜艇战的结果也让人们大失所望——毕竟英军在康布雷出动了大量坦克，这足以说明潜艇战并不像德国海军高层承诺的那样，可以对英国的物资补给和武器供应构成阻碍。在1917年秋天，德国仅剩的一线希望在于，如果不出意料，俄国将会退出战争，而布尔什维克主义者也已经宣布解除与西方国家之间的联盟。柏林政府和克罗伊茨纳赫总司令部的领导人希望，凭借德军在东部取得的胜利，虽然人们即将迎来战争中的第四个冬天，但德国的粮食供应情况应该不会像年初那么凄惨。在这段时间里，供应给军队的肉类和脂肪类食品已经出现短缺，德军反攻时，士兵们越发频繁地在阵亡的英国军人身上找东西吃；如果这个办法行不通，那么军队里"盗窃战友财物"的现象就越发严重。"这里的伙食实在不够这么些人吃。"1917 年 8 月 31 日，恩斯特·云格尔就在《战地日记》中写道，"这种勉强对付过去但又没完全吃饱的感觉让人十分难受。这里的人是真的在忍饥挨饿，所以有人开始偷窃粮食。每天每个人只有 1/3 块面包再加上极少的一点［果酱］。今天，一只该死的老鼠啃掉了我的大半块面包。"[162]

很显然，如果德军能守住阵地，而且再次打退技术装备比他们更胜一筹的敌军，那他们就不会轻易失去斗志。这样的胜利会让人感觉继续战斗是有意义的。即便是小范围的防御战取得了胜利，也可以提升前线部队的凝聚力，给予他们继续战斗的勇气——虽然有时军队几乎处在瓦解的边缘。云格尔在他的书中描写了佛兰德战役中的一个小插曲，并在其中强调，胜利成果能让人找到继续战斗的意义。但与此同时，另一种趋势也十分明显：一旦士兵们失去胜利的希望，一旦他们认为，即使个人愿意舍生忘死，局面也不会得到改善，那么许多人肯定会很快丧失斗志；纪律和秩序将失去作用，这时大部分士兵只想尽快从战场上全身而退；那些之前还下定决心要战斗到底的人，现在只想着如何自保。在这个阶段，云格尔带领的连参与了一场战斗，他在书中描述了当时的混乱情形。[163] 当时，士兵们和位于他们右边和左边的德军部队都失去了联系；偶尔有报信的人出现，传达上级的命令或带来一些消息，但具体情况到底怎样，大家还是不清楚。英军不断用炮火猛烈轰击他们所在的位置，炮火通常在一段时间后减弱，然后再恢复之前的强度。英国士兵一次又一次出现在他们的视野中，这些士兵被子弹击中，然后又突然消失了，就像之前突然出现一样。云格尔描写的这种交锋情况在深入战线内部的运动性防守中很常见，它要求连长和排长有很高的自主性和坚持战斗到底的决心。在英军的炮火中，云格尔少尉手下已经有不少人

受技术水平所限，当时的人无法拍摄到战斗中的场景，所以在一战期间和战争结束后，战争绘画一度非常繁荣。这些作品刻画的战斗场景可能带有某种英雄主义色彩，而这可能是现实中所没有的。最受画家欢迎的题材是步兵在阻拦威力无边的坦克。上图是埃里希·马特沙斯（Erich Mattschaß）绘制于 1926 年的作品，它描绘了康布雷战役中的某个瞬间，它出现在 1917 年 11 月 20-29 日。图中，一辆英国的"马克 Ⅳ型"坦克正驶向德军的机枪巢，而一名士兵正准备从机枪巢中向坦克投掷一捆炸药——也就是若干个被捆在一起的柄式手榴弹。这也暗示了后续的情节：这名士兵将会死去，当然他也消灭了坦克，救了他的战友，阻止了英军突破德军战线。拯救他人的行动作为英雄不朽的特质，被留在这幅作品中。

伤亡，他命令剩余的士兵在一处被称为"鼠堡"的建筑物周围集合，他们认为这里会成为英军进攻的目标，因为从地形来看，控制这处地点正是制胜的关键。在此之前，罗斯贝格已经命令将避弹所换成混凝土掩体，所以这处建筑的内部是用水泥板加固的，中小口径的炮弹打不进来。突然间，双方又有动作了，因为部署在前方的士兵开始撤退。"冲锋的步兵靠得越近，我们就看到左侧和右侧有越来越多的人跑向远处，我们朝他们喊话，但他们再也没有回答。他们甚至还扛着机关枪逃走。我觉得他们完全疯了，但我还是制止了他们，首先因为这种无纪律的逃跑行为让我生气，其次因为我需要更多人一起保卫鼠堡。"云格尔试图制止这些逃跑者，但他说的话起不了作用，所以他命人用枪瞄准这些逃兵。"从他们的表情和步伐可以看出，他们实在不想和我们待在一起。"[164] 后来，英国人从左右两侧向"鼠堡"挺进，这时云格尔决定让部队撤退，当然，部队必须有序地撤退，不能变成一盘散沙。但他认为他需要对此做出解释，所以在《战地日记》中写道："见过我战斗的人都会相信，我个人并不介意在这样的情况下坚持作战；但和这些人在一起，我就没办法了。可惜了，因为炮兵几乎就在我们后面。可是军队中的人员已经出了问题，我刚才又抓了逃跑者过来凑数，而且这些人已经因为连日战斗而神经衰弱，一旦被包围，他们很有可能缴械投降，而我将不得不像其他颜面扫地的中欧人那样，踏上前往伦敦的道路。"[165]

　　开始撤退后不久，云格尔的部队就和营里的另一个连相遇。两位连长商议后认为，小河斯滕巴赫（Stenbach）的战略位置已经不那么重要了，他们可以在那附近"占领一处比较隐蔽的阵地，等待敌军到来"。[166] 过了一段时间，又有一些部队占据了左右两侧的地盘。后面追上来的英军便暴露在他们的枪林弹雨中，只好停止前进。德方则有更多援军赶到。夜里，德军派出了巡逻队，他们返回时断定英军已经撤退了。这时天下起了大雨，临时挖的散兵坑里立马灌满了水。于是云格尔的部队解散了，他们转移到了后方比较平静的阵地，那里的粮食供应情况要好得多。"总的来说，这一天给我的感觉是，生活比我想的还要美好，而且能保住性命总是让人高兴的。——或者，是否因为在危险中挺过来了，所以生命才更值得珍惜？那样我们就该以身试险了。——此外，今天下午我看到军队有报道说，英军虽然来势汹汹，却在斯滕巴赫附近被迫停止前进。我可以说，这大部分是我的功劳。"[167] 作者借"此外"二字笔锋一转，扼要地提到了后来的一场混战，而战斗的背景是军队看上去几乎要瓦解，而且正在撤退中。突然之间，一切都被赋予了意义，对云格尔来说是如此，对这一段战线来说也是如此——云格尔稳定了手下的部队，而斯滕巴赫附近的防御战使这段战线得以巩固。这些零碎的片段和感受被拼接在一起，形成一个不可分割的整体：军队守住

/ 651

了战线，在这件事上，恩斯特·云格尔功不可没。后来，云格尔对日记内容做了修订，并据此出版了《钢铁风暴》一书；在这部作品中，云格尔说出了日记中没有直说、顶多包含在"此外"里面的一段总结："[英军的]进攻在一开始似乎势不可当，最后他们却不得不停止行动，而这其中也有我们的一份功劳。无论[军队中]士兵和武器的数量有多庞大，在关键时刻克敌制胜的也只是一小部分战士。"[168] 借助这样的文字，云格尔得出了一个充满自豪感和英雄主义光环的结论，而许多人也赞成这个结论：在战斗接近尾声的时候，只要德国士兵，或者至少是他们中的大部分人，都相信少数可以战胜多数，那么他们就会心甘情愿地继续战斗，一直坚持到最后。

/ 652

法国作家亨利·巴比塞在1916年出版的长篇小说《火线》中描述了特大暴雨如何使战斗走向终结：在他笔下，大自然亲自出手，干预了这场战争。奥托·迪克斯也曾经在佛兰德作战，他凭借对那段经历的记忆，重新处理了巴比塞书中出现的题材。他创作的大幅油画作品《佛兰德》于1934年问世。图中，几名士兵因为参加战斗而陷进被水淹没的泥沼中，他们筋疲力尽，已经离死亡不远。这时对他们构成威胁的不再是敌人，而大自然却成了他们的敌人。

大约就在云格尔记录自己功绩的时候，中校阿尔布雷希特·冯·特尔（他是总参谋部的军官，被安排在云格尔所在的区域）记录了来自科隆（Köln）的消息："言归正传：据说科隆成了'贪生取巧者'和逃兵最大的收容所。由于许多士兵去前线或回家度假都要坐火车经过科隆，所以有人就趁机从这里下车，然后在这座大城市里彻底消失不见。[……]据估计，目前没有休假权利却在科隆逗留的'贪生取巧者'有3万人左右。消息称，警察对此束手无策，而且还怕得要死，因为谁出手干预此事，就要冒生命危险！"[169]陆军集团司令鲁普雷希特王储似乎也听说了这些消息："有两趟运送普鲁士士兵的火车从东部出发，这些士兵将补充第四集团军的人数，而其中百分之十的人在路上未经同意就离开了。"[170]而根据海军上将冯·米勒的记录，皇帝的意见与上述说法完全不同，他表示："如果那些戴着铁十字勋章的士兵又回了家，那帝国议会可就有麻烦了。"[171]这些判断和估计显然互相矛盾。究竟哪些是正确的，这要等到1918年才揭晓。

注 释

1　其他消费品的供应量降至和平时期的三分之一以后，土豆就成了最重要的粮食。在 1916~1917 年的冬天，土豆消耗量减少至战争之前的 70%；在后面几年里，它又回升到接近原来的 95%。有关德国当时粮食供应情况和配给政策的奠基式研究作品是 Roerkohl, *Hungerblockade und Heimatfront*, 柏林的情况可参见 Davis, *Home Fires Burning*, S. 1367ff。

2　转引自 Walther, *Endzeit Europa*, S. 286。

3　Strachan, *Der Erste Weltkrieg*, S. 263.

4　参见 Davis, «Heimatfront», S. 128ff。

5　参见 Davis, «Heimatfront», S. 131ff; Ullrich, «Kriegsalltag», S. 603ff; Scholz, «Lebensmittelunruhen, Massenstreiks und Arbeitslosenkrawalle in Berlin», S. 81ff。和过去政治化的社会史写作相比，近期注重性别的社会史写作更加重视也更详细地解读了警察的这些报告。前者则认为这些骚乱不过是 1918 年 11 月革命的前兆，而这次革命则被其解读为针对威廉二世时期阶级社会的起义。这种旧观点可参见 Feldman/ Kolb/ Rürup, «Die Massenbewegungen der Arbeiterschaft in Deutschland am Ende des Ersten Weltkrieges», S. 84ff。

6　转引自 Walther, *Endzeit Europa*, S. 285。

7　多瑙河帝国令人绝望的处境参见 Herwig, *The First World War*, S. 272ff, 以及 Rauchensteiner, *Der Tod des Doppeladlers*, S. 409ff; 奥斯曼帝国的处境参见 Schulz, ««Ungeordnete Verhältnisse› und entgrenzter Krieg», S. 260ff。

8　自 19 世纪末以来，俄国社会现代化进程加快，社会还未找到新的平衡点。用希尔德麦尔（Hildermeier）的话说，这场战争是一场"错误的战争"，因为当时的俄国社会还处在高度脆弱的的阶段。俄国在守旧政治环境下经济、社会、文化的现代化进程参见 Hildermeier, *Geschichte Russlands*, S. 1129 - 1311; 士兵情绪低沉的情况见 Wildman, *The End of the Russian Imperial Army*, Bd. 1, S. 105ff, 以及 Beyrau/Shcherbinin, «Russland im Krieg», S. 157ff。

9　参见 Becker/Krumeich, *Der Große Krieg*, S. 225ff; Bruendel, «Vor-Bilder des Durchhaltens», S. 81ff; Feldman, *Armee, Industrie und Arbeiterschaft*, S.

133ff。

10　这里理论上还应该包括意大利，不过由于意大利参战较晚，所以物资供应不足的问题也出现得较迟。

11　军队过度使用铁路给奥匈帝国造成了物资供应危机，相关情况参见本书 S. 427f。

12　米哈尔卡（Michalka）在《第一次世界大战》（*Der Erste Weltkrieg*）一书的"战时经济与经济战争"部分收录了相关论文，但这些论文并非都对这两个概念做了以上区分。

13　参见 Hardach, *Der Erste Weltkrieg*, S. 120。

14　总体情况参见 A. Becker, *Oubliés de la Grande Guerre*, 多处；Hinz, *Gefangen im Großen Krieg*, 多处；比利时的情况参见 Thiel, «*Menschenbassin Belgien*», S. 57ff; 自 1916 年秋天起，德国在此地采取了更为严苛的措施，参见 S. 103ff; 德国还从 1916 年开始强制转移人口，见 S. 123ff, 德国对此的讨论见 S. 163ff; Zilch, «Okkupation und Währung», S. 434ff; Majerus, «Die deutsche Verwaltung Belgiens», S. 131ff; 东部部分被征服地区的情况参见 Liulevicius, «Die deutsche Besatzung im ‹Land Ober Ost›», S. 93ff, Westerhoff, *Zwangsarbeit im Ersten Weltkrieg*, S. 87ff, 此地 1916 年秋天以后的情况见 S. 181ff, 以及 Kramer, «Italienische Kriegsgefangene», S. 247ff。

15　Feldman, «Kriegswirtschaft und Zwangswirtschaft», S. 456ff。

16　参见上一处文献, S. 123; 总体情况参见 Kramer, «Prisoners in the First World War», S. 75ff。

17　Feldman, *Armee, Industrie und Arbeiterschaft*, S. 243.

18　Ludendorff, *Der totale Krieg*; 鲁登道夫在战争期间的总体化设想参见 Nebelin, *Ludendorff*, S. 243ff; 和一战有关的"总体战"概念参见 Chickering, *Das Deutsche Reich*, S. 82ff。

19　意大利的情况参见 Corner/Procacci, «The Italian experience of ‹total› mobilization», S. 223ff; 多瑙河帝国的情况参见 Rauchensteiner, *Tod des Doppeladlers*, S. 404ff。

20　参见 Feldman, *Armee, Industrie und Arbeiterschaft*, S. 148ff。

21　参见上一处文献, S. 169ff; Schönhoven, «Die Kriegspolitik der Gewerkschaften», S. 682ff。

22　相关情况参见 Bermbach, *Vorformen parlamentarischer Kabinettsbildung* in Deutschland; Llanque, *Demokratisches Denken im Krieg*, S. 192ff; *Kielmansegg, Deutschland und der Erste Weltkrieg*, S. 442ff。

23 相似的观点见 Hardach, *Der Erste Weltkrieg*, S. 116ff; 有关"有组织的资本主义"的理论参见 Winkler(Hg.), *Organisierter Kapitalismus*。

24 参见 Mühlhausen, «Die Sozialdemokratie am Scheidewege», S. 658ff; Miller, *Burgfrieden und Klassenkampf*, S. 133ff; Schorske, *Die große Spaltung*, S. 376ff; Hardach, *Der Erste Weltkrieg*, S. 187ff。

25 参见 Blänsdorf, *Die Zweite Internationale und der Krieg*, S. 273ff。

26 相关情况参见 Groh/Brandt, ‹*Vaterlandslose Gesellen*›, S. 158 - 173, 重点见 S. 164ff。

27 相关图表见 Kocka, *Klassengesellschaft im Krieg*, S. 29 与 S.30 以及 S.100 与 S.102。

28 同上, S. 37。

29 同上, S. 32。1920 年的生活成本是 1913 年的 10 倍之多, 造成这一局面的最主要原因是国家取消了对商品最高价格的限制, 并且停止实行配给政策。这时, 人们才切身感受到, 战争可以让物价涨到什么程度。

30 相关图表见 Kocka, *Klassengesellschaft im Krieg*, S. 33 与 34。

31 转引自上一处文献, S. 387。

32 参见 Feldman, «Kriegswirtschaft und Zwangswirtschaft», S. 462ff。

33 转引自 Kocka, *Klassengesellschaft im Krieg*, S. 53。

34 参见 Feldman, «Kriegswirtschaft und Zwangswirtschaft», S. 463ff, 以及 Kocka, *Klassengesellschaft im Krieg*, S. 27。

35 详细情况参见 Tramitz, «Vom Umgang mit Helden», S. 84ff; Daniel, *Arbeiterfrauen*, 重点见 S. 35 - 124; dies., «Der Krieg der Frauen», S. 157ff; dies., «Fiktionen, Friktionen und Fakten», S. 530ff; Rouette, «Frauenarbeit, Geschlechterverhältnisse und staatliche Politik», S. 92ff; Salewski, *Revolution der Frauen*, S. 268ff。

36 最有名的例外情况是俄国在亚历山大·克伦斯基（Alexander Kerenski）统治期间组建了女兵营, 但此举受到德国人嘲笑, 而并未令他们对女性的战斗力产生敬意。相关的描写和漫画参见 Hirschfeld/Gaspar (Hg.), *Sittengeschichte des Ersten Weltkrieges*, S. 195ff; 女性参与中欧和东欧民族解放运动的情况参见 Leszczawski-Schwerk, «‹Töchter des Volkes› und ‹stille Heldinnen›», S. 179ff。

37 Kocka, *Klassengesellschaft im Krieg*, S. 28 - 30.

38 转引自上一处文献，S. 37。

39 同上，S. 31。

40 相关情况参见 Rouette, «Frauenarbeit, Geschlechterverhältnisse und Politik», S. 102 - 105; Daniel, «Der Krieg der Frauen», S. 160。

41 参见 Salewski, *Revolution der Frauen*, S. 190ff。

42 相关情况参见本书 S. 468ff。

43 参见 Kundrus, «Geschlechterkriege», S. 171ff。

44 参见本书 S. 593f。协约国向罗马尼亚购买了大量谷物，但还没有将其运走，所以德国的战利品相当可观。参见 Burchardt, «Die Auswirkungen der Kriegswirtschaft», S. 72。温特（Winter）和罗贝尔（Robert）在《战争中的首都》(*Capital cities at war*) 一书中系统地比较了巴黎、伦敦和柏林的情况，三座城市粮食供应情况的发展变化重点参见 S. 303ff。

45 转引自 Burchardt, «Die Auswirkungen der Kriegswirtschaft», S. 72。

46 参见上一处文献，S. 73。

47 参见 Herwig, *The First World War*, S. 383ff; Kielmansegg, *Deutschland und der Erste Weltkrieg*, S. 513ff。

48 有文献精彩地描述了英国的贸易封锁、这一举措的前提条件和影响，见 Stevenson, *1914 - 1918*, S. 296 - 318。

49 Strachan, *Der Erste Weltkrieg*, S. 264f.

50 参见 Strachan, *Der Erste Weltkrieg*, S. 260; Burchardt, «Die Auswirkungen der Kriegswirtschaft», S. 68。

51 Daniel, *Arbeiterfrauen*, S. 184. 战争期间，土豆是最基本的粮食，1918 年 4 月德国的土豆食用量为 1906~1907 年的 3 倍。而肉类、鸡蛋、黄油和植物油的食用量则下降至原来的 10%~30%。参见 Burchardt, «Die Auswirkungen der Kriegswirtschaft», S. 69; Kruse, «Kriegswirtschaft», S. 89。

52 参见本书 S. 87f。

53 Strachan, *Der Erste Weltkrieg*, S. 262.

54 Max Weber, «Politik als Beruf», in: ders., *Gesammelte Politische Schriften*, S. 505 - 560. 尽管相关文献已经从不同角度研究了韦伯的演讲，但依然需要有人以一战为背景分析这篇演讲。

55 不难想象，战后提到"恶魔的势力"及其影响的人，在 1916~1917 年都反对无限制潜艇战，并预见到这一措施将导致美国参战。其中最值得一提的是马克斯·韦伯和弗里德里希·迈内克，但也包括后来的格哈德里特尔。参见 Münkler, *Die Deutschen und ihre Mythen*, S. 125ff。

56　见 Kruse, «Kriegswirtschaft und Kriegsgesellschaft in Deutschland», S. 88。

57　近来有文献从道德哲学和国际法的角度评价英国的贸易封锁，参见 Walzer, *Gibt es den gerechten Krieg?*, S. 236ff。休·斯特罗恩的看法则充满了嘲弄的意味（Strachan, *Der Erste Weltkrieg*, S. 266），他认为德国人"在战争爆发之前已经习惯了多样化饮食，习惯了食用大量脂肪和肉类，和医学角度人体所需的热量相比，他们摄入的热量至少高出15%，所以才［受］饥饿［折磨］"。我们也可以认为他是在粉饰这项今天被视为战争罪行的措施。

58　有文献（Salewski, *Der Erste Weltkrieg*, S. 172ff）甚至认为，造成德国饥荒的主要原因是政府在匮乏时期管理不善，而不是英国实施封锁。但这一结论并非出自谨慎的分析，而是有意要反驳德国人对英国人的指控。

59　在为士兵家庭供应物资、协调匮乏时期各项需要这些问题上，帝国和城乡之间存在对立。对这一情况作了研究的主要是乌特丹尼尔（Ute Daniel, *Arbeiterfrauen in der Kriegsgesellschaft*, S. 167ff）。更多信息可参见 Kruse, «Kriegswirtschaft», S. 88; 详细的论述见 Roerkohl, *Hungerblockade und Heimatfront*, S. 72ff。

60　参见 Hardach, *Der Erste Weltkrieg*, S. 124ff。

61　参见 Burchardt, «Die Auswirkungen der Kriegswirtschaft», S. 68; 详细情况见 Skalweit, *Die deutsche Kriegsernährungswirtschaft*, S. 101f。

62　相关情况参见 Hardach, *Der Erste Weltkrieg*, S. 132; Burchardt, «Die Auswirkungen der Kriegswirtschaft», S. 70。

63　参见 Daniel, *Arbeiterfrauen*, S. 190f。

64　见 Ay, *Die Entstehung einer Revolution*, S. 165; 亦可参见 Roerkohl, *Hungerblockade und Heimatfront*, S. 261ff。

65　Strachan, *Der Erste Weltkrieg*, S. 266.

66　Burchardt, «Die Auswirkungen der Kriegswirtschaft», S. 74.

67　相关情况参见 Michalka, «Kriegsrohstoffbewirtschaftung», S. 485ff。

68　Zeidler, «Die deutsche Kriegsfinanzierung», S. 420.

69　同上, S. 415ff.; Hardach, *Der Erste Weltkrieg*, S. 162ff。法国是单一制国家，所以战争经费中税收的比例自然也比较少，只有16%。

70　Zeidler: «Die deutsche Kriegsfinanzierung», S. 425; Bruendel, «Vor-Bilder des Durchhaltens», S. 81ff.

71 转引自 Zeidler:《Die deutsche Kriegsfinanzierung》, S. 421。

72 此处及后续的相关信息参见 Hardach, *Der Erste Weltkrieg*, S. 170f, 以及 Zeidler,《Die deutsche Kriegsfinanzierung》, S. 426ff。

73 详细情况参见 Holtfrerich, *Die deutsche Inflation*, Kap. 5。

74 Zeidler,《Die deutsche Kriegsfinanzierung》, S. 428ff.

75 这一阶段奥匈帝国的形势变化参见 Rauchensteiner, *Tod des Doppeladlers*, S. 409ff; 俄国此时的情况参见 Pipes, *Die Russische Revolution*, Bd. 1, S. 47ff。

76 相关情况参见 Pipes, *Die russische Revolution*, Bd. 1, S. 417ff。

77 参见 Linke, *Das zarische Rußland und der Erste Weltkrieg*, S. 110ff。

78 法国的损失参见 Kolko, *Das Jahrhundert der Kriege*, S. 107f, 以及 Keegan, *Der Erste Weltkrieg*, S. 442f。

79 参见 Becker/Krumeich, *Der Große Krieg*, S. 124ff。

80 "士兵罢工"（Kampfstreik）的概念是由威廉·戴斯特（Wilhelm Deist,《Verdeckter Militärstreik》, S. 151ff）提出的。它指士兵以一种特定的方式违抗军令，这种抗命的方式还算不上叛乱，但又比逃避责任更为严重。此处使用"士兵罢工"这一概念的好处在于它可以涵盖若干种不同形式的抗命行为。

81 Lussu, *Auf der Hochebene*, S. 210, 212, 214, 224; 有文献罗列了在意大利审理的案件，我们从中可以看出，对意大利人来说，上文的判决是很不寻常的，见 Forcella/Monticone, *Plotone d'esecuzione*, 多处。

82 Loßberg, *Meine Tätigkeit im Weltkriege*, S. 275ff.

83 相关情况参见 Kielmansegg, *Deutschland und der Erste Weltkrieg*, S. 345f。

84 Loßberg, *Meine Tätigkeit im Weltkriege*, S. 271; 德军的撤离战略亦可参见 Hirschfeld u. a., *Die Deutschen an der Somme*, S. 163ff。

85 Kronprinz Rupprecht, *Mein Kriegstagebuch*, Bd. 2, S. 98.

86 此处与后续情况可参见 Keegan, *Der Erste Weltkrieg*, S. 449ff; Ferro, *Der große Krieg*, S. 151ff; Herwig, *The First World War*, S. 325ff; Strachan, *Der Erste Weltkrieg*, S. 295ff。

87 Loßberg, *Meine Tätigkeit im Weltkriege*, S. 273f.

88 相关情况参见 Keegan, *Der Erste Weltkrieg*, S. 451ff, 细节描写见 Stegemann, *Geschichte des Krieges*, Bd. 4, S. 326ff。

89 Thaer, *Generalstabsdienst*, S. 109f.

90 Kielmansegg, *Deutschland und der Erste Weltkrieg*, S. 341.

91 此处及后续情况参见 Keegan, *Der Erste Weltkrieg*, S. 454ff, 详细情况见 Stegemann, *Geschichte des Krieges*, Bd. 4, S. 329ff 与 338ff。

92 法国军队内部"叛乱"的情况参见 Pedroncini, *Les Mutineries de 1917*; Becker, 1917: *L'Année impossible*, S. 64ff; Smith, *Between Mutiny and Obedience*; ders., «The French High Command and the Mutinies of Spring 1917», S. 79ff; ders., «Erzählung und Identität an der Front», S. 133ff。

93 这一观点参见 Keegan, *Der Erste Weltkrieg*, S. 458f.: Stevenson, *1914 - 1918*, S. 392; Smith, «Erzählung und Identität», S. 160. 有文献则认为叛乱意味着整个法军的力量已被耗尽，见 Strachan, *Der Erste Weltkrieg*, S. 301f。

94 贝当担任统帅期间的情况及他对士兵的总体态度参见 Barnett, *Anatomie eines Krieges*, S. 231ff。

95 Smith, «Erzählung und Identität», S. 163f。

96 Keegan, *Der Erste Weltkrieg*, S. 462.

97 相同的观点见 Keegan, *Der Erste Weltkrieg*, S. 486; 有文献从意大利军队的视角解析了战役过程，见 Monticone, *La battaglia di Caporetto*。过去的德国文献一般认为，能与第十二次伊松佐河战役相提并论的是博韦茨—托尔明战役。有关戈尔利采—塔尔努夫战役的情况参见本书 S. 342ff。

98 约翰·基根（Keegan, *Der Erste Weltkrieg*, S. 478f）则在叙述意大利军队兵败伊松佐河的同时极力维护意大利军队的声誉。

99 参见 Kann, *Die Sixtusaffäre*, S. 54ff。

100 Müller, *Regierte der Kaiser?*, S. 282.

101 转引自 Keegan, *Der Erste Weltkrieg*, S. 481. 施特格曼（Stegemann, *Geschichte des Krieges*, Bd. 4, S. 436）评价说，这部分内容相当于"政治性投降"，因为之前卡尔皇帝一直想让奥匈帝国脱离柏林政府的控制，而这封信等于宣告这种独立政策走向终结。而既然奥匈帝国的部分领导人认为第十二次伊松佐河战役是"卡尔福莱特奇迹"，那么它也可以在某种程度上"治愈"国家的创伤。

102 参见本书 S. 428f。

103 Stegemann, *Geschichte des Krieges*, Bd. 4, S. 428.

104 Rommel, *Infanterie greift an*, S. 240.

105 此处的数据可参见 Strachan, *Der Erste Weltkrieg*, S. 314, 以及 Keegan, *Der Erste Weltkrieg*, S. 485; 有文献详细叙述了这场战役，不过相关内容读者须参照精确的地图才能理解，见 Stegemann, *Geschichte des Krieges*, Bd. 4, S.

439 - 461。

106　Strachan, *Der Erste Weltkrieg*, S. 313.

107　参见本书 S. 595f。

108　Keegan, *Der Erste Weltkrieg*, S. 484f.

109　Hemingway, *In einem andern Land*, S. 145.

110　参见 Pipes, *Die russische Revolution*, Bd. 1, S. 428ff。

111　Strachan, *Der Erste Weltkrieg*, S. 313. 详细情况见 Forcella/Monticone, *Plotone d'esecuzione*, S. 285ff; 所有在意大利审理的案件，其审理情况都被列于此处。

112　Hemingway, *In einem andern Land*, S. 174.

113　Pipes, *Die russische Revolution*, Bd. 1, S. 425.

114　相关情况参见 Carrère d'Encausse, *Lenin*, S. 191ff。

115　详细情况参见 Wildman, *The End of the Russian Imperial Army*, Bd. 1, S. 202ff 与 332ff。

116　参见 Sellin, *Gewalt und Legitimität*, S. 15 - 41。

117　相关情况参见 Pipes, *Die russische Revolution*, Bd. 1, S. 473ff; Becker, *1917: L'Année impossible*, S. 41ff。

118　参见 Wildman, *The End of the Russian Imperial Army*, Bd. 1, S. 246ff, 以及 Bd. 2, S. 148ff 与 308ff。

119　Erdmann, *Der Erste Weltkrieg*, S. 116; 参见 Sundhaussen (Hg.), *1917 - 1918 als Epochengrenze*。

120　Müller, *Regierte der Kaiser?*, 多处。

121　Kielmansegg, *Deutschland und der Erste Weltkrieg*, S. 404ff.

122　相关情况参见 Kielmansegg, *Deutschland und der Erste Weltkrieg*, S. 366。只是此处对事件的评价有所不同。

123　同上，S. 412ff。

124　"九月计划"的情况参见本书 S. 267ff。

125　针对贝特曼·霍尔韦格的这一观点，有文献做了深入细致的探讨，见 Kielmansegg, *Deutschland und der Erste Weltkrieg*, S. 431 - 441; 还有文献假设了历史的另一种走向，从而做出了言辞激切的评价，见 Salewski, *Der Erste Weltkrieg*, S. 241 - 263。

126　有文献十分详细地介绍了此处和后续的相关情况，参见 Kielmansegg, *Deutschland und der Erste Weltkrieg*, S. 414 - 431。

127 持这一观点的文献参见 Chickering, *Das Deutsche Reich und der Erste Weltkrieg*, S. 205。在格布哈特的《德国历史手册》（Gebhardt, *Handbuch der deutschenGeschichte*）中，蒙森对一战做了介绍，根据他的观点，这次和平倡议不具有任何意义，而德国对和平条约的讨论开始于帝国议会提出和平决议（Mommsen, *Die Urkatastrophe*, S. 134ff）。比尔（Bihl, *Der Erste Weltkrieg*, S. 191f）同样只在提及无限制潜艇战和美国参战的同时提到这次和谈倡议。除了奥地利作者比尔的观点，瑞士作者泽格瑟（Segesser, *Der Erste Weltkrieg*, S. 180ff）的观点也很值得参考，他只在潜艇战和美国参战的语境下介绍德意志帝国的政策。

128 Niebuhr, *The Children of Light and the Children of Darkness*; 相关情况亦可参见 Eichhorn, «Imperiale Freund-Feind-Unterscheidung», S. 173ff。

129 德国方面的情况参见本书 S.267ff。

130 有文献详细介绍了相关的外交照会，见 Steglich, *Die Friedenspolitik der Mittelmächte*, S. 6ff。

131 参见 Salewski, *Der Erste Weltkrieg*, S. 249; 赛克斯—皮科协定的情况参见 Schöllgen/Kießling, *Das Zeitalter des Imperialismus*, S. 93。

132 见 Kielmansegg, *Deutschland und der Erste Weltkrieg*, S. 437, 此处也认为贝特曼·霍尔韦格是这么考虑的；有文献以战壕报刊为依据，评估了德国士兵对和平的渴望程度，见 Lipp, «Friedenssehnsucht und Durchhaltebereitschaft», S. 281ff; 法国的情况参见 Becker, *1917 en Europe*, S. 87ff。

133 参见 Salewski, *Der Erste Weltkrieg*, S. 217f; 亦可参见 Clemenceau, *Größe und Tragik eines Sieges*, S. 224ff. 历史学家汉斯·芬斯克（Hans Fenske）认为，虽然同盟国方面多次提议和谈，但协约国基于自己的计划拒绝了这些提议，见 Fenske, *Der Anfang vom Ende*, S. 39ff。

134 参见 Steglich (Hg.), *Die Friedensversuche der kriegführenden Mächte*, 多处; ders., *Die Friedenspolitik der Mittelmächte*, S. 59ff 以及 S. 232ff。

135 参见 Steglich, *Die Friedenspolitik*, S. 117ff。

136 转引自 Cartarius, *Deutschland im Ersten Weltkrieg*, S. 208。

137 参见 Steglich, *Die Friedenspolitik*, S. 15 - 58。

138 Bihl, *Der Erste Weltkrieg*, S. 156. 几个月后，德国也知道了这件事。海军上将冯·米勒在 1917 年 11 月 5 日的日记中提到，威廉皇帝在身边最亲近的圈子里做了如下说明："奥地利皇帝也曾答应将波兰连同加利西亚一同献给德国，为此却要求我们将阿尔萨斯—洛林交给法国以换取和平。大概格拉夫·切尔宁（Graf Ottokar Czernin）① 也在和王储们接近，为此还差点从楼梯上飞下来。" Müller, *Regierte der Kaiser?*, S. 330。

139　转引自 Rauchensteiner, *Tod des Doppeladlers*, S. 555。

140　同上，S. 556ff。

141　参见 Oppelland, *Reichstag und Außenpolitik*, S. 235ff; Seils, *Weltmachtstreben und Kampf für den Frieden*, S. 334ff。

142　此处及后续情况参见 Oppelland, *Reichstag*, S. 243ff; Kielmansegg, *Deutschland und der Erste Weltkrieg*, S. 454 - 479; Nipperdey, *Deutsche Geschichte1866 - 1918*, Bd. II, S. 815ff 与 832ff。

143　参见 Kielmansegg, *Deutschland und der Erste Weltkrieg*, S. 457f; Oppelland, *Reichstag und Außenpolitik*, S. 235ff; Seils, *Weltmachtstreben und Kampf für den Frieden*, S. 327ff。

144　参见 Miller, *Burgfrieden und Klassenkampf*, S. 288f。

145　参见 Steglich, *Die Friedenspolitik*, S. 107ff; Oppelland, *Reichstag und Außenpolitik*, S. 253ff。

146　参见 Hagenlücke, *Vaterlandspartei*, S. 143ff。

147　参见 Seils, *Weltmachtstreben und Kampf für den Frieden*, S. 346 - 363。

148　Müller, *Regierte der Kaiser?*, S. 302.

149　相关情况参见 Kielmansegg, *Deutschland und der Erste Weltkrieg*, S. 470 - 480; Seils, *Weltmachtstreben*, S. 445ff。

150　对此，英国展开了讨论，参见 Strachan, *Der Erste Weltkrieg*, S. 304ff, 以及 Keegan, *Der Erste Weltkrieg*, S. 493ff, 这两者强调的重点不同；此外还可参见 Herwig, *The First World War*, S. 330f。

151　美国海军陆战队组成了一个军，共 1.5 万人，此前美国曾出兵干涉中美洲国家内政，这部分士兵也因此积攒了战斗经验；陆军共 10.8 万人，如果国民警卫队加入，则陆军人数可翻一番。如要继续增加军队人数，就必须根据不久前实行的义务兵役制组建一支军队，而这部分士兵在 1918 年之前是不具备作战能力的。参见 Keegan, *Der Erste Weltkrieg*, S. 490。

152　英国针对佛兰德战役制订的计划和战役的基本过程参见 Wolff, *In Flanders Fields*, S. 87 - 252。

①　奥地利外交部部长。

153　参见本书 S. 600。

154　据斯特罗恩（Strachan, *Der Erste Weltkrieg*, S. 309）估计，英军损失了 27.5 万人，其中阵亡人数为 7 万人；基根引用的数据与此类似，见 Keegan, *Der Erste Weltkrieg*, S. 511。德军的伤亡人数应该略少于英军。参见 Herwig, *The First World War*, S. 331f; Becker/Krumeich, *Der Große Krieg*, S. 236，这两处文献估计英军的伤亡及失踪人数达 30 万人，德军为 20 万人。

155　Strachan, *Der Erste Weltkrieg*, S. 304; Keegan, *Der Erste Weltkrieg*, S. 511.

156　佛兰德战役的几个不同阶段，包括后来的"康布雷坦克战役"，可参见 Keegan, *Der Erste Weltkrieg*, S. 501 - 515; 有文献围绕"战斗迅速演变成一场灾难"这一主题描绘了事件经过，重点非常突出，见 Herwig, *The First World War*, S. 330 - 333; 也有文献细致地描绘了许多错综复杂的细节，见 Stegemann, *Geschichte des Krieges*, Bd. 4, S. 471 - 485。康布雷附近战役的情况见上一处文献，S. 495 - 502。十分简洁的描述见 Ferro, *Der große Krieg*, S. 155, 此处还评论道："帕斯尚尔战役是整场战争中最血腥、最无意义的战役之一。"相似的观点见 Becker/Krumeich, *Der Große Krieg*, S. 236, 此处提到："这场战役很可能是一战中最惨无人道的一场战役，它的残酷程度更甚于凡尔登［战役］。"有作品以英雄史诗的形式描绘了这场战役，见 Wolff, *In Flanders Fields*, S. 140ff; 还有文献罗列了英国在指挥方面存在的大量问题，见 Travers, *How the War was Won*, S. 11 - 31。

157　此处及后续的情况参见 Keegan, *Der Erste Weltkrieg*, S. 512 - 515, 以及 Stegemann, *Geschichte des Krieges*, Bd. 4, S. 495 - 503。

158　不久前，为方便德国第十七集团军进攻里加附近的俄军战线，德军上校格奥尔格·布鲁赫米勒（Georg Bruchmüller）也制定了类似的炮兵战术。

159　Rupprecht, *Mein Kriegstagebuch*, Bd. 2, S. 291.

160　参见 Strachan, *Der Erste Weltkrieg*, S. 310。

161　Jahr, GewöhnlicheSoldaten, S. 149ff. 斯特罗恩（Strachan, *Der Erste Weltkrieg*, S. 334）则认为佛兰德战役接近尾声时，德国逃兵的比例也在上升，而他的数据来源于英国。值得注意的是，来自不同地方的部队逃兵率往往也有所不同，例如符腾堡部队的逃兵率就低于巴伐利亚部队（而符腾堡部队的人员损失率则比平均水平高出 10%，见上一处文献，S. 154），而来自阿尔萨斯—洛林地区的士兵则明显比其他士兵更倾向于逃跑（见上一处文献，S.

283ff）；少数民族士兵，如丹麦人和波兰人，他们逃跑的概率也较高（参见 Ziemann, «Fahnenflucht», S. 121ff）。从 1918 年初夏开始，逃兵率才出现明显的变化（Ziemann, «Fahnenflucht», S. 102）；这些变化发生在军队全面溃败之前，而克里斯托夫·雅尔的研究以军事法庭审理的案件为依据，所以无法体现出这些变化，因为此时军队已经迅速瓦解，人们凭借军事法庭的力量根本无法遏制这一趋势。

162 Jünger, *Kriegstagebuch*, S. 313.

163 1917 年 7 月 27 日至 8 月 1 日，云格尔在他的《战地日记》里描绘了当时的情景（Jünger, *Kriegstagebuch*, S. 283 - 302），下文是对这段文字的总结。云格尔又在《钢铁风暴》"朗厄马克"一章中（Jünger, *In Stahlgewittern*, S. 179 - 191）引用并改写了这部分内容。

164 Jünger, *Kriegstagebuch*, S. 296f. 从云格尔用在《钢铁风暴》中的日记文本（Jünger, *In Stahlgewittern*, S. 184）来看，德军的秩序并没有在一时间突然瓦解：当时，大部分人心甘情愿地听从了命令，只有一小部分人在武器的胁迫下才加入了防御战。

165 Jünger, *Kriegstagebuch*, S. 297f.《钢铁风暴》（Jünger, *In Stahlgewittern*, S. 185）对这一场景的描写则有所不同："从目前的情形看，我们已经没有任何胜算了，所以没有必要再牺牲整支队伍。于是我下令撤退。现在的问题是，士兵们正在与敌人枪战，难以脱身，我要怎么让他们撤到高处来。"云格尔在最终出版的作品中对原始文本做了改动，从而掩饰了他观察到的德国军队瓦解的情况，这样一来，士兵纷纷逃亡的场面也就成了不太重要的现象。

166 同上，S. 298。

167 同上，S. 303。

168 Jünger, *In Stahlgewittern*, S. 191.

169 Thaer, *Generalstabsdienst*, S. 146f（写于 1917 年 11 月 4 日）。

170 Rupprecht, *Mein Kriegstagebuch*, Bd. 2, S. 281（写于 1917 年 11 月 3 日）。

171 Müller, *Regierte der Kaiser?*, S. 333（写于 1917 年 11 月 16 日）。

第八章

鲁登道夫的赌局和同盟国的溃败

/ 威尔逊和"十四点计划"

在 1917 年，社会主义党派的代表和来自梵蒂冈的特使都未能推动欧洲的和平进程。但到了 1918 年初，各方僵持的局面似乎有所松动：1 月 8 日，伍德罗·威尔逊在美国国会两院发表演讲，提出了"十四点计划"，这份计划主张"在不分胜负的情况下实现和平"。计划中的大部分要求，美国总统之前就已经提过；但这份计划是针对当前的政治局势制订的，所以也被赋予了新的目标。[1] 在计划的前 5 项中，威尔逊描述了未来和平世界的基本原则：各国政府之间不得秘密缔结条约；政府应尊重船只跨国航行的自由；应裁减军备；应为所有国家提供相同的贸易条件；应重新厘清殖民地主权的问题，在这一过程中应兼顾当地居民的权益和现存法律文件上的要求。在美国试图建立的这种新秩序中，英国的世界大国地位和法国的殖民地政策固然有可能受到威胁，但"计划"在这方面说得比较模糊，这样一来，美国就有可能避免和它的欧洲盟友发生冲突。而威尔逊对同盟国提出的要求则具体得多：德军必须退出他们在比利时、俄国和法国占领的地区，还必须归还 1871 年并吞的阿尔萨斯—洛林地区，因为德国"已经扰乱世界和平将近 50 年时间"，现在必须改正这一行为；此外，在意大利问题上，同盟国必须依据争议地区的种族分布情况，重新划定国界；必须确保哈布斯堡帝国和奥斯曼帝国境内各民族享有自治权；最后，必须让塞尔维亚、黑山、罗马尼亚和波兰复国，而且从这个意义上讲，新成立的国家波兰必须在不受他国限制的前提下拥有出海口。

战争结束一年后，虽然局势已经发生了变化，但德国哲学家卡尔·福伦德（Karl Vorländer）仍然称赞威尔逊的"十四点计划”是对康德《永久和平论》（*Zum Ewigen Frieden*）的具体化。[2] 如果只关注计划提出的基本原则，以及计划的最后一项，即要求建立国际联盟，那么福伦德的说法无疑是成立的。但美国总统在计划中提出的建议越是具体，就愈发表明他是代表参战的其中一方说话，并且在他看来，威廉二世时期的德国与多瑙河帝国才是首先破坏国际秩序的捣乱分子：对美国来说，自威尔逊宣战以后，他们参加的战斗便具有十字军东征的性质，其目的是建立新的世界秩序，从而与同盟国及其政治秩序对抗。颁布“十四点计划”以后，威尔逊也对其做了阐释；他虽然提到德国只要保障他国自由贸易的权利，遵守相关的法律法规，就不应受到歧视，但他又进一步解释说，德国代表在和平谈判之前必须首先澄清，他们究竟在为谁说话——是帝国议会的多数派，还是“军方以及那些将帝国统治奉为纲领的人”。[3]

在新近的研究中也有学者指出，威尔逊的“十四点计划”不过是个幌子，它掩盖了美国崛起为世界强国的野心。[4] 这样的动机或许会让威尔逊的某些内阁成员深感不安，比如国务卿罗伯特·蓝辛（Robert Lansing）和财政部部长威廉·吉布斯·麦卡杜（William Gibbs McAdoo）；但威尔逊却对自己在计划中提出的这套原则深信不疑。有个例子可以说明这一点：战争结束后，威尔逊曾真心实意地试图在巴黎和会上贯彻这些原则。另一些批评者也因此称威尔逊为“天真的政治家”或“悲剧人物”。但这位美国总统一点儿也不天真；我们可以看到，美国参战的动机本来并不强，但威尔逊特地赋予了美国某种使命感，从而为国家参战铺平了道路[5]——而这才是真正的政治挑战。在外交上，威尔逊没有面临太大困难，英国和法国基本上只能接受美国提出的条件，因为在经历了 1917 年的一系列战斗以后，这两个国家的力量已经被耗尽，根本没有资格去反对威尔逊提出的和平世界基本原则；[6]然而在国内，威尔逊却有很多反对者。不过在接下来的几个月里，他在国内的反对者也改变了想法。毕竟，美国军队卷入战争的时间越长，他们在战争中的牺牲越大，在欧洲阵亡的美军士兵越多，威尔逊在国内就越发难以保持原来那种无私、利他的立场。现在，美国的政治家，尤其是共和党人，也提出国家既然在战争中做出了牺牲，就必须得到相应的补偿。所以，在1918 年 11 月，人们表示必须削弱德国的地位，还引用威尔逊 1 月 8 日发表的声明作为依据。德国政府既然深受现实政治的理念影响，就应该清楚，每多一个阵亡的美国远征军战士，美国发挥政治制衡力量的可能性就减少一分。

不过，在制定"十四点计划"的过程中，这类内政问题其实不足为虑，首要的问题是如何应对布尔什维克主义者通过宣传造成的致命影响。布尔什维克政府在执政后不久就公开了协约国的一系列秘密文件，其中包括瓜分奥斯曼帝国的赛克斯—皮科协定，它和英法政府冠冕堂皇的说法——要捍卫民主和民族自治权力——相互矛盾。[7]在协定中，双方约定了各自的势力范围，同时对国界做了大幅调整，这表明协约国不过是一个权力集团，他们一切行动的出发点不过是提升自己的地理政治优势、追求经济利益，这与同盟国的动机如出一辙。[8]列宁很快意识到，他在政治上可以如何利用这份秘密协定：既然战争不过是帝国主义国家在争权夺利，那么他可以呼吁欧洲无产阶级将这场帝国主义战争变成阶级战争，呼吁他们与真正的敌人战斗，真正的敌人就是资产阶级及其盟友。[9]公开文件事实上给同盟国也带来了一些好处，但同盟国方面却没有加以利用。而威尔逊制订"十四点计划"是要让协约国在秘密文件被公布以后再扳回一局，重新占领道德制高点，否则，那些中立国家就未必会继续对德国实施全面封锁了。德国方面则拒绝了威尔逊的提议，这又一次表明，柏林政府始终没搞明白，这场战争同时也是一场政治上的战争。[10]

然而在民族独立运动的问题上，德国到目前为止付出的努力远远多于协约国，他们在这方面的立场也应该和威尔逊的计划有相通之处；从这一点出发，我们确实很难理解，德国为何要拒绝威尔逊的提议。事实上，从芬兰和波罗的海诸国，到波兰和乌克兰，再到外高加索地区，这一区域内有一系列国家即将成立；虽然从强权政治的角度来看，它们仍是德意志帝国的附庸，但国家的独立程度将是这些民族在沙俄统治时期无法想象的。这或许并不能满足这些国家内部许多民族主义团体的要求，但已经远远超过西方大国用来敷衍他们的那些笼统的声明和空泛的允诺，毕竟西方大国首先要顾及沙俄政府的利益和感受。随着民族国家的成立，德国将充当欧洲中部、东部小国的庇护者，并以此为基础，在欧洲大陆上建立自己的霸权。而协约诸国中，只有美国有可能在这件事上支持德国。

德国要取得美国的支持，就必须允许哈布斯堡帝国的各民族独立，具体地说就是允许捷克人、斯洛伐克人、波兰人和塞尔维亚人独立。威尔逊在 2 月和 3 月发表的声明中清楚地表示，协约国的胜利必然导致多瑙河帝国瓦解。[11] 此前，在哈布斯堡帝国的民族问题上，协约国不敢承诺太多，因为他们想让维也纳、布达佩斯（Budapest）的政府和德国解除同盟关系。然而奥地利政府无法下定决心和协约国单独媾和，所以协约国只好让奥匈帝国自食其果——卡尔皇帝就这样错失了所有机会。一方面，奥匈帝国的命运仍然与德国不可分割；而另一方面，德国政府已经不允许哈布斯堡帝国君主左右两国的共同政策，这主要是因为德国人已经知道，奥地利君主的内兄西克斯图斯·冯·波旁－帕尔马曾私下与协约国接触，更重要的是，君主本人也愿意在阿尔萨斯—洛林的问题上让步。虽然在消息公布的几个月前，柏林政府就听说卡尔皇帝答应法国政府做出让步，然而直到1918年春季"西克斯图斯事件"曝光，这一消息才引起热议——虽然卡尔皇帝对此矢口否认，外交部部长切尔宁也被迫离职。海军上将冯·米勒在4月14日写道，皇帝提到他收到了奥匈帝国总司令部德国军事代理人奥古斯特·冯·克拉蒙将军发来的电报，电报中说，在维也纳，"也就是军官的圈子里，卡尔皇帝写给其内兄且涉及阿尔萨斯—洛林的信件影响极坏，人们也不相信官方的辟谣。卡尔皇帝现在必须尽快起程，给我们的皇帝道歉，并驱逐帕尔马家族的人"。[12] 卡尔皇帝的地位也因此动摇了，他在接下来几个月里没有再发挥任何重要作用。在战争结束之前，维也纳政府已经战败了。

不过从长远来看，同盟国并不是"威尔逊政策"在战略上的敌人——新兴的苏维埃俄国才是。尽管列宁也承认民族的自治权，但这对他来说只是一个过渡阶段，是推动社会主义革命的必经之路，而革命的结果就是各民族不分你我。所以，在1917年的时候，他更容易跟德国方面达成共识，却难以容忍西方协约国提出的构想。但人们没有立马觉察到这一点，因为在一开始，彼得格勒的布尔什维克领袖们仍然有限度地与伦敦政府、巴黎政府合作。当时，英国部队在俄国北冰洋海岸线上的摩尔曼斯克港口登陆，这在一开始也是经过列夫·托洛茨基（Leon Trotsky）同意的——这位新任战争委员的想法和英国人一样，他不希望囤积在此处的大量军用物资被德国—芬兰部队夺走。[13] 苏俄当时正要组建红军，托洛茨基提出这些装备应当归红军所有，而英国方面关心的是，它们不能被德国人利用，只能用来对付德国人。但双方的利益交叉点毕竟有限，他们无法在这样的基础上达成战略性合作，而其中最关键的分歧不在于他们对社会的构想截然相反，而在于他们想建立不同的国际秩序。布尔什维克主义者和德国的霸权政策推行者却存在合作的可能，因为他们都想利用对方来实现自己的目的和目标，也都相信这个办法是可行的：德国人想利用布尔什维克主义者平息东部的战争，这样他们就可以将东部的军队调走；布尔什维克主义者则想利用德国来影响时局的发展，这样，在时机成熟时，他们就可以让社会主义革命之火蔓延到西方。而威尔逊的"十四点计划"表明，在这些方面协约国是不可能与苏俄合作的：在短期内，这个计划针对的可能是同盟国，但如果时间稍长，人们会发现，相对于列宁和布尔什维克主义者力图建立的世界秩序，这个计划提供了另一种选择，而且它和前者有原则性区别。[14]

1918 年 11 月，马克斯·韦伯在写给古典哲学家奥托·克鲁修斯（Otto Crusius）的信中也探讨了这种选择；当时德国刚刚战败，这对韦伯也造成了一定的冲击，他在信中写道："我们如果秉性诚实，就会承认，德国的**国际政治**地位已经一去不复返了；事实是，盎格鲁—撒克逊人统治了世界［……］。这让人很不愉快，然而，我们阻止了更糟糕的情况——让**俄国**人用他们严酷的方式统治世界！这是我们的荣誉。美国要统治世界，这是不可避免的，就像古代布匿战争结束后罗马要统治世界一样。"[15]我们看到，连韦伯也不愿意承认德国做出的牺牲是毫无意义的，因为他清楚地指出了德国的"荣誉"所在；但抛开这一点，他的这封信实际上极为冷静地分析了世界政治局势的发展：德国方面不得不放弃他们对于世界政治的野心，这"让人很不愉快"，但值得高兴的是，现在统治世界的是美国而不是俄国。俄国独裁、

/ 660

暴政的本质并没有改变，只不过现在换了一件外衣。

但许多和韦伯同时代的人都无法这么冷静地分析问题。他提到罗马的布匿战争并非偶然，因为有不少人认同德国应该"在胜利的前提下签订和约"，而这些人曾经一次又一次拿这场战争和罗马、迦太基（Carthage）之间争夺地中海西岸统治权的战斗相比。在他们看来，德国相当于罗马，而英国相当于迦太基；这两国之间的矛盾是战争的核心矛盾，它们之间的较量将决定战争的结果，而其他国家都是不太重要的角色。套用这个比喻，这些人很容易认为德国的主要敌人就是英国和它背后的美国，而战争的结果就是德国获胜。他们将这场大战和布匿战争相提并论，这意味着谈判和妥协的可能性已经被排除在外：罗马和迦太基一直激战到分出胜负，所以这也是德国和英国唯一的选择；而妥协是不可能的，无论妥协的内容为何，这些人都不予考虑。英国的世界大战历史学家休·斯特罗恩在他的作品中也指出了这一点，他写道，在 1918 年，兴登堡和鲁登道夫越发狂热地认为，他们必须像第二次布匿战争中的罗马人那样战斗到底。[16] 德国战败后，马克斯·韦伯模仿当时的主流说法，将这次战争比作历史上的布匿战争，但他的观点与主流说法完全相反：他指出在这次战争中，美国作为世界霸主的地位得以确立，而且事实证明，那些把德国比作罗马的人根本就没有看清局势。实际上，德国人扮演了另一个角色：他们成功阻止俄国成为新的罗马。但这已超出了上述类比的范畴。这就是马克斯·韦伯的看法。[17]

/ 短命的德意志东方帝国

1918 年初，同盟国的局势乍看起来还是比较有利的：虽然他们在战场上接连受挫，但仍占领着敌方的大片领土，所以如果要与协约国和谈，他们手上也有足够的筹码。不过奥斯曼帝国的状况最糟糕：此时，大英帝国的印度军队正沿着幼发拉底河（Euphrates River）与底格里斯河（Tigris River）前进，他们占领了美索不达米亚的大片土地；英国第八集团军携澳大利亚、新西兰的部队从埃及出发，在加沙突破了土耳其的防线，他们的首领埃德蒙·艾伦比于 1917 年 12 月 10 日率军进入耶路撒冷。[18] 但奥斯曼军队战败的主要原因在于，作战部部长恩维尔帕夏将国内最好的军队部署在北部的高加索前线；他们打算从那里出发，收复 1914~1915 年被俄国占领的领土，并且一直挺进到里海（Kaspiyskoye More）沿岸巴库（Bakı）的油港和达吉斯坦（Dagestan）、土库曼斯坦（Turkmenistan）。[19] 长期以来，土耳其的年轻一代都认为奥斯曼帝国已经永远失去了它在北非的领土，他们也几乎打算放弃阿拉伯地区，因为当地反对土耳其人统治的呼声日益高涨。兴登堡和鲁登道夫要求奥斯曼帝国的作战部部长积极抗击并牵制住从南面挺进的英军，但恩维尔帕夏拒绝了这一要求，反将本国兵力集中在东北部，所以陆军最高指挥部不得不派出德国和奥地利的部队稳定巴勒斯坦前线的局势。[20] 作为盟国，奥斯曼向东北部扩张引起了德国的不满，这不仅因为这些行动偏离了德国制定的战略目标，更是因为德国方面原本计划将这些领土纳入处于萌芽阶段的德意志东方帝国，而现在它们却被土耳其人侵占。[21] 而最重要的还是石油供应问题：如果奥斯曼军队撤出美索不达米亚，英国就会控制那里的油田；另外，一旦君士坦丁堡政府并吞了里海地区，德国要从那里获取石油就不容易了。所以兴登堡和鲁登道夫也将部队派到这一地区，以声明德国对此地的权利，必要时这些部队还可以动用武力。

和奥斯曼帝国不同，同为盟国的保加利亚在征服塞尔维亚、罗马尼亚以后已经基本实现了战争目标。但这对德国来说也是个麻烦，因为在索菲亚，人们几乎已经没有兴趣继续作战了：保加利亚的领袖们越发认为，现在他们只是在为德国战斗。此外，同盟国方面于 1918 年 5 月 7 日与罗马尼亚签订了和约，在和约中规定罗马尼亚必须割让部分领土给保加利亚，但这部分领土的面积显然并未达到保加利亚政府的期望。但由于奥斯曼帝国和德国都在觊觎北多布罗加高地，所以这一地区相当于被同盟国的 4 个成员国控制，而罗马尼亚实际上就成了德意志东方帝国的一部分。[22] 鲁登道夫后来写道："这个方案没有彻底解决问题，不幸导致保加利亚人对此心怀怨恨，而土耳其人也并不满意。"[23] 保加利亚人感觉受到了歧视，所以在索菲亚，人们在某种程度上产生了一种仇视德国的情绪。[24] 然而愤怒的保加利亚领袖们忽略了一件事：保加利亚扩张的前提就是德国称霸东欧；一旦德国失去在这一地区的霸权，保加利亚也只得拱手让出他们在战争中取得的所有利益。

德意志东方帝国存在的时间虽短，用历史学家克劳斯·希尔德布兰德（Klaus Hildebrand）的话说就是"转瞬即逝"，但我们可以看出，它的内部已经呈现出多样化特征，而这正是成熟大帝国具备的特点：有的国家是它的属国，比如乌克兰；波罗的海国家由自己的领袖治理，但它们完全依附于德国；有的国家只是有限度地依附于德国，比如芬兰；有的国家是它的盟国，比如保加利亚——德国在东部取得的军事成果让保加利亚人受益颇多，所以他们对德国也产生了依赖，却不愿承认这一点。和大多数帝国一样，在德意志东部帝国内部，帝国统治和霸权统治的元素同时存在并且混合在一起。[25] 政治家要驾驭如此错综复杂的局面，自然需要很高的政治敏感度，而这正是鲁登道夫最为欠缺的。他只用战斗力这一个标准来衡量德国的盟国和属国。例如，他对保加利亚的态度就十分傲慢，因为后者军队的逃兵率较高。保加利亚和其他中欧、东欧的国家一样，他们招募的士兵主要是农民，这些人希望至少可以偶尔回自己的村庄看看，因为他们的妻子、孩子没有能力长期独立地照管他们的小农场。和德国情况不同的是，保加利亚几乎没有俘虏多少敌人，所以无法用他们替换（至少是一部分）前线的士兵。另外，他们的对手是萨洛尼卡及其周围的协约国部队，而这一区域事实上相当平静，所以保加利亚士兵实在想不通，他们为什么非要时刻待在部队里。[26]

外交部的外交官们则并不认同陆军最高指挥部制定的战略，他们对建立德意志东方帝国不感兴趣。[27] 新任外交部部长里夏德·冯·屈尔曼（Richard von Kühlmann）于 1917 年 9 月 28 日在帝国议会主要委员会发表了讲话，表示他看不到任何改变战前国际秩序的理由。他对议员们解释说："我们还清楚记得旧日的欧洲是什么样的。如果我认为，没有哪个属于'旧欧洲'的国家会觉得这种已经维持了 40 年的状态让他们无法忍受，以致他们要冒着自我毁灭的危险摧毁原有的秩序——那么我这种说法也不算过分。"[28] 在这里，屈尔曼再次强调了之前德国的立场，即德国发动的只是一场防御战，虽然在此期间德国也占领了大量别国的领土，但这场战争的真正目的仍是在原有国界之内抵御外敌。事实上，屈尔曼向俄国方面（此时由亚历山大·克伦斯基领导的临时政府执政）提议的和平条件并不包含"并吞他国领土"这一项；他还暗示，他打算用类似方法解决西线的问题。这意味着他站到了鲁登道夫政治路线的反面，在接下来几个月里，鲁登道夫也成了他最主要的对手。身为第一军需总监的鲁登道夫提出，这场战争必须改善德国的军事战略格局和经济政治格局。[29] 而屈尔曼显然想通过和东部国家缔结和约制造政治上的连锁反应，而且这种连锁反应将波及英国和法国。"或许直到今天，在这场浩大的战争中，'阻止欧洲走向毁灭'这一目标仍然符合所有大国的共同利益。"[30]

然而屈尔曼没有机会证明这种连锁反应是否真的会出现，因为 1917 年 11 月 7 日晚，俄国的布尔什维克主义者发动政变，屈尔曼也因此失去了谈判的对象——而他原本有机会和对方达成谅解。他的主张（以重建欧洲旧秩序为目标，在谈判基础上实现和平）也成了不可能实现的愿景，因为如果和约规定恢复 1914 年的国界，这虽然意味着德国不会并吞他国领土，但另一方面也会导致波兰、立陶宛、拉脱维亚等民族的自治权得不到保障，所以，对帝国议会主要委员会发表讲话时，屈尔曼明确提到了"大国"的利益，而并未提及弱势民族的利益。这个问题并不存在两全其美的解决方法：如果允许民族自治，就必然要改变原来的国界，那么"在不并吞他国领土的前提下实现和平"就成了空谈；如果要恢复 1914 年以前欧洲的国界，就必须压制民族独立的思潮，而这股思潮已经在战争中发展壮大。如果布尔什维克主义者同意第二种选择，他们在意识形态上就站不住脚——这种选择会让欧洲倒退回战争之前的格局，他们自然不能赞同。何况民族解放运动的火焰已经从芬兰一直蔓延到高加索地区，布尔什维克政府凭借自己的军事力量根本无法镇压这些运动。而列宁也坚定地认为，他们必须先在有限的区域内巩固社会主义政权，然后再以此处为中心，借助世界革命的力量，一步一步实现扩张。屈尔曼面临的难题就在于，他提出的政治路线确实比较守旧，俄国方面不会接受。考虑到这一点，我们就不难理解，最终鲁登道夫为什么能贯彻他那带有侵略色彩的东部扩张政策。1917 年 11 月 9 日，帝国议会就布尔什维克政府不久前颁布的《和平法令》展开辩论，当时弗里德里希·艾伯特（Friedrich Ebert）就警告说，不要将民族自治权当成德国扩张的工具加以滥用，[31] 但面对这一两难处境，他也找不到什么政治上可行的出路。随着战争的发展，由大帝国设立的中欧、东欧秩序已经摇摇欲坠，以恢复这一秩序为目标进行和平谈判显然是不合适的。毕竟战争持续了太长时间，要恢复原来的局面已经不可能了。

在布列斯特—立陶夫斯克，德国的和平谈判持续了几个月，而鲁登道夫力图建立的德意志东方帝国之所以得以诞生，或者说德国之所以能够大力向外扩张，都要归功于托洛茨基使用的谈判战术。两国原本于 1917 年 12 月 5 日约定停火，随后开始协商和平条件。当时列宁希望集中力量对付国内敌人，所以打算尽快签订协议，[32] 但布尔什维克政府代表团的负责人托洛茨基却决定拖延时间，所以他发表了大段宣传性言论，终于让德国人失去了耐心。"俄国代表团跟我们说话的方式会让人以为，他们是以胜利者的身份站在我们的国土上，要强迫我们接受他们的条件。"陆军最高指挥部的全权代表马克斯·霍夫曼将军忍无可忍地在会谈记录上写下了这句话，并强调"事实恰好相反"。[33] 托洛茨基认为，这段时间内布尔什维克政府的和平宣传将对同盟国的军队产生影响，而且德国境内也有可能爆发革命，而面临时间压力的不是革命者，而是反动统治者。事实证明他的判断是错误的，而

1917年德意志"东方帝国"的扩张

雷瓦尔
（现为塔林）

彼得格勒
圣彼得堡

斯德哥尔摩

普斯科夫　　特维尔　　俄　　　　国

莫斯科

波罗的海

里加
利耶帕亚

道加瓦河

维捷布斯克
斯摩棱斯克　图拉

考纳斯

柯尼斯堡

维尔纽斯　明斯克

莫吉廖夫
奥廖尔

但泽
（现为格
但斯克）

格罗德诺

戈梅利
库尔斯克

坦嫩贝格坦能堡
华沙

布列斯特—立陶夫斯克

别尔哥罗德

哈尔科夫

布雷斯劳
（现为弗罗茨瓦夫）

基辅

塔甘罗格
罗斯托夫

克拉科夫　利沃夫

乌克兰

聂伯河

加利西亚

切尔尼夫齐

德涅斯特河
巴萨拉比
摩尔多瓦

维也纳

布达佩斯

敖德萨

克里米亚半岛　新罗西斯克

塞瓦斯托波尔

奥　匈　帝　国

德劳河

罗马尼亚
布加勒斯特
瓦拉几亚

黑　海

萨瓦河

贝尔格莱德

多瑙河

康斯坦察

君士坦丁堡

奥斯曼帝国

—— 1917年12月15日布列斯特—立
陶夫斯克停战期间东部战线位置

•••••• 1918年3月3日《布列斯特—立陶夫
斯克和平条约》签订之前同盟国军
队抵达德最远位置

▨ 被同盟国军队占领的俄罗斯帝国领土

0　100　200　300　400　500 km

/ 大战：1914-1918 年的世界 /

且带来了致命后果。1918 年 2 月 10 日，身为俄国战争委员的他再次拒绝签订和平协议，并动身前往彼得格勒，于是德国方面于 2 月 17 日宣布结束停火，并立刻开始进攻俄军阵地。德军在几天之内就挺进了几百公里，占领了波罗的海诸国、整个白俄罗斯和乌克兰，还有包括克里米亚在内的部分俄国领土；甚至革命的中心彼得格勒也离德军仅一步之遥。而此时俄国军队正在迅速解体，他们既不愿意也没有能力认真抵抗。[34]

2 月底，战斗阵地转移到了铁路上。根据霍夫曼的记载，这是"我经历过的最奇怪的战争。［……］人们把一小群带机关枪的步兵和一门大炮弄上火车，开到下一站，占领那个车站，逮捕布尔什维克主义者，把其他部队接到火车上，再开着火车继续前进。不管怎么说，这个过程都让人感觉新奇、刺激"。[35] 在这种情况下，列宁在中央委员会促成了和平协议的签订。也就是说，托洛茨基和当时中央委员会的多数派给了德军机会，让他们额外控制了一些区域；假如双方在 1918 年 1 月签订和平协议，这种情况就不会发生了：德国之前要求让波兰、立陶宛和立窝尼亚（Livonia，拉脱维亚的一个省）独立，现在在此基础上又要求布尔什维克政府允许乌克兰、芬兰和爱沙尼亚独立；此外俄国还必须同意让德国驻军白俄罗斯。彼得格勒的新政府被逼得无路可走。1918 年 3 月 3 日，布尔什维克政府代表团在布列斯特—立陶夫斯克与德国人签订了协议。[36]

帝国首相赫特林和外交部部长屈尔曼曾公开表示不赞成德国向东扩张，东方帝国的建立显然违背了他们的意愿，而作为政治领袖，此事原本在他们的责任范围之内。屈尔曼这么做可能出于两种动机：一是他意识到，向东扩张将导致德国不可能在做出让步的基础上与西方大国签订和约；二是他想挽救他针对布列斯特和谈制定的谈判战略。究竟哪一种才是他的真实想法，我们无从得知。总而言之，他坚决表示反对德军结束停火、在东部再度开战，而在一开始，他也有把握获得皇帝的支持。[37] 他主张静观其变，让俄国的形势自行发展。鲁登道夫则指出时间已经越来越紧迫，德国必须把东部的大批军队调往西线，而且德国如果重新开战，就能取得大量资源，这对德国民众来说也是雪中送炭。

事实上，他考虑的还不是乌克兰的粮食或者罗马尼亚、里海一带的石油，而是他可以从东方帝国的附属国招募士兵，他们将被编入德国军队并与协约国作战。大英帝国的军队中也有新西兰人、澳大利亚人和加拿大人，鲁登道夫在佛兰德战役中已经见识过他们的战斗力，所以他想如法炮制，从芬兰、波罗的海各国、波兰和乌克兰招募士兵，让他们为新兴的德意志大帝国效力。为此，这位军需总监于1918年2月13日在巴特洪堡的皇室委员会促成了这次扩张。德军进攻取得的成果和东方帝国的建立让兴登堡和鲁登道夫得以在接下来几个月里保持绝对优势。他们又一次感觉自己无往不利。

德意志东方帝国的建立原本并不在德国政府的计划之内，而是布尔什维克政府决策失误造成的。在这件事情上，彼得格勒的新政权无意中暴露了自身的弱点，这就激起了德国人的贪欲，也让他们联想到一些之前提都不敢提的可能性。[38] 但鲁登道夫向东方扩张让一个问题变得更加尖锐，而他显然没有意识到这样做可能造成的后果：要在西线取得决定性胜利，就必须把所有可用的军队调到法国北部的战场；德军已经于1918年3月21日在此处发动了进攻，鲁登道夫唯有将"德军的第二支队伍"[39] 全数派往西线，才能为这次进攻提供足够的后备军，以免进攻停滞。然而目前仍有超过100万德国士兵要一直留在东部，维持东方帝国的稳定，并拓展其范围。而即便这些部队被调往西线，他们能否扭转战斗局面仍是未知，毕竟他们从总体上讲并不是德军中装备最精良、战斗力最强的部队。但可以肯定的是，1918年德军在西线的兵力是短缺的，当时他们在西线已经实现突破，只有增加兵力，才能进一步实现战略性目标。而到了秋季，法军、塞尔维亚军队、希腊军队组成"东方集团军"从萨洛尼卡的营地出发，在巴尔干地区发动进攻，这时鲁登道夫手下也没有足够的兵力可以将其击退。而从附属国招募士兵编入德国军队的想法一直停留在最初的计划阶段。

自1918年夏初开始，局势就逐渐表明德国在东部已经过度扩张，而且可以预见的是德军在进攻中将要受挫，这又必定导致军队瘫痪。事后鲁登道夫争辩说，这样的两难处境是不可避免的。正因为政府缺乏执政技巧和决断力，兴登堡和他才陷入如此窘迫的境地：外交部部长冯·屈尔曼作为德国在布列斯特—立陶夫斯克的谈判团负责人，竟被布尔什维克政府的谈判团负责人托洛茨基牵着鼻子走，以至于浪费了宝贵的时间，而他鲁登道夫正需要这些时间来打赢这场战争。[40] 这和所谓"背后一剑"的说法 ① 如出一辙。

/ 671

在德国试图巩固东方帝国政治秩序的过程中，王侯阶层被牵扯进来并上演了一场闹剧，这也说明德意志帝国的宪法事实上与东部扩张行动格格不入。按照最初的计划，库尔兰

---

① 德国战败后，政府为了推卸责任，指出德国本有机会取得胜利，无奈一群"叛徒"于战事紧急之际指挥工人发动罢工，导致国内经济崩溃，这相当于在背后横插一剑。

（Courland）、爱沙尼亚和立窝尼亚将与德国成为共主邦联①，因此普鲁士的国王也将成为波罗的海各国的国王。但德国的大多数王侯都反对这个计划，他们担心普鲁士以及霍亨索伦王室会因此掌握更大的权势。[41] 为了避免这种质疑，德国政府经过权衡，决定将立陶宛的王位交给萨克森王室，将波兰的王位交给符腾堡王室；此外，黑森—达姆施塔特（Hessen-Darmstadt）的弗里德里希·卡尔（Friedrich Karl）亲王将被推选为芬兰国王（他后来确实选上了，但不久德意志帝国的政权便走向终结，这位王子也没有机会正式登上王位）；此前一直由中央政府管辖的阿尔萨斯—洛林州将被分成两部分，阿尔萨斯归巴伐利亚管辖，洛林归普鲁士管辖。为了制订这一系列计划，德国政府参考了19世纪70年代晚期巴尔干半岛政治新格局形成的过程，当时半岛上的新兴国家都面临政治和社会四分五裂的局面，他们无法从自己的阵营中选出被各方接受的君主，所以，不少德国亲王被加冕为这些国家的国王，这样国家至少看起来是统一的。这种方案当然没有产生人们期望的效果。它在1918年被再度采用，固然是因为政府很难驾驭当时帝国内部的权力格局，但也暴露了各邦国王侯在政治上的无助：他们希望用一种政治秩序来约束德国在东欧的扩张，但这种秩序在德国本土已经岌岌可危。德国用这种方式在欧洲建立霸权是行不通的。

德国的扩张也导致同盟四国的政治关系变得更加紧张。前文提到德国已经和土耳其产生了矛盾，保加利亚内部仇视德国的情绪也日益高涨，而现在奥匈帝国也与德国反目成仇，因为这个国家始终感觉德国在排挤它。维也纳政府将本国与塞尔维亚的冲突

---

① 又可译作君合国、身合国或人合国，是指两个或两个以上被国际承认的主权国家，共同拥戴同一位国家元首所组成的特殊的国与国关系。

升级为战争，目的是保住奥匈帝国在欧洲的大国地位，而现在他们很快就要失去这一地位了。事实上，二元帝国在 1918 年初已经实现了所有战争目标：同盟国打败了塞尔维亚和罗马尼亚，击退了俄军和意大利军队；1914 年秋季那场浩劫过后，俄国占领了东加利西亚的部分领土，奥匈帝国事实上已经不指望将其收回，但沙俄政权解体后，奥匈帝国又重新控制了这部分领土。正因如此，虽然卡尔皇帝自 1917 年中开始就提出要单独媾和，但外交部部长切尔宁只是漫不经心地表示支持。尽管奥匈帝国在这场战争中牺牲巨大，也取得了一定的成果，但可以肯定的是，战后维也纳在欧洲的地位再不能与战前相比，而且二元帝国对德国的依赖性已经有目共睹。维也纳政府则在两种态度之间摇摆，时而决定听天由命，时而固执地要求德国必须将奥匈帝国看作权利平等的盟国，要求德国在做任何重要决定时都必须与奥匈帝国商议。而事实上，在军事领域，德国政府早已不再询问奥匈帝国的意见，而现在即使在政治问题上，德国政府也不再与奥匈帝国协商了。德国人开始认为他们不必再依赖奥匈帝国，因为这一同盟形成于 19 世纪 70 年代晚期，起因是沙俄帝国崛起，而正是迫于沙俄的压力，德奥同盟才维持到了战争期间。在此过程中，维也纳政府一再筹划要寻找一位能够取代德国的政治盟友，但计划又一而再，再而三地流产；德方也曾考虑牺牲奥匈帝国的利益，[42] 在此基础上与俄国和解，但这些想法也总是不了了之，因为德国人不愿单独面对俄国，他们担心日益壮大的俄国会对德国不利。现在，俄国的威胁已经不复存在，所以德国也就不必再依赖奥匈帝国了。我们可以看到，自 1915 年以来，每次打败俄军以后，德国对维也纳方面的期望和想法都表现得更加冷漠。德意志东方帝国建立以后，德国对奥匈帝国的态度更是降至冰点，因为后者

/ 673

已经从盟友变成竞争对手，想要分走德国的一部分战利品。

德奥之间的这种竞争关系首先在两国控制、剥削乌克兰的过程中表现出来。不仅陆军最高指挥部，就连外交部也希望看到维也纳政府成为乞求德国施予的一方，而非德国的盟友。[43] 之前，德国还需要奥匈帝国军队的支持，所以总是避免让这种竞争公开化、明朗化；现在，德国从理论上讲仍然可以调遣奥匈帝国的部队，但这支部队已经为德国创造不了什么价值了。[44] 当时，鲁登道夫计划于春季在西线发动进攻，并要求奥匈帝国为他提供人马，但这些人马（在一开始）并没有到位，因为维也纳和切申（军队总司令部所在地）方面打算再次大规模进攻意大利——这也是为了证明他们不需要像科巴里德战役中那样，依靠德国的帮助。后来，"西克斯图斯事件"曝光，人们又发现缺乏经验的卡尔皇帝竟私下与法国政府联系，这进一步削弱了奥地利在谈判中的地位。"克列孟梭公开了〔卡尔皇帝的〕信件，"1918 年 4 月 30 日，海军上将冯·米勒在与威廉皇帝谈话后写道，"如果我们要澄清与奥地利的关系，目前的局势对我们是越发有利了，奥地利现在也更加清楚我们为什么这么做"。[45] 所以，德国无论在政治上还是军事上都不想再让这个已经自身难保的盟友插手。东部的德国占领军也清楚这一点，所以他们对待奥匈帝国军人的态度发生了变化。有些奥国军官在战争过程中已经习惯了德国的主导地位，德军跟他们打交道倒也没什么大问题；但在政治层面上，这也导致两国之间的裂痕越来越深。

德国东部战线形势大好：俄国军队解体了；德军进军波罗的海诸国，占领了乌克兰，德国还签订了《布列斯特—立陶夫斯克和约》与《布加勒斯特和约》，这一切都为发动"大型战役"铺平了道路。[46] 在德国人看来，发动"大型战役"意味着与西方协约国决战并将其打败。从某种程度来看，鲁登道夫在 1918 年春季发动进攻的目的是重新执行施里芬计划——而这次进攻与施里芬计划的不同点在于，现在"俄国压路机"已经不构成任何威胁，在西线作战的士兵也不会因为要转战东线而面临时间压力。但时间压力也不是完全不存在：虽然海军高层一再保证，美国士兵几乎不可能抵达欧洲，因为运送他们的船只已经被潜艇击沉了——但还是有越来越多的美国士兵出现在法国；1918 年春季，他们的数目达到了 40 万。只不过到目前为止，他们还未发挥太大的作用，因为他们还必须接受培训和战术指导。此外，英国远征军初来法国作战时，军队领袖们就争论过如何整合军队的问题，现在这种争论又出现了：贝当和黑格更倾向于将美军编入法军和英军的部队，而美军总司令约翰·潘兴（John Pershing）则要求让美军作为独立部队在特定区域作战。[47] 在佛兰德战役中，英军的损失尤其惨重，所以他们特别希望美军可以补充他们军队的人数——何况两国士兵之间没有语言障碍。而法军方面虽然已经招募了刚满足年龄要求的新兵，但人数仍比前一年要少，无法组建更强大的后备军。如果将美军编入协约国的军队，协约国就可以早日享受美军支援的好处。但潘兴希望将美国在战场上的投入转化为政治筹码，而这一点只有在军队独立作战的前提下才能实现。双方的分歧为德国赢得了相对充足的时间——德国如果趁此机会发动进攻，是很有希望取得胜利的。

而德国内部却在争论是否要利用这段时间。自 1917 年 7 月帝国议会做出和平决议以来，另一拨政治家和知识分子的影响力提升了，他们强烈反对发动新一轮军事进攻，主张派出大批谈判代表与对方谈判，在让步的基础上签订和约。[48] 社会民主党更是在 1918 年 1、2 月再度敦促政府与协约国谈判，并强调谈判成功的关键在于明确承诺"放弃对比利时的政治、军事控制"。这相当于要对英国做出妥协；社会民主党一度认为英国是敌方联盟中的头号大国，德国如要开始和谈，就必须对英国有所让步。如果要取得法国的谅解，最关键的则是让出阿尔萨斯—洛林，但这一点就连社会民主党也不会考虑。菲利普·谢德曼曾在演讲中探讨了如何在让步的基础上实现和平，所以后来有了"谢德曼式和平"的说法，它的对立面是"兴登堡和平"，即在胜利的基础上实现和平。然而就连谢德曼也在 1918 年 1 月声明，怀疑德国可能让出阿尔萨斯—洛林的人，在政治上不会受到重视。[49] 不过，在德国政治家眼中，法国已经不是什么重要角色，这或许也是因为，当初尼韦勒组织的进攻以失败告终，紧接着法军内部又发生叛乱，自那以后法军就不怎么发动大规模进攻了。

虽然当时德国方面有人主张停火并与敌方谈判，但鲁登道夫完全不予考虑。早在 1917 年 8 月 24 日，海军上将冯·米勒就在日记中提到两种完全相反的立场，当时，贝特曼的继任者米夏埃利斯访问了位于克罗伊茨纳赫的军队大司令部："他［米夏埃利斯］非常理性地谈论了战争的目的，并表示自己的立场与鲁登道夫相反。后者曾宣称，他宁愿德意志帝国灭亡，也不愿签订这种丧权辱国的和约；而他——这位首相——则指出，如果在这份和约中，我们可以在极其强大的敌人面前坚持我们的立场，那么它也可以让我们成为世界上的大国且享有美好的未来。"50 这里的措辞可能比较极端，但从根本上说，这段话确实简要描述了德国面临的两种选择。无论在什么情况下，鲁登道夫都主张抓住时机发动进攻，而不指望通过外交手段解决问题。1918 年 2 月 11 日，弗里德里希·瑙曼、汉斯·德尔布吕克等人在一份请愿书中要求他调整政策的方向，争取在达成谅解的基础上与敌方签订和约，而他回答说，在西线发动大规模进攻是唯一的选择。2 月 22 日，他在给瑙曼的信中写道："如果我们要让祖国在经济上强大、安全，那么是战是和就由不得我们。不过，自我们的军队进入法国境内以来，这是我们第一次可以选择是防守还是进攻。虽然任务重大，但该怎么选是一目了然的。我们曾在其他战场取得多次胜利，现在又在停火结束后再度进军，这一切都证明有行动才有收获［'在停火结束后再度进军'指《布列斯特和约》签订之前，德国征服了东部大片地区］。所以我们不愿意也不能一味等待，因为英国已经接受了美国的帮助，一旦他们认为自己的实力足够强大，就会对我们发动进攻。我们如果抓住时机，就可以缩短战争时间、节省大量金钱并且减少流血。［……］德国军队和国内人民一样渴望和平；现在让他们高兴的是，他们终于可以从战壕里出来了。这次进攻不是'德国总参谋部的进攻'，而是德国军队的进攻，也是德国人民的进攻，所以，按着上帝的心意，它必定会成功。"51 在鲁登道夫看来，单方面提议和谈无异于向敌人卑躬屈膝并宣布放弃抵抗；相反，德国如果取得决定性胜利，那么接下来一切都将水到渠成，德国可以有针对性地和西方大国谈判，协商如何结束战争。52 在这个问题上，他知道兴登堡也会支持他。这位元帅在 1 月 7 日给威廉皇帝的信中写道："我们必须打败西方大国，才能保住我们在世界上的政治和经济地位，这对我们来说是不可或缺的。"[53]

但鲁登道夫比任何其他德国人都更清楚地知道,如果发动大规模进攻,其实就是孤注一掷,不成功,便成仁。即将于几个月后成为德意志帝国最后一任首相的马克斯·冯·巴登(Max von Baden)亲王后来回忆道,他曾问鲁登道夫,如果这次进攻失败了,德国将会如何,鲁登道夫简短地答道:"那德国就只能灭亡了。"[54] 在这个时候,威廉·格勒纳最清楚德国可用的兵力和资源还有多少,因为他从战争一开始就在军队大总参谋部担任铁道部主管,后来又成了作战局的负责人;从1918年3月底开始,他事实上已经开始承担乌克兰军事总督的职责。他的看法和鲁登道夫、兴登堡不同;在1918年春季,他认为德国在西线应以防守为主:德国如果未能与协约国顺利谈判,那么最好是出动有限的兵力进攻马其顿(Makedonija)的"东方集团军"和弗留利的意大利军队。在格勒纳看来,要签订对德国有利的和约,最好的办法是充分发挥进攻、防守方面的优势,同时大度地提出谈判邀请,前提是这种方式能让协约国看清楚,要彻底打败德国还必须付出多少牺牲。但格勒纳也知道,从政治角度来看,这样一种战略在德国是难以被理解、接受的:"考虑到人们的心理状态,我们仍不免要说'但是':如果采取守势,那么结束战争可能需要更长时间,问题在于,德国国内的民众能否忍受这种不确定性。"[55] 在这段话中,格勒纳道出了鲁登道夫进攻战略中最关键的一点:它不仅预言德国会取得胜利,而且可以保证在短期内结束战争。但和马克斯·冯·巴登亲王一样,格勒纳也意识到,这种做法等于是孤注一掷。来自普鲁士、生性果断的鲁登道夫已经决定下注——在他看来,试图降低风险是可耻的做法,而来自符腾堡、善于精打细算的格勒纳则认为这样豪赌实在太过危险。

在这种情况下，皇帝其实应该解除鲁登道夫的职务，让一个像格勒纳这样的人来取代他。威廉皇帝可以指出，鲁登道夫是无限制潜艇战的支持者，而德国的状况并没有通过无限制潜艇战得到改善，反而因为美国参战而显著恶化，而且也正因如此，俄军的溃败在战略上并未给德国带来太多好处。换个角度来看，鲁登道夫在这场豪赌中最多失去他作为统帅的光环，而威廉皇帝却有可能失去他的皇位和帝国——也就是说，和这位第一军需总监相比，皇帝冒的风险大太多了。此外，兴登堡和鲁登道夫一直威胁要辞职不干，皇帝当时只要顺势让他们辞职就可以了。他之所以没这么做，可能是因为鲁登道夫一下台，兴登堡必然要跟着辞职。但兴登堡代表了德国人必胜的信心，皇帝担心一旦兴登堡辞职，自己很可能应付不了局面。[56] 他几乎已经完全失去了对政治的控制力，[57] 而且在 1917 年和 1918 年，他似乎对建纪念碑和郊游更感兴趣，对前线的战况则兴味索然。这位皇帝无法持久、专注地处理工作，从他身上，我们可以清楚看到战争给国家带来的压力：事实上他自己也应该辞职，但这在当时的制度下是不可能的，除非政治上反对的声音实在太过强烈，影响了国家的稳定；何况王储的政治才能是否高于父亲还是未知数。在君主政体中，国家元首不能被替换或解职，这就是这一制度的主要缺陷，它在第一次世界大战中暴露无遗。从这一点来看，西方国家的民主政体显然更具有优越性。

保留鲁登道夫的官职是一种极其危险的政治行为，从理性角度来看，这几乎可以说是自杀。然而德国政府仍是时而对胜利充满信心，时而决定听天由命，[58] 所以没有人胆敢对军需总监提出质疑也不足为奇。而鲁登道夫与其他军队领袖不同的敌方在于，他身上散发着一股坚定的力量。他是行动派，而当时的其他领袖，包括总参谋部其余的成员，都一直在思考、反省，说着"一方面……另一方面……""既怎么样……又怎么样……"之类的话，显得犹豫不决、软弱无能。他身上那种毫不怀疑的坚定态度使他成为不可替代的领袖，也导致他的进攻计划成为德国的政治纲领，而所有有关和谈的提议都被扼杀在萌芽状态。[59]

在这个时候，是否继续作战并不是鲁登道夫一个人说了算，也不是德国所有领袖人物说了算。英国和法国现在的政府首脑是大卫·劳合·乔治和乔治·克列孟梭，他们绝不是愿意做出让步的人。南非人扬·克里斯蒂安·史末资（Jan Christiaan Smuts）是大英帝国战时内阁（Imperial War Cabinet）的成员，他在1917年公开声明，英国最在意的不是让比利时恢复原状，而是必须扼杀德国日益增长的势力。[60]在协约国内部，如果有人批驳强硬派的观点，那么他很有可能遭到严厉批判甚至惩罚。1917年11月末，英国的保守派政治家兰斯当勋爵（Lord Lansdowne）就在《每日电讯报》（Daily Telegraph）上公开主张通过谈判与敌方缔结和约；而大卫·劳合·乔治回应说，和撕毁协议的国家签订协议是毫无意义的。法国也有一批人主张在让步的基础上签订和约，其中最有名、影响力最大的是约瑟夫·卡约（Joseph Caillaux）。1918年1月，他因为所谓的"通敌"罪名被逮捕，而且根据判决，他被剥夺公民权数年，原因是当时总理克列孟梭决定不惜一切代价争取胜利。[61]然而，尽管在谅解基础上缔结和约的可能性很小，因为此时协约国的政治家也想继续作战，直到彻底打败敌人，[62]但不可否认的是，此时法国和英国的民众已经对战争极度厌倦，如果德国提议和谈，这些民众很有可能表示欢迎；如果德国再加以宣传，多多少少也会给西方大国造成压力。然而，直到德国的最后一次大规模进攻陷入困境以后，鲁登道夫才愿意这么做。[63]

当然，在命令德国军队向西挺进之前，鲁登道夫还必须回答两个问题：德军具体要进攻哪里？这次进攻的战略性目标是什么？两年以前，法金汉就试图与法国人决战，当时他把地点选在凡尔登附近；而鲁登道夫的想法与法金汉不同，他坚定地认为这一仗必须打败的是英国人。只要英国战败，法国也必定会战败，到时美国也就成不了什么气候了。要达成这个目标，可以让一支队伍朝通往大海的方向挺进，逼迫一部分英军撤退至海峡沿岸，切断他们和供应基地之间的联系，然后歼灭这些部队。[64] 也就是说，鲁登道夫计划中的德国春季进攻应是一场"歼灭战"：从战略角度来看，它不是为了占领尽可能多的土地，而是为了彻底击溃英军，也就是说要打败他们、挫伤他们的士气、逼他们投降。可以确定的是，德国如果以"占领更多的领土"为目标，那么最终肯定要战败，因为德军将在这一战中耗尽最后的力量，而敌方有美国帮助，兵力将明显增长。目前，德国已将一些部队从东线调到西线，但这时德军的人数也只是略多于协约国军队——所以，考虑到两军的力量对比，合理的做法是不要一次包围太多英国部队。结合这两个限定条件，进攻伊普尔南部是一个可以考虑的选项，这一地区大约在阿尔芒蒂耶尔（Armentières）和阿拉斯之间，从这里出发，德军可以朝北部的海峡港口加来和布洛涅（Boulogne）挺进。如果德军实现突破，英军的战线将从中间被分为两段，英国第一、第二集团军以及他们北部的比利时军队将和协约国的大部队失去联系。这套进攻方案的代号为"圣格奥尔格"（St. Georg）。[65] 在这一地区发动进攻的弊端在于，此处英军的阵地修得非常坚固——这一阵地位于伊普尔和

/ 682

贝蒂讷（Béthune）之间，是按照德军的"三层防御"（Drei-Zonen-Verteidigung）模式修建的，所以不容易被突破。此外，德军如果成功实现突破，就必须朝利斯河（Lys）与斯海尔德河（Schelde）一带的湿地挺进，这对他们来说也是巨大的考验。而德军在经历了几年阵地战之后，行动的灵活性已经变得很差；他们也没有足够的马可以拉着大炮随军队前进（在这个时期，德军也学以前的奥地利军人，用原来的一些战马充当驮马，但由于饲料短缺，这些马匹也非常瘦弱），能用的卡车也不多。此外，由于橡胶短缺，卡车装的不是橡胶轮子，而是铁轮子，这非常不利于卡车在湿地上行驶。

/ 683

除了进攻利斯河与斯海尔德河一带，德军还可以进攻南侧位于康布雷和兰斯之间的区域，该地区以圣康坦为中心。如果执行这套方案，德军将沿瓦兹河（Oise）行进至英国战线和法国战线的交接处；据说两国总司令部之间并不和睦，到时德军或许可以利用这一点来克敌制胜。这一方案的主要优势在于，和上一处地点相比，此处的地势要开阔得多，敌方很难确定将后备部队部署在哪个位置更合适，因为德军可以根据需要改变进攻的重点。此外，英国第五集团军不久前才从法国人手中接管此处阵地，而所有人都知道，法军修筑的防御阵地质量很差，所以德方可以认为，此处阵地尚未达到英军的标准，而且和其他战区相比，这里的英军可能还不太熟悉地形。因此，在这里实现突破应该比在伊普尔和贝蒂讷之间实现突破要容易。但实现突破后，德军将进入之前索姆河战役的战场（1917 年春季，德军正是从此处开始撤退的），他们在这一区域同样无法快速前进。[66]

这套方案的代号是"圣米迦勒"。它最大的问题显然在于，德军必须先朝西南方向进攻，然后再转向西北，朝海岸线前进。在转向的时候，德军将包围全部而不是一部分英国远征军，这时德军的左侧翼将暴露在敌人面前，因此军队必须保护左侧翼，以免遭敌人反击。而值得担心的是，德军部队的一些司令员为了避免这种威胁、保护侧翼不受敌人攻击，可能会命令部队一直朝西南方向前进，而不是转向西北；这样一来，部队就会偏离这次进攻的战略目标。鲁登道夫似乎一再遇到这样的问题。有一次，"鲁普雷希特王储陆军集团"参谋部的一名军官在电话中向他询问行动的目标，他情绪激动地回答说："我不容许有人在我面前提到'行动'这个词。我们要［在敌人的战线上］凿出一个洞①。后面的事情将水到渠成。之前在俄国，我们也是这样做的！"[67]这段话流传开来，并且被看作一锤定音的指令。

/ 684

从原则上讲，选择哪个方案取决于军方是优先考虑战略需求（"圣格奥尔格"行动）还是战术需求（"圣米迦勒"行动）。在这期间，军方也讨论了第三套方案，即进攻凡尔登两侧的区域。根据这套方案，德军将从堡垒的两侧经过，占领堡垒背后的平原。在 1915 年末 1916 年初，法金汉也选择在这里作战，如果现在军方选择这套方案，那么德军将在同一个地方改写法金汉的计划；万一德军真的实现突破，凡尔登这个名字将再次成为一种象征。这套方案唯一的缺点在于，德军在这里只能与法军作战，而不能与英军作战，而德方认为英国才是真正的敌人。也正因如此，这套方案并没有被执行下去。军方考虑在战线中段发动进攻的唯一原因是普鲁士王储率领的陆军集团正好驻扎

---

① 方括号内文字为译者所加。

在此地；如果执行另外两套方案，就必须在战线北段发起进攻，由巴伐利亚的鲁普雷希特王储率领的陆军集团出战。在这种背景下值得注意的是，第十八集团军原属鲁普雷希特陆军集团右翼，正准备参加"米迦勒"进攻，而鲁登道夫却把它交给威廉王储下属的陆军集团司令部管辖，这个陆军集团与鲁普雷希特陆军集团相邻。[68]从军事角度讲，这一决策的意义不大，因为这样一来，整个行动就违背了统一指挥的原则；所以，鲁登道夫这么做的原因可能在于，普鲁士和德国南部各邦国在政治上处于敌对状态：他不希望在有关这场战争的编年史中，"米迦勒"进攻的胜利成果被巴伐利亚王储独占，而普鲁士王储的名字只与损失惨重且以失败告终的凡尔登战役联系在一起。[69]这种情况会改变帝国的内部架构，在接下来几十年里，霍亨索伦王室在德国的统治将因此受到质疑，因为王室的威望首先建立在军事功绩的基础上。鲁登道夫知道威廉皇帝对他心存反感，如果有一天他的作用不再是必不可少的，那么他就会被排挤出政治的中心；所以他想和威廉皇储维持良好的关系，从而保住自己的位置。我们根本不必认为，鲁登道夫在努力促成皇帝退位、新皇登基；[70]抛开这一点，我们也可以看出，这位军需总监是为了自己的根本利益着想，才决定把春季进攻的功劳分给霍亨索伦王室的后代。

鲁登道夫选择了"米迦勒"行动而放弃了"格奥尔格"行动，所以许多人认为他虽然是伟大的战术家和卓越的组织者，却缺乏战略头脑。[71]这种说法当然太过片面，因为他做出这一决定的首要目的是解决法军和英军自1915年以来都无法解决的问题：突破敌方带有多层战壕的防线。如果不能做到这一点，再怎么考虑进攻的战略目标都是白费工夫。但另一方面，如果行动缺乏清晰的战略目标，那么即使成功实现突破，结果可能也只是占领了一些土地，这样的突破没有任何意义。鲁登道夫之所以会失败，就是因为他没能将这两者结合在一起：他出色地解决了突破过程中的战术问题，[72] 却未能按照既定的战略方向继续推动这次进攻。至于其中的原因为何，相关研究至今对此仍有争议。许多现象表明，原因可能在于德国的物质资源比较缺乏，而且人们试图用"必胜的信念"来弥补这种缺乏。[73]

还有人认为鲁登道夫缺乏指挥能力，具体表现在他虽然选择了"米迦勒"行动，却没有停止筹划"格奥尔格特"（Georgette）行动（即"格奥尔格"行动的缩减版），而且最终也执行了这个方案。由于"格奥尔格特"行动没有取得任何成果，鲁登道夫又在苏瓦松和兰斯一带针对法军发动了代号为"约克"（Yorck）、"布吕歇尔"（Blücher）和格茨（Goerz）的进攻，这些进攻消耗了德军所剩不多的力量，而且导致战线上到处是突出部，这给了法军和英军攻击德军侧翼的机会。鲁登道夫在政治上愿意孤注一掷，在军事上却不能下定决心，将所有兵力集中到一处。

鲁登道夫后来为自己辩护说，他之所以发动了好几场进攻，是为了在不同区域牵制敌军兵力，以免敌人将兵力集中到一处，全力抵抗德军的主要进攻。如果真是这样，那么他必须决定哪里的进攻才是主要进攻，而事实是，助攻后来变成了主要进攻，主要进攻则变成了助攻。[74] 他还必须知道，重点不明确将导致行动耗费大量资源，而德国的人力和财力满足不了这种消耗。这时，兴登堡也有责任强行要求这位总是忙个不停且有些神经质的下属做出决断，或者代他做出决断——在东线的时候，兴登堡偶尔也会这么做。然而，自军方筹备西线进攻以来，兴登堡就完全处于

"潜水"的状态，无论在决策还是行动过程中，他都发挥不了什么影响；他只是对外代表陆军最高指挥部，他的这一形象也越发深入人心。[75] 此前，兴登堡和鲁登道夫一直是黄金搭档，现在他们之间的默契已经不复存在；但直到 1918 年秋季，他们才正式决裂。

　　在大规模进攻开始之前，军方必须确保德国部队具备进攻能力。从 1915 年末开始，西线德军基本处于守势，只是偶尔发动反攻。要袭击进攻中的敌人并不算太难，因为此时敌人的力气已经消耗了大半；相比之下，要突破敌人带有多层战壕的防线显然是一项巨大的挑战。不过德军在伊松佐河附近的科巴里德已经打过一场漂亮的突破战役；[76]1917 年秋季，他们在里加和陶格夫匹尔斯（Daugavpils）也成功突破了俄军坚固的防守阵地。[77] 这两次进攻分别是奥斯卡·冯·胡蒂尔（Oskar von Hutier）和奥托·冯·贝洛指挥的，现在这两位将军在西线接管的两个集团军正好是这次进攻的主力，这绝不是偶然的。[78] 军方还安排格奥尔格·布鲁赫米勒（Georg Bruchmüller）上校从旁协助，后者在里加的战役中首次应用了新的炮兵战术，[79] 这种战术一旦和胡蒂尔的步兵新战术结合起来，很可能带来一场进攻领域的革命，就像过去灵活防御的战术带来了防守领域的革命一样。

　　根据新的炮兵战术，大炮要先在远离前线的射击场试射，等到进攻即将开始的时候才正式就位，而不是像过去那样，在进攻还没开始的时候就长时间轰击敌军阵地——这等于在告知敌人，军队将在哪个位置发起进攻。在 1917 年 11 月的佛兰德战役中，英军也用过这种办法，但德军的优势在于，埃里希·普尔科斯基（Erich Pulkowski）上尉发明了一套方法，可以根据风向和天气情况精确预测出炮弹的飞行轨迹；也就是说，在地图和图表的帮助下，德军大炮的命中率明显提高了。[80] 新的步兵战术则规定，在大炮停止射击之前，冲锋部队要尽可能接近敌军阵地的第一道防线，并且迅速将其攻破，从而在敌军战线上打开第一道狭长的缺口。不过，这一战术和传统战术最重要的区别出现在战斗的第二阶段：按照传统战术，冲锋部队打开缺口以后要冲向敌军阵地，使缺口扩大；但根据新战术，冲锋部队将冲向第二道防线，突破第二道防线后又立即冲向第三道防线。因此，这种进攻战术又被称为渗透战术。而跟在冲锋部队后面的步兵部队要负责向左右两侧拉大缺口，攻占两侧的敌军阵地；这部分部队携带有迫击炮和机关枪。[81] 而最前面的冲锋部队只携带较轻便的机关枪；这种武器被引入军队后，进攻部队的射击火力有了明显提升，而且部队可以保持原有的行动效率和灵活性。

不过，不管是新的步兵战术还是经过改良的炮兵战术，军队都必须经过训练才能掌握，在这一过程中，难度最大的就是炮兵的射击和步兵的进攻要怎么配合到一起。从 1918 年初开始，鲁登道夫就命令准备参加进攻的部队逐营离开前线，到专门的军队训练场接受相关训练。[82] 与此同时，各团、各师的参谋部也接到命令，命令要求他们必须尽可能靠近战斗地点，也就是必须在队伍前面指挥。相应地，鲁登道夫也给了这些参谋部更大的决定权，目的是让他们充分利用战斗中出现的种种机会。他之所以决定让这些部队独立行动，最主要的原因在于通信系统不太可靠：无线电技术仍像以往一样不完善，而电话线在战斗过程中往往也会被炸毁，所以作战期间，各种报告、询问和命令通常要过很长时间才被接收到；如果相关负责人因此不能及时做出决策，进攻就会陷入停滞。军队要高效地执行渗透战术，前提就是必须改变命令逐级传递的旧模式。总而言之，军方改造了进攻部队的交流模式和命令系统，使之符合任务式指挥的要求。

由于德军采用了新的炮兵战术，所以英军方面根本想象不到敌方大炮排列得有多密集：在进攻区域内，每 75 公里布置有大约 100 门大炮和 50 门迫击炮。[83] 和英方于 1917 年 11 月发起的佛兰德进攻战一样，1918 年 3 月 21 日，德军在进攻开始时也花了数小时的时间用炮火轰击敌方最前面的防线，而且打击强度远远超过敌人的预料——这是一场火焰与钢铁的风暴，风暴中炮弹的密集程度是人们从未见过的。[84] 英军在佛兰德战役中要花两周以上的时间，才能用完德军这几个小时内发射的炮弹。德军进攻时，恩斯特·云格尔就处在队伍最前面的位置，德军炮轰英军阵地的过程给他带来了强烈的感官冲击："炮弹发出震天的轰隆声，钢铁在暴怒中嘶吼，这时任你如何猛力射击，都感觉不到任何声响。大地开始摇晃、震颤，战壕的坑道就像风暴中的船只一样不住颤抖。在复仇的火焰中，时间走过的每一秒都被下一秒吞噬；和这暴烈的场面相比，我此前经历过的所有战役仿佛都变成了孩童的游戏。刺耳的响声不断翻滚着，仿佛闪电所到之处发出的

/ 690

雷鸣声，但我们依然意识到，在所有声音的洪流中，这震耳欲聋的时刻不过是短短的一个片段——它背后还有许多低沉的咆哮声在天地间回荡，汇成了一片海洋，而它只是海洋里溅起的一朵浪花。"[85] 根据布鲁赫米勒的指示，炮兵们不仅发射了普通的炮弹，还发射了毒气弹，而且德军手段的毒辣之处在于使用了军队内部称为"彩色射击"的方法。他们将不同种类的毒气弹装在不同的箱子里并用各种颜色的记号加以区分：**白十字**代表催泪毒剂，比如溴丙酮和氯丙酮；标有**蓝十字**的是一种叫作二苯氯胂的气体，它会导致敌方士兵打喷嚏、咳嗽、呕吐甚至出现严重的呼吸障碍，但并不致死；而之前提到的**绿十字**气体（双光气）则不同，它会损伤呼吸道和肺部组织；标有**黄十字**的二氯二乙硫醚（通常称为芥子气）也是致命的，它是一种附着性很强的糜烂性毒剂，它同样可以侵入呼吸道，还可以损伤眼角膜。[86] 德军先利用不致

死的白十字和蓝十字气体迫使敌军摘下面具，因为当时敌军使用的呼吸过滤器无法过滤这两种气体，所以受到攻击的士兵会因为感觉窒息而摘下面具，并因此吸入致死的毒气。在里加和科巴里德的战役中，德军就是这样将不同的气体结合起来使用，同时还用普通炮弹轰击敌人阵地，这给敌人造成了很大的恐慌，所以德军轻轻松松地突破了敌方防线。这与"米迦勒"进攻行动中的情况相同。

我们从"米迦勒"进攻行动第一天双方损失的人数可以看出，这种进攻战术确实效果惊人：[87] 德方在这一天损失 39929 人，其中 10851 人被杀，28778 人受伤，300 人被俘；英方共损失 38512 人，其中 7512 人阵亡，约 1 万人受伤，约 2.1 万人被俘。[88] 这个对比是惊人的，因为正常情况下，西线进攻方损失的人数往往是防守方的 2~3 倍。英国军方也对此深感震惊。自战争开始以来，他们在这一天损失的人数仅次于 1916 年 7 月 1 日，即索姆河战役的第一天，但在索姆河战役中，他们自己才是进攻方。而且过去从未有这么多英国士兵被俘。英方有理由担心第二天会出现最坏的情况，因为德方有可能继续保持第一天的攻势。但这也说不准，因为在渗透战术中承担主要战斗任务的冲锋部队也损失惨重，而且损失的主要是军官和士官。[89] 德军能否顺利推进这次进攻，取决于能否找到同样出色的人来取代那些伤亡的军官。但没过多久，要找到合适的人就非常困难了，恩斯特·云格尔也描述了这种状况："最后，一名送信员跑到前头来传达命令。我这才得知团长昨天也受伤了，在这个团里，12 个步兵连中剩下的人将组成 3 个新的连，而我也必须接管其中一个。天色渐渐亮了，还有一些逃散的人逐渐从战场各个方位聚集到这里来，我们将把他们编入新的部队。"[90] 不管怎么说，继续进攻的人越来越少了。

虽然损失了不少人马，但德军的"米迦勒"进攻行动在最初几天进行得还算顺利。首先与德军交锋的是英国第五集团军司令休伯特·高夫（Hubert Gough）将军和他率领的部队。高夫将军显然没料到德军挺进得这么快，所以没有及时让炮兵撤退。德军一举攻占了他们的阵地，不仅俘获了大量英军士兵，而且缴获了许多大炮和重型机关枪，而英军无法在短时间内补齐这些装备。第五集团军就这样迅速失去了战斗力，英方也因此越发担心他们的整条防线都会崩溃。对英军来说，德军的进攻开始演变成一场灾难。[91]

在此期间，德军的进攻也进入了关键阶段：最前面的突击部队已经挺进至德方炮弹射不中的范围。在1916~1917年英军和法军的进攻行动中，这里都是进攻方能抵达的最远距离，因为战役发展到这一阶段，防守方总是更占优势，毕竟在这个方位，他们炮兵的威力更胜一筹。要改变这一局面，进攻方必须深入敌军的炮兵阵地，抢占那些没有及时被撤走的大炮。而德军的"米迦勒"进攻行动在某种程度上做到了这一点，所以各参谋部格外仔细地登记了缴获大炮的数量。在进攻的准备阶段，德军已经考虑到进攻部队会逐渐脱离炮兵的掩护，所以也采取了一些应对措施：后续的步兵部队携带了轻型野战炮和安装在雪橇上的迫击炮，这样至少可以在力所能及的范围内协助最前面的突击部队。事实证明，将重型大炮移到前面是比较难的；即使军队有足够的马匹，由于地面崎岖不平，用马匹将大炮拉到另一处仍要花费大量时间。[92] 如果转移大炮，那么至少普尔科斯基研发的射击流程可以再次发挥作用，因为它确保大炮可以在就位后立即开火。但这一切都无法改变一个事实：在步兵向前挺进的过程中，炮兵能

/ 692

/ 693

德军的"米迦勒"进攻行动之所以失败，主要是因为冲锋部队在向前挺进的过程中没有足够的重型武器为他们提供支持。当时，步兵进攻时必须亲自扛抬这些重型装备。上图中，德军的一支突击部队正抬着机关枪穿过已被占领的英军阵地。

够提供的支持越来越少了。大约在第 7 天，这次进攻似乎已经到达克劳塞维茨所说的"进攻的顶点"，此时进攻方的力量在逐渐减弱，防守方的力量则逐渐增强。①93 而此时，英军和法军空军方面的优势也开始发挥作用：他们的士兵在攻击机上用炸弹和机关枪袭击德国的地面部队，德军士兵只好长时间躲在隐蔽处。人们本以为坦克或许可以给德军的进攻增添动力，但从英军缴获的战利品来看，当时德军的坦克都不适合投入使用：德国制造的那几辆坦克每辆重 30 吨，能载 18 个人——它们实在太大、太重，士兵开着它们在这样的地区根本无法有效作战。94

/ 694

　　对德军来说比较不利的一点是，英法军队战线上的铁路系统可以正常使用，所以他们的大部队可以乘坐火车迅速转移。虽然鲁登道夫之前曾命令德军用远射程的平射炮和轰炸机袭击对方的铁路和火车站（其中更为关键的是火车站），但这些措施的破坏力还是很有限。真正妨碍协约国后备军投入战斗的不是德军的武器，而是黑格和贝当之间的矛盾：在英国第五集团军撤退的过程中，右翼部队撤退的速度比中间部队更快，所以英国和法国的战线之间就出现了一个缺口，而且德军越向前挺进，这个缺口就越大；黑格要求贝当用法国后备军填补这个缺口，但贝当考虑的是德军可能还会进攻苏瓦松—兰斯一带，所以迟迟没有将军队调往缺口所在的区域，而且这个区域实际上也不归法军负责。当时，英军总司令差一点儿就不得不下令军队撤退至海峡沿岸，以免被德军包围。战役的最高潮是德军逼近铁路枢纽亚眠，而英军右翼运输人员、物资都必须经过这里——在这个时候，协约国的战线看起来已经从中间断开。用后来的

---

① 见华中科技大学出版社 2016 年版《战争论》第五篇第五章。

话说，当时人们认为德国距离胜利只有一步之遥。[95]3月26日，费迪南·福煦被任命为法国境内协约国军队总司令，这时协约国军队的抵抗才越发得力，而德军几乎已经无法占领更多的地区。[96]

但即便德军可以彻底突破敌军防线，他们也很难利用这一成果实现自己的战略目标。因为当时只有强大的骑兵部队可以深入敌后并摧毁协约国军队的供应系统，但这一兵种已经被淘汰了，而能够迅速行进的机动化部队却还未出现。很快，这次进军最让人担心的事情发生了：作为进攻第一主力的德国第十八集团军在抵达索姆河后没有调转方向朝海峡沿岸挺进，而是继续追赶朝西南方向撤退的敌军。从某种程度上讲，这对进攻部队来说是很"自然"的一种做法，而鲁登道夫也没有加以干预，而是任其发展。这次进攻就这样偏离了目标，队伍没有按照原计划右转——原本，第十八集团军必须作为侧翼掩护第二、第十七集团军，这样整个队伍才不会偏离方向。现在，"米迦勒"进攻行动已经失去了内在动力。

为了挽回局面，鲁登道夫在3月28日，也就是行动的第7天发动了"火星"（Mars）进攻行动，承担此次进攻任务的正是"米迦勒"行动中的右翼，他们的任务是调转方向向西北前进，回到原定的轨道上。当然，"火星"行动的过程跟之前的其他进攻几乎一模一样：一开始，渗透战术再次发挥作用，敌军防线被突破；但很快，进攻的步兵就挺进至己方大炮的射程之外，这时进攻的势头逐渐减弱，防守方的力量逐渐增强。在这次进攻中，德军还是没能将足够的大炮转移至靠前的位置，准备的弹药也不敷使用。另外，和英国第五集团军相比，位于他们北侧的第三集团军在抵抗中表现得更为英勇，所以"火星"行动到3月30日

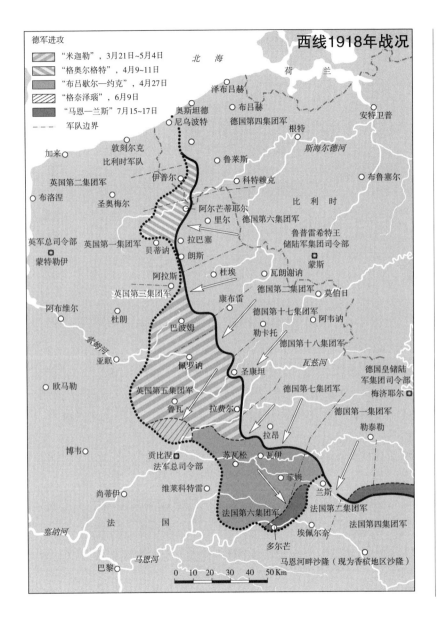

西线1918年战况

德军进攻
- "米迦勒"，3月21日~5月4日
- "格奥尔格特"，4月9~11日
- "布吕歇尔—约克"，4月27日
- "格奈泽瑙"，6月9日
- "马恩—兰斯"7月15~17日
- - - 军队边界

北　海

荷　兰

泽布吕赫

奥斯坦德　布吕赫　　　　　　　　　安特卫普

尼乌波特　　根特　　德国第四集团军

加来　敦刻尔克
　　　比利时军队　　　　鲁莱斯　　　　斯海尔德河
英国第二集团军　伊普尔　科特赖克　　　　布鲁塞尔

布洛涅　圣奥梅尔　　　阿尔芒蒂耶尔　比　利　时
　　　　　　　里尔　德国第六集团军
英军总司令部　英国第一集团军　拉巴塞　　鲁普雷希特王
蒙特勒伊　　　贝蒂讷　朗斯　　　储陆军集团军司令部
　　　　阿拉斯　杜埃　瓦朗谢讷　　蒙斯
英国第三集团军　　康布雷　德国第二集团军　莫伯日

阿布维尔　杜朗　　　　　　　　　阿韦讷
索姆河　　　　巴波姆　　勒卡托
亚眠　　　佩罗讷　　德国第十七集团军
　　　　　　　圣康坦　　德国第十八集团军
欧马勒　　英国第五集团军　瓦兹河
　　　　　鲁瓦　拉费尔　　德国皇储陆
　　　　　　　　德国第七集团军　军集团司令部
博韦　　　　　　拉昂　　梅济耶尔
贡比涅　苏瓦松　瓦伊　　德国第一集团军
法军总司令部　　　菲姆　　　勒泰勒
尚蒂伊　维莱科特雷　　兰斯
　　　法　国　法国第六集团军　法国第二集团军
塞纳河　　　　　多尔芒　埃佩尔奈　法国第四集团军
巴黎　马恩河
　　　马恩河畔沙隆（现为香槟地区沙隆）

0　10　20　30　40　50 Km

/　第八章　鲁登道夫的赌局和同盟国的溃败　/

晚就难以为继了。4月5日，鲁登道夫决定中止整个"米迦勒"行动。从战术角度来看，德军在这次行动中深入敌方阵地60公里，这是法军和英军3年多以来一直未能做到的；但从战略角度来看，"米迦勒"行动是失败的，因为德军没有朝大海的方向突破，也没有彻底击溃英军。这次行动仅有的成果就是攻占了一些土地。而双方在这场战役中的损失却是前所未有的。仅从阵亡人数来看，"米迦勒"行动可算是整场战争中最血腥的一次战役。英国第三、第五集团军在这场战役中损失了将近一半的大炮，但一段时间以后，他们就领到了新的武器；源源不断涌向法国的美军部队则可以填补人员方面的缺口。而德军要补充人员和装备就困难得多——最困难的地方在于军队损失了许多有经验的军官和士官，他们的位置很少有人能顶替。

鲁登道夫从自身唯意志论的视角出发，认为进攻失败的原因主要在于，军队的进攻精神在这一过程中逐渐减弱了。让这位军需总监感到气愤的是，整个部队都疯狂涌向被占领的敌方仓库，在那里"大吃大喝"，却不想着如何"继续推进这场胜败攸关的进攻"。[97] 虽然有无数报道可以证明这种情况确实存在，但我们有理由怀疑，这种情况是否果真在进攻过程中产生了决定性影响。[98] 德军占领敌人仓库后免不了要将库存取为己用，因为这一次德军的粮食供应依然跟不上进攻速度，而且动用敌军库存还可以减轻德军运送弹药的压力。在叙述这次大型战役时，恩斯特·云格尔也不忘描写他手下的部队占领英军阵地后就地吃喝的情形："我们仔细观察这堆乱七八糟的东西，发现了新鲜的白面包和大块大块的火腿，我们这个小分队已经整整一个星期没见过这样的东西了。一个陶质大肚啤酒杯里装满了可口的姜味液体。我们决定，怎么着也要先试一试这玩意儿有没有毒！在这个时候吃第二顿早饭再好不过了;这个宝藏就像是专门留给我们的,因为军队给我们的食品都带着旧普鲁士的寒酸气。大伙儿打开平时装在口袋里的宽刃折刀,开始津津有味地大吃起来,把一切事情抛到了脑后。"[99]虽然云格尔和手下的士兵自作主张在英军仓库里吃喝,但云格尔丝毫不觉得这样做对进攻行动有什么妨碍,也没有产生任何内疚感;相反,他的描写清楚地表明,到了这个时候,只有让德国士兵在英军库房里吃饱喝足,这次进攻才能继续进行下去。这段描写尤其流露出这样一种略显陈旧的观念:胜利者有权瓜分战利品,士兵也有权至少在战斗之前和之后好好享受一番,因为他们在战场上要冒生命危险。

"米迦勒"进攻行动失败后,可以确定的是德国不可能在战争中获胜了。鲁登道夫现在面临两个选择:他可以催促政治家们尽快与协约国谈判,这样德国在谈判中或许会处于比较有利的位置,因为德军不久前已经全面展现了自身的实力,而且英军在德军的攻击下濒临崩溃;他也可以命令军队撤离战线上危险的突出部,这些突出部是在"米迦勒"行动中产生的,德军的战线也因此被延长。然而鲁登道夫却选了第三个实际上并不可行的选项:他命令战线上其他区域的部队继续进攻,这导致德军陷入了一场消耗战,而且在这样的战役中他们非输不可。1918年春季德军的进攻仿佛在快速播放西线迄今为止的战争进程:一开始,这次进攻比较接近施里芬的想法,可随着时间发展,法金汉时期的局面就出现了。从战术层面来讲,鲁登道夫做了一系列改革,也因此在行动一开始取得了一定成果,但基本的战略格局并未因此产生一丝一毫的改变。更糟的是他对这一事实视而不见,这就给这场战争,尤其给德国,带来了更大、更深重的灾难。

有许多人认为德国春季进攻之所以失败，是因为冲锋部队在初期取得胜利之后专注于抢劫英军和法军仓库里丰富的存货，以致战斗趋于停滞。事实上这些士兵之所以疯狂扑向仓库里的食物，是因为他们已经很长时间吃不到这些食物，或者只能吃到一点点。上图中，德国军人正从协约国运送肉类的火车车厢中取出食物。这里出现的应该也不是冲锋队成员，而是后续部队的士兵。

4月9日，在法国—比利时边境附近、里尔市西北约15公里处的阿尔芒蒂耶尔地区，鲁登道夫发动了代号为"格奥尔格特"的进攻，这次进攻任务由德国第六集团军和第四集团军左翼执行。[100] 这22个师在进攻时重复了"米迦勒"行动的模式：炮兵用大炮猛烈轰击，冲锋队"渗透"进敌军防线，一直挺进至炮兵阵地，后续部队再"扫清"敌军阵地的其余部分。和之前一样，德军一开始进展非常顺利，虽然这里的阵地比圣康坦附近英国第五集团军的阵地坚固得多，但这里的英国守军还是撤退了。在那么一段时间里，德军似乎很有希望挺进至距此处约60公里的海峡港口敦刻尔克，以及距此处约80公里的港口加来。英军总司令黑格知道如果德军成功抵达海峡港口，英军将面临巨大的危险，于是在4月11日发布了那道著名的命令："即使只剩最后一个人，也必须守住每一处阵地。我不允许任何人撤退。我们已经背对墙壁，无路可逃，所以要相信我们所做的一切是出于正义，而我们每个人都必须奋战到底。"[101]

德军的情况仍和之前差不多：进攻部队离己方大炮的射击范围越远，进攻的势头就越弱。能跟上队伍的炮兵小分队很少或几乎没有，而伤亡的冲锋队成员越来越多，所以德军还是没能实现至关重要的突破。他们虽然拿下了凯默尔山（Kemmelberg），而且从这座山上可以控制整个佛兰德平原，但这只是战术性成果。在此期间，福煦则将法军部队调到佛兰德地区，加强了此处的防守力量。4月29日，鲁登道夫中止了"格奥尔格特"进攻行动。德军在"米迦勒"行动中损失了约30万人，在"格奥尔格特"行动中则损失了约10万人。协约国的损失应该也差不多，只不过他们被俘人员比例要高得多。[102] 可是鲁登道夫仍坚持之前"一锤定音的指令"，他决定继续发起进攻，直至击溃敌军的战线：5 月 27 日，德军在苏瓦松地区（"米迦勒"进攻就发生在它的北侧）继续发动了几场进攻，代号分别为"约克""布吕歇尔"和"格茨"，在进攻的过程中，他们又一次抵达马恩河；法军也因此称这里的战斗为"第二次马恩河战役"。德军在马恩河取得的胜利甚至超越了之前攻打英军取得的胜利，因为虽然贝当颁布了明确的指令，要求按照德军"三层防御"的模式修筑工事，但法军的司令们没有执行，而是让士兵聚集在阵地的最前面。而德军还是按照布鲁赫米勒上校研发的模式实施炮火打击，所以法军伤亡惨重。[103] 这几次进攻的主力部队是第七集团军，但构成"米迦勒"进攻行动左翼的第十八集团军也参与了。不过，针对这些行动，鲁登道夫依然没有在战略上做出清晰的指示，所以这第三阶段的进攻也仅仅取得了一系列战术性成果，而德军也为此损失了大量人马。

德军在这一过程中占领了一些土地；虽然这并没有什么实际意义，但德军深入敌人阵地 30 公里这一事实让许多人相信，德国离最终的胜利已经不远了。巴黎又一次落到德军触手可及的范围之内，德军也立起一门远程火炮，轰击 90 公里外的法国首都。在德国的"家乡战线"，人们产生了一种致命的错觉，以为德国就要赢了，殊不知德军已经越来越逼近战败的边缘。这一局面从地图上就能看出来：在阿戈讷和佛兰德之间，德国战线有一个弧形的突出部，由于德军在上述 3 次进攻中又占领了一些土地，所以这个弧形突出的程度更严重了；而此时德军显然是人数较少的一方，所以不可能长时间防守住这样一段战线。"米迦勒"行动就在前线留下了一个突出部，它一直延伸到蒙迪迪耶（Montdidier），几乎到达贡比涅（Compiègne）；而它存在的唯一意义就在于，如果德军试图再一次向海峡沿岸和港口突破，可以以这里为起点。对苏瓦松的进攻原本还应承担另一项任务：为代号为"哈根"（Hagen）的进攻行动准备条件，后者还在计划中，进攻对象是佛兰德地区的英军。根据德方的想法，部署在苏瓦松的法军部队将被迫撤离，这样德军就可以再次朝通往大海的方向突破。然而当德军挺进至拉费尔（La Fère）和兰斯之间时，进攻行动便开始按照自己的节奏发展，而且军队越是逼近巴黎，人们也越发产生了一些不切实际的幻想。来自美因河（Main）畔法兰克福的炮兵赫伯特·祖尔茨巴赫描绘了这些天里士兵们的心境："我们眼前就是已经被我们占领的苏瓦松。这里的一切景象都表明法军已经仓皇逃跑：数以千计的背囊、步枪、大衣堆得到处都是。[……] 对于德军刚刚取得的这次胜利，战俘和被问话的市民都显得非常惊慌、不知所措，而且所有人都不约而同地要逃往英国和美国。[……] 人们看到法国的守军如潮水一般撤退，看到敌方的炮兵分队开到了法国人的地盘上，还看到飞机在空中作战。这些无可比拟的成果引发了某种情绪，只有1914 年 8 月的那种激情能与之相比。"[104]

后来，这次进攻也陷入了僵局，德军只好放弃为"哈根"做准备。自 6 月 8 日起，德军又发动了一系列针对法军的进攻行动，代号分别为"格奈泽瑙"（Gneisenau）、"锤击"（Hammerschlag）、"保卫马恩河"（Marneschutz）和"兰斯"。[105] 当然，他们占领的土地面积越来越小，为此付出的代价却越来越大，因为法军已经适应了德军的新战术，面对进攻不再毫无准备。7 月 15 日，德军开始了春季的第 5 次进攻，而仅仅 3 天之后，这次进攻就因为法军反攻而宣告结束。

很快，冯·罗斯贝格将军被传唤至总参谋部，因为局势已经发生变化，德方到底要如何掌控局面，鲁登道夫需要他的建议。

罗斯贝格将他的想法归纳为3点：兰斯地区的德国部队侧翼遭到了攻击，这部分部队必须撤退；德军必须撤出他们在"米迦勒"行动中占领的战线突出部，退至原来的"齐格弗里德防线"；佛兰德地区的"哈根"行动必须开始执行，但这次行动不再具有战略性目的，它的战术性目的是掩护其他战区的撤退行动。"这样做是为了赢得时间，首先，士兵们要利用这些时间进行休整并接受训练，这样军队才得以重建。与此同时，我们要开始扩建多层的战略性防线，防线必须延伸至安特卫普—马斯河阵地（包含此处阵地在内）；另一道防线位于洛林和阿尔萨斯地区，在一片可以阻挡洪水的区域后面；还有一道防线则沿着梅斯—斯特拉斯堡—莱茵河的方向延展。尽量调用东线的军队修建位于［西线军队］背后的防线，因为东线已经没有多少战事；要将战场堵在国门之外，也要抓住那些所谓的'贪生取巧者'，让他们服从纪律的约束。"[106] 罗斯贝格的意思就是要全线撤退。而鲁登道夫回答说，基于政治原因，这种方案他不予考虑。

20 世纪 80 年代，德国学界有关第一次世界大战最重要的几场讨论都围绕这样一个问题展开：1918 年末，德国军队从本质上讲是否仍是完好的——用一战后、二战前那段时间的套话来讲，德国军队是否仍是"在战场上无法被打败的"；还是说它已经从内部分崩离析，不适合继续打仗。从某种角度来看，这场争论是以另一种方式延续了菲舍尔的议题，因为两者都是为了拆穿德国右派蒙蔽了国人几十年的政治谎言，这些谎言从两次世界大战之间到联邦德国时期一直保持着顽强的生命力。菲舍尔批驳的观点是，热爱和平的德国在 1914 年夏天受到了敌人和嫉妒者攻击（但他批驳得有些过头了）；而这第二次争论驳斥的观点是，当时军队遭到国家尤其是政治左派的背叛，否则德国即使不能取得胜利，至少也可以签订一份很有尊严的和约。[107] 这个"军队遭遇背后一剑"的传说影响了许多人的想法，也是造成魏玛共和国局势动荡的原因之一。[108]

这场论战的中心问题是，在"米迦勒"行动失败以后，德国军队内部是否已经趋于瓦解。在论战的一开始，军事历史学家威廉·戴斯特（Wilhelm Deist）就提出，当时大部分德军部队都发生了"不为人知的士兵'罢工'事件"：在基尔部分海军发生叛乱之前，这类"罢工"事件就已经出现了，只不过一直到 1918 年 10 月底，基尔海军的叛乱才让这种现象暴露在公众面前。[109] 值得一提的是，后来的比较研究大大弱化了菲舍尔的观点，即德国突然发动战争是有意为之，而戴斯特有关士兵"罢工"的观点则被另一些研究证实了——这些研究将当时德军的情况与法军的叛乱、俄军的瓦解、意大利军队的士兵"罢工"

现象进行比较，为戴斯特的观点提供了有力支持。[110] 德国军队坚持的时间比其他国家的军队要长；就平均水平而言，德国士兵的抗压能力比其他国家的士兵更强，而且他们的战斗效率更高 [111]——但现在军队的生命走到了尽头。在"格奥尔格特"行动中，情况开始清楚地表明，德军的力量已经耗尽：人们可以观察到，士兵们不仅长期营养不良，而且对战斗的进展深感失望，因为他们未能取得决定性胜利，而且战争还将继续。1918 年夏季，协约国开始了反攻，这时有越来越多的士兵选择放弃抵抗，大队大队的人马都被敌人俘虏。8 月 8 日，协约国出动坦克，在亚眠发起进攻——后来这一天被鲁登道夫称为"德国军队的黑暗日"，[112] 当时德军损失了大量士兵，其中 70% 被俘；9 月 12 日，美军占领了位于圣米耶勒的战线突出部，这时德军被俘人数甚至占人数损失的 75%。[113] 军事领袖如果足够敏感，那么他早就应该认识到，如果一直用同一种方式支配军队，那么它早晚会崩溃。但强硬的鲁登道夫既缺乏这种敏感度，也未能对局势做出切合实际的判断。他只在得知两个继子死讯的时候流露出悲伤的情绪——1917 年和 1918 年春季，他的两个继子分别驾驶飞机飞往敌方领空，但都没有返航。[114] 但两个继子的去世并没有影响他的决策方式，所以德军很快就崩溃了——不仅从外部被击溃，而且从中心开始瓦解。

而军方于 1917 年底开始改组前线部队，这又加速了军队的瓦解。在改组过程中，军方组建了 79 个所谓的机动师，其余的部队则被称为阵地师。顾名思义，机动师可以机动作战；不仅如此，他们的武器装备也优于其他部队。此外，军方还从阵地师筛选出优秀的军官，将他们调到了机动师。当然，在 1918 年的春季进攻中，这部分军官的死亡率超出了平均水平。换句话说：军方调走了军队中的支柱人物，让他们一起执行非常危险的任务。从这一点也可以看出，鲁登道夫在1918年确实是孤注一掷，狠狠地赌了一把。进攻结束后，他手下军队的实力已经大不如从前，而且这与进攻的结局无关：参与进攻的部队人员已经所剩无几，没有卷入战斗的队伍也已经失去了主心骨。也不知道鲁登道夫是看不清形势，还是不肯承认这一事实。

在这种情况下，鲁登道夫造成的问题越来越严重。他工作起来不知疲倦，仿佛有用不完的精力；在春季进攻之前，这些特质一直发挥着积极影响，也为政府调动一切力量提供了前提条件，而现在，他的这些特质和能力对德国越来越不利。出生在德国的加拿大历史学家霍尔格·赫维希尖锐地指出，鲁登道夫的见识一直停留在步兵上校的水平，但这种说法也不一定对。[115] 不过春季进攻的失败清楚地表明，这位第一军需总监缺乏必要的思考能力和应对能力，所以无法对时局做出清楚的判断并推断出相关决策可能造成的后果。10月底，威廉·格勒纳取代了鲁登道夫的位置，格勒纳后来在回忆录中写道，鲁登道夫当时"怀着某种宿命主义心态在坚持进攻"，而且他身边的军官曾经抱怨他"缺乏决断力而且目光短浅"。[116] 有一次，军队中爆发流感，一时间染病的士兵越来越多，而鲁登道夫的反应也暴露了他顽固、缺乏理性的弱点：他表示，不知道什么流感，士兵们都要上战场，以免前线部队的战斗力越来越弱。[117]

事实上，在1918年3~7月，军队中能够作战的士兵已经从510万人减少到420万人，而且没有人知道如何扭转这一趋势。1918年每月无法正常作战（包括阵亡、受伤或生病）的人数为20万人，而伤愈、病愈后从野战医院回到部队的士兵只有7万人；当然，这一年还有30万1900年出生、刚满18周岁的新兵应征入伍。但这 30 万人还必须接受训练，所以要到秋季才能加入战斗。[118] 德国军队的人数每个月都在减少；军方不断从后方部队中筛选出受过训练的士兵，将他们派往前线，而之前被俄军俘虏的士兵获释后也有一半以上被重新编入军队并派往西部前线，可即便如此也无法完全填补人数上的缺口。这样"东拼西凑"的军队虽然看起来颇具规模，却缺乏实际战斗力，而且这种规模通常在几周之后就不复存在了：1918 年夏、秋两季，军方在从前线通往国内的路上逮住了估计多达 100 万名"贪生取巧者"，这些人非常不情愿在战争的最后阶段成为牺牲品。[119] 很难说，如果军事法庭对更多逃跑的士兵做出更严厉的判决，士兵的行为是否就会有所改观——事实上，在整场战争中，被德国法官判处死刑的逃兵不超过 50 人，在这方面，这些法官比欧洲其他任何国家的法官都要保守。[120] 重要的是，在 3~7 月德军人数缩减的同时，协约国方面增加了 100 万名美国士兵，而且大批的美国士兵就在这个时间段开始参与战斗。双方的力量对比对德国越来越不利，即使军事法庭介入，也改变不了这一趋势。

　　流感疫情给双方前线造成的影响也不相同。这种从美国被携带到欧洲的流感被称作西班牙流感，传染性很强；不过，虽然所有军队都有士兵染病，但德军士兵由于营养不良、心情抑郁，显然更难扛过去。通常来讲，这种流感只持续一周，在这一周里患者会发烧至 40 度以上，然后他开始康复，但连续几周都会感觉虚弱、疲惫，还会出现心跳过速的症状，而且要一直忍受颈痛和背痛。在 7 月的时候有 50 万名德国士兵感染了西班牙流感。[121] 由于军医们对疫情无能为力，所以病情或重或轻的士兵都从前线涌向后方火车站，说他们强占了开往德国的火车也一点不为过。[122] 到 1918 年 9 月，就平均水平而言，德国每个营的实际战斗力已

为了多层次地呈现前线战事，澳大利亚摄影师弗兰克·赫尔利将几张照片的底片叠在一起，从而在一张图里浓缩了整个战斗场景：在照片的下部，英国步兵离开战壕，随即遭到德军掩护炮火的袭击——这从几处爆炸云就可以看出来。上方的三架双翼飞机是攻击机，它们的出现让整个战斗场面更加完整。

经降至理论战斗力的一半。有22个师已经完全解散了，其他的师"只剩下炮兵部队和少量步兵"。[123]

在军队瓦解的过程中，德国士兵想起英法军队仓库里丰富的库存——在春季进攻期间，他们曾涌进那些仓库，发现了粮食和酒肉，而之前他们对这种情况只是听说过而已。现在，这些仓库里的东西又变得遥不可及，而相关回忆也产生了破坏力：士兵们相信，不仅双方军队的膳食情况大不相同，而且他们自己的军队内部也存在这种差别。过去他们认为参与堑壕战的部队是一个不可分割的整体，现在这种信念已经消失得无影无踪，或者说它已经被"阶级军队"的画面取代——也就是说，他们相信在军队中有人大吃大喝，有人忍饥挨饿。战争之初人们对"集体"的政治性想象已经不复存在，现在他们更倾向于认为社会是两极分化的：在国内，上层阶级是资本家和利用战争发横财的人；在军队中，上层阶级是高级军官和所有在后方服役的人，人们听说（或者确实知道）后者在战争期间过得很不错。[124] 有些报道则提到，在部分军队中，许多士兵确实对军官怀恨在心，这也是革命期间士兵对军官施加暴力的原因。

现在，德军的状况惨不忍睹——阵地师人数稀少，机动师的人员则几乎被耗尽。军队走到这步田地，其实是鲁登道夫的决策造成的，但他不肯承认这一点。事后他试图指出，是政敌的过错使得德军彻底瓦解。在回忆录中，他在提到前线一名司令时表示，军队中出现失败主义"氛围"的原因在于"人们缺乏纪律性，而且我们的士兵［从家乡］带来了某种思想"。他又说，在这种情况下，自8月8日亚眠战役失败以后，他确信"到目前为止，不管陆军最高指挥部实行什么措施，在战争中只要条件允许，我总能把一切安排得非常妥当，可是现在事情已经不可控制了。如果我们继续战斗，就像我当时所说的，我们就是在进行一场不负责任的赌博，而我一直认为赌博这种事是败坏道德的。我实在不敢拿德国人民的命运当赌注。我们必须结束这场战争"。[125]——他根本没有提到，他鲁登道夫发动的春季进攻本身就是一场赌博，而他之前甚至还说过，如果进攻失败，德国就会走向灭亡；在回忆录中他也根本没有提到，虽然他在 8 月 8 日就清楚地表示他认为德国已经输掉了这场战争，但他绝对不是在这一天，而是在 9 月末才要求停止战争。此外，战争的转折并非如他所说，出现在 8 月 8 日，而是在 7 月 18 日就出现了，当时法军果断攻击维莱科特雷（Villers-Cotterêts），迫使德军结束进攻。从那以后，德军便转为防守，协约国军队则掌握了主动权。[126] "我无法理解法军是怎么做到这一点的：他们挫败了我们 7 月 15 日发动的进攻，然后动用这么多军队和装备，在我们完全没有觉察的情况下准备并发动了一场规模浩大的进攻。"在维莱科特雷作战的赫伯特·祖尔茨巴赫在书中写道。他认为原因在于大量美军加入了战斗，但又补充说，"在这场战争中，并且因为这场战争，法军的力量、干劲和士气都提高了"，他指出这是不争的事实。[127]

在承认战争失败之前，鲁登道夫还与其他人配合，促成外交部部长里夏德·冯·屈尔曼下台，并且他在这一过程中起了决定性作用。导致他们发生矛盾的根本问题是，在春季进攻失败后，德国是否应该向敌人发出和谈邀请，如果发出邀请，德方又应该做出多大程度的妥协。在此之前，鲁登道夫派汉斯·冯·赫夫滕（Hans von Haeften）前往柏林寻找合适的政治领袖支持他的新一轮进攻计划。[128] 屈尔曼在与赫夫滕交谈后感觉，德国利用军事手段已经无法打赢这场战争了。屈尔曼和帝国首相冯·赫特林不同，后者在自己不确定的情况下总是接受陆军最高指挥部的意见，而屈尔曼更愿意自己分析这样做在政治上有什么后果。1918年6月24日，也就是法军在维莱科特雷发动反攻之前，他就在帝国议会强调，尽管德军仍掌握着主动权，但现在是时候与敌人和解并签订和约了。"面对规模如此浩大的联盟战争，以及战争中出现的大量海外士兵，我们如果仅仅动用军事手段，而不进行任何谈判，是不可能彻底终结这场战争的。"屈尔曼用非常谨慎的措辞提出要与协约国谈判，并描述了德方的基本条件："我们希望德意志民族——这也适用于我们的盟友——能在历史赋予我们的国境之内，生活得安全、自由，并且成为强大、独立的民族；我们想要在海外享有产业，产业的规模必须和我们的国土大小、我们拥有的财富以及我们有目共睹的殖民能力相当；我们的普通船只和商船必须能够在全世界所有公共海域自由航行。"[129]这些要求的核心是放弃并吞他国领土、恢复原来的领土和权力状态。

因此，帝国议会中一些主张在胜利基础上签订和约的人，比如库诺·冯·韦斯塔普伯爵（Kuno Graf von Westarp）和古斯塔夫·斯特来斯曼立刻开始攻击屈尔曼。第二天，陆军最高指挥部就在记者招待会上表明了态度："这让陆军最高指挥部深感惊讶并且极其为难。这位部长对军事局势的阐释难免让人以为，我们在军事上可能无法取得胜利，但这不是陆军最高指挥部的立场。"[130]兴登堡还发电报向帝国首相表示，陆军最高指挥部认为"昨天发生的事情将严重妨碍德国以胜利者的身份结束战争，而冯·屈尔曼部长必须对此负责"。[131]这两段言论构成了后来"背后一剑"说法的内核：陆军最高指挥部指出，军队仍有能力继续战斗并取得胜利；如

战争临近尾声的时候，坦克发挥了越来越重要的作用。当时德方几乎已经不再自主研发坦克，无法提供大量坦克给军队使用，所以协约国拥有的坦克数量明显多于德国，也因此在战斗中更占优势。上图摄于 1918 年 9 月 29 日，图中，一队英国的"马克 IV 型"坦克正朝一处阵地进发，要在那里发起进攻。坦克上运有柴捆，坦克上的士兵会将它们投入一般战壕和反坦克战壕中，这样坦克就可以顺利通过。一旦卡在这样的战壕里，坦克不但不能继续前进，而且很容易受防守方炮火轰击。此外，为了离开战壕，坦克不可避免地要直立起来，这样就会暴露出它的下部，而它的这个部位包钢甲较少，很容易因为受到攻击而损毁。

果德国输掉战争，那就是被政客暗算了。

在这种情况下，占有帝国议会多数席位的社会民主党、中央党和进步党再次证明，他们推行的权力政治存在很大缺陷。在屈尔曼发表讲话的两天前，帝国议会的社会民主党议员达维德曾与屈尔曼进行了一次晚间会谈，国民经济学家海因里希·赫克纳（Heinrich Herkner）以及外交部成员瓦尔特·西蒙斯（Walter Simons）、维尔纳·冯·莱茵巴本（Werner von Rheinbaben）也参加了。[132] 他们在会谈中肯定评估了战争的总体局势；至少，社会民主党党团在前一天晚上已经讨论过和谈的问题，在白天，达维德也一直在准备 6 月 24 日他要在帝国议会会议上发表的讲话。屈尔曼发表讲话以后，韦斯塔普和斯特来斯曼开始猛烈攻击屈尔曼，陆军最高指挥部也和屈尔曼划清了界限，这时达维德在日记中提到了某种"危机"，但和副首相弗里德里希·冯·派尔（Friedrich von Payer）交谈后，他开始觉得这次冲突不会产生特别严重的后果。他写道，派尔很乐观，因为"陆军最高指挥部本身也倾向于做出让步"。6 月 26 日中午，跨党团委员会召开会议并做出决定：他们不会为支持屈尔曼发起政治倡议。"我们不做回击。"达维德的态度很坚决。就这样，帝国议会的多数派牺牲了代表他们利益的外交部部长。另外，鲁登道夫在得知屈尔曼的讲话内容以后勃然大怒，于是他抓住这个机会，摆脱了这位让人不快的对手。7 月初，他威胁帝国首相解除屈尔曼的职务，否则自己就要离职。[133] 软弱的赫特林没有胆量驳回军需总监的不合理要求，因为他预感到，皇帝在犹疑不决时也会支持鲁登道夫。海军上将冯·米勒也持这种观点，他记录了屈尔曼发表讲话后第二天军队大司令部的氛围——军队大司令部已于 1918 年 3 月迁至比利时的斯帕，因为他们期待德国能实现大规模突破：

"说我们无法仅仅通过武力结束战争，这句话肯定让我们的某些人深受刺激——就是坐在皇家餐桌旁边享用丰盛食物的那些人，他们中的大部分人仍然打算通过这场战争实现某些宏伟的目标，根本不想听到我们可能必须在让步的基础上签订和约。"[134] 7 月 8 日，威廉二世让屈尔曼暂时卸任。

于是，德国的政治家又一次向军事领袖屈服：议员们不愿与陆军最高指挥部起冲突，而宁愿回到舒适且熟悉的位置上，充当政治事务的观察员和评论员。此刻的机会转瞬即逝，他们本应在政治上有所作为，但他们一直犹豫、迟疑、不停讨论，可就是不采取行动。马克斯·韦伯看不起威廉二世时代德国的执政阶层，其中就包括这些永远在提建议却从来不曾果断采取行动的议员。或许正因如此，韦伯将海军少校博吉斯拉夫·冯·塞尔肖（Bogislav von Selchow）写在日记中的一段话看作对自己的嘉奖。塞尔肖当时在海军参谋部的新闻处工作；1918 年 9 月 6 日，也就是事情发生数周之后，他在日记中写道："一年前人们还相信，如果将马克斯·韦伯这样的人就地处决，我们或许还可以打赢这场战争。"[135] 很显然，在这些人看来，和帝国议会的多数派相比，韦伯还有他发表在《法兰克福报》（*Frankfurter Zeitung*）上的文章构成了更大威胁。

/ 715

本来德国还有最后一次机会，可以相对强势地与敌人开始和谈，但这次机会被鲁登道夫生生破坏了——可能因为他太过顽固，也可能因为他还沉浸在幻想中。但我们也无从得知，如果他不阻挠，和谈有没有可能在 1918 年 7 月进行。过了不到 3 个月，鲁登道夫自己就要求停战并开始和平谈判，而这时军队的形势已经变得对德国十分不利：在这期间，协约国军队如前文所说，进攻了维莱科特雷、亚眠和圣米耶勒，在多个地点冲入德军防线，迫使德军大面积撤退。[136] 德国的败局已经不可避免，这不仅因为他们的军队力量耗尽并且从内部瓦解，也因为协约国军队在武器和物资供应方面的优势越来越明显。例如法军在维莱科特雷就出动了400辆坦克，而且不是1917年春季使用的重型坦克——当时，那些坦克在贵妇小径要么陷入泥泞的地里，要么由于技术原因失灵——而是轻型的雷诺坦克，坦克上带有可旋转的炮塔，这种坦克行驶起来又快又灵活，所以不会一遇到炮火就失灵。炮兵军官祖尔茨巴赫称它们为"宝宝坦克"。[137]

尽管此时德军已经备有一种反坦克炮，而且为了与坦克作战，野战炮兵通常被部署在步兵的阵列前面，但坦克通常还是要步兵用武器去抵挡。[138] 不仅法军用坦克进攻维莱科特雷，英军很快也出动上千架飞机，从空中用炸弹和机关枪袭击德军士兵。第十八集团军的损失急剧增加，他们再也守不住马恩河附近的战线突出部，于是开始撤退，并且在撤退过程中不得不丢下许多装备。每个德国士兵心里都很清楚，乘胜前进的日子已经一去不复返了。在维莱科特雷战役中，美军部队首次参战，这构成了德军惨败的重要原因——而另一个原因是鲁登道夫太晚下令撤退。当然，即使德军及时撤退，也只能减少损失，要扭转战争局势则是不可能的。

在亚眠战役中，协约国军队使用的新式武器也比德军多得多。在这场战役中，英军出动了530辆坦克，法军出动了70辆坦克，它们在一阵人造浓雾的掩护下朝德军阵地进发——在这种情况下，德军是不可能借助炮兵和防御炮抵挡坦克的。虽然德国方面紧急派出了援军，但这批援军却遭到英国空军袭击，当时英军可能出动了700架攻击机。英军如果不是在8月12日就停止进攻，或许还可以挺进至德军前线的更深处，那样鲁登道夫就无法再派出后备军支援遭受重创的第二集团军了。而德军的春季进攻导致德军战线延长了超过100公里，现在这一点给他们带来了不幸。又一次，德军在撤退过程中损失了大量武器装备。这次战斗和1917年防御战役的区别在于，德军现在不会再考虑发动反攻了：他们应该庆幸敌军没有紧追不舍，没有妨碍他们占领新的阵地并且草草地修建好防御工事。

在这种情况下，鲁登道夫命令军队撤退至"齐格弗里德防线"，毕竟在1917年春季，德军在此处抵挡住了敌人的进攻。但这一次，德军再也无法阻止协约国军队继续前进了。不管是福煦和黑格，还是领导团队中对进攻最缺乏兴趣的贝当，都意识到德军的力量正在迅速消减，所以决定持续不断地进攻，为协约国在1919年赢得战争做好准备。而在8月的时候，几乎没有人敢预言战争会在1918年11月结束。所以，亚眠战役胜利后，协约国方面决定不间断地进攻，也就是所谓的"百日战役"，在这场战役中英军表现得较为活跃，但法军在行进过程中较为谨慎，努力将损失限制在一定范围内。[139] 而美军则又一次低估了德军的抵抗能力，同时高估了自己的战术能力；所以，在树林茂密的阿戈讷地区，他们损失惨重，而且在整体行动中没有发挥什么实际性作用。[140]

10月中，德军终于稳住了位于法国北部和比利时的部分战线。就在这时，某些此前几乎被遗忘的战线突然又进入人们的视野：在这些地方发生的战斗最终决定了战争的结局。与之相比，奥斯曼帝国彻底战败产生的影响其实很小。由于法金汉将军曾率军打败罗马尼亚军队，所以德国政府认为他是一名优秀的统帅，也因此派他前往奥斯曼帝国稳住土耳其南部前线、夺回此前被英军占领的巴格达。约5000名士兵组成了强大的德国亚洲

/ 717

/ 718

/ 719

英军使用的是重型坦克，但法国人研发出一种轻型坦克，坦克上只坐两个人（驾驶员和炮手），还配有一个可以 360 度旋转的炮塔。这种构造对坦克的进一步发展起了关键性作用。图中是一辆雷诺 M17/18 型坦克：1918 年 8 月 29 日，英军的某个师就在进攻中使用了这种坦克。

军——有时它也被称作"黎凡特军"（Levantekorps），由法金汉调遣。这支军队主要由东普鲁士和黑森选侯国（Kurfürstentum Hessen）的部队以及奥匈帝国的两个山地榴弹炮小分队组成，他们将成为巴勒斯坦地区奥斯曼军队的中坚力量。[141] 1918 年 6 月，这里的德国士兵差一点又要被调到欧洲西线，当时，奥托·利曼·冯·桑德斯将军已经取代法金汉成为新任军队司令；由于他一再恳求，鲁登道夫就没有调用这支部队——毕竟部队人数少，也起不了多大作用。刚开始，这支部队还取得了一些胜利；1918 年 9 月中，英军再次对巴勒斯坦地区的土耳其军队发起进攻，后者虽有德军支持，但他们的战线最终还是崩溃了。在米吉多（Megiddo），奥斯曼军队遭遇惨败——在这个地方曾发生过历史上第一场有记录的战役，在圣经的《启示录》中，此地被称为哈米吉多顿（Armageddon）；于是，通往阿勒颇（Ḥalab）和大马士革（Dimashq）的大门向英军敞开了。[142]

当时，T. E. 劳伦斯率领阿拉伯的贝都因骑兵，和其他部队一同追击撤退的土耳其军队。他描写了亚洲军如何顽强抵抗："[被攻击纵队的]第三部分，也是实力最弱的部分主要由德国人和奥地利人组成，他们和一些骑马的军官、士兵一同聚集在机关枪周围。这些人在防守方面确实很了不起；我们不顾一切地冲上去，却一次又一次被击退。[……]最后我们只好离开这些倔强的家伙，去攻击纵队里的另外两部分人马（当时纵队的成员分散在各处）。"[143] 10 月 30 日，奥斯曼政府在利姆诺斯岛（Limnos）签字同意停战。于是中东地区的战争宣告结束。协约国方面须确保幸存的德国士兵不受伤害；这些士兵在君士坦丁堡被拘禁了一段时间，随后返回了德国。

相比之下，巴尔干地区尤其是希腊境内的战事对战争的影响

/ 720

1917 年 3 月 11 日，英军队伍在取得战斗胜利后进入巴格达。骑马走在队伍最前面的是弗雷德里克·斯坦利·莫德（Frederick Stanley Maude）将军。在 1916 年，土耳其部队由德国元帅冯·德戈尔茨率领，曾在巴尔达南部痛击英军。但训练有素的大英帝国土耳其军队攻势凶猛，迫使美索不达米亚地区的奥斯曼帝国战线后撤了很长距离，并占领了底格里斯河畔这座具有象征意义的城市。

则重要得多。[144] 长期以来，希腊政府一直保持中立，所以基于政治原因，同盟国不能进攻驻扎在色萨利（Thessalias）地区的协约国军队。但从 1917 年 6 月起，维也纳和柏林政府就不再受这样的约束了，因为雅典的内阁此时已经加入了协约国一方。当时，威廉·格勒纳曾提议在 1918 年春季把德军作战的重点放在南部战线，这样协约国为了营救新盟友，就不得不将西线的军队转移到南部。但鲁登道夫拒绝了这个建议，而且反其道而行之，把几乎所有的德军部队都调到西线。这样一来，有些区域——尤其是马其顿——的兵力就被严重削弱了。鲁登道夫相信，只要德军在西线掌握着主动权，色萨利地区由法国人率领的军队就不敢轻举妄动。然而德方需要考虑的是，一旦德军在西线失去主动权，马其顿战线就会成为同盟国的阿喀琉斯之踵。从这个角度来看，鲁登道夫决定在春季进攻西线确实是孤注一掷：如果德国不能在决战中胜出，其他战线的同盟国军队就会战败，这可能导致这些部队解体，也可能导致相关的盟国脱离阵营。

事情果然这么发生了：西线的战况出现转折以后，南线的协约国军队——包括塞尔维亚部队、希腊部队和法国部队——就开始准备进攻。[145] 在此期间，路易·弗朗谢·德斯佩雷取代行事谨慎的莫里斯·萨拉伊成为"东方集团军"的最高统帅。在他的指挥下，军队一举突破了位于保加利亚的战线。[146] 协约国在这些地区拥有绝对的领空权，他们的飞机不断袭击撤退中的保加利亚军队，于是后者撤出马其顿的过程变成了一场大逃亡，有些部队整个团、整个师都解散了。9 月 29 日，一支法国骑兵旅进入马其顿首府斯科普里，当天夜里 11 时，保加利亚政府的全权代表在位于萨洛尼卡的"东方集团军"司令部签署了停战协议。刚开始，德方尤其是兴登堡还希望在保加利亚军队不参与的情况

奥斯曼帝国在美索不达米亚地区的军事形势逐渐恶化，于是德国前总参谋长埃里希·冯·法金汉（中间着浅色外套者）被任命为幼发拉底河与底格里斯河一带战线的司令。但和他的前任冯·德戈尔茨元帅相比，他的成就少得可怜，最终他又被奥托·利曼·冯·桑德斯将军取代，后者具备更多在中东地区作战的经验。

下，奥地利和德国军队可以共同守住多瑙河一带的战线，但要做到这一点，他就必须从已经岌岌可危的西线再调出大量部队。[147]何况奥匈帝国还能否提供支持也是个问题：即使西部战线能够长时间保持稳定，同盟国还是会战败，因为现在他们已经无法获得罗马尼亚的石油，而没有石油，他们就无法继续作战。

后来，鲁登道夫在他的《战争回忆录》中将自己塑造成事件的主导者；回忆录中提到急转直下的局势在他心中唤起了"沉重的责任感"，他认为自己必须"尽快结束战争，让政府采取关键性行动"。[148]事实上，他当时根本不具备这种决断力，尽管在那个时刻，他比以往任何时候都更需要决断力：在距离保加利亚投降还有短短几天的时候，协约国军队于 9 月 25 日夜 26 日凌晨再次在西线发动了一场大规模进攻，并于 27 日突破了"齐格弗里德防线"。那时鲁登道夫并没有立刻向政府报告这一变故；然而陆军最高指挥部几位年轻的军官背着他，向斯帕的外交部代表透露了这一十万火急的灾难性事件——这简直可以说是在暗算鲁登道夫，于是新任外交部部长保罗·冯·欣策（Paul von Hintze）不久就造访军队大司令部，与军方商讨接下来必须采取的紧急措施。而鲁登道夫在回忆录里描述的是，当时柏林政府已经浪费了宝贵的几周时间，最后他终于挺身而出采取了行动。[149]在 9 月 28 日，鲁登道夫已经被越来越多的噩耗淹没，不得不从现实角度分析局势——这时他的精神立刻崩溃了。早在几周之前，有些迹象已经表明这位第一军需总监的精神状态非常不稳定。[150]

第二天，鲁登道夫恢复了理智，他和兴登堡一起在军队大司令部将情况报告给皇帝和帝国政府。威廉二世的副官乌尔里希·马沙尔（Ulrich Marschall）曾向海军上将冯·米勒讲述了和这次会面有关的一些情况，这也被冯·米勒写进了日记里："天气

德国春季进攻期间，军方将军队大总司令部从克罗伊茨纳赫迁到了比利时的斯帕，因为此处距离前线更近。1918 年 6 月 15 日，威廉皇帝在斯帕庆祝登基 30 周年。在图片中央，我们可以看到总参谋长冯·兴登堡正在与军事内阁主席冯·普勒森（Hans von

Plessen）大将谈话。皇帝就在他们后面。站在左侧最前面的是鲁登道夫，他是第三代
陆军最高指挥部的铁腕人物。

真好。可这又是令人难过的一天。马沙尔听完发言后告诉我，兴登堡和鲁登道夫表示，军队已经没有能力继续作战了，我们必须签订和约。皇帝很平静地接受了这一切。［……］［下午］6点钟的时候我们和皇帝在一起。［……］这时陛下［……］自己告诉我们，今天上午兴登堡和鲁登道夫是如何向他坦白的。他宁愿这一切早点儿发生。事实上军队已经没有能力继续打仗了。也就是说，不管是巴伐利亚还是萨克森（Sachsen）的军队都支持不住了。欣策必须负责和敌方协商停战与签订和约的相关事宜。目前潜艇战仍会继续进行，作为向敌人施加压力的手段，直到敌人同意停战，并且我们确认和平的条件是可以接受的。战争要结束了，当然，战争的结果和我们想的完全不同。"威廉二世相信，在双方协商和平条件的过程中，他仍能发挥一定影响力，但他不愿谈论他本身应对现在这种局面承担什么责任。白天，海军上将冯·米勒在与皇帝交谈时说道："战争要结束了，而我们的人民表现得非常出色。"皇帝回答道："是的，但我们的政治领袖严重失职了。"很显然，他完全没有意识到这句话也是对他自己的评价。米勒在日记中加了一句带有评论意味的话："那么谁是我们在战争中的领袖？是兴登堡、鲁登道夫和军队大总参谋部里的政治部门吧。"[151] 这一天，埃里希·冯·德姆·布舍－伊彭布格（Erich von dem Bussche-Ippenburg）少校被派往柏林，向帝国议会党团的主席们报告目前的军事形势。当时，那些主张在胜利基础上签订和约的人仍做着德意志大帝国的美梦，所以这场报告在他们中间引起了很大震动；自由保守党人恩斯特·冯·海德布兰德（Ernst von Heydebrand）气愤地嚷道："有人对我们撒了谎，我们被骗了！"古斯塔夫·斯特来斯曼甚至和鲁登道夫之前一样，精神崩溃了。[152] 帝国议会的多数派则表现得比较克制。9 月 29 日，社会民主党人爱德华·达维德在日记中写道："熟悉的主要委员会会议。保加利亚，奥地利，土耳其。看不清楚前景。"[153] 在军方承认战败以后，德国的政治重心也从军队大司令部转移到了柏林，这里有一场活动匆忙拉开了序幕。如果我们详细了解当时的情况，就会发现这件事不是自然出现的，它的幕后操纵者正是鲁登道夫。[154]

/ 革命与政治新秩序

9 月 29 日以后，政治局势就开始风起云涌，到 1918 年 10 月，各种现象开始让人眼花缭乱，人们再也无法将"前线的事件"和"国内的发展变化"分开来对待。在此之前，虽然国内因为饥荒发生了暴动，而且自 1918 年初以来，工人阶层时常为了实现政治诉求而罢工，但德国和奥匈帝国政府只要确保这些动乱不受前线战事影响，同时在国内淡化那些对同盟国不利的战况，就可以在某种程度上控制住局势。但现在粮食短缺的问题越发严重，而军事上的败局已经无法逆转，所以国内社会、政治局势的变化就不再受政府控制了。这种变化到底属于什么性质——是社会秩序崩溃，还是秩序被颠覆，或者发生了革命——这一点一直存在争议，争议的关键就在于如何从政治上评价 1918 年秋季发生的一系列事件。在维也纳和柏林，这种变化在一开始是*从外到内*（由敌方引起）、*自上而下*（由政府引起）的，可是变化发生以后，一系列*自下而上*的政治运动又加速了这种变化，而且将它引到了另一个方向上。本来，旧派领袖想出了一些或许可以保住权力的计策，但"自下而上"的革命让这些措施变得不可逆转。[155] 后来，一系列和这个过程有关的政治传说也应运而生——我们前面已经提到了"背后一剑"的故事，它认为是国内的政治阴谋导致原本不可战胜的军队一败涂地（经过润色以后，这个故事又变成：阴险的左派煽动暴民发动了起义）；此外还出现了关于革命的传说，在这个传说中，社会民主党中的"工贼"为旧派领袖提供了关键性支持，使后者得以在志愿军和武装团伙的协助下镇压革命群众、逮捕革命领袖。事实上，在 1918 年 11 月的柏林、汉堡和慕尼黑，还有维也纳、布达佩斯和布拉格（Praha），权力的归属问题是悬而未决的，也就是说，谁率先出击，谁就可以把权力抓在手里。当时，有些群体只是暂时夺取了权力，他们也只采取了一些象征性的措施；但在这个过程中也有新的国家诞生，它们也成为中欧新秩序的重要组成部分。

直观地讲，1918 年 9 月 29 日保加利亚投降是这一系列变化的开端；这件事也成为结束这场战争的最后动力，而这场战争正是从巴尔干半岛发源的。于是一切又回到了起点：虽然这场战争在西线已经分出胜负，正如双方总参谋部计划的那样，但如果不是因为巴尔干半岛上发生了一系列事件，这场战争在 1914 年不会开始，在 1918 年也不会结束。从这个角度来看，作为第三主要战线的东线充其量也不过是一处面积十分广阔的次要战场。尽管此处发生过十分惨烈的战役，但它对这场战争有何意义，实际上取决于其他战线进展如何。在德国的几任总参谋长中，只有法金汉从一开始就认清了这一事实。对这场战争来说十分讽刺的是，当法金汉的预言成真的时候，他正待在一个他本人看来最无关紧要的地方：他此时是第十集团军总司令，带军驻扎在白俄罗斯。后来，他得知议会制政府在柏林成立，据说还喊了一声"普鲁士完了"①。这句话最直接的意思应该是指霍亨索伦王室在普鲁士的统治要结束了，但在他看来，王室丧失权力也就意味着，由这个王朝和它的军队建立的国家将走向覆灭。在这种情况下，他认为最后的救星就是将军阶层，所以他相信属于他的时代就要到了。他建议威廉皇帝起用"能用独裁手段处理内政外交的人"，其实他内心认为这就是他自己，但他在皇帝面前却提了另一个人，即路德维希·冯·法尔肯豪森（Ludwig von

---

① 原文为拉丁语。

Falkenhausen）大将。[156] 但法金汉忽视了两件事：首先，身为高级军官的鲁登道夫本来就是一个"善于使用独裁手段"的领袖，而他失败的原因也正在于此；其次，由于德军败局已定，军人的号召力已经大不如从前了。

法金汉以为王朝覆灭以后**紧接着**就会出现将军阶层的独裁统治，或者这个阶层可以让王朝免于覆灭，但这都是不现实的。不过，这位前任总参谋长还是不失清醒地预见到，欧洲大陆将出现新的政治秩序，而这些将军出身的独裁者将在其中扮演关键角色——只不过不是现在，而是一段时间以后。战后中欧诞生了一系列议会民主制国家，而到了 1938 年秋天，也就是战争结束 20 年以后，只有捷克斯洛伐克的议会民主制被保存下来；此时，中欧和巴尔干半岛的其他国家以及意大利、西班牙都由军方掌权或处在独裁统治之下，而多数独裁者受到拥戴的原因都和第一次世界大战有关。事后有些历史学家认为，如果当时的社会经历过长时间的革命和变革，情况就会有所不同；这种假设能否成立，现在尚无定论。

奥匈帝国和德国都爆发了革命，但背后的成因是不同的，革命过程的不同点也多于相同点。[157] 二元帝国爆发革命是因为各民族要为自己争取权利；而德意志帝国之所以爆发革命，一方面是因为旧王朝走向覆灭，另一方面是因为国内社会革命的暗潮已经在流动。在 1918 年这一整年里，哈布斯堡帝国工业界的工人虽然也频频罢工、抗议，但这些活动在一开始并没有形成政治气候；从夏天开始，以斯拉夫部队为主的部分军队开始拒绝作战，甚至拒绝去前线，这时罢工活动才在政治上引起轩然大波。[158] 奥匈帝国军方决定改变这一状况，可是采取的做法却南辕北辙：他们在特伦蒂诺和皮亚韦河下游发动了新一轮针对意大利的进攻。这次进攻于 6 月 13 日开始，但奥匈帝国方面准备得很糟糕，不仅人数不够，而且士兵营养不良，武器装备也很缺乏。恶劣的天气更是让这场进攻雪上加霜：当时下起了大雨，所以皮亚韦河发大水，冲毁了奥地利工兵修筑的浮桥。奥匈帝国军队重复了西部战线上德军春季进攻的悲剧，把它变成了一出闹剧，还将自己的窘态暴露在盟友和敌人面前。

在科巴里德战役中遭受重创的意大利军队现在又重获信心。他们原本打算在 1919 年春季进攻奥地利军队，现在他们决定提前执行计划，在 10 月 24 日就发动了进攻。在 1918 年 9 月，奥匈帝国军队总司令部听从兴登堡的安排，将他手下最好的几个师调到了德国西线，现在他们尝到了苦果。[159] 二元帝国的军队，包括在此处作战的捷克和匈牙利部队，一开始还猛烈反抗。毕竟他们是训练有素的部队，意大利人的进攻也唤起了他们战斗的本能。但没过几天，奥匈帝国军队的弹药就不够用了，而且他们急需后备军支援，这样才能守住战线上战斗最激烈的位置，同时在其他位置发动反攻。当时奥匈帝国后备军的人数是充足的，但这些人不肯上前线。匈牙利士兵首先开始"罢工"，然后是斯拉夫士兵，最后那些讲德语的奥地利部队也拒绝作战。意大利军队开始占据优势，而他们进攻的势头越猛，余下的奥匈帝国军队就瓦解得越快。意大利人意识到，他们只要付出很小的代价就可以取得巨大的胜利，而且不必冒任何军事风险，所以一开始并没有回应奥地利方面提出的停战请求。[160] 直到 30 万名奥匈帝国军队的士兵被俘，其中还有 7000 人是意大利人，[161] 双方才在帕多瓦（Padova）的朱斯蒂别墅（Villa Giusti）商定停战，这一约定于 11 月 4 日下午 3 时正式生效。于是这条战线上的战斗也宣告结束。

奥匈帝国军队迅速瓦解的原因在于哈布斯堡帝国也正走向灭亡：10月28日，捷克斯洛伐克宣布建国；10月29日，塞尔维亚—克罗地亚—斯洛文尼亚王国（就是后来的南斯拉夫）成立；10月31日，匈牙利政府解除了奥地利、匈牙利的联盟关系，并于次日成立独立政府，新政府希望协约国会因为他们放弃君主政体而给予他们更有利的和平条件。事实上，人们在很久之前早已料到了这一切，包括匈牙利终有一天会脱离奥匈帝国。10月27日，西格蒙德·弗洛伊德（Sigmund Freud）在维也纳写信给布达佩斯的同行、精神分析学家桑多尔·费伦齐（Sándor Ferenczi），他在信中说道："我知道您是匈牙利的爱国者，后面发生的事会让您感到痛苦。匈牙利似乎完全以为，它凭借一己之力就可以避免让国家'缩水'，因为外界的人都特别爱它、尊敬它，简单地说：它以为自己是个'例外'。所以它匆忙地与奥地利解除关系，脱离与德国的同盟（而德军在这次战争中曾两次救了匈牙利），这样做多少显得有失尊严；此外它还热切地向协约国表忠心。"[162] 弗洛伊德十分怀疑匈牙利这样改变立场是否行得通。事实上，匈牙利这样做纯粹是出于无奈：布达佩斯新内阁采取的第一个措施就是让意大利前线的士兵回国。毕竟，匈牙利与维也纳政府决裂以后，前线的战争也就与他们无关了，而此时国内却急需军队保护，因为保加利亚战败并退出战争以后，敌人很有可能从南面直接进攻匈牙利。此外，匈牙利面临的威胁不仅来自外部，也来自内部，因为在二元帝国的时代，匈牙利的疆域包含了斯洛伐克人、克罗地亚人和罗马尼亚人的聚居区，而自斯洛伐克人与克罗地亚人宣布独立以后，罗马尼亚人也开始要求与母国合并。于是，1916年夏天计划又被提了出来，当时，这个计划因为德国和奥匈帝国军队发动反攻而宣匈牙利军队撤回国内以后，不仅同盟国在意大利前线兵力空虚，而且之前被过度使用的奥匈帝国铁路系统也彻底瘫痪了。有些火车一整天都停在火车站或停放线上，有时军队必须动用武力才能让火车继续前进。除了匈牙利人，这个多民族国家里的其他民族也纷纷返回家乡，要见证"他们的"国家成立的过程。于是各个民族在交通干线上分道扬镳，奥匈帝国也随之解体了。这种日益高涨的民族运动几乎没有遇到什么阻力——虽然有的人为之狂喜，有的人却认为这是歇斯底里的表现；而理性的声音往往在讲德语的奥地利人中间产生，这也并非偶然，因为他们的祖国很快就要从强国、大国沦为一个小国了。看到奥地利和匈牙利国土的瓦解已经不可遏制，弗洛伊德在1918年10月底写信给同行费伦齐，建议他不要将他的力比多奉献给祖国，而是将全部精力用于精神分析的事业——否则他在接下来一段时间里可能会"感觉不适"。弗洛伊德在战争初期曾短暂地认为同盟国的事业就是他的事业，他也一直相信德国的武器是不可战胜的。[164] 现在，他在信中建议匈牙利同行努力工作，而他自己正是用这张"药方"避免帝国瓦解给他造成"不适感"——尽管他对哈布斯堡皇室有许多不满，却还是一直享受着这个帝国带给他的好处。谈到帝国瓦解以后的新国界，弗洛伊德在1919年3月写道："我不是什么爱国者，可是想到整个世界都将变成'外国'，我确实感到痛心。"[165]

卡尔皇帝直到最后一刻都在设法拯救他的国家。9月14日，他没有与盟友德国商量，就径自邀请"所有国家"进行和平谈判，但协约国方面拒绝了他的邀请。10月4日，奥地利与德国共同向美国总统威尔逊递交了有关和谈的照会，这份照会明确表示，德奥两国将接受"十四点计划"及其后来的补充条款，并建议双方在此基础上缔结和约。两周后威尔逊却表示，双方要缔结和约，仅仅让奥地利境内的捷克民族和南部的斯拉夫民族独立是不够的，对此他也无能为力。[166] 事实上，早在 6 月 28 日，美国政府就已经宣布支持德国和奥匈帝国统治下的所有斯拉夫民族独立。英国政府也于 8 月 9 日接受捷克斯洛伐克加入协约国阵营，并承认该国的合法政府是以爱德华·贝奈斯（Edvard Beneš）为首的国民议会，此时，英方已经决定要促成哈布斯堡帝国解体。在此之前主要是德国在敌国内部煽动革命，现在这种方法被用来对付奥匈帝国。多瑙河帝国的政府后来又采取了一系列内部改革措施，试图挽救帝国的命运，但这些尝试都失败了。卡尔皇帝总是在费力地追赶某种趋势，而这一趋势却在飞速地发展、变幻，很快便脱离了卡尔皇帝的影响范围。在 1918 年秋季，卡尔皇帝和威廉皇帝都遇到了同样的问题：他们做了不少事情，可要么事情本身做错了，要么做事的时机不对。例如 10 月 16 日，卡尔皇帝发表宣言，表示将对帝国中奥地利的国土实施改革，然而这一措施非但没有遏制帝国瓦解的趋势，反而加快了这一趋势；卡尔皇帝在宣言中表示："按照奥地利各民族的意愿，奥地利将成为一个联邦制国家，境内每个民族都将以聚居地为界组成一个联邦。[……] 这种新格局将保障每个民族联邦的独立性，与此同时，神圣的匈牙利王室的领土将仍然保有其完整性，不会受到影响。"[167] 卡尔皇帝这样做，等于亲手破坏了帝国的统一，所以最迟从此时开始，哈布斯堡帝国内部各民族的政治领袖开始筹划建立自己的民族国家，这些国家将不再和奥匈帝国有任何关系。

最后，就连讲德语的奥地利地区也难逃瓦解的命运，于是卡尔皇帝失去了他的最后一座堡垒。1918 年 11 月 11 日，他对说德语的奥地利人发表宣言，宣布不再参与政务，但宣言的措辞很谨慎，没有正式提及他将退位。卡尔皇帝于 1922 年 4 月 1 日逝世，他直到死前都坚称自己是哈布斯堡帝国的合法君主。1919 年 3 月 24 日，卡尔一世从费尔德基希（Feldkirch）离开奥地利，被流放到瑞士，而当时斯特凡·茨威格刚好也从那里返回版图已经严重缩水的奥地利。刚开始，茨威格感觉到火车站被紧张的氛围笼罩，很显然有一些特别的事将要发生。他看到火车缓缓进站，在车厢的一扇窗户后面，是"高高站立的卡尔皇帝，还有他那身穿黑衣的夫人齐塔皇后。我吓瘫了：奥地利的皇帝，统治了 700 多年的哈布斯堡皇朝的继承人，要离开他的国家！"168① 茨威格回想起那段由弗朗茨·约瑟夫统治的漫长岁月，回想起在生命的每个阶段，他都在各种场合见过老皇帝——这些场合包括在美泉宫举办的大型庆典、宫廷舞会，去伊施尔（Ischl）打猎，每年和"圣体节"的游行队伍一同走向斯特凡大教堂（Stephansdom）；"在那个雾蒙蒙的、潮湿的冬天，我看到了那灵车：就在战争期间，这位耄耋老者被安葬到皇室墓地，在那里得到他最后的安宁。对我们来说，'皇帝'这个词曾经代表了一切权力、一切财富，是奥地利长治久安的象征：从孩提时代起，人们就懂得发出这两个音节的时候要带着敬畏。现在，我看到了他的继承人［……］被驱逐出这个国家。数个世纪以来，一代又一代的皇帝曾登上这光荣的宝座，接受了代表皇权的金球与冠冕，而皇位的更迭就在这一刻结束了"。169②

茨威格带着怀旧之情描写了权力阶层的没落，而人们一度

---

① 译文出自民主与建设出版社 2017 年版《昨日的世界》第 12 章《重返奥地利》，译者吴秀杰。

② 译文出自民主与建设出版社 2017 年版《昨日的世界》第 12 章《重返奥地利》，译者吴秀杰。译文有改动。

以为他们的权力是永久的：1917 年 3 月，统治俄国 300 年之久的罗曼诺夫皇朝被推翻；1918 年 10 月，奥斯曼帝国与英国签订《穆兹罗斯停战协定》(*Armistice of Mudros*)，奥斯曼帝国的苏丹失去了对大部分领土的统治权；11 月，德意志和哈布斯堡皇朝的皇帝先后被流放。这些皇朝没落的过程各不相同：1918 年，沙皇尼古拉二世和妻儿在叶卡捷琳堡 (Yekaterinburg) 的地牢中被囚禁数月，最后在夏天被射杀，这时人们已经能预感到，内战和布尔什维克革命将在俄国掀起一场腥风血雨；在君士坦丁堡，苏丹可以说是悄无声息地结束了统治，这件事几乎没有引起什么关注，因为苏丹在很久之前就对帝国的政治失去了影响力，所以，虽然穆罕默德六世 (Mehmet Ⅵ) 在皇位上又待了 4 年，人们也不甚在意；哈布斯堡皇朝的卡尔皇帝则试图通过一系列宣言和倡议保住他的帝国，被流放以后，他还做了最后一次尝试，希望至少可以保住他在匈牙利的王位，结果不但失败了，还招人耻笑；威廉二世为保住皇位和帝国拼尽了全力，但最终还是难逃被流放的命运，这主要不是因为他见识浅薄，而是因为他想用武力保住国家首领的位置，而他手下的将军不肯支持他。

西线战争结束的方式和巴尔干半岛不同；在西线，起决定性作用的不是战斗的胜败，而是一些政治因素，其中很重要的一个因素是，陆军最高指挥部最终成功避免为"选择战争或和平"承担责任。这件事一直是军方领袖在主导，这是再明显不过的：以

赫特林为首的内阁政府虽然得到帝国议会多数派的支持，但陆军最高指挥部可以直接干预内阁的人员组成；最近的一次干预，就是用保罗·冯·欣策替换外交部部长冯·屈尔曼。陆军最高指挥部总是向其他政治领袖隐瞒真实的战况；1918 年 9 月 9 日，他

们要求外交部物色一名中立的中间人，为和平谈判铺平道路，但他们同时又暗示说，这件事情并不紧急，而且军事局势仍在德方掌控之中。帝国首相盲目相信军方的结论，于是在9月中告知帝国议会的各党派，前线的情况不足为虑。[170]

让军队大司令部的人感到不安的是，在9月中旬，卡尔皇帝开始更加努力地寻找门路，要与协约国单独媾和，而之前德国的将军阶层为稳定民心曾保证局面不会失控，现在卡尔皇帝的举动却和他们所说的背道而驰。兴登堡在回忆录《我的一生》（*Aus meinem Leben*）中写道，卡尔皇帝"退出了政治统一战线，试图与敌人议和"，这在他看来是不幸的，所以他在政治上不会支持这种做法；而另一方面，他也不会特别重视这件事，因为协约国不可能同意与卡尔一世议和——对协约国来说，德国才是最关键的角色："敌人相信，我们德国人只要稍做休息，就可以迅速恢复之前的战斗力，他们对此害怕不已。我们过去的战绩，或许也包括现在的战绩，给敌人留下的印象实在太深了。"[171] 直到9月末，陆军最高指挥部的大部分人仍持有这种想法：人们开始接受他们已经无法打赢这场战争，但也不认为必须尽快议和，而是在等待对议和来说最有利的时机。他们依然相信自己完全可以控制局面。

/ 737

也就是说，陆军最高指挥部，还有根据他们的汇报做决策的赫特林政府，都以为他们还有较长时间可以观望，然而这种想法是错的。不仅如此，自1917年夏季帝国议会做出和平决议以后，跨党团委员会并未坚定地采取行动并取得进展。[172] 中央党和社会民主党既没有积极敦促政府与敌人缔结和约，也没有推动德国的民主化进程，而是为德国是否实行联邦制争吵不休：社会民主党主张在承认德国为单一制国家的基础上制定宪法，他们担心联邦制会成为民主政治的障碍，或者至少会对民主政治有所限制；中央党则认为如果德国实行联邦制，他们就可以更充分地发挥影响力，而且也不会因为获得票数较少而在政治上占下风。[173] 如果是为了未来的权力分配，那他们不肯让步倒也情有可原；而事实上，这场争执只会导致帝国议会的多数派丧失政治影响力，这又进一步导致陆军最高指挥部可以更加为所欲为。或许议会的大部分议员根本就不打算提及权力的归属问题——毕竟他们还有不少让人不快的问题需要解决。到 1918 年 9 月底，所有人才突然意识到，要继续逃避已经不可能了，因为陆军最高指挥部已经主动提出要建立议会制政府。10 月 1 日上午，军队大司令部举办了针对当前形势的讨论会，鲁登道夫在会上明确提到了这么做的初衷。当时，中校阿尔布雷希特·冯·特尔也参加了讨论会，根据他的记载，这位军需总监在发言中指出，"由于好战的美国人提供了帮助，敌人很快就会**大获全胜**，而且将会**在很大的范围内实现突破**，随后西部的军队就会失去最后的立足点，在土崩瓦解的同时向莱茵河对岸撤退，而革命之火也会随之蔓延到德国"，这都是可以预料的。因此，陆军最高指挥部要求皇帝和首相"**即刻**向美国总统威尔逊提出停火的请求，目的是以'十四点计划'为基础缔结和约"。鲁登道夫还表示，帝国首相赫特林为此提出辞职，皇帝也立刻批准了。"鲁登道夫阁下补充道：'现在我们已经没有首相了，也不知道下一任首相是谁。但我们落到今天这个局面**主要应该感谢某些人，我已经请求陛下让他们去接管政务。他们既然把汤搅浑了，就应该把它喝下去！**'"[174]

历史学家米夏埃拉·萨莱夫斯基指出，鲁登道夫把结束战争的责任推给帝国议会多数党，实际上是在玩弄马基雅维利式的权术；他还补充说，"艾伯特和同志们"没有能力也不打算玩弄这样的权术，这于他们是一种荣誉。[175] 这种马基雅维利式的权术体现为，鲁登道夫等人故意留着"汤"不喝——也就是说，在接受了协约国提出的停战条件以后，陆军最高指挥部才让新政府成立。而美国方面只同意与议会选举出的政府谈判，这无意中让鲁登道夫赢了最后一局：既然协约国方面既不愿和鲁登道夫，也不愿和兴登堡协商停战事宜，那么议会多数派就无法强迫鲁登道夫去谈判了。如果议员们拒绝建立新政府，那么双方就只好继续打仗，那样会造成更多的伤亡。当时，鲁登道夫一直催促社会民主党、中央党和进步党建立新政府，让新政府就停战问题与协约国方面谈判，于是在 1918 年 10 月初，这三个党派开始对德国全权负责。在这个过程中，至少社会民主党不得不面对这样的状况：有些政治局面本不是他们造成的，他们却要为之承担责任。当然，他们之前已经给自己造成了麻烦，因为他们曾指责赫特林办事不力、没有迅速与敌人缔结和约，还施加压力使其辞职。[176]

/ 739

话说回来，陆军最高指挥部固然要求立刻与敌方协商停战事宜，但他们是真的认为事情十分紧迫，还是在做做样子？从我们的角度来看，不管是鲁登道夫还是他身边的军官和司令员，似乎都并未深刻认识到德军的败局已经无可挽回了。例如冯·特尔就在 10 月 3 日的日记中写道："我不停考虑停战这件事，越发坚信这［是］一个错误，或许是现在我们所能犯的最大的错误，尤其因为（如果我的估计没错）西线这里的天气很快就会恶化，敌军也会再度停止进攻。但如果我们已经提出议和，情况就不一样了。"[177]10 月 6 日，巴伐利亚王储鲁普雷希特在他的《战地日记》中写道："根据鲁登道夫口头的说法，我们之所以选择利斯河—赫尔曼和安特卫普—马斯河一带作为阵地［'齐格弗里德防线'

/ 740

"三巨头"乔治·克列孟梭、伍德罗·威尔逊和大卫·劳合·乔治分别代表法、美、英三国出席了在凡尔赛宫召开的会议。谈到如何处置战败的德国、欧洲要建立怎样的新秩序时,他们很快出现了分歧。在这些方面,威尔逊和克列孟梭的主张差别很大。

被突破后德军撤退至此处〕，一是因为我们为促成和谈，已经承诺撤出比利时，但基于军事原因我们不能一次性撤离，只能一步一步慢慢来；二是因为在和平谈判期间，我们也必须在一定程度上保障自己的安全。"[178] 鲁登道夫相信他已经做了两手准备，可以在双方协商停战时加以干预。

马克斯·冯·巴登亲王于 10 月 3 日接替了赫特林的职务，他注意到军方给他们自己留的这条后路对政府来说极其危险，所以他敦促相关人员与敌方进行和平谈判，而不是停战谈判，他相信这样一来自己在政治上将获得更大的回旋余地。此外，他打算先在国内推动一系列改革，目的是确保以自己为首的政府所属的党派能长久地支持他。[179] 从一开始，他就反对大规模并吞他国领土，主张在谈判的基础上实现和平，而且他在很久之前就提出应当改革普鲁士的三级选举制度。他继承了巴登大公国的自由主义传统（自 1907 年起，他就是巴登大公国的王位继承人）；在战争期间，他没有为自己争取军队指挥权，而是投身于安置战俘的工作；1914 年一整年里，他只花了几周时间在第十四军参谋部处理工作。[180] 对首相一职而言，马克斯·冯·巴登是不二人选，这不仅因为他的基本立场对德国有利，而且因为他具备某种对政治家来说必不可少的悟性——他能够用谨慎且巧妙的策略对付鲁登道夫，他的悟性由此可见一斑。只是眼下这位第一军需总监又一次在较量中占了上风，总是以军队面临实际困难为由贯彻自己的意图。

选中马克斯·冯·巴登作为新任首相，并指示他尽快与美国方面就停战问题达成一致，这是鲁登道夫最后的招数，旨在出奇制胜；然而德国和美国互换照会以后，协约国方面很快表示他们不会接受德国提出的条件，不会让德国保留其在西线或东线占领的土地。鲁登道夫则坚持必须保留德国在东线占领的土地，他的理由是，这部分土地可以充当德国和布尔什维克主义之间的防护墙。[181]事实上，从战略角度来看，这是鲁登道夫下的一盘大棋：首先，他支持列宁发动革命，让俄国这个对手退出战争，并强迫其签订条件苛刻的和约，这样德国就可以控制大片原属俄国的领土；然后他又指出，列宁及其追随者将对西方国家构成威胁，面对布尔什维克主义，德国是西方国家唯一靠得住的保护势力；他希望在这样的前提下，西方国家会承认德国之前占领的土地为德国合法所有。但美国人显然不愿加入这样的棋局。后来，鲁登道夫终于意识到这个计划行不通——除非德国无条件投降，否则协约国不会同意停战，这时他又改了主意，打算让战争继续下去。面对美国总统威尔逊提出的和平条件，他于 10 月 14 日命人传话给柏林政府："要么有尊严地讲和，要么战斗到底。"[182]这也成了他下台的直接原因——他一下台，西线的战争也就顺理成章地结束了。[183]

马克斯·冯·巴登上任后做出了一系列决策，这些决策表明他和他的前任们不同，他将坚决捍卫政治相对于军事的优先地位，为此他不惜与鲁登道夫为敌；另外，虽然过去鲁登道夫是国中无可替代的人物，但由于他要求即刻与敌方达成停战协定，所以现在他的地位已经大不如前了。帝国首相观察了这位铁腕政治人物对威尔逊提出的条款所做的回应，很快明白他给自己留出了一些地盘，好继续以政府首脑的身份干预政治。应冯·巴登的要求，鲁登道夫于 10 月 17 日赶赴柏林，冯·巴登向他提出了一系列问题。以下是从会谈记录中摘取的一段对话，这段对话足以说明这次谈话的大致情况：

鲁登道夫将军：［威尔逊提出的］条件太苛刻了。我感觉，在递交这份照会表示接受他的条件之前，我们必须先告诉敌人：你们通过战斗去争取这些条件吧！

帝国首相：如果他们通过战斗争取到了这些条件，会不会继续向我们提出更糟糕的条件？

鲁登道夫将军：不能比这个更糟了。

帝国首相：噢对了，他们会入侵德国，践踏我们的国土。

鲁登道夫将军：我们还不至于走到这一步。[184]

米夏埃拉·萨莱夫斯基提到，鲁登道夫身上"诸神的黄昏①症候群"愈来愈明显。[185]马克斯·冯·巴登通过照会回复美国总统，表示愿意做出较大的让步，而鲁登道夫却表示不愿插手停战谈判一事，还通过汉斯·冯·赫夫滕告知政府："陆军最高指挥部自认并非政治权力机构，所以不承担任何政治责任。要递交这份照会也无须征得陆军最高指挥部同意。如有人在公开场合——不管是在帝国议会还是在报刊上——询问陆军最高指挥部的立场，政府方面可依上述说法予以解释。"[186]这段话实际上是说，德国军队的最高领袖反对政府就停战问题与敌方展开谈判。帝国首相心里很清楚，如果不想让战争没完没了地进行下去，就必须让鲁登道夫辞职。10月25日，机会终于从天而降：前一天，鲁登道夫针对美国总统递交的新照会拟定了一份公告，在这份公告中公开向政府叫板。公告中说："威尔逊的答复等于是在要求军队投降。所以我们的士兵决不会接受这样的答复。1914年，我们的敌人

———————

① 可指新时代到来前夕旧世界的没落。

挑起这场战争是因为他们决意要让我们灭亡，而这个答复证明敌人亡我之心不死。[……] 所以，威尔逊的答复只会催促我们的士兵竭尽全力、反抗到底。"[187] 参谋部的一名军官知道这份公告在和政府作对，所以将它撤下来了，但还是有人将一份文稿送到了东线的司令部，它又从那里被送到了柏林。当时，马克斯·冯·巴登染上了西班牙流感，不能亲自与鲁登道夫谈话，但他要求皇帝在他和鲁登道夫之间做出选择。于是鲁登道夫奉命来到皇帝逗留的贝勒维宫，在皇帝的要求下，他提出了辞职，而皇帝立刻就批准了。[188]

而兴登堡却保住了他的职位，这让鲁登道夫颇觉意外：很显然，鲁登道夫以为他辞职以后，这位元帅也就不再是军队首脑了——毕竟，过去这对铁杆搭档一直威胁要双双辞职。现在兴登堡却没有追随鲁登道夫走出这一步，这或许是因为他对鲁登道夫奉行的"反抗到底"的路线产生了怀疑，又或许是因为皇帝要求他承担起这一职责，正如他自己所说的那样。鲁登道夫认为这是对他的背叛——四年来他们合作无间，鲁登道夫燃烧了自己，却成就了兴登堡的功名。他感觉自己受到了欺骗。[189] 这当然是因为他完全从自己个人的角度看待后来发生的一系列事件，而将所有其他情况搁置在一旁：鲁登道夫坚信，只有他才能让德国有尊严地与敌人握手言和。这一点体现在，他曾信心十足地对他妻子和冯·赫夫滕上校说："8 天后元帅 [兴登堡] 就会被勒令辞职，14 天后我们就没有皇帝了。"[190] 他对皇帝退位的预测完全正确，对于兴登堡的预测却大错特错了。兴登堡和鲁登道夫的继任者格勒纳将军组成了第四代陆军最高指挥部，他们的任务是在停战协定签订以后组织德国军队离开作战阵地并有序地撤回国内。没有人比格勒纳更适合干这件事了，因为在 1914 年 8

月，正是他将军队组织在一起，让他们朝法国进发。于是一切又回到了起点：兴登堡—鲁登道夫这对搭档曾对战争的发展起了决定性作用，现在他们关系破裂，负责指挥战役的鲁登道夫走了，负责人员运输的格勒纳接替了他的职务，组织军队有序地退场。"我一直很喜欢他。"谈到格勒纳，和他一起在军队大总参谋部共事的阿尔布雷希特·冯·特尔是这么说的，"他的这份差事十分棘手，现在他可以说是骑虎难下。要进行如此大规模的破产清算。"[191]

德国还面临一个问题，就是皇帝未来何去何从。后来，远洋舰队爆发叛乱，带有革命性质的颠覆活动①又从基尔和威廉斯港蔓延到整个德国，这时皇帝的去留问题也引起了更大的争论。但绝对没有哪一方将皇帝退位列为签署停战协定的硬性条件。德国只要仿照英国的模式实行君主立宪制，并且让陆军最高指挥部接受议会的管理，或许就足够了。[192]至于威廉皇帝退位后是否仍居普鲁士国王之位，当下也没有定论——威廉二世目前更倾向于认为，他退位后仍是普鲁士国王。[193]但如果威廉二世仍担任普鲁士国王，就等于动摇了帝国的根基：德意志帝国会再次分裂成一系列王国和侯爵领地；在19世纪的很长一段时期内，德国因为南北矛盾迟迟无法建立民族国家，现在帝国一旦分裂，这种矛盾将再度爆发。当然，英国和法国（尤其是后者）可能更喜欢这个方案，因为他们的目的就是要铲除这个位于欧洲中部的权力集团，和其他削减德国版图的方案相比，这个方案显然更接近他们的目的。

另外，德国人民能否接受这个方案，是否会因此反抗政府，这也是个问题。毕竟德国在战争中付出了极大的代价，将士们的

---

① 本书作者并不区分"革命""颠覆""暴动""叛乱"等词的感情色彩，在描述事件时，这些词一般都不含褒义或贬义。

鲜血却不是为普鲁士、萨克森、巴伐利亚或黑森大公国而流，而是为整个德国而流。如果说 1864~1871 年的三次统一战争让德意志帝国完成了形式上的统一，那么这次大战则从内部将整个民族紧紧团结在一起。所以，要让 1918 年的德国倒退回 1871 年之前的状态是几乎不可能的。但没有人提出这个问题，因为革命已经从基尔和威廉斯港蔓延开来，这些想法也就被搁置到一旁了。革命一旦爆发，人们就不必再问"民族是否会分裂"，也不必再回答这个问题。

这场叛乱的开端是水兵起义。[194]1916 年夏季，政府决定不在海上与敌军决战，从那时起，德国海军的状况就一直不太好：大部分时间里，大型战舰都停泊在港口，顶多偶尔出港，在海岸附近保护海面上快速行驶的轻型部队，如鱼雷艇、潜艇和扫雷艇部队，因为这些部队在海岸附近比较容易受英军的驱逐舰攻击。就拿潜艇来说，它驶到这里就会浮出水面。在这种情况下，战列舰上水兵的工作往往一成不变，他们认为这纯粹是一种折磨。而且在大型战舰上，军官的饮食比普通水兵要好得多，而在小型战舰上，军官和士兵都吃一样的东西，所以大型战舰上的士兵每天都能感受到阶级之间的不平等。此外，那些比较有领导才能、善于激励下属的军官也被轮流调走，好去指挥那些正在作战的小型部队。这些停在港口的战列舰原本是皇家海军的荣耀，现在它们几乎成了海军的后方，甚至可以说遭到了"遗弃"。在 1917 年夏天，这里就发生了第一次骚乱，当时有几百名锅炉工和水兵离开了战舰，拒绝按照上级的计划执行任务。当时海军方面迅速采取了强硬措施：许多人被判监禁，还有一些人被判处死刑，其中有两人确实被处死了。但军方没有更改任务计划，也没有将军官的饮食条件降至士兵的标准。[195]

导致 1918 年秋季大动乱的决定性因素在于，虽然德国已经战败，海军方面还是决定再发动一场大型战役。对于他们这样做的动机，学界有诸多猜测和争议。[196] 公海舰队出港对德军有什么好处，学界做出了三种可能的解释。第一种解释认为，当时西线的德军右翼已经陷入窘境，战舰如果驶入英吉利海峡，并且进攻泰晤士河口，就可以让德军右翼得到喘息的机会，佛兰德地区英军的补给也将被切断，或者至少在较长时间内受到影响，这样一来，德军就有可能守住马斯河与安特卫普之间的防线。要实现这一目的，德军必须击沉通过英吉利海峡的英国商船，并且彻底炸毁英国及法国北部海岸线上的码头、港口的设施。这将成为一次具有重要战略意义的行动，前提是，德国军队想守住他们在比利时的阵地，并且打算让战争继续下去。要搞清楚陆军方面的想法，海军方面就应该和陆军最高指挥部协商，并且协调双方的行动，但海军方面并没有这么做。这说明以上并非舰队行动的首要目的。

第二种解释认为这是海军上将阶层密谋之后做出的决定，目的是破坏政府为停战谈判所做的准备。这一观点在魏玛共和国时期十分流行，总的来说就是：海军上将阶层企图通过舰队的进攻阻止政府议会化，好让战争继续进行。这也意味着，水兵奋起反抗不仅仅是为了结束战争，也是在守护德国的民主化进程。如果情况确实如此，那我们也很容易联想到，海军方面按理应该和陆军最高指挥部协商，从而提高行动的胜算。当然我们不能排除这种可能：海军上将们知道陆军最高指挥部以及军队内部有一批人并不希望结束战争，所以打算利用舰队进攻的成果说服这部分人一起行动。

第三种解释认为，海军发动进攻的原因在于，他们决定为海军的荣誉和战后海军军官的地位而战。所以，战略性考量和政治立场都不是影响决策的关键性因素——真正关键的因素在于这个成立不久的军种对自身的认识，在于他们想在未来的德国占有一席之地。德国为海军花费的金额高达数十亿马克，这也造成陆军资金短缺，而海军的大型战舰在战争过程中却没有起多大作用。从斯卡格拉克海峡战役来看，这些大型战舰几乎没有派上用场；持续参与作战的只有潜艇，自1916年以来，它们就成了海战的唯一工具。所以，海军当局希望通过大型战舰的进攻提升它们在舰队内部的声望。或许他们还希望可以在海上战役中重创英军，让英国的海军实力退居美国之下。这样一来，公海舰队将对战争的结局产生决定性影响。

这三种解释并不完全是非此即彼的，它们分别涉及战略、政治和荣誉这三个因素，而我们只需区分这三个因素的重要程度。许多证据表明，荣誉问题构成了海军当局发动进攻的首要动机；如果说军方也考虑了政治和战略上的需要，那是因为这次进攻可能带来一些间接的成果，而这些成果可以赋予这场荣誉之战更高级的意义。至于水兵为反对舰队行动发动叛乱，我们可以认为他们的动机也与此类似：在大部分人看来，为这次行动牺牲是毫无意义的，毕竟战争很快就要结束了，他们不想再去冒生命危险。在1918年夏天，后方或国内有数十万名士兵消失得无影无踪，或者不做过多抵抗就被敌军俘获，而水兵的心态也和这些士兵一样。只不过身为海军士兵，他们要逃跑是不可能的，大型战舰限制了他们的活动范围；在这种情况下，他们要"贪生取巧"就必须公开和当局作对，而消极的"罢工"形式在战舰上也不适用，所以水兵的唯一选择就是发动起义。

在为出征做准备的过程中，海军方面发动进攻的企图越来

1918 年 11 月 9 日，由基尔和威廉斯港的水兵发动的起义蔓延到了柏林。在这期间，许多陆军士兵参加了起义，他们在无组织的状态下动用武力攻占了德国首都的中心位置，这场革命性颠覆活动也因此广为人知。上图中，一群参加起义的士兵出现在勃兰登堡大门前。

越明显，这时战舰上开始发生骚乱，很快，第一、第三中队的骚乱就发展为集体抗命，以至于海军上将希佩尔不得不放弃进攻行动，也不再让战舰出港。然而暴乱并没有到此为止。当时，第三中队的战舰驶进了船籍港基尔，军方打算在这里逮捕造反"头目"，还把在威廉斯港逮捕的暴动者带到了这里，这时起义蔓延到了城市里，造船工人与水兵联手，袭击了一些军官并解除了他们的武装，因为起义者认为这些军官打算让战争继续下去。但起义者仍不满足于此：暴动从基尔（后来也从威廉斯港）迅速传遍德国，不久，科隆、柏林和慕尼黑都发生了暴乱。现在，人们不仅要求立刻结束战争，而且喊出了结束王朝统治、推翻旧政府的口号。政府根本找不到军队来对付上街游行示威的人群——政府派出的军队要么自行解散，要么拿着武器加入了革命队伍。不到几天时间，原有的秩序就像纸牌屋一样，迅速垮塌了。

在柏林发生革命性骚乱之前，皇帝就离开了他的首都，去了位于斯帕的军队大司令部，当时他还幻想着，有朝一日要率领忠于他的军队返回德国并镇压德国的革命。军队大司令部的天主教随军神父路德维希·贝格提到，皇帝在11月3日还对他表示："我已做好准备。在柏林和其他城市仍有一批忠实可靠的士兵；我宁愿我的宫殿被炸毁，也不愿投降。那些属于我的机关枪将在沥青路面上写下这样一行字：我不容忍任何一次革命。"[197] 后来，威廉·格勒纳的调查数据迫使政府放弃了对起义者的镇压。这次调查的对象是军队中的师长和团长，调查结果显示，士兵们愿意继续抵抗敌人的进攻，但不愿意"进攻国内的人民"。于是镇压革命的打算就此告一段落。人们又开始讨论，威廉二世为了霍亨索伦王室的荣誉是否应该奔赴前线，像士兵一样战死。有人认为，一旦"国王牺牲了自己"，霍亨索伦王朝便可以维持对普鲁士的统治；

但威廉二世拒绝做出这样的牺牲，他指出自己是普鲁士新教教会的最高领袖。[198] 在这种情况下，皇帝的唯一选择就是退位；在这一过程中，有两个人起了关键性作用：帝国首相马克斯·冯·巴登和陆军元帅保罗·冯·兴登堡。11 月 9 日，帝国首相未曾与威廉二世协商就公开表示，这位皇帝与国王已经决定"舍弃他的王位"，[199] 随后，在兴登堡的劝说下，这位帝王确信，流亡荷兰对他、对德国都是最好的选择。谈及此事，兴登堡在书中说道："每时每刻我都全力支持我那至高无上的君主。他将率领军队返回祖国的任务交给了我。11月 9 日下午我离开了我的皇帝，从此我将再也见不到他了！他走了，这样，祖国就不必付出更多的牺牲，而且可以在更有利的条件下与敌人和谈。"他的这番话与其说澄清了事实，不如说掩盖了事实。[200] 与此同时，马克斯·冯·巴登将帝国首相的职位让给了帝国议会头号党团的领导人弗里德里希·艾伯特——这一行为事实上不在宪法规定的范围内。两天后，德国在贡比涅的树林中与敌方签订了停战协定。从 1918 年 11 月 11 日 11 时起，西线的炮火也停息了。第一次世界大战就这样结束了。

1918 年 11 月 10 日，威廉二世离开德国流亡荷兰。上图中，皇帝（左起第四位）正在比利时—荷兰边境的关卡所在地艾斯登（Eijsden）和随行人员告别。

注　释

1　Schwabe, *Weltmacht und Weltordnung*, S. 61; 威尔逊的政策以及在此基础上形成的对世界秩序的设想参见 ders., *Woodrow Wilson*, 多处。

2　Vorländer, «Kant und Wilson», S. 67ff.

3　出处: President Wilson's Message to Congress, January 8, 1918, Records of the United States Senate, National Archives。威尔逊对德国的看法有自相矛盾之处，参见 Boemke, «Woodrow Wilsons Image of Germany», S. 603ff。

4　参见 Williams, *Der Welt Gesetz und Freiheit geben*, S. 119ff, 以及 Junker, *Power and Mission*, S. 38ff。

5　Schwabe, *Weltmacht und Weltordnung*, S. 48ff.

6　参见 Strachan, *Der Erste Weltkrieg*, S. 365f.

7　有关赛克斯—皮科协定的信息参见本书 S. 627f。

8　布尔什维克政府已经实践了威尔逊在"十四点计划"中提出的部分原则，比如停止长期以来的秘密外交活动。参见 Pipes, *Die Russische Revolution*, Bd. 2, S. 388f.

9　相关信息参见列宁《给英国工人的信》（1920 年 5 月 30 日）（Lenins «Brief an die englischen Arbeiter» vom 30. Mai 1920, S. 128）。

10　参见 Oppelland, *Reichstag und Außenpolitik*, S. 293f。

11　美国总统如何制定"计划"中和维也纳、布达佩斯（Budapest）有关的条款，参见 Rauchensteiner, *Tod des Doppeladlers*, S. 528 - 531。

12　Müller, *Regierte der Kaiser?*, S. 370. "帕尔马家族"是指皇后齐塔的家族。

13　相关情况参见 Keegan, *Der Erste Weltkrieg*, S. 537f.

14　令人惊讶的是，只有很少的文献讨论了这一问题；可参见一篇相对陈旧的文章: Dietrich Geyer, «Wilson und Lenin», S. 430ff, 以及彼得·克吕格尔对这一问题的反思，见 Peter Krüger, «Der Erste Weltkrieg als Epochenschwelle», S. 70ff。

15　Marianne Weber, *Max Weber*, S. 648. 当时的人会用布匿战争和伯罗奔尼撒战争比喻当下的情况，参见本书 S. 781f, 以及 Münkler, «Die Antike im Krieg», 多处。

16 Strachan, *Der Erste Weltkrieg*, S. 355；鲁登道夫并非总是明确地将这次战争比作第二次布匿战争；有些现象甚至表明，他更倾向于认为这次世界大战等同于第一次布匿战争，这意味着德国和英国之间还将有一次大规模较量。这种想法体现在，鲁登道夫评估所有和谈条件时都会考虑，它们对德国和英国的下一场战争有何影响。

17 在传统的俄国历史书中，罗马和拜占庭（Byzantine）的关系非常不受重视；对从事比较性帝国研究的学者来说，这一关系则是十分重要的课题。可参见 Burbank/Cooper, *Imperien der Weltgeschichte*, S. 420f。

18 1917~1918 年美索不达米亚和巴勒斯坦地区战斗的概况参见 Keegan, *Der Erste Weltkrieg*, S. 535 与 575f；较为详细的介绍见 Kielmansegg, *Deutschland und der Erste Weltkrieg*, S. 648 - 651，以及 Stevenson, *1914 - 1918*, S. 517 - 519；详细的介绍见 Knight, *The British Army in Mesopotamia*, S. 96ff，这里叙述了加沙地区附近的战役，它们与西线的堑壕战、技术装备战相似；有文献从一名参战士兵的视角描述了这些战役，参见 Englund, *Schönheit und Schrecken*, S. 402 - 405 与 408 - 411。

19 参见 Stevenson, *1914 - 1918*, S. 517f., Strachan, *Der Erste Weltkrieg*, S. 347f，重点参见 Bihl, *Die Kauskasus-Politik der Mittelmächte*, Teil 2, S. 207ff。

20 参见本书 S. 718ff; Strachan, *Der Erste Weltkrieg*, S. 362f。

21 "德意志东方帝国"这一概念及相关历史参见 Hildebrand, «Das deutsche Ostimperium 1918», S. 109ff, Baumgart, *Deutsche Ostpolitik 1918*, 多处，以及 Bihl, *Die Kaukasus-Politik der Mittelmächte*, Teil 2, S. 36–129。

22 《布加勒斯特和约》签订前后德国对罗马尼亚的占领和剥削政策参见 Mayerhofer, *Zwischen Freund und Feind*, S. 63ff；罗马尼亚未来该当如何，德国和奥匈帝国为此起了冲突，参见上一处文献，S. 115ff。

23 Ludendorff, *Meine Kriegserinnerungen*, S. 458.

24 这是因为威廉皇帝 1917 年 9 月在事先没有约好的情况下访问了多布罗加高地，这一做法被理解为，德国在声明他们对该地区的权利。参见 Müller, *Regierte der Kaiser?*, S. 321。

25 参见 Münkler, *Imperien*, S. 67ff。

26 相关情况参见 Stevenson, *1914 - 1918*, S. 519f。

27 此处及后续内容参见 Hildebrand, «Das deutsche Ostimperium», S. 113ff, 以及 Kielmansegg, *Deutschland und der Erste Weltkrieg*, S. 579ff。

28 转引自 Hildebrand, «Das deutsche Ostimperium», S. 113。

29 屈尔曼虽然与帝国首相意见不合，却没有提出辞职，而在上文的语境下，我
    们可以理解鲁登道夫对屈尔曼的评价："他的行为让我无法像信任一位外交
    部部长那样信任他。"（Ludendorff, *Kriegserinnerungen*, S. 449）。鲁登道夫
    曾多次威胁要辞职，但从未付诸行动。

30 转引自 Hildebrand, *Das deutsche Ostimperium*, S. 113。

31 参见 Kielmansegg, *Deutschland und der Erste Weltkrieg*, S. 581。

32 参见 Carrère d'Encausse, *Lenin*, S. 291ff。

33 Bihl, *Österreich-Ungarn und die Friedensschlüsse*, S. 57.

34 德军挺进白俄罗斯和波罗的海北部沿岸的行动被称为"拳击行动"
    （Faustschlag），相关情况可参见 Kielmansegg, *Deutschland und der Erste
    Weltkrieg*, S. 602f, 以及 Keegan, *Der Erste Weltkrieg*, S. 533f; 俄国军队瓦
    解的过程参见 Wildman, *The End of the Russian Imperial Army*, Bd. 2, S.
    73f。

35 Nowak(Hg.), *Die Aufzeichnungen des Generalmajors Max Hoffmann*, Bd. 1,
    S. 187.

36 列宁与托洛茨基、布哈林（Nikolai Ivanovich Bukharin）之间的争论参见
    Pipes, *Die Russische Revolution*, Bd. 2, S. 399ff。

37 此处既后续内容参见 Kielmansegg, *Deutschland und der Erste Weltkrieg*, S.
    598ff。

38 约翰·基根（Keegan, *Der Erste Weltkrieg*, S. 533ff）认为，德国当时毫不
    费力地征服了这部分地区，这让一系列伦理和政治团体相信他们可以奋起反
    抗布尔什维克政权。于是俄国爆发了一场内战，据说在俄国国内，死于这场
    战争的人比死于一战的人多得多。

39 Keegan, *Der Erste Weltkrieg*, S. 511.

40 相应的段落出现在 Ludendorff, *Kriegserinnerungen*, S. 436‑449; 德国
    内部对《布列斯特—立陶夫斯克和约》的不同评价参见 Hahlweg, *Der
    Diktatfrieden von Brest-Litowsk*, S. 7ff。

41 参见 Kielmansegg, *Deutschland und der Erste Weltkrieg*, S. 614f。

42 参见本书 S. 52f。

43 相关情况参见 Kielmansegg, *Deutschland und der Erste Weltkrieg*, S. 616ff。

44 相关情况参见 Ludendorff, *Meine Kriegserinnerungen*, S. 432。

45 Müller, *Regierte der Kaiser?*, S. 373.

46 德国于 3 月 21 日发动了代号为"米迦勒"（Michael）的进攻。在德国总

参谋部的文件中，"大型战役"（große Schlacht）这一概念与"米迦勒"行动是同义词。恩斯特·云格尔也参加了于 3 月 21 日开始的行动，在他的作品中，相关章节的标题也叫"大型战役"（Jünger, *In Stahlgewittern*, S. 241ff）。此外，3 月 23 日的报道称，当日军队"在皇帝陛下的个人领导下"取得了巨大胜利，所以后来有人将 3 月 21 日的战斗称为"皇帝战役"（Kaiserschlacht）。海军上将冯·米勒称这是"兴登堡—鲁登道夫集团编造的一个善意的谎言"（von Müller, *Regierte der Kaiser?*, S. 366）。

47　相关情况参见 Keegan, *Der Erste Weltkrieg*, S. 522f, 以及 Strachan, *Der Erste Weltkrieg*, S. 367f。

48　有文献详细评价了当时人们提出的各种想法，参见 Storz, «‹Aber was hätte anders geschehen sollen?›», S. 51ff。

49　参见 Storz, «‹Aber was hätte anders geschehen sollen?›», S. 54。

50　Müller, *Regierte der Kaiser?*, S. 315.

51　转引自 Michaelis/Schraepler (Hg.), *Ursachen und Folgen*, Bd. 2, S. 250；"按着上帝的心意"这句话对鲁登道夫来说并不是套话。他每天都会诵读亨胡特（Herrenhuter）兄弟会的每日箴言，而 1918 年 3 月 21 日的箴言是："因为你归耶和华你神为圣洁的民，耶和华你神从地上的万民中拣选你，特作自己的子民。"（申命记 7:6）[①] 德军正好在这一天开始进攻，所以在鲁登道夫看来，这段箴言表明上帝将在这一天帮助他们。参见 Nebelin, *Ludendorff*, S. 409。

52　类似的说法参上一处文献，S. 406ff。

53　转引自 Thoß, «Militärische Entscheidung», S. 22。

54　Max von Baden, *Erinnerungen*, S. 235.

55　Groener, *Lebenserinnerungen*, S. 425.

56　约翰·勒尔撰写的威廉皇帝传记内容非常翔实，但与此事有关的段落却简短得出人意料（Röhl, *Wilhelm II.*, Bd. 3, S. 1232f），基本没有探讨威廉皇帝面临的困境。克拉克的传记则深入地探讨了这一困境，见 Clark, *Wilhelm II.*, S. 311ff。对这一问题讨论得最为详尽的是赫勒（Herre, *Kaiser Wilhelm II.*, S. 305ff）。兴登堡在当时的角色参见 Pyta, *Hindenburg*, S. 325ff。

57　此处及后续内容参见冯·米勒的日记：Müller, *Regierte der Kaiser?*, S. 276ff 与 362ff。

58　对此，格勒纳写道："政治家们在等待鲁登道夫报告德国大获全胜。"

---

①　译文出自和合本圣经。

（Groener, *Lebenserinnerungen*, S. 424）爱德华·达维德是社会民主党成员，也是帝国议会议员，是党派右翼的支持者；在这段时间里，他也在日记中流露出听天由命的宿命主义情绪。日记中提到他与马克斯·韦伯以及汉斯·德尔布吕克会面，并且在威斯巴登的会议厅做了演讲，但此外并没有举办什么特别的活动，而是参观了一处香槟酒酒窖，读了歌德的作品，并且考虑他是否应该去当教授（David, *Das Kriegstagebuch*, S. 263 - 271）。

59　可参考有关文献对此事的批判性描述，见 Nebelin, *Ludendorff*, S. 401ff; 也有文献情词激切地为他辩护，见 Venohr, *Ludendorff*, S. 237ff。

60　参见 Storz, «‹Aber was hätte anders geschehen sollen?›», S. 54。

61　相关情况参见 Duroselle, *La France et les Français*, S. 261ff。

62　参见 Storz, «‹Aber was hätte anders geschehen sollen?›», S. 55。相关的观点可参见 Hans Fenske, *Der Anfang vom Ende des alten Europa*, S. 39ff。此处认为虽然同盟国方面多次提议和谈，但都遭到法国和英国拒绝（这是尽人皆知的），以致战争酿成欧洲的一场大灾难，而英法才是这场灾难的罪魁祸首。

63　参见 Nebelin, *Ludendorff*, S. 426ff。

64　参见 Wallach, *Das Dogma der Vernichtungsschlacht*, S. 266ff, 以及 Groß, *Mythos und Wirklichkeit*, S. 136ff。

65　有文献简洁地介绍了鲁登道夫考虑过的各种进攻方案及其主要的优缺点，参见 Storz, «‹Aber was hätte anders geschehen sollen?›», S. 59 - 64, 以及 Wallach, *Das Dogma der Vernichtungsschlacht*, S. 267 - 277; 还可参考 Kielmansegg, *Deutschland und der Erste Weltkrieg*, S. 631 - 634, 这方面比较重要的文献还有 Venohr, *Ludendorff*, S. 253ff, 以及 Stevenson, *With Our Backs to the Wall*, S. 38 - 43; 单纯从军事角度讨论这一问题的文献是 Zabecki, *The German 1918 Offensives*, S. 97 - 112。

66　参见本书 S. 597f; 另有文献详细描写了当地遭遇浩劫之后的情形，见 Michael Geyer, «Rückzug und Zerstörung 1917», 以及 Markus Pöhlmann, «Die Rückkehr an die Somme», 这两篇文章出自 Hirschfeld u. a. (Hg.), *Die Deutschen an der Somme*, S. 163ff 与 S. 203ff。

67　鲁普雷希特王储在 1918 年 4 月 5 日的日记中写下了这段话。见 Rupprecht, *Mein Kriegstagebuch*, Bd. II, S. 372。

68　对这一过程最清楚的介绍见 Venohr, *Ludendorff*, S. 316ff。

69　这种解释参见 Wallach, *Das Dogma der Vernichtungsschlacht*, S. 278f。

70　同上，S. 278。

71　参见 Groß, *Mythos und Wirklichkeit*, S. 136ff, Storz, «Aber was hätte anders geschehen sollen?», S. 64f; Wallach, *Das Dogma der Vernichtungsschlacht*, S. 272ff; 有文献详细分析了这个问题，并批判了其他研究文献的观点，其中最有代表性的是 Venohr, *Ludendorff*, S. 312 - 333。

72　德国为这次进攻做的准备重点参见 Johnson, *Breakthrough!*, S. 215 - 232。史蒂文森强调，德军在战斗中占上风并非因为人数较多（这一优势只存在了很短时间），而是因为作战效率较高，见 Stevenson, *With Our Backs to the Wall*, S. 35f。特拉弗斯则认为，是敌方尤其是英军的严重失误让德军有了可乘之机，见 Travers, *The Killing Ground*, S. 220ff。

73　至于德方如何用"信念"填补目标和能力之间的差距，见 Storz, «Aber was hätte anders geschehen sollen?», S. 69。

74　有文献批评了鲁登道夫在领导方面的失误，例如 Görlitz, *Generalstab*, S. 207f; Kielmansegg, *Deutschland und der Erste Weltkrieg*, S. 640; 还有文献比较概括地论述了这一问题，见 Venohr, *Ludendorff*, S. 312 - 353。

75　持 这 一 观 点 的 文 献 包 括 Venohr, *Ludendorff*, S. 273ff, 324; Nebelin, *Ludendorff*, S. 441ff。

76　参见本书 S. 603ff。

77　相 关 情 况 参 见 Stegemann, *Geschichte des Krieges*, S. 393 - 396, 以 及 Kielmansegg, *Deutschland und der Erste Weltkrieg*, S. 515f。

78　奥斯卡·冯·胡蒂尔的情况参见 Hildebrand/Zweng, *Die Ritter des Ordens Pour le Mérite*, Bd. 2, S. 144 - 145; 奥托·冯·贝洛的情况参见上一处文献，Bd. 1, S. 87 - 89。

79　相关情况参见 Bruchmüller, *Die deutsche Artillerie*, S. 74ff; 可参考 Zabecki, *Steel Wind*, S. 33ff, 以及 Linnenkohl, *Vom Einzelschuß zur Feuerwalze*, S. 277ff。

80　*Bruchmüller, Die deutsche Artillerie*, S. 92 - 103; 参 见 Linnenkohl, *Vom Einzelschuß*, S. 277f。

81　"米迦勒"和"火星"（Mar）进攻行动的过程参见 Zabecki, *TheGerman 1918 Offensives*, S. 138 - 173, 以及 Mayer, *Victory Must Be Ours*, S. 232 - 255。

82　参 见 Lacoste, *Deutsche Sturmbataillone*, S. 91ff, 以 及 Raths, *Vom Massensturm zur Stoßtrupptaktik*, S. 189ff。

83　参见 Venohr, *Ludendorff*, S. 283。

84 对战役过程详尽的描写见 Stegemann, *Geschichte des Krieges*, Bd. 4, S. 534‑544, 以及 Middlebrook, *Der 21. März 1918*, 多处; 有文献简短、概括且有针对性地介绍了战役的结果, 见 Stevenson, *1914‑1918*, S. 484‑488; 有文献侧重描写战役过程中的细节, 见 ders., *With Our Backs to the Wall*, S. 53‑68; Keegan, *Der Erste Weltkrieg*, S. 552‑561; 还有文献从英方的视角介绍了这场战役, 同时引用了许多目击者的叙述, 见 Macdonald, *To the Last Man*, S. 73‑114; 英国军事史宣称休伯特·高夫 (Hubert Gough) 将军应对英方的溃败负责, 有文献批驳了这种观点, 参见 Travers, *The Killing Ground*, S. 220‑249; 从德方视角介绍战役的文献参见 Kielmansegg, *Die Deutschen und der Erste Weltkrieg*, S. 637‑641, Venohr, *Ludendorff*, S. 293‑308, 以及 Kabisch, *Michael*, S. 66ff (此处的介绍比较详细, 且作者卡比施中将也参加了这场战役)。

85 Jünger, *Feuer und Blut*, S. 484.

86 参见 Martinetz, *Gaskrieg*, S. 76‑81。

87 相关数据出自 Stevenson, *With Our Backs to the Wall*, S. 55。

88 很明显, 这 3 项数据只有阵亡人数是精确的。

89 恩斯特·云格尔以连长的身份参加了 1918 年 3 月 21 日的进攻, 他对这次进攻的描述有 3 个版本: 第一个版本是《战地日记》3 月 21~23 日的内容 (Jünger, *Kriegstagebuch*, S. 375‑398), 在 3 月 23 日, 云格尔因为受伤严重离开了前线; 这段描写经过加工被放进了《钢铁风暴》(*Stahlgewittern*, S. 241‑276), 这就是带有英雄主义色彩的第二个版本; 后来, 他在 1925 年出版的《火与血》(*Feuer und Blut*) 一书中再次描写了那 3 天的战事, 这一次他从更早的时间讲起, 并且较为详细地记叙了战术上的一些细节。

90 Jünger, *Feuer und Blut*, S. 520.

91 有文献从英军角度生动地描述了 "米迦勒" 进攻行动头几天的情况, 见 Keegan, *Der Erste Weltkrieg*, S. 551‑558。

92 马匹短缺对 1918 年春季进攻的影响参见 Wallach, *Das Dogma der Vernichtungsschlacht*, S. 279, Storz, «‹Aber was hätte anders geschehen sollen?›», S. 68f 与 S. 77, 以及 Venohr, *Ludendorff*, S. 275 与 287。

93 Clausewitz, *Vom Kriege*, S. 879f.

94 德国制造的 A7V 战斗坦克总共只有 20 辆。德军使用坦克的情况参见 Jones u. a., *Fighting Tanks*, S. 139‑142, 以及 Zaloga/Delf, *German Panzers*, S. 17ff。

95 这一说法源自英国参谋部的一名军官。在一战之后、二战之前, 这句话被德国文献频繁引用。

96　福煦在他的回忆录中记录了这关键的几天里发生的情况（Foch, *Kriegserinnerungen*, S. 255 - 284）：他的想法和贝当不同，贝当打算保卫巴黎，而福煦认为亚眠才是最危险的地方，所以将所有可用的后备军调到那里，目的是填补英军和法军之间的缺口并保住亚眠。

97　阿尔布雷希特·冯·特尔上校记载了鲁登道夫发怒的事。特尔上校自 4 月 30 日起在军队大司令部任职，并且经常和鲁登道夫打交道。参见 Thaer, *Generalstabsdienst*, S. 198。

98　相反的观点见 Keegan, *Der Erste Weltkrieg*, S. 561, 此处指出："对德军来说，不仅敌人的抵抗会给他们带来不幸，战场的残酷和抢劫的欲望或许同样可以毁了他们。"与此相似的观点见 Kielmansegg, *Deutschland und der Erste Weltkrieg*, S. 641。赫尔曼·冯·库尔（Hermann von Kuhl）在"大型战役"期间是"鲁普雷希特王储陆军集团"的参谋长，在 1923 年 3 月 21 日的一次会议上，他作为亲历者讲述了发生在沙隆（Châlon）的一起意外事件："士兵们发现了香槟，他们以为那是白啤酒，于是喝得酩酊大醉。有些人手里举着空酒瓶冲向敌人，其他人在敌人的炮火中找了个角落，坐下来不慌不忙地继续喝酒。就这样，整个部队完全失去了战斗力，上级只得将他们替换掉。"不过库尔也补充说，类似情况在所有战争中都会出现；转引自 Philipp (Hg.), *Die Ursachen des deutschen Zusammenbruchs*, Bd. 1, S. 68。帝国议会的社会民主党议员西蒙·卡岑施泰因（Simon Katzenstein）补充说，他听说过这样一句话："只要在街上摆几桶酒，就可以阻挡德军的任何一次进攻。"（同上，S. 76）

99　Jünger, *Feuer und Blut*, S. 513f; 相似的情景还出现在 S. 517f。云格尔在《战地日记》中也提到他们进了英军的仓库，见到里面丰富的库存（Jünger, *Kriegstagebuch*, S. 386）："该死的英格兰万岁！但我要称赞我们的战士，要三倍地称赞。还有谁能在这种条件下像我们这样抵挡整个世界的敌人？"

100　详细情况见 Stegemann, *Geschichte des Krieges*, Bd. 4, S. 544 - 551, 以及 Zabecki, *The German 1918 Offensives*, S. 174 - 205; Keegan, *Der Erste Weltkrieg*, S. 562f, 还有 Kielmansegg, *Deutschland und der Erste Weltkrieg*, S. 646; 带有具体细节的描写见 Kabisch, *Um Lys und Kemmel*, S. 117ff。

101　转引自 Keegan, *Der Erste Weltkrieg*, S. 563。

102　参见上一处文献，S. 564。

103　进攻的过程参见 Stegemann, *Geschichte des Krieges*, Bd. 4, S. 555 - 571; Zabecki, *The German 1918 Offensives*, S. 206 - 232; Strachan, *Der Erste Weltkrieg*, S. 373, Keegan, *Der Erste Weltkrieg*, S. 564 - 567, 以及 Herwig, *The First World War*, S. 414 - 416。

104　Sulzbach, *Zwischen zwei Mauern*, S. 209.

105　参见 Zabeki, *The German 1918 Offensives*, S. 233 - 279。

106　Loßberg, *Meine Tätigkeit*, S. 346.

107　瓦尔特·胡巴奇（Walther Hubatsch）编写的学校教科书《世界大战中的德国》（*Deutschland im Weltkrieg*）于 1982 年印制了第 4 版，这一版的第157 页仍提到这种观点："10 月底，在法国、比利时前线，德军主力进行了顽强的反抗。敌人在战线的任何地方都无法取得突破。[……] 在距离帝国国界很远的敌方，军队一直坚守阵地，尽管此时盟友已经离去，他们只能孤军奋战。"

108　Thimme, *Flucht in den Mythos*, 多处, 以及 Münkler, *Die Deutschen und ihre Mythen*, S. 96ff, 还有 ders./Storch, *Siegfrieden*, S. 86ff。

109　参见 Deist, «Der militärische Zusammenbruch», 主要参见 S. 112ff, 以及 ders. «Verdeckter Militärstreik», S. 146ff. 在那之后, 学界重点研究了士兵逃跑和"贪生取巧"的问题, 参见 Ziemann, «Verweigerungsformen von Frontsoldaten», S. 99ff, ders., «Fahnenflucht im deutschen Heer», S. 93ff; ders. «Enttäuschte Erwartung und kollektive Erschöpfung», S. 165ff; Jahr, *Gewöhnliche Soldaten*, S. 109ff, ders, «Bei einer geschlagenen Armee», S. 241ff; Latzel, «Die mißlungene Flucht vor dem Tod», S. 183ff. 有的研究覆盖了整个战争过程, 参见 Showalter, «Niedergang und Zusammenbruch der deutschen Armee», S. 39ff。

110　参见 Smith, «Erzählung und Identität an der Front», S. 133ff。

111　相关情况参见 Stachelbeck, *Militärische Effektivität im Weltkrieg*, 有的章节重点探讨了德军战斗效率的倒退, 见 S. 235ff。

112　Ludendorff, *Meine Kriegserinnerungen*, S. 547.

113　Kielmansegg, *Deutschland und der Erste Weltkrieg*, S. 658 与 659.

114　他和年幼的继子感情更深，所以在这个继子去世时表现得更为悲伤：埃里希·佩尔内特在"米迦勒"行动的第 3 天被击毙；进攻继续进行了几周后，人们才发现他的尸体，鲁登道夫命人将这位继子安葬在军队大司令部的院子里，不让他离自己太远。鲁登道夫表示他已经失去了活下去的勇气；

1918 年 4 月底，他在写给妻子玛格丽特（Margarethe Ludendorff Pernet）的信中说道："战争夺走了你的两个亲爱的儿子，而我也失去了两个亲爱的孩子。[……]。如果能让这两个年轻人回来，我宁愿失去所谓的荣誉。"转引自 Nebelin, *Ludendorff*, S. 424。鲁登道夫于 1918 年 10 月 26 日离任，第二天他从柏林返回斯帕（Spa），在那里只待了很短时间，而首要的目的就是挖出阵亡继子的尸首。随军的天主教神父路德维希·贝格（Ludwig Berg）记录道："鲁登道夫阁下回来了。他在中午 12 点到达斯帕，下午 5:04 就离开了，带着两具尸体返回家乡！！！一具是几个月前死去的飞行侦察员、他的继子佩尔内特［此处写作 Bernet］的尸体，另一具是葬在同一片墓地的飞行员的尸体。"（Berg, *Pro fide et patria*, S. 775）

115 Herwig, *The First World War*, S. 420.

116 Groener, *Lebenserinnerungen*, S. 433 与 435。

117 Herwig, *The First World War*, S. 41f.

118 参见 Keegan, *Der Erste Weltkrieg*, S. 568, 以及 Herwig, *The First World War*, S. 421。

119 埃里希·奥托·福尔克曼（Erich-Otto Volkmann）曾向帝国议会下属的调查委员会报告德军瓦解的原因，以上为他的推断。参见 Deist, «Verdeckter Militärstreik», S. 156 与 160。

120 参见 Jahr, *Gewöhnliche Soldaten*, S. 183ff。

121 参见 Vasold, *Pest, Not und schwere Plagen*, S. 270 - 274; Winkle, *Geißeln der Menschheit*, S. 1045 - 1049。

122 参见 Deist, «Verdeckter Militärstreik», S. 157。

123 Kielmansegg, *Deutschland und der Erste Weltkrieg*, S. 660.

124 相关情况参见 Kruse, «Krieg und Klassenheer», S. 539ff; 战后，海因里希·万特（Heinrich Wandt）描述了后方部队的军官在比利时城市根特的生活状况，其中让人印象深刻的是，这些军官是妓院的常客，经常大吃大喝，还无耻地大发国难财（Wandt, *Etappe Gent*）。

125 Ludendorff, *Meine Kriegserinnerungen*, S. 551.

126 参见 Loßberg, *Meine Tätigkeit*, S. 351。

127 Sulzbach, *Zwischen zwei Mauern*, S. 233.

128 此处和后续情况参见 Nebelin, *Ludendorff*, S. 426ff。

129 此处和下文中屈尔曼讲话的片段转引自 Nebelin, *Ludendorff*, S. 430。

130 转引自 Nebelin, *Ludendorff*, S. 430。

131 转引自上一处文献，S. 431。

132 相关内容参见达维德写于 7 月 22~26 日的日记，见（David, *Kriegstagebuch*, S. 278）。

133 参见 Nebelin, *Ludendorff*[, S. 431 - 433。

134 Müller, *Regierte der Kaiser?*, S. 387（1918 年 6 月 25 日的日记内容）。

135 转引自 Epkenhans, «Die Politik der militärischen Führung 1918», S. 232。

136 维莱科特雷战役的情况参见 Herwig, *The First World War*, S. 417f; Keegan, *Der Erste Weltkrieg*, S. 567f; Stevenson; *With our Backs to the Wall*, S. 113 - 117, 比较详细的描写参见 Stegemann, *Geschichte des Krieges*, Bd. 4, S. 586 - 597。亚眠战役的情况参见 Stevenson, *With our Backs to the Wall*, S. 117 - 125, Herwig, *The First World War*, S. 419; Keegan, *Der Erste Weltkrieg*, S. 570; Jones u. a., *Fighting Tanks*, S. 34 - 38; Stegemann, *Geschichte des Krieges*, Bd. 4, S. 602 - 604（此处将亚眠战役称为"千万人涌进罗马大道"）。

137 Sulzbach, *Zwischen zwei Mauern*, S. 236.

138 参见 Jones u. a., *Fighting Tanks*, S. 71f 与 132。

139 英军的情况参见 Harris, «Das britische Expeditionsheer in der Hundert-Tage-Schlacht», S. 115ff, 以及 Stevenson, *With Our Backs to the Wall*, S. 125 - 142; 法军的情况参见 Bach, «Die militärischen Operationen der französischen Armee», S. 142ff; 当时法国民众的情绪参见 Becker, *Les Français dans la grande guerre*, S. 282ff, 以及 Cochet, «Vom Zweifel am Erfolg zum Ende der Schicksalsprüfung», S. 285ff; 法军士兵作战的意愿参见 Bach, «Zur Stimmungslage der Soldaten», S. 209ff, 以及 Duroselle, *La France et les Français*, S. 261ff。

140 参见 Coffman, «Militärische Operationen der US-Armee», S. 153ff; Herwig, *The First World War*, S. 424, 详细的描述见 Hallas, *Doughboy War*, S. 239 - 292。

141 亚洲军在巴勒斯坦地区的行动代号为"闪电"（Jildirim），有文献对相关行动做了详细介绍，但这些记叙关注国家和人群多于关注战斗过程，见 Steuber, «*Jildirim*», S. 62ff。作者施托伊贝尔（Steuber）曾在巴勒斯坦地区和美索不达米亚北部担任军医。"闪电"行动的情况还可参见 Neulen, *Feldgrau in Jerusalem*, S. 225ff。法金汉于 1918 年 2 月底被调离小亚细亚，他的相关情况参见 Afflerbach, *Falkenhayn*, S. 471 - 485。

142 参见 Stevenson, *With Our Backs to the Wall*, S. 148‑155; 较为细致的介绍见 Falls, *Armageddon, 1918*, S. 87ff, 131ff。历史上，米吉多的第一场大型战役发生在公元前 1457 年，埃及法老图特摩斯三世（Thutmose Ⅲ）在这场战役中巩固了他在巴勒斯坦地区和小亚细亚部分地区的政权。

143 Lawrence, *Die sieben Säulen der Weisheit*, S. 798.

144 长期以来，这个国家在政治上一直分为两派：国王控制下的政府与德国亲善，议会多数派则与协约国亲善。两派的矛盾事实上与发生在中欧、西欧的冲突无关，而在于如何实现"大希腊"计划，即将奥斯曼帝国的部分领土以及保加利亚并入希腊。相关情况参见 Leontaritis, *Greece and the Great Powers*, 以及 ders., *Greece and the First World War*。

145 塞尔维亚军队战败后的改组以及他们在希腊集结的情况参见本书 S. 361。

146 简短的介绍参见 Kielmansegg, *Deutschland und der Erste Weltkrieg*, S. 647f, 以及 Strachan, *Der Erste Weltkrieg*, S. 388‑390; 较为详细的介绍见 Stevenson, *With Our Backs to the Wall*, S. 142‑148。

147 相关情况参见 Hindenburg, *Aus meinem Leben*, S. 373‑376; 有文献不甚精确而且十分概括地讲述了 9 月的战况，参见 Pyta, *Hindenburg*, S. 332f。

148 Ludendorff, *Meine Kriegserinnerungen*, S. 579f.

149 参见 Nebelin, *Ludendorff*, S. 457ff; 鲁登道夫的说法见 Ludendorff, *Meine Kriegserinnerungen*, S. 580。

150 有文献以令人难忘的方式叙述了鲁登道夫精神崩溃的过程，见 Goodspeed, *Ludendorff*, S. 209。

151 Müller, *Regierte der Kaiser?*, S. 420f.

152 参见 Wehler, *Deutsche Gesellschaftsgeschichte*, Bd. 4, S. 159。

153 David, *Kriegstagebuch*, S. 284.

154 参见本书 S. 736ff。

155 阿图尔·罗森贝格（Arthur Rosenberg）曾提到 1918 年 11 月革命是"所有革命中最奇怪的一次"，而沃尔夫冈·克鲁泽（Wolfgang Kruse）便以正文中的观念反驳他这种评价。见 Kruse, «Sozialismus, Antikriegsbewegungen, Revolution», S. 196ff。

156 Afflerbach, *Falkenhayn*, S. 486ff, 引文见 S. 489。

157 有文献在介绍革命过程的同时比较了两者的异同，见 Carsten, *Revolution in Mitteleuropa*, 多处。

158 对军队叛乱的详细描述见 Plaschka u. a., *Innere Front*, Bd. 1, S. 107‑157

与 291 - 400; 对逃兵现象的描写见同一套书，Bd. 2, S. 54 - 104; 较为概括的描写见 Rothenberg, *The Army of Francis Joseph*, S. 201ff。有文献概括介绍了多瑙河帝国覆灭的过程，见 Rauchensteiner, *Tod des Doppeladlers*, S. 601ff, Bihl, «Der Weg zum Zusammenbruch», S. 43ff, 以及 Plaschka u. a., *Innere Front*, Bd. 2, S. 106ff。

159　参见 Schwarte (Hg.), *Der große Krieg*, Bd. V, S. 503ff, 以及 Rauchensteiner, *Tod des Doppeladlers*, S. 588ff; 进攻的过程参见上一处文献, S. 570ff。

160　意大利军队在维托里奥威尼托（Vittorio Veneto）取得的胜利参见上一处文献, S. 613 - 616, 以及 Schwarte (Hg.), *Der große Krieg*, Bd. V, S. 633 - 639。

161　参见 Rauchensteiner, *Tod des Doppeladlers*, S. 616 - 622。

162　转引自 Walther, *Endzeit* Europa, S. 331f。

163　参见本书 S. 445ff。

164　参见 Gay, *Freud*, S. 393ff 与 419。

165　在彼得·盖伊（Peter Gay）撰写的弗洛伊德传记中，有一章谈到弗洛伊德在战争即将结束之际以及战争刚结束以后的情况，这一章的标题就叫"令人不适的和平"（Gay, *Freud*, S. 421ff）。不过盖伊在这里表达的是当时的物质条件令人"不适"，而几乎完全不提"是否将力比多献给二元帝国"的问题（引文见上一处文献, S. 428f）。

166　参见 Bihl, «Der Weg zum Zusammenbruch», S. 46f。

167　转引自 Bihl, «Der Weg zum Zusammenbruch», S. 46;《民族宣言》（«Völkermanifests»）产生的背景和后续情况参见 Rauchensteiner, *Tod des Doppeladlers*, S. 607f。

168　Zweig, *Die Welt von Gestern*, S. 326.

169　同上, S. 327。

170　此处及后续情况参见 Kielmansegg, *Deutschland und der Erste Weltkrieg*, S. 663, 以及 Schwabe, *Deutsche Revolution und Wilson-Frieden*, S. 88ff。

171　Hindenburg, *Aus meinem Leben*, S. 388f.

172　相关情况参见 Seils, *Weltmachtstreben und Kampf für den Frieden*, S. 516ff 与 575ff。

173　相关情况参见 Kielmansegg, *Deutschland und der Erste Weltkrieg*, S. 666。

174　Thaer, *Generalstabsdienst*, S. 234f（楷体字部分在原文中也突出显示）。

175　Salewski, *Der Erste Weltkrieg*, S. 321.

176 参见 Kielmansegg, *Deutschland und der Erste Weltkrieg*, S. 665, 以及 Seils, *Weltmachtstreben und Kampf für den Frieden*, S. 596ff。

177 Thaer, *Generalstabsdienst*, S. 238.

178 Rupprecht von Bayern, *Mein Kriegstagebuch*, Bd. 3, S. 360.

179 参见 Kielmansegg, *Deutschland und der Erste Weltkrieg*, S. 668。

180 参见 Mann, «Der letzte Großherzog», S. 79ff。

181 相关情况参见 Schwabe, *Deutsche Revolution und Wilson-Frieden*, S. 105‐226; Nebelin, *Ludendorff*, S. 464‐472。

182 转引自 Salewski, *Der Erste Weltkrieg*, S. 330。

183 此处及后续情况参见 Kielmansegg, *Deutschland und der Erste Weltkrieg*, S. 674ff。

184 *Amtliche Urkunden des Weltkriegs 1918*, S. 128ff; 转引自 Salewski, *Der Erste Weltkrieg*, S. 330。

185 同上，S. 331。

186 转引自上一处文献，S. 331。

187 转引自 Keegan, *Der Erste Weltkrieg*, S. 574。

188 有文献详细介绍了这一过程，还提到对于选择鲁登道夫还是马克斯·冯·巴登，皇帝有过短暂的犹豫，参见 Nebelin, *Ludendorff*, S. 489ff。

189 鲁登道夫和兴登堡之间的矛盾参见上一处文献，S. 499f; 有文献从兴登堡的角度讲述了二人反目的过程，见 Pyta, *Hindenburg*, S. 347ff。

190 转引自 Nebelin, *Ludendorff*, S. 502。

191 Thaer, *Generalstabsdienst*, S. 249.

192 部分学者持这一观点，如 Stevenson, *1914‐1918*, S. 560。

193 有文献探讨了这一问题，见 Herre, *Kaiser Wilhelm II.*, S. 339, 比较简短的探讨见 Clark, *Wilhelm II.*, S. 319。值得关注的是，勒尔撰写的关于威廉二世的作品虽然卷帙浩繁，却几乎没有提到这个问题（Röhl, *Wilhelm II.*, Bd. 3, S. 1244f）。

194 此处及后续情况参见 Deist, «Die Unruhen in der Marine 1917/18», S. 165ff, 以及 Rahn, «Führungsprobleme und Zusammenbruch der kaiserlichen Marine», S. 172ff。

195 相关情况参见 Rahn, «Führungsprobleme», S. 176f。

196 相关情况参见 Deist, «Die Politik der Seekriegsleitung», S. 185ff, 以及 Groß, «Eine Frage der Ehre?», S. 349ff。

197　Berg, *Pro fide et patria*, S. 776.

198　参见 Herre, *Wilhelm II.*, S. 339。

199　事实上，威廉二世作为普鲁士国王直到 1918 年 11 月 28 日才退位；参见
　　　Salewski, *Der Erste Weltkrieg*, S. 344。

200　Hindenburg, *Aus meinem Leben*, S. 402; 由于建议皇帝退位，兴登堡遇到
　　　了一些问题，参见 Pyta, *Hindenburg*, S. 361ff。

第九章

从政治挑战的角度审视
第一次世界大战

在西欧人，尤其是法国人、比利时人和英国人的记忆中，他们经历过的"大战"就是 1914~1918 年的战争，而在德国人的集体记忆中，一战却逐渐被和二战相关的事件掩盖——在历史学领域的战争研究是如此，在政治学领域的战争研究也是如此。[1]对俄国及其（目前的）继承国来说，由于一战之后紧接着又发生了内战，所以从政治层面来讲，人们对一战的回忆往往带着内战留下的烙印，要谈论前者必须先把后者剥离开。[2]中欧的集体记忆和以上两方都不相同，对这一区域而言，虽然和第二次世界大战相比，1914~1918 年的战争距现在已经十分遥远，但那个时期正是民族国家"重生"的关键时刻。这里的人几乎认为是一战促成了国家的建立。欧洲的集体记忆呈现出以上三种状况是有原因的：西欧国家在一战中做出了巨大的牺牲，这是他们在 20 世纪其他战争中做出的牺牲所不能相比的——在二战中，法国和英国的阵亡人数明显少于一战；[3]对德国以及中欧、东欧各国来说，一战则不过是灾难的序曲，和它相比，二战造成的伤害才是毁灭性的，而且它在人们生命中留下了更深刻的烙印——不仅有人死在战场上，而且有的民族被集体驱逐甚至屠杀。[4]而在西欧，人们记得他们在一战期间连年苦战，还要面对无休止的技术装备战，这种辛苦程度是第二次世界大战远不能及的。在一战中，西线有大片地区被夷为平地，当时很多人相信，这里再也不会有人居住了。

今天，除了少数被特地留下来的位置，大战期间的堑壕体系几乎已经不见踪影，而我们在战役的发生地也见不到战斗的痕迹，只能看到一排排一眼望不到头的士兵坟墓。这一切都成了对过去事件的回忆，这些事件已经离我们越来越远，但政治家们仍会在各种典礼上提及或让人想起这些事件，目的是通过典礼促成国际合作。在德国与法国和解的过程中，双方更关注的也是第一次而非第二次世界大战：比如夏尔·戴高乐和康拉德·阿登纳曾一起在兰斯大教堂参加礼拜，以此表明两国从此不再是对方的"宿敌"；又如弗朗索瓦·密特朗（François Mitterrand）和赫尔穆特·科尔（Helmut Kohl）后来一起参加了凡尔登的纪念活动。[5] 类似的事情在东线是不可能发生的。威利·勃兰特（Willy Brandt）虽然在华沙下跪，但那是为德国在二战中的罪行道歉，而且他自己也知道这只是一种单方面的态度。而在涉及一战的问题上，政治家们并不打算明确地对东部国家表示和解。[6] 造成记忆上这种差异的另一个原因可能在于，西线一带的居民在战争结束后又回到原来的村庄和城市居住，他们在接下来的几十年里要一直和战争留下的各种"遗物"打交道。重建被炸毁的房屋和农场算是难度最小的事情了；更麻烦的是，他们必须清理掉残留的弹药，还有不计其数的阵亡士兵需要埋葬，因为在战争期间，其中许多士兵的尸首只是被草草掩埋。而且人们在这些地方难得看到一具完整的尸首，他们通常只能将许多手脚、头颅、躯干集中埋在一起。甚至在战争过去几十年以后，春天农民耕地时仍会发现大战期间被埋在战场上的死人骨骼和士兵的武器装备——这阴森恐怖的一幕让人想起战场上大批士兵集体丧命的情景。此外，地里可能还有残留的弹药和未引爆的炸弹，一旦农民犁地时碰到这些炸弹，或者炸弹的导火管被泉水侵蚀，那么后果不堪设想。在曾经的战场上耕地具有危险性，这表明即使过了几十年，战争和死亡的阴影仍笼罩着这些地区。事实上，在很久之前就有人专门负责清理这一带战场上残留的弹药，其中大部分是苏俄内战结束后从苏联逃到法国的俄国人。这些难民将残留弹药中所含的铁和贵金属卖给工业企业，从而获得生活开支。[7]

西欧和东欧对 1914~1918 年战争的记忆不同，这也体现在，昔日的东线并没有哪个地点或地区能与凡尔登、佛兰德相提并论，因为运动战才是东线的主要战斗形式。这里几乎没有发生过西线那样的阵地战；在东线，战斗过程中军队的战线可能会移动几百公里。之前发生过激烈战斗的地方很快就成了远离前线的后方，而被俘获的敌军士兵会清理掉这一区域内的战斗痕迹。和西线相比，战争在这一地区并没有留下那么深的烙印，所以人们对它的记忆也就没有那么深刻：它就像复仇女神突然从天而降，将人们的生活搅得天翻地覆，然后转身离去。人们称东部战线为"被遗忘的战线"，原因也在于此。[8]对华沙和布拉格政府来说，值得纪念的不是战争中的某些事件，而是战争最终结束了。

然而东线的战争绝对值得纪念，这并不是因为战争的某一方曾经在某时某地取得了胜利。在西线，战争在进入技术装备战阶段后就成了工业化战斗的典范，在这样的战斗中，起决定作用的不是英雄气概和勇敢无畏的精神，而是技术装备方面的优势；而东线战争面临的问题始终在于，当地居民，包括被征服地区和战争发生地的居民，他们是否忠于军队、是否服从军队的统治。如果军队对居民的忠诚产生怀疑，就会处死大批平民。他们用恐吓来对付那些不肯服从的人。在东部战线——至少在它的南段——以及巴尔干战线，有无数的人被绞死。由于运动战期间战线频繁移动，而且许多民族和族群都混居在这一地区，所以双方军队都怀着深深的恐惧，生怕遇到叛徒、间谍，生怕有人在背后开枪、有人通过暗号将情报泄露给敌方炮兵；不管是俄国人还是奥地利人和匈牙利人都在不断地公开处决嫌疑分子。俄国人主要针对的是犹太人，因为他们认为犹太人会同情维也纳皇室；奥地利人和匈牙利人则更倾向于认为斯拉夫人——尤其是乌克兰人和塞尔维亚人——是间谍和叛徒，所以对这些人格外冷酷无情。

东部的三大帝国——沙俄帝国、哈布斯堡君主国和奥斯曼帝国之所以加入战争，要么是为了维护自己的大国地位，要么纯粹是为了延续皇朝的统治。他们已经落入绝境，必须借战争之力挣扎一番，才有可能避免衰亡和瓦解的命运。对当今的政治理论研究来说，第一次世界大战的有趣之处在于它具有（至少）两副完全不同的面孔，这也导致东线和西线出现两种截然不同的结局：在西线，战争双方于 1918 年 11 月 9 日签订停战协定，于是战线上从此偃旗息鼓；而在东线，早在半年以前，随着《布列斯特—立陶夫斯克和约》与《布加勒斯特和约》的签订，**大战**已经宣告结束，但这场战争却仍以一种更加错综复杂的形式在延续。在俄国，它以内战的形式一直持续到 1922 年。在战后的几年里，俄国和波兰于 1920 年爆发战争，波罗的海国家境内发生了极为残酷的战斗，德国志愿军和波兰军队也为上西里西亚地区的归属权打得不可开交。此外，希土战争也在这期间爆发，这场战争和一战直接相关。和西线相比，在东线的语境下将一战和二战合并为新"三十年战争"是有很大合理性的。

"三十年战争"这种说法是丘吉尔和戴高乐提出来的；与之针锋相对的是德国历史书的说法，即用序数词将第一次世界大战和第二次世界大战区分开来，在这种语境下，人们也有可能把 20 世纪 50~60 年代的冷战视为没有正式爆发的第三次世界大战。这第二种说法突出了重大事件和历史长河中的重要节点。将这段时期称为新"三十年战争"的人则强调战争暴力在这段时间内是持续发生的，而且国家战争和内战紧密地联系在一起，不可分割，就像 1618~1648 年的情况一样。当然，"三十年战争"这一说法真正的始祖是我们前面提到过的古希腊历史学家修昔底德，他叙述和分析伯罗奔尼撒战争的作品成了后世史学写作的典范；在这部作品中，他把中间发生过停战的战争或者彼此完全独立的几场战争"合并"在一起，所以在最开始，这部作品的书名直译过来就是"汇编"（*Xyngraphe*）。修昔底德将发生在城市*之间*的战争和发生在某些城市*内部*的战争放在一起，当成一次大型的暴力事件来叙述。不过，就和后人将 1618~1648 年间的一系列战争称为"三十年战争"一样，这只是一种对历史的阐释方式，它强调的不是重大事件和重要节点，而是事件之间的联系和连续性。关键问题就在于，分析者更侧重于国家之间的战争还是国内战争，以及他们认为战争最基本的特质是什么。

大多数使用这一概念的历史学家[9]都认为，新三十年战争于 1914 年 8 月开始，而两次战争之间发生的社会冲突都是"大战"造成的。历史学家恩斯特·诺尔特（Ernst Nolte）则认为起始点在 1917 年，也就是说，新三十年战争是从俄国革命开始的，[10]而德国的纳粹主义则是对俄国布尔什维克主义的回应。他的这一观点不仅挑起了德国史学界继"菲舍尔争议"之后的第二次论战，而且从因果链上去掉了一战这一环。然而我们可以完全肯定，如果没有这次战争，十月革命就不会发生，更不可能取得胜利。至少从这个角度来说，乔治·凯南的观点是正确的：20 世纪的"灾难之源"不是俄国的十月革命，而是欧洲的大战。

对西欧国家来说，这场战争是民族国家的战争，在爱国情绪的带动下，他们的社会自动完成了战争动员；东部多民族帝国的情况则不同：由于民族主义思潮在国内广泛传播，帝国内部已经出现了离心力，他们不得不与这种离心力对抗。在这一点上，东部的三个帝国也存在一定的"东西差异"：[11] 西部、南部斯拉夫民族熊熊燃烧的民族主义之火将多瑙河帝国置于极大的压力之下；而对于本来已经风雨飘摇的奥斯曼帝国来说，民族主义思潮在一开始只是一个比较次要的问题罢了，直到战争爆发，高加索前线和阿拉伯半岛的民族主义思潮才对国家产生了较大影响；沙俄帝国也要应对一系列民族主义运动，这些运动表现为部分民族企图脱离政府的统治，在帝国边缘成立自己的国家，其中声势最大的是波兰，而在芬兰、波罗的海沿岸和乌克兰，独立运动也进行得如火如荼。这三个帝国参战的主要原因就是国内存在较大的危机——他们都希望通过战争维持现状，其中数维也纳政府的动机最强烈。如果他们在这场大战中取胜，那就等于告诉所有人，帝国还像原来一样强大。

德国的状况则非常特别；德国的军事力量胜过了东部其他国家，原因也在于此。这种特别之处体现在，虽然有大量波兰人在普鲁士军队中服役，但德国的运作模式还是更贴近民族国家的模式，而非多民族帝国的模式。[12] 从这个角度来讲，1914~1918 年的战争也是世界历史上的一次重大转折，因为在这场战争中，民族国家和多民族帝国相比，前者的政治动员能力和军事承受力显然更胜一筹：统治着中东欧、东欧和中东地区的三个大帝国，没有一个能坚持到战争结束。他们原本指望战争能帮助他们摆脱危机，谁知战争却加速了他们的灭亡。只有苏联追随沙俄的足迹，成立了新的多民族大帝国，当然这是有代价的——在内战中死去的人至少和一战中一样多。[13] 苏联解体以后，它的命运也和大多数覆灭的帝国一样：原属苏联的地区政治上动荡不安，充满了民族矛盾和宗教矛盾；在这些地区，民主秩序的建立面临重重困难，而且随处都有可能发生内战或边境战争。

不过，苏联解体后该地区政治的畸形只是一战末期三大帝国瓦解留下的后遗症之一——对苏联来说，这一后遗症推迟了70年才发作。而多瑙河帝国覆灭以后，它的后遗症则直接发作：[14]部分民族脱离哈布斯堡帝国成立了民族国家，但他们国内都居住着实力强大的少数民族，所以那些导致二元帝国瓦解的冲突又在他们境内重新出现。到了1938年，在新成立的中欧国家中，只有捷克斯洛伐克仍然实行民主制度，其他国家都被专制的统治者控制着。当然，这种状况的出现并不仅仅因为主体民族与少数民族之间存在张力，但这些张力确实导致国家局势动荡不安。当时（乃至现在），这些从哈布斯堡帝国分离出来的国家几乎没有一个能持续保障国家安全、保障经济政治稳定发展。他们必须相互结盟，才能找到依靠和帮助。

塞尔维亚、保加利亚、希腊和罗马尼亚是巴尔干半岛上诞生于19世纪的国家，而在它们的国境之外仍住着这些民族的部分同胞，他们在其他国家属于少数民族，渴望"并入"本民族的国家，所以上述民族国家总是想方设法扩张国界，将同一民族乃至同一族群居民的居住地纳入本国统治之下。1912年和1913年的两次巴尔干战争就拉开了民族国家扩张的序幕。第一阶段的侵略、国境扩张和族群驱逐行动一直持续至1923年希土战争结束。但从更深层次来说，这一阶段实际上一直延续到了今天，所以欧盟在安全政策方面面临的巨大挑战在于，必须防止中欧和巴尔干的冲突再度爆发。

如今，我们认为欧盟的存在对维持欧洲和平至关重要，也因此主张将欧盟总部设在布鲁塞尔，这通常是因为一战的回忆让我们觉得，德国和法国是不共戴天的宿敌。从这个角度出发，①许多人会怀疑他们是否真的需要欧洲这种比国家更高一级的机构来保障欧洲的和平。但如果我们更多关注中欧尤其是东南欧的情况，就会清楚地认识到，欧盟对于保障欧洲和平是不可或缺的，但它往往不会为此动用军队和警察的力量，而是从经济着手。作为共同体，欧盟开放边境，为来自小国家但雄心勃勃的人提供了移居其他国家的机会，这样，他们就不必受限于小国家狭隘的民族、宗教环境，而国与国之间的经济来往又促进了这些小国家的发展。在这方面，欧盟长期以来表现得就像一个仁慈的帝国，它在"帝国"的边缘地区投入大量资金，从而维持政治的稳定。在过去，有的大帝国曾经实施过一些政策，目的是让境内不同的族群和宗教群体互相宽容；有文献从"帝国分析"的政治理论模型出发，探讨了欧盟的模式，[15]清楚地指出这种政策可以有效地化解部分冲突；从这个角度回顾那段历史，我们会有不一样的感受。当然，有一些帝国从边缘地区攫取资源来供养中心地区，而多瑙河帝国显然并没有这么做，却还是在一战之前和一战期间走向瓦解——这段历史已经指示欧盟领导人，他们未来在这一区域可能面临哪些问题和挑战：该地区的一些政治、文化领袖将布鲁塞尔欧盟委员会的举措形容为帝国式的剥削与压迫，这导致该地区的政治矛盾越积越深，而在 1914 年，这种矛盾正是酿成灾难的最主要原因。

/ 762

---

① 　也就是说，现在德国和法国已经不是敌人了。

研究第一次世界大战之前、之后的历史可以帮助我们认识如今欧洲面临的政治挑战，与此同时，我们也能够以更开阔的视野去探究这次战争真正的起源：它是在巴尔干半岛被引爆的，如果这一步不曾发生，那么西欧的战争——至少在一定时期之内——也不会爆发。而直到冷战结束之后，也就是南斯拉夫解体以后，大多数人才意识到这一点。这个国家成立于一战结束后，当时名为"塞尔维亚—克罗地亚—斯洛文尼亚王国"，它实际上就是一个小型的哈布斯堡帝国，虽然"南斯拉夫"这个标签让它看起来像是由单一族群组成的国家，但实际上它并不是[16]——无论是阿尔巴尼亚人和马其顿人，还是黑山人和波斯尼亚（Bosna）人，都没有被包含在内；这些民族脱离南斯拉夫的倾向十分强烈，国家只能利用外界的压力遏制这种倾向，迫使其成员接受国家领导。冷战结束后，维持南斯拉夫统一的力量已经不复存在，而西欧国家也不打算为其提供经济资助，于是南斯拉夫以族群为单位，分裂为一系列国家和地区，它们的居民也都换了新的国籍。但这些国家都太小了，在经济上无法自给自足，所以它们从一开始就必须依赖欧盟提供的财政和经济支持。它们只要加入欧盟，就可以降低"巴尔干化"①的政治和经济成本。[17]这一状况让我们联想到，如果 1914 年多瑙河帝国不是通过战争来自保，而是进行政治改革，一方面促进全国经济融合并实施统一的外交和国防政策，另一方面给予各民族、各族群更高的政治自主权——如果采取这些措施，这个帝国不也能存活下来吗？那样的话，哈布斯堡帝国就会成为欧洲中部和东南部"欧盟"的前身。[18]这种对历史的假设赋予了萨拉热窝暗杀事件更重大的意义，因为我们无

/ 763

---

① 地缘政治学术语，其定义为：一个国家或政区分裂成多个互相敌对的国家或政区的过程。

法排除这种可能：王储弗朗茨·斐迪南曾提出用"三元主义"的方案解决奥匈帝国的危机，这或许正符合上述改革方向。多瑙河帝国解体遗留至今且充满危险性的后果在于，如今塞尔维亚、斯洛伐克和罗马尼亚境内均有匈牙利少数民族居住。这也导致1919~1920 年罗马尼亚和匈牙利之间又爆发了一场战争，最后霍尔蒂·米克洛什（Miklós Horthy）上台，战争才告结束。霍尔蒂原是奥匈帝国舰队的海军上将，他的追随者曾杀死 5000 多名自由派和左派人士，还迫使超过 10 万名同胞移民。[19]

1918 年以后，巴尔干半岛上的大多数族群都成立了新的国家，而且以本民族的名称为国家命名。而在所有巴尔干国家以及中欧地区，犹太人仍然是少数民族。在多瑙河帝国，他们也是少数民族，不过在 1867~1868 年，他们就被"自上而下"地解放了——政府规定他们与其他非犹太民族享有同等权利。后来他们一直受维也纳皇室保护，而一旦哈布斯堡帝国瓦解，他们就失去了这位保护者；另外，当时的民族主义思潮都以反犹太主义为基调，在这样的环境中，没有人可以为他们提供保护。而且他们并非土地所有者（之前的法律也不允许他们拥有土地），也就没有相应的领土，所以不能像多瑙河帝国的其他民族那样，在中欧建立自己的国家——虽说特奥多尔·赫茨尔（Theodor Herzl）和其他犹太复国主义者曾短暂地考虑过这个方案。1917 年 11 月 2 日，英国发布《贝尔福宣言》（Balfour Declaration），同意犹太人在巴勒斯坦地区重建家园，人们期待通过这种方式为犹太人找到归属地。所以在 20 世纪 20 年代，许多犹太人从原属哈布斯堡帝国的地区迁居至巴勒斯坦，并且融入了当地极小规模的犹太人社区。[20]这些人也因此萌生了政治自主意识，成了犹太复国计划的核心成员。他们经历过东欧的民族主义运动，这对他们产生了影响，于是，一种非常激进的民族主义观念在一些犹太复国团体中诞生了。

这就造成了另外一个问题，这个问题直到今天都没有解决方案。它和奥斯曼帝国的解体有关。这个曾经盛极一时的帝国被称为"博斯普鲁斯海峡病夫"，在 1914 年以前，它已经被迫一步步退出了巴尔干半岛和北非地区，先是让意大利夺走了利比亚，随后又丢失了它在欧洲的领土，最后它在欧洲只剩下巴掌大的领地，[21] 帝国的统治范围缩小至小亚细亚和中东地区。一战期间它加入了同盟国阵营，这促使协约国开始筹划建立地理政治新秩序；1916 年，这种筹划活动达到了顶峰，具体表现为英法之间达成了赛克斯—皮科协定，该协定规定了英法如何瓜分中东地区。[22] 英国方面向奥斯曼帝国境内所有部落和民族承诺，只要他们发动起义反抗土耳其人的统治，就有权建立属于自己的国家——英国人打算通过这种方式触发帝国内部的离心力。[23] 而英国人也许诺会支持犹太人在巴勒斯坦地区为自己的民族重建"家园"，这样做不仅是为了破坏土耳其的稳定，也是为了从政治层面上发动犹太人，尤其是美国的犹太人，好让他们在战争中为协约国出力。当然，说到底，英国也是在为自己的地缘政治利益考虑，想让巴勒斯坦地区成为土耳其和由英国控制的埃及之间的屏障，而犹太人在这一地区没有其他盟友，英国认为将犹太人安置在巴勒斯坦地区再合适不过了。[24] 而且中欧的犹太人原本明显偏向哈布斯堡帝国，现在却有可能因为英国的这项决定而改换阵营。为了发动尽可能多的力量对付同盟国和奥斯曼帝国，英国做出了不少承诺，有些承诺他们在战后却履行不了，而他们可能也不打算履行。所以，中东地区的许多政治冲突都是一战直接或间接造成的。而目前这一地区面临的最大挑战是未来要如何维持巴勒斯坦地区的秩序。

当时中东的情况和中欧以及巴尔干半岛类似，也是在一片混乱中诞生了一系列国家，这些国家内部存在很深的部族矛盾，统治者特别强调对王朝的忠诚；而法国和英国已经通过赛克斯—皮科协定明确了他们在这一地区的地缘政治利益和经济利益，他们正是从这些利益出发，确定了这一地区国与国之间的疆界。根据这份协定，英国分得石油资源丰富的美索不达米亚南部，还有地中海海港海法（Ḥefa）和阿科（'Akko）及其周边地区；叙利亚则由法国控制，而长期以来法国也一直以叙利亚基督徒的庇护者自居；英法属地之间将成立一个阿拉伯联邦，英国将充当它的保护国。只有在阿拉伯半岛上才有可能建立真正独立的国家，毕竟奥斯曼帝国之前在这一地区也无法建立稳定的统治。但这一地区的各方面势力对这个分配方案都不满意，于是整个地区逐渐陷入了动荡与混乱，一旦政权发生更迭，就会引发国界纠纷或导致国家分裂。长期以来，阿拉伯国家动荡不安造成的后果是，这些国家需要以色列作为它们共同的敌人，而且不愿承认以色列在这一地区享有和它们同等的权力。后来，伊斯兰世界越发通过宗教寻求身份认同，这时巴以冲突就变得更加棘手；人们一度希望"土地换和平"的妥协性口号能够推动和平进程，但目前凭借这一原则已经无法达成能被双方接受的解决方案。而且中东的情况和欧洲不同——如今中东还未出现地位在国家之上、功能近似于帝国的联合机构。只要这种权力机构不出现，这一地区就永无宁日。

/ 766

除了巴尔干半岛和中东地区，一战遗留下的问题也决定了高加索地区的格局：虽然德国历史书在叙述一战时往往只是顺带提到了这一地区，[25] 但它事实上也是战争的焦点之一。在这个俄国和奥斯曼帝国接壤的地方，军队十分在意居民的忠诚度，总是怀疑自己遭到了背叛——他们的心态和加利西亚的军队一样。然而在高加索前线，军方不会只处死个别居民或一小群人，而是发动了亚美尼亚种族大屠杀。[26]1915 年的阴影至今仍笼罩着当地的政治局势。不仅如此：这种种族驱逐和种族屠杀的惨剧在 20 世纪 40 年代的中欧和东欧再度上演，给人们留下了恐怖的记忆。[27]

在探讨一战时，人们往往只是顺带提到上述几个维度，重点关注的还是西线战争；而历史学家达恩·迪纳（Dan Diner）写作 20 世纪欧洲史时却首先从欧洲的东南端和东北端着手，而上述维度正是他作品的焦点。[28]在他的书中，德国和法国对阿尔萨斯—洛林地区的争夺以及德国和英国对"国际政治"掌控权的争夺都退居其次了。站在爱森斯坦（Sergey Eisenstein）著名电影《战舰波将金号》（*Bronenosets Potyomkin*）中的波将金阶梯上看，我们会认为上述的法德、英德矛盾都是边缘性议题，而中心议题是巴尔干半岛的政治新秩序、对黑海及其海峡的控制权，还有"波兰问题"——早在战争开始前，由于波兰的民族主义运动日渐兴盛，这一问题已经被提上政治议程。其中每个问题都涉及两个大帝国，它们因为内部存在危机，无法干净利落地将问题处理妥当。东部的帝国对欧洲构成了危险，因为问题虽然出在帝国的势力范围内，帝国政府却任由它继续发展。他们没有采取政治措施，没有通过政治改革寻求解决办法；相反，有的国家迟迟不敢采取行动，因为政府害怕任何形式的变化，有的国家则希望借助一场发生在一定时间、一定区域之内的战争来解决问题。所以每个大帝国内部都有一些政治团体以为，只要在对外战争中取得胜利（他们相信自己的国家会取得胜利），国内就可以开始推行政治改革。但这些人都没有想过要发动一场大战。然而，由于当时各国互相结盟，年轻的德意志帝国又在这一格局中扮演了致命的角色，所以在 1914 年夏天，东部几处冲突发源地的命运被联系在一起，加之西欧局势也十分紧张，所有这些因素最终触发了第一次世界大战。

/ 地理政治中心区域的重担

政治理论研究领域一直关注这样一个问题：这些冲突之间并不存在因果关系，它们又发生在不同的地区，为什么最后会相互影响而且酿成了悲剧。在俾斯麦担任帝国首相的时期，他认为他的核心任务就是防止这种趋势出现，为此他采取的措施包括将法国的注意力引向北非和印度支那，这样一来，德国与法国的矛盾就不再是法国执政者关注的重点。[29] 此外他还很重视一个问题：面对欧洲的各种矛盾冲突，德国应尽量予以调解，以免事态升级、造成灾难性后果。可是到了 20 世纪初，德国首相还能扮演这样的角色吗？尤其值得注意的是，这一阶段欧洲各国结盟的情况发生了变化，这些变化有一部分是德国促成的，还有一部分则是德国不曾插手，而且可以说是彻底违背德国利益的。这是一战背景的一部分，然而在过去的几十年里，德国的大部分研究者都对这个议题兴趣寥寥；[30] 他们更关注的是一战前帝国的**内部**局势，主要是工业界和大农场主之间的冲突。[31] 这是因为德国在 1989 年以前没有遇到过政治结盟方面的问题，当时社会关注的焦点就在于自身——毕竟，联邦德国在外交方面受到严格限制，所以"内政优先"的理论在国内被接受并非偶然。

20 世纪 90 年代以后，德国又在中欧崛起，而且如政治学家汉斯－彼得·施瓦茨（Hans-Peter Schwarz）所说，它再次成为"欧洲的中心国家"。[32] 要扮演这样的角色很不容易；在 1914 年之前的 20 年里，德国还根本承担不起这样的责任。但从历史的角度来看，有一个问题很早以前就凸显出来了，那就是"欧洲中心是否需要一个强大的国家"：1871 年 1 月 18 日，德意志帝国的建立就彻底改变了欧洲各国在政治上的力量对比。原本在欧洲的五个大国中，普鲁士的实力排在英国、法国、俄国之后，属于实力较弱的国家；克里米亚战争期间，普鲁士甚至不得不为自己的大国地位忧心，因为它没有参与战争，也就错过了1815~1914 年欧洲唯一一次对国际政局产生重大影响的大型冲突。[33] 直到 1866 年，情况才发生转变：普鲁士在与奥匈帝国的战争中证明了自己的军事实力。[34] 后来普鲁士又战胜了法国，随后德意志帝国成立，于是普鲁士德国一跃成为欧洲大陆上最强大的国家。

一个国家如果成为地处欧洲中心的大国，它就会受到地理政治环境的限制，[35] 不能在其他国家发生冲突时置身事外或宣布保持中立，而欧洲边缘地区的国家却可以这么做。但如果位于欧洲中心的国家实力相对弱小，情况就不一样了——这种局面曾在16 世纪出现，其结果就是欧洲边缘地区的国家将掌握政治权力。自查理五世（Charles V）脱离朝政以后，他的帝国就分为两部分，分别由哈布斯堡皇朝的奥地利分支和西班牙分支统治，所以从那时起，再也没有哪个地处欧洲中心的国家能把自己的意志强加给边远地区的国家。从某些角度来看，维也纳的哈布斯堡皇朝似乎仍然具备这样的能力，然而自从土耳其军队兵临维也纳城下以后，维也纳政府便忙于应付来自东南方向的威胁，无暇继续维持欧洲中部的秩序。由于中部国家实力不足，西班牙和瑞典崛起成为欧洲大国，它们与法国、英国和维也纳皇室成为最早的欧洲五大国。这些大国之间一旦爆发战争，德国势必沦为战场，而它在三十年战争中确实是如此；在拿破仑战争中的情况也一样，这时德国又成为法兰西帝国政治和军事的前沿地带，还不得不派出大量士兵为拿破仑打仗，他们占了拿破仑军队人数的一大半。在18 世纪，西班牙和瑞典脱离了五大国集团，俄国和普鲁士取而代之，但普鲁士的大部分国土都在欧洲东部。在一开始，欧洲中部的政治力量非常薄弱。

不过在法国人看来，情况显然不是这样；最迟在拿破仑上台以后，法国人就普遍接受了某个地理政治学派的观点，认为法国是欧洲大陆的政治中心，而英国和俄国是"侧翼国家"。[36] 从政治的角度来看，这种观点表明人们希望欧洲中心的国家可以奋发图强，这样他们就不必害怕来自"侧翼国家"的威胁。然而拿破仑却在战斗中败给了"侧翼国家"。他的垮台让普鲁士有机会在政治上重新崛起，于是普鲁士向西扩张到了亚琛、科隆和特里尔。从这时起，普鲁士和法国开始争夺欧洲中心国家的位置。1851 年，拿破仑三世（Napoleon Ⅲ）建立了法兰西第二帝国，于是法国在争夺中占了上风；20 年后，普鲁士德国又从法国人手中夺走了这一位置。

德法的地位之争之所以成为第一次世界大战的重要组成部分，是因为德国虽然身为中心国家，却无法阻止边缘地区即巴尔干半岛上的冲突蔓延至其他地区，反而将它和其他地区的冲突捆绑到了一起。于是边缘地区的纷争给中心地区带来了毁灭性后果。而在这件事情上，不仅德国，法国也表现得不够明智，而且神经过敏：[37] 法国由于实力较弱，无法单独与德国对抗，所以从 19 世纪 90 年代起就逐渐向俄国靠拢，希望能与沙俄结盟，一同对付德国。从那时起，德国政府时而奉行"不结盟政策"（伯恩哈德·冯·比洛语），这样他们就可以根据自己的意愿寻找合作伙伴；时而又时刻担心邻国会在政治上、军事上对德国形成包围之势，于是他们产生了发动预防性战争的想法，希望能用这种方式突出重围。[38]

同样，由于德国地处欧洲中心，所以战争爆发后不久，国内就开始讨论谁才是"真正的敌人"：是俄国，英国还是法国？[39]
对社会民主党的多数派以及马克斯·韦伯这样的自由派来说，俄国是真正的敌人，它是反动势力的安乐窝，是独裁者当政的大帝国，而且在过去的几百年里镇压了东欧和中东欧所有解放运动与进步运动，俄国国内的数千名知识分子和作家也被流放到西伯利亚或被迫流亡西欧。那些将俄国视为头号敌人的人，同时也对德国与英国作战一事深感遗憾，在他们看来，德国政府的这个决策是错误且不明智的。而另一些人，比如马克斯·舍勒和维尔纳·桑巴特，则认为英国才是"真正的"敌人，因为英国"空洞的物质主义"和"不受约束的功利主义"结合在一起，对德国的价值观和德国理想主义构成了威胁。我们必须仔细研究这些关于"真正"敌人的不同意见，才能理解德国境内关于战争目的的论战，因为论战中出现的观点既混乱又相互矛盾。由于地理环境让德国人感到不安，所以他们把不同的战争目的叠加在一起，最终选择了一条奇怪的政治路线，这导致政府忽而决定与东线的敌人单独媾和，忽而又决定与西线的敌人单独媾和。在一战结束后二战开始前，德国的外交形势也受制于这种地理政治环境。一开始，德国面临的问题是它是应该逐渐向西方国家靠拢，回归"大西洋国际经济体系"，还是应该和苏联保持密切的联系——这个国家也被国际联盟排除在外，而且经济上被孤立。德国选择了后者，并且于 1922 年签订了《拉帕洛条约》。在两次世界大战之间的这段时期，为了摆脱"中心困局"，德国的将军阶层还计划发动小型战争，[40]目的是向外挪移凡尔赛会议上规定的德国东部疆界，并且收回那些原属德国或奥地利的地区，理由是这些地区居住着讲德语的族群。不管是与东方国家联手，还是要求修正战后的国界，最终都导致德国和苏联夹击了波兰、捷克斯洛伐克这两个被《凡尔赛条约》与《圣日耳曼条约》（Vertrag von Saint-Germain）正式承认的国家；而苏德合作的顶峰就是《希特勒—斯大林条约》的签订。在该条约的基础上，也就是在 1941 年夏天以前，"大德意志帝国"的国境大约扩展到 1917 年深秋德军停战前战线所在的位置。

二战结束后，德国分裂为东德和西德，所以在一开始，"欧洲中心"是不存在的，因为苏联控制了东德，而美国控制了西德。这种局面于 1990 年宣告结束。德国统一以后，欧洲大陆又迎来了共谋发展的新篇章。或者我们也可以反过来说：欧洲各国要共谋发展，德国统一是必不可少的前提条件。所以，在欧洲中心，强大的国度再次崛起，但与此同时，以美国为首的北约成了很有影响力的军事集团，而欧盟内部的各国也从经济、政治上相互牵制，所以"欧洲中心"在地理政治方面的影响力受到了限制。而随着美国将关注点从大西洋地区转移到太平洋地区，这种状况也发生了转变：欧洲要开始独立发展，这时"欧洲中心"在政治上的重要性就完全凸显出来了。如果我们把第一次世界大战理解为争夺"欧洲中心"地位的战争，同时把德法矛盾看成这场冲突的核心矛盾，那我们就会发现，阿登纳与戴高乐时期建立的"法德轴心"实在意义重大。如果我们进一步扩大"欧洲中心"的范围，那么波兰也应该被包含在内，于是"法德轴心"就发展成为"魏玛三角"①——虽然我们偶尔会提到这个概念，但目前它还未在欧洲政坛发挥太大作用。从这里我们可以得出两方面结

---

① "魏玛三角"是德、法、波三国协调立场、加强合作的定期会晤机制。1991 年
   8 月，在德国外长根舍倡议下，德、法、波三国外长在德国中东部小城魏玛
   举行了首次会晤，决定建立每年定期举行三国外长会晤的合作机制，"魏玛三
   角"由此得名。

论：首先，只要"法德轴心"或"魏玛三角"继续发挥作用，欧洲就可以维持和平的局面；其次，这三个国家的政府必须始终关注边缘地区（包括欧洲内部和欧洲外部地区）的冲突，防止这些冲突波及欧洲中心。

/ 悲剧天注定？思路被封堵？政治家的自我安慰？

要系统地借鉴历史，必不可少的前提就是必须修正原先的观点：第一次世界大战是"无可避免的"。我们可以看到，在这场大战的酝酿阶段，许多政治家都持这种宿命论观点。这种观点或者说预言一旦被接受，就极有可能一步步实现；受它的影响，人们更倾向于听天由命，而不是为避免战争而努力。所以，那些有可能影响时局的人一直在绝望与宿命论之间徘徊：作为帝国首相贝特曼·霍尔韦格的私人秘书和顾问，库尔特·里茨勒就表现出这样的情绪波动。[41] 从这个角度来看，一战的缘起和爆发过程也很值得今天的政治家、政治学家学习。当时的人可能也认为，冲突双方的经济利益已经完全交织在一起，从理性的角度来讲，发动战争肯定违背他们自身的利益，所以战争根本就不会爆发。1909 年，拉尔夫·诺曼·安杰尔出版了《大幻觉》，他在书中论证道，在资本主义环境下，各国之间的金融、经济关系已经交织成牢固、紧密的网络，这网络将会阻止大型战争爆发；此外，资本主义将促使欧洲持续繁荣，而从中受益的正是欧洲的大国，[42]如果战争爆发，那么战争中不会有赢家，大家都是输家。

事实上，德国社会民主党理论领袖卡尔·考茨基（Karl Kautsky）和 20 世纪最有影响力的经济理论学家之一约瑟夫·熊彼特（Joseph Schumpeter）在一战前和一战结束后也做了类似的论证，只不过他们论证的思路以及各自的受众是不同的：[43]1914 年以前，考茨基在他的超帝国主义理论中预测，未来帝国主义国家的政策能够防止战争爆发；1918 年以后，熊彼特在提出帝国主义具有返祖倾向的同时指出，战争不是资本主义导致的，而是贵族阶层发动的，后者的目的是让自己留在政治和社会舞台上。安杰尔和考茨基过分相信资本主义本身有能力阻止战争爆发，这种乐观主义在 1914 年夏天被证明是毫无根据的，它和里茨勒等人的宿命主义倾向其实是半斤八两。但即便资本主义本身无法阻止战争，它也不像列宁主张的那样，直接导致了战争爆发。这两种观点，一种认为强权国家之间的对抗以及帝国主义的竞争机制决定了战争必然爆发，另一种认为社会必然要向前发展，而发展的轨道上没有战争的容身之处——它们共同导致政治家做决策时没有充分考虑后果，从而为战争的爆发铺平了道路。

　　这也意味着两国经济利益的交织并不能阻止冲突进一步升级。战争的短期决定因素和长期决定因素已经表明，国家一旦担心丢面子并因此被迫退出大国集团，就有可能排除一切障碍发动战争，民众的民族主义情绪也会被挑动，这时理性的分析就无法发挥作用了。没有什么比"极度愤怒的民众"更危险了；有时温和派政治家并不打算让国家进入备战状态，可最终却只好违心地做出决策、采取行动——如果不是迫于街上民众的压力，他们是不可能这么做的。我们需要告诫政府，千万不要利用民族主义情绪来达成自己的目的，因为这张牌一旦打出去就收不回来了。一战前的历史就是活生生的例子：各国政府在 1914 年就下了一笔很大的赌注，所以他们不得不考虑，一旦把打出去的牌收回来，不但在国际上会丧失威信，在本国人民面前也将脸面扫地。这导致他们非常不愿意"踩急刹车"。

　　和英国、美国的情况不同，在德国，过去只有历史学家才会研究第一次世界大战，而在作为政治学分支的"国际政治"的理论领域，根本没有哪个德国学者研究过一战。在过去很长时间里，政治学领域一致认为，只要某个地理政治区域的国家全部民主化，这种大规模战争就不可能爆发了，因为民主国家之间是不会开战的。不管是历史学家还是政治学家都从结构性决定因素中排除了"偶然性"这个因素，并在此基础上发展出"决定论"，而这种降低偶然性的需求导致"决定论"大行其道。在这种语境下，我们可以理解，为何在 1914 年，历史学理论领域提出的构想非但不能影响执政者的所作所为，而且还力图从历史学的角度说明这场战争是"天注定"的，或者说无法避免的。

在战争之前和战争过程中，"偶然"的因素扮演了什么角色，这个问题在政治上会引起很大震动，因为这里说的不是整个过程中的偶然因素——从统计的角度我们可以看到，战斗过程中一方的偶然事件往往会被另一方的偶然事件平衡掉；这里说的是，那些影响战争走向的大事件有没有可能是偶然出现的。**大事件**（Ereignis）和**普通事件**（Geschehnis）的区别在于，大事件发生以后，局势就和原来不一样了。[44] 大事件介入历史潮流并改变它的方向，而普通事件只是历史潮流中的一朵浪花。偶然发生的**普通事件**对我们来说是不要紧的，因为它不涉及事情的根本。而**大事件**则超出了日常琐事的范围，当它发生时，我们会问：这是为什么？又是为了什么？但如果某个大事件是偶然发生的，这些问题就没有人能回答了。一旦我们推测这个事件中可能有偶然的成分，就会想尽各种办法将"大事件"降级成"普通事件"。只有这样我们才能安心。这让我们对世界的运转又充满了信心。现在我们面临的问题是，萨拉热窝刺杀事件应该被理解为"大事件"还是"普通事件"。为了把它降级成"普通事件"，我们称这件事为"导火线"。一旦刺杀事件被称为"导火线"，我们也就安心了：即使没有一连串的偶然事件，该发生的还是会发生。

最早区分"导火线"和"根本原因"的历史学家也是修昔底德。他在叙述伯罗奔尼撒战争时强调，科林斯（Korinthos）人和斯巴达（Sparti）人之所以用战争威胁雅典，决定性因素不在于雅典政治家伯里克利对小城墨伽拉（Megara）实施制裁，而在于雅典在和平的环境中不断发展繁荣。[45] 雅典即将超越对手，成为整个希腊的霸主。而雅典的敌人在想方设法发动战争，因为他们相信，只有这样才能阻止雅典继续发展的脚步。在这种情况下，伯里克利决定**当即**发动这场在他看来终究**无法避免**的战争，而且要找一个对雅典有利的时机与敌人决出胜负。所以在修昔底德看来，雅典和墨伽拉的冲突只是战争的导火线，而战争真正的原因在于，雅典的竞争者正在走下坡路，因而对雅典生出了嫉妒心。

有些人——主要是德国历史学家——在论证时会提到修昔底德对战争原因的分析，他们认为德意志帝国就处在当初雅典的位置，它被嫉妒它的对手（英国）还有敌人（法国与俄国）包围。从第一印象来看，这也不难理解，毕竟在过去几十年里，和其他所有欧洲大国相比，德国是从和平环境中受益最多的。在和平环境下，它越来越强大，人们也有理由认为，刚刚到来的 20 世纪很有可能是"德国的世纪"。可是德国人却感觉周围的国家对他们虎视眈眈，他们担心敌人会用暴力手段阻止德国的发展，于是有的人决定先下手为强；当然，发动战争必须选择政治环境看起来对德国有利、军事上胜算也比较大的时间点。德国人用伯罗奔尼撒战争比喻一战，这表明他们承认自己利用了萨拉热窝刺杀事件使冲突升级；他们以为可以借助这场冲突从政治上突破列强的包围，或者利用军事手段打败包围者。他们套用修昔底德对"导火线"和"根本原因"区分，指出这场预防性战争从本质上讲是受敌人所迫、不得已为之的，而受胁迫的一方为了掌握主动权，率先选择了开战的时机。他们也利用这个类比为自己辩解：战争真正的过错方不是德国，而是德国的敌人；只有那些政治目光短浅、只看到战争的短期决定因素而看不到其他因素的人，才会相信德意志帝国应对战争负主要罪责。直到联邦德国早期，德国的某些群体，以受过（历史）教育的资产阶级为主，他们仍然相信这种区分"导火线"和"根本原因"的观点。

将伯罗奔尼撒战争和一战放在一起比较的主要人物是古典历史学家爱德华·施瓦茨。在分析修昔底德史学作品的过程中，他强调这部作品包含了两个层面：第一个层面，修昔底德描述雅典正在不顾一切地推行扩张政策，最终目的是将经济实力转化为政治实力，从提洛（Dilos）同盟的领袖晋级为爱琴海地区的霸主；第二个层面是作品修订后才出现的，在这一层面上，修昔底德指出，战争之所以爆发，是因为斯巴达的青年政治家已经有发动战争的意图，而且科林斯人也蓄意挑起了冲突。同时他也表示，斯巴达人对雅典的进一步发展充满恐惧，这构成了战争爆发的主要原因。正是在这个经过修订的版本中，修昔底德认为雅典和斯巴达之间的对立冲突是不可避免的，因为双方的政治文化气质不同，[46] 所以，原本被视为战争根本原因的事件，即雅典和墨伽拉之间的冲突，事实上只是导火线。在分析修昔底德及其历史作品时，施瓦茨使用了学术写作的格式，清楚地阐明了在哪些情况下，历史学的类比可以用来为政治家辩护，什么样的战争原因分析可以将战争前夕发生的事件定义成次要事件，从而为做出相关决策的政治家脱罪。当然，施瓦茨虽然做了这些分析，但依然认为修昔底德后来的观点才是更准确、更全面的观点：在初步观察的时候，人们会认为是雅典的扩张政策导致战争爆发，但更深入的探究表明，雅典的竞争对手出于嫉妒，想方设法要让这座城市没落。在阐释修昔底德作品的同时，施瓦茨也探讨了第一次世界大战及其背后的原因；从他的例子我们可以看到，将"原因"变成"导火线"的做法肯定会产生某些影响：它的背后总是藏着一些意味深长的东西——要么在为某些人辩护，要么表明事情是上天注定，只能如此。

有人以为引爆了第一次世界大战的局势已经不复存在，而"民主化和平"的理论就是维持欧洲长期和平的钥匙，但1991年后，南斯拉夫分裂战争的爆发提醒我们要警惕这种错误的信念。事实上，只有那些无条件接受弗里茨·菲舍尔观点的人才会接受这种信念——菲舍尔认为，一战之所以爆发，完全是因为德意志帝国的政治和军事领袖在1914年7月想要让它爆发。[47] 从长远角度来看，菲舍尔的观点就像一剂镇静剂，它导致人们对欧洲持续出现的纷争麻痹大意：他们以为只要欧洲不再出现像威廉二世或希特勒那样的政府，人们就不必担心会爆发战争。而南斯拉夫解体战争的爆发证明这种观点是错误的——除非人们认为，塞尔维亚总统斯洛博丹·米洛舍维奇（Slobodan Milošević）是另一个希特勒，而有些人也确实这么认为。但这种说法不能解释任何问题，只能用来捍卫一种新的政治信念——按照他们的逻辑，以后还会出现许多个"希特勒"的。

当然，在一开始，菲舍尔的观点对联邦德国在政治上的自我认知产生了重要影响：按菲舍尔的说法，导致一战爆发的并非偶然因素或对局势的错误估计，相反，是德国的政治军事领袖有意促成了这场战争；既是这样，那么德国人就应该对接下来的历史负责。所以他们不能再找借口给自己开脱，说如果不是因为德国偶然卷入第一次世界大战，就不会有希特勒和第二次世界大战；也不能说，因为《凡尔赛和约》第231条将战争的罪责加在德国身上，直接导致魏玛共和国局势不稳定，从而为希特勒的上台提供了条件。劳合·乔治曾说各国是"不慎卷入了战争",他也认为事情的发生具有偶然性,这种说法其实可以用来支持德国内部的另一种观点:发生在 1933 年和 1945 年的不幸是有可能避免的——哪怕一战后德国少割让一些土地,后果也不至于此,毕竟德国并非真的"带着犯罪动机"发动了一战。但如果德国对第一次世界大战负有罪责,这些观点和借口就失去了意义。当时弗里茨·菲舍尔的观点引起了激烈的争论,[48] 这表明同时代的人很清楚,他的观点有可能撼动整个德国政治。它不仅是一种具备一定学术尊严的历史学论断;如果菲舍尔是对的,是德国恶意煽动了战争,那么德国后来版图的缩小和分裂,包括政治的分裂,都是它应得的惩罚,德国人必须接受这些惩罚,还要意识到,他们的邻邦不可能容忍欧洲中心存在这么危险的国家。

如果说,"民主化和平"的理论在一战的语境下是成立的,那么我们就必须不假思索地认为德国是专制乃至独裁的国家,并且忽视战争爆发之初的民粹主义运动。[49] 即便当时民粹主义运动的规模受到了一定限制,但参战各国首都爆发的运动仍然对局势产生了巨大影响,它在德国更是明显限制了政府的行动空间。在一开始,民众对战争充满了热情,这表明这场战争并不仅仅出于某种险恶的阴谋,它在政治上是得到大部分民众支持的。此外,根据学术界的评价,此时的德意志帝国本质上已经比 20 年前更加自由、开放;它的政治状况也因此更接近西方民主国家英国和法国。非黑即白的判断已经不再适用于一战原因研究了。黑格尔在《法哲学原理》(*Grundlinien der Philosophie des Rechts*)的前言中提到了"密涅瓦的猫头鹰"(Eule der Minerva),这让我们联想到这样的画面:那些有关一战原因与过程的研究,它们的灰色在此期间已被绘成了灰色。① 关于一战的原因，我们不可能得到唯一正确的答案，正如我们不可能明确地将罪责归于某一方。从这次世界大战中"吸取经验教训"是很困难的事情，因为这场战争非常复杂，其中许多地方也很微妙。不过，也正是这一点让我们不至于太过快速、简单地给出答案。有利于社会政治稳定的秩序是需要不断改善的，而当初引爆了一战的那些因素对当今社会仍然构成政治挑战，但人们却总是借助相关理论否认这一点，目的是减少这种挑战给人带来的恐慌。但事实上，这种挑战始终存在，这表现在：世界上不管哪两个国家发生冲突，只要冲突达到一定规模，对和平构成了威胁，人们就会情词激切地引用 1914 年夏天的情况作为例子。

---

① "哲学作为有关世界的思想，要直到现实结束其形成过程并完成自身之后，才会出现。概念所教导的也必然就是历史所呈现的。这就是说，直到现实成熟了，理想的东西才会对实在的东西显现出来，并在把握了这同一个实在世界的实体之后，才把它建成为一个理智王国的形态。当哲学把它的灰色绘成灰色的时候，这一生活形态就变老了。对灰色绘成灰色，不能使生活形态变得年青，而只能作为认识的对象。密纳发的猫头鹰要等黄昏到来，才会起飞。"〔德〕黑格尔：《法哲学原理》，范扬、张企泰译，商务印书馆，1979，第13~14 页。此处以"密涅瓦/密纳发（古罗马神话中的智慧、技术与工艺女神）的猫头鹰"代表哲学，有关"灰色"的意象出自《浮士德》："理论是灰色的，而生命之树常青。"

/ 充满悖论的第一次世界大战

　　没有什么比战争更充满悖论了。和其他事物相比，对战争及其结果而言，行动的目的和实际影响总是背道而驰。罗马人有句名言：想要和平的人必须为战争做准备（*Si pacem vis para bellum*），这表明在涉及战争的问题上，目的和行动是相反的。军事理论学家爱德华·勒特韦克（Edward Luttwak）指出，成功的战略总是通过尽可能复杂的手段对这种悖论加以利用。[50]所以，要制定战略，首先必须了解这种悖论，同时还要有针对性地利用它达成自己的目的与目标。和平时期，规则还在正常发挥作用，特定的行为遭到禁止，因此这种悖论的威力受到了约束；而在战争时期，它就开始大行其道了。这一点在一战中表现得尤为突出。这场战争最大的悖论在于，从长远来看，军事上的胜利者实际上却是输家：法国是战胜国，也是所有参战的大国中损失最惨重的一方，[51]而它在欧洲的政治地位却下降了，它也无法阻止这一趋势；意大利虽然在北部和东北部获得了一些领土，却无法晋级为欧洲大国；英国逐渐失去了对世界的统治权，而战争非但没有延缓反而还加快了这一趋势。事后来看，正如历史学家尼尔·弗格森所说，更符合英国利益的做法是将西欧和中欧的统治权交给德国，这样英国就可以集中精力维持帝国的地位，而不是将整整一代人的青春埋葬在佛兰德战场。[52]无可否认的是，英国参战时还是全世界的债主，战争结束时它却成了美国的债务人。[53]在战争以前，英国的人力物力已经不算充裕；在战争中，为了打败德国，它又放弃了原有的地位；战后它的资源已被耗尽，所以它的地位再也无法恢复。而在此期间，日本和美国后来居上，取代了英国。虽然在奥斯曼帝国解体的过程中，英国也取得了一定的权力和财富，然而在 20 世纪 20 年代，这一地区频频发生造反和起义，解决这些问题又极其费时费力，可见攫取的权力和财富并没有让帝国趋于稳定，相反，帝国因为过度扩张而遭遇了许多麻烦。可以肯定地说，英国和法国作为战胜国，虽然在非洲和中东取得了一些保护领地和托管地，可它们的胜利也因此成了"皮洛士式的胜利"，因为英法两国为这些地区付出的代价远大于它们带来的好处。

　　从某些角度来看，当时的政治领袖，尤其是英国和意大利的政治领袖（他们在这两个国家都享有高度的决策自由）完全打错了算盘，他们期望通过战争取得全方位的胜利，而在 20 世纪初，战争已经满足不了这种期望了。悖论之所以出现，往往是因为政治领袖对他们使用的手段存在误解。他们期望利用战争加速或阻止某个直线发展的历史进程，却没有想到，悖论的威力将通过战争被释放出来，这种威力在和平时期虽然也存在，却受到了约束；受它的影响，几乎所有事物都不能再用定向思维去理解。开启一场战争，就意味着踏进一个充满不确定性的国度。1890 年初，弗里德里希·恩格斯提道："进行战争？发动战争将不费吹灰之力。但是，一旦把战争发动起来，会有什么结果，却是不能预料的。如果克罗伊斯（Croesus）① 渡过加利斯河（Halys），或者威廉渡过莱茵河，就会毁灭一个大国。但是，是谁的国家呢？"他指出，欧洲政府之所以没有发动大型战争，是因为他们"对世界战争中的胜负完全无法估计"，"而世界战争是现在唯一可能发生的战争"。②54 这场战争一旦爆发，它的成败将影响各国在政治权力榜单上的排名——它们的排名要么上升，要么

----

① 　古代吕底亚国王。
② 　恩格斯《今后怎样呢？》，出自《马克思恩格斯全集》第 22 卷。

下降。但如果在一个世纪以后重新审视战争的结局，就会发现这种排名的变化并没有太大意义：德国虽然在军事上失败了，却根本没有退出政治舞台——在战争期间，德国人想到德国要"退出政治舞台"就觉得十分可怕，有人还在墙上画出了这样的情景，并且配上标语"迦太基式和平"①。当然，如果说德国的失败从长远来看其实是一次胜利，那就太夸张了，[55]但值得注意的是，21世纪初德国的地位从本质上讲和它在20世纪初的地位并没有什么差别，[56]而英国的情况却不是这样。

　　这场战争发生在欧洲，真正的赢家却是美国，它是在其他参战国家力量快要耗尽的时候才加入战斗的。相对于其他参战国家，美国付出的人力物力是最少的，获得的权力和影响力却是最多的。这并不仅仅因为环境对他们更有利，或者因为他们运气好，而是因为美国的部分政治领袖本来就制订了这样的战略计划：威尔逊总统的女婿、美国财政部部长威廉·吉布斯·麦卡杜就打算利用这场战争，让美元代替英镑成为国际主要货币，并且让纽约的华尔街代替伦敦成为世界的金融中心。[57]和欧洲大多数国家的计划不同，这个计划最后成功了，这说明利用悖论来达到目的固然存在一定风险，但只要置身事外的时间足够长，就可以最大限度地避免这种风险。但通常只有海上强国才能等到战争的最后阶段再参战。一开始，英国作战部部长霍拉肖·赫伯特·基奇纳也执行过类似的计划，按照这个计划，俄国和法国在与德国的战争中要承担主要作战任务，英国则可以先保存实力，等各方力量被耗尽以后再参战，与敌人决出胜负。[58]然而基奇纳的计划失败了，因为后来德国军队打了胜仗，英军不得不投入更多的人

---

　　①　指强者强加在弱者身上的短暂、不平等的和平。

力物力，这种投入远远超出了英国之前的预期。

在 1917 年初，美国参战基本上已成定局；德国原本打算挑唆墨西哥进攻美国，却未能如愿——所以，虽说战争总是导致事情朝相反的方向发展，但当时美国却几乎毫发无伤地避开了这个魔咒——而美国的一部分地理战略优势也来源于此。正因如此，美国人深深以为，他们之所以在战争中诸事平顺且顺利达成目标，是因为他们怀着正直的愿望在追求高尚的目的。在两次战争中，美国都用"十字军东征"的概念来比喻他们对战争的干预以及他们的作战方式，这种过分天真的说法进一步强调，美国能取胜是因为动机高尚。在这里，"十字军东征"并非代表征服的欲望或对权力的贪婪，它代表"来自遥远国家的军队"介入了一场战争，但他们不是为本国的领土或利益而战，而是为了维护道义、给全人类谋幸福。而卡尔·施米特（Carl Schmitt）反对这种说法，提出应"禁止来自外部空间的国家对某一地区的冲突横加干涉"。[59]事实上，英国人在之前已经使用过"十字军东征"的概念，例如在 1916 年 9 月中旬，首相阿斯奎思就称这场战争为"十字军东征"，而东征的对象是"一个胆大妄为的国家"，它企图"操控欧洲的发展"。[60]1916 年 12 月 7 日，阿斯奎思的继任者劳合·乔治在就职演说中提到，"一股来自野蛮民族的洪流"就要侵袭欧洲，这个民族在"毫无节制地贪求权力"，所以英国发动这场战争是为了动用自身力量保护欧洲。[61]但英国在人力、物力方面的优势并不足以确保他们一直占据道德制高点，所以后来他们也陷入了原本想要避免的战争悖论之中。这表现在他们用并不光彩的手段对德国实施海上封锁，而且将印度军队调到欧洲战场作战。

美国逐渐取代英国成为称霸全球的海上强国，这不仅表现在美国继承了"十字军东征"的想法，也表现在美国宣称他们加入战争是出于利他主义目的，当然这一点也包含在"十字军东征"的想法中。1917 年 4 月 2 日，美国总统威尔逊对国会表示："我们很高兴，能够为世界最终的和平、为解放包括德国人民在内的所有民族而战。"[62]1918 年 8 月 31 日，他又称德国是目无法律的国家，因为德国政府为改善自身的命运不惜破坏许多人的自由权利。"这场战争的目的是遏制这样的国家，也就是如今实行专制统治的德国，从而保障世界上各个国家和民族的权利。这是一场告白信仰的战争，在我们赢得这场战争之前，全人类是不可能脱离恐惧的。"[63]美利坚帝国充满道德自信的原因也在于，在二战中，德国（还有日本）再次证明，美国正如他们自己所宣称的，是正义的化身，而且和一战相比，这一点在二战中表现得更为突出、更有说服力。就这样，在越南战争爆发以前，美国在与他国作战的过程中从未陷入道德悖论，至少他们自己相信是如此。但后来的事实表明，即使是大帝国也无法完全避免战争的悖论；美国如果不是与其他帝国或潜在的帝国作战，而是与反帝国主义解放力量或自称反帝国主义的政权作战，那就更容易陷入这种悖论。不管怎么说，美国在其周边地区乃至全世界人民眼中将自己塑造成"正义的化身"，这一形象正是在与德意志帝国的战争中形成的。美国长期以来所依赖的道德资本，就是在这场战争中奠定了基础。

德国和美国不同，它没有机会将自己塑造成正义的化身，也没有机会宣称自己是为坚持道义才发动了"十字军东征"。[64]但他们也必须从思想层面解释战争引发的悖论，而最受欢迎的解释模式就是有关"权力恶魔"的说法，这种说法主要出现在马克斯·韦伯、弗里德里希·迈内克和格哈德·里特尔的作品中。战争结束后不久，韦伯就做了题为"以政治为业"的演讲，他在演讲中说道："过去的基督徒都清楚地知道，是魔鬼在统治着世界；而那些参与政治的人，或者说，那些手握权力且能够使用暴力的人，他们实际上已经与魔鬼的势力签订了契约。如果你以为在他们的一切行动中，好的动机只能产生好的结果，坏的动机只能产生坏的结果，那就大错特错了，因为事实通常恰恰相反。看不到这一点的人，根本就不懂政治。"[65] 一方面，韦伯想告诫听众，不要把德国的政治新秩序想得太过简单；另一方面，他在战争中总结出了一套学说，并在这里将其公之于众。当然，韦伯的态度是非常积极的，他的希望在于，德国或许还会有能够与魔鬼势力对抗的政治阶级兴起。而弗里德里希·迈内克的态度则十分悲观。谈及"与魔鬼交易"这个比喻，他是这样说的："魔鬼的力量就体现在，善良与邪恶往往会互相转换。梅菲斯托 ① 在历史中并不仅仅扮演'为作恶而行善'的角色——如果是那样，从神学的角度来讲，人们或许也能够接受；事实上，他毁掉了那些原本想要行善之人的计划，一步步引诱他们，以致他们怀着善念却做出了彻头彻尾的恶事。正因如此，世界历史总是带有一种悲剧性的、几乎是邪恶的特质。"[66] 格哈德·里特尔曾参加过凡尔登战役，第二次世界大战结束后，他在《权力的恶魔》(*Die Dämonie der Macht*) 一书中的附录中写道："上帝和撒旦一直在争夺人类的灵魂——很显然，这一点在大型权力斗争中体现得最为明显。因为在这些斗争中我们可以看到，过错和命运、深不可测的邪恶和最崇高的意图以如此可怕的方式纠缠在一起，而人类的所有行动便在这错综复杂的关系中进行；和其他语境相比，在大型权力斗争中，这种状况表现得最令人害怕。"[67]

按照他们的想法，只要涉足政治领域，只要参与权力斗争，

---

① 《浮士德》中魔鬼的形象。

那么再正直、再高尚的意图都会因为"恶魔"的干预而走向反面。这种想法正是德国人战争经历的写照：他们是怀着善良的意图参战的，至少在他们自己看来是如此；但他们未能理智地安排一切，反而制订了荒谬、自大的计划，这些计划最终导致他们在政治上一落千丈，变得一无所有。马克斯·韦伯曾不厌其烦地提到，从德国人的表现来看，他们还不懂得怎么与魔鬼的势力打交道，而事实也确实如此，这也是他们战败的原因。有关"权力恶魔"的说法一方面从历史理论的层面"安慰"了德国人，另一方面也有力地挑战了另一种说法，即正义可以通过"十字军东征"、通过武力的方式得到弘扬。韦伯含蓄地表示，有人以为这是有可能的，但这只是他在短时间内的自我欺骗；战争将导致许多事情朝相反的方向发展，并造成许多中期、长期的后果，但胜利者看不到这一点，只有失败者才能看清。

不过，从思想层面解释战争的悖论是一回事，在政治实践中要如何应对又是另一回事。现实中的问题之一就是如今公众意见对政治的影响愈来愈大。一个不必向人民交账的政府如果决定改变方针，在和解的基础上与敌方签订和约，那么不断攀升的死亡人数不会成为政府决策的障碍；他们可以将数十万名死者和伤残士兵当作不良投资"一笔勾销"，然后为达成和解向敌人做出一些让步。然而，国家可以罔顾人民意愿发动战争的时代已成过去，民众的影响力正变得越来越大，而民众有可能会阻止政府结束战争——至少可能成为阻止战争结束的因素之一。过去由政府自行发动的战争如今被国民战争所取代，这样一来，参战国家不仅可以投入更多人力物力，而且会期待在胜利的同时获得实实在在的好处。所以，1916 年的大规模进攻失败以后，民众对战争的支持度开始下降，这时政府却不敢在和解的基础上与敌人签订和约，因为他们知道，社会下层民众为战争付出了巨大代价，而他们期望的是战后生活条件能得到改善，但政府如果不扩张国土并获得赔款，就无法满足这些人的期望。政府还认为，如果不安抚好下层民众，那么不管签订什么和约，国内都会发生骚乱，闹不好还会发生革命。尽管有些人，主要是资产阶级出身的中间阶层，将这场战争看作"他们的"战争，但为战争付出代价的并不仅仅是他们。工人阶级又是与下层资产阶级截然不同的政治力量（在过去的战争中，军队都由贵族阶层率领，而士兵主要来自下层资产阶级）；他们既然在战争中做出了牺牲，就会要求在政治上被平等对待，而且政府必须改善他们的政治待遇。他们声称这是他们的权利，而在大多数国家，他们确实是付出了代价、需要得到补偿的一方，所以这场国民战争结束后国家必须按照各方的付出分配利益，而且利益分配必须符合战争中一再提到的所谓各阶层"团结一致"的说法；这样一来，上层和中层阶级就会蒙受损失。为了减少这种损失，国家必须打赢这场战争。政府对民众的要求心存畏惧，这最终导致民众不得不付出更高昂的代价，忍受更多的痛苦。

　　如果观察妇女社会地位的变化，我们可以发现战争的另一个悖论。男人被送往前线后，女性就接手了丈夫的工作，而且确确实实顶替了"她的男人"[①]的位置。"家乡战线"的概念在这场战争中第一次出现，这并非偶然。[68]许多女性代替男性承担了工业、交通业以及管理方面的工作，女性的公众形象也因此发生了变化。有人认为这次战争推动了女性的解放；在一段时间内，历史学家和社会学家也持这样的观点，他们还认为后来女性开始享有

---

　　① 　德语中"她的男人"与"她的丈夫"写法相同。

选举权就是明证。但新近的研究 [69] 才表明事实绝非如此。事实上在 1914 年以前，女性的形象已经开始由传统向现代转变，而战争却使得传统的女性形象再次深入人心。我们可以肯定，在战争爆发前的 20 年里，"男性危机"已经出现，而战争一爆发，它就消失了，因为在战争中，男性和女性要扮演明显不同的角色。[70] 而这件事的悖论就在于，从社会发展的角度来看，女性的地位提高了，但从性别角色的角度来看，女性的地位却下降了，而且在战争语境下，正是前一种"进步"妨碍了两性角色的转变。

战争还制造了另一种悖论，它与性别角色的倒退也有关联：在战争中，国家原本是一台不断吞噬男性生命的机器，但与此同时它又要扮演另一个角色，即态度友善的供应机构；在某些地区，它甚至取代了上前线作战的丈夫和父亲。总的来说，德国作为福利国家的历史可以追溯到俾斯麦推动的社会福利立法以及后来社会民主党的影响。但人们往往低估了一战在这一过程中所起的作用：战争导致国内几百万民众衣食无着，需要长期依靠国家救济。[71] 所以在战争期间，人们开始将过去对家庭的期望和要求——无论家庭是否能满足——投射到国家身上。一方面，国家不断要求民众做出更多牺牲，民众贡献出来的资源也被它不断地消耗掉；另一方面，它也要负责抚恤残疾人和死者家属，所以它在索取的同时也在给予。战争导致越来越多的人需要救助，但依靠社会上其他人的同情根本无法解决这一问题；相关的救助行动必须接受法律的规范，成为国家的义务，由国家统一筹划、管理。国家要提供救助就必须筹措资金，这就催生了"税收国家"，它形成的政治前提在于，政府为满足战争的需要将税收提高到了战前难以想象的水平。[72] 阿诺尔德·格伦（Arnold

Gehlen）曾多次形容，20世纪的国家从无比强大的"利维坦"①
变成了一头母牛，每个人都想吮吸它的乳汁。[73]但这种说法回避
了这样一个事实：在民众吮吸国家"乳汁"的同时，国家的血盆
大口张得越来越大，爪子变得越来越尖利，它从民众那里获取了
大量资源，所以它的"乳房"也越来越丰满。

　　这次大战制造的另一个悖论体现在，它加速了技术、科学以
及艺术的发展，这种发展速度对于"昨日的世界"（援用斯特凡·
茨威格的说法）来说是无法想象的。其中进步最快的当数航空业
和化学工业。20年前，第一批飞行员才笨拙地驾驶着飞机飞向
天空，而现在国家之间竟然已经爆发了货真价实的空战，而且双
方都争相使用多引擎飞机向敌人的后方投掷炸弹。[74]而毒气战得
以付诸实施也和化学研究的突破密不可分。[75]然而这个悖论的重
点不在于科技的飞速进步反而给社会带来灾难，而在于，尽管自
然科学飞速进步，欧洲人的进步意识却在这一时期毁于一旦。更
直言不讳地说：整个19世纪，欧洲的历史哲学观一直以乐观主
义为基调；而一战期间，虽然自然科学和人类利用科技驾驭自然
的能力有了长足进步，但这种进步造成了不良的社会后果，欧洲
人的乐观主义也因此被摧毁。在19世纪，历史已经取代神学成
为阐释生存意义的媒介，通过阅读历史，人们可以培养对世界的
信任感；而如今，受一战中技术装备战的影响，人们不再相信
历史会不断进步，他们要么像奥斯瓦尔德·斯宾格勒（Oswald
Spengler）那样，认为历史只是在不断地循环往复，要么像许多
文学家和画家那样，幻想着世界末日即将到来，于是历史写作失
去了它在19世纪的突出意义。与此同时，受过教育的资产阶级

/ 796

---

　　①　一种巨大的水生怪物，被用来比喻国家。

也失去了文化上的阐释权,这种阐释权是他们自启蒙运动以来一步步争取到的。所以这次大战成了欧洲思想史的重要转折点。当然,在战争之前早已有人怀疑,我们是否应该以乐观态度看待社会的进步,其中,弗里德里希·尼采用最为激烈的言辞批评了这种简单幼稚的观念。然而这只是部分思想、艺术先锋对资产阶级文化产业的批判。如果不是因为战争动摇了整个社会的根基,这些先锋人物也未必能动摇资产阶级在思想领域的统治地位。可是战争却摧毁了资产阶级的自信心,所以先锋人物才得以占领文化和艺术产业。[76] 本来,对历史特定的解读方式让资产阶级获得了文化上的阐释权,他们希望借助战争将这种阐释权转化为政治权力,可是在战争结束的时候,他们甚至丧失了原先的文化阐释权。他们虽然掌握了一部分政治权力,可是由于他们不再相信历史会不断进步,这部分权力对他们而言也就失去了意义。这至少是他们在 1933 年随随便便将权力交给希特勒的原因之一。

许多文献断言,资产阶级的时代在第一次世界大战中走向终结。[77] 事实上,战争不仅导致资产阶级失去阐释权,而且导致他们的财富快速贬值:德国战败后,他们用来购买战争债券的钱已经血本无归,随后国内又发生恶性通货膨胀,他们剩下的钱也变得一文不值。而且在战争中,中间阶层收入下降的比例超过了其他阶层;此外,战争的遗留问题之一就是税收水平高于战前,其中大部分税款也只能向中层资产阶级征收。[78] 由于大部分志愿士兵都来自资产阶级,我们可以认为,中间阶层人口损失的比例是最高的。资产阶级原本打算接手政治权力并成为整个社会的政治领导者,可是事与愿违。弗格森对他们的筹划做了如下总结:"战争将中间阶层尤其是中产阶级掌握的社会经济权力转交给了工人阶级和大资本家。"[79]1914~1918 年是历史的过渡阶段,新旧事物有时会相互联系、相互融合，但更多时候它们只是相互独立的存在。在这个过渡阶段，社会仍带有 19 世纪的明显特征，而与此同时，20 世纪的几乎所有特征也已经开始出现。这个阶段是通向现代社会的通道，同时也是"20 世纪的灾难之源"，20 世纪发生的所有可怕的事情都可以在这场战争中找到源头。资产阶级在这场战争中被边缘化并非偶然。作为一个沟通上层与下层的阶级，他们无法抵抗这场战争释放的离心力。而结果正如埃里克·霍布斯鲍姆所说的，"一个极端的时代"诞生了。

注　释

1　持同一观点的是 Hirschfeld, «Der Erste Weltkrieg», S. 3; 有文献介绍了法国国内一战研究的概况, Audoin-Rouzeau, «Von den Kriegsursachen zur Kriegskultur», S. 203ff; 英国的"记忆文化"[①] 可参见 Connelly, «‹Never Such Innocence Again›», S. 13ff, 以及 Alter, «Der Erste Weltkrieg in der englischen Erinnerungskultur», S. 113ff; 比利时的情况见 van Ypersele, «Belgien im ‹Grande Guerre›», S. 21ff。

2　目前相关情况可参考 Pedrone, *The Great War in Russian Memory*, 多处, 以及 Kiliánová, «Erlebt und erzählt», S. 263ff。

3　一战中英国的人员损失是二战的两倍, 而法国两次战争中的人员损失相差更大。

4　参见 Snyder, *Bloodlands*。此书对相关事件的叙述非常详细。

5　"英雄城市"兰斯的情况参见 Cochet, *1914 - 1918, Rémois au guerre*; 对凡尔登战役的总结见 Werth, *Verdun. Die Schlacht und der Mythos*, S. 344ff., 367ff 与 382ff。

6　有一部文集 (Borissova u. a., *Zwischen Apokalypse und Alltag*) 在研究文学性文本的基础上, 花了大量篇幅通过一些线索探讨东线后来的状况, 这些内容清楚地证实了正文中的观点。

7　俄国内战期间, 大量贵族家庭以及原先的军官和士兵逃到了国外, 因为他们曾经与布尔什维克主义者作对。在沙皇时期, 许多人也因为政治原因流亡海外, 但人数远不能与内战时期相比。当时德国也出现了俄国流亡者聚居的社区, 在柏林, 最大的聚居区一度包含 20 万俄国人。但通常来说, 俄国人更愿意逃到法国, 因为他们毕竟曾经与德国作战, 而法国却是他们曾经的盟友。此外, 法国还曾经出兵与布尔什维克政府作战; 当时, 法国出动了大量部队, 在俄国南部与"白军"共同抗击"红军"。由于在内战中落败, 白军的许多士兵都和法军一起离开了俄国。Rosenberg (Hg.), *1870 - 1945*, S. 455. 俄国人移居西欧也分多种情况: 有的富人在西欧本来就有财产, 现在他们凭借这

---

　　① 　指个人及社会如何看待历史。

些财产就可以过上宽裕的生活；而许多穷人为了谋生只好在昔日的战线上清理炮弹。德国文学中只有寥寥几部作品提到了这些人。他们曾出现在埃里希·玛利亚·雷马克的短篇故事《约瑟夫的妻子》中（«Josefs Frau»，见 Remarque, *Der Feind*, S. 34‑43）。俄国人迁居国外造成的主要后果是俄国人才流向了西欧和美国——离开俄国的人不仅包括大量科学界和文学界的知识分子，也包括艺术界的先锋人士，其中的代表人物是弗拉基米尔·纳博科夫（Vladimir Nabokov）、瓦西里·康丁斯基（Wassily Kandinsky）和亚历山大·科耶夫（Alexandre Kojève）。

8 参见 Groß (Hg.), *Die vergessene Front*；苏联对战争的淡化参见 Kharkin, «Russland gegen Deutschland», S. 65ff。

9 值得一提的有恩佐·特拉韦尔索（Enzo Traverso, *Im Bann der Gewalt*）和迈克尔·霍华德（Michael Howard, «A Thirty Years War?»）。学界曾讨论过这种说法是受了谁的启发，相关情况参见 Echternkamp, «1914‑1945», S. 265ff。

10 Nolte, *Der europäische Bürgerkrieg*, 多处。

11 民族国家成立的过程中出现的东西差异参见 Schieder, *Nationalismus und Nationalstaat*, S. 87ff; 以及 Szücs, *Die drei Regionen*, S. 17f。

12 国家与帝国之间的区别参见 Münkler, *Imperien*, S. 16ff, 以及 Osterhammel, *Verwandlung der Welt*, S. 565ff; 作为民族国家的德意志帝国参见 Schieder, *Nationalismus und Nationalstaat*, S. 197ff; 菲利普·特尔（Philipp Ther, «Deutsche Geschichte als imperiale Geschichte», S. 128f）却认为，由于大量斯拉夫人居住在德意志帝国境内，所以德国应被定义为帝国，而非大陆性民族国家。

13 值得注意的是，俄国在一战中的死伤人数虽多，但如果以被动员的人数为基数，那么俄国的人员损失率是明显低于法国或德国的。参见 Kolko, *Das Jahrhundert der Kriege*, S. 107。而当时俄国死于瘟疫的人数比直接死于战争暴力的人数还多。俄国的瘟疫是饥荒引起的，而之所以发生饥荒，则是因为战争对国家造成了严重破坏。据估计，1914~1922 年的战争在东欧共造成超过 1000 万人死亡。参见上一处文献，S. 109; 还可参见 Schnell, *Räume des Schreckens*, S. 164ff。

14 有文献简短且有针对性地汇总了哈布斯堡帝国的内部矛盾，参见 Osterhammel, *Verwandlung der Welt*, S. 624‑626。

15 参见 Münkler, *Imperien*, S. 41ff。

16　南斯拉夫及其"核心区域"塞尔维亚的历史参见 Sundhaussen, *Geschichte Jugoslawiens*；南斯拉夫分裂战争的情况参见 Mønnesland, *Land ohne Wiederkehr*，重点见 S. 329ff。

17　"巴尔干化"的概念参见 Sundhausen, «Europa balcanica», S. 626ff。

18　从这个角度出发，我们也可以理解奥斯特哈默的观点（Osterhammel, *Verwandlung der Welt*, S. 626），即哈布斯堡帝国是"帝国中'现代化程度'与'文明程度'最高"的。

19　参见 Kolko, *Das Jahrhundert der Kriege*, S. 162。居住在邻国的匈牙利少数民族虽然曾大规模迁回匈牙利或遭到驱逐（Rosenberg, *1870 - 1945*, S. 557），但相关的问题至今仍未得到解决，这也正中匈牙利政治右派的下怀。

20　Ben-Sasson, *Geschichte des jüdisches Volkes*, S. 1162f, 此为史学家什穆埃尔·埃廷格（Shmuel Ettinger）撰写的部分；1904~1914 年，约 85 万犹太人从东欧迁往美国，而迁往巴勒斯坦的只有 3 万人；参见 Brenner, *Geschichte des Zionismus*, S. 57。

21　参见 Boeckh, *Von den Balkankriegen zum Ersten Weltkrieg*, S. 31 - 55。

22　博斯普鲁斯海峡的战略位置非常关键，有关它的情况以及各方争夺海峡控制权的历史可参见 Zechlin, «Die türkischen Meerengen», 重点见 S. 13ff; 协约国经过协商，同意让俄国控制此处海峡以及黑海，相关情况参见 Stevenson, *1914 - 1918*, S. 176f; 英国在中东的利益以及赛克斯—皮科协定的情况见上一处文献，S. 182ff。

23　奥斯曼帝国内部的离心力参见 Rosenberg, *1870 - 1945*, S. 224f。

24　参见 Ettinger, in Ben-Sasson (Hg.), *Geschichte des jüdischen Volkes*, S. 1096。

25　见 Salewski, *Der Erste Weltkrieg*, 此书对战争的叙述十分精彩，唯独很少提到高加索地区的情况。

26　相关情况参见 Naimark, *Flammender Hass*, S. 29 - 58, 以及 Gerlach, *Extrem gewalttätige Gesellschaften*, S. 124 - 161。

27　1914 年以后，在讨论战争目的的过程中，德国人也曾提到将兼并计划与移民措施结合起来，相关情况参见 Mommsen, «Anfänge des *ethnic cleansing*», S. 147ff。

28　Diner, *Das Jahrhundert verstehen*, 重点见 S. 12ff。

29　俾斯麦外交政策的基本方针参见 Nipperdey, *Deutsche Geschichte*, Bd. 2, S. 426ff, 以及 Hildebrand, *Das vergangene Reich*, S. 34 - 146。

30　近期，一战前德国外部环境的变化终于为更多研究者所关注，而在 20 世纪

70~90 年代，研究者对这一问题确实很不关心，相关情况可参见 Kießling，«Der ‹Dialog der Taubstummen›»，S. 651ff，以及 ders., *Gegen den ‹Großen Krieg›*，重点见 S. 281ff; 有文献简短地总结了这一新的研究方向，见 Canis，«Internationale Stellung und Außenpolitik Deutschlands»，S. 177ff。

31　持这一观点的主要是克尔（Kehr, *Der Primat der Innenpolitik*），还有他的追随者"比勒费尔德（Bielefeld）历史学派"。农场主的情况参见 Puhle，*Agrarische Interessenpolitik*，多处。

32　Schwarz, *Die Zentralmacht Europas*, S. 27ff.

33　持这一观点的是 Osterhammel, *Verwandlung der Welt*, S. 675。

34　针对这一时期，约斯特·迪尔费尔是这样说的："只有被其他大国承认为大国的国家才是大国。"他还补充说："积极、有效地使用军事权力是进入大国集团最重要的入场券。"Dülffer, «Vom europäische Mächtesystem zum Weltstaatensystem », S. 56.

35　在德国，"地理政治"这个概念通常与某个特定的地理政治学派联系在一起，该学派主张对外扩张、并吞他国领土，因此"地理政治"也成了一个比较负面的概念（参见 Jureit, *Das Ordnen von Räumen*, S. 127ff，以及 Faber, «Zur Vorgeschichte der Geopolitik», S. 389ff）。在此处和下文中，这一概念是指特定国际环境下地理局势可能造成的政治性影响。

36　参见 Gollwitzer, *Geschichte des weltpolitischen Denkens*, Bd. 1, S. 390ff。后来地理历史学派（géohistoire）继承了法国的这一传统观点，相关情况参见 Sprengel, *Kritik der Geopolitik*, S. 58 - 69。

37　Ullrich, *Die nervöse Großmacht*, 以及 Radkau, *Das Zeitalter der Nervosität*.

38　参见 Stürmer, *Das ruhelose Reich*, S. 285ff。

39　参见本书 S. 241ff。

40　这些小型战争的情况参见 Müller, «Militärpolitik in der Krise», S. 333ff。

41　参见 Flasch, *Die Geistige Mobilmachung*, S. 232 - 248。

42　Angell, *Die große Täuschung*, S. 46 - 63, 288f.

43　Kautsky, «Der Imperialismus», S. 908ff.; Schumpeter, «Zur Soziologie des Imperialismus», S. 7ff.

44　"大事件"的概念参见 Koselleck, «Darstellung, Ereignis und Struktur»。

45　Thukydides, *Der Peloponnesische Krieg*, I, 23, S. 25, 以及 I, 88, S. 69; 详细的阐释参见 Münkler, *Über den Krieg*, S. 19 - 33。

46　Schwarz, *Das Geschichtswerk des Thukydides*, S. 137ff.

47　此处值得一提的是弗里茨·菲舍尔的两部代表作《争雄世界》(*Griff nach der Weltmacht*)、《幻想的战争》(*Krieg der Illusionen*) 以及他的文集《第一次世界大战与德国的历史观》(*Der Erste Weltkrieg und das deutsche Geschichtsbild*)。

48　相关情况参见 Jäger, *Historische Forschung und politische Kultur*, S. 132ff, Jarausch, «Der nationale Tabubruch», S. 20ff, 以及 Peter/Schröder, *Studien der Zeitgeschichte*, S. 69 - 82。

49　民主化和平理论参见 Rauch, *Die Theorie des demokratischen Friedens*, S. 19 - 40; 对这一例子的批判性探讨参见 Geis/Müller/Wagner (Hg.), *Schattenseiten des Demokratischen Friedens*, 多处；有文献重新勾勒了 20 世纪初德国的政治形象，参见 Chickering, «Zwischen Dynamik und Stillstand», S. 63ff。

50　Luttwak, *Strategie*, S. 17ff.

51　据相关文献计算 (Kolko, *Das Jahrhundert der Kriege*, S. 107)，在 20~45 岁的男性中，"法国每 1000 人有 182 人死亡，德国为 155 人，英国为 88 人，美国为 3 人"。

52　Ferguson, *Der falsche Krieg*, 重点见 S. 92 - 120。

53　Hardach, *Der Erste Weltkrieg*, S. 159ff, 重点见 S. 101 的表格 18。

54　转引自 Harstick, «August Bebel zum Problem der Kriegsverhütung», S. 119。

55　这种观点见 Richter, *Wie Deutschland den Ersten Weltkrieg gewann*。

56　在战败的阴影下，德国一开始吸取了完全"错误"的经验教训，他们只考虑如何更有效地打仗，而没有意识到经济力量比政治力量更加重要；在此前提下，德国后来却恢复了原有地位，这就更值得关注了。相关情况参见 Schivelbusch, *Die Kultur der Niederlage*, S. 225ff。

57　参见 Stevenson, *1914 - 1918*, S. 432f。

58　同上，S. 194f。

59　Schmitt, *Völkerrechtliche Großraumordnung und Interventionsverbot für raumfremde Mächte*, S. 171f.

60　转引自 Fenske, *Der Anfang vom Ende*, S. 69ff。

61　转引自上一处文献，S. 29。

62　转引自上一处文献，S. 46。

63　转引自上一处文献，S. 47。

64　德国也尝试过以这样的名义发动战争 (参见本书 S. 229ff)，但这样做实在没什么说服力，结果也不理想。

65 Weber, «Politik als Beruf», S. 554.

66 Meinecke, *Aphorismen*, S. 147.

67 Ritter, *Die Dämonie der Macht*, S. 223.

68 Hagemann/Schüler-Springorum, ‹Heimatfront›, S. 19ff.

69 参 见 Davis, «Heimatfront», S. 128ff, Rouette, «Frauenarbeit», S. 92ff, Daniel, *Arbeiterfrauen*, 以 及 dies. «Der Krieg der Frauen», S. 157ff, 还 有 Tramitz, «Vom Umgang mit Helden », S. 84ff。

70 男性形象的重建参见 Mosse, *Nationalismus und Sexualität*, S. 111ff; ders., *Gefallen für das Vaterland*, S. 69ff, 以及 Szczepaniak, *Militärische Männlichkeiten*, 多处。

71 一战对德国福利建设的影响参见 Metzler, *Der deutsche Sozialstaat*, S. 37ff; Ritter, *Der Sozialstaat*, S. 103ff, 以 及 Hentschel, *Geschichte der deutschen Sozialpolitik*, S. 59ff, 概括性论述见 S. 71; 有文献专门探讨了国家如何补偿战争受害者的问题，参见 Geyer, «Ein Vorbote des Wohlfahrtsstaates», S. 230ff, 以及 Hausen, «Die Sorge der Nation für ihre ‹Kriegsopfer›», S. 719ff。

72 德国收入和支出的发展变化参见 Hardach, Der *Erste Weltkrieg*, S. 167–174, 重点见 S.168 的表格 Nr. 21。

73 Gehlen, *Moral und Hypermoral. Eine pluralistische Ethik*, Wiesbaden 51968, S. 110。

74 空军装备革新的速度参见 Stevenson, *1914 - 1918*, S. 234 - 236; 详细情况参见 Kennett, *The First Air War*, S. 41ff。

75 参 见 Martinetz, *Der Gaskrieg*, S. 117ff, 以 及 Stevenson, *1914 - 1918*, S. 229 - 231。

76 参见 von Beyme, *Das Zeitalter der Avantgarde*, S. 566ff., 以及 Mommsen, «Der Aufstieg der Avantgarde», S. 97ff.

77 例如蒙森《第一次世界大战》一书的副标题就是 "资本主义时代最后阶段的开端"（Mommsen, *Der Erste Weltkrieg. Anfang vom Ende des bürgerlichen Zeitalters*）。

78 参 见 Kolko, *Das Jahrhundert der Kriege*, S. 104f 与 121f; 详细情况参见 Ferguson, *Der falsche Krieg*, S. 268 - 270。

79 弗里德里希，奥地利大公（Friedrich von Österreich, Erzherzog）；奥匈帝国陆军元帅 180, 43 Ferguson, *Der falsche Krieg*, S. 269。

参考文献

Afflerbach, Holger: *Falkenhayn. Politisches Denken und Handeln im Kaiserreich*, München 1994.

Ders.: *Der Dreibund. Europäische Großmacht- und Allianzpolitik vor dem Ersten Weltkrieges*, Wien u. a. 2000.

Ders.: «‹Bis zum letzten Mann und letzten Groschen?› Die Wehrpflicht im Deutschen Reich und ihre Auswirkungen auf das militärische Führungsdenken im Ersten Weltkrieg»; in: Foerster (Hg.), *Die Wehrpflicht. Entstehung, Erscheinungsformen und politisch-militärische Wirkung*, München 1994, S. 71–90.

Ders.: «Die militärische Planung des Deutschen Reiches im Ersten Weltkrieg»; in: Michalka (Hg.), *Der Erste Weltkrieg*, S. 280–317.

Ders.: «Vom Bündnispartner zum Kriegsgegner. Ursachen und Folgen des italienischen Kriegseintritts im Mai 1915»; in: Kuprian/Überegger (Hg.), *Der Erste Weltkrieg im Alpenraum*, S. 16–32.

Aichelburger, Wladimir: *Sarajewo, 28. Juni 1914. Das Attentat auf Erzherzog Franz Ferdinand von Österreich-Este in Bilddokumenten*, Wien 1984.

Allen, William Edward David/Muratoff, Pavel Pavlović: *Caucasian Battlefields. A History of the Wars on the Turco-Caucasian Border 1828–1921*, Cambridge 1953.

Alter, Peter: «Der Erste Weltkrieg in der englischen Erinnerungskultur»; in: Berding u. a. (Hg.), *Krieg und Erinnerung*, S. 113–126.

Anderson, Mathew Smith: *The Eastern Question 1774–1923. A Study in International Relations*, London u. a. 1966.

Angell, Ralph Norman: *The Great Illusion*, London 1909; dt.: *Die große Täuschung*, Leipzig 1910.

Angelow, Jürgen: *Kalkül und Prestige. Der Zweibund am Vorabend des Ersten Weltkrieges*, Köln u. a. 2000.

Ders.: *Der Weg in die Urkatastrophe. Der Zerfall des alten Europa 1900–1914*, Berlin 2010.

Angress, Werner T.: «Das deutsche Militär und die Juden im Ersten Weltkrieg»; in: *Militärgeschichtliche Mitteilungen*, Bd. 19, 1976, Heft 1, S. 77–146.

Anz, Thomas und Vogl, Joseph (Hg.): *Die Dichter und der Krieg. Deutsche Lyrik 1914–1918*, München u. a. 1982.

Aron, Raymond: *Clausewitz. Den Krieg denken*, Frankfurt am Main 1980.

Ashworth, Tony: *Trench Warfare, 1914–1918. The Live and Let Live System* [1980], London 2000.

Audoin-Rouzeau, Stéphane: *14–18. Les Combattants des Tranchées*, Paris 1986.

Ders.: «Children and primary schools of France, 1914–1918»; in: Horne (Hg.), *State, Society and Mobilization* S. 39–52.

Ders.: «The French Soldier in the Trenches»; in: Cecil/Liddle (Hg.), *Facing Armageddon*, S. 221–229.

August 1914: Ein Volk zieht in den Krieg. Hrsg. von der Berliner Geschichtswerkstatt, Berlin 1989.

Ay, Karl-Ludwig: *Die Entstehung einer Revolution. Die Volksstimmung in Bayern während des Ersten Weltkrieges*, Berlin 1968.

Bach, André: «Die militärischen Operationen der französischen Armee an der West-
front Mitte 1917–1918»; in: Duppler/Groß (Hg.), *Kriegsende 1918*, S. 135–144.

Ders.: «Die Stimmungslage der an der französischen Front 1917 bis 1918 einge-
setzten Soldaten nach den Unterlagen der Briefzensur»; in: Duppler/Groß (Hg.),
Kriegsende 1918, S. 201–215.

Baer, Ludwig (Hg.): *Vom Stahlhelm zum Gefechtshelm. Eine Entwicklungsgeschichte von
1915 bis 1994*, 2 Bde., Neu-Anspach 1994.

Barbusse, Henri: *Das Feuer. Tagebuch einer Korporalschaft* [1916; dt. 1918], Berlin
1955.

Barlach, Ernst: «Güstrower Tagebuch. 1914–1917»; in: ders., *Das dichterische Werk.*
Hrsg. von Friedrich Dross, München 1959, Bd. 3, S. 9–364.

Barnett, Cornelli: *Anatomie eines Krieges. Eine Studie über Hintergründe und entschei-
dende Phasen des Ersten Weltkrieges*, München u. a. 1963.

Bartmann, Dominik (Hg.): *Anton von Werner. Geschichte in Bildern*, München ²1997.

Bataille, Georges: *Theorie der Religion*. Aus dem Franz. von Andreas Knop, hrsg. von
Gerd Bergfleth, München 1997.

Bauerkämper, Arnd/Julien, Elise (Hg.): *Durchhalten! Krieg und Gesellschaft im Ver-
gleich 1914–1918*, Göttingen 2010.

Baumgart, Winfried: *Deutsche Ostpolitik 1918. Von Brest-Litowsk bis zum Ende des Ers-
ten Weltkrieges*, Wien/München 1966.

Ders. (Bearbeiter): *Die Julikrise und der Ausbruch des Ersten Weltkriegs 1914*, Darm-
stadt 1983.

Beck, Ludwig: «Die Lehre vom totalen Krieg» [1942]; in: Günter Dill (Hg.), *Clause-
witz in Perspektive*, Frankfurt am Main u. a. 1980, S. 520–541.

Becker, Annette: *Oubliés de la Grande Guerre. Humanitaire et Culture de Guerre
1914–1918. Populations Occupés, Déportés Civils, Prisonniers de Guerre*, Paris 1998.

Dies.: «Life in the Occupied Zone: Lille, Roubaix, Tourcoing»; in: Cecil/Liddle (Hg.),
Facing Armageddon, S. 630–641.

Becker, Frank: «‹Bewaffnetes Volk› oder ‹Volk in Waffen›? Militärpolitik und Milita-
rismus in Deutschland und Frankreich 1870–1914»; in: Jansen (Hg.), *Der Bürger
als Soldat*, S. 158–174.

Becker, Jean-Jacques: *1914. Comment les Français sont entré dans la guerre*, Paris 1977.

Ders.: *Les Français dans la grande guerre*, Paris 1980.

Ders.: *1917 en Europe. L'Année impossible*, Brüssel 1997.

Ders./Krumeich, Gerd: *Der Große Krieg. Deutschland und Frankreich im Ersten Welt-
krieg, 1914–1918*, Essen 2010.

Beitin, Andreas F.: «Geprägte Propaganda. Karl Götz und seine ‹Lusitania-Medail-
le›»; in: Raoul Zühlke (Hg.), *Bildpropaganda im Ersten Weltkrieg*, Hamburg 2000,
S. 277–292.

Ben-Sasson, Haim Hillel (Hg.): *Geschichte des jüdischen Volkes. Von den Anfängen bis
zur Gegenwart*. Autorisierte Übersetzung von Siegfried Schmitz, München 1992.

Berding, Helmut/Heller, Klaus/Speitkamp, Winfried (Hg.): *Krieg und Erinnerung.
Fallstudien zum 19. und 20. Jahrhundert*, Göttingen 2000.

Berg, Ludwig: *«Pro fide et patria!» Die Kriegstagebücher 1914/1918*, Köln u. a. 1998.

Berghahn, Volker R.: *Der Tirpitz-Plan. Genese und Verfall einer innenpolitischen Krisen-
strategie unter Wilhelm II.*, Düsseldorf 1971.

Ders.: *Sarajewo, 28. Juni 1914. Der Untergang des alten Europa*, München ²1999.

Ders.: «Zu den Zielen des deutschen Flottenbaus unter Wilhelm II.»; in: *Historische Zeitschrift*, Bd. 210, 1970, S. 34–100.

Ders./Deist, Wilhelm (Hg.): *Rüstung im Zeichen der wilhelminischen Weltpolitik. Grundlegende Dokumente 1890–1914*, Düsseldorf 1988.

Berglar, Peter: *Walther Rathenau. Ein Leben zwischen Philosophie und Politik*, Graz, Wien, Köln 1987.

Bergson, Henri: *La Signification de la Guerre*, Paris 1915.

Bermbach, Udo: *Vorformen parlamentarischer Kabinettsbildung in Deutschland – der interfraktionelle Ausschuss und die Parlamentarisierung der Reichsregierung*, Opladen 1967.

Bernhardi, Friedrich von: *Deutschland und der nächste Krieg* [1912], Stuttgart u. a. ⁶1913.

Bessel, Richard: «Die Heimkehr der Soldaten. Das Bild der Frontsoldaten in der Öffentlichkeit der Weimarer Republik»; in: Hirschfeld u. a. (Hg.), *«Keiner fühlt sich hier mehr als Mensch ...»*, S. 260–282.

Beßlich, Barbara: *Wege in den ‹Kulturkrieg›. Zivilisationskritik in Deutschland 1890–1914*, Darmstadt 2000.

Bestuchew, Igor: «Die russische Außenpolitik von Februar bis Juni 1914»; in: Laqueur/Mosse (Hg.), *Kriegsausbruch 1914*, S. 127–151.

Bethmann Hollweg, Theobald von: *Betrachtungen zum Weltkrieg*, 2 Bde., Berlin 1919 und 1921.

Beumelburg, Werner (Bearbeiter): *Ypern 1914*, Oldenburg/Berlin 1926 (= Schlachten des Weltkrieges, Bd. 10).

Ders.: *Die stählernen Jahre. Das deutsche Buch vom Weltkrieg*, Oldenburg 1929.

Ders.: *Die Gruppe Bosemüller*, Oldenburg 1930.

Beyme, Klaus von: *Das Zeitalter der Avantgarden. Kunst und Gesellschaft 1905–1955*, München 2005.

Beyrau, Dietrich/Shcherbinin, Pavel P.: «Alles für die Front: Russland im Krieg 1914–1922»; in: Bauerkämper/Julien (Hg.), *Durchhalten!*, S. 151–177.

Beyrau, Dietrich: «Das russische Imperium und seine Armee»; in: Frevert (Hg.): *Militär und Gesellschaft*, S. 119–142.

Bihl, Wolfdieter (Hg.): *Österreich-Ungarn und die Friedensschlüsse von Brest-Litowsk*, 5 Bde., Wien u. a. 1970.

Ders.: *Die Kaukasuspolitik der Mittelmächte*, Teil 1: Ihre Basis in der Orient-Politik und ihre Aktionen 1914–1917, Wien u. a. 1975; Teil 2: Die Zeit der versuchten kaukasischen Staatlichkeit (1917–1918), Wien u. a. 1992.

Ders.: «Der Zusammenbruch der österreichisch-ungarischen Monarchie 1917/1918»; in: Gutkas (Hg.), *Die Achter-Jahre in der österreichischen Geschichte des 20. Jahrhunderts*, Wien 1994, S. 28–53.

Ders.: *Der Erste Weltkrieg 1914–1918*, Wien u. a. 2010.

Ders.: «Der Weg zum Zusammenbruch. Österreich-Ungarn unter Karl I. (IV.)»; in: Erika Weinzierl/Kurt Skalnik (Hg.), *Österreich 1918–1938. Geschichte der Republik*, Wien u. a. 1983, Bd. 1, S. 27–54.

Blänsdorf, Agnes: *Die Zweite Internationale und der Krieg. Die Diskussion über die internationale Zusammenarbeit der sozialistischen Parteien 1914–1917*, Stuttgart 1979.

Bloch, Johann von: *Der Krieg. Der zukünftige Krieg in seiner technischen, volkswirtschaftlichen und politischen Bedeutung*, 6 Bde., Berlin 1899.

Blom, Philipp: *Der taumelnde Kontinent. Europa 1900–1914*, München 2009.

Bluhm, Harald: «Dostojewski- und Tolstoi-Rezeption auf dem ‹semantischen Sonderweg›. Kultur und Zivilisation in deutschen Rezeptionsmustern Anfang des 20. Jahrhunderts»; in: *Politische Vierteljahresschrift*, Bd. 40, 1999, Heft 2, S. 305–327.

Boemcke, Manfred F.: «Woodrow Wilson's Image of Germany; in: ders. u. a. (Hg.), *The Treaty of Versailles. A Reassessment after 75 Years*, Cambridge 1998, S. 603–614.

Boeckh, Katrin: *Von den Balkankriegen zum Ersten Weltkrieg. Kleinstaatenpolitik und ethnische Selbstbestimmung auf dem Balkan*, München 1996.

Böhme, Klaus (Hg.): *Aufrufe und Reden deutscher Professoren im Ersten Weltkrieg*, Stuttgart 1975.

Bölkow, Ludwig (Hg.): *Ein Jahrhundert Flugzeuge. Geschichte und Technik des Fliegens*, Düsseldorf 1990.

Borissova, Natalia/Frank, Susi K./Kraft, Andreas (Hg.): *Zwischen Apokalypse und Alltag. Kriegsnarrationen des 20. und 21. Jahrhunderts*, Bielefeld 2009.

Bosanquet, Nick: «Health Systems in Khaki: The British and American Medical Experience»; in: Cecil/Liddle (Hg.), *Facing Armageddon*, S. 451–465.

Bose, Thilo von/Stenger, Alfred: *Das Marnedrama 1914*, 5 Bde., Oldenburg/Berlin 1928 (= Schlachten des Weltkrieges, Bde. 22–26).

Brakelmann, Günter: *Protestantische Kriegstheologie im Ersten Weltkrieg. Reinhold Seeberg als Theologe des deutschen Imperialismus*, Bielefeld 1975.

Brauch, Hans Günter: *Der chemische Albtraum. Oder gibt es einen C-Waffen-Krieg in Europa?*, Berlin und Bonn 1982.

Brechtgen, Magnus: «Kaiser, Kampfschiffe und politische Kultur. Britanniens Bild von Wilhelms Deutschland»; in: Heidenreich/Neitzel (Hg.), *Das Deutsche Kaiserreich*, S. 201–219.

Brehm, Bruno: *Die Throne stürzen. Romantrilogie*, München 1951.

Brehmer, Arthur (Hg.): *Die Welt in 100 Jahren*, Berlin 1910. Mit einem einführenden Essay neu hrsg. von Georg Ruppelt, Hildesheim u. a. 2010.

Brenner, Michael: *Geschichte des Zionismus*, München 2002.

Breymayer, Ursula/Ulrich, Bernd/Wieland, Karin (Hg.): *Willensmenschen. Über deutsche Offiziere*, Frankfurt am Main 1999.

Brocke, Bernhard vom: «‹Wissenschaft und Militarismus›. Der Aufruf der 93 ‹An die Kulturwelt!› und der Zusammenbruch der internationalen Gelehrtenrepublik im Ersten Weltkrieg»; in: *Wilamowitz nach 50 Jahren*. Hrsg. von William M. Calder III, Hellmut Flashar, Theodor Lindken, Darmstadt 1985, S. 649–719.

Bruce, Jack: «The War in the Air. The Men and their Machines»; in: Cecil/Liddle (Hg.), *Facing Armageddon*, S. 193–205.

Bruch, Rüdiger vom: «‹Deutschland und England. Heeres- und Flottenverstärkung?› Politische Publizistik deutscher Hochschullehrer 1911/12»; in: *Militärgeschichtliche Mitteilungen*, Bd. 29, 1981, Heft 1, S. 7–36.

Bruchmüller, Georg: *Die deutsche Artillerie in den Durchbruchsschlachten des Weltkrieges*, Berlin ²1922.

Bruendel, Steffen: «Vor-Bilder des Durchhaltens. Die deutsche Kriegsanleihe-Werbung 1917/18»; in: Bauerkämper/Julien (Hg.), *Durchhalten!*, S. 81–108.

Bruhn, Nils: *Vom Kulturkritiker zum «Kulturkrieger». Paul Natorps Weg in den «Krieg der Geister»*, Würzburg 2007.

Buchan, John: *Nelsons History of the War*, 24 Bde., London 1914–1919.

Bührer, Tanja: «Staatsstreich im Busch. Paul von Lettow-Vorbeck (1870–1964)»; in: Förster u. a. (Hg.), *Kriegsherren*, S. 287–304.

Bülow, Hilmer Freiherr von: *Geschichte der Luftwaffe. Eine kurze Darstellung der Entwicklung des dritten Wehrmachtteils*, Frankfurt am Main ²1937.

Burbank, Jane/Cooper, Frederick: *Imperien der Weltgeschichte*. Aus dem Engl. von Thomas Bertram, Frankfurt am Main u. a. 2012.

Burchardt, Lothar: *Friedenswirtschaft und Kriegsvorsorge. Deutschlands wirtschaftliche Rüstungsbestrebungen vor 1914*, Boppard 1968.

Ders.: «Die Auswirkungen der Kriegswirtschaft auf die deutsche Zivilbevölkerung im Ersten und im Zweiten Weltkrieg»; in: *Militärgeschichtliche Mitteilungen*, Bd. 1, 1974, Nr. 1, S. 65–98.

Burkhardt, Johannes/Becker, Josef/Förster, Stig/Kronenbitter, Günther: *Lange und kurze Wege in den Ersten Weltkrieg. Vier Augsburger Beiträge zur Kriegsursachenforschung*, München 1996.

Busche, Jürgen: *Heldenprüfung. Das verweigerte Erbe des Ersten Weltkriegs*, München 2004.

Bußmann, Walter: «Das Problem Österreich in der Zeit Bismarcks, vor dem Ersten Weltkrieg und in den Jahren der Weimarer Republik. Ein Beitrag zur Frage der ‹Uneigennützigkeit› und zur diplomatischen Überlieferung»; in: Dollinger u. a., *Weltpolitik*, S. 287–303.

Caillois, Roger: *Der Mensch und das Heilige*. Durch drei Anhänge über den Sexus, das Spiel und den Krieg in ihren Beziehungen zum Heiligen erw. Ausgabe. Aus dem Franz. von Brigitte Weidmann, München u. a. 1988.

Canfora, Luciano: *August 1914. Oder: Macht man Krieg wegen eines Attentats?* Aus dem Ital. von Christa Herterich, Köln 2010.

Canis, Konrad: *Von Bismarck zur Weltpolitik. Deutsche Außenpolitik 1890–1902*, Berlin 1997.

Ders.: *Bismarcks Außenpolitik 1870–1890. Aufstieg und Gefährdung*, Paderborn u. a. 2004.

Ders.: *Der Weg in den Abgrund. Deutsche Außenpolitik 1902–1914*, Paderborn u. a. 2011.

Ders.: «Internationale Stellung und Außenpolitik Deutschlands vor dem Ersten Weltkrieg»; in: Heidenreich/Neitzel (Hg.) *Das Deutsche Kaiserreich*, S. 177–187.

Carossa, Hans: *Rumänisches Tagebuch*, Leipzig 1926.

Carrère d'Encausse, Hélène: *Lenin*. Aus dem Franz. von Enrico Heinemann, München u. a. 2000.

Carsten, Francis L.: *Revolution in Mitteleuropa 1918–1919*, Köln 1973.

Cartarius, Ulrich (Hg.): *Deutschland im Ersten Weltkrieg. Texte und Dokumente*, München 1982.

Caskel, Werner: «Max Freiherr von Oppenheim. Nachruf»; in: *Zeitschrift der Deutschen Morgenländischen Gesellschaft*, Bd. 101, 1955, S. 3–8.

Castan, Joachim: *Der Rote Baron. Die ganze Geschichte des Manfred von Richthofen*, Stuttgart 2007.

Cecil, Hugh: «British War Novelists»; in: Cecil/Liddle (Hg.), *Facing Armageddon*, S. 801–816.

Ders./Liddle, Peter H. (Hg.): *Facing Armageddon. The First World War Experienced*, London 1996.

Céline, Louis-Ferdinand: *Reise ans Ende der Nacht [Voyage au bout de la nuit*, 1952], Reinbek 1968.

Ders.: *Kanonenfutter.* Mit dem Notizbuch des Kürassiers Destouches. Aus dem Französischen übersetzt und mit einem Nachwort versehen von Christine Sautermeister-Noël und Gert Sautermeister, Reinbek 1977.

Chambers, Frank P.: *The War behind the War 1914–1918. A History of the Political and Civilian Fronts* [1939], New York 1972.

Chickering, Roger: *Freiburg im Ersten Weltkrieg. Totaler Krieg und städtischer Alltag 1914–1918.* Aus dem Amerikan. von Rudolf Renz und Karl Nicolai, Paderborn u. a. 2009.

Ders.: *Das Deutsche Reich und der Erste Weltkrieg*, München 2002.

Ders.: «Zwischen Dynamik und Stillstand. Gedanken zur deutschen Innenpolitik»; in: Heidenreich/Neitzel (Hg.), *Das Deutsche Kaiserreich*, S. 61–73.

Ders./Förster, Stig (Hg.): *Great War, Total War. Combat and Mobilization on the Western Front, 1914–1918*, Cambridge 2000.

Clark, Christopher: *Wilhelm II. Die Herrschaft des letzten deutschen Kaisers*, München 2000.

Ders.: *The Sleepwalkers. How Europe went to the War in 1914*, London 2012.

Claß, Heinrich [unter dem Pseudonym Daniel Frymann]: *Wenn ich der Kaiser wär. Politische Wahrheiten und Notwendigkeiten*, Leipzig 1912.

Clausewitz, Carl von: *Vom Kriege*, hrsg. von Werner Hahlweg, Bonn [19]1980.

Ders.: *Schriften – Aufsätze – Studien – Briefe*, hrsg. von Werner Hahlweg, 2 Bde., Göttingen 1966 und 1990.

Clay, Caterine: *König, Kaiser, Zar. Drei königliche Cousins, die die Welt in den Krieg trieben*, München 2006.

Clemenceau, Georges: *Größe und Tragik eines Sieges* [1930], Stuttgart/Berlin/Leipzig 1930.

Cochet, François: *1914–1918, Rémois en guerre. L'héroisation au quotidien*, Nancy 1993.

Ders.: «Vom Zweifel am Erfolg bis zum Ende der Schicksalsprüfung – das Jahr 1918 im französischen Hinterland»; in: Duppler/Groß (Hg.), *Kriegsende 1918*, S. 285–298.

Coffman, Edward M.: «Militärische Operationen der US-Armee an der Westfront 1918»; in: Duppler/Groß (Hg.), *Kriegsende 1918*, S. 145–157.

Cohen, Deborah: «Kriegsopfer»; in: Spilker/Ulrich (Hg.), *Der Tod als Maschinist*, S. 216–227.

Connelly, Mark: «‹Never Such Innocence Again.› Großbritannien und das Jahr 1914»; in: *Aus Politik und Zeitgeschichte*, Bd. 29–30, 2004, S. 14–20.

(Feldmarschall) Conrad: *Aus meiner Dienstzeit.* Bd. 4 und 5: Die Kriegsereignisse und die politischen Vorgänge in dieser Zeit, Wien u. a. 1923 und 1925.

Conrad von Hötzendorf, Franz: *Private Aufzeichnungen. Erste Veröffentlichungen aus den Papieren des k. u. k. Generalstabs-Chefs.* Bearbeitet und herausgegeben von Kurt Preball, Wien u. a. 1977.

Conrad, Sebastian: *Globalisierung und Nation im Deutschen Kaiserreich*, München 2006.

Cook, Tim: «‹Against God-Inspired Conscience›»: The Perception of Gas Warfare as a Weapon of Mass Destruction, 1915–1939»; in: *War and Society*, Bd. 18, 2000, Nr. 1, S. 47–69.

Corner, Paul/Procacci, Giovanna: «The Italian experience of ‹total› mobilization, 1915–1920»; in: Horne (Hg.), *State, society and mobilization*, S. 223–240 und S. 286.

Cornwall, Mark: «Morale und patriotism in the Austro-Hungarian army»; in: Horne (Hg.), *State, society and mobilization*, S. 173–191.

Creveld, Martin van: *Kampfkraft. Militärische Organisation und Leistung der deutschen und amerikanischen Armee 1939–1945*, Graz ²2006.

Crowl, Philip A.: «Alfred Thayer Mahan: The Naval Historian»; in: Paret (Hg.), *Makers of Modern Strategy*, S. 444–477.

Daniel, Ute: *Arbeiterfrauen in der Kriegsgesellschaft. Beruf, Familie und Politik im Ersten Weltkrieg*, Göttingen 1989.

Dies.: «Der Krieg der Frauen 1914–1918. Zur Innenansicht des Ersten Weltkriegs in Deutschland»; in: Hirschfeld u.a., *«Keiner fühlt sich hier mehr als Mensch …»*, S. 157–177.

David, Eduard: *Das Kriegstagebuch des Reichstagsabgeordneten Eduard David 1914–1918*. In Verbindung mit Erich Matthias bearbeitet von Susanne Miller, Düsseldorf 1966.

David, Saul: *Die größten Fehlschläge der Militärgeschichte. Von der Schlacht im Teutoburger Wald bis zur Operation Desert Storm*, München 2001.

Davis, Belinda: *Home Fires Burning. Food, Politics, and Everyday Life in World War I*, Berlin, Chapel Hill 2000.

Dies.: «Heimatfront. Ernährung, Politik und Frauenalltag im Ersten Weltkrieg»; in: Hagemann/Schüler-Springorum (Hg.), *Heimat-Front*, S. 128–149.

Deák, István: *Der k. (u.) k. Offizier 1848–1918*, Wien, Köln, Weimar 1991.

Deist, Wilhelm: *Flottenpolitik und Flottenpropaganda. Das Nachrichtenbüro des Reichsmarineamtes 1897–1914*, Stuttgart 1976.

Ders.: *Militär, Staat und Gesellschaft. Studien zur preußisch-deutschen Militärgeschichte*, München 1991.

Ders.: «Die Politik der Seekriegsleitung und die Rebellion der Flotte Ende Oktober 1918»; in: ders., *Militär, Staat und Gesellschaft*, S. 185–210.

Ders.: «Die Unruhen in der Marine 1917/18»; in: ders., *Militär, Staat und Gesellschaft*, S. 165–184.

Ders.: «Kaiser Wilhelm II. als Oberster Kriegsherr»; in: ders., *Militär, Staat und Gesellschaft*, S. 1–18.

Ders.: «Der militärische Zusammenbruch des Kaiserreichs. Zur Realität der ‹Dolchstoßlegende›»; in: Ursula Büttner (Hg.), *Das Unrechtregime. Festschrift für Werner Jochmann*, Hamburg 1986, Bd. 1, S. 101–129.

Ders.: «Verdeckter Militärstreik im Jahr 1918?»; in: Wette (Hg.), *Der Krieg des Kleinen Mannes*, S. 146–167.

Delbrück, Hans: *Die Strategie des Perikles erläutert durch die Strategie Friedrichs des Großen*, Berlin 1890.

Demeter, Karl: *Das Deutsche Offizierskorps in Gesellschaft und Staat. 1650–1945*, Frankfurt am Main 1962.

Demm, Eberhard/Nikolajew, Christina (Hg.): *Auf Wache für die Nation. Erinnerungen*, Frankfurt am Main 2013.

Deutsch, Karl W.: *The Nerves of Government. Models of Political Communication and Control*, New York 1966.

Deutsche Reden in schwerer Zeit. Gehalten von den Professoren an der Universität Berlin. Hrsg. von der Zentralstelle für Volkswohlfahrt und dem Verein für volkstümliche Kurse von Berliner Hochschullehrern, 3 Bde., Berlin 1915.

Diner, Dan: *Das Jahrhundert verstehen. Eine universalhistorische Deutung*, München 1999.

Dollinger, Heinz/Gründer, Horst/Schmidt, Alwin (Hg.): *Weltpolitik – Europagedanke – Regionalismus. Festschrift für Heinz Gollwitzer zum 65. Geburtstag*, Münster 1982.

Drescher, Hans-Georg: *Ernst Troeltsch. Leben und Werk*, Göttingen 1991.

Dülffer, Jost: *Regeln gegen den Krieg? Die Haager Friedenskonferenzen von 1899 und 1907 in der internationalen Politik*, Berlin u.a. 1981.

Ders.: *Im Zeichen der Gewalt. Frieden und Krieg im 19. und 20. Jahrhundert.* Hrsg. von Martin Kröger u.a., Köln u.a. 2003.

Ders.: «Vom europäischen Mächtesystem zum Weltstaatensystem um die Jahrhundertwende»; in: ders., *Im Zeichen der Gewalt*, S. 49–65.

Ders.: «Kriegserwartung und Kriegsbild in Deutschland»; in: ders., *Im Zeichen der Gewalt*, S. 107–123.

Ders.: «Die zivile Reichsleitung und der Krieg: Erwartungen und Bilder 1890–1914»; in: ders., *Im Zeichen der Gewalt*, S. 124–140.

Ders./Kröger, Martin/Wippich, Rolf-Harald: *Vermiedene Kriege. Deeskalation von Konflikten der Großmächte zwischen Krimkrieg und Erstem Weltkrieg (1856–1914)*, München 1997.

Duppler, Jörg/Groß, Gerhard (Hg.): *Kriegsende 1918. Ereignis, Wirkung, Nachwirkung*, München 1999.

Duroselle, Jean-Baptiste: *La France et les Français 1914–1920*, Paris 1972.

Durschmied, Erik: *Der Hinge-Faktor. Wie Zufall und menschliche Dummheit Weltgeschichte schreiben. Aus dem Amerikan. von Gertraud Broucek und Sabine Bröhl*, Wien u.a. 1998.

Echternkamp, Jörg: «1914–1945. Ein zweiter Dreißigjähriger Krieg? Vom Nutzen und Nachteil eines Deutungsmodells der Zeitgeschichte»; in: Müller/Torp (Hg.), *Das Deutsche Kaiserreich*, S. 265–280.

Eckart, Wolfgang K./Gradmann, Christoph: «Medizin im Ersten Weltkrieg»; in: Spilker/Ulrich (Hg.), *Der Tod als Maschinist*, S. 202–215.

Ehlert, Hans/Epkenhans, Michael/Groß, Gerhard P. (Hg.), *Der Schlieffenplan. Analysen und Dokumente*, Paderborn u.a. 2006.

Eichhorn, Mathias: «Imperiale Freund-Feind-Unterscheidung und die Theologie Reinhold Niebuhrs»; in: Herfried Münkler/Eva Hausteiner (Hg.), *Die Legitimation von Imperien*, Frankfurt am Main 2012, S. 173–193.

Eley, Geoff: *From Unification to Nazism. Reinterpreting the German Past* [1987], London u.a. 1992.

Ellis, John: *The Social History of the Machine Gun*, Baltimore 1975.

Elze, Walter: *Tannenberg. Das deutsche Heer von 1914, seine Grundzüge und deren Auswirkung im Sieg an der Ostfront*, Breslau 1928.

Emmerson, Charles: «Eve of Disaster. Why 2013 early looks like the world of 1913, on the Cusp of the Great War»; in: *Foreign Policy* (http://www.foreignpolicy.com/articles/2013/01/04/why_2013_looks_a_lot_like_1913), abgerufen am 14.1.2013.

Epkenhans, Michael: *Die wilhelminische Flottenrüstung 1908–1914. Weltmachtstreben, industrieller Fortschritt, soziale Integration*, München 1991.

Ders./Hillmann, Jörg/Nägler, Frank (Hg.): *Skagerrakschlacht. Vorgeschichte – Ereignis – Verarbeitung*, München 2009.

Ders.: «Die kaiserliche Marine im Ersten Weltkrieg: Weltmacht oder Untergang?»; in: Michalka (Hg.), *Der Erste Weltkrieg*, S. 319–340.

Ders.: «Die Politik der militärischen Führung 1918: ‹Kontinuität der Illusionen oder das Dilemma der Wahrheit›»; in: Duppler/Groß (Hg.), *Kriegsende 1918*, S. 217–233.

Epstein, Fritz K.: «Der Komplex ‹Die russische Gefahr› und sein Einfluss auf die deutsch-russischen Beziehungen im 19. Jahrhundert»; in: Geiss/Wendt (Hg.), *Deutschland in der Weltpolitik*, S. 143–159.

Erdmann, Karl Dietrich: *Der Erste Weltkrieg*, München 1991.

Ernst, Petra/Haring, Sabine A./Suppanz, Werner (Hg.): *Aggression und Katharsis. Der Erste Weltkrieg im Diskurs der Moderne*, Wien 2004.

Etschmann, Wolfgang: «Die Südfront 1915–1918»; in: Klaus Eisterer und Rolf Steininger (Hg.), *Tirol und der Erste Weltkrieg*, Innsbruck 2011, S. 27–60.

Evera, Stephen van: «The Cult of the Offensive and the Origins of the First World War»; in: Steven E. Miller (Hg.), *Military Strategy and the Origins of the First World War*, Princeton/New Jersey 1985, S. 58–107.

Faber, Karl-Georg: «Zur Vorgeschichte der Geopolitik. Staat, Nation und Lebensraum im Denken deutscher Geographen vor 1914»; in: Dollinger u. a. (Hg.), *Weltpolitik*, S. 389–406.

Falkenhayn, Erich von: *Die Oberste Heeresleitung 1914–1916 in ihren wichtigsten Entschließungen*, Berlin 1920.

Falls, Cyril: *Armageddon, 1918. The Final Palestinian Campaign of World War I* [1964], Philadelphia 2003.

Farrar-Hockley, Anthony H.: *The Somme*, London 1964.

Farras, Lancelot L.: *The Short-War Illusion: German Policy, Strategy and Domestic Affairs, August-December 1914*, Santa Barbara 1973.

Ders.: *Divide and Conquer. German Efforts to Conclude a Separate Peace, 1914–1918*, Boulder u. a. 1978.

Feldman, Gerald: *Armee, Industrie und Arbeiterschaft in Deutschland 1914 bis 1918* [1966], Berlin u. a. 1985.

Ders./Kolb, Eberhard/Rürup, Reinhard: «Die Massenbewegungen der Arbeiterschaft in Deutschland am Ende des Ersten Weltkrieges (1917–1920)»; in: *Politische Vierteljahresschrift*, 20. Jg., 1972, Heft 1, S. 84–105.

Fenske, Hans: *Der Anfang vom Ende des alten Europa. Die alliierte Verweigerung von Friedensgesprächen 1914–1918*, München 2013.

Ferguson, Niall: *Der falsche Krieg. Der Erste Weltkrieg und das 20. Jahrhundert*, Stuttgart 1999.

Ferro, Marc: *Der große Krieg 1914–1918* [1969], Frankfurt am Main 1988.

Fesser, Gerd: *Reichskanzler Bernhard Fürst von Bülow. Eine Biographie*, Berlin 1991.

Ders.: «Zur Reformpolitik im deutschen Kaiserreich 1890 bis 1914»; in: *Revolution und Reform in Deutschland im 19. und 20. Jahrhundert. Zum 75. Geburtstag von Walter Schmidt*, hrsg. von Helmut Bleiber und Wolfgang Küttler, 1. Halbbd., Berlin 2005, S. 181–191.

Fetscher, Iring: «Max Schelers Auffassung von Krieg und Frieden»; in: Good (Hg.), *Max Scheler im Gegenwartsgeschehen der Philosophie*, Bern und München 1975, S. 241–257.

Field, Frank: «The French War Novel: the Case of Louis-Ferdinand Céline»; in: Cecil/Liddle (Hg.), *Facing Armageddon*, S. 831–840.

Fischer, Fritz: *Griff nach der Weltmacht. Die Kriegszielpolitik des kaiserlichen Deutschland 1914/1918*, Düsseldorf 1961.

Ders.: *Krieg der Illusionen. Die deutsche Politik von 1911–1914*, Düsseldorf 1969.

Ders.: *Der Erste Weltkrieg und das deutsche Geschichtsbild. Beiträge zur Bewältigung eines historischen Tabus. Aufsätze und Vorträge aus drei Jahrzehnten*, Düsseldorf 1977.

Fischer-Homberger, Esther: *Die traumatische Neurose. Vom traumatischen zum sozialen Leiden*, Bern u. a. 1975.

Flasch, Kurt: *Die geistige Mobilmachung. Die deutschen Intellektuellen und der Erste Weltkrieg. Ein Versuch*, Berlin 2000.

Flex, Walter: *Der Wanderer zwischen beiden Welten. Ein Kriegserlebnis* [1917], München o. J.

Foch, Ferdinand: *Meine Kriegserinnerungen 1914–1918.* Übersetzt von Oberstleutnant a. D. Dr. Fritz Eberhard, Leipzig 1931.

Foley, Robert T.: *German Strategy and the Path to Verdun. Erich von Falkenhayn and the Development of Attrition, 1870–1916*, Cambridge 2005.

Förster, Stig: *Der doppelte Militarismus. Die deutsche Heeresrüstungspolitik zwischen Status-quo-Sicherung und Aggression 1890–1913*, Wiesbaden 1985.

Ders.: «Der deutsche Generalstab und die Illusion des kurzen Krieges, 1871–1914. Metakritik eines Mythos»; in: *Militärgeschichtliche Mitteilungen*, Bd. 54, 1995, S. 61–95.

Ders.: «Alter und neuer Militarismus im Kaiserreich. Heeresrüstungspolitik und Dispositionen zum Krieg zwischen Status-quo-Sicherung und imperialistischer Expansion, 1890–1913»; in: Dülffer/Holl (Hg.): *Bereit zum Krieg*, S. 122–145.

Ders./Pöhlmann, Marcus/Walter, Dierk (Hg.), *Schlachten der Weltgeschichte. Von Salamis bis Sinai*, München 2001.

Diess. (Hg.): *Kriegsherren der Weltgeschichte. 22 historische Portraits*, München 2006.

Forcella, Enzo/Monticone, Alberto: *Plotone d'esecuzione. I processi della prima guerra mondiale*, Bari 1968.

Foy, Michael/Barton, Brian: *The Eastern Rising*, Stoud 1999.

François, Etienne/Schulze, Hagen (Hg.): *Deutsche Erinnerungsorte*, 3 Bde., München 2001.

Francois, Hermann von: *Marneschlacht und Tannenberg. Betrachtungen zur deutschen Kriegsführung der ersten sechs Kriegswochen*, Berlin 1920.

Franken, Klaus: *Vizeadmiral Karl Galster. Ein Kritiker des Schlachtflottenbaus der Kaiserlichen Marine*, Bochum 2011.

Frevert, Ute (Hg.): *Militär und Gesellschaft im 19. und 20. Jahrhundert*, Stuttgart 1997.

Dies.: *Die kasernierte Nation. Militärdienst und Zivilgesellschaft in Deutschland*, München 2001.

Dies.: «Das Militär als ‹Schule der Männlichkeit›. Erwartungen, Angebote, Erfahrungen im 19. Jahrhundert»; in: dies. (Hg.), *Militär und Gesellschaft*, S. 145–173.

Freytag-Loringhoven, Hugo Frhr. von: *Krieg und Politik in der Neuzeit*, Berlin 1911.

Friedrich, Ernst: *Krieg dem Kriege! Guerre à la Guerre! War against War! Oorlog an den Oorlog!* [1924], Frankfurt am Main 1980.

Fries, Helmut: *Die große Katharsis. Der Erste Weltkrieg in der Sicht deutscher Dichter und Gelehrter*, 2 Bde., Konstanz 1994 und 1995.

Fromkin, David: *Europas letzter Sommer. Die scheinbar friedlichen Wochen vor dem Ersten Weltkrieg*, München 2005.

Fuhs, Burkhard: «Fliegende Helden. Die Kultur der Gewalt am Beispiel von Kampfpiloten und ihren Maschinen»; in: Brednick/Hartinger (Hg.), *Gewalt in der Kultur*, Passau 1994, Bd. 2, S. 705–720.

Fussell, Paul: *The Great War and Modern Memory*, Oxford 1975.

Gay, Peter: *Freud. Eine Biographie für unsere Zeit*, Frankfurt am Mai 1989.

Gehlen, Arnold: *Moral und Hypermoral. Eine pluralistische Ethik*, Frankfurt am Main u. a. 1969.

Gehler, Michael u. a. (Hg.): *Ungleiche Partner? Österreich und Deutschland in ihrer gegenseitigen Wahrnehmung. Historische Analysen und Vergleiche aus dem 19. und 20. Jahrhundert*, Stuttgart 1996.

Geinitz, Christian: *Kriegsfurcht und Kampfbereitschaft. Das Augusterlebnis in Freiburg. Eine Studie zum Kriegsbeginn 1914*, Essen 1998.

Geis, Anna/Müller, Harald/Wagner, Wolfgang (Hg.): *Schattenseiten des Demokratischen Friedens. Zur Kritik einer Theorie liberaler Außen- und Sicherheitspolitik*, Frankfurt am Main u. a. 2007.

Geiss, Immanuel (Hg.): *Julikrise und Kriegsausbruch 1914. Eine Dokumentensammlung*, 2 Bde., Hannover 1963/64.

Ders. (Hg.): *Juli 1914. Die europäische Krise und der Ausbruch des Ersten Weltkriegs*, München ³1986.

Ders.: *Das Deutsche Reich und die Vorgeschichte des Ersten Weltkriegs*, München u. a. 1985.

Ders.: *Das Deutsche Reich und der Erste Weltkrieg*, München u. a. 1985.

Ders./Wendt, Bernd Jürgen (Hg.): *Deutschland in der Weltpolitik des 19. und 20. Jahrhunderts. Fritz Fischer zum 65. Geburtstag*, Düsseldorf 1973.

Ders.: «Deutschland und Österreich-Ungarn beim Kriegsausbruch 1914. Eine machthistorische Analyse»; in: Gehler u. a. (Hg.), *Ungleiche Partner?*, S. 375–395.

Genevoix, Maurice: *Sous Verdun août–octobre 1914*, Paris 1916.

Gerlach, Christian: *Extrem gewalttätige Gesellschaften. Massengewalt im 20. Jahrhundert*, München 2010.

Gerwarth, Robert: *Der Bismarck-Mythos. Die Deutschen und der Eiserne Kanzler*, München 2007.

Geyer, Dietrich: «Wilson und Lenin. Ideologie und Friedenssicherung in Osteuropa. 1917–1919»; in: *Jahrbücher für die Geschichte Osteuropas*, NF, Bd. 3, 1955, Heft 4, S. 430–441.

Geyer, Michael: «Ein Vorbote des Wohlfahrtsstaates. Die Kriegsopferversorgung in
Frankreich, Deutschland und Großbritannien nach dem Ersten Weltkrieg»; in: *Geschichte und Gesellschaft*, 9. Jg., 1983, S. 230–277.

Ders.: «Vom massenhaften Tötungshandeln, oder: Wie die Deutschen das Krieg-Machen lernten»; in: Gleichmann/Kühne (Hg.), *Massenhaftes Töten. Kriege und Genozide im 20. Jahrhundert*, Essen 2004, S. 105–142.

Girard, René: *Das Heilige und die Gewalt*. Aus dem Franz. von Elisabeth Mainberger-Ruh, Frankfurt am Main 1992.

Glaeser, Ernst: *Jahrgang 1902* [1928], Wiesbaden 1947.

Gollwitzer, Heinz: *Die Gelbe Gefahr. Geschichte eines Schlagworts. Studien zum imperialistischen Denken*, Göttingen 1962.

Ders.: *Geschichte des weltpolitischen Denkens*, 2 Bde., Göttingen 1972 und 1982.

Gooch, John: «Morale and Discipline in the Italian Army, 1915–1918»; in: Cecil/Liddle (Hg.), *Facing Armageddon*, S. 434–447.

Gray, Edwyn: *The Devil's Device. Robert Whitehead and the History of the Torpedo*, Annapolis 1991 (überarb. Auflage).

Greive, Wolfgang (Hg.): *Der Geist von 1914. Zerstörung des universalen Humanismus?*, Rehburg-Loccum 1990.

Grewe, Wilhelm G.: *Epochen der Völkerrechtsgeschichte*, Baden-Baden 1984.

Grimm, Hans: *Volk ohne Raum*, München 1926.

Groener, Wilhelm: *Lebenserinnerungen. Jugend. Generalstab. Weltkrieg*. Hrsg. von Friedrich Freiherr Hiller von Gaertringen, Göttingen 1957.

Groh, Dieter: *Negative Integration und revolutionärer Attentismus. Die deutsche Sozialdemokratie am Vorabend des Ersten Weltkrieges*, Frankfurt am Main u. a. 1973.

Groß, Gerhard P. (Hg.): *Die vergessene Front im Osten. Ereignis, Wirkung, Nachwirkung*, Paderborn u. a. 2006.

Ders.: «Im Schatten des Westens. Die deutsche Kriegführung an der Ostfront bis Ende 1915»; in: ders. (Hg.), *Die vergessene Front*, S. 49–64.

Ders.: «Unternehmen ‹Albion›. Eine Studie zur Zusammenarbeit von Armee und Marine während des Ersten Weltkrieges»; in: *Internationale Beziehungen im 19. und 20. Jahrhundert. Festschrift für Winfried Baumgart zum 65. Geburtstag*, hrsg. von Wolfgang Elz und Sönke Neitzel, Paderborn u. a. 2003, S. 171–186.

Ders.: «Eine Frage der Ehre? Die Marineführung und der letzte Flottenvorstoß 1918»; in: Duppler/Groß (Hg.), *Kriegsende 1918*, S. 349–365.

Ders.: *Mythos und Wirklichkeit. Geschichte des operativen Denkens im deutschen Heer von Moltke d. Ä. bis Heusinger*, Paderborn u. a. 2012.

Grove, Eric: «Die Erinnerung an die Skagerrakschlacht in Großbritannien»; in: Epkenhans u. a. (Hg.), *Skagerrakschlacht*, S. 301–308.

Gudmundsson, Bruce I.: *Stormtroop Tactics. Innovation in the German Army, 1914–1918*, Westport 1989.

Guse, Felix: *Die Kaukasusfront im Weltkrieg bis zum Frieden von Brest*, Leipzig 1940.

Gust, Wolfgang: *Der Völkermord an den Armeniern*, München u. a. 1993.

Gutmann, Gundula: *Das Deutsche Reich und Österreich-Ungarn 1890–1894/95. Der Zweibund im Urteil der führenden Persönlichkeiten beider Staaten*, Münster 2003.

Haager Landkriegsordnung (Das Übereinkommen über Gesetze und Gebräuche des Land-

kriegs). Textausgabe mit einer Einführung von Professor Dr. Rudolf Laun, Wolfen-büttel u. a. ³1947.

Haber, Fritz: *Fünf Vorträge aus den Jahren 1920–1923*, Berlin 1924.

Haffner, Sebastian/Venohr, Wolfgang: *Das Wunder an der Marne. Rekonstruktion der Entscheidungsschlacht des Ersten Weltkriegs*, Bergisch-Gladbach 1982.

Hagemann, Karen/Schüler-Springorum, Stefanie (Hg.): ‹*Heimatfront*›. *Militär- und Geschlechterverhältnisse im Zeitalter der Weltkriege*, Frankfurt am Main 2001.

Hagen Gottfried: *Die Türkei im Ersten Weltkrieg. Flugblätter und Flugschriften in arabischer, persischer und osmanisch-türkischer Sprache*, Frankfurt am Main u. a. 1990.

Hagenlücke, Heinz: *Deutsche Vaterlandspartei. Die nationale Rechte am Ende des Kaiserreichs*, Düsseldorf 1997.

Hahlweg, Werner (Hg.): *Lenins Rückkehr nach Rußland 1917. Die deutschen Akten*, Leiden 1957.

Ders.: *Der Diktatfrieden von Brest-Litowsk 1918 und die bolschewistische Weltrevolution*, Münster 1960.

Ders.: *Lehrmeister des kleinen Krieges. Von Clausewitz bis Mao Tse-Tung und Guevara*, Koblenz u. a. 1968.

Hallas, James H.: *Doughboy War. The American Expeditionary Force in World War I*, Boulder u. a. 2000.

Halpern, Paul G.: *A Naval History of World War I*, London 1994.

Hamann, Brigitte: *Bertha von Suttner. Kämpferin für den Frieden*, Wien 2013.

Hammer, Karl: *Deutsche Kriegstheologie. 1870–1918*, München 1974.

Ders.: «Der deutsche Protestantismus und der Erste Weltkrieg»; in: *Francia*, Bd. 2, 1974/75, S. 397–414.

Hämmerle, Christa: «Es ist immer der Mann, der den Kampf entscheidet, und nicht die Waffe …» Die Männlichkeit des k. u. k. Gebirgskriegers in der soldatischen Erinnerungskultur»; in: Kuprian/Überegger (Hg.), *Der Erste Weltkrieg im Alpenraum*, S. 35–60.

Hanslian/Tümmler: *Gaskrieg! Der deutsche Gasangriff bei Ypern am 22. April 1915*. Eine kriegsgeschichtliche Studie von Dr. Rudolf Hanslian aus dem Jahre 1934. Neue, erweiterte sowie mit Zusätzen und Abbildungen versehene Ausgabe von Holger Tümmler, Wolfenbüttel 2009.

Hardach, Gerd: *Der Erste Weltkrieg 1914–1918*, München 1973.

Harstick, Hans-Peter: «August Bebel zum Problem der Kriegsverhütung – Ein Brief an James Ramsey MacDonald vom 3. August 1908»; in *Militärgeschichte. Festschrift für Werner Hahlweg*, Osnabrück 1977, S. 119–131.

Harris, J.P.: «Das britische Expeditionsheer in der Hundert-Tage-Schlacht vom 8. August bis 11. November 1918»; in: Duppler/Groß (Hg.), *Kriegsende 1918*, S. 115–144.

Hart, Peter: *The Somme*, London 2005.

Ders.: *Gallipoli*, Oxford 2011.

Hartung, Wilhelm: *Großkampf, Männer und Granaten*, Berlin 1930.

Hašek, Jaroslav: *Die Abenteuer des braven Soldaten Schwejk* [1921–1923], Reinbek 1960.

Hausen, Karin: «Die Sorge der Nation für ihre ‹Kriegsopfer›. Ein Bereich der Geschlechterpolitik während der Weimarer Republik»; in: *Von der Arbeiterbewegung zum modernen Sozialstaat. Festschrift für Gerhard A. Ritter zum 65. Geburtstag*, hrsg. von Jürgen Kocka u. a., München u. a. 1994, S. 719–739.

Hedin, Sven: *Ein Volk in Waffen*, Leipzig 1915.

Ders.: *Nach Osten!*, Leipzig 1916.

Heidenreich, Bernd/Neitzel, Sönke (Hg.): *Das Deutsche Kaiserreich 1890–1914*, Paderborn u. a. 2011.

Hein, Alfred: *Eine Kompanie Soldaten in der Hölle von Verdun* [1929], Wiesbaden u. a. 1978.

Helfferich, Karl: *Der Weltkrieg*, 3 Bde., Berlin 1919.

Hemingway, Ernest: *In einem andern Land* [1929], Reinbek 1977.

Hentig, Hans von: *Psychologische Strategie des großen Krieges*, Heidelberg 1927.

Hentschel, Volker: *Geschichte der deutschen Sozialpolitik (1880–1980). Soziale Sicherung und kollektives Arbeitsrecht*, Frankfurt am Main 1983.

Hermes, Maria: *Krankheit: Krieg. Psychiatrische Deutungen des Ersten Weltkrieges*, Essen 2012.

Herre, Franz: *Kaiser Wilhelm II. Monarch zwischen den Zeiten*, Köln 1993.

Herrmann, David G.: *The Arming of Europe and the Making of the First World War*, Princeton 1996.

Herwig, Holger H.: *«Luxury» Fleet: The Imperial German Navy 1888–1918*, London u. a. 1980.

Ders.: *The First World War. Germany and Austria-Hungary 1914–1918*, London 1997.

Ders.: *The Marne. The Opening of the World War I and the Battle that Changed the World*, New York 2009.

Ders.: «Admirals *versus* Generals: The War Aims of the Imperial German Navy, 1914–1918»; in: *Central European History*, Bd. 5, 1972, Heft 3, S. 208–233.

Herzog, Bodo: *Die deutschen U-Boote 1906–1966*, Erlangen 1999.

Hettling, Manfred: «Arrangierte Authentizität. Philipp Witkops Kriegsbriefe gefallener Studenten (1916)»; in: Schneider/Wagener (Hg.), *Von Richthofen bis Remarque*, S. 51–69.

Ders./Jeismann, Michael: «Der Weltkrieg als Epos. Philipp Witkops ‹Kriegsbriefe gefallener Studenten›»; in: Hirschfeld u. a. (Hg.), *«Keiner fühlt sich hier mehr als Mensch …»*, S. 205–234.

Heuser, Beatrice: *Den Krieg denken. Die Entwicklung der Strategie seit der Antike*, Paderborn u. a. 2010.

Dies.: *Rebellen – Partisanen – Guerilleros. Asymmetrische Kriege von der Antike bis heute*, Paderborn 2013.

Hildebrand, Karl Friedrich/Zweng, Christian: *Die Ritter des Ordens Pour le Mérite des Ersten Weltkriegs* (Teil 2), 3 Bde., Osnabrück 1999–2011.

Hildebrand, Klaus: *Das vergangene Reich. Deutsche Außenpolitik von Bismarck bis Hitler*, Stuttgart 1995.

Ders.: «Zwischen Allianz und Antagonismus. Das Problem bilateraler Normalität in den britisch-deutschen Beziehungen des 19. Jahrhunderts (1870–1914)»; in: Dollinger u. a., *Weltpolitik*, S. 305–331.

Ders.: «Julikrise 1914: Das europäische Sicherheitsdilemma. Betrachtungen über den Ausbruch des Ersten Weltkrieges»; in: *Geschichte in Wissenschaft und Unterricht*, 36. Jg., 1985, Heft 12, S. 449–502.

Ders.: «Europäisches Zentrum, überseeische Peripherie und Neue Welt. Über den Wandel des Staatensystems zwischen dem Berliner Kongress (1878) und dem Pariser Frieden (1919/20)»; in: *Historische Zeitschrift*, Bd. 249, 1989, S. 53–94.

Ders.: «Saturiertheit und Prestige. Das Deutsche Reich als Staat im Staatensystem 1871–1918»; in: *Geschichte in Wissenschaft und Unterricht*, 40. Jg., 1989, Heft 12, S. 193–202.

Ders.: «Das deutsche Ostimperium 1918. Betrachtungen über eine historische ‹Augenblickserscheinung›»; in: Pyta/Richter (Hg.), *Gestaltungskraft des Politischen. Festschrift für Eberhard Kolb*, Berlin 1998, S. 109–124.

Hildermeier, Manfred: *Geschichte Russlands. Vom Mittelalter bis zur Oktoberrevolution*, München 2013.

Hillgruber, Andreas: «Riezlers Theorie des kalkulierten Risikos und Bethmann Hollwegs politische Konzeption in der Julikrise 1914»; in: *Historische Zeitschrift*, Bd. 202, 1966, S. 333–351.

Hillman, Jörg: «Die Seeschlacht vor dem Skagerrak in der deutschen Erinnerung»; in: Epkenhans u. a. (Hg.), *Skagerrakschlacht*, S. 309–350.

Hindenburg, (Generalfeldmarschall) Paul von: *Aus meinem Leben*, Leipzig 1920.

Hinz, Uta: *Gefangen im Großen Krieg. Kriegsgefangenschaft in Deutschland 1914–1921*, Essen 2006.

Hintze, Otto: «Der Sinn des Krieges»; in: ders. (Hg.), *Deutschland und der Weltkrieg*, Leipzig u. a. 1915, S. 677–686.

Hirschfeld, Gerhard u. a. (Hg.): «Serbien»; in: ders. u. a. (Hg.), *Enzyklopädie Erster Weltkrieg*, S. 833–836.

Ders.: «Der Erste Weltkrieg in der deutschen und internationalen Geschichtsschreibung»; in: *Aus Politik und Zeitgeschichte*, Bd. 29–30, 2004, S. 3–12.

Ders.: *Kriegserfahrungen. Studien zur Sozial- und Mentalitätsgeschichte des Ersten Weltkriegs*, Essen 1997.

Ders.: «Sarajevo 1914. Das bilderlose Attentat und die Bildfindungen der Massenpresse»: in: Paul (Hg.), *Das Jahrhundert der Bilder. Bildatlas 1900–1949*, Göttingen 2009, S. 148–155.

Ders./Krumeich, Gerd/Renz, Irina (Hg.): *Enzyklopädie Erster Weltkrieg*, Paderborn u. a. 2003.

Diess. (Hg.): *Die Deutschen an der Somme. Krieg, Besatzung, verbrannte Erde*, Essen 2006.

Diess. (Hg.): *«Keiner fühlt sich hier mehr als Mensch …» Erlebnis und Wirkung des Ersten Weltkriegs*, Frankfurt am Main 1996.

Hirschfeld, Magnus und Gaspar, Andreas: *Sittengeschichte des Ersten Weltkrieges* [1929], Hanau o. J. (Nachdruck der 2., neubearb. Aufl.).

Höbelt, Lothar: «Der Zweibund. Bündnis mit paradoxen Folgen»; in: Gehler u. a. (Hg.), *Ungleiche Partner*, S. 295–313.

Ders.: «Österreich-Ungarn und das Deutsche Reich als Zweibundpartner»; in: Lutz/Rumpler (Hg.), *Österreich und die deutsche Frage im 19. und 20. Jahrhundert*, München 1982, S. 256–281.

Ders.: «‹So wie wir haben nicht einmal die Japaner angegriffen.› Österreich-Ungarns Nordfront 1914/15»; in: Groß (Hg.), *Die vergessene Front*, S. 87–119.

Hobson, Rolf: *Maritimer Imperialismus. Seemachtideologie, seestrategisches Denken und der Tirpitzplan 1875 bis 1914.* Aus dem Engl. von Eva Besteck, hrsg. vom Militärgeschichtlichen Forschungsamt, Potsdam, und dem Institut für Verteidigungsstudien, Oslo u. a. 2004.

Hoegen, Jesko von: *Der Held von Tannenberg. Genese und Funktion des Hindenburg-Mythos*, Köln, Weimar, Wien 2007.

Hoeres, Peter: «Die Slawen. Perzeptionen des Kriegsgegners bei den Mittelmächten. Selbst- und Feindbild»; in: Groß (Hg.), *Die vergessene Front*, S. 179–200.

Hofer, Hans-Georg: «Was waren ‹Kriegsneurosen›? Zur Kulturgeschichte psychischer Erkrankungen im Ersten Weltkrieg»; in: Kuprian/Überegger (Hg.), *Der Erste Weltkrieg im Alpenraum*, S. 309–321.

Hoffman, Dieter: *Der Sprung ins Dunkle oder wie der 1. Weltkrieg entfesselt wurde*, Leipzig 2010.

Holmes, Richard: «The Last Hurrah: Cavalry on the Western Front, August–September 1914»; in: Cecil/Liddle (Hg.), *Facing Armageddon*, S. 278–294.

Holtfrerich, Carl-Ludwig: *Die deutsche Inflation 1914–1923. Ursachen und Folgen in internationaler Perspektive*, Berlin 1980.

Holzer, Anton: *Das Lächeln der Henker. Der unbekannte Krieg gegen die Zivilbevölkerung 1914–1918*, Darmstadt 2008.

Hölzle, Erwin: *Der Geheimnisverrat und der Kriegsausbruch 1914*, Göttingen 1973.

Horne, Alistair: *The Price of Glory. Verdun 1916*, London 1962.

Horne, John (Hg.): *State, Society and Mobilization in Europe during the First World War*, Cambridge 1997.

Ders./Kramer, Alan: *Deutsche Kriegsgreuel 1914. Die umstrittene Wahrheit.* Aus dem Engl. von Udo Rennert, Hamburg 2004.

Hosfeld, Rolf: *Operation Nemesis. Die Türkei, Deutschland und der Völkermord an den Armeniern*, Köln ²2009.

Hough, Richard: *The Great War at Sea 1914–1918*, Oxford u. a. 1983.

Howard, Michael: *Kurze Geschichte des Ersten Weltkriegs*, München u. a. 2004.

Ders.: «A Thirty Years War? The Two World Wars in Historical Perspektive»; in: *Transactions of the Royal Historical Society*, Bd. 3, 1993, S. 171–184.

Hubatsch, Walther: *Die Ära Tirpitz. Studien zur deutschen Marinepolitik 1890–1918*, Göttingen u. a. 1955.

Ders.: *Kaiserliche Marine. Aufgaben und Leistungen*, München 1975.

Ders.: *Deutschland im Weltkrieg 1914–1918*, Frankfurt am Main u. a. ⁴1982.

Huck, Stefan (Hg.): *100 Jahre U-Boote in deutschen Marinen. Ereignisse – Technik – Mentalitäten – Rezeption*, Bochum 2011.

Hüppauf, Bernd (Hg.): *Ansichten vom Krieg. Vergleichende Studien zum Ersten Weltkrieg in Literatur und Gesellschaft*, Meisenheim u. a. 1984.

Ders.: «Schlachtenmythen und die Konstruktion des ‹Neuen Menschen›»; in: Hirschfeld u. a. (Hg.), *«Keiner fühlt sich hier mehr als Mensch …»*, S. 53–103.

Ders.: «Fliegerhelden des Ersten Weltkrieges. Fotografie, Film und Kunst im Dienste der Heldenbildung»; in: *Zeitschrift für Germanistik*, NF, Bd. 3, 2008, S. 575–595.

Hürter, Johannes/Rusconi, Gian Enrico (Hg.): *Der Kriegseintritt Italiens im Mai 1915*, München 2007.

Illies, Florian: 1913. *Der Sommer des Jahrhunderts*, Frankfurt am Main 2012.

Isnenghi, Mario/Rochat, Giorgio: *La grande guerra, 1914–1918*, Mailand 2004.

Jäckh, Ernst: *Der aufsteigende Halbmond. Auf dem Weg zum deutsch-türkischen Bündnis* [1909], Stuttgart 1916.

Jäger, Wolfgang: *Historische Forschung und politische Kultur in Deutschland. Die Debatte 1914–1980 über den Ausbruch des Ersten Weltkrieges*, Göttingen 1984.

Jahn, Peter: «‹Zarendreck, Barbarendreck – Peitscht sie weg!› Die russische Besetzung Ostpreußens und die deutsche Öffentlichkeit»; in: *August 1914*, S. 147–157.

Jahr, Christoph: *Gewöhnliche Soldaten. Desertion und Deserteure im deutschen und britischen Heer 1914–1918*, Göttingen 1998.

Ders.: «Bei einer geschlagenen Armee ist der Klügste, wer zuerst davonläuft. Das Problem der Desertion im deutschen und britischen Heer 1918»; in: Duppler/Groß (Hg.), *Kriegsende 1918*, S. 241–271.

Jansen, Anscar: *Der Weg in den Ersten Weltkrieg. Das deutsche Militär in der Julikrise 1914*, Marburg 2005.

Jansen, Christian (Hg.): *Der Bürger als Soldat. Die Militarisierung europäischer Gesellschaften im langen 19. Jahrhundert: ein internationaler Vergleich*, Hamburg 2004.

Janßen, Karl-Heinz: *Der Kanzler und der General. Die Führungskrise um Bethmann Hollweg und Falkenhayn (1914–1916)*, Göttingen 1967.

Jarausch, Konrad H.: «The Illusion of limited War: Chancellor Bethmann Hollweg's Calculated Risk, July 1914»; in: *Central European History*, Bd. 2, 1969, Heft 1, S. 48–76.

Ders.: «Der nationale Tabubruch. Wissenschaft, Öffentlichkeit und Politik in der Fischer-Kontroverse»; in: Sabrow u. a. (Hg.), *Zeitgeschichte als Streitgeschichte*, S. 20–40.

Jarka, Horst: «Soldatenbriefe des Ersten Weltkrieges und nationale Bildungsideologie»; in: *Monatshefte für deutschen Unterricht, deutsche Sprache und Literatur*, Bd. 67, 1975, S. 157–166.

Jegelka, Norbert: *Paul Natorp. Philosophie, Pädagogik, Politik*, Würzburg 1982.

Jeismann, Karl Ernst: *Das Problem des Präventivkriegs im europäischen Staatensystem mit besonderem Blick auf die Bismarckzeit*, Freiburg im Breisgau 1957.

Jeismann, Michael: «Propaganda»; in: Hirschfeld u. a. (Hg.), *Enzyklopädie Erster Weltkrieg*, S. 198–209.

Jeřábek, Rudolf: *Die Brussilowoffensive 1916. Ein Wendepunkt in der Koalitionskriegführung der Mittelmächte*, 2 Bde., Wien 1982.

Jessen, Olaf (2011): Rezension zu: *Herwig, Holger H.: The Marne, 1914. The Opening of World War I and the Battle that Changed the World*. New York 2009, in: H-Soz-u-Kult (http://hsozkult.geschichte.hu-berlin.de/rezensionen/2011-2-144), abgerufen am 20.5.2011.

Johnson, Hubert C.: *Breakthrough! Tactics, Technology, and the Search for Victory on the Western Front in World War I*, Novato/California 1994.

Joll, James: *Die Ursprünge des Ersten Weltkriegs*, München 1988.

Jones, Neville: *The Origins of Strategic Bombing. A Study of British Air Strategic Thought and Practice up to 1918*, London 1973.

Jones, Ralph E./Rarey, George H./Icks, Robert J.: *The Fighting Tanks from 1916 to 1933* [1933], Old Greenwich/Connecticut 1969.

Jünger, Ernst: *In Stahlgewittern* [1920], Stuttgart [26]1961.

Ders.: *Kriegstagebuch 1914–1918.* Hrsg. von Helmuth Kiesel, Stuttgart 2010.

Ders.: *Der Kampf als inneres Erlebnis* [1922]; in: ders., *Essays I. Betrachtungen zur Zeit*, Stuttgart 1980, S. 11–103 (= Sämtliche Werke, 2. Abt., Bd. 7).

Ders.: *Feuer und Blut. Ein kleiner Ausschnitt aus einer großen Schlacht*; in: ders., *Sämtliche Werke*, I. Abt., Bd. 1, Stuttgart 1978, S. 439–538.

Ders.: *Der Arbeiter. Herrschaft und Gestalt* (1932), Stuttgart 1982.

Ders.: *Politische Publizistik 1919–1933*, hrsg. von Sven Olaf Berggötz, Stuttgart 2001.

Junker, Detlef: *Power and Mission. Was Amerika antreibt*, Freiburg im Breisgau 2003.

Jureit, Ulrike: *Das Ordnen von Räumen. Territorium und Lebensraum im 19. und 20. Jahrhundert*, Hamburg 2012.

Jürgens-Kirchhoff, Annegret: *Schreckensbilder. Krieg und Kunst im 20. Jahrhundert*, Berlin 1993.

Kabisch, Ernst: *Michael. Die Große Schlacht in Frankreich im Lenz 1918*, Berlin 1935.

Ders:. *Um Lys und Kemmel*, Berlin 1936.

Kain, Franz: *In Grodek kam der Abendstern*, Weitra 1996.

Kalm, Oskar Tile von (Bearb.): *Gorlice*, Oldenbourg u. a. 1930 (= Schlachten des Weltkrieges, Bd. 30).

Kann, Robert A.: *Die Sixtusaffäre und die geheimen Friedensverhandlungen Österreich-Ungarns im Ersten Weltkrieg*, München 1966.

Kappeler, Andreas: *Die Kosaken. Geschichte und Legenden*, München 2013.

Karsten, Arne/Rader, Olaf B.: *Große Seeschlachten. Wendepunkte der Weltgeschichte von Salamis bis Skagerrak*, München 2013.

Kaufmann, Stefan: *Kommunikationstechnik und Kriegführung 1815–1945. Stufen telemedialer Rüstung*, München 1996.

Kautsky, Karl: «*Der Imperialismus*»; in: *Neue Zeit*, Jg. 32, Bd. 2, Nr. 21, 11.09.1914, S. 908–922. In gekürzter Fassung wiederabgedruckt in Stefan Bollinger (Hg.), *Imperialismustheorien. Historische Grundlagen für eine aktuelle Kritik*, Wien 2004, S. 108–120.

Keegan, John: *Die Schlacht. Azincourt 1415. Waterloo 1815. Somme 1916*, München 1981.

Ders.: *Der Erste Weltkrieg. Eine europäische Tragödie*, Reinbek 2000.

Kehr, Eckart: *Schlachtflottenbau und Parteipolitik 1894–1901. Versuch eines Querschnitts durch die innenpolitischen, sozialen und ideologischen Voraussetzungen des deutschen Imperialismus*, Berlin 1930, ND 1966.

Ders.: *Der Primat der Innenpolitik. Gesammelte Aufsätze zur preußisch-deutschen Sozialgeschichte im 19. und 20. Jahrhundert.* Hrsg. von Hans-Ulrich Wehler, Berlin [2]1970.

Kennan, George F.: *Bismarcks europäisches System in der Auflösung. Die französisch-russische Annäherung 1875 bis 1890*, Frankfurt am Main u. a. 1981.

Kennedy, Paul M.: *Aufstieg und Verfall der britischen Seemacht*, hrsg. vom Deutschen Marineinstitut, Bonn 1978.

Ders.: *The Rise of the Anglo-German Antagonism. 1860–1914*, London 1980.

Ders.: «Mahan versus Mackinder. Two Interpretations of British Sea Power»; in: *Militärgeschichtliche Mitteilungen*, Bd. 16, 1974, Heft 2, S. 39–66.

Ders.: «Maritime Strategieprobleme der deutsch-englischen Flottenrivalität»; in: Schottelius/Deist (Hg.), *Marine und Marinepolitik*, S. 178–210.

Kennett, Lee: *The First Air War 1914–1918*, New York u. a. 1991.

Ketelsen, Uwe-K.: «‹Die Jugend von Langemarck›. Ein poetisch-politisches Motiv der Zwischenkriegszeit»; in: Koebner/Janz/Trommler (Hg.): *«Mit uns zieht die neue Zeit». Der Mythos Jugend*, Frankfurt am Main 1985, S. 68–96.

Khavkin, Boris: «Russland gegen Deutschland. Die Ostfront des Ersten Weltkriegs in den Jahren 1914 bis 1915»; in: Groß (Hg.), *Die vergessene Front*, S. 65–85.

Kiefer, Klaus H.: «Die Beschießung der Kathedrale von Reims. Bilddokumente und Legendenbildung – Eine Semiotik der Zerstörung»; in: *Kriegserlebnis und Legendenbildung*, Bd. 1, S. 115–152.

Kielmansegg, Peter Graf: *Deutschland und der Erste Weltkrieg* (1968), Stuttgart[2] 1980.

Kienitz, Sabine: «‹Als Helden gefeiert – als Krüppel vergessen›. Kriegsinvaliden im Ersten Weltkrieg und in der Weimarer Republik»; in: Dietrich Beyrau (Hg.), *Der Krieg in religiösen und nationalen Deutungen der Neuzeit*, Tübingen 2001, S. 217–237.

Dies.: «Körper – Beschädigungen. Kriegsinvalidität und Männlichkeitskonstruktionen in der Weimarer Republik»; in: Hagemann/Schüler-Springorum (Hg.), *Heimat-Front*, S. 188–207.

Kiesel, Helmuth: *Ernst Jünger. Die Biographie*, München 2007.

Kießling, Friedrich: *Gegen den ‹großen Krieg›. Entspannung in den internationalen Beziehungen (1911–1914)*, München 2002.

Ders.: «Der ‹Dialog der Taubstummen› ist vorbei. Neue Ansätze zur Geschichte der internationalen Beziehungen des 19. und 20. Jahrhunderts»; in: *Historische Zeitschrift*, Bd. 275, 2002, S. 651–680.

Kilduff, Peter: *Germany's First Air Force 1914–1918*, London 1991.

Ders.: «A German Airman and his War: Oscar Bechtle»; in: Cecil/Liddle (Hg.), *Facing Armageddon*, S. 206–217.

Kiliánová, Gabriela: «Erlebt und erzählt: Der Erste Weltkrieg aus der mikrosozialen Perspektive»; in: Ernst u. a. (Hg.), *Aggression und Katharsis*, S. 263–281.

Kindler, Jan: «Die Skagerrakschlacht im deutschen Film»; in: Epkenhans u. a. (Hg.), *Skagerrakschlacht*, S. 351–368.

Kjellén, Rudolf: *Die Ideen von 1914. Eine weltgeschichtliche Perspektive*, Leipzig 1915.

Ders.: *Die politischen Probleme des Weltkrieges* [1915], Leipzig u. a. 1916.

Kloke, Felix: *Von Innen schwächen – von Außen besiegen. Aufstände in Feindesland als Instrument deutscher Kriegsführung im Ersten Weltkrieg*, München 2011.

Knight, Paul: *The British Army in Mesopotamia 1914–1918*, Jefferson/N.C. u. a. 2013.

Knoch, Peter (Hg.): *Kriegsalltag. Die Rekonstruktion des Kriegsalltags als Aufgabe der historischen Forschung und der Friedenserziehung*, Stuttgart 1989.

Kocka, Jürgen: *Klassengesellschaft im Krieg. Deutsche Sozialgeschichte 1914–1918* [1973], Frankfurt am Main 1988 (2., durchgesehene und ergänzte Aufl.).

Koebner, Thomas/Janz, Rolf-Peter/Trommler, Frank (Hg.): *«Mit uns zieht die neue Zeit». Der Mythos Jugend*, Frankfurt am Main 1985.

Koenen, Gerd: *Der Russland-Komplex. Die Deutschen und der Osten. 1900–1945*, München 2005.

Ders.: *Was war der Kommunismus?*, Göttingen 2010.

Köhler, Franz: *Der Weltkrieg im Lichte der deutsch-protestantischen Kriegspredigt*, Tübingen 1915.

Koldau, Linda Maria: *Mythos U-Boot*, Stuttgart 2010.

Kolko, Gabriel: *Das Jahrhundert der Kriege*, Frankfurt am Main 1999.

Kopetzky, Helmut: *In den Tod – Hurrah! Deutsche Jugendregimenter im Ersten Weltkrieg*, Köln 1981.

Köppen, Edlef: *Heeresbericht* [1930]. Mit einem Nachwort von Michael Gollbach, Kronberg/Ts. 1976.

Köppen, Manuel: *Das Entsetzen des Beobachters. Krieg und Medien im 19. und 20. Jahrhundert*, Heidelberg 2005

Koselleck, Reinhart: «Darstellung, Ereignis und Struktur», in: ders., *Vergangene Zukunft. Zur Semantik geschichtlicher Zeiten*, Frankfurt am Main 1992, S. 144–157.

Kramer, Alan: *Dynamic of Destruction. Culture and Mass Killing in the First World War*, Oxford 2007.

Ders.: «Kriegsrecht und Kriegsverbrechen»; in: Hirschfeld u.a. (Hg.), *Enzyklopädie Erster Weltkrieg*, S. 281–292.

Ders.: «Prisoners in the First World War»; in: Sibylle Scheipers (Hg.), *Prisoners in War*, Oxford 2010, S. 75–90.

Ders.: «Italienische Kriegsgefangene im Ersten Weltkrieg»; in: Kuprian/Überegger (Hg.), *Der Erste Weltkrieg im Alpenraum*, S. 247–258.

Kreiner, Josef (Hg.): *Der Russisch-Japanische Krieg (1904/05)*, Bonn 2005.

Krethlow, Carl Alexander: *Generalfeldmarschall Colmar Freiherr von der Goltz Pascha. Eine Biographie*, Paderborn u.a. 2012.

Kreutzer, Stefan M.: *Dschihad für den deutschen Kaiser. Max von Oppenheim und die Neuordnung des Orients (1914–1918)*, Graz 2012.

Krockow, Christian Graf von: *Churchill. Eine Biographie des 20. Jahrhunderts*, Hamburg 1999.

Kröger, Martin: «Revolution als Programm. Ziele und Realität deutscher Orientpolitik im Ersten Weltkrieg»; in: Michalka (Hg.), *Der Erste Weltkrieg*, S. 366–391.

Kronenbitter, Günther: *«Krieg im Frieden». Die Führung der k.u.k. Armee und die Großmachtpolitik Österreich-Ungarns 1906–1914*, München 2003.

Ders./Pöhlmann, Marcus/Walter, Dierk (Hg.): *Besatzung. Funktion und Gestalt militärischer Fremdherrschaft von der Antike bis zum 20. Jahrhundert*, Paderborn u.a. 2006.

Ders.: «Von ‹Schweinehunden› und ‹Waffenbrüdern›. Der Koalitionskrieg der Mittelmächte 1914/15 zwischen Sachzwang und Ressentiment»; in: Ehlert u.a. (Hg.), *Der Schlieffenplan*, S. 121–143.

Ders.: «Waffenbrüder: Der Koalitionskrieg der Mittelmächte 1914–1918 und das Selbstbild zweier Militäreliten»; in: Dotterweich (Hg.), *Mythen und Legenden in der Geschichte*, München 2004, S. 157–186.

Ders.: «Die militärische Planung der k.u.k. Armee und der Schlieffenplan»; in: Ehlert u.a. (Hg.), *Schlieffenplan*, S. 205–220.

Krumeich, Gerd: «Saigner la France'? Mythes et réalité de la stratégie allemande de la bataille de Verdun»; in: *Guerres mondiales et conflits contemporains*, Bd. 46, 1996, Nr. 182, S. 17–29.

Kruse, Wolfgang (Hg.): *Eine Welt von Feinden. Der große Krieg 1914–1918*, Frankfurt am Main 1997.

Ders.: *Die Erfindung des modernen Militarismus. Krieg, Militär und bürgerliche Gesellschaft im politischen Diskurs der Französischen Revolution 1789–1799*, München 2003.

Ders.: «Krieg und Klassenheer. Zur Revolutionierung der deutschen Armee im Ersten Weltkrieg»; in: *Geschichte und Gesellschaft*, 22. Jg., 1996, S. 530–561.

Ders.: «Die Kriegsbegeisterung im Deutschen Reich zu Beginn des Ersten Weltkrieges. Entstehungszusammenhänge, Grenzen und ideologische Strukturen»; in: van der Linde/Mergner (Hg.), *Kriegsbegeisterung und mentale Kriegsvorbereitung. Interdisziplinäre Studien*, Berlin 1991, S. 73–87.

Ders.: «Organisation und Unordnung – Kriegswirtschaft und Kriegsgesellschaft in Deutschland 1914–1918»; in: Spiller/Ulrich (Hg.), *Der Tod als Maschinist*, S. 85–95.

Ders.: «Sozialismus, Antikriegsbewegungen, Revolutionen»; in: ders. (Hg.), *Eine Welt von Feinden*, S. 196–226.

Kühne, Thomas: «Das Deutsche Kaiserreich 1871–1918 und seine politische Kultur: Demokratisierung, Segmentierung, Militarisierung»; in: *Neue Politische Literatur*, 43. Jg., 1998, Heft 1, S. 206–263.

Kundrus, Birthe: «Geschlechterkriege. Der Erste Weltkrieg und die Deutung der Geschlechterverhältnisse in der Weimarer Republik»; in: Hagemann/Schüler-Springorum (Hg.), *Heimat-Front*, S. 171–187.

Kuprian, Hermann J. W./Überegger, Oswald (Hrsg./ed.): *Der Erste Weltkrieg im Alpenraum. Erfahrung, Deutung, Erinnerung/La Grande Guerra nell'arco alpino. Esperienze e memoria*, Innsbruck 2006.

Kusber, Jan: «Die russischen Streitkräfte und der deutsche Aufmarsch beim Ausbruch des Ersten Weltkrieges»; in: Ehlert u. a. (Hg.), *Der Schlieffenplan*, S. 257–268.

Lachmann, Manfred: «Zur Entwicklung und zum Einsatz des Maschinengewehrs»; in: *Militärgeschichtliche Mitteilungen*, 12. Jg., 1973, Heft 4, S. 720–730.

Lacoste, Werner: *Deutsche Sturmbataillone 1915–1918. Der Kaiserstuhl und das Markgräflerland als Geburtsstätte und Standort deutscher Sturmbataillone des Ersten Weltkrieges*, Aachen ²2010.

Lacoste, Yves: *Geographie und politisches Handeln. Perspektiven einer neuen Geopolitik*, Berlin 1990.

Langes, Günther: *Die Front in Fels und Eis. Der Weltkrieg 1914–1918 im Hochgebirge*, Bozen ¹⁵2009.

Laqueur, Walter/Mosse, George L.: *Kriegsausbruch 1914*, München 1970.

Larcher, Maurice: *La guerre turque dans la guerre mondiale*, Paris 1926.

Latzel, Klaus: «Die mißlungene Flucht vor dem Tod. Töten und Sterben vor und nach 1918»; in: Duppler/Groß (Hg.), *Kriegsende 1918*, S. 183–199.

Laurent, André: *La bataille de la Somme*, Amiens 1998.

Lawrence, Thomas Edward: *Seven Pillars of Wisdom* [1926]; dt. *Die sieben Säulen der Weisheit*, München 2003.

Leed, Eric J.: *No Man's Land. Combat and Identity in World War I*, Cambridge u. a. 1979.

Leicht, Johannes: *Heinrich Claß 1868–1953. Die politische Biographie eines Alldeutschen*, Paderborn 2012.

Lein, Richard: *Pflichterfüllung oder Hochverrat? Die tschechischen Soldaten Österreich-Ungarns im Ersten Weltkrieg*, Wien u.a. 2011.

Lenger, Friedrich: *Werner Sombart. 1863–1941*. Eine Biographie, München 1994.

Lenin, Wladimir Iljitsch: *Werke*, 40 Bände und 2 Ergänzungsbände, Berlin 1967 ff.

Leontaridis, G. B.: *Greece and the Great Powers, 1914–1917*, Thessaloniki 1974.

Ders.: *Greece and the First World War. From Neutrality to Intervention, 1917–1918*, New York 1990.

Leszczawski-Schwerk, Angelique: «‹Töchter des Volkes› und ‹stille Heldinnen›. Polnische und ukrainische Legionärinnen im Ersten Weltkrieg»; in: Latzel u.a. (Hg.), *Soldatinnen. Gewalt und Geschlecht im Krieg vom Mittelalter bis heute*, Paderborn u.a. 2011, S. 179–205.

Lethen, Helmut: *Verhaltenslehren der Kälte. Lebensversuche zwischen den Kriegen*, Frankfurt am Main 1994.

Levsen, Sonja: «Gemeinschaft, Männlichkeit und Krieg. Militarismus in englischen Colleges und deutschen Studentenverbindungen am Vorabend des Ersten Weltkrieges»; in: Jansen (Hg.), *Der Bürger als Soldat*, S. 230–246.

Lewin, Kurt: «Kriegslandschaft»; in: *Zeitschrift für angewandte Psychologie*, Bd. 12, 1917, S. 440–447.

Lichtblau, Klaus: *Kulturkrise und Soziologie um die Jahrhundertwende. Zur Genealogie der Kultursoziologie in Deutschland*, Frankfurt am Main 1996.

Liddle, Peter: *The 1916 Battle of the Somme. A Reappraisal*, Wordsworth 2001.

Lindner-Wirsching, Almut: *Französische Schriftsteller und ihre Nation im Ersten Weltkrieg*, Tübingen 2004.

Dies.: «Schriftsteller im Schützengraben als Historiographen des ‹Grande Guerre›»; in: *Konstrukte nationaler Identität. Deutschland, Frankreich und Großbritannien (19. und 20. Jahrhundert)*, hrsg. von Michael Einfalt u.a., Würzburg 2002, S. 135–152.

Linke, Horst Günther: *Das zarische Russland und der Erste Weltkrieg. Diplomatie und Kriegsziele 1914–1917*, München 1982.

Ders.: «Russlands Weg in den Ersten Weltkrieg und seine Kriegsziele 1914–1917»; in: Michalka (Hg.), *Der Erste Weltkrieg*, S. 54–94.

Lipp, Anna: *Meinungslenkung im Krieg. Kriegserfahrungen deutscher Soldaten und ihre Deutung 1914–1918*, Göttingen 2003.

Dies.: «Friedenssehnsucht und Durchhaltebereitschaft. Wahrnehmungen und Erfahrungen deutscher Soldaten im Ersten Weltkrieg»; in: *Archiv für Sozialgeschichte*, Bd. 36, 1996, S. 279–292.

Liulevicius, Vejas Gabriel: *Kriegsland im Osten. Eroberung, Kolonisierung und Militärherrschaft im Ersten Weltkrieg*. Aus dem Amerikan. von Jürgen Bauer, Edith Nerke und Fee Engemann, Hamburg 2002.

Ders.: «Die deutsche Besatzung im Land Ober Ost im Ersten Weltkrieg»; in: Kronenbitter u.a. (Hg.), *Besatzung*, Paderborn u.a. 2006, S. 93–104.

Ders.: «Besatzung (Osten)»; in: Hirschfeld u.a. (Hg.), *Enzyklopädie Erster Weltkrieg*, S. 379–381.

Llanque, Marcus: *Demokratisches Denken im Krieg. Die deutsche Debatte im Ersten Weltkrieg*, Berlin 2000.

Lossberg, Fritz von: *Meine Tätigkeit im Weltkriege 1914–1918*, Berlin 1939.

Loth, Wilfried (Hg.): *Erster Weltkrieg und Dschihad. Die Deutschen und die Revolutionierung des Orients*, München 2013.

Lübbe, Hermann: *Politische Philosophie in Deutschland. Studien zu ihrer Geschichte* [1963], München 1974.

Ludendorff, Erich von: *Der totale Krieg*, München 1935.

Ludendorff, Erich: *Meine Kriegserinnerungen 1914–1918*, Berlin 1919.

Ludwig, Emil: *Juli 14*, Berlin 1929.

Lussu, Emilio: *Ein Jahr auf der Hochebene* [1938], Wien u.a. 1992.

Luttwak, Edward: *Strategie. Die Logik von Krieg und Frieden*, Lüneburg 2003.

Macdonald, Lyn: *To the Last Man. Spring 1918*, London 1988.

Mackinder, Halford J.: «The Geographical Pivot of History»; in: *Geographical Journal*, Bd. 23, 1904, S. 421–437.

Magenschab, Hans: *Der Krieg der Großväter 1914–1918. Die Vergessenen einer großen Armee*, Wien 1988.

Mahan, Alfred Thayer: *Der Einfluss der Seemacht auf die Geschichte. 1660–1812*. Überarb. und hrsg. von Gustav-Adolf Wolter, Herford 1967.

Mai, Gunther: *Das Ende des Kaiserreichs. Politik und Kriegführung im Ersten Weltkrieg*, München 1987.

Maier, Hans: «Ideen von 1914 – Ideen von 1939? Zweierlei Kriegsanfänge?»; in: *Vierteljahrshefte für Zeitgeschichte*, Bd. 38, 1990, Heft 4, S. 525–542.

Majerus, Benoît: «Von Falkenhausen zu Falkenhausen. Die deutsche Verwaltung Belgiens in den zwei Weltkriegen»; in: Kronenbitter u.a. (Hg.), *Besatzung*, S. 131–145.

Mann, Golo: «Der letzte Großherzog»; in: ders., *Nachtphantasien. Erzählte Geschichte*, Frankfurt am Main 1982, S. 79–97.

Mann, Thomas: «Gedanken im Kriege»; in: ders., *Essays*, hrsg. von Hermann Kurtzke und Stephan Stachowski, Frankfurt am Main 1993, Bd. 1, S. 188–205.

Ders.: «Gute Feldpost» [1914]; in: ders., *Essays*, Bd. 1, S. 206–209.

Ders.: *Betrachtungen eines Unpolitischen* [1918]. Nachwort von Hanno Helbling, Frankfurt am Main 1983.

Marc, Franz: «Das geheime Europa»; in: ders., *Schriften*, hrsg. von Klaus Lankeit, Köln 1978, S. 163–167.

Marder, Arthur J.: *From Dreadnought to Scapa Flow: The Royal Navy in the Fisher Era, 1904–1919*, 5 Bde., London 1961–1970.

Mark, Rudolf A.: *Im Schatten des «Great Game». Deutsche «Weltpolitik» und russischer Imperialismus in Zentralasien 1871–1914*, Paderborn u.a. 2012.

Martinetz, Dieter: *Der Gaskrieg 1914–1918. Entwicklung, Herstellung und Einsatz chemischer Kampfstoffe*, Bonn 1996.

Martus, Steffen: *Ernst Jünger*, Stuttgart u.a. 2001.

März, Peter: *Der Erste Weltkrieg. Deutschland zwischen dem langen 19. Jahrhundert und dem kurzen 20. Jahrhundert*, Stamsried 2004.

Massie, Robert K.: *Die Schalen des Zorns. Großbritannien, Deutschland und das Heraufziehen des Ersten Weltkrieges*, Frankfurt am Main 1993.

Matuschka, Edgar Graf von: «Organisationsgeschichte des Heeres 1890–1918»; in: Meier-Welcker, *Deutsche Militärgeschichte*, Bd. 3, S. 157–282.

Matuz, Josef: *Das Osmanische Reich. Grundlinien seiner Geschichte*, Darmstadt [3]1994.

Max von Baden: *Erinnerungen und Dokumente*, Berlin u.a. 1927.

Mayerhofer, Lisa: *Zwischen Freund und Feind – Deutsche Besatzung in Rumänien 1916–1918*, München 2010.

Mazower, Mark: *Der dunkle Kontinent. Europa im 20. Jahrhundert*, Berlin 2000.

Mearsheimer, John J.: *The Tragedy of Great Power Politics*, New York und London 2001.

Mehring, Reinhard: *Das ‹Problem der Humanität›. Thomas Manns politische Philosophie*, Paderborn 2003.

Meier, Niklaus: *Warum Krieg? Die Sinndeutung des Krieges in der deutschen Militärelite 1871–1945*, Paderborn u. a. 2012.

Meier-Welcker, Hans: *Deutsche Militärgeschichte in sechs Bänden. 1648–1939.* Hrsg. vom Militärgeschichtlichen Forschungsamt durch Friedrich Forstmeier u. a., begründet von Hans Meier-Welcker, Herrsching 1983.

Ders.: *Seeckt*, Frankfurt am Main 1967.

Meinecke, Friedrich: *Die deutsche Erhebung von 1914. Vorträge und Aufsätze*, Stuttgart und Berlin 1914.

Ders.: *Aphorismen und Skizzen zur Geschichte*, Leipzig 1942.

Melhuish, K. Joy: «Deutschland und der deutsche Feind in den Augen der Briten und der Franzosen 1914–1916»; in: Hüppauf (Hg.), *Ansichten vom Krieg*, S. 155–176.

Menzel, Birgit: «August 1914. Aleksandr Solženicyn und die russische Literatur zum Krieg in den ersten Kriegsjahren»; in: Groß (Hg.), *Die vergessene Front*, S. 231–248.

Meschnig, Alexander: *Der Wille zur Bewegung. Militärischer Traum und totalitäres Programm. Eine Mentalitätsgeschichte vom Ersten Weltkrieg bis zum Nationalsozialismus*, Bielefeld 2008.

Metzler, Gabriele: *Der deutsche Sozialstaat. Vom bismarckschen Erfolgsmodell zum Pflegefall*, Stuttgart und München 2003.

MEW: Karl Marx/Friedrich Engels, *Werke*, 43 Bde., Berlin 1956 ff.

Meyer, Eduard/Ehrenberg, Victor: *Ein Briefwechsel 1914–1930.* Hrsg. von Gert Andring, Christhard Hoffmann und Jürgen von Ungern-Sternberg, Berlin u. a. 1990.

Meyer, Martin: *Ernst Jünger*, München u. a. 1990.

Michaelis, Herbert/Schraepler, Ernst (Hg.): *Ursachen und Folgen. Vom deutschen Zusammenbruch 1918 und 1945 bis zur staatlichen Neuordnung Deutschlands in der Gegenwart. Eine Urkunden- und Dokumentensammlung zur Kriegsgeschichte. Bd. 2: Der militärische Zusammenbruch und das Ende des Kaiserreichs*, Berlin 1958.

Michalka, Wolfgang (Hg.): *Der Erste Weltkrieg. Wirkung, Wahrnehmung, Analyse*, München u. a. 1994.

Ders.: «Kriegsrohstoffbewirtschaftung. Walther Rathenau und die ‹kommende Wirtschaft›»; in: ders. (Hg.), *Der Erste Weltkrieg*, S. 485–505.

Michel, Judith/Scholtyseck, Joachim: «Deutsches Kaiserreich 1871–1918»; in: *Geschichte in Wissenschaft und Unterricht*, 61. Jg., 2010, S. 132–148 und S. 200–211.

Michels, Eckhard: *«Der Held von Deutsch-Ostafrika», Paul von Lettow-Vorbeck. Ein preußischer Kolonialoffizier*, Paderborn u. a. 2008.

Middlebrook, Martin: *The First Day on the Somme. 1. July 1916*, London 1971.

Ders.: *Der 21. März 1918 – Die Kaiserschlacht*, Berlin 1979.

Miller, Susanne: *Burgfrieden und Klassenkampf. Die deutsche Sozialdemokratie im Ersten Weltkrieg*, Düsseldorf 1974.

Milz, Thomas: «Der schöne Soldat im Schoß der Mutter. Bemerkungen zu einem Kultbuch des Ersten Weltkrieges: Rilkes ‹Die Weise von Liebe und Tod des Cornets Christoph Rilke›»; in: *August 1914*, S. 60–69.

Miquel, Pierre: *Les oubliés de la Somme. Juillet–Novembre 1916*, Paris 2002.

Mogge, Winfried: «Wandervogel, Freideutsche Jugend und Bünde. Zum Jugendbild der bürgerlichen Jugendbewegung»; in: Koebner u. a. (Hg.), *«Mit uns zieht die neue Zeit»*, S. 174–198.

Moltke, Helmut von: *Erinnerungen – Briefe – Dokumente. 1877–1916*. Hrsg. von Eliza von Moltke, Stuttgart 1922.

Mombauer, Annika: *Helmuth von Moltke and the Origins of the First World War*, Cambridge 2001.

Dies.: «Der Moltkeplan: Modifikation des Schlieffenplans bei gleichen Zielen?»; in: Ehlert u. a. (Hg.), *Der Schlieffenplan*, S. 79–99.

Mommsen, Wolfgang J.: *Max Weber und die deutsche Politik 1890–1920*, Tübingen 1974 (2., überarb. und erw. Aufl.).

Ders.: *Das Ringen um den nationalen Staat. Die Gründung und der innere Ausbau des Deutschen Reichs unter Otto von Bismarck 1850 bis 1890*, Berlin 1993.

Ders.: *Bürgerstolz und Weltmachtstreben. Deutschland unter Wilhelm II. 1890–1918*, Berlin 1994.

Ders.: *Bürgerliche Kultur und künstlerische Avantgarde. 1870–1914. Kultur und Politik im deutschen Kaiserreich*, Frankfurt am Main u. a. 1994.

Ders.: *Der Erste Weltkrieg. Anfang vom Ende des bürgerlichen Zeitalters*, Frankfurt am Main 2004.

Ders.: *Die Urkatastrophe Deutschlands. Der Erste Weltkrieg 1914–1918*, Stuttgart 2002 (= Gebhardt, *Handbuch der deutschen Geschichte*, Bd. 17, 10., völlig neu bearb. Aufl.).

Ders.: «Anfänge des *ethnic cleansing* und der Umsiedlungspolitik im Ersten Weltkrieg»; in: *Mentalitäten – Nationen – Spannungsfelder. Studien zu Mittel- und Osteuropa im 19. und 20. Jahrhundert. Beiträge eines Kolloquiums zum 65. Geburtstag von Hans Lemberg*. Hrsg. von Eduard Mühle, Marburg 2001, S. 147–162.

Ders.: «Der Aufstieg der künstlerischen und literarischen Avantgarde und die Sprengung des bürgerlichen Kulturbegriffs (1905–1914); in: ders., *Bürgerliche Kultur und künstlerische Avantgarde*, Frankfurt am Main/Berlin 1994, S. 97–110.

Ders.: «Der Geist von 1914: Das Programm eines politischen Sonderwegs der Deutschen»; in: ders., *Der autoritäre Nationalstaat*, Frankfurt am Main 1990, S. 407–421.

Ders.: «Der Topos vom unvermeidlichen Krieg. Außenpolitik und öffentliche Meinung im Deutschen Reich im letzten Jahrzehnt vor 1914»; in: Dülffer/Holl (Hg.): *Bereit zum Krieg*, S. 194–224.

Ders.: «Die Künstler und Schriftsteller in den ersten Kriegsjahren»; in: ders., *Bürgerliche Kultur und künstlerische Avantgarde*, S. 128–153.

Monticone, Alberto: *La battaglia di Caporetto*, Rom 1955.

Moore, William: *Gas Attack!: Chemical Warfare 1915–1918 and afterwards*, London 1987.

Morelli, Anne: *Die Prinzipien der Kriegspropaganda*, Lüneburg 2005.

Moritz, Albrecht: *Das Problem des Präventivkrieges in der deutschen Politik während der ersten Marokkokrise*, Bern u. a. 1974.

Moritz, Verena/Leidinger, Hannes: *Oberst Redl. Der Spionagefall, der Skandal, die Fakten*, Wien 2012.

Morrow, John H. jr.: *The Great War in the Air. Military Aviation from 1909–1921*, London 1993.

Mosse, George L.: *Nationalismus und Sexualität. Bürgerliche Moral und sexuelle Normen*, Reinbek 1987.

Ders.: *Gefallen für das Vaterland. Nationales Heldentum und namenloses Sterben*, Stuttgart 1993.

Moyer, Lawrence: *Victory Must Be Ours. Germany in the Great War 1914–1918*, New York 1995.

Mühlhausen, Walter: «Die Sozialdemokratie am Scheidewege – Burgfrieden, Parteikrise und Spaltung im Ersten Weltkrieg»; in: Michalka (Hg.), *Der Erste Weltkrieg*, S. 649–671.

Müller, Georg Alexander von: *Regierte der Kaiser? Kriegstagebücher, Aufzeichnungen und Briefe des Chefs des Marine-Kabinetts, 1914–1918*, hrsg. von Walter Görlitz, Göttingen 1959.

Müller, Hans-Harald: «Bewältigungsdiskurse. Kulturelle Determinanten der literarischen Verarbeitung des Kriegserlebnisses in der Weimarer Republik»; in: Thoß/Volkmann (Hg.), *Erster Weltkrieg – Zweiter Weltkrieg. Ein Vergleich. Krieg, Kriegserlebnis, Kriegserfahrung in Deutschland*, Paderborn u. a. 2002, S. 773–781.

Müller, Joachim: *Die «Ideen von 1914» bei Johann Plenge und in der zeitgenössischen Diskussion. Ein Beitrag zur Ideengeschichte des Ersten Weltkrieges*, Neuwied 2001.

Müller, Klaus E.: *Der Krüppel. Ethnologia passionis humanae*, München 1996.

Müller, Klaus-Jürgen: «Militärpolitik in der Krise. Zur militärpolitischen Konzeption des deutschen Heeres-Generalstabs 1938»; in: Stegmann u. a. (Hg.), *Deutscher Konservatismus im 19. und 20. Jahrhundert. Festschrift für Fritz Fischer zum 75. Geburtstag*, Bonn 1983, S. 333–345.

Müller, Rolf-Dieter: *Der Bombenkrieg 1939–1945*. Unter Mitarbeit von Florian Huber und Johannes Eglau, Berlin 2004.

Ders.: «Gaskrieg»; in: Hirschfeld u. a. (Hg.), *Enzyklopädie Erster Weltkrieg*, S. 519–522.

Müller, Sven Oliver: *Die Nation als Waffe und Vorstellung. Nationalismus in Deutschland und Großbritannien im Ersten Weltkrieg*, Göttingen 2002.

Ders./Torp, Cornelius (Hg.): *Das Deutsche Kaiserreich in der Kontroverse*, Göttingen 2009.

Müller-Meiningen, Ernst: *Der Weltkrieg 1914–1917 und der «Zusammenbruch des Völkerrechts». Eine Abwehr und Anklage*, 2 Bde., Berlin 1915 und 1917.

Münch, Matti: *Verdun. Mythos und Alltag einer Schlacht*, München 2006.

Münkler, Herfried: *Über den Krieg. Stationen der Kriegsgeschichte im Spiegel ihrer theoretischen Reflexion*, Weilerswist 2002.

Ders.: *Imperien. Die Logik der Weltherrschaft. Vom alten Rom bis zu den Vereinigten Staaten*, Berlin 2005.

Ders.: *Der Wandel des Krieges. Von der Symmetrie zur Asymmetrie*, Weilerswist 2007.

Ders.: *Die Deutschen und ihre Mythen*, Berlin 2009.

Ders.: *Mitte und Maß. Der Kampf um die richtige Ordnung*, Berlin 2010.

Ders./Storch, Wolfgang: *Siegfrieden. Politik mit einem deutschen Mythos*, Berlin 1987.

Ders.: «Die Antike im Krieg. Perikles, Alexander und Hannibal als Orientierungsmarken der Deutschen im Ersten Weltkrieg»; in: *Zeitschrift für Ideengeschichte*, 2014 (im Erscheinen).

Ders.: «Die Tugend, der Markt, das Fest und der Krieg. Über die problematische Wiederkehr vormoderner Gemeinsinnerwartungen in der Postmoderne»; in: Vorländer (Hg.), *Demokratie und Transzendenz. Die Begründung demokratischer Ordnungen*, Bielefeld 2013, S. 295–329.

Ders.: «Mythic Sacrifices and Real Corpses: Le Sacre du Printemps and the Great War»; in: Danuser/Zimmermann (Hg.), *Avatar of Modernity. The Rite of Spring Reconsidered*, Basel 2013, S. 336–355.

Murray, Williamson: *German Military Effectiveness*, Baltimore, Maryland 1992.

Musial, Bogdan: *Kampfplatz Deutschland. Stalins Kriegspläne gegen den Westen*, Berlin 2008.

Naimark, Norman M.: *Flammender Hass. Ethnische Säuberungen im 20. Jahrhundert*, München 2004.

Nassua, Martin: *«Gemeinsame Kriegführung, gemeinsamer Friedensschluss.» Das Zimmermann-Telegramm vom 13. Januar 1917 und der Eintritt der USA in den 1. Weltkrieg*, Frankfurt am Main u. a. 1992.

Natorp, Paul: *Der Tag des Deutschen. Vier Kriegsaufsätze*, Hagen 1915.

Ders.: *Deutscher Weltberuf. Geschichtsphilosophische Richtlinien*, 2 Bde., Jena 1918.

Nebelin, Manfred: *Ludendorff. Diktator im Ersten Weltkrieg*, München 2010.

Nehring, Walther K.: «General der Kavallerie Friedrich von Bernhardi – Soldat und Militärwissenschaftler»; in: *Militärgeschichte, Militärwissenschaft und Konfliktforschung. Festschrift für Werner Hahlweg zum 65. Geburtstag.* Hrsg. von Dermont Bradley und Ulrich Marwedel, Osnabrück 1977, S. 295–308.

Neitzel, Sönke: *Weltmacht oder Untergang. Die Weltreichslehre im Zeitalter des Imperialismus*, Paderborn 2000.

Ders.: *Kriegsausbruch. Deutschlands Weg in die Katastrophe 1900–1914*, Zürich 2002.

Neulen, Hans Werner: *Feldgrau in Jerusalem. Das Levantekorps des kaiserlichen Deutschland*, München 1991.

Neumann, Georg Paul (Hg.): *Die deutschen Luftstreitkräfte im Weltkriege*, Berlin 1920.

Ders. (Hg.): *In der Luft unbesiegt. Erlebnisse im Weltkrieg, erzählt von Luftkämpfern*, München 1923.

Neuß, Raimund: *Anmerkungen zu Walter Flex. Die ‹Ideen von 1914› in der deutschen Literatur: Ein Fallbeispiel*, Schernfeld 1992.

Niebuhr, Reinhold: *The Children of Light and the Children of Darkness. A Vindication of Democracy and a Critique of its Traditional Defense* [1944], Chicago 2011.

Nipperdey, Thomas: *Deutsche Geschichte 1866–1918*, Bd. 2: *Machtstaat vor der Demokratie*, München 1992.

Nolte, Ernst: *Der europäische Bürgerkrieg 1917–1945. Nationalsozialismus und Bolschewismus*, Frankfurt am Main 1987.

Nowak, Karl Friedrich (Hg.): *Die Aufzeichnungen des Generalmajors Max Hoffmann*, 2 Bde., Berlin 1929.

Nowarra, Heinz J.: *Eisernes Kreuz und Balkenkreuz. Die Markierungen der deutschen Flugzeuge 1914–1918*. Mit Farbzeichnungen von Horst Löbner, Mainz 1968.

Nowosadtko, Jutta: *Krieg, Gewalt und Ordnung. Einführung in die Militärgeschichte*, Tübingen 2002.

O'Sullivan, Patrick: *Die Lusitania. Mythos und Wirklichkeit*, Hamburg u. a. 1999.

Offenstadt, Nicolas: «Der Erste Weltkrieg im Spiegel der Gegenwart. Fragestellungen, Debatten, Forschungsansätze»; in: Bauerkämper/Julien (Hg.): *Durchhalten!*, S. 54–77.

Oppelland, Torsten: *Reichstag und Außenpolitik im Ersten Weltkrieg. Die deutschen Parteien und die Politik der USA 1914–1918*, Düsseldorf 1995.

Osburg, Wolf-Rüdiger: *Hineingeworfen. Der Erste Weltkrieg in der Erinnerung seiner Teilnehmer* [2000], Berlin 2009.

Osterhammel, Jürgen: *Die Verwandlung der Welt. Eine Geschichte des 19. Jahrhunderts*, München 2009.

Palmer, Alan: *Franz Joseph I. Kaiser von Österreich und König von Ungarn*, München u. a. 1994.

Palumbo, Michael: «German-Italian Military Relations on the Eve of World War I»; in: *Central European History*, Bd. 12, 1979, Heft 4, S. 343–371.

Paret, Peter (Hg., in Zusammenarbeit mit Gordon A. Craig und Felix Gilbert): *Makers of Modern Strategy. From Machiavelli to the Nuclear Age*, Princeton/New Jersey 1986.

Parr, Rolf: *«Zwei Seelen wohnen, ach! In meiner Brust.» Strukturen und Funktionen der Mythisierung Bismarcks (1860–1918)*, München 1992.

Pedroncini, Guy: *Les Mutineries de 1917*, Paris 1967.

Pedrone, Karen: *The Great War in Russian Memory*, Bloomington 2011.

Pesek, Michael: *Das Ende eines Kolonialreiches. Ostafrika im Ersten Weltkrieg*, Frankfurt am Main u. a. 2010.

Peter, Matthias/Schröder, Hans Jürgen: *Einführung in das Studium der Zeitgeschichte*, Paderborn 1994.

Philipp, Albrecht: *Die Ursachen des deutschen Zusammenbruchs im Jahre 1918*, Bd. 1, Berlin 1925.

Piekalkiewicz, Janusz: *Weltgeschichte der Spionage*, München 1988.

Pinker, Steven: *Gewalt. Eine neue Geschichte der Menschheit. Aus dem Amerikan. von Sebastian Vogel*, Frankfurt am Main 2011.

Pinthus, Kurt (Hg.): *Deutsche Kriegsreden*, München, Berlin 1916.

Pipes, Richard: *Geschichte der russischen Revolution*, 3 Bde., Berlin 1992.

Plaschka, Richard Georg/Haselsteiner, Horst/Suppan, Arnold: *Innere Front. Militärassistenz, Widerstand und Umsturz in der Donaumonarchie 1918*, 2 Bde., München 1974.

Plenge, Johann: *Der Krieg und die Volkswirtschaft*, Münster 1915 (= Kriegsvorträge der Universität Münster, Nr. 11/12).

Ders.: *1789 und 1914. Die symbolischen Jahre in der Geschichte des politischen Geistes*, Berlin 1916.

Ders.: *Wirtschaftsstufen und Wirtschaftsentwicklung*, Berlin 1916.

Polenz, Max: «Eduard Schwartz»; in: *Jahrbuch der Akademie der Wissenschaften in Göttingen für das Geschäftsjahr 1939/40*, Göttingen 1940, S. 46–59.

Ponsonby, Arthur: *Falsehood in War-Time. Propaganda Lies of the First World War*, London 1928.

Porter, Roy: *Die Kunst des Heilens. Eine medizinische Geschichte der Menschheit von der Antike bis heute*, Heidelberg u. a. 2000.

Prior, Robin/Wilson, Trevor: *The Somme*, New Haven u. a. 2005.

Procacci, Giovanna: *Soldati e prigioneri italiani nella Grande Guerra*, Rom 1993.

Puhle, Hans-Jürgen: *Agrarische Interessenpolitik und preußischer Konservativismus im wilhelminischen Reich (1893–1914)*, Hannover ²1975.

Pyta, Wolfgang: *Hindenburg. Herrschaft zwischen Hohenzollern und Hitler*, München 2007.

Ders./Kretschmann, Karsten (Hg.): *Burgfrieden und Union sacrée. Literarische Deutungen und politische Ordnungsvorstellungen in Deutschland und Frankreich 1914–1933*, München 2011 (= Beiheft Nr. 54 der Historischen Zeitschrift).

Radkau, Joachim: *Das Zeitalter der Nervosität: Deutschland zwischen Bismarck und Hitler*, München u. a. 1998.

Ders.: *Max Weber. Die Leidenschaft des Denkens*, München u. a. 2005.

Rahn, Werner: «Seestrategisches Denken in der deutschen Marine 1914–1945»; in: *Politischer Wandel, organisierte Gewalt und nationale Sicherheit. Festschrift für Klaus-Jürgen Müller*, hrsg. von Ernst Willi Hansen u. a., München 1995, S. 143–160.

Ders.: «Strategische Probleme der deutschen Seekriegführung 1914–1918»; in: Michalka (Hg.), *Der Erste Weltkrieg*, S. 341–365.

Ders.: «Die Seeschlacht vor dem Skagerrak: Verlauf und Analyse aus deutscher Perspektive»; in: Epkenhans u. a. (Hg.), *Skagerrakschlacht*, S. 139–196.

Ders.: «Führungsprobleme und Zusammenbruch der kaiserlichen Marine 1917/18»; in: *Die Deutsche Marine*, hrsg. von dem Deutschen Marineinstitut und der Deutschen Marine-Akademie, Herford u. a. 1983, S. 171–189.

Raithel, Thomas: *Das «Wunder» der inneren Einheit. Studien zur deutschen und französischen Öffentlichkeit bei Beginn des Ersten Weltkrieges*, Bonn 1996.

Ranke-Graves, Robert von: *Strich drunter! Aus dem Engl. von Gottfried Treviranus. Durchgesehen und überarbeitet von Birgit Otto*, Reinbek 1990.

Raths, Ralf: *Vom Massensturm zur Stoßtrupptaktik. Die deutsche Landkriegstaktik im Spiegel von Dienstvorschriften und Publizistik 1906–1918*, Freiburg im Breisgau u. a. 2009.

Rauch, Carsten: *Die Theorie des Demokratischen Friedens. Grenzen und Perspektiven*, Frankfurt am Main u. a. 2005.

Rauchensteiner, Manfried: *Der Tod des Doppeladlers. Österreich-Ungarn und der Erste Weltkrieg*, Wien 1993.

Rauh, Manfred: «Die britisch-russische Marinekonvention von 1914 und der Ausbruch des Ersten Weltkrieges»; in: *Militärgeschichtliche Mitteilungen*, Bd. 41, 1987, S. 37–63.

Raulff, Ulrich: «Politik als Passion. Hans Delbrück und der Krieg in der Geschichte»; in: Hans Delbrück, *Geschichte der Kriegskunst im Rahmen der politischen Geschichte. Neuausgabe des Nachdrucks von 1964*, Berlin 2000, Bd. 1, S. IX–LVI.

Razac, Olivier: *Politische Geschichte des Stacheldrahts. Prärie, Schützengraben, Lager*, Zürich u. a. 2003.

Rebenich, Jost: *Die vielen Gesichter des Kaisers. Wilhelm II. in der deutschen und britischen Karikatur*, Berlin 2000.

Regan, Geoffrey: *Narren, Nulpen, Niedermacher. Militärische Blindgänger und ihre größten Schlachten*, Lüneburg 1998.

Reimann, Aribert: «Die heile Welt im Stahlgewitter: Deutsche und englische Feldpost»; in: Hirschfeld u.a. (Hg.), *Kriegserfahrungen*, S. 129–145.

Reinermann, Lothar: *Der Kaiser in England. Wilhelm II. und sein Bild in der britischen Öffentlichkeit*, Paderborn 2001.

Reiter, Michael: «‹Deutschlands innere Wandlung›. Georg Simmel zum Krieg»; in: *August 1914*, S. 212–219.

Relinger, Jean: *Henri Barbusse. Écrivain combattant*, Paris 1994.

Remak, Joachim: «1914 – The Third Balkan War: Origins Reconsidered»; in: *Journal of Modern History*, Bd. 43, 1971, Nr. 3, S. 353–366.

Remarque, Erich Maria: *Im Westen nichts Neues* [1928/29]/*Der Weg zurück* [1930/31], Köln 1975.

Ders.: *Der Feind. Erzählungen*. Hrsg. und mit einem Nachwort von Thomas Schneider, Köln 1993.

Renn, Ludwig: *Krieg. Mit 24 Lithographien von Bernhard Heisig*, Leipzig 1979.

Reulecke, Jürgen: «Das Jahr 1902 und die Ursprünge der Männerbund-Ideologie in Deutschland»; in: *Männerbande, Männerbünde. Zur Rolle des Mannes im Kulturvergleich*. Hrsg. von Gisela Völger und Karin von Welck, Köln 1990, S. 3–10.

Richter, Benjamin: *Wie Deutschland den Ersten Weltkrieg gewann. Ein paradoxes Kriegsende und seine Folgen*, München 2008.

Richthofen, Manfred Frhr. von: *Der rote Kampfflieger*, Berlin u.a. 1917.

Riedesser, Peter/Verderber, Axel: *Maschinengewehre hinter der Front. Zur Geschichte der deutschen Militärpsychiatrie*, Frankfurt am Main ²1996.

Riezler, Kurt: *Tagebücher, Aufsätze, Dokumente*. Eingeleitet von Karl Dietrich Erdmann, Göttingen 1972.

Riff, Michael: «Das osteuropäische Judentum»; in: Bautz (Hg.), *Geschichte der Juden. Von der biblischen Zeit bis zur Gegenwart*, München ⁵1996, S. 115–139.

Ringer, Fritz: *Die Gelehrten. Der Niedergang der deutschen Mandarine 1890–1933*, Stuttgart 1983.

Ritter, Gerhard: *Die Dämonie der Macht. Betrachtungen über Geschichte und Wesen des Machtproblems im politischen Denken der Neuzeit*, Stuttgart 1947 (vor 1945 unter dem Titel *Machtstaat und Utopie* erschienen).

Ders.: *Der Schlieffenplan. Kritik eines Mythos*, München 1956.

Ders.: *Staatskunst und Kriegshandwerk. Das Problem des «Militarismus» in Deutschland*, 3 Bde., München 1954–1968.

Ritter, Gerhard A.: *Der Sozialstaat. Entstehung und Entwicklung im internationalen Vergleich*, München 1991 (2., überarb. und erheblich erweiterte Aufl.).

Robinson, Douglas H.: *The Zeppelin in Combat. A History of the German Naval Airship Division, 1912–1918*, London 1962.

Rödel, Christian: *Krieger, Denker, Amateure. Alfred von Tirpitz und das Seekriegsbild vor dem Ersten Weltkrieg*, Stuttgart 2003.

Roerkohl, Anne: *Hungerblockade und Heimatfront. Die kommunale Lebensmittelversorgung in Westfalen während des Ersten Weltkrieges*, Stuttgart 1991.

Rohkrämer, Thomas: «August 1914 – Kriegsmentalität und ihre Voraussetzungen»; in: Michalka (Hg.), *Der Erste Weltkrieg*, S. 759–777.

Ders.: «Der Gesinnungsmilitarismus der ‹kleinen Leute› im Deutschen Kaiserreich»; in: Wette (Hg.), *Der Krieg des kleinen Mannes*, S. 95–109.

Röhl, John C. G.: *Kaiser, Hof und Staat. Wilhelm II. und die deutsche Politik*, München 1987.

Ders.: *Wilhelm II.*, 3 Bde., München 1993–2008. Bd. 3: *Der Weg in den Abgrund. 1900–1941*, München 2008.

Rolland, Romain: *Das Gewissen Europas. Tagebuch der Kriegsjahre 1914–1919. Aufzeichnungen und Dokumente zur Moralgeschichte Europas in jener Zeit*, 3 Bde., Berlin 1983.

Rommel, Erwin: *Infanterie greift an. Erlebnis und Erfahrung* [1937], Bonn 2010.

Rose, Andreas: «‹The writers, not the sailors …› Großbritannien, die Hochseeflotte und die ‹Revolution der Staatenwelt›»; in: Heidenreich/Neitzel (Hg.), *Das Deutsche Kaiserreich*, S. 221–240.

Rosenberg, Emily (Hg.): *1870–1945. Weltmächte und Weltkriege*, München 2012.

Ross, Robert S.: «China's Naval Nationalism. Sources, Prospects, and the U.S. Response»; in: *International Security*, Bd. 34, 2009, Heft 2, S. 46–81.

Rössler, Eberhard: *Geschichte des deutschen U-Bootbaus*, Bd. 1, Bonn 1996.

Roth, Ralf: *Wilhelm Merton. Ein Weltbürger gründet eine Universität*, Frankfurt am Main 2010.

Rothenberg, Gunther E.: *The Army of Francis Joseph*, West Lafayette, Indiana 1976.

Rothfels, Hans: «Die englisch-russischen Verhandlungen von 1914 über eine Marinekonvention»; in: *Berliner Monatshefte*, 12. Jg., 1934, Nr. 3, S. 365–372.

Rouette, Susanne: «Frauenarbeit, Geschlechterverhältnisse und staatliche Politik»; in: Kruse (Hg.), *Eine Welt von Feinden*, S. 92–126.

Rudd, Kevin: «A Maritime Balkans of the 21st Century?»; in: Foreign Policy (http://www.foreignpolicy.Com/articles/2013/01/0/a_maritime_balkans), abgerufen am 31. 5. 2013.

Ruge, Friedrich: «Zur Marinegeschichtsschreibung»; in: *Militärgeschichte, Militärwissenschaft und Konfliktforschung. Festschrift für Werner Hahlweg zum 65. Geburtstag*, hrsg. von Dermot Bradley und Ulrich Marwedel, Osnabrück 1977, S. 359–367.

Rüger, Jan: *The Great Naval Game. Britain and Germany in the Age of Empire*, Cambridge 2007.

Rupprecht von Bayern: *Mein Kriegstagebuch*, hrsg. von Eugen von Frauenholz, 3 Bde., Berlin 1929.

Rürup, Reinhard: «Der ‹Geist von 1914› in Deutschland. Kriegsbegeisterung und Ideologisierung des Krieges im Ersten Weltkrieg»; in: Hüppauf (Hg.), *Ansichten vom Krieg*, S. 1–30.

Rusconi, Gian Enrico: «Das Hasardspiel des Jahres 1915. Warum sich Italien für den Eintritt in den Ersten Weltkrieg entschied»; in: Hürter/Rusconi (Hg.), *Der Kriegseintritt Italiens im Mai 1915*, München 2007, S. 13–52.

Sabrow, Martin: «Heroismus und Viktimismus. Überlegungen zum deutschen Opferdiskurs in historischer Perspektive»; in: *Potsdamer Bulletin für Zeithistorische Studien*, Nr. 43/44, Dezember 2008, S. 7–20.

Ders./Jessen, Ralph/Grosse Kracht, Klaus (Hg.): *Zeitgeschichte als Streitgeschichte. Große Kontroversen nach 1945*, München 2003.

Salewski, Michael: *Revolution der Frauen. Konstrukt, Sex, Wirklichkeit*, Stuttgart 2009.

Ders.: *Tirpitz. Aufstieg – Macht – Scheitern*, Göttingen u. a. 1979.

Ders.: *Die Deutschen und die See. Studien zur deutschen Marinegeschichte des 19. und 20. Jahrhunderts*, hrsg. von Jürgen Elvert und Stefan Lippert, Stuttgart 1998.

Ders.: *Der Erste Weltkrieg*, Paderborn u. a. 2003.

Salm, Jan: *Ostpreußische Städte im Ersten Weltkrieg. Wiederaufbau und Neuerfindung*, München 2012.

Scharlau, Winfried B./Zeman, Zbyněk A.: *Freibeuter der Revolution. Parvus-Helphand. Eine politische Biographie*, Köln 1964.

Schauwecker, Franz: *Aufbruch der Nation*, Berlin 1930.

Scheler, Max: *Der Genius des Krieges und der Deutsche Krieg*, Leipzig 1915.

Schieder, Theodor: *Nationalismus und Nationalstaat. Studien zum nationalen Problem im modernen Europa*. Hrsg. von Otto Dann und Hans-Ulrich Wehler, Göttingen 1991.

Schierliess, Volker: *Igor Strawinsky. Le Sacre du Printemps*, München 1982.

Schildt, Axel: «Ein konservativer Prophet moderner Integration. Biographische Skizze des streitbaren Soziologen Johann Plenge (1874–1963)»; in: *Vierteljahrshefte für Zeitgeschichte*, 35. Jg., 1987, Heft 4, S. 523–570.

Schilling, René: *«Kriegshelden». Deutungsmuster heroischer Männlichkeit in Deutschland 1813–1945*, Paderborn u. a. 2002.

Schivelbusch, Wolfgang: *Die Kultur der Niederlage. Der amerikanische Süden 1865, Frankreich 1971, Deutschland 1918*, Berlin 2001.

Schlieffen, Generalfeldmarschall Graf Alfred von: *Gesammelte Schriften*, 2 Bde., Berlin 1913.

Schmidt, Stefan: «Frankreichs Plan XVII. Zur Interdependenz von Außenpolitik und militärischer Planung in den letzten Jahren vor Ausbruch des großen Krieges»; in: Ehlert u. a. (Hg.), *Der Schlieffenplan*, S. 221–256.

Schmitt, Carl: *Völkerrechtliche Großraumordnung und Interventionsverbot für raumfremde Mächte. Ein Beitrag zum Rechtsbegriff im Völkerrecht*, Berlin, München, Wien ⁴1941.

Schneider, Manfred: *Das Attentat. Kritik der paranoischen Vernunft*, Berlin 2010.

Schneider, Thomas F.: *Kriegserlebnis und Legendenbildung. Das Bild des «modernen» Krieges in Literatur, Theater, Photographie und Film*, 3 Bde., Osnabrück 1999.

Ders./Wagener, Hans (Hg.): *Von Richthofen bis Remarque: Deutschsprachige Prosa zum I. Weltkrieg*, Amsterdam u. a. 2003.

Ders.: «Zur deutschen Kriegsliteratur im Ersten Weltkrieg»; in: ders. (Hg.), *Kriegserlebnis und Legendenbildung*, Bd. 1, S. 101–114.

Schnell, Felix: *Räume des Schreckens. Gewalt und Gruppenmilitanz in der Ukraine 1905–1933*, Hamburg 2012.

Schöllgen, Gregor: *Die Macht in der Mitte Europas. Stationen deutscher Außenpolitik von Friedrich dem Großen bis zur Gegenwart*, München 1992.

Ders./Kießling, Friedrich: *Das Zeitalter des Imperialismus*, München 2009.

Scholz, Robert: «Ein unruhiges Jahrzehnt: Lebensmittelunruhen, Massenstreiks und Arbeitslosenkrawalle in Berlin 1914–1923»; in: Gailus u. a. (Hg.), *Pöbelexzesse und Volkstumulte in Berlin. Zur Sozialgeschichte der Straße*, Berlin 1984, S. 79–123.

Schönhoven, Klaus: «Die Kriegspolitik der Gewerkschaften»; in: Michalka (Hg.), *Der Erste Weltkrieg*, S. 672–690.

Schöning, Matthias: *Versprengte Gemeinschaft. Kriegsroman und intellektuelle Mobilmachung in Deutschland 1914–1933*, Göttingen 2009.

Schorske, Carl E.: *Die große Spaltung. Die deutsche Sozialdemokratie 1905–1917*, Berlin 1981.

Schottelius, Herbert/Deist, Wilhelm (Hg.): *Marine und Marinepolitik im kaiserlichen Deutschland 1871–1914*, Düsseldorf 1972.

Schröder, Hans-Christoph: *Sozialistische Imperialismusdeutung. Studien zu ihrer Geschichte*, Göttingen 1973.

Schüler-Springorum, Stefanie: «Vom Fliegen und Töten. Militärische Männlichkeit in der deutschen Fliegerliteratur, 1914–1939»; in: Hagemann/Schüler-Springorum (Hg.), *Heimat-Front*, S. 208–233.

Schulte-Varendorff, Uwe: *Kolonialheld für Kaiser und Führer. General Lettow-Vorbeck – Mythos und Wirklichkeit*, Berlin 2006.

Ders.: *Krieg in Kamerun. Die deutsche Kolonie im Ersten Weltkrieg*, Berlin 2011.

Schulz, Oliver: «‹Ungeordnete Verhältnisse› und entgrenzter Krieg. Das Osmanische Reich im Ersten Weltkrieg»; in: Bauerkämper/Julien (Hg.), *Durchhalten!*, S. 260–280.

Schumann, Hans: *Der Schwefelgelbe. Fontane und Bismarck*, Zürich 1998.

Schumpeter, Josef: «Zur Soziologie der Imperialismen»; in: *Archiv für Sozialwissenschaft und Sozialpolitik*, Bd. 46, 1918/1919, S. 1–39 und 275–310.

Schwabe, Klaus: *Wissenschaft und Kriegsmoral. Die deutschen Hochschullehrer und die politischen Grundfragen des Ersten Weltkrieges*, Göttingen u. a. 1969.

Ders.: *Deutsche Revolution und Wilson-Frieden. Die amerikanische und die deutsche Friedensstrategie zwischen Ideologie und Machtpolitik 1918/19*, Düsseldorf 1971.

Ders.: *Woodrow Wilson. Ein Staatsmann zwischen Puritanismus und Liberalismus*, Göttingen 1971.

Ders.: *Weltmacht und Weltordnung. Amerikanische Außenpolitik von 1898 bis zur Gegenwart. Eine Jahrhundertgeschichte*, Paderborn u. a. 2006.

Schwarte, Max (Hg.): *Der große Krieg 1914–1918*, 10 Bde., Leipzig 1922.

Schwartz, Eduard: *Das Geschichtswerk des Thukydides*, Bonn 1919.

Schwarz, Hans-Peter: *Die Zentralmacht Europas. Deutschlands Rückkehr auf die Weltbühne*, Berlin 1994.

Schwarzmüller, Theo: *Zwischen Kaiser und «Führer». Generalfeldmarschall August von Mackensen. Eine politische Biographie*, Paderborn u. a. 1996 (2., durchgesehene Aufl.).

Sebald, Peter: *Die deutsche Kolonie Togo 1884–1914. Auswirkungen einer Fremdherrschaft*, Berlin 2013.

See, Klaus von: *Die Ideen von 1789 und die Ideen von 1914. Völkisches Denken in Deutschland zwischen Französischer Revolution und Erstem Weltkrieg*, Frankfurt am Main 1975.

Ders.: «Politische Männerbund-Ideologie von der wilhelminischen Zeit bis zum Nationalsozialismus»; in: *Männerbande, Männerbünde. Zur Rolle des Mannes im Kulturvergleich*. Hrsg. von Gisela Völger und Karin von Welck, Köln 1990, S. 93–102.

Segesser, Daniel Marc: *Der Erste Weltkrieg in globaler Perspektive*, Wiesbaden 2010.

Seidt, Hans-Ulrich: *Berlin, Kabul, Moskau. Oskar Ritter von Niedermayer und Deutschlands Geopolitik*, München 2002.

Seils, Ernst-Albert: *Weltmachtstreben und Kampf für den Frieden. Der deutsche Reichstag im Ersten Weltkrieg*, Frankfurt am Main u. a. 2011.

Sellin, Volker: *Gewalt und Legitimität. Die europäische Monarchie im Zeitalter der Revolutionen*, München 2011.

Shanafelt, Gary W.: *The Secret Enemy. Austria-Hungary and the German Alliance 1914–1918*, Boulder u. a. 1985.

Sheffield, Gary: *The Somme*, London 2003.

Showalter, Dennis E.: «Niedergang und Zusammenbruch der deutschen Armee 1914–1919»; in: Papenfuß/Schieder (Hg.), *Deutsche Umbrüche im 20. Jahrhundert*, Köln u. a. 2000, S. 39–61.

Sieferle, Rolf Peter: «Der deutsch-englische Gegensatz und die ‹Ideen von 1914›»; in: Gottfried Niedhart (Hg.), *Das kontinentale Europa und die britischen Inseln. Wahrnehmungsmuster und Wechselwirkungen seit der Antike*, Mannheim 1993, S. 139–160.

Sieg, Ulrich: *Geist und Gewalt. Deutsche Philosophen zwischen Kaiserreich und Nationalsozialismus*, München 2013.

Siemann, Wolfram: *Vom Staatenbund zum Nationalstaat. Deutschland 1806–1871*, München 1995.

Simmel, Georg: *Der Krieg und die geistigen Entscheidungen* [1917]; in: ders., *Gesamtausgabe*. Hrsg. von Georg Fitzi und Otthein Rammstedt, Bd. 16, Frankfurt am Main 1999, S. 7–58.

Skalweit, August: *Die deutsche Kriegsernährungswirtschaft*, Stuttgart u. a. 1927.

Smith, Leonard V.: *Between Mutiny and Obedience: The Case of the French Fifth Infantry during World War I*, Princeton 1994.

Ders.: «The French High Command and the Mutinies of the Spring 1917»; in: Cecil/Little (Hg.), *Facing Armageddon*, S. 79–92.

Ders.: «Erzählung und Identität an der Front oder ‹Die Theorie und die armen Teufel von der Infanterie›»; in: Winter u. a. (Hg.), *Der Erste Weltkrieg*, S. 133–166.

Snyder, Timothy: *Bloodlands. Europa zwischen Hitler und Stalin*, München 2012.

Sofsky, Wolfgang: *Todesarten. Über Bilder der Gewalt*, Berlin 2011.

Solschenizyn, Alexander: *August vierzehn;* Bd. 1 der Trilogie *Das Rote Rad. Eine Erzählung in bestimmten Zeitausschnitten*. Hrsg. von Heddy Pross-Weerth, München u. a. 1987.

Sombart, Nicolaus: *Jugend in Berlin. 1933–1943. Ein Bericht*, München und Wien 1984.

Sombart, Werner: *Händler und Helden. Patriotische Besinnungen*, München und Leipzig 1915.

Sösemann, Bernd: «Die sog. Hunnenrede Wilhelms II. Textkritische und interpretatorische Bemerkungen zur Ansprache des Kaisers vom 27. Juli 1900 in Bremerhaven»; in: *Historische Zeitschrift*, Bd. 222, 1976, S. 342–358.

Ders.: «Die Bereitschaft zum Krieg. Sarajewo 1914»; in: Alexander Demandt (Hg.), *Das Attentat in der Geschichte*, Frankfurt am Main 1999, S. 350–381.

Soutou, Georges-Henri: «Die Kriegsziele des Deutschen Reiches, Frankreichs, Großbritanniens und der Vereinigten Staaten während des Ersten Weltkrieges: ein Vergleich»; in: Michalka (Hg.), *Der Erste Weltkrieg*, S. 28–53.

Speckmann, Thomas: «Der Krieg im Alpenraum aus der Perspektive des ‹kleinen Mannes›. Biographische Studien am Beispiel der Aufzeichnungen Hugo Dornhofers»; in: Kuprian/Überegger (Hg.), *Der Krieg im Alpenraum*, S. 101–114.

Spilker, Rolf/Ulrich, Bernd (Hg.): Der *Tod als Maschinist. Der industrialisierte Krieg 1914–1918.* Katalog zur Ausstellung des Museums Industriekultur Osnabrück, Bramsche 1998.

Sprengel, Rainer: *Kritik der Geopolitik. Ein deutscher Diskurs 1914–1944*, Berlin 1996.

Sprotte, Maik Hendrik/Seifert, Wolfgang/Löwe, Heinz-Dietrich (Hg.): *Der Russisch-Japanische Krieg 1904/05. Anbruch einer neuen Zeit?*, Wiesbaden 2007.

Stachelbeck, Christian: *Militärische Effektivität im Ersten Weltkrieg. Die 11. Bayerische Infanteriedivision 1915 bis 1918*, Paderborn u. a. 2010.

Stegemann, Bernd: «Der U-Boot-Krieg im Jahre 1918»; in: *Marine-Rundschau,* 64./65. Jg., 1967/68, S. 333–345.

Stegemann, Hermann: *Geschichte des Krieges*, 4 Bde., Stuttgart u. a. 1919–1921.

Steglich, Wolfgang: *Die Friedenspolitik der Mittelmächte 1917/18*, Wiesbaden 1964.

Ders. (Hg.): *Die Friedensversuche der kriegführenden Mächte im Sommer und Herbst 1917. Quellenkritische Untersuchungen, Akten und Vernehmungsprotokolle*, Stuttgart 1984.

Steinberg, Jonathan: «Der Kopenhagen-Komplex»; in: Laqueur/Mosse (Hg.), *Kriegsausbruch 1914*, S. 31–59.

Steuber, Werner (Bearb.): «*Jildirim*». *Deutsche Streiter auf heiligem Boden*, Oldenburg u. a. ²1926 (= Schlachten des Weltkrieges, Bd. 4).

Stevenson, David: *Armaments and the Coming of War. Europe 1904–1914*, Oxford 1996.

Ders.: *1914–1918. Der Erste Weltkrieg.* Aus dem Engl. von Harald Ehrhardt und Ursula Vones-Liebenstein, Düsseldorf 2006.

Ders.: *With Our Backs to the Wall. Victory and Defeat in 1918*, London 2011.

Stöcker, Michael: *Augusterlebnis 1914 in Darmstadt. Legende und Wirklichkeit*, Darmstadt 1994.

Stöller, Ferdinand: *Feldmarschall Franz Graf Conrad von Hötzendorf*, Leipzig 1942.

Stone, Norman: *The Eastern Front 1914–1917*, London 1975.

Ders.: «Ungarn und die Julikrise 1914»; in Laqueur/Mosse (Hg.), *Kriegsausbruch 1914*, S. 202–223.

Storz, Dieter: *Kriegsbild und Rüstung vor 1914. Europäische Landstreitkräfte vor dem Ersten Weltkrieg*, Herford u. a. 1992.

Ders.: «‹Dieser Stellungs- und Festungskrieg ist scheußlich!› Zu den Kämpfen in Lothringen und in den Vogesen im Sommer 1914»; in: Ehlert u. a. (Hg.), *Der Schlieffenplan*, S. 161–204.

Ders.: «‹Aber was hätte anders geschehen sollen?› Die deutschen Offensiven an der Westfront 1918»; in: Duppler/Groß (Hg.), *Kriegsende 1918*, S. 51–95.

Strachan, Hew: *The First World War.* Bd. I. *To Arms*, Oxford 2001.

Ders.: *Der Erste Weltkrieg. Eine neue illustrierte Geschichte*, München 2004.

Ders.: «Die Ostfront. Geopolitik, Geographie und Operationen»; in: Groß (Hg.), *Die vergessene Front*, S. 11–26.

Strohschnitter, Valentin: *Der deutsche Soldat 1913–1919*, Frankfurt am Main 1930.

Stumpf, Reinhard (Hgl): *Kriegstheorie und Kriegsgeschichte. Carl von Clausewitz. Helmut von Moltke*, Frankfurt am Main 1993.

Stürmer, Michael: *Das ruhelose Reich. Deutschland 1866–1918*, Berlin 1983.

Sulzbach, Herbert: *Zwischen zwei Mauern. 50 Monate Westfront* [1935], Berg am See 1985.

Sundhaussen, Holm: *Geschichte Jugoslawiens 1918–1980*, Stuttgart 1982.

Ders.: *Geschichte Serbiens. 19. bis 21. Jahrhundert*, Wien u. a. 2007.

Ders./Torke, Hans J. (Hg.): *1917/1918 als Epochengrenze?*, Wiesbaden 2000.

Ders.: «Europa balcanica. Der Balkan als historischer Raum Europas»; in: *Geschichte und Gesellschaft*, Bd. 25, 1999, S. 626–653.

Suttner, Bertha von: *Die Barbarisierung der Luft*, Berlin 1912.

Szczepaniak, Monika: *Militärische Männlichkeiten in Deutschland und Österreich im Umfeld des Großen Krieges. Konstruktionen und Dekonstruktionen*, Würzburg 2011.

Szöllosi-Janze, Margit: *Fritz Haber. 1868–1934. Eine Biographie*, München 1998.

Szücs, Jenö: *Die drei historischen Regionen Europas*, Frankfurt am Main 1990.

Thaer, Albrecht von: *Generalstabsdienst an der Front und in der OHL*, Göttingen 1958.

Ther, Philipp: «Deutsche Geschichte als imperiale Geschichte. Polen, slawophone Minderheiten und das Kaiserreich als kontinentales Empire»; in: Conrad/Osterhammel (Hg.), *Das Kaiserreich transnational. Deutschland in der Welt 1871–1914*, Göttingen 2004, S. 128–148.

Thiel, Jens: *«Menschenbassin Belgien». Anwerbung, Deportation und Zwangsarbeit im Ersten Weltkrieg*, Essen 2007.

Thimme, Anneliese: *Flucht in den Mythos. Die Deutschnationale Volkspartei und die Niederlage von 1918*, Göttingen 1969.

Thimme, Friedrich/Legien, Carl (Hg.): *Die Arbeiterschaft im neuen Deutschland*, Leipzig 1915.

Thorau, Peter: *Lawrence von Arabien – Ein Mann und seine Zeit*, München 2010.

Thoß, Bruno: «Militärische Entscheidung und politisch-gesellschaftlicher Umbruch. Das Jahr 1918 in der neueren Weltkriegsforschung»; in: Duppler/Groß (Hg.), *Kriegsende 1918*, S. 17–37.

Thukydides: *Der Peloponnesische Krieg*. Übersetzt und hrsg. von Helmuth Vretska und Werner Rinner, Stuttgart 2000.

Tirpitz, Alfred v.: *Erinnerungen*, Leipzig 1919.

Tönnies, Ferdinand: *Gemeinschaft und Gesellschaft. Grundbegriffe der reinen Soziologie* [1887], Darmstadt 1991.

Torrey, Glenn E.: *The Romanian Battlefront in World War I*, Lawrence/Kansas 2011.

Tramitz, Angelika: «Vom Umgang mit Helden. Kriegs(vor)schriften und Benimmregeln für deutsche Frauen im Ersten Weltkrieg»; in: Peter Knoch (Hg.), *Kriegsalltag*, Stuttgart 1989, S. 84–113.

Travers, Tim: *How The War Was Won. Command and Technology in the British Army on the Western Front, 1917–1918*, London und New York 1992.

Ders.: *The Killing Ground. The British Army, the Western Front and the Emergence of Modern War 1900–1918* [1987], Barnsley 2009.

Traverso, Enzo: *Im Bann der Gewalt. Der europäische Bürgerkrieg 1914–1945*, München 2008.

Treue, Wilhelm: «Max Freiherr von Oppenheim – der Archäologe und die Politik»; in: *Historische Zeitschrift*, Bd. 209, 1969, S. 37–74.

Troeltsch, Ernst: *Deutscher Geist und Westeuropa. Gesammelte Kulturphilosophische Aufsätze und Reden*. Hrsg. von Hans Baron, Tübingen 1925.

Trumpener, Ulrich: *Germany and the Ottoman Empire 1914–1918*, Princeton 1968.

Ders.: «The Road to Ypres: The Beginning of Gas Warfare in World War I»; in: *Journal of Modern History*, Bd. 47, 1975, S. 460–480.

Tschischwitz, Erich von (Bearb.): *Antwerpen 1914*, Oldenburg u. a. 1925 (= *Schlachten des Weltkrieges*, Bd. 3).

Tuchman, Barbara W.: *Die Zimmermann-Depesche* [1958], Bergisch Gladbach 1982.

Dies.: *August 1914. Der Ausbruch des Ersten Weltkriegs*, Bergisch Gladbach 1984.

Uhle-Wettler, Franz: *Alfred von Tirpitz in seiner Zeit*, Hamburg u. a. 1988.

Ders.: *Höhe- und Wendepunkte deutscher Militärgeschichte. Von Leuthen bis Stalingrad*, Graz 2006.

Ullrich, Volker: *Die nervöse Großmacht. Aufstieg und Untergang des deutschen Kaiserreichs*, Frankfurt am Main 1997.

Ders.: «Kriegsalltag. Zur inneren Revolutionierung der wilhelminischen Gesellschaft»; in: Michalka (Hg.), *Der Erste Weltkrieg*, S. 603–621.

Ulrich, Bernd: *Die Augenzeugen. Deutsche Feldpostbriefe in Kriegs- und Nachkriegszeit 1914–1933*, Essen 1997.

Ders./Ziemann, Benjamin (Hg.): *Frontalltag im Ersten Weltkrieg. Ein historisches Lesebuch*, Essen 2008.

Diess. (Hg.): *Krieg im Frieden. Die umkämpfte Erinnerung an den Ersten Weltkrieg*, Frankfurt am Main 1997.

Diess.: «Das soldatische Kriegserlebnis»; in: Kruse (Hg.), *Eine Welt von Feinden*, S. 127–158.

Umbach, Maiken: «Made in Germany»; in: François/Schulze (Hg.), *Deutsche Erinnerungsorte*, Bd. 2, S. 405–418.

Ungern-Sternberg, Jürgen von/Ungern-Sternberg, Wolfgang von: *Der Aufruf ‹An die Kulturwelt!› Das Manifest der 93 und die Anfänge der Kriegspropaganda im Ersten Weltkrieg*, Stuttgart 1996.

Unruh, Karl: *Langemarck. Legende und Wirklichkeit*, Koblenz 1986.

Urlanis, Boris Cezarevic: *Bilanz der Kriege. Die Menschenverluste Europas vom 17. Jahrhundert bis zur Gegenwart*, Berlin 1965.

Vagts, Alfred: *A History of Militarism. Civilian and Military* [1937], New York 1959.

Ders.: «Die Chimäre des europäischen Gleichgewichts»; in: ders., *Bilanzen und Balancen. Aufsätze zur internationalen Finanz und internationalen Politik*. Hrsg. von Hans-Ulrich Wehler, Frankfurt am Main, S. 131–160 und 281–286.

Valliani, Leo: «Die Verhandlungen zwischen Italien und Österreich-Ungarn 1914–1915»; in: Laqueur/Mosse (Hg.), *Kriegsausbruch 1914*, S. 152–183.

Vasold, Manfred: *Pest, Not und schwere Plagen. Seuchen und Epidemien vom Mittelalter bis heute*, München 1991.

Venohr, Wolfgang: *Ludendorff. Legende und Wirklichkeit*, Berlin u. a. 1993.

Verhey, Jeffrey: *Der «Geist von 1914» und die Erfindung der Volksgemeinschaft*, Hamburg 2000.

Viebrock, Helmut: *Studien zur Rhetorik des 19. Jahrhunderts*, 4 Bde., Wiesbaden 1968–1984.

Vogel, Jakob: *Nationen im Gleichschritt. Der Kult der ‹Nation in Waffen› in Deutschland und Frankreich, 1871–1914*, Göttingen 1997.

Vogel, Renate: *Die Persien- und Afghanistanexpedition Oskar Ritter von Niedermayers 1915–1916*, Osnabrück 1976.

Volkov, Shulamit: *Walther Rathenau. Ein jüdisches Leben in Deutschland*, München 2012.

Vondung, Klaus (Hg.): *Kriegserlebnis. Der Erste Weltkrieg in der literarischen Gestaltung und symbolischen Deutung der Nationen*, Göttingen 1980.

Ders.: «Deutsche Apokalypse 1914»; in: ders. (Hg.): *Das wilhelminische Bildungsbürgertum. Zur Sozialgeschichte seiner Ideen*, Göttingen 1976, S. 153–171.

Vorländer, Karl: «Kant und Wilson»; in: ders., *Kant und der Gedanke des Völkerbundes*, Leipzig 1919.

Wallach, Jehuda L.: *Das Dogma der Vernichtungsschlacht. Die Lehren von Clausewitz und Schlieffen und ihre Wirkung in zwei Weltkriegen*, München 1970.

Walle, Heinrich: «Moltke, Helmuth»; in: *Neue Deutsche Biographie*, Bd. 18, Berlin 1997, S. 17 f.

Wallenborn, Franz: *1000 Tage Westfront. Die Erlebnisse eines einfachen Soldaten*, Leipzig 1929.

Walser-Smith, Helmut: «Jenseits der Sonderweg-Debatte»; in: Müller/Torp (Hg.), *Das Deutsche Kaiserreich*, Göttingen 2009, S. 31–50.

Walther, Peter (Hg.): *Endzeit Europa. Ein kollektives Tagebuch deutschsprachiger Schriftsteller, Künstler und Gelehrter im Ersten Weltkrieg*, Göttingen 2008.

Walzer, Michael: *Gibt es den gerechten Krieg?* [1977]. Aus dem Amerikan. von Christiane Ferdinand, Stuttgart 1982.

Wandt, Heinrich: *Etappe Gent*, Berlin-Wien 1926.

Weber, Marianne: *Max Weber. Ein Lebensbild* [1926], München u. Zürich 1984.

Weber, Max: *Gesamtausgabe*. Abt. II, Briefe; Bd. 9, Briefe 1915–1917. Tübingen 2008, S. 395 ff.

Ders.: *Gesammelte Politische Schriften*. Hrsg. von Johannes Winckelmann, Tübingen [4]1980.

Ders.: «Parlament und Regierung im neugeordneten Deutschland. Zur politischen Kritik des Beamtentums und Parteiwesens»; in: ders., *Gesammelte Politische Schriften*, S. 306–443.

Ders.: «Politik als Beruf» (Oktober 1919); in: ders., *Gesammelte Politische Schriften*, S. 505–560.

Wegener, Edward: «Die Tirpitzsche Seestrategie»; in: Schottelius/Deist (Hg.), *Marine und Marinepolitik*, S. 236–262.

Wegener, Wolfgang: *Die Seestrategie des Weltkrieges*, Berlin 1929.

Wehler, Hans-Ulrich: *Bismarck und der Imperialismus*, Köln [3]1972.

Ders.: *Das Deutsche Kaiserreich 1871–1918*, Göttingen [7]1994.

Ders.: *Deutsche Gesellschaftsgeschichte*, 5 Bde., München 1987–2008. Bd. 3: *Von der «Deutschen Doppelrevolution» bis zum Beginn des Ersten Weltkrieges. 1849–1914*, München 1995. Bd. 4: *Vom Beginn des Ersten Weltkriegs bis zum Ende des 20. Jahrhunderts*, München 2003.

Ders.: «‹Absoluter› und ‹totaler› Krieg. Von Clausewitz zu Ludendorff»; in: Günter Dill (Hg.), *Clausewitz in Perspektive. Materialien zu Carl von Clausewitz: Vom Kriege*, Frankfurt am Main u. a. 1980, S. 474–510.

Weichselbaum, Hans: *Georg Trakl. Eine Biographie mit Bildern, Texten und Dokumenten*, Salzburg 1994.

Weinrich, Arndt: *Der Weltkrieg als Erzieher. Jugend zwischen Weimarer Republik und Nationalsozialismus*, Essen 2012.

Wells, Herbert George: *War in the Air*, London 1908.

Werth, German: *Verdun – die Schlacht und der Mythos*, Bergisch-Gladbach 1979.

Ders.: *Schlachtfeld Verdun. Europas Trauma*, Berlin 1999.

Westerhoff, Christian: *Zwangsarbeit im Ersten Weltkrieg. Deutsche Arbeitskräftepolitik im besetzten Polen und Litauen 1914–1918*, Paderborn 2012.

Westwell, Ian: *Der 1. Weltkrieg*. Dargestellt mit über 500 Fotos, Karten und Schlachtplänen. Aus dem Engl. von Birgit Adam u. a., Fränkisch-Crumbach 2012.

Wette, Wolfram (Hg.): *Der Krieg des kleinen Mannes. Eine Militärgeschichte von unten*, München 1992.

Ders.: *Militarismus in Deutschland. Geschichte einer kriegerischen Kultur*, Frankfurt am Main 2008.

Ders.: «Die unheroischen Kriegserinnerungen des Elsäßer Bauern Dominik Richert aus den Jahren 1914–1918»; in: ders. (Hg.), *Der Krieg des kleinen Mannes*, S. 127–135.

Wilderotter, Hans: «‹Unsere Zukunft liegt auf dem Wasser›. Das Schiff als Metapher und die Flotte als Symbol der Politik des wilhelminischen Kaiserreichs»; in: *Der letzte Kaiser. Wilhelm II. im Exil*. Hrsg. im Auftrag des DHM von Hans Wilderotter und Klaus D. Pohl, Gütersloh u. a. 1991, S. 55–78.

Wildman, Allan K.: *The End of the Russian Imperial Army*, 2 Bde., Princeton 1980 und 1987.

(Kronprinz) Wilhelm: *Meine Erinnerungen aus Deuschlands Heldenkampf*, Berlin 1923.

Williams, William Appleman: *Der Welt Gesetz und Freiheit geben. Amerikas Sendungsglaube und imperiale Politik* [1980], Hamburg 1984.

Wilson, Jean Moorcraft: *Siegfried Sassoon: The Journey from the Trenches. A Biography*, London 2003.

Ders.: *Siegfried Sassoon: The Making of a War Poet*, London 1999.

Winkle, Ralph: *Der Dank des Vaterlandes. Eine Symbolgeschichte des Eisernen Kreuzes 1914 bis 1936*, Essen 2007.

Winkle, Stefan: *Geißeln der Menschheit. Kulturgeschichte der Seuchen*, Düsseldorf u. a. 1997.

Winkler, Heinrich August (Hg.): *Organisierter Kapitalismus. Voraussetzungen und Anfänge*, Göttingen 1973.

Winter, Denis: *The First of the Few. Fighter Pilots of the First World War*, Athens, Georgia 1982.

Winter, Jay/Parker, Geoffrey/Habeck, Mary R. (Hg.): *Der Erste Weltkrieg und das 20. Jahrhundert*, Hamburg 2002.

Ders./Robert, Jean-Louis (Hg.): *Capital Cities at War. Paris, London, Berlin 1914–1919*, Cambridge 1997.

Winterhager, Wilhelm Ernst: *Mission für den Frieden. Europäische Mächtepolitik und dänische Friedensvermittlung im Ersten Weltkrieg*, Stuttgart 1984.

Winzen, Peter: *Bülows Weltmachtkonzept. Untersuchungen zur Frühphase seiner Außenpolitik 1897–1901*, Boppard 1977.

Ders.: *Bernhard von Bülow. Weltmachtstratege ohne Fortune. Wegbereiter der großen Katastrophe*, Göttingen u. a. 2003.

Wirsching, Andreas: «‹Augusterlebnis› 1914 und ‹Dolchstoß› 1918 – zwei Versionen derselben Legende?»; in: Volker Dotterweich (Hg.), *Mythen und Legenden in der Geschichte*, München 2004, S. 187–202.

Witkop, Philipp (Hg.): *Kriegsbriefe gefallener Studenten*, München 1928 (16.–20. Tausend).

Wolf, Klaus: *Gallipoli 1915. Das deutsch-türkische Militärbündnis im Ersten Weltkrieg*, Sulzach/Taunus u. a. 2008.

Wolff, Leon: *In Flanders Fields. The 1917 Campaign*, London u. a. 1959.

Wright, Patrick: *Tank. The Progress of a Monstrous War Machine*, London 2000.

Yalman, Ahmet Emin: *Turkey in the World War*, Yale 1930.

Ypersele, Laurence van: «Belgien im ‹Grande Guerre›»; in: *Aus Politik und Zeitgeschichte*, Bd. 29–30, 2004, S. 21–29.

Zabecki, David T.: *Steelwind. Colonel Georg Bruchmüller and the Birth of Modern Artillery*, London 1994.

Ders.: *The German 1918 Offensives. A case study in the operational level of war*, London u. a. 2006.

Zaloga, Steven J.: *German Panzers 1914–1918*. Illustrated by Brian Delf, Oxford 2006.

Zamoyski, Adam: *1812. Napoleons Feldzug in Russland*, München 2012.

Zechlin, Egmont: «Die türkischen Meerengen – ein Brennpunkt der Weltgeschichte»; in: *Geschichte in Wissenschaft und Unterricht*, Bd. 17, 1966, S. 1–31.

Zeidler, Manfred: «Die deutsche Kriegsfinanzierung 1914 bis 1918 und ihre Folgen»; in: Michalka (Hg.), *Der Erste Weltkrieg*, S. 415–433.

Ziemann, Benjamin: «Fahnenflucht im deutschen Heer 1914–1918»; in: *Militärgeschichtliche Mitteilungen*, Bd. 55, 1996, S. 93–130.

Ders.: «Verweigerungsformen von Frontsoldaten in der deutschen Armee 1914–1918»; in: Andreas Gestrich (Hg.), *Gewalt im Krieg*, Münster 1996, S. 99–122.

Ders.: «Enttäuschte Erwartung und kollektive Erschöpfung. Die deutschen Soldaten an der Westfront 1918 auf dem Weg zur Revolution»; in: Duppler/Groß (Hg.), *Kriegsende 1918*, S. 165–182.

Ders.: «Sozialmilitarismus und militärische Sozialisation im deutschen Kaiserreich 1870–1914»; in: *Geschichte in Wissenschaft und Unterricht*, 53. Jg., 2002, Heft 3, S. 148–164.

Zilch, Reinhold: «Okkupation und Währung im Ersten Weltkrieg. Die Entscheidung zwischen deutscher Mark und Besatzungswährung im Generalgouvernement Belgien»; in: Michalka (Hg.), *Der Erste Weltkrieg*, S. 434–455.

Zimmermann, Peter: «Die Rolle der Technik im Ersten Weltkrieg»; in: Hermann/Sang (Hg.), *Technik und Staat*, Düsseldorf 1992, S. 320–355.

Zirlewagen, Marc (Hg.): *«Wir siegen oder fallen.» Deutsche Studenten im Ersten Weltkrieg*, Köln 2008.

Zöberlein, Hans: *Der Glaube an Deutschland. Ein Kriegserleben von Verdun bis zum Umsturz* [1931], München ¹⁹1936.

Zuber, Terence: *Inventing the Schlieffen Plan*, Oxford 2002.

Ders.: *German War Planning 1891–1914: Sources and Interpretations*, Woodbridge 2004.

Ders.: «Der Mythos vom Schlieffenplan»; in: Ehlert u. a. (Hg.), *Der Schlieffenplan*, S. 45–78.

Ders.: «Strategische Überlegungen in Deutschland zu Kriegsbeginn»; in: Groß (Hg.), *Die vergessene Front im Osten*, S. 35–48.

Zückert, Martin: «Antimilitarismus und soldatische Resistenz. Politischer Protest und armeefeindliches Verhalten in der tschechischen Gesellschaft bis 1918»; in: Cole/Hämmerle/Scheutz (Hg.), *Glanz – Gewalt – Gehorsam. Militär und Gesellschaft in der Habsburgermonarchie (1800 bis 1918),* Essen 2011, S.199–218.

Zürcher, Erik Jan: «Between Death and Desertion. The Experience of the Ottoman Soldier im World War I»; in: *Turcica,* Bd.28, 1996, S.235–258.

Ders.: «Little Mehmet in the Desert: The Ottoman Soldier's Experience»; in: Cecil/ Liddle (Hg.): *Facing Armageddon,* S.230–241.

Zweig, Arnold: *Erziehung vor Verdun* [1935], Frankfurt am Main 1974.

Zweig, Stefan: *Die Welt von Gestern. Erinnerungen eines Europäers* [1944], Frankfurt am Main 1982.

（索引页码为原书页码，即本书页边码。）

对于在一战前及一战期间发挥了一定影响的人物，以下索引原则上只列出他们在这一时期的身份，并同时注明其国籍。尾注中出现的人物除非与某些学术争论或独立议题有关，否则不进入本索引；本索引也不包含文献出处中出现的人名。①

---

① 为方便搜索，以下人名原则上以姓氏或最常单独出现的部分为起首，如特奥巴尔德·冯·贝特曼·霍尔韦格，索引中为"贝特曼·霍尔韦格，奥巴尔德·冯"，因为文中"贝特曼·霍尔韦格"通常单独出现；如姓氏中有"冯·"，则"冯"不作为起首。索引中的页码为原文页码。

（页码为原版图书页码）

艺术与历史档案（AKG）66, 164, 648, 651, 712

普鲁士文化遗产图片档案（bpk）95, 110, 118, 130, 196, 244, 250, 266, 285, 323, 334, 339, 416, 436, 441, 458, 553, 717, 739

柏林—科布伦茨联邦档案（Bundesarchiv Berlin-Koblenz）178, 345, 420 f., 486, 502, 524, 591, 749, 751

图片同盟／德新社（Picture-alliance / dpa）32, 68f., 115, 158, 172, 189, 255, 259, 313, 365, 372, 394, 511, 565, 570, 606, 721

南德意志报图片（Süddeutsche Zeitung Photo）121, 536, 541, 543, 579, 692

乌尔施泰因图片（ullstein-bild）35, 41, 74, 122, 152, 166, 202, 301, 350, 361, 383, 397, 454, 472, 527, 532, 611, 643, 718, 724f.

奥地利国家图书馆（Österreichische Nationalbibliothek）429

威斯特伐利亚—利珀河区威斯特伐利亚传媒中心（LWL Medienzentrum Westfalen）506

澳大利亚战争纪念馆（Australian War Memorial）707

致　谢

　　这本书的问世离不开其他人的帮助和鼓励，他们不仅提出了宝贵建议，还做了许多实质性工作。首先我要感谢斯特凡·施拉克（Stefan Schlak）博士；他在 2009 年春季的莱比锡书展上跟我提到，新近出版了一些介绍第一次世界大战的德语作品，但这些作品存在一些错误。没过多久，我就向柏林罗佛特出版社（Rowohlt Verlag）的负责人贡纳尔·施密特（Gunnar Schmidt）提议出版一部这样的作品，之后我们有过多次谈话，从最初提出想法一直谈到最后书稿成型，他在谈话中提出了许多无与伦比的宝贵意见，而之前他协助我出版其他作品时也是如此。如果不是因为他一直友好地关注着这个项目，这本书就不会问世；而如果没有编辑贝尔特·霍佩（Bert Hoppe）的帮助，这本书就不会以现在这种形式问世。

　　从提出想法到最终完成文本经历了很长时间。我之所以能坚持到最后，尤其要感谢蒂森基金会（Thyssen Stiftung）和大众汽车基金会（Volkswagen Stiftung）为我提供了"佳作奖学金"（Opus-magnum-Stipendium），这笔奖学金让我可以在一整年时间里心无旁骛地写下自己的思考成果。在过去很长时间里，人们一直认为，要研究文化、社会学领域的问题，首要任务就是对相关的话题领域或总体语境做整体描述，而现在的文化、社会学研究者往往忙于研究特定的问题，已经几乎没有时间对某个话题进行整体描述了。大学教授要获得"研究自主权"，就必须在一段时间内暂停教授的工作，而这笔奖学金为我提供了这种可能性，为此我衷心感谢大众汽车基金会及其秘书长威廉·克鲁尔（Wilhelm Krull）。

　　有一些学生参加了我主讲的有关第一次世界大战的大课和

讨论课，我要特别对他们表示感谢。其中有的人对这部分课程很感兴趣，有的对某个问题刨根问底，有的提出了异议，有的仅仅是在某一时刻露出了疑惑的表情——这些反馈都激励我更清楚地表达出自己的想法，否则我可能会把某些问题讲得含混不清。这让我无比清晰地感受到，大学并不仅仅是传授知识的地方；我们在这里交换的信息很有可能激发更多的灵感，并带给我们许多新发现、新成就，而威廉·冯·洪堡（Wilhelm von Humboldt）曾经称这种状态是"大学学术生涯的理想"。我的学生给了我很多灵感，这些灵感帮助我进一步思考并且更加清晰地阐述自己的想法。

在写作过程中，多亏了文森特·热普卡（Vincent Rzepka）、吉尔·珀格尔（Jill Pöggel）和马丁·普法芬策勒（Martin Pfaffenzeller）的支持，我才能顺利找到需要的参考书、文章、短文和档案文件。我需要阅读一些奥地利的文献，在这方面尼古拉斯·施托克哈默（Nicolas Stockhammer）博士为我提供了重要帮助；马蒂亚斯·林德瑙（Mathias Lindenau）博士则帮助我找到了另一些信息，这些信息阐述了犹太人在中欧尤其是在加利西亚的处境。出乎我意料的是，柏林的图书馆藏书并不像我们原先以为的那么丰富，有些新近的研究文献和过去的档案文件我需要远程借阅，而且只能借阅较短时间。有些文献可供借阅的时间实在太短了，幸亏"佳作奖学金"包含了购置文献的费用，这样我至少可以长时间查阅那些新近出版且十分重要的研究作品。

埃娃·马莱娜·豪施泰讷（Eva Marlene Hausteiner）、文森特·热普卡和费利克斯·瓦塞尔曼（Felix Wassermann）阅读了我完成的第一版文本，并在文本上标注了问题和意见。他们不仅要留意我的论证是否前后一致，还要留意文本是否通俗易懂——为此我尽量避免使用专业术语，也不去模仿战争题材文学作品的语言特征。我希望我的作品既有一定的专业度，又让大众容易理解，而他们在这方面给了我很重要的指引。我衷心地感谢他们。我也要感谢汉诺·施特劳斯（Hanno Strauß）博士，他在军事历史和军事技术方面给了我建议和启发。我还要特别感谢卡琳娜·霍夫曼（Karina Hoffmann），她不仅誊抄了我的手稿，加入了补充的语句和段落，删去了我划掉的部分，而且多亏了她的安排，我才能在某些时候完全不受打扰地写作，同时又知悉所有重要的消息。她工作能力很强，脾气也很好；我能高效地工作，很大程度上是因为她替我安排好了一切。

我尤其要感谢我的妻子玛丽娜·明克勒（Marina Münkler）教授，她虽然有数不清的本职工作要做，却还一直抽时间阅读我的文本并提出批评意见，或者与我讨论其中的一些问题。我们已经并肩工作了超过 30 年，和她一起工作给了我源源不断的灵感，也让我更坚定地将已经开始的事情进行到底。我们的默契并不是自然而然就形成的，因为她作为一名读者，总是能够对我的作品提出最尖锐的批评，而且这些批评对我的影响是最大的。她既能共情作者的感受，在讨论问题时又能做到寸步不让，为此我从心底里感谢她。我也要将这本书献给她。

我写这本书是为了纪念我的祖母路易丝·格伦茨（Luise Glenz）。我还小的时候，她经常跟我提起她曾经的未婚夫——1917 年，对方在加利西亚阵亡了。当时，我听着她的讲述，眼前便浮现出这场大战中一名士兵的形象。写这本书的时候，他又出现在我的记忆中，有时还从上方俯视着我。就这样，我的祖母路易丝，这位生于 1892 年、死于 1984 年的妇人，将我和我笔下的历史事件、历史进程联结在一起。对她以及其他的数百万人来说，这场战争就是一场可怕的灾难。

图书在版编目（CIP）数据

大战：1914-1918年的世界：上、下 / (德) 赫尔
弗里德·明克勒著；钟虔虔译. -- 北京：社会科学文
献出版社, 2020.11
　　ISBN 978-7-5201-6796-3

　　Ⅰ.①大… Ⅱ.①赫… ②钟… Ⅲ.①第一次世界大
战-历史-研究 Ⅳ.①K143

中国版本图书馆CIP数据核字（2020）第102742号

大战：1914~1918年的世界（上、下）

著　　者 / 〔德〕赫尔弗里德·明克勒
译　　者 / 钟虔虔

出 版 人 / 谢寿光
责任编辑 / 段其刚

出　　版 / 社会科学文献出版社·联合出版中心（010）59367151
　　　　　　地址：北京市北三环中路甲29号院华龙大厦　邮编：100029
　　　　　　网址：www.ssap.com.cn
发　　行 / 市场营销中心（010）59367081　59367083
印　　装 / 北京盛通印刷股份有限公司

规　　格 / 开　本：787mm×1092mm　1/16
　　　　　　印　张：60　字　数：722千字
版　　次 / 2020年11月第1版　2020年11月第1次印刷
书　　号 / ISBN 978-7-5201-6796-3
著作权合同
登 记 号 / 图字01-2018-7158号
审 图 号 / GS（2020）3432号
定　　价 / 179.00元（上、下）

第一次世界大战后的国界

- 1914年的同盟国
- 德国损失的领土
- ----- 1923年后的国界
- ········ 1914年的国界

设得兰群岛

挪威

赫布里底群岛

奥克尼群岛
斯卡帕湾

北海

丹

大不列颠及北爱尔兰联合王国

都柏林

利物浦

爱尔兰

荷兰

海牙　阿

伦敦

英吉利海峡

布鲁塞尔　比利时

大西洋

凡尔赛　巴黎　凡尔登

巴塞尔
瑞士

法国

里昂

罗讷河

比斯开湾

波尔多

图卢兹

安道尔

马赛

葡萄牙

杜罗河

马德里

巴塞罗那

撒丁岛

里斯本

塔霍河

西班牙

瓜达尔基维尔河

巴利阿里群岛

地中海

直布罗陀（英属）

丹吉尔
（1924年成为
国际共管区）

西属摩洛哥
（西班牙保护国）

菲斯

摩洛哥
（法国保护国）

阿尔及尔

阿尔及利亚

0　100　200　300km